Wolfgang Schneider
Wohnungseigentumsrecht für Anfänger

D1696184

Wohnungseigentumsrecht

für Anfänger

von

Prof. Wolfgang Schneider
Professor an der Hochschule für Wirtschaft und Recht Berlin

2017

C.H.BECK

www.beck.de

ISBN 978 3 406 61896 3

© 2017 Verlag C.H. Beck oHG
Wilhelmstraße 9, 80801 München

Druck: Nomos Verlagsgesellschaft
In den Lissen 12, 76547 Sinzheim

Satz: Fotosatz H. Buck, Kumhausen
Zweikirchener Str. 7, 84036 Kumhausen

Umschlaggestaltung: Martina Busch, Grafikdesign
Homburg Saar

Gedruckt auf säurefreiem, alterungsbeständigem Papier
(hergestellt aus chlorfrei gebleichtem Zellstoff)

Inhaltsübersicht

Inhaltsübersicht

VI

Inhaltsverzeichnis

Anstelle eines Vorwortes

Einerseits ...

... verbinden Generationen von Studenten unterschiedlicher (Fach-) Hochschulen mit der Rechtsmaterie „Wohnungseigentumsrecht" ein gewisses Unbehagen. Vorlesungen, Übungen und häusliche Studien haben sich unter dem allseits herrschenden Zeitdruck stets an einem Fundus zig hundertfacher Gerichtsentscheidungen und zahlreicher sich mit schöner Regelmäßigkeit widersprechender Literaturmeinungen abzuarbeiten.[1] Das im Wohnungseigentumsrecht typische Gemengelage notwendiger sachenrechtlicher Strukturen mit gemeinschaftsrechtlichen Ausprägungen ist dem nach klaren Strukturen suchenden Juristen suspekt. Schrifttum lässt sich für den Anfänger nur mühsam finden. Der „rote Faden" bleibt leider viel zu oft verborgen. In Klausuren zeigt sich dementsprechend bisweilen eine gewisse Orientierungslosigkeit angesichts der Vielschichtigkeit des Rechtsinstituts. Für Einige bleibt das Wohnungseigentumsrecht deshalb ein fortdauerndes Mysterium, dessen Anforderungen man sich am Liebsten entziehen möchte.

Selbst der Bundesgerichtshof zollte dieser besonderen Eigentumsform den gebührenden Respekt, als er bereits im Jahre 1980 von „so komplizierten Gebilden wie Wohnungseigentümergemeinschaften" sprach.[2] Diese „Gebilde" sind seither sicherlich nicht einfacher geworden.

Andererseits ...

... wird die Anzahl der in Deutschland vorhandenen Eigentumswohnungen entgegen allen früheren Annahmen[3] mit dem Stichtag 9.5.2011 auf rd. 9,3 Mio[4] ermittelt. „Die Anzahl der Eigentumswohnungen (macht) heute einen Anteil von knapp 25 % (!) an den gesamten 25,9 Mio Haus- und Grundbesitzeigentümern (...) in privater Hand aus. Anders berechnet: Etwa 16 % aller Wohnungen in Deutschland sind danach Eigentumswohnungen."[5] Und der Trend zeigt weiter deutlich nach oben.[6]

---

[1] In kaum einem Rechtsgebiet ist die berühmte „aA" so verbreitet wie im WEG.

[2] BGHZ 78, 166 = NJW 1981, 282.

[3] *Kott/Behrens* Haus- und Grundbesitz und Immobilienvermögen privater Haushalte in Statistisches Bundesamt (Hrsg.), Wirtschaft und Statistik Heft 10/2009, S. 999, 1003 ff. gingen noch von ca. 6,4 Mio Eigentumswohnungen aus.

[4] www.destatis.de/DE/PresseService/Presse/Pressekonferenzen/2013/Zensus2011/gwz_zensus2011.pdf?__blob=publicationFile S. 6 (Stand: Mai 2013).

[5] *Heinrich* ZMR 2012, 421 (422).

[6] Gutachterausschuss für Grundstückswerte in Berlin (Hrsg.) Bericht über den Berliner Grundstücksmarkt 2013/14, S. 81: „2013 (2012) wurden in Berlin rd. 28 % mehr Eigentumswohnungen neu begründet als im Vorjahr. Die Anzahl stieg auf 13.840 (10.812) Neubegründungen. Hiervon entfallen 4.662 (3.548) Wohnungen auf neu erstellte bzw. zu erstellende Objekte; dies entspricht einem Anstieg um rund 31 %. Demgegenüber ist die Zahl der umgewandelten Wohnungen mit rd. 26 % auf 9.178 (7.264) deutlich gestiegen." Ders. 2014/15, S. 81: „2014 (*2013*) wurden in Berlin rd. 10 % mehr Eigentumswohnungen neu begründet als im Vorjahr. Die Anzahl stieg auf 15.174 (*13.840*) Neubegründungen. Hiervon entfallen 3.878 (*4.662*) Wohnungen auf neu erstellte bzw. zu erstellende Ob-

In Ballungsgebieten dominiert diese Rechtsform – gemessen an der Zahl der Vertragsabschlüsse – inzwischen den Immobilienverkehr.[7] Damit einher gehen außer den eigentlichen, vorgelagerten Begründungsvorgängen jeweils zahlreiche Folgegeschäfte wie zB die grundbuchgesicherten Immobilienfinanzierungen. Auch die Preise für Eigentumswohnungen in Ballungsgebieten explodieren mittlerweile. So nennt beispielsweise das Frühjahrsgutachten 2016 des „Rates der Wirtschaftsweisen" gegenüber dem Vorjahr noch einmal nahezu verdoppelte Preissteigerungsraten bei den Verkaufspreisen von 18,8 % für Stuttgart, 14,4 % für Berlin, 12,9 % für München und 12,5 % für Köln.[8]

Darum ...

... wird jeden heutzutage (nicht nur) mit Immobilienrecht befassten Juristen diese Materie über kurz oder lang einholen – man kann ihr kaum noch ausweichen. Eine möglichst frühzeitige Befassung mit dem Thema ist deshalb ratsam, zumal zahlreiche Berührungspunkte mit anderen, auf den ersten Blick unverdächtigen Rechtsgebieten bestehen. Man denke zB nur an den (schenk[9]- oder vermächtnisweisen[10]) Erwerb einer Eigentumswohnung oder eines Anteils hieran[11] durch einen Minderjährigen, die baurechtliche Ordnungsverfügung gegen den Verwalter einer Wohnungseigentumsanlage als Störer wegen unterlassener Brandschutzmaßnahmen[12], die Behandlung von wohnungseigentumsrechtlichen Hausgeldansprüchen in der Gesamt[13]- und Einzelzwangsvollstreckung[14], die

jekte; dies entspricht einem Rückgang von rund 17 %. Demgegenüber ist die Zahl der umgewandelten Wohnungen mit rd. 23 % auf 11.296 (*9.178*) erneut deutlich gestiegen." Ders. 2015/16, S. 88: „2015 (2014) wurden in Berlin rd. 61 % mehr Eigentumswohnungen neu begründet als im Vorjahr. Die Anzahl stieg auf 24.452 (15.174) Neubegründungen. Hiervon entfallen 7.121 (3.878) Wohnungen auf neu erstellte bzw. noch zu erstellende Objekte; dies entspricht einem Anstieg von rund 84 %. Die Zahl der umgewandelten Wohnungen ist mit rd. 53 % auf 17.331 (11.296) ebenfalls deutlich gestiegen.".

[7] So beziehen sich zB in der Bundeshauptstadt Berlin – ohne Paketverkäufe – 76,4 % aller im Jahr 2013 bzw. 77,2 % (aller im Jahr 2014) und 80,3 % (im Jahr 2015) erfassten Kauffälle von Immobilien auf Wohnungs- und Teileigentumsrechte (Quelle: Gutachterausschuss für Grundstückswerte in Berlin, Bericht über den Berliner Grundstücksmarkt 2013/2014, S. 68 bzw. 2014/2015 S. 68 und 2015/16 S. 75; https://www.berlin.de/gutachterausschuss/marktinformationen/marktanalyse/artikel.175633.php). Für die Landeshauptstadt Düsseldorf zeigen sich in NRW ähnliche Zahlen: dort beziehen sich über 71 % aller im Jahr 2014 bzw. knapp 70 % aller im Jahr 2015 erfassten Kauffälle von Immobilien auf Wohnungs- und Teileigentumsrechte (Quelle: Gutachterausschuss für Grundstückswerte in der Landeshauptstadt Düsseldorf, Grundstücksmarktbericht der Landeshauptstadt Düsseldorf, Stichtag 1.1.2015, S. 4; https://www.duesseldorf.de/gutachterausschuss/pdf/bericht012015.pdf bzw. Stichtag 1.1.2016, S. 4; https://www.boris.nrw.de/borisfachdaten/gmb/2016/GMB_107_2016_pflichtig.pdf).

[8] Zit. nach Tagesspiegel v. 17.2.2016, S. 14 bzw. http://www.tagesspiegel.de/wirtschaft/. fruehjahrsgutachten-der-immobilienweisen-wohnungspreise-in-deutschland-viel-zu-hoch/. 12970572.html.

[9] BGHZ 187, 119 = FamRZ 2010, 2065 = NJW 2010, 3643 = Rpfleger 2011, 203 = ZWE 2011, 32.

[10] OLG München DNotZ 2013, 205 = FamRZ 2013, 494.

[11] OLG Köln Rpfleger 2015, 541 = ZWE 2015, 318.

[12] OVG Münster ZMR 2011, 425 = ZWE 2011, 166.

[13] BGH NJW 2011, 3098 = Rpfleger 2011, 686 = ZfIR 2011, 825.

[14] BGHZ 198, 216 = NJW 2013, 3515 = Rpfleger 2014, 31 = ZfIR 2013, 806 = ZMR 2014, 80 = ZWE 2013, 466.

Geltendmachung von steuerlichen Sonderabschreibungen im Rahmen von Modernisierungsmaßnahmen[15] u.v.m.

Ein besonderes Näheverhältnis besteht dabei zum Mietrecht und zum allgemeinen Liegenschaftsrecht. Die Nähe zum Mietrecht kommt nicht nur in ausdrücklichen gesetzlichen Verweisungen zum Ausdruck (vgl. § 16 Abs. 3, § 22 Abs. 2 WEG), sondern explizit auch in der Schaffung einer eigenen Fachanwaltschaft für Miet- und Wohnungseigentumsrecht.[16] Die Nähe zum Liegenschaftsrecht ist mittlerweile völlig zu Recht (intensiver) Bestandteil des materielle und formelle Rechtsfragen umfassenden Studiums an den öffentlichen (Fach-) Hochschulen für Rechtspflege geworden.[17]

Zur besseren Orientierung ...

... im wohnungseigentumsrechtlichen Dickicht soll deshalb dieses Büchlein die unterschiedlichen rechtlichen Grundlagen des Wohnungseigentums und deren Verknüpfungen anschaulich vermitteln und Verständnis für die vielschichtige Materie wecken. Dafür werden thematische Schwerpunkte gebildet, die keineswegs sämtliche Problemstellungen behandeln oder gar lösen wollen. In den ausgewählten Kapiteln soll das vergleichsweise schwierige Rechtsgebiet aber keineswegs „weichgespült" werden; Sie werden deshalb an der einen oder anderen Stelle sicherlich auch zweimal lesen müssen. Wenn es im Laufe der Lektüre jedoch gelingen sollte, ein wenig Neugierde beim geneigten Leser zu wecken und möglicherweise sogar zur weiteren Befassung mit dem Wohnungseigentumsrecht und seinen juristischen Verästelungen zu animieren, dann wäre mein Ziel bei Weitem erreicht.

Hilfreich bei der Durchdringung des komplexen Lernstoffes ist sicherlich eine profunde Grundkenntnis des materiellen und formellen Liegenschaftsrechts. Dafür kann das von *Wilsch* in der vorliegenden Reihe des Beck-Verlages herausgegebene Buch „*Die Grundbuchordnung für Anfänger, 2. Aufl. 2017*" wertvolle Einstiegshilfen geben.

Ich wünsche allen Studierenden bei der Lektüre zahlreiche und nachhaltige „Aha-Erlebnisse". Für Anregungen und Kritik bin ich stets empfänglich und dankbar.

Mein besonderer Dank gilt zuvorderst meiner ausgesprochen leidensfähigen Ehefrau sowie meinem immer wieder ermunternden und unterstützenden Lektor Dr. Rosner für ihre jeweils unendlich scheinende Geduld und Nachsicht mit mir (insbesondere, wenn ich die zeitlichen Vorgaben ein wenig überstrapaziert haben sollte).

Berlin, im Juni 2017   *Wolfgang Schneider*

---

[15] BFH/NV 2011, 1860 = HFR 2011, 1309.

[16] Vgl. insbesondere § 14c Nr. 3, 5 u. 6 FAO idF v. 1.11.2015, abrufbar unter http://www.brak.de/w/files/02_fuer_anwaelte/berufsrecht/fao_stand_01_11_2015.pdf.

[17] Vgl. exemplarisch die Studienpläne für den Studiengang Rechtspflege an der Hochschule für Wirtschaft und Recht Berlin v. 16.10.2013, S. 13, abrufbar unter http://www.berlin.de/imperia/md/content/senatsverwaltungen/justiz/kammergericht/ausbildung/.studienplan_theorie_rechtspfleger.pdf?start&ts=1348473808&file=studienplan_theorie_.rechtspfleger.pdf sowie die Studienordnung der Fachhochschule für Rechtspflege Nordrhein-Westfalen – Fassung v. 1.8.2011 – S. 68, abrufbar unter http://www.fhr.nrw.de/.aufgaben/lehre/rechtspflege/studien-und-ausbildungsplaene/StudienordnungundPlaene.pdf.

Wie sehen es andere ...

... oder wo man sonst vielleicht auch mal zur Vertiefung reinschauen könnte:
(Weil Sie als Neuling in der Materie nicht ohne Weiteres sicher feststellen können, ob eine Entscheidung oder Aussage evtl. durch die umfassende WEG-Novelle 2007 überholt sein könnte, rate ich grundsätzlich davon ab, Literatur aus der Zeit vor dem Jahr 2007 zu verwenden! Sie wird aus diesem Grunde nachfolgend auch nicht aufgenommen.)

Kommentare (Paragraphenbezogene Darstellungen):

Bärmann, WEG, 13. Aufl. 2015
Jennißen, WEG, 5. Aufl. 2017
Hügel/Elzer, Wohnungseigentumsgesetz, 2015
Niedenführ/Kümmel/Vandenhouten, WEG, 11. Aufl. 2015
Riecke/Schmid, WEG, 4. Aufl. 2015
Sauren, Wohnungseigentumsgesetz, 6. Aufl. 2014
Spielbauer/Then, WEG, 2. Aufl. 2012
Timme, WEG, 2. Aufl. 2014

Handbücher (Themenbezogene Darstellungen):

Abramenko, Handbuch WEG, 2. Aufl. 2014
Bärmann/Seuß, Praxis des Wohnungseigentums, 6. Aufl. 2013
Becker/Ott/Suilmann, Wohnungseigentum, 3. Aufl. 2015
Greiner, Wohnungseigentumsrecht, 3. Aufl. 2014
Harz/Riecke/Schmid, Handbuch des Fachanwalts Miet- und Wohnungseigentumsrecht, 5. Aufl. 2015
Hügel/Scheel, Rechtshandbuch Wohnungseigentum, 3. Aufl. 2011
Köhler, Anwalts-Handbuch Wohnungseigentumsrecht, 3. Aufl. 2012
H. Müller, Praktische Fragen des Wohnungseigentums, 6. Aufl. 2015

Kurzkommentierungen (finden sich im Rahmen von Sachenrechtskommentierungen):

Wicke in Palandt 76. Aufl. 2017
Commichau im Münchner Kommentar zum BGB, Anhang nach § 854–§ 902 BGB, 6. Aufl. 2013
Elzer/Riecke in Prütting/Wegen/Weinreich (PWW) BGB, 12. Aufl. 2017
Heinemann in NK-BGB, Bd. 3, 4. Aufl. 2016
Hügel in Bamberger/Roth BGB Bd. 2, 3. Aufl. 2012
B. Müller in Lemke, Immobilienrecht, 2. Aufl. 2016

Weitere Kommentierungen (mit besonders grundbuchrechtlicher Akzentuierung):

Bauer/v. Oefele, GBO, 3. Aufl. 2013 (AT V)
Demharter, GBO, 30. Aufl. 2016; Anhang zu § 3 GBO
Meikel/Morvilius, GBO, 11. Aufl. 2015, Einl Teil B Rn. 122ff.
Schöner/Stöber, Grundbuchrecht, 15. Aufl. 2012, Rn. 2800ff.

Ausgewählte Monographien (gegenstandsbezogene Abhandlungen):

Drasdo, Die Eigentümerversammlung nach WEG, 5. Aufl. 2014
Häublein, Sondernutzungsrechte und ihre Begründung im Wohnungseigentumsrecht, 2003

Hogenschurz, Das Sondernutzungsrecht nach dem Wohnungseigentumsgesetz, 2008
Jennißen, Die Verwalterabrechnung nach dem Wohnungseigentumsgesetz, 7. Aufl.
  2013
Jennißen/Schmidt, Der WEG-Verwalter, 2. Aufl. 2010
M. Müller, Änderungen des sachenrechtlichen Grundverhältnisses der Wohnungsei-
  gentümer – insbesondere durch den bevollmächtigten Bauträger, 2010
Ott, Das Sondernutzungsrecht im Wohnungseigentum, 2000

Formularbücher:

Beck'sches Formularbuch Wohnungseigentumsrecht (Hrsg. *H. Müller*), 3. Aufl. 2016
Elzer/Fritsch/Meier, Wohnungseigentumsrecht, 2. Aufl. 2014

Online-Optionen:

Insbesondere die o.g. Werke von Timme (Hrsg.) und Bärmann/Seuß sind beim
  Beck-Verlag online gestellt.
WoltersKluwer Deutschland bietet über Jurion online-Optionen insbesondere für die
  Werke von Riecke/Schmid und Meikel.
Der Zugang über juris ermöglicht einen online-Zugriff insbesondere auf die Werke
  von Jennißen und Spielbauer/Then. Desweiteren findet sich dort unter der jeweili-
  gen Norm eine eigene Kommentierung zum WEG.

Spezialliteratur zur WEG-Novelle 2007:

Abramenko, Das neue WEG in der anwaltlichen Praxis, 2007
Hügel/Elzer, Das neue WEG-Recht, 2007

Abkürzungsverzeichnis

aA . . . . anderer Ansicht
aaO . . . . am angegebenen Ort
Abs. . . . . Absatz
Abschn. . . . . Abschnitt
Abt. . . . . Abteilung
aE . . . . am Ende
abw. . . . . abweichend
aF . . . . alte Fassung
AfA . . . . Absetzung für Abnutzung
AG . . . . Amtsgericht
AHB . . . . Anwaltshandbuch
AktG. . . . . Aktiengesetz
Anh. . . . . Anhang
Anm. . . . . Anmerkung
Art. . . . . Artikel
Aufl. . . . . Auflage
AVV . . . . Allgemeine Verwaltungsvorschrift über die Ausstellung von Bescheinigungen gem. § 7 Abs. 4 Nr. 2 und § 32 Abs. 2 Nr. 2 des Wohnungseigentumsgesetzes vom 19.03.1974
Az. . . . . Aktenzeichen

BauGB . . . . Baugesetzbuch
BayObLG . . . . . . Bayerisches Oberstes Landesgericht
BayObLGZ. . . . . Entscheidungen des Bayerischen Obersten Landesgerichts in Zivilsachen
Bd. . . . . Band
BdF . . . . Bundesminister der Finanzen
BDSG . . . . Bundesdatenschutzgesetz
Begr. . . . . Begründung
II. BVO . . . . Zweite Berechnungsverordnung
BeurkG . . . . Beurkundungsgesetz
BFH . . . . Bundesfinanzhof
BFHE . . . . Sammlung der Entscheidungen des Bundesfinanzhofs
BewG . . . . Bewertungsgesetz
BGB . . . . Bürgerliches Gesetzbuch
BGBl. . . . . Bundesgesetzblatt
BGH . . . . Bundesgerichtshof
BGHZ. . . . . Entscheidungen des Bundesgerichtshofs in Zivilsachen (zit. nach Bänden)
BNotO . . . . Bundesnotarordnung
BRAO . . . . Bundesrechtsanwaltsordnung
BR-Drucks. . . . . . Bundesratsdrucksache
BT-Drucks. . . . . . Bundestagsdrucksache
BVerwGE . . . . . . Entscheidungen des Bundesverwaltungsgerichts
BWNotZ. . . . . . . Zeitschrift für das Notariat in Baden-Württemberg
bzgl. . . . . bezüglich
bzw. . . . . beziehungsweise

ca. . . . . circa
CuR . . . . Contracting und Recht

DaBaGG. . . . . . . Gesetz zur Einführung eines Datenbankgrundbuchs
dh . . . . das heißt
DNotI . . . . Deutsches Notarinstitut
DNotZ . . . . Deutsche Notarzeitschrift
DVO . . . . Durchführungsverordnung

EnEV . . . . Verordnung über energiesparenden Wärmeschutz und energie-
sparende Anlagetechnik bei Gebäuden (Energieeinsparverord-
nung)
ErbbauRG. . . . . . Erbbaurechtsgesetz
ERVGBG . . . . . . Gesetz zur Einführung des elektronischen Rechtsverkehrs und
der elektronischen Akte im Grundbuchverfahren sowie zur
Änderung weiterer grundbuch-, register- und kostenrechtlicher
Vorschriften
EStG . . . . Einkommensteuergesetz
etc. . . . . et cetera (und so weiter)
ETV . . . . Eigentümerversammlung
evtl. . . . . eventuell

f., ff. . . . . folgende
FA . . . . Finanzamt
FAO . . . . Fachanwaltsordnung
FG. . . . . Finanzgericht
fG . . . . freiwillige Gerichtsbarkeit
FGPrax . . . . Praxis der Freiwilligen Gerichtsbarkeit – vormals OLGZ
Fn . . . . Fußnote
FS . . . . Festschrift

GBA . . . . Grundbuchamt
GBO . . . . Grundbuchordnung
GE . . . . Gemeinschaftseigentum
Geb. . . . . Gebühren
GewO . . . . Gewerbeordnung
ggf. . . . . gegebenenfalls
GKG . . . . Gerichtskostengesetz
GmbH. . . . . Gesellschaft mit beschränkter Haftung
GmbHG . . . . GmbH-Gesetz
Gms-OGB. . . . . . Gemeinsamer Senat der obersten Gerichtshöfe des Bundes
GNotKG. . . . . . . Gesetz über Kosten der freiwilligen Gerichtsbarkeit für Gerichte
und Notare
GO . . . . Gemeinschaftsordnung
GrEStG. . . . . Grunderwerbsteuergesetz
GrStG . . . . Grundsteuergesetz

HGB . . . . Handelsgesetzbuch
hM . . . . herrschende Meinung
HOAI . . . . Honorarordnung für Architekten und Ingenieure
Hrsg. . . . . Herausgeber

idF . . . . in der Fassung
idR . . . . in der Regel

iE . . . . im Einzelnen
ieS. . . . . im engeren Sinne
InsO . . . . Insolvenzordnung
iSd. . . . . im Sinne der (des)
iÜ . . . . im Übrigen
iVm. . . . . in Verbindung mit

JuS . . . . Juristische Schulung

KG . . . . Kammergericht Berlin
KKZ . . . . Kommunal-Kassen-Zeitschrift
Komm. . . . . Kommentar
KV . . . . Kostenverzeichnis

LG. . . . . Landgericht
Ls . . . . Leitsatz

MaBV. . . . . Makler- und Bauträgerverordnung
MDR . . . . Monatsschrift für Deutsches Recht
m. E. . . . . meines Erachtens
MEA. . . . . Miteigentumsanteil
MietRB. . . . . . . Mietrechtsberater
MittBayNot . . . . Mitteilungen des Bayerischen Notarvereins, der Notarkasse und
             der Landesnotarkammer Bayern
MittRhNotK . . . Mitteilunge der Rheinischen Notarkammer – später RNotZ
MWSt. . . . . Mehrwertsteuer

nF . . . . neue Fassung
NJW. . . . . Neue Juristische Wochenschrift
NJW-RR. . . . . . NJW Rechtsprechungs-Report
N/K/V. . . . . Niedenführ/Kümmel/Vandenhouten
NotBZ . . . . Zeitschrift für die notarielle Beratungs- und Beurkundungs-
             praxis
Nr. . . . . Nummer
NZG. . . . . Neue Zeitschrift für Gesellschaftsrecht
NZM . . . . Neue Zeitschrift für Miet- und Wohnungsrecht

OFD . . . . Oberfinanzdirektion
OLG . . . . Oberlandesgericht
OLGZ. . . . . Entscheidungen der Oberlandesgerichte in Zivilsachen ein-
             schließlich der freiwilligen Gerichtsbarkeit – später FGPrax

p. a.. . . . . pro Jahr
PiG . . . . Partner im Gespräch, Schriftenreihe des Evangelischen Bundes-
             verbandes für Immobilienwesen e.V.

Rn. . . . . Randnummer
RG . . . . Reichsgericht
RNotZ . . . . Rheinische Notarzeitschrift – vormals MittRhNotK
Rpfleger . . . . . . Der Deutsche Rechtspfleger
Rspr. . . . . Rechtsprechung
RVG . . . . Gesetz über die Vergütung der Rechtsanwältinnen und Rechts-
             anwälte

Kapitel A. Warum überhaupt Wohnungseigentum?

Ausgewählte Literatur zur Ergänzung und Vertiefung:

Bärmann, Zur Theorie des Wohnungseigentums, NJW 1989, 1057; *Coester-Waltjen,* Gesamthandsgemeinschaften, Jura 1990, 469; *Coester-Waltjen,* Miteigentum nach Bruchteilen, Jura 1990, 330; *Döbler,* Vereinbarungen nach § 1010 Abs. 1 BGB in der notariellen Praxis, MittRhNotK 1983, 181; *Hilbrandt,* Der Bruchteil bei der Bruchteilsgemeinschaft, AcP 202 (2002), 631; *Merle,* Das Wohnungseigentum im System des bürgerlichen Rechts (1979); *F. Müller* Verwaltungs- und Benutzungsregelung nach § 1010 BGB, Rpfleger 2002, 554; *Thümmel,* Stockwerkseigentum in Baden nach französischem Recht und die Einwirkung des württembergischen Rechts, BWNotZ 1984, 5; *Thümmel,* Abschied vom Stockwerkseigentum (?), JZ 1980, 125; *Weitnauer,* Miteigentum – Gesamthand – Wohnungseigentum, FS Seuß (1987), 295; *Zipperer,* Probleme der Überleitung von Stockwerkseigentum in Wohnungseigentum nach den BGBAG BW §§ 37 ff. mit besonderer Berücksichtigung der Badischen Verhältnisse, BWNotZ 1985, 49.

I. Ein (wirklich nur ganz) kurzer historischer Ausflug

1. Notwendigkeit

Ein Blick in die Geschichte ist unerlässlich, um das aktuell geltende Wohnungs- 1 eigentumsrecht richtig verstehen und einordnen zu können. Er wird uns gleichsam zu den Wurzeln des Immobiliarsachenrechts führen, ohne deren Kenntnis das Entstehen des Wohnungseigentumsrechts und seine rechtliche Qualifizierung nicht gedacht werden können. Ich verspreche, es kurz zu machen und die Ausführungen auf das Notwendige zu beschränken.

2. Der Rechtsgrundsatz des römischen Rechts

Zumindest das frühe römische Recht war bereits von der Vorstellung der 2 Einheit der Eigentumsverhältnisse am Grundstück und dem darauf befindlichen Gebäude geprägt. Das nach seiner Rezeption durch das BGB[1] noch heute allenthalben zu findende sachenrechtliche Credo spiegelt sich in folgendem lateinischen (Merk-)Satz:

„Superficies solo cedit".[2]

---

[1] Vgl. die „Motive zu dem Entwurfe eines Bürgerlichen Gesetzbuches für das Deutsche Reich", Bd. III Sachenrecht 1888, S. 42 ff.
[2] Für die Nichtlateiner: „Das Bauwerk geht mit dem Boden". Der Satz beschreibt das römisch-rechtliche Verständnis, wonach Gebäude das rechtliche Schicksal des Grundstücks teilen.

Danach können nicht nur ganze Gebäude, sondern auch reale Gebäudeteile als wesentliche Bestandteile (wie zB Keller, Stallungen, Zimmer, Theaterlogen usw.[3]) nicht im Eigentum eines anderen als des Grundstückseigentümers stehen; kurzum: sie sind sonderrechtsunfähig.

3. Das Stockwerkseigentum nach deutschem Recht

3   Demgegenüber hatte sich im deutschen wie auch im angelsächsischen und romanischen Rechtsraum[4] bereits frühzeitig die **Möglichkeit eines Eigentums an realen Teilen eines Gebäudes** herausgebildet.[5] Dieses sog „Stockwerkseigentum" (mitunter auch als „Geschoßeigentum" oder „Gelaßeigentum" bezeichnet) war regional unterschiedlich verbreitet[6] und neben Erbteilungen wohl auch der Enge der mittelalterlichen Städte geschuldet.[7] Seine Ausgestaltung konnte sogar so weit gehen, dass Räume von dem einen Haus in das unmittelbar angrenzende Nachbarhaus übergriffen (in Süddeutschland das sog „Herbergsrecht").[8]

4   Aufgrund der fehlenden rechtlichen und tatsächlichen Abgrenzung der unterschiedlichen Eigentumssphären und der dadurch bedingten unsicheren Rechtsverhältnisse einerseits sowie der bestehenden „indivision forcée"[9] andererseits entwickelten sich die solchermaßen entstandenen Gemeinschaften zu einer Quelle fortwährender Streitigkeiten.[10] Sprichwörtlich sind heute noch die baden-württembergischen „**Streit- und Händelhäuser**".

4. Der Akzessionsgrundsatz des BGB

5   Das am 1.1.1900 in Kraft getretene BGB begriff unter dem seinerzeitigen Einfluss der Pandektistik[11] in römisch-rechtlicher Tradition das Stockwerkseigentum

---

[3] *Wolff/Raiser* Sachenrecht 10. Aufl. 1957, § 89 I.

[4] Als „Keimzelle" vieler Rechtsordnungen setzte insbes. Art. 664 Code civil die Zulässigkeit von abgeschichtetem Eigentum voraus.

[5] S. dazu die ausführlichen Darstellungen und Rechtsvergleichungen bei *Bärmann* Einl. WEG, 1. Aufl. 1958.

[6] Die „Motive zu dem Entwurfe eines Bürgerlichen Gesetzbuches für das Deutsche Reich", Bd. III Sachenrecht 1888, S. 44 f. nennen als Verbreitungsgebiete für das vorherrschende Stockwerkseigentum Baden, Bayern, Württemberg, Meiningen (Thüringen), Schleswig und Frankfurt a. M. Demgegenüber habe das Stockwerkseigentum im Bereich des preußischen ALR „nach der neueren Praxis keinen Boden".

[7] *Weitnauer/Wirths* WEG, 1. Aufl. 1951, Vorbemerkungen zum 1. Teil Rn. 2; ähnlich *Wolff/Raiser* Sachenrecht 10. Aufl. 1957, § 89 I.

[8] Vgl. *Weitnauer/Wirths* WEG, 1. Aufl. 1951, Vorbemerkungen zum 1. Teil Rn. 2.

[9] Dh einer unkündbaren „Zwangsgemeinschaft" im Gegensatz zu einem Mietverhältnis.

[10] Motive zu dem Entwurfe eines Bürgerlichen Gesetzbuches für das Deutsche Reich, Bd. III Sachenrecht 1888, S. 45.

[11] Die heutige Einteilung des Privatrechts (Allgemeiner Teil; Schuldrecht; Sachenrecht; Familienrecht; Erbrecht) geht in lediglich veränderter Reihenfolge auf das Pandektensystem zurück. Herausragende Vertreter waren u.a. *G.A. Heise* („Grundriß eines Systems des allgemeinen Civilrechts zum Behuf von Pandekten-Vorlesungen"); *B. Windscheid* (Mitglied der I. BGB-Kommission v. 1874–1883; „Lehrbuch des Pandektenrechts"), und *H. Dernburg* („Pandekten"; „Das preußische Hypothekenrecht").

deshalb als „Regelwidrigkeit".[12] Stattdessen wurde insbesondere mit den §§ 93, 94 BGB der **Akzessionsgrundsatz** normiert. Auch die Verbindung einer vormals beweglichen Sache mit einem Grundstück zu dessen wesentlichem Bestandteil führt nach § 946 BGB zur Erstreckung des Grundstückseigentums auf diese Sache. Eine reale (insbesondere horizontale) Teilung des Eigentums an demselben Grundstück mit seinen wesentlichen Bestandteilen war damit ausgeschlossen.

Der vorrangige **Zweck** dieser Regelung besteht darin, die durch die Verbindung 6 geschaffenen wirtschaftlichen Werte möglichst zu erhalten[13], was durch eine die Trennung begünstigende Zulassung von Sonderrechten gefährdet sein würde. Für Gebäude dient diese Regelung auch der Sicherheit im Rechtsverkehr. Im Grundstücksverkehr ist die Schaffung klarer und sicherer Rechtsverhältnisse nämlich von besonderer Bedeutung.[14]

Bitte lesen Sie jetzt die §§ 93, 94 und § 946 BGB!

5. Das Schicksal des Stockwerkseigentums in Deutschland

Echtes Stockwerkseigentum kann seit dem Inkrafttreten des BGB in Deutsch- 7 land nicht mehr neu begründet werden (Art. 189 Abs. 1 S. 3 EGBGB). Das zur Zeit des Inkrafttretens des BGB bestehende Stockwerkseigentum blieb allerdings bestehen (Art. 182 S. 1 EGBGB). Es ist auch heute noch hauptsächlich in den Landesteilen von Baden und Württemberg anzutreffen.[15]

---

[12] Motive zu dem Entwurfe eines Bürgerlichen Gesetzbuches für das Deutsche Reich, Bd. III Sachenrecht 1888, S. 45.

[13] Bei dieser Gelegenheit sei kurz an den ähnlichen Überlegungen geschuldeten „Hypothekenhaftungsverband" der §§ 1120 ff. BGB erinnert.

[14] BGHZ 104, 298 = DNotZ 1989, 420 = NJW 1988, 2789 unter Hinweis auf die Motive zu dem Entwurfe eines Bürgerlichen Gesetzbuches für das Deutsche Reich, Bd. III Sachenrecht 1888, S. 41.

[15] Im Jahr des Inkrafttretens des WEGs wurde das echte Stockwerkseigentum noch mit ca. 10.000 bis 11.000 Einheiten angegeben; *Weitnauer/Wirths* WEG, 1. Aufl. 1951, Vorbemerkungen zum 1. Teil Rn. 4.

Beispiel:

(verkürztes Eintragungsbeispiel)

Amtsgerichtsbezirk	Grundbuchamt	Grundbuch von	Nummer	Bestandsverzeichnis Einlegeblatt
Bad Waldsee	Bad Waldsee	Waldsee		1

Lfd.Nr. der Grund- stücke	Bish. lfd.Nr. der Grd.st.	Bezeichnung der Grundstückeund der mit demEigentum verbundenerRechte				Größe		
		a) Gemarkung						
		b) Karte	Flurstück	c) Wirtschaftsart und Lage		ha	a	r.
1	2	3				4		
1		**Stockwerkeigentum** an dem Grundstück						
		SO 5846	96/7	-Straße 11 Gebäude- und Freifläche		1	23	
		mit folgendem Inhalt: der untere Stock (Teil) von einem zweistöckigen Wohnhaus bestehend in einer Wohnstube, einer Küche, 2 Kammern, 1 Werkstatt mit Trockenofen, 1 getrennten Keller, 1 Holzplatz, Hauseingang und der Hälfte Orbet, Anteil am Hofraum neben dem Haus. Der Meßgehalt des Hauses ist -:94 qm mit Abtritt -: 1 qm und Hofraum -: 28 qm.						
		weitere Stockwerkseigentum: Grundbuch Blatt-Nr.'						
2		SO 5846	96/8	Gebäude- und Freifläche			48	

Allerdings hat der historische Gesetzgeber mit Art. 131 EGBGB ersatzweise die Möglichkeit zugelassen, sog **uneigentliches Stockwerkseigentum** landesrechtlich zu begründen.[16] Es handelt sich dabei um Miteigentum mit Benutzungs- und Gemeinschaftsregelungen bei gleichzeitiger Unauflöslichkeit der Gemeinschaft. Aufgrund landesrechtlicher Bestimmungen kann echtes Stockwerkseigentum in unechtes übergeleitet werden.[17] Die Überführung in Wohnungseigentum nach heutigem Recht erleichtert § 63 WEG.

---

[16] Von dieser Möglichkeit hatte lediglich und auch nur für einen kurzen Zeitraum Baden-Württemberg Gebrauch gemacht; vgl. iE *Bärmann* Einl. III WEG, 1. Aufl. 1958, S. 70 mwN. Art. 131 EGBGB ist unverändert in Kraft.

[17] Vgl. zB Art. 62 des BayAGBGB v. 20.9.1982 (GVBl. S. 803). Zu den damit verbundenen Buchungsfragen im Grundbuch vgl. OLG München FGPrax 2009, 9.

II. Warum BGB-Recht allein nicht ausreichend ist

1. Die normative Kraft des Faktischen

Nach dem Ende des 2. Weltkrieges bestand nicht nur die Notwendigkeit, die 8
durch den Krieg zerstörten Städte wieder aufzubauen, um neuen Wohn- und
Geschäftsraum zu schaffen. Zur Verschärfung der **Wohnungsnot** trug auch die
Flucht und Vertreibung von ca. 12 bis 14 Millionen Deutschen aus Mittel- und
Osteuropa bei, wovon ein Großteil in der späteren Bundesrepublik Aufnahme
fand.[18] Dem steigenden Bedarf an Wohnraum und dem Streben nach finanzierba-
rem Immobiliareigentum konnte mit den vorhandenen rechtlichen Möglichkeiten
auf Dauer nicht mehr Rechnung getragen werden.

Die Schaffung neuen Wohnraums ließ sich aber insbesondere dadurch er- 9
leichtern, dass ein Bauwilliger nicht die mit dem Kauf des Grundstücks und des
gesamten Hauses verbundenen Kosten allein zu schultern hätte. So hatte bereits
nach dem 1. Weltkrieg die Novellierung der seinerzeitigen (wenigen) Erbbau-
rechtsbestimmungen[19] eine **Kostenreduzierung** durch die rechtlich gesicherte
Verselbständigung des Bauwerks als Erwerbsgegenstand ermöglicht (vgl. aktuell
§ 1 Abs. 1 ErbbauRG). Durch die Bestellung eines Erbbaurechts bleiben die Eigentumsverhältnisse am Grundstück unberührt; das Bauwerk wird in Durchbrechung des Akzessionsgrundsatzes allein dem Erbbaurecht als Bestandteil
zugeordnet (vgl. aktuell § 12 Abs. 1 S. 1 u. 2 ErbbauRG).

Nach dem 2. Weltkrieg sollte eine noch viel größere Aufbauleistung gar ohne 10
nennenswertes Eigenkapital (Währungsreform) durch Verschaffung von Indivi-
dual-Eigentum in einem (ggf. auch erst noch zu errichtenden) Gebäude ermöglicht
werden. Dafür genügte jedoch der Rückgriff auf das seinerzeit schon bekannte
Erbbaurecht nicht; § 1 Abs. 3 ErbbauRG verbietet nämlich gerade die Beschränkung des Erbbaurechts auf einen Teil eines Gebäudes, insbesondere ein Stock-
werk. Auch die übrigen dinglichen Rechte eignen sich nicht für die Schaffung
neuen Wohnraums.

2. Rechtsgemeinschaft als Grundlage

Als Grundgerüst konnte deshalb nur eine **ideelle Rechtsgemeinschaft** zur 11
Gestaltung der Eigentumsverhältnisse in Betracht kommen. Nur auf diese Weise
lässt sich nämlich gewährleisten, dass die tatsächlich und wirtschaftlich bestehenden Abhängigkeiten mehrerer Beteiligter an einem Mehrfamilienhaus auch
rechtlich abgebildet werden. Andernfalls wäre es nämlich vorstellbar, dass der
Eigentümer der Erdgeschosswohnung zugleich auch alleiniger Eigentümer der
Grundmauern sein könnte, während der Eigentümer des Obergeschosses zugleich

---

[18] *Faulenbach*, Die Vertreibung der Deutschen aus den Gebieten jenseits von Oder und
Neiße, 2002 mwN. zit. nach http://www.bpb.de/apuz/26557/die-vertreibung-der-deut-
schen-aus-den-gebieten-jenseits-von-oder-und-neisse#footnodeid1-1.
[19] Vgl. insoweit die an die Stelle der §§ 1012–1017 BGB getretene ErbbauVO (heute
ErbbauRG) v. 15.1.1919 (RGBl. S. 72).

alleiniger Eigentümer des Daches wäre. Die rechtliche Grundlage einer Beteiligung mehrerer Personen ist damit nicht primär wie beim echten Stockwerkseigentum in einer Eigentümerstellung bzgl. einzelner realer Gebäudeteile, sondern in einer ideellen Rechtsgemeinschaft dieser Personen am gesamten gemeinschaftlichen Gegenstand angelegt.

Damit wird also die Einheit der Eigentumsverhältnisse am Grundstück mit dem Gebäude zunächst entsprechend dem Akzessionsgrundsatz vorausgesetzt. Die angestrebte Individualisierung einzelner Rechtsbereiche kann sich demgemäß nur unter dieser Vorgabe vollziehen.

a) Bruchteilsgemeinschaft

12   Als ideelle Rechtsgemeinschaft bietet sich nach deutschem Recht zunächst die Gemeinschaft nach Bruchteilen an (§§ 741 ff. BGB). Steht – wie in unserem Fall – das Eigentum an einer Sache mehreren nach Bruchteilen zu, so gelten ergänzend die speziellen Vorschriften der §§ 1008 bis 1011 BGB. Miteigentum ist damit rechtlich eine Unterart der Bruchteilsgemeinschaft.[20]

Beispiel:

Eigentümer eines Grundstücks sind die Eheleute M und F zu je ½-Anteil.
Eigentümer eines Garagenvorhofes sind die 30 anliegenden Garageneigentümer zu je 1/30-Anteil.

Kennzeichnendes Merkmal einer Bruchteilsgemeinschaft ist also die Angabe mehrerer **rechnerischer Quoten** an dem gemeinschaftlichen Gegenstand, die in der Summe wieder ein Ganzes ergeben. Aufgeteilt ist demnach die Rechtszuständigkeit am Grundstück als gemeinschaftlicher Sache, nicht aber die Sache selbst. Die Bruchteilsgemeinschaft als solche ist dabei nicht rechtsfähig.[21]

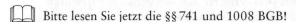 Bitte lesen Sie jetzt die §§ 741 und 1008 BGB!

13   Dem einzelnen Bruchteilseigentümer steht damit lediglich ein ideeller – Sie werden jetzt möglicherweise sagen: ein virtueller – Anteil zu, der sich nicht konkret lokalisieren lässt. Jeder Bruchteilseigentümer kann allerdings über seinen Anteil frei verfügen (§ 747 S. 1 BGB). Über den gemeinschaftlichen Gegenstand im Ganzen können die Bruchteilseigentümer jedoch nur gemeinschaftlich verfügen (§ 747 S. 2 BGB).

---

[20] Die Bezeichnungen werden häufig synonym verwendet. Ebenfalls findet sich der Begriff „Miteigentum" gelegentlich auch zur Beschreibung der sogleich noch zu erörternden Gesamthandsberechtigungen. Nach der gesetzlichen Sprachregelung ist dies nicht vorgesehen; „Miteigentum" kann es danach nur bei einer Bruchteilsgemeinschaft an einer Sache geben.

[21] *Bork* ZIP 2001, 545.

Wiederholung:

Sie sollten sich bei dieser Gelegenheit noch einmal den **Verfügungsbegriff** in Erinnerung rufen:
Unter einer Verfügung ist bekanntlich ein *Rechtsgeschäft* zu verstehen, *durch das der Verfügende unmittelbar (dinglich) auf ein bestehendes Recht einwirkt, indem er es aufhebt, belastet, überträgt oder verändert*.[22] *(„ABÜV")*

Demzufolge kann ein Bruchteilseigentümer seinen ideellen Miteigentumsanteil auf eine andere Person übertragen, ihn mit dinglichen Rechten belasten (natürlich nur, soweit diese überhaupt auf einem Anteil lasten können[23]) und ihn auch verändern, zB gem. § 3 Abs. 6 GBO unterteilen. Miteigentum nach Bruchteilen ist seinem Wesen nach damit dem Alleineigentum gleichartig[24]; es ist Eigentum und ein selbständiges Recht wie das ganze Recht.[25] Die Vorschriften über das Eigentum sind demgemäß auch auf das Miteigentum nach Bruchteilen anzuwenden.[26]

Bitte lesen Sie jetzt § 747 BGB!

b) Gesamthandsgemeinschaften

Die in § 741 BGB angesprochenen anderen Möglichkeiten zur Gestaltung von **14** Gemeinschaftsverhältnissen („sofern sich nicht aus dem Gesetz ein anderes ergibt") konzentrieren sich eigentumsmäßig auf die sog **Gesamthandsgemeinschaften**. Allerdings gibt es eine einheitliche Rechtsfigur der Gesamthand im BGB bis heute nicht.[27] Gesamthandsgemeinschaften sind vom historischen Gesetzgeber als Rechtsinstitute des Schuldrechts (Gesellschaft bürgerlichen Rechts; GbR), des Familienrechts (eheliche Gütergemeinschaft) und des Erbrechts (Erbengemeinschaft) vorgesehen worden. Aktuell wird man wohl nur noch die Gütergemeinschaft und die Erbengemeinschaft als Gesamthandsgemeinschaft einordnen können, nachdem die Gesellschaft bürgerlichen Rechts inzwischen auch liegenschaftsrechtlich selbst als rechtsfähig angesehen wird.[28]

Das Gesetz bestimmt in den §§ 718 Abs. 1, 1416 Abs. 1 S. 1 und 2032 Abs. 1 **15** BGB, dass die jeweiligen den Berechtigten zuzuordnenden Gegenstände „gemeinschaftliches Vermögen" der Gesamthandsberechtigten werden. Daraus scheint sich zunächst idealtypisch im Unterschied zur sprachlich auf den Einzelgegen-

---

[22] Vgl. BGHZ 75, 221, 226 = NJW 1980, 175; BGHZ 1, 294, 304 = NJW 1951, 645, 647.

[23] Vgl. dazu § 1066 Abs. 1 (für Nießbrauchsrechte), § 1095 (für Vorkaufsrechte), § 1106 (für Reallasten), § 1114 (für Hypotheken), § 1192 Abs. 1 (für Grundschulden) und § 1199 Abs. 1 BGB (für Rentenschulden).

[24] BGHZ 115, 1 = DNotZ 1992, 359 = NJW 1991, 2488.

[25] BGHZ 36, 365 = NJW 1962, 1203.

[26] BGHZ 172, 209 = DNotZ 2007, 840 = NJW 2007, 2254 = ZfIR 2008, 19 = ZMR 2007, 793; allerdings mit dem gemeinschaftsrechtlich begründeten Aufgabeverbot für einen Miteigentumsanteil.

[27] MüKoBGB/*Ulmer/Schäfer* 6. Aufl. 2013 § 705 Rn. 289.

[28] Vgl. die durch das ERVGBG 2009 eingefügten § 899a BGB und § 47 Abs. 2 GBO für eine bereits eingetragene GbR einerseits sowie BGHZ 189, 274 = DNotZ 2011, 711 = NJW 2011, 1958 = ZfIR 2011, 487 für eine erwerbende GbR andererseits.

stand bezogenen Bruchteilsgemeinschaft der Miteigentümer ableiten zu lassen, dass die gesamthänderische Berechtigung sich auf eine Vermögensmasse als Inbegriff von Sachen und Rechten bezieht.[29] Die Anzahl der einer Mehrheit von Berechtigten zuzuordnenden Gegenstände mag zwar vielfach eine erste Unterscheidung indizieren; es ist heute jedoch anerkannt, dass eine gesamthänderische Bindung auch nur (noch) einen Einzelgegenstand erfassen kann[30] bzw. mehrere Personen aufgrund desselben Entstehungsgrundes mehrere Grundstücke in identischer Bruchteilsberechtigung zustehen können.[31]

16   Entscheidendes Abgrenzungsmerkmal gegenüber der Bruchteilsgemeinschaft ist vielmehr die jeweilige Zusammenfassung der gesamthänderisch gebundenen Vermögensgegenstände zu einem einheitlichen **Sondervermögen**[32], das vom sonstigen Vermögen seiner Berechtigten separiert ist. Zur Verhinderung eigenmächtiger Verfügungen seitens der Berechtigten schließt das Gesetz jeweils Verfügungen eines Gesamthänders über seinen **Anteil an den einzelnen** zum Gesamthandsvermögen gehörenden **Gegenständen** aus.

Bitte lesen Sie jetzt die §§ 719 Abs. 1, 1419 Abs. 1, 2033 Abs. 2 BGB!

17   Die Möglichkeit der **Verfügung eines Gesamthänders** über seinen abstrakten **Anteil an dem gesamthänderisch gebundenen Vermögen** insgesamt richtet sich wiederum nach dem Näheverhältnis der Mitberechtigten. So ist eine Verfügung über den Anteil am Gesamtgut der Gütergemeinschaft während der Ehezeit naheliegenderweise ausgeschlossen (§ 1419 Abs. 1 BGB), bei der GbR entgegen dem Wortlaut des Gesetzes (vgl. § 719 Abs. 1 BGB) als Verfügung über die Mitgliedschaft nach ganz h.M. zulässig, aber von der Zustimmung der Mitgesellschafter abhängig[33] und bei der Erbengemeinschaft aufgrund der nicht freiwillig eingegangenen Bindung jederzeit möglich (§ 2033 Abs. 1 S. 1 BGB).

c) Bruchteilsberechtigung oder gesamthänderische Bindung?

18   Akzeptiert man die Prämisse, dass sich das neue Rechtsgebilde möglichst nahtlos in das bestehende Zivilrechtssystem des BGB einfügen lassen muss[34], hatte sich die Auswahl der strukturbildenden Merkmale maßgeblich an den Verfügungsmöglichkeiten zu orientieren. Nur wenn das „Eigenheim auf der Etage" auch **verkehrsfähig** ist, wird es vom Rechtsverkehr und speziell im Rahmen von kreditgestütztem Immobilienerwerb auch von den Banken als Finanzierungsgrundlage angenommen werden.

19   Nach dem zuvor Dargestellten beschränkt sich die dingliche Rechtsposition eines Gesamthänders allerdings auf seinen vermögensrechtlichen Anteil an der

---

[29] So noch *Schulze-Osterloh*, Das Prinzip der gesamthänderischen Bindung, 1972.

[30] BGH NJW 1969, 92.

[31] BGHZ 140, 63 = NJW 1999, 781 („Rittergut").

[32] Statt vieler MüKoBGB/*Ulmer/Schäfer* 6. Aufl. 2013 § 705 Rn. 290.

[33] BGHZ 81, 82 = DNotZ 1982, 490 = NJW 1981, 2747; BGHZ 71, 296 = DNotZ 1978, 556 = NJW 1978, 1525; BGHZ 44, 229 = NJW 1966, 499.

[34] „Ziel des Entwurfs ist es, den Gedanken des Wohnungseigentums unter tunlichster Schonung unseres allgemeinen Rechtssystems wieder einzuführen; BR-Drs. 75/51 S. 4. Vgl. auch *Weitnauer* JZ 1951, 161 .

Gesamthand als solcher[35]; ein unmittelbares **Verfügungsrecht** über die einzelne Sache kommt ihm nicht zu. Eine gewünschte (Einzel-) Verfügungsmöglichkeit besteht demgegenüber nur bei einem Miteigentümer nach Bruchteilen (vgl. § 747 S. 1 BGB). Nur bei Eintragung eines entsprechenden Bruchteils im Grundbuch (vgl. § 47 GBO) sind dann zB auch (Einzel-) Belastungen des jeweiligen Miteigentums mit den o.g. dinglichen Rechte möglich.

Merke:

Verfügungsgegenstand kann für einen Gesamthänder allenfalls der Anteil an der Gesamthandsgemeinschaft als solcher sein. Daran können aber mit konstitutiver Wirkung keine beschränkten dinglichen Rechte eingetragen werden, weil es sich um ein Sondervermögen und nicht um ein Grundstück handelt.
Verfügungsgegenstand bei einem Miteigentümer ist demgegenüber der ideelle Bruchteil am Grundstück, der nach den Regeln des Volleigentums im angegebenen Umfang mit bestimmten beschränkten dinglichen Rechten (insbesondere Finanzierungsrechten) unmittelbar belastet werden kann.

Aus diesem Grunde kann das Gemeinschaftsverhältnis mehrerer Beteiligter an einem Grundstück nur auf der Grundlage von Miteigentum nach Bruchteilen gestaltet werden.[36]

3. Warum eine Bruchteilsgemeinschaft nach BGB den Anforderungen gleichwohl nicht genügen kann

a) Gewöhnliche Bruchteilsgemeinschaft der Miteigentümer

Auf der Grundlage einer Bruchteilsgemeinschaft mehrerer Miteigentümer besteht zunächst unverändert die Einheit der Eigentumsverhältnisse am Grundstück mit dem Gebäude fort. Jedem Miteigentümer gehört ein ideeller – verkehrsfähiger – Anteil an dem Grundstück samt aufstehendem Gebäude. Es fragt sich daher, ob nicht bereits nach bürgerlichem Recht das Miteigentum in der Weise ausgestaltet werden kann, dass einzelnen Bruchteilseigentümern ein eigener tatsächlicher und rechtlicher Herrschaftsbereich zugeordnet werden könnte, der gleichsam verkehrsfähig und damit auch beleihbar ist. Dies ist bei einer gewöhnlichen Bruchteilsgemeinschaft allerdings nicht der Fall. **20**

b) Gewöhnliche Bruchteilsgemeinschaft mit Gebrauchsvereinbarung

Die gewöhnliche **Bruchteilsgemeinschaft** ließe sich jedoch dahingehend **modifizieren**, dass die Miteigentümer die Verwaltung und insbesondere Benutzung des gemeinschaftlichen Eigentums gem. §§ 743 Abs. 2 ff. BGB durch Vereinbarung regeln. Auf diese Weise könnte zB jedem Miteigentümer eine bestimmte Wohnung zur alleinigen Nutzung zugewiesen werden. **21**

---

[35] MüKoBGB/*Ulmer/Schäfer* 6. Aufl. 2013 § 705 Rn. 290.
[36] *Weitnauer/Wirths* WEG, 1. Aufl. 1951, Vorbemerkungen zum 1. Teil Rn. 18.

22   Eine solche Vereinbarung ist zwar möglich, sie wirkt jedoch als schuldrechtlicher Vertrag zunächst nur zwischen den unmittelbar vertragschließenden Parteien („inter partes"). Gegen den Sondernachfolger eines Eigentümers wirkt eine Vereinbarung nur dann, wenn sie als Belastung des Anteils auch im Grundbuch eingetragen ist (§ 1010 Abs. 1 Var. 1 BGB)[37]. Der Begriff des „Sondernachfolgers"-entspricht dabei dem des § 746 BGB.[38]

Merke:

Als **Sondernachfolger** in die getroffenen Verwaltungs- und Benutzungsregelungen ist danach jeder rechtsgeschäftliche Erwerber eines Bruchteils oder eines Anteils an einem Bruchteil anzusehen. Durch eine anteilige Veräußerung eines Bruchteils entsteht keine Untergemeinschaft[39]; es bilden sich vielmehr lediglich verkleinerte Bruchteile. Das Gleiche hat auch für einen durch Zuschlag in der Zwangsversteigerung erwerbenden Ersteher zu gelten.[40] Sondernachfolger ist außer dem Bruchteilserwerber auch der Erwerber eines beschränkten dinglichen Rechts, zB eines Nießbrauchs- oder Pfandrechts am Bruchteil.[41]

Kein Sondernachfolger ist, wer einen Bruchteil oder einen Anteil an einem Bruchteil im Wege der Gesamtrechtsnachfolge erwirbt (zB durch Erbfolge gem. § 1922 Abs. 1 BGB oder durch Vereinbarung von Gütergemeinschaft gem. § 1416 Abs. 1 S. 1, Abs. 2 BGB), weil der **Gesamtrechtsnachfolger** ohnehin an die vorhandenen Rechtsbeziehungen gebunden ist.

Den Begriff des „Sondernachfolgers" sollten Sie sich einprägen; er wird Ihnen an späterer Stelle noch einmal begegnen.

Wiederholung:

Sie sollten bei dieser Gelegenheit die Ihnen bereits bekannten Begriffe des **Gesamtrechtsnachfolgers** („Universalsukzession"), des **Sonderrechtsnachfolgers** („partielle Universalsukzession"[42]) und des **Einzelrechtsnachfolgers** („Singularsukzession"[43]) noch einmal wiederholen und jetzt gegenüber einem **Sondernachfolger** i.S.d. §§ 1010 Abs. 1, 746 BGB abgrenzen!

---

[37] Bei Immobiliareigentum verdrängt § 1010 BGB wegen der damit verbundenen Publizitätswirkung der Grundbucheintragung den ansonsten einschlägigen § 746 BGB. Um allen Zweifeln gleich zu begegnen: Die Vorschrift des § 1010 ist auf Gesamthandseigentum ebensowenig entsprechend anwendbar (OLG Oldenburg DNotZ 2012, 944) wie § 746 BGB (BGH DNotZ 2009, 448 = NJW-RR 2009, 515).
[38] MüKoBGB/*K. Schmidt* 6. Aufl. 2013, § 1010 Rn. 3.
[39] Vgl. MüKoBGB/*K. Schmidt* 6. Aufl. 2013, § 746 Rn. 4 mwN.
[40] Vgl. BayObLG NJW-RR 1988, 1163.
[41] Allg. M. vgl. nur MüKoBGB/*K. Schmidt* 6. Aufl. 2013, § 746 Rn. 4; Palandt/*Sprau* § 746 Rn. 1.
[42] Vgl. insoweit zB § 56 Abs. 1 SGB I, § 4 S. 1 HöfeO; verschiedene Gesamt- und Sonderrechtsnachfolgeregelungen finden sich zB auch im UmwG.
[43] Vgl. zB § 566 Abs. 1 BGB.

c) Gewöhnliche Bruchteilsgemeinschaft mit eingetragener Verwaltungs- und Benutzungsregelung

Nach den zuvor entwickelten Grundsätzen drängt es sich für die Miteigentü- 23 mer geradezu auf, eine über die Verwaltung und Benutzung des gemeinschaftlichen Eigentums getroffene **Vereinbarung** durch Eintragung in das Grundbuch zu **verdinglichen**. Auf diese Weise könnte das schuldrechtliche Band zwischen den ursprünglich am Abschluss der Vereinbarung Beteiligten nunmehr auch auf einen Sondernachfolger im Eigentum erstreckt werden.

Bitte lesen Sie jetzt § 1010 Abs. 1 Var. 1 BGB!

Die **Eintragung** einer solchen Verwaltungs- und Benutzungsregelung gem. § 1010 Abs. 1 BGB erfolgt als Belastung in der II. Abteilung des Grundbuchs.[44]

Allerdings würde eine solche Erstreckung auf einen Sondernachfolger die an- 24 gestrebte Wirkung nicht vollständig erreichen. Zwar wären alle derzeitigen und zukünftigen Miteigentümer grundsätzlich an die vereinbarte Verwaltungs- und Benutzungsregelung gebunden, jedem Miteigentümer stünde aber unabhängig von einer solchen Regelung jederzeit das Recht zu, die **Aufhebung der Gemeinschaft** zu verlangen (§ 749 Abs. 1 BGB). Solange dieses Recht nicht ebenfalls zumindest für eine bestimmte Zeit ausgeschlossen wird, ist jeder Miteigentümer der fortwährenden Gefahr eines Auseinandersetzungsverlangens ausgesetzt. Die Auseinandersetzung einer Miteigentümergemeinschaft könnte ggf. im Wege der sog „Teilungsversteigerung" gem. §§ 180 ff. ZVG durchgesetzt werden (§ 753 Abs. 1 S. 1 ZVG).[45]

Das Recht, die **Aufhebung** der Gemeinschaft zu verlangen, kann aber für im- 25 mer oder auf Zeit **ausgeschlossen** werden (vgl. § 751 S. 1 BGB). Damit auch diese Vereinbarung gegenüber einem Sondernachfolger im Eigentum wirkt, bedarf sie wegen der damit verbundenen Publizitätswirkung gem. § 1010 Abs. 1 Var. 2 BGB ebenfalls der Eintragung in das Grundbuch.[46]

Bitte lesen Sie jetzt § 1010 Abs. 1 Var. 2 WEG!

Die **Eintragung** eines Aufhebungsausschlusses gem. § 1010 Abs. 1 BGB erfolgt wiederum als Belastung in der II. Abteilung des Grundbuchs.[47] Buchungstechnisch werden Verwaltungs- und Benutzungsregelungen mit Aufhebungsausschluss oftmals zu einer Eintragung zusammengefasst.[48]

---

[44] BayObLGZ 1973, 84 = Rpfleger 1973, 246 auch zur Art der Eintragung.

[45] Der Begriff „Teilungsversteigerung" ist mißverständlich, weil in dem Verfahren gerade keine (Ver-) Teilung des unteilbaren Vollstreckungsgegenstandes oder des an seine Stelle getretenen teilbaren Surrogates (Geld) erfolgt. Das Verfahren heißt daher auch „Zwangsversteigerung zum Zwecke der Aufhebung einer Gemeinschaft"; § 180 Abs. 1 ZVG.

[46] Vgl. FG München MittBayNot 2008, 77 auch zur steuerlichen Behandlung der eingetragenen Regelungen für den sog „wirtschaftlichen Eigentümer".

[47] BayObLG MittBayNot 1981, 183.

[48] *F. Müller* Rpfleger 2002, 554 f.; *Schöner/Stöber* 15. Aufl. 2012 Rn. 1460.

d) Gewöhnliche Bruchteilsgemeinschaft mit eingetragener Verwaltungs- und Benutzungsregelung sowie eingetragenem Auseinandersetzungsausschluss

26   Aber auch nach der Grundbucheintragung einer vereinbarten Verwaltungs- und Benutzungsregelung mit dem Ausschluss des Rechtes, die Auseinandersetzung der Gemeinschaft verlangen zu können (**§ 1010 Abs. 1 BGB**), wäre das einem Miteigentümer zustehende Nutzungsrecht an einer ihm überlassenen Wohnung aus mehreren Gründen **nicht vollstreckungsfest.**

aa) Vorliegen eines wichtigen Grundes

27   Zum einen kann die Aufhebung der Gemeinschaft gleichwohl verlangt werden, wenn ein wichtiger Grund vorliegt (§ 749 Abs. 2 S. 1 BGB).[49] Eine dem entgegenstehende Regelung wäre nichtig (§ 749 Abs. 3 BGB).

28   Allerdings hat der BGH auch entschieden, dass unter bestimmten Voraussetzungen eine Verpflichtung des die Aufhebung betreibenden Miteigentümers bestehen kann, seinen Anteil gegen Zahlung des Marktwertes auf die die Gemeinschaft fortsetzenden Teilhaber zu übertragen.[50] Dies könnte im Einzelfall zumindest den Erhalt der Restgemeinschaft gewährleisten.

bb) Keine Erstreckungswirkung gegenüber Gläubiger

29   Davon jedoch einmal abgesehen bietet eine solchermaßen mit einer eingetragenen Verwaltungs- und Benutzungsregelung samt Aufhebungsausschluss verstetigte Miteigentümergemeinschaft jedoch einen entscheidenden Schwachpunkt: Hat nämlich ein Gläubiger die **Pfändung des Anteils eines Teilhabers** erwirkt, so kann er ohne Rücksicht auf die Vereinbarung die Aufhebung der gesamten Gemeinschaft verlangen, sofern der Schuldtitel nicht bloß vorläufig vollstreckbar ist (§ 751 S. 2 BGB). Die Vorschrift findet nach ganz überwiegender Ansicht auch dann Anwendung, wenn der Aufhebungsausschluss gem. § 1010 Abs. 1 BGB im Grundbuch eingetragen ist.[51] Das Gleiche gilt im Insolvenzverfahren (§ 84 Abs. 2 S. 1 InsO).

 Bitte lesen Sie jetzt § 751 S. 2 BGB![52]

30   Der Gläubiger eines Miteigentümers kann demzufolge nicht nur unmittelbar in den Miteigentumsanteil seines Schuldners die Zwangsvollstreckung betreiben

---

[49]   Instruktiv BGH NJW-RR 1995, 334 („Hundezucht und -pension").

[50]   BGH DNotZ 2005, 205 = NJW-RR 2005, 308.

[51]   *Böttcher* ZVG 6. Aufl. 2016 § 180 Rn. 14; Erman/*Aderhold* BGB 14. Aufl. 2014, § 1010 Rn. 2; MüKoBGB/*K. Schmidt* 6. Aufl. 2013, § 1010 Rn. 5; Palandt/*Sprau* § 751 Rn. 2; Palandt/*Herrler* BGB § 1010 Rn. 2; *Schöner/Stöber* 15. Aufl. 2012 Rn. 1465; aA LG u. AG Frankfurt Rpfleger 2011, 684.

[52]   Wenn Ihnen die Formulierung des Gesetzes irgendwie eigentümlich vorkommen sollte, haben Sie sich nicht getäuscht. Die „Pfändung" eines immobilen Anteils ist nach der Konzeption unseres Zwangsvollstreckungsrechts nämlich gar nicht vorgesehen (vgl. § 803 Abs. 1 S. 1 ZPO einerseits und §§ 864, 866 Abs. 1 ZPO andererseits). Wenn Sie jetzt neugierig geworden sein sollten, empfiehlt sich zur Entstehungsgeschichte und den praktischen Folgen des § 751 S. 2 BGB ganz besonders der Beitrag von *Becker*, Das Recht des Gläubigers auf Aufhebung einer Bruchteilsgemeinschaft am Grundstück, ZfIR 2016, 521.

(zB aus einem am Miteigentumsanteil zuvor eingetragenen Grundpfandrecht; vgl. § 864 Abs. 2 ZPO, § 1147 BGB), sondern er kann nach Pfändung des Anspruchs auf Aufhebung der Gemeinschaft die **Zwangsversteigerung des gesamten Grundstücks** erreichen (§ 753 Abs. 1 S. 1 BGB, § 181 Abs. 2 S. 1 ZVG).[53] Auf diese Weise könnten die übrigen zahlungskräftigen Eigentümer ihr Miteigentum verlieren, obwohl sie zum Gläubiger des schuldnerischen Miteigentümers in keiner direkten Rechtsbeziehung stehen.

cc) Untergangsgefährdung

Letztlich kommt noch verschärfend hinzu, dass im Grundbuch eingetragene 31 Vereinbarungen zwischen Miteigentümern über Verwaltungs- und Benutzungsregelungen sowie über den Ausschluss des Rechts, die Aufhebung der Gemeinschaft verlangen zu können, als Anteilsbelastungen in einem **Rangverhältnis** zu anderen Rechten und Belastungen am Grundstück stehen.[54] Sie nehmen damit am Rangsystem des § 10 Abs. 1 ZVG teil und sind deshalb in einem Zwangsversteigerungsverfahren potentiell untergangsgefährdet (vgl. § 52 Abs. 1 iVm § 45 Abs. 1 ZVG), sofern die Miteigentümergemeinschaft durch den Zuschlag nicht ohnehin beendet wird.

Zu beachten ist außerdem, dass der Ausschluss des Rechts, die Aufhebung 32 der Gemeinschaft zu verlangen, nicht zwangsläufig alle möglichen, auch später hinzukommenden Miteigentümer umfassen muss. Dies bedürfte vielmehr einer besonderen Regelung.[55] Damit droht nach einer Unterteilung eines Miteigentumsanteils der **Verlust der Regelung in der Binnenbeziehung** zwischen den Eigentümern des unterteilten Anteils.

e) Zwischenergebnis

Die im BGB geregelte Bruchteilsgemeinschaft ist als Rechtsgemeinschaft zwar 33 grundsätzlich geeignet, die Eigentumsverhältnisse an einem Grundstück mit aufstehendem Gebäude in einer verkehrsfähigen Art und Weise auszugestalten, ohne zugleich den Akzessionsgrundsatz aufgeben zu müssen. Allerdings ist nach BGB-Recht eine vollstreckungsfeste Ausgestaltung der Bruchteilsgemeinschaft an einem Grundstück zugunsten der Miteigentümer nicht zu erreichen, wenn diesen alleinige Herrschaftsbereiche zugewiesen werden sollen.

Weil auch andere genossenschaftsrechtliche Modelle letztlich nicht vollstreckungsfest zu gestalten waren[56], bedurfte es einer zusätzlichen rechtlichen Komponente, um auf der Basis des Miteigentums nicht nur eine störanfällige nutzungsrechtliche, sondern eine darüber hinausgreifende vollstreckungsfeste Rechtsstellung zu entwickeln.

---

[53] BGHZ 90, 207 = NJW 1984, 1968 = Rpfleger 1984, 283.
[54] *F. Müller* Rpfleger 2002, 554 (555); *Schöner/Stöber* 15. Aufl. 2012 Rn. 1471.
[55] Vgl. OLG München v. 23.2.2015 – 34 Wx 7/14, NJW-RR 2015, 1499.
[56] Vgl. die interessanten Schilderungen bei *Bärmann* WEG 1. Aufl. 1958 Einl. III S. 65 f.

III. Sachenrechtliche Anforderungen an das neue Rechtsinstitut

1. Verkehrsfähigkeit

a) Besonders ausgestaltetes Miteigentum

34   Geht man zunächst sachenrechtlich vom Miteigentum am Grundstück als konzeptioneller Grundlage aus, lässt sich eine über bloße nutzungsrechtliche Absicherungen hinausgehende Verselbständigung dadurch erreichen, dass bestimmte, räumlich näher beschriebene Bereiche aus dem Herrschaftsbereich des bisherigen Miteigentums herausgelöst und einem Miteigentümer allein als echtes Eigentum zugeordnet werden.[57] Mit einer solchen Verfahrensweise ist eine **teilweise Durchbrechung des Akzessionsgrundsatzes** für diese näher beschriebenen räumlichen Herrschaftsbereiche eines Alleineigentümers verbunden. Die §§ 93, 94 BGB müssen für diesen eigentumsmäßigen Sonderbereich also außer Kraft gesetzt werden.[58]

35   **Rechtstechnisch** erfolgt dies nicht als Belastung des jeweiligen Miteigentums, sondern als gegenständliche Beschränkung der bisherigen – unbeschränkten – Rechtsposition der übrigen Bruchteilsberechtigten. Damit diese Beschränkung des Miteigentums auch gegenüber allen Miteigentümern wirken kann, müssen sämtliche Miteigentümer einer solchen wechselseitigen Beschränkung ihres Miteigentums zugunsten räumlich näher beschriebener Eigentumssphären der übrigen Alleineigentümer zustimmen. Diese Zustimmung muss dabei reziprok – also durch Vertragsschluss aller Miteigentümer – erfolgen, weil es denknotwendig ausgeschlossen ist, dass an ein und demselben Grundstück sowohl „normales" als auch „beschränktes" Miteigentum nebeneinander bestehen können.[59] In einem solchen Fall würde nämlich das „normale" Miteigentum auch den gegenständlich verselbständigten Eigentumsbereich der anderen Miteigentümer erfassen, so dass dieser nicht mehr sonderrechtsbestimmt wäre.

36   Man kann also gewissermaßen bildlich von „**Inseln des Alleineigentums**" im „**Meer des Gemeinschaftseigentums**" sprechen. Der wechselseitig eingeräumte gegenständliche Sonderbereich des Alleineigentums wird „**Sondereigentum**" genannt.

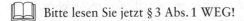 Bitte lesen Sie jetzt § 3 Abs. 1 WEG!

---

[57] In diesem Sinne auch BGHZ 177, 338 = NJW 2008, 2982 = ZfIR 2008, 734 = ZMR 2008, 894 = ZWE 2008, 426.
[58] Vgl. BR-Drs. 75/51, 9.
[59] Das bisweilen auftretende Problem substanzloser (auch: „isolierter") Miteigentumsanteile werden wir an späterer Stelle aufgreifen; für neugierig gewordene Leser: s. zunächst nur BGHZ 109, 179 = DNotZ 1990, 377 = NJW 1990, 447 = ZMR 1990, 112 („Heizwerkfall").

b) Untrennbare Rechtseinheit

Der mit Alleineigentum verbundene Miteigentumsanteil muss als eigenstän- 37
diges **verkehrsfähiges Objekt** konzeptioniert sein. Für den mit Sondereigentum
verbundenen Miteigentumsanteil gelten grundsätzlich die für Miteigentumsanteile an Grundstücken geltenden Vorschriften. Er kann also ebenfalls veräußert
werden, er kann insbesondere mit Grundpfandrechten belastet werden und er
ist vererblich.[60]

Dazu gehört insbesondere auch, dass **isolierte Verfügungen** über eines der bei- 38
den sachenrechtlichen Elemente allein grundsätzlich **ausgeschlossen** sein müssen,
damit die beiden Elemente kein getrenntes rechtliches Schicksal nehmen können.

Bitte lesen Sie jetzt § 6 Abs. 1 WEG!

2. Abgeschlossenheit

Damit nicht die bekannten Probleme des in Verruf geratenen Stockwerkseigen- 39
tums reproduziert werden, bedürfen die Sondereigentumsbereiche einer klaren
tatsächlichen und rechtlichen Abgrenzung. Sie sollen gegenüber anderem Sondereigentum und gegenüber dem gemeinschaftlichen Eigentum „abgeschlossen"
sein. Das Abgeschlossenheitserfordernis „soll zur Vermeidung aller jener Streitigkeiten beitragen, die auf unklaren tatsächlichen und rechtlichen Verhältnissen
beruhen und das Stockwerkseigentum alter Art in Verruf gebracht haben".[61]

Bitte lesen Sie jetzt § 3 Abs. 2 S. 1 WEG!

3. Unauflöslichkeit

Aus dem zuvor Gesagten ergibt sich zwingend, dass die modifizierte Bruch- 40
teilsgemeinschaft am Grundstück weder einem eigentümerseitigen, noch einem
gläubigerseitigen Auseinandersetzungsverlangen ausgesetzt sein darf. Die Gestaltung eines **absolut wirkenden Aufhebungsausschlusses** gewährleistet auch die
Begrenzung eines evtl. Vollstreckungszugriffs auf das zu schaffende Alleineigentum des unmittelbaren Schuldners, ohne die übrigen Miteigentümer zu tangieren.
Dazu muss die Anwendung der § 751 S. 2 BGB und § 84 Abs. 2 InsO ausgeschlossen sein, was nur der Fall ist, wenn die Neuregelung nicht am Rangsystem des
ZVG teilnimmt. Eine solche ranglose Regelung findet sich nunmehr als Inhalt–
und nicht mehr als Belastung – des Eigentums in § 11 WEG.

Bitte lesen Sie jetzt § 11 Abs. 1 u. 2 WEG!

Eine davon abweichende Vereinbarung ist allein für den Fall zugelassen, dass 41
das Gebäude ganz oder teilweise zerstört wird und eine Verpflichtung zum Wie-

---

[60] BR-Drs. 75/51, 8.
[61] BR-Drs. 75/51, 10; vgl. auch BGH NJW 1991, 1611 = ZMR 1991, 185 (Vorlageent-
scheidung) und GmS-OGB BGHZ 119, 42 = NJW 1992, 3290 = ZMR 1993, 25.

deraufbau nicht besteht (§ 11 Abs. 1 S. 2 WEG). Dann hat die Aufrechterhaltung der Gemeinschaft allerdings auch ihren Sinn verloren.[62]

IV. Unterschiedliche theoretische Ansätze

42   Sie haben sich bis hierhin sozusagen „by the way" die ersten basics des neuen Rechtsinstituts „Wohnungseigentum" erarbeitet. Wir werden später noch weitere zwingende Rechtsgrundlagen kennenlernen. Auf Ihrem bisherigen Weg sind Sie einem Aufbau gefolgt, dem ein spezifisches Verständnis von Wohnungseigentum zugrunde liegt.

Es soll an dieser Stelle aber nicht verschwiegen werden, dass die hier darge-stellte Sichtweise nicht die einzig denkbare und deshalb auch nicht unumstritten ist. Man unterscheidet im Wesentlichen zwischen folgenden **Lehrmeinungen zur Rechtsnatur** von Wohnungseigentum:

1. Die Auffassung von der Prädominanz des Miteigentums

43   Die hier zugrunde gelegte Auffassung versteht Wohnungseigentum als ein besonders ausgestaltetes Miteigentum nach Bruchteilen (§ 1008 BGB), das grund-sätzlich am Akzessionsprinzip festhält. Die Einräumung von Sondereigentum durchbricht dieses Prinzip lediglich, um den Miteigentümern einen rechtlichen und tatsächlichen Zugriff auf die reale Gebäudesubstanz zu ermöglichen. Das Miteigentum am Grundstück ist ebenso wie das Sondereigentum Eigentum i.S.d. § 903 BGB.[63]

44   Wichtigster **Vertreter** dieser Linie war sicherlich *Weitnauer*.[64] Auch nach der WEG-Novelle 2007 existiert neben der „Verwaltungsgemeinschaft" der Woh-nungseigentümer noch eine sachenrechtliche Grundlage für eine Gemeinschaft der Bruchteilseigentümer.[65]

2. Die Auffassung von der dreigliedrigen Einheit des Wohnungs-eigentums

45   Größter dogmatischer Gegenspieler Weitnauers war seinerzeit *Bärmann*, der bei der Schaffung des Wohnungseigentums von einem neuen Rechtsinstitut sui generis ausging. Die dabei herausgearbeitete dreigliedrige Einheit des Wohnungs-

---

[62] BR-Drs. 75/51, 17f.

[63] BGHZ 116, 392 = NJW 1992, 978; BGHZ BGHZ 49, 250 = NJW 1968, 499; OLG München NJW 2010, 1467; BayObLG ZWE 2002, 76; Weitnauer/*Briesemeister* 9. Aufl. 2005, Vor § 1 Rn. 24 u. 57.

[64] Vgl. neben zahlreichen Aufsätzen insbes. die von ihm bis zur 8. Aufl. herausgegebene Kommentierung zum WEG (zuletzt 9. Aufl. 2005).

[65] Zur Abgrenzung gegenüber der rechtsfähigen „Verwaltungsgemeinschaft" später mehr; vgl. auch BGH NJW 2013, 1962.

eigentums (Miteigentum, Sondereigentum und Mitgliedschaftsrechte) wurde von ihm auch als „Trinität" bezeichnet.[66]

Als weiterer **Vertreter** dieser sog „Einheitstheorie" ist neben *Bärmann* – **46** allerdings unter Reduzierung des Miteigentumsanteils auf eine rechnerische Buchungsgröße – auch *Röll* zu nennen.[67] Vgl. zu diesem Ansatz aktuell auch *Commichau*.[68]

3. Die Auffassung vom Wohnungseigentum als grundstücksgleichem Recht

Bisweilen wird versucht, den Besonderheiten des Wohnungseigentums dadurch **47** Rechnung zu tragen, dass es als grundstücksgleiches Recht eingeordnet wird. Als hauptsächlicher **Vertreter** dieses Ansatzes ist hier der frühe *Merle* zu nennen.[69]

Diese Ansicht hat sich jedoch zu Recht nicht durchsetzen können.[70] Es fehlt **48** insbesondere an dem für grundstücksgleiche Rechte typischen Fortbestand des Grundstücks als eigenständigem Rechtsobjekt.[71]

4. Die gesellschaftsrechtlichen Auffassungen

Die gesellschaftsrechtlichen Erklärungsversuche wollen die Gemeinschaft der **49** Wohnungseigentümer primär unter dem Aspekt gesamthänderischer Bindung betrachten. Als wichtigster **Vertreter** ist hier insbesondere *Junker*[72] zu nennen.

Wohnungseigentum soll danach als dinglicher Anteil an einer Gesellschaft **50** nach dem WEG einzuordnen sein, weil die gesetzliche Konstruktion des WEG gescheitert sei. Der luftleere Raum sei nämlich nicht sondereigentumsfähig.[73] Die gesellschaftsrechtlichen Auffassungen von Wohnungseigentum haben jedoch zu Recht keine Akzeptanz erfahren; sie sind letztlich mit den sachenrechtlichen Determinanten des Wohnungseigentums unvereinbar.

Die früheren **Meinungsunterschiede** insbesondere zwischen den beiden erstge- **51** nannten Auffassungen sollen an dieser Stelle nicht weiter vertieft werden; sie sind spätestens seit der Novelle 2007 angesichts der noch zu besprechenden gemeinschaftsrechtlichen Neuregelungen **weitgehend in den Hintergrund getreten**.[74]

---

[66] *Bärmann* WEG 1. Aufl. 1958, Einleitung S. 164.
[67] MüKoBGB/*Röll* 3. Aufl. 1997, Vor § 1 Rn. 12.
[68] MüKoBGB/*Commichau* 6. Aufl. 2013, Vorbem. Rn. 52 f., der allerdings in der Bezeichnung der Theorien von der hier verwendeten Terminologie abweicht.
[69] *Merle* Das Wohnungseigentum im System des bürgerlichen Rechts 1979, S. 172; vgl. auch Staudinger/*Gursky* § 1008 Rn. 4 und Erman/*Aderhold* Vor § 1008 Rn. 11.
[70] Vgl. OLG München ZWE 2010, 459 aE.
[71] Zutr. Bärmann/*Armbrüster* § 1 Rn. 6; *Sauren* NJW 1985, 180 mwN.
[72] *Junker*, Die Gesellschaft nach dem Wohnungseigentumsgesetz, 1993; vgl. auch *Schulze-Osterloh*, Das Prinzip der gesamthänderischen Bindung, 1972.
[73] *Junker* S. 205.
[74] In diesem Sinne auch Bärmann/*Armbrüster* § 1 Rn. 7.

📖 **Wiederholungsaufgaben und Vertiefungsfragen**

1. Beschreiben Sie den wesentlichen Unterschied zwischen echtem Stockwerkseigentum und Wohnungseigentum.
2. Worin besteht der hauptsächliche Unterschied zwischen einer Bruchteilsgemeinschaft und einer Gemeinschaft zur gesamten Hand?
3. Inwiefern handelt es sich bei Wohnungseigentum um „zusammengesetztes Eigentum"?

Respekt – Sie haben sich bis zu diesem Punkt die ersten sachenrechtlichen Grundlagen des Wohnungseigentums erarbeitet.

Es ist deshalb an der Zeit für eine erste .

Kapitel B. Zur Terminologie

Ausgewählte Literatur zur Ergänzung und Vertiefung:

Heinemann, Nachbareigentum im Wohnungseigentumsrecht, ZMR 2016, 680; *Hügel*, Die Umwandlung von Teileigentum zu Wohnungseigentum und umgekehrt, FS Bub (2007), 137; *Hurst*, „Mit-Sondereigentum" und „abgesondertes Miteigentum", noch ungelöste Probleme des Wohnungseigentumsgesetzes, DNotZ 1968, 131; *Sauren*, Mitsondereigentum – eine Bilanz, DNotZ 1988, 667.

I. Begriffsbildung

Aus den im Kapitel A. entwickelten Grundsätzen lassen sich nunmehr zwang- **1** los die maßgeblichen rechtlichen Termini ableiten. Der Gesetzgeber unterscheidet bereits mit der Begriffsbildung, ob das Alleineigentum an einer Wohnung oder an nicht zu Wohnzwecken dienenden Räumlichkeiten eines Gebäudes bestehen soll. Demgemäß kann an Wohnungen das Wohnungseigentum, an nicht zu Wohnzwecken dienenden Räumen eines Gebäudes das Teileigentum begründet werden. Unter einem **Gebäude** ist dabei eine Baulichkeit zu verstehen, die einem Gebrauch durch Menschen zugängliche Räume enthält.[1] Die Begriffe werden anschließend legal definiert.

Bitte lesen Sie zunächst § 1 Abs. 1 WEG!

1. Wohnungseigentum

„Wohnungseigentum ist das Sondereigentum an einer Wohnung in Verbindung mit **2** dem Miteigentumsanteil an dem gemeinschaftlichen Eigentum, zu dem es gehört."

Bitte lesen Sie jetzt § 1 Abs. 2 WEG!

Unter einer „**Wohnung**" ist zu verstehen „die Summe der Räume, welche die **3** Führung eines Haushaltes ermöglichen; dazu gehören stets eine Küche oder ein Raum mit Kochgelegenheit sowie Wasserversorgung, Ausguß und WC. Die Eigenschaft als Wohnung geht nicht dadurch verloren, dass einzelne Räume vorübergehend oder dauernd zu beruflichen oder gewerblichen Zwecken benutzt werden. Räume, die zwar zu Wohnzwecken bestimmt sind, aber die genannten Voraussetzungen nicht erfüllen, können nicht als Wohnung (...) angesehen werden."[2]

---

[1] LG Frankfurt NJW 1971, 759; *Hügel/Elzer* § 3 Rn. 23.
[2] Nr. 4 der Allgemeinen Verwaltungsvorschrift für die Ausstellung von Bescheinigungen gemäß § 7 Abs. 4 Nr. 2 und § 32 Abs. 2 Nr. 2 des Wohnungseigentumsgesetzes vom 19.3.1974 (BAnz. Nr. 58 vom 23.3.1974); → Anhang III.

4 Beispiel:

(verkürztes Eintragungsbeispiel)

Amtsgericht Duisburg **Grundbuch von Duisburg** **Blatt 2261**

Bestandsverzeichnis

Lau-fende Nummer der Grund-stücke	Bis-herige laufende Nummer der Grund-stücke	Bezeichnung der Grundstücke und der mit dem Eigentum verbundenen Rechte				Größe		
		Gemarkung (Vermessungsbezirk)	Karte	Liegen-schafts-buch	Wirtschaftsart und Lage			
			Flur	Flur-stück				
		a	b	c/d	e	ha	a	m²
1	2	3				4		
1		187/10.000stel Miteigentumsanteil an dem Grundstück						
		Duisburg	1	101	Gebäude- und Freifläche, Kardinal-Galen-Straße 124		02	34
		verbunden mit dem Sondereigentum an der im Aufteilungsplan vom 24. März 2000 mit Nr. 1 bezeichneten Wohnung im Erdgeschoss links mit einem Kellerraum im Kellergeschoss.						

Zu weiteren Informationen über die Grundbucheintragung → Kapitel D Rn. 42 ff.

5 Unter einem „**Raum**" ist der durch Fußboden, Wände und Decke begrenzte Luftraum zu verstehen, der einen ungehinderten Zutritt durch Dritte ausschließt.[3]

> **Hinweis:**
>
> Der Gesetzgeber erweitert damit den Sachbegriff des § 90 BGB, weil ein Luftraum kein körperlicher Gegenstand ist.[4]

An einem Raum soll Sondereigentum jedoch nur eingeräumt werden, wenn auch sichergestellt ist, dass dieses in sich abgeschlossen ist.[5] Zum **Abgeschlossenheitserfordernis** → Kapitel D Rn. 53 ff.

6 Wenngleich der Geschoßwohnungsbau unzweifelhaft im Vordergrund steht, kann nach dieser Terminologie Wohnungseigentum nicht nur an einzelnen Wohnungen innerhalb eines Gebäudes begründet werden. Auch mehrere auf einem Grundstück errichtete Gebäude könnten danach in die Rechtsform des „Woh-

---

[3] Vgl. GmS-OGB BGHZ 119, 42 = NJW 1992, 3290; OLG München NZM 2006, 635.

[4] Bärmann/*Armbrüster* § 5 Rn. 8; *Hügel/Elzer* § 3 Rn. 28.

[5] Vgl. § 3 Abs. 2 und § 8 Abs. 2 WEG.

nungseigentums" überführt werden.[6] Dies wird insbesondere bei Doppel- und Reihenhäusern der Fall sein, wenn deren gemeinsames Grundstück nicht real geteilt werden kann (faktische Realteilung), aber auch mehrere selbständige Baukörper auf einem gemeinsamen Grundstück sind denkbar. Man spricht dann von sog **Mehrhausanlagen.**

2. Teileigentum

„Teileigentum ist das Sondereigentum an nicht zu Wohnzwecken dienenden Räumen eines Gebäudes in Verbindung mit dem Miteigentumsanteil an dem gemeinschaftlichen Eigentum, zu dem es gehört."   7

Bitte lesen Sie jetzt § 1 Abs. 3 WEG!

Der Unterschied zwischen „Wohnungen" und „nicht zu Wohnzwecken dienenden Räumen" ergibt sich somit allein aus der Zweckbestimmung der Räume.[7] Unter einem Raum ist auch bei einem Teileigentum der allseitig begrenzte Luftraum zu verstehen.[8]   8

Beispiel:

Nicht zu Wohnzwecken dienende Räume sind zB Läden, Werkstatträume, sonstige gewerbliche Räume, Praxisräume, Garagen u. dgl.

(verkürztes Eintragungsbeispiel)

Amtsgericht Duisburg   **Grundbuch von Duisburg**   **Blatt 2345**

Bestandsverzeichnis

Laufende Nummer der Grundstücke	Bisherige laufende Nummer der Grundstücke	Bezeichnung der Grundstücke und der mit dem Eigentum verbundenen Rechte				Größe		
		G e m a r k u n g (Vermessungsbezirk)	Karte Flur | Flurstück	Liegenschaftsbuch	Wirtschaftsart und Lage	ha	a	m²
		a	b	c/d	e			
1	2	3				4		
1		10/10.000stel Miteigentumsanteil an dem Grundstück						
		Duisburg	1 | 101		Gebäude- und Freifläche, Kardinal-Galen-Straße 124		02	34

---

[6] BGH NJW-RR 2001, 800 = NZM 2001, 435; OLG Düsseldorf FGPrax 2004, 267 = Rpfleger 2004, 691.

[7] Nr. 4 der Allgemeinen Verwaltungsvorschrift für die Ausstellung von Bescheinigungen gemäß § 7 Abs. 4 Nr. 2 und § 32 Abs. 2 Nr. 2 des Wohnungseigentumsgesetzes vom 19.3.1974 (BAnz. Nr. 58 vom 23.3.1974); → Anhang III.

[8] OLG Jena NotBZ 2005, 219.

		verbunden mit dem Sondereigentum an der im Aufteilungsplan vom 24. März 2000 mit Nr. 35 bezeichneten Garage.					

Zu weiteren Informationen über die Grundbucheintragung → Kapitel D Rn. 42.

3. Kombiniertes Wohnungs- und Teileigentum

9   Wohnungs- und Teileigentumseinheiten unterscheiden sich also lediglich in der vereinbarten Nutzungsbefugnis; rechtlich gibt es keinen strukturellen Unterschied. Infolgedessen kann ein Miteigentumsanteil auch gleichzeitig mit dem Sondereigentum an einer Wohnung und mit dem Sondereigentum an nicht zu Wohnzwecken dienenden Räumen verbunden werden.

Beispiel:

In der Praxis finden sich bisweilen Miteigentumsanteile, die zugleich mit dem Sondereigentum an einer Wohnung und mit einem sondereigentumsfähigen Pkw-Stellplatz in einer Tiefgarage kombiniert sind.

(verkürztes Eintragungsbeispiel)

Amtsgericht Duisburg   **Grundbuch von Duisburg**   **Blatt 2310**

Bestandsverzeichnis

Laufende Nummer der Grundstücke	Bisherige laufende Nummer der Grundstücke	Bezeichnung der Grundstücke und der mit dem Eigentum verbundenen Rechte					Größe		
		Gemarkung (Vermessungsbezirk)	Karte		Liegenschaftsbuch	Wirtschaftsart und Lage			
			Flur	Flurstück					
		a	b		c/d	e	ha	a	m²
1	2	3					4		
1		197/10.000stel Miteigentumsanteil an dem Grundstück							
		Duisburg	1	101		Gebäude- und Freifläche, Kardinal-Galen-Straße 124		02	34
		verbunden mit dem Sondereigentum an der im Aufteilungsplan vom 24. März 2000 mit Nr. 18 bezeichneten Wohnung sowie der mit Nr. 27 bezeichneten Garage.							

Zu weiteren Informationen über die Grundbucheintragung → Kapitel D Rn. 42.

Maßgeblich für die **Abgrenzung** von Wohnungs- und Teileigentum ist lediglich **10** die bauliche Eignung und Zweckbestimmung der im Sondereigentum stehenden Räumlichkeiten. Auf die tatsächliche Nutzung kommt es dagegen nicht an.[9] Die Eigenschaft als Wohnung geht auch nicht dadurch verloren, dass einzelne Räume vorübergehend oder dauernd zu beruflichen oder gewerblichen Zwecken genutzt werden.[10]

Die Zuordnung eines Sondereigentums zum „Wohnungseigentum" oder „Teil- **11** eigentum" beinhaltet nach überwiegender Ansicht eine allgemeine **Zweckbestimmung.**[11] Bisweilen wird diese Zuordnungsentscheidung auch als „Zweckbestimmung im weiteren Sinne"[12] bezeichnet und von einer solchen „im engeren Sinne"[13] unterschieden, bei der dann lediglich noch die konkrete Nutzung eines Sondereigentums (zB als Büroraum) näher festgelegt wird.

Bei der Festlegung des Nutzungszwecks anlässlich der Begründung des Son- **12** dereigentums handelt es sich nach inzwischen ganz überwiegender Auffassung um eine **Zweckbestimmung mit Vereinbarungscharakter** gem. § 5 Abs. 4 S. 1 iVm § 10 Abs. 2 u. 3 WEG[14], die den Rechtsinhalt des Sondereigentums ausformt. Zur inhaltlichen Ausgestaltung des Sondereigentums → ausf. Kapitel E Rn. 23 ff. Die Zweckbestimmung bewirkt, dass sich der einzelne Wohnungs- bzw. Teileigentümer darauf verlassen kann, dass jedenfalls keine Nutzung zulässig ist, die mehr als die angegebene stört oder beeinträchtigt.[15]

4. Gemeinschaftliches Eigentum

Wir haben bereits im Kapitel A. herausgearbeitet, dass das Gemeinschafts- **13** verhältnis mehrerer Beteiligter an einem Grundstück auf der Grundlage von Miteigentum nach Bruchteilen gestaltet werden muss, um ein verkehrsfähiges Rechtsgebilde zu erhalten. Ein Element des Wohnungs- und Teileigentums ist demgemäß der „Miteigentumsanteil an dem gemeinschaftlichen Eigentum" (vgl. § 1 Abs. 2 u. Abs. 3 WEG). Gemeinschaftliches Eigentum im Sinne des WEGs sind

---

[9] BayObLG Rpfleger 1973, 139.

[10] Nr. 4 der Allgemeinen Verwaltungsvorschrift für die Ausstellung von Bescheinigungen gemäß § 7 Abs. 4 Nr. 2 und § 32 Abs. 2 Nr. 2 des Wohnungseigentumsgesetzes vom 19.3.1974 (Banz. Nr. 58 vom 23.3.1974); → Anhang III.

[11] BayObLG NZM 2005, 263; BayObLG NJW-RR 1998, 946.

[12] BayObLG WE 1995, 157 m. abl. Anm. *Weitnauer.*

[13] Abl. *Armbrüster* ZMR 2005, 244 (246 f.).

[14] BGH ZWE 2015, 208; BGH ZMR 2012, 793 = ZWE 2012, 361; KG ZfIR 2015, 622 (Ls); OLG München ZMR 2014, 568; OLG München ZWE 2014, 121; KG Rpfleger 2013, 515 = ZWE 2013, 323; KG ZWE 2011, 84; KG NZM 2007, 604; OLG Hamm NZM 2007, 294; OLG Schleswig ZMR 2006, 891; OLG Frankfurt NJW-RR 2005, 1445; OLG Bremen ZWE 2002, 184; BayObLG/*Armbrüster* § 1 Rn. 26 ff.; *Hügel* FS Bub 2007, 137; Riecke/Schmid/*Schneider* § 1 Rn. 42; *F. Schmidt* ZWE 2005, 315; Weitnauer/*Lüke* § 15 Rn. 15; aA noch KG ZMR 2005, 223; BayObLG ZMR 1997, 537; *Ott* ZfIR 2005, 129, 130 f.; Riecke/Schmid/*Elzer* 3. Aufl. § 3 Rn. 22; *Wenzel* ZWE 2006, 62.

[15] BayObLG ZMR 1991, 232 für eine vereinbarte Nutzung als Wohnung; BGH v. 10.7.2015 – V ZR 169/14 u. BayObLG WuM 1989, 524 für eine vereinbarte Nutzung als „Laden(raum)".

das Grundstück sowie die Teile, Anlagen und Einrichtungen des Gebäudes, die nicht im Sondereigentum oder im Eigentum eines Dritten stehen.

📖 Bitte lesen Sie jetzt § 1 Abs. 5 WEG!

14   Die Vorschrift wird ergänzt durch § 5 Abs. 2 WEG, der regelt, welche Gegenstände weiterhin zwingend zum Gemeinschaftseigentum gehören müssen. Das sind diejenigen Teile des Gebäudes, die für dessen Bestand oder Sicherheit erforderlich sind, sowie Anlagen und Einrichtungen, die dem gemeinschaftlichen Gebrauch der Wohnungseigentümer dienen.

📖 Bitte lesen Sie jetzt § 5 Abs. 2 WEG!

15   Der Umfang des gemeinschaftlichen Eigentums wird damit negativ durch den des Sondereigentums definiert.[16] Diejenigen Bereiche, die nicht zum Sondereigentum erklärt worden sind, zählen zum Gemeinschaftseigentum. Es besteht also eine Vermutung für die Zugehörigkeit der Bestandteile eines Gebäudes zum gemeinschaftlichen Eigentum.[17]

16   Es erscheint wichtig, bereits an dieser Stelle darauf hinzuweisen, dass das **Verwaltungsvermögen** der Eigentümergemeinschaft **nicht** zum gemeinschaftlichen Eigentum der Bruchteilseigentümer gehört.[18] Dies mag beim ersten Lesen verwundern. Unter dem Verwaltungsvermögen ist jedoch gem. § 10 Abs. 7 S. 2 WEG die Gesamtheit der im Rahmen der Verwaltung des Gemeinschaftseigentums erlangten Sachen und Rechte sowie der entstandenen Verbindlichkeiten zu verstehen. Es handelt sich insoweit nicht um gemeinschaftliches Eigentum im Sinne des § 1 Abs. 5 WEG, sondern um ein verbandsbezogenes Sondervermögen, an dem die Wohnungseigentümer mitgliedschaftlich berechtigt sind.

☞ **Merke bereits jetzt:**

Neben der sachenrechtlich aus den Miteigentümern gebildeten Bruchteilsgemeinschaft existiert noch eine zweite, korporativ verfasste Gemeinschaft der Wohnungseigentümer.[19]

Über diese Gemeinschaft der Wohnungseigentümer werden Sie in → Kapitel G Rn. 1 ff. mehr lesen.

---

[16] Riecke/Schmid/*Schneider* § 1 Rn. 52.

[17] OLG Düsseldorf ZMR 2000, 551; Bärmann/*Armbrüster* § 1 Rn. 53; Riecke/Schmid/*Schneider* § 1 Rn. 52.

[18] Bärmann/*Armbrüster* § 1 Rn. 55; Riecke/Schmid/*Schneider* § 1 Rn. 54; insoweit nicht zutreffend LG Schwerin ZMR 2009, 401.

[19] Inzwischen überwiegt diese sog Trennungstheorie; BGH NJW 2010, 1007 = Rpfleger 2010, 293 = ZfIR 2010, 108 m Anm Elzer; BGH NZM 2007, 411 = ZMR 2007, 875; KG ZMR 2014, 300; OLG München ZWE 2013, 425; aA noch *Armbrüster* ZWE 2006, 470; *Wenzel* NZM 2006, 321.

5. Grundstück

Bei dem in Wohnungs- und Teileigentum aufzuteilenden Grundstück muss **17** es sich um ein Grundstück im Rechtssinne handeln. Das setzt die Eintragung eines räumlich abgegrenzten Teils der Erdoberfläche im Bestandsverzeichnis des Grundbuchs unter einer selbständigen laufenden Nummer voraus.[20]

> **Merke:**
>
> Ein **Grundstück im Rechtssinne** kann demnach aus mehreren unselbständigen, katastermäßig noch nicht verschmolzenen Flurstücken bestehen. Umgekehrt kann aber ein Flurstück nicht aus mehreren Grundstücken bestehen.[21]

Besonderheiten gelten für ein gem. Art. 233 § 4 EGBGB fortbestehendes **Ge-** **18** **bäudeeigentum.** Es kann nicht in Wohnungs- und Teileigentumsrechte aufgeteilt werden, weil keine rechtliche Verbindung zu einem Miteigentumsanteil am Grundstück besteht.[22] Der Gebäudeeigentümer müsste dafür zunächst das Grundstück erwerben.

Wegen der grundsätzlich möglichen Aufteilung von Erbbaurechten in **Wohnungs- und Teilerbbaurechte** → Kapitel O Rn. 1 ff.

Gem. § 1 Abs. 4 WEG kann Wohnungs- und Teileigentum allerdings nur **an** **19** *einem* Grundstück im Rechtssinne gebildet werden.

Bitte lesen Sie jetzt § 1 Abs. 4 WEG!

Soweit das Wohnungseigentum also an mehreren bisher selbständig gebuchten Grundstücken begründet werden soll, bedarf es der vorherigen rechtlichen Vereinigung (§ 890 Abs. 1 BGB) bzw. Bestandteilszuschreibung (§ 890 Abs. 2 BGB), um zu einer Rechtseinheit zu gelangen. Die bloße buchungstechnische Zusammenschreibung der beteiligten Grundstücke auf einem Grundbuchblatt gem. § 4 GBO ist hierfür nicht ausreichend.[23] Verfahrensrechtlich können Vereinigung bzw. Bestandteilszuschreibung unter den Voraussetzungen der §§ 5 bzw. 6 GBO in das Grundbuch eingetragen werden.

> **Hinweis:**
>
> Mehr zur Vereinigung und Bestandteilszuschreibung werden Sie im → Kapitel D Rn. 1 ff. erfahren.[24]

Besondere Probleme ergeben sich im Falle eines **Grenzüberbaus** (vgl. § 912 **20** BGB). Entscheidend ist dabei, ob eine eigentumsmäßige Zuordnung des Überbaus zum überbauenden, in Wohnungseigentumsrechte aufzuteilenden Grundstück

---

[20] RGZ 84, 265, 270; KGJ 53, 171; OLG Celle FGPrax 2010, 224; OLG München Rpfleger 2009, 673; BayObLG Rpfleger 1981, 190; OLG Hamm NJW 1966, 2411; Bay-ObLGZ 1954, 258, 262.

[21] OLG München Rpfleger 2009, 673; BayObLGZ 1954, 258, 264.

[22] OLG Jena Rpfleger 1996, 194; Hügel DtZ 1996, 66; aA *Heinze* DtZ 1995, 195.

[23] OLG Saarbrücken NJW 1972, 691.

[24] Ausführlich zur Verbindung von Grundstücken unter Berücksichtigung des DaBaGG *Böttcher* ZNotP 2013, 367.

(Stammgrundstück) festgestellt werden kann. Kann der Überbau eigentumsrechtlich dem Stammgrundstück als wesentlicher Bestandteil zugeordnet werden, so kann nach heute ganz h.M. dieses Grundstück auch in Wohnungs- und Teileigentumsrechte aufgeteilt werden.[25] Literatur und Rechtsprechung haben für die unterschiedlichen Möglichkeiten eines Grenzüberbaus bestimmte Fallgruppen entwickelt.[26]

6. Sondereigentum

21   Im Gesetz wird der Begriff des Sondereigentums nicht ausdrücklich definiert. Aus dem Zusammenspiel des § 1 Abs. 2 bzw. Abs. 3 WEG mit der gesetzlichen Regelung in § 1 Abs. 5 WEG zum gemeinschaftlichen Eigentum ergibt sich jedoch, dass Sondereigentum das Alleineigentum an denjenigen Räumen und Bestandteilen ist, die nach § 3 Abs. 1 WEG zum Sondereigentum bestimmt werden und gem. § 5 Abs. 1 u. 2 WEG auch sondereigentumsfähig sind.[27]

Hinweis:

Zur Sondereigentumsfähigkeit → ausführlich Kapitel C Rn. 1 ff.

---

22   Aus § 1 Abs. 5 WEG folgt weiterhin, dass Sondereigentum die Ausnahme und gemeinschaftliches Eigentum die Regel darstellt. Wird kein Sondereigentum an einem Raum begründet, steht dieser folglich im Gemeinschaftseigentum.[28] Eine Verpflichtung zur Totalaufteilung des Gebäudes gibt es nicht.

23   An dieser Stelle erscheint es zielführend, bereits frühzeitig auf die gesetzliche Systematik bei der Begründung von Sondereigentum hinzuweisen. Danach wird der **Gegenstand des Sondereigentums** nach den Absätzen 1 bis 3 des § 5 WEG bestimmt (dazu → ausführlich Kapitel C Rn. 1 ff.). Darüber hinaus ermöglicht das Gesetz den Wohnungseigentümern jedoch weiterhin, Vereinbarungen über ihr Verhältnis untereinander nach den Vorschriften des 2. und 3. Abschnitts des WEG zum **Inhalt des Sondereigentums** zu machen (§ 5 Abs. 4 S. 1 WEG). Dieses vertraglich geregelte Verhältnis der Wohnungseigentümer untereinander bildet quasi die Satzung[29] der Gemeinschaft (**Gemeinschaftsordnung**).

 Merke:

Anders als bei gewöhnlichem Immobiliareigentum des BGB besteht beim Wohnungseigentum die Möglichkeit, die aus dem Eigentumsrecht folgenden Befugnisse nach den Besonderheiten der jeweiligen Wohnanlage mit dinglicher Wirkung zu kon-

---

[25] OLG Karlsruhe ZWE 2014, 23; OLG Stuttgart ZWE 2011, 410; OLG Karlsruhe DNotZ 1986, 753 m. Anm. *Ludwig*; OLG Hamm Rpfleger 1984, 98; *Brünger* MittRhNotK 1987, 269; *Demharter* Rpfleger 1983, 133; *Ludwig* DNotZ 1983, 411; *Rastätter* BWNotZ 1986, 79; Tersteegen RNotZ 2006, 433.

[26] Vgl. KG v. 19.8.2015 – 1 W 765/15; Riecke/Schmid/*Schneider* § 1 Rn. 193 ff.

[27] Bärmann/*Armbrüster* § 1 Rn. 14; Weitnauer/*Briesemeister* § 1 Rn. 4.

[28] BGHZ 109, 179 = NJW 1990, 447 = Rpfleger 1990, 62; OLG München NZM 2006, 635.

[29] In diesem Sinne auch BGH ZWE 2012, 361 und BGHZ 163, 154 = NJW 2005, 2061 = Rpfleger 2005, 521 = ZfIR 2005, 506 = ZMR 2005, 547 = ZWE 2005, 422.

kretisieren oder auch zu modifizieren (vgl. § 10 Abs. 2 u. 3 WEG). Solchermaßen als **Inhalt des Sondereigentums** im Grundbuch eingetragene Vereinbarungen stellen keine – untergangsgefährdete – Belastung des Sondereigentums dar; ihnen kommt daher – vergleichbar den inhaltlichen Regelungen bei einem Erbbaurecht gem. § 2 ErbbauRG – auch kein grundbuchmäßiger Rang zu.[30]

Wegen der Verdinglichung gemeinschaftsbezogener Regelungen → Kapitel E.

7. Raumeigentum

Die Bezeichnung „Raumeigentum" ist in der Praxis weit verbreitet.[31] Sie **24** spiegelt das durchaus verständliche Bemühen wider, den im Gesetz fehlenden gemeinsamen Oberbegriff für das Wohnungs- und Teileigentum zu bilden. Literatur[32] und Rechtsprechung[33] gebrauchen diesen Begriff ebenfalls. Allerdings hat er durch die WEG-Novelle 2007 wiederum keinen Eingang in das Gesetz selbst gefunden.[34]

Schaubild

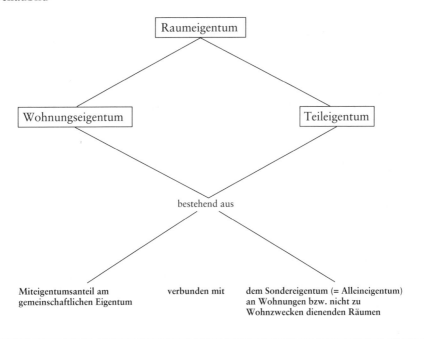

---

[30] Vgl. Bärmann/*Armbrüster* § 5 Rn. 125.
[31] Vgl. nur die jeweilige Sachverhaltsdarstellung bei OLG Frankfurt ZWE 2015, 320; KG Rpfleger 2013, 199; OLG München ZWE 2011, 267; OLG München NZM 2007, 842; OLG Köln ZMR 2005, 403.
[32] *Müller* 2. Teil Rn. 1; Weitnauer/*Briesemeister* § 1 Rn. 2 f.
[33] OLG Hamm NZM 2007, 448 = Rpfleger 2007, 137; OLG Saarbrücken NZM 2006, 588 und dass. NZM 2006, 590; OLG Frankfurt NZM 2006, 144.
[34] Bärmann/*Armbrüster* § 1 Rn. 3; Riecke/Schmid/*Schneider* § 1 Rn. 41.

25 Da zwischen Wohnungs- und Teileigentum nach dem zuvor Gesagten kein struktureller Unterschied besteht, bestimmt das Gesetz für Teileigentumseinheiten die entsprechende Anwendung der Vorschriften über das Wohnungseigentum. Sprachlich wird deshalb oftmals (wie in der Bezeichnung des Gesetzes selbst) nur der Begriff „Wohnungseigentum" verwendet; durch die genannte Verweisung ist jedoch sichergestellt, dass die Vorschriften auch auf das Teileigentum entsprechende Anwendung finden.[35]

📖 Bitte lesen Sie jetzt § 1 Abs. 6 WEG!

II. Abgrenzung

1. Unzulässiges Mitsondereigentum

26 Es fragt sich, ob nicht möglicherweise nur einigen (aber nicht allen!) Wohnungseigentümern das Sondereigentum an einem Raum oder an sonstigen sondereigentumsfähigen Gegenständen gemeinschaftlich in Bruchteilsberechtigung zustehen kann. Die Begründung eines solchermaßen verstandenen Mitsondereigentums im Sinne einer dinglich verselbständigten Untergemeinschaft an einzelnen Räumen oder Gebäudeteilen sieht das WEG jedoch nicht vor.

Beispiel:

Nicht möglich ist demnach die Begründung von Mitsondereigentum an einem Kellerraum für nur zwei Wohnungen.[36]
Ebenfalls ausgeschlossen ist die Begründung von Mitsondereigentum an wesentlichen Bestandteilen des Gebäudes wie zB einer Abwasserhebeanlage lediglich für die im Souterrain gelegenen Wohnungseigentümer.[37]

27 Davon unberührt bleibt jedoch das sog Nachbareigentum (dazu sogleich).

2. Zulässiges Nachbareigentum

28 Es handelt sich hierbei um einen Anwendungsfall allgemeinen Nachbarrechts im Sinne der § 921 ff. BGB.[38] Steht danach das Eigentum an einem Gebäudeteil, der nicht zwingend gem. § 5 Abs. 2 WEG zum Gemeinschaftseigentum gehört, zwei benachbarten Wohnungseigentümern zu, so sind diese im Zweifel Miteigentümer zu gleichen Bruchteilen (§ 922 S. 4 iVm § 742 BGB).[39]

---

[35] Bärmann/*Armbrüster* § 1 Rn. 3; Riecke/Schmid/*Schneider* § 1 Rn. 39.

[36] BGH ZWE 2012, 81; BGHZ 130, 159, 168 = NJW 1995, 2851 = Rpfleger 1996, 19; OLG Karlsruhe Rpfleger 2014, 313 = ZWE 2014, 162;BayObLG ZWE 2000, 213; BayObLGZ 1995, 399 = DNotZ 1996, 660; BayObLGZ 1987, 390 = DNotZ 1988, 316 = Rpfleger 1988, 102; BayObLGZ 1981, 407; OLG Düsseldorf Rpfleger 1975, 308.

[37] OLG Schleswig DNotZ 2007, 620 m. insoweit zust. Anm. *Commichau*.

[38] Staudinger/*Rapp* § 5 Rn. 61.

[39] *Sauren* DNotZ 1988, 667, 675; Staudinger/*Rapp* § 5 Rn. 61.

Beispiel:

Vorstellbar sind solche Eigentumsverhältnisse beispielsweise an nichttragenden Zwischen-
wänden oder bei einem von der Hauptleitung abzweigenden Rohrstück, das zwei Sondereigentumseinheiten versorgt.[40]

Allerdings ist die Terminologie hier nicht immer ganz eindeutig. Soweit der
BGH vom „gemeinsamen Sondereigentum"[41] bzw. von „Mitsondereigentum an
der (...) Trennwand" spricht[42], ist eigentlich Nachbareigentum gemeint.[43]

3. Unzulässiges abgesondertes Miteigentum

Ebenfalls kann auch zwingendes Gemeinschaftseigentum nicht mehreren 29
Wohnungseigentümern separiert zustehen.

Beispiel:

So können zB die Treppenhäuser in einer Mehrhausanlage nicht nur den jeweiligen Miteigentümern des nutzenden Gebäudes eigentumsmäßig zugeordnet werden.[44]

4. Unzulässiges Unterwohnungseigentum

Die Begründung eines Wohnungseigentums an einem Wohnungseigentum als 30
Unterwohnungseigentum ähnlich einem Untererbbaurecht an einem Erbbaurecht
ist nicht möglich.[45] Da die Anzahl der zur Verfügung stehenden Miteigentumsanteile nicht über ein Ganzes hinaus vermehrt werden kann, bleibt nur der Weg
über die Unterteilung einer Einheit.

Hinweis:

Zur Unterteilung können Sie mehr im → Kapitel F Rn. 109 ff. lesen.

Wiederholungsaufgaben und Vertiefungsfragen

1. Wodurch unterscheidet sich Wohnungseigentum von Teileigentum?

---

[40] BGHZ 146, 241 = DNotZ 2002, 127 = NJW 2001, 1212 = ZWE 2001, 314; OLG
Schleswig DNotZ 2007, 620 m. insoweit abl. Anm. *Commichau*; OLG München NJW-
RR 2006, 297; OLG Zweibrücken Rpfleger 1987, 106; Bärmann/*Armbrüster* § 5 Rn. 122;
Schöner/Stöber Rn. 2824; grds. abl. *Heinemann* ZMR 2016, 680.
[41] BGHZ 146, 241 = NJW 2001, 1212 = ZfIR 2001, 209 = ZMR 2001, 289 = ZWE
2001, 314 [„Wanddurchbruch"].
[42] BGHZ 177, 338 = NJW 2008, 2982 = ZfIR 2008, 734 = ZMR 2008, 897 = ZWE
2008, 426 [„Luftschranke"].
[43] In diesem Sinne jetzt auch BGHZ 208, 29 = NJW 2016, 473 = ZWE 2016, 79.
[44] OLG Celle ZWE 2009, 128; BayObLGZ 1981, 407 = DNotZ 1982, 246.
[45] OLG Köln OLGZ 1984, 294 = Rpfleger 1984, 268; Bärmann/*Armbrüster* § 1 Rn. 17;
Riecke/Schmid/*Schneider* § 1 Rn. 61.

2. Könnte man nach dem zuvor entwickelten Verständnis von Wohnungs- und Teileigentum auf eine nähere Bestimmung des Raumeigentums nicht gänzlich verzichten, um die spätere Nutzungsmöglichkeit offen zu halten?

Puh – das war jetzt eine ganze Salve von Begrifflichkeiten, die aber für die weitere Lektüre unerlässlich sind.

Sie können jetzt sicherlich eine zweite ☕ vertragen, bevor wir uns der gegenständlichen Ebene etwas näher zuwenden.

Kapitel C. Zur Abgrenzung von Gemeinschafts- und Sondereigentum (Gegenstand des Sondereigentums)

Ausgewählte Literatur zur Ergänzung und Vertiefung:

Frank, Zur grundbuchmäßigen Behandlung von Stellplätzen in Doppelstockgaragen, MittBayNot 1994, 512;*Grziwotz,* Die Abgrenzung von Gemeinschafts- und Sondereigentum, NotBZ 2013, 161; *Häublein,* Wem gehört die Fußbodenheizung?, ZMR 2016, 935; *Hügel/Elzer,* Über die Grenzen des Sondereigentums, DNotZ 2013, 487; *Hügel/ Elzer,* Vereinbarungen zum Sondereigentum?, DNotZ 2012, 4; *Lehmann-Richter,* Das BGH-Heizkörper-Urteil: Kritik und Konsequenzen, ZWE 2013, 69; *Oertel,* Die Wärmeerzeugungsanlage – Wesentlicher Bestandteil oder Scheinbestandteil des Gebäudes, CuR 2004, 6; *Schmid,* Heizkörper als Sondereigentum, MDR 2011, 1081; *F. Schmidt,* Balkone als Sondereigentum, MittBayNot 2001, 442; *Schneider,* Die sachenrechtliche Zuordnung von Rauchwarnmeldern in Eigentumswohnungsanlagen, ZMR 2010, 822; *Schultz,* Die Zuordnung von Thermostatventilen und Heizkörpern zum Sondereigentum und deren Auswirkung bei der Anwendung der Energieeinsparungs- und Heizkostenverordnung, DWE 2012, 97.

I. Bedeutung der Abgrenzung

Der Abgrenzung von gemeinschaftlichem Eigentum einerseits und Sondereigentum andererseits kommt für das Wohnungseigentum eine zentrale Bedeutung zu. So kann ein Wohnungseigentümer mit den im Sondereigentum stehenden Gebäudeteilen grundsätzlich nach Belieben verfahren, insbesondere also (in Verbindung mit dem Miteigentumsanteil) als Alleineigentümer darüber verfügen. **1**

Bitte lesen Sie jetzt § 13 Abs. 1 WEG!

Den Alleineigentümer trifft mangels anderslautender Vereinbarung nach der gesetzlichen Leitvorstellung spiegelbildlich allein die Pflicht zur Instandhaltung und Instandsetzung seines Sondereigentums (§ 14 Nr. 1 WEG); er hat auch die Kosten dafür allein zu tragen.[1] Nur ihm stehen insoweit ferner die dinglichen Abwehransprüche gem. §§ 985, 1004 BGB zu (§ 15 Abs. 3 WEG).[2]

Anders verhält es sich in Bezug auf das gemeinschaftliche Eigentum. Hier ist **2** jeder Wohnungseigentümer nur zum Mitgebrauch des gemeinschaftlichen Eigentums nach Maßgabe der §§ 14, 15 WEG berechtigt (§ 13 Abs. 2 S. 1 WEG). An den sonstigen Nutzungen des gemeinschaftlichen Eigentums gebührt jedem Wohnungseigentümer ein Anteil nach Maßgabe des § 16 Abs. 1 S. 1 WEG (§ 13 Abs. 2 S. 2 WEG). Verfügungen sind nur durch sämtliche Miteigentümer möglich.[3]

Bitte lesen Sie jetzt § 13 Abs. 2 WEG!

---

[1] NKV/*Kümmel* § 14 Rn. 8; Staudinger/*Kreuzer* § 14 Rn. 13.

[2] BGH NJW 2015, 1442 = ZWE 2015, 212; BayObLG ZWE 2000, 174.

[3] Vgl. BGH NJW 2013, 1962 = ZWE 2013, 330 für die Veräußerung von Teilen des gemeinschaftlichen Grundstücks.

Mangels abweichender Vereinbarung obliegt die Verwaltung des gemeinschaftlichen Eigentums den Wohnungseigentümern gemeinschaftlich (§ 20 WEG), die auch die Kosten der Instandhaltung und Instandsetzung zu tragen haben (§§ 21 Abs. 5 Nr. 2, 16 Abs. 2 WEG). Wird das Gemeinschaftseigentum gestört, so stehen die daraus folgenden Abwehransprüche den Wohnungseigentümern gemeinschaftlich zu (§ 1011 BGB).[4]

3 Die Regelungen des WEGs über die Zuordnung zum Gemeinschafts- bzw. Sondereigentum betreffen den räumlichen Ausübungsbereich des Eigentums. Ihnen kommt **sachenrechtlicher Charakter** zu; sie sind deshalb nicht disponibel.[5]

II. Gemeinschaftseigentum

1. Grundstück sowie Teile, Anlagen und Einrichtungen des Gebäudes, die nicht im Sondereigentum oder im Eigentum eines Dritten stehen

4 Wie Ihnen aus Kapitel B bereits bekannt ist, sind gemeinschaftliches Eigentum im Sinne des WEGs außer dem Grundstück diejenigen Teile, Anlagen und Einrichtungen des Gebäudes, die nicht im Sondereigentum oder im Eigentum eines Dritten stehen (§ 1 Abs. 5 WEG).

> **Wiederholung:**
>
> Sie sollten sich bei dieser Gelegenheit noch einmal den zentralen **Grundstücksbegriff** in Erinnerung rufen (→ Kapitel B Rn. 17).

Unter „Grundstück" wird also nicht nur die bebaute, sondern auch die unbebaute Grundstücksfläche verstanden.

5 Damit verbleiben die Bereiche, die nicht positiv zum Sondereigentum erklärt werden, im gemeinschaftlichen Eigentum. Es besteht somit eine (Beweis-)Vermutung[6] für die Zugehörigkeit der Teile, Anlagen und Einrichtungen zum gemeinschaftlichen Eigentum, die sich aber nicht auf das Eigentum Dritter erstreckt.

6 Als **Dritteigentum** kommen insbesondere Einrichtungsgegenstände mit Scheinbestandteils- oder Zubehöreigenschaft in Betracht (vgl. §§ 95, 97 BGB).

Beispiel:

Zu denken ist hier bspw. an Heizungsanlagen, die auf der Grundlage des Wärme-Contractings betrieben werden[7] oder an von Mietern eingebrachte Einbauküchen.[8] Auch an bestimmten Versorgungsanlagen und -leitungen (wie zB Wasser/Abwasser, Strom, Gas, Fernwärme, Ka-

---

[4] Bärmann/*Armbrüster* § 5 Rn. 2.
[5] Vgl. BGHZ 50, 56 = NJW 1968, 1230.
[6] OLG Düsseldorf ZMR 2000, 551; Bärmann/*Armbrüster* § 5 Rn. 53; Riecke/Schmid/*Schneider* § 1 Rn. 52.
[7] Vgl. OLG Düsseldorf RNotZ 2008, 24; in diesem Zusammenhang lesenswert *Oertel* CuR 2004, 6.
[8] Vgl. BGH NJW 2009, 1078 = ZMR 2009, 271.

belfernsehen oder Telefon) kann aufgrund besonderer Rechtsvorschriften Eigentum Dritter – nämlich der Versorgungsunternehmen bzw. der Netzbetreiber – bestehen.[9]

2. Zwingendes Gemeinschaftseigentum

a) Regelungssystematik

Ergänzt wird die Regelung des § 1 Abs. 5 WEG durch § 5 Abs. 2 WEG, der   7
anordnet, welche Gegenstände weiterhin zwingend zum Gemeinschaftseigentum gehören müssen. Das sind diejenigen Teile des Gebäudes, die für dessen Bestand oder Sicherheit erforderlich sind. sowie Anlagen und Einrichtungen, die dem gemeinschaftlichen Gebrauch der Wohnungseigentümer dienen.

Bitte lesen Sie noch einmal § 5 Abs. 2 WEG!

Die Regelung des § 5 Abs. 2 WEG will bestimmte grundsätzlich sondereigen-   8
tumsfähige Bereiche der individuellen Dispositionsfreiheit eines Wohnungseigentümers entziehen.[10] Dadurch soll eine „Monopolisierung" solcher Gegenstände verhindert werden, auf deren Gebrauch und Unversehrtheit sämtliche oder zumindest einige Wohnungseigentümer angewiesen sind.[11] Die Zuordnung nach § 5 Abs. 2 WEG ist deshalb vorrangig gegenüber derjenigen nach Abs. 1.[12]
Regelungssystematisch stellt § 5 Abs. 2 WEG allerdings eine Ausnahme zu § 5   9
Abs. 1 WEG dar. Folglich kann sich die zwingende Zuordnung zum Gemeinschaftseigentum wie bei § 5 Abs. 1 WEG nur auf wesentliche Bestandteile des Grundstücks oder des Gebäudes iSd § 93, 94 BGB beziehen.[13] Diese Erkenntnis bestätigt unsere früheren Überlegungen:

> **Wiederholung:**
>
> Erinnern Sie sich noch? Mit der Zuordnung von Alleineigentum an Räumen ist eine *teilweise* Durchbrechung des Akzessionsgrundsatzes für die näher beschriebenen räumlichen Herrschaftsbereiche des Sondereigentümers verbunden. Die §§ 93, 94 BGB werden also nur für diesen eigentumsmäßigen Sonderbereich außer Kraft gesetzt[14]; im übrigen verbleibt es beim Akzessionsgrundsatz.

Wird gegen die Zuordnungsgrundsätze des § 5 Abs. 2 WEG verstoßen und   10
eine **fehlerhafte Zuordnung** zum Sondereigentum vorgenommen, so wird das Grundbuch unrichtig iSd § 894 BGB.[15] Es verbleibt dann für den fehlerhaft zugeordneten Bereich materiell-rechtlich bei gemeinschaftlichem Eigentum.[16] Im

---

[9] Ausf. *Rathke* ZWE 2010, 352 (354 mwN).

[10] *Hügel/Elzer* § 5 Rn. 18.

[11] Bärmann/*Armbrüster* § 5 Rn. 26.

[12] Bärmann/*Armbrüster* § 5 Rn. 25; aA Jennißen/*Grziwotz* § 5 Rn. 15.

[13] BGH NJW 1975, 688; Bärmann/*Armbrüster* § 5 Rn. 28; *Hügel/Elzer* § 5 Rn. 18; *Schneider* ZMR 2010, 822 (824).

[14] Vgl. BR-Drs. 75/51, 9.

[15] BGH NJW 1991, 2909 = Rpfleger 1991, 454; Bärmann/*Armbrüster* § 5 Rn. 27.

[16] OLG Frankfurt FGPrax 1997, 139 = Rpfleger 1997, 374 = ZfIR 1997, 417 = ZMR 1997, 367.

übrigen wird die Entstehung von Wohnungseigentum jedoch nicht gehindert; die fehlerhafte Begründung des Sondereigentums bleibt auf den gegenständlich betroffenen Bereich begrenzt.[17]

11   In Betracht kommen kann im Falle einer unzulässigen Zuordnung zum Sondereigentum ggf. die **Umdeutung** in eine von §§ 16 Abs. 2, 21 Abs. 5 Nr. 2 WEG abweichende Kostentragungsverpflichtung hinsichtlich der notwendigen Instandhaltung und Instandsetzung des im gemeinschaftlichen Eigentum verbliebenen Bereichs (§ 140 BGB).[18] Das Ersatzgeschäft darf dann allerdings nicht weiter reichen als die ursprünglich geplante, aber fehlerhafte Zuordnung.[19]

Wegen einer evtl. Umdeutung in ein sog Sondernutzungsrecht → Kapitel E Rn. 65.

b) Teile des Gebäudes, die für dessen Bestand oder Sicherheit erforderlich sind

aa) Räume

12   § 5 Abs. 2 WEG erwähnt „Räume" nicht explizit. Gleichwohl besteht Einvernehmen, dass nach dem Sinn und Zweck der Vorschrift nicht nur Gebäudebestandteile, sondern auch Räume von der Norm erfasst werden.[20] Räumlichkeiten, die dem gemeinschaftlichen Gebrauch der Wohnungseigentümer dienen, können demzufolge nicht zum Sondereigentum bestimmt werden.

Beispiel:

Solche Räume können zB Treppenhäuser, Flure oder Kellergänge sein.

bb) Bestand und Sicherheit des Gebäudes

13   Zwingendes Gemeinschaftseigentum sind ferner diejenigen Teile des Gebäudes, die für dessen Bestand und Sicherheit erforderlich sind. Es handelt sich hierbei zunächst um die **konstruktiven Gebäudebestandteile**.

Beispiel:

Zu den konstruktiven Bauteilen in diesem Sinne gehören zB das Fundament des Hauses[21], die Geschossdecken[22], die Außenmauern,[23] die tragenden Wände[24] und das Dach[25].

---

[17] BGHZ 109, 179 = NJW 1990, 447 = Rpfleger 1990, 62 = ZMR 1990, 112 [„Heizwerkfall"]; vgl. auch OLG München ZWE 2012, 487.

[18] Vgl. für Fensterelemente OLG Karlsruhe ZWE 2011, 38; OLG Karlsruhe NZM 2002, 220; BayObLG ZfIR 2000, 132; OLG Düsseldorf NZM 1998, 269; für Isolierschichten OLG Hamm ZMR 1997, 193; für ein Dach OLG Hamm ZMR 1996, 503.

[19] Ausf. *Bonifacio* MietRB 2010, 91.

[20] BGH NJW 1991, 2909 = Rpfleger 1991, 454; BGHZ 73, 302 = NJW 1979, 2391 = Rpfleger 1979, 255; OLG Hamm OLGZ 1993, 43 = NJW-RR 1992, 1296; *Bärmann/Armbrüster* § 5 Rn. 27; *Hügel/Elzer* DNotZ 2012, 4, 6.

[21] *Bärmann/Armbrüster* § 5 Rn. 31.

[22] OLG München NZM 2008, 493 = ZMR 2008, 232 (für Geschossdecken einer Tiefgarage); OLG Hamm ZMR 1997, 193.

[23] BGH NJW 2008, 3122.

[24] OLG Frankfurt ZMR 2009, 215.

[25] OLG Düsseldorf FGPrax 2004, 16 = ZMR 2004, 280 für ein Garagendach.

Die konstruktiven Bestandteile sind auch bei **Mehrhausanlagen** nicht son- **14** dereigentumsfähig.[26] Andernfalls näherte man sich unter Verstoß gegen den sachenrechtlichen Typenzwang erbbaurechtlichen Gestaltungsmodellen an. Dies gilt selbst dann, wenn sie jeweils nur das Sondereigentum eines einzelnen Wohnungseigentümers begrenzen sollten.[27]

Beispiel:

Auf demselben Grundstück im Rechtssinne sind mehrere freistehende Einfamilienhäuser errichtet worden, die bautechnisch vollkommen selbständig sind.

Den besonderen Verwaltungs- und Abrechnungsbedürfnissen in einer solchen Mehrhausanlage kann durch Einräumung umfassender Sondernutzungsrechte am gemeinschaftlichen Eigentum (dazu → Kapitel E Rn. 62 ff.) und Bildung sog Untergemeinschaften[28] Rechnung getragen werden.

Soweit Teile des Gebäudes dem Bestand und der Sicherheit dienen, ohne zu- **15** gleich konstruktive Anlagen oder Einrichtungen darzustellen, bestimmt sich ihre Erforderlichkeit nach der **Verkehrsauffassung**.[29] Besteht eine öffentlich-rechtliche Verpflichtung zur Ausstattung mit bestimmten Gegenständen, ist Erforderlichkeit anzunehmen.

Beispiel:

Solche zwar nicht konstruktiven, aber gleichwohl für Bestand und Sicherheit erforderlichen Bauteile sind zB aus Brandschutzgründen erforderliche Betonabdeckungen.[30]

cc) Dem gemeinschaftlichen Gebrauch dienende Anlagen und Einrichtungen

Anlagen sind idR technische Ausstattungen; Einrichtungen werden oftmals **16** Räumlichkeiten darstellen.[31] Es ist maßgeblich darauf abzustellen, ob die Anlage oder Einrichtung dem gemeinschaftlichen Gebrauch der Wohnungseigentümer zu dienen bestimmt ist.[32] Dazu ist es nicht erforderlich, dass sämtliche Wohnungseigentümer von der Anlage oder Einrichtung profitieren.[33] Es genügt, dass **mindestens zwei Wohnungseigentümer** auf die Nutzung angewiesen sind und die Versagung des Gebrauchs infolge der Bildung von Sondereigentum den schutzwürdigen Belangen der Gemeinschaft zuwiderlaufen würde.[34]

Beispiele:

– Dem gemeinschaftlichen Gebrauch dient etwa ein Treppenhaus, das lediglich der Benutzung der in den Obergeschossen befindlichen Räume dienen soll.[35]
– Ebenfalls im Gemeinschaftseigentum steht eine mehreren Doppelstockgaragen dienende gemeinsame Hydraulik-Anlage.[36]

---

[26] BGH NJW-RR 2001, 800; BGHZ 50, 56 = NJW 1968, 1230.
[27] OLG Düsseldorf FGPrax 2004, 267 = Rpfleger 2004, 691 = ZfIR 2004, 778.
[28] Zu Gestaltungselementen s. *Hügel* NZM 2010, 8.
[29] Bärmann/*Armbrüster* § 5 Rn. 34.
[30] OLG München NZM 2008, 493.
[31] NKV/*Vandenhouten* § 5 Rn. 35.
[32] BGHZ 78, 225 = NJW 1981, 455.
[33] BGH ZWE 2012, 81.
[34] Bärmann/*Armbrüster* § 5 Rn. 35; *Hügel/Elzer* DNotZ 2013, 487 (493).
[35] BayObLGZ 1981, 407 = DNotZ 1982, 246.
[36] BGH ZWE 2012, 81.

17   Zu den Anlagen und Einrichtungen gehören auch solche, die der **Bewirtschaftung und Versorgung** der Sondereigentumseinheiten dienen sowie die dafür benötigten **Räumlichkeiten.**

Beispiel:

Ist eine Heizungsanlage wesentlicher Bestandteil, so steht sie mit dem für sie bestimmten Heizungsraum regelmäßig zwingend im gemeinschaftlichen Eigentum.[37]

Achtung:

– Eine **Heizungsanlage** kann nach h.M. jedoch dann sondereigentumsfähig sein, wenn die Versorgung nicht auf die eigene Wohnanlage beschränkt ist und auch fremde Wohngebäude umfasst.[38]
– Der **Raum**, in dem sich die Anlage befindet, muss dann nicht zwingend im Gemeinschaftseigentum stehen, wenn die Anlage keinen ständigen Bedienungs-, Kontroll- und Wartungsaufwand erfordert[39] oder der Raum nach seiner Art, Lage und Beschaffenheit noch anderen gleichwertigen Nutzungszwecken dienen kann.[40]

Grundsätzlich müssen auch die Räumlichkeiten, die den **einzigen Zugang** zu einem im gemeinschaftlichen Eigentum stehenden Raum eröffnen, gemeinschaftliches Eigentum sein.[41] Zugangsmöglichkeiten können allerdings ggf. auch von Nachbargrundstücken eröffnet werden, wenn diese dauerhaft durch Dienstbarkeiten gesichert sind.[42]

dd) Veränderung der äußeren Gestaltung

18   Sondereigentum ist ebenfalls ausgeschlossen an Gebäudebestandteilen, durch deren Veränderung, Beseitigung oder Einfügung die **äußere Gestaltung** des Gebäudes verändert wird (arg. § 5 Abs. 1 WEG a.E.).

Beispiel:

Die äußere Gestaltung ist zB betroffen bei Veränderungen des Aussenanstrichs oder der von einem Laubengang aus zugänglichen Eingangstür.[43] Beides kann daher nur im gemeinschaftlichen Eigentum stehen.

III. Sondereigentum

19   Gegenstand des Sondereigentums sind die gemäß § 3 Abs. 1 WEG bestimmten Räume sowie die zu diesen Räumen gehörenden Bestandteile des Gebäudes, die verändert, beseitigt oder eingefügt werden können, ohne dass dadurch das gemeinschaftliche Eigentum oder ein auf Sondereigentum beruhendes Recht eines anderen Wohnungseigentümers über das nach § 14 WEG zulässige Maß hinaus beeinträchtigt oder die äußere Gestaltung des Gebäudes verändert wird.

 Bitte lesen Sie jetzt § 5 Abs. 1 WEG!

---

[37] BGHZ 73, 302 = NJW 1979, 2391.
[38] BGH NJW 1975, 688.
[39] BGH NJW 1991, 2909; LG Duisburg NJW-RR 2014, 267.
[40] OLG Bremen ZWE 2016, 324; OLG Schleswig ZMR 2006, 886; OLG Saarbrücken MittRhNotK 1998, 361; LG Duisburg NJW-RR 2014, 267.
[41] BGH NJW 1991, 2909; BayObLG MittBayNot 1992, 331; BayObLG DNotZ 1989, 433; BayObLGZ 1986, 26 = MittBayNot 1986, 78; krit. *Röll* DNotZ 1986, 707.
[42] OLG Düsseldorf NJW-RR 1987, 333.
[43] BGH NJW 2014, 379 = ZWE 2014, 81.

1. Bestimmte Räume

Unter einem „**Raum**" ist der durch Fußboden, Wände und Decke begrenz- **20** te Luftraum zu verstehen, der einen ungehinderten Zutritt durch Dritte ausschließt.[44] Die Bezugnahme auf § 3 Abs. 1 WEG stellt sicher, dass auch Wohnungen mit ihren Nebenräumen unter die Regelung des § 5 Abs. 1 WEG fallen.[45]

Wiederholung:

Schauen Sie doch bitte zum Raum- und Wohnungsbegriff noch einmal in das → Kapitel B Rn. 3 ff.

Die **Bestimmung** von Räumen **zu Sondereigentum** erfolgt im Rahmen der **21** Begründung von Wohnungseigentum entweder durch vertragliche Einräumung oder einseitige Teilung (§ 2 WEG). Soll kein Sondereigentum an einem bestimmten Raum begründet werden, so reicht die Nichteinräumung aus; einer ausdrücklichen Regelung bedarf es insoweit nicht.[46] Entsteht durch einen nachträglichen Anbau ein weiterer Raum, so verbleibt dieser mangels einer Bestimmung im gemeinschaftlichen Eigentum.[47] Zu den Grenzen der Sondereigentumsfähigkeit bei Mehrhausanlagen → Rn. 14.

Hinweise:

– Zu den beiden Begründungsarten werden Sie mehr im Kapitel D erfahren.
– Zur Umwandlung von gemeinschaftlichem Eigentum in Sondereigentum und umgekehrt werden Sie mehr im → Kapitel F Rn. 99 ff. erfahren.

Die positive Zuordnung zum Sondereigentum im Teilungsvertrag bzw. in der **22** Teilungserklärung wird durch **Eintragung in das Grundbuch** vollzogen (§§ 7 Abs. 1 S. 2, 8 Abs. 2 S. 1 WEG). Dabei kann zur näheren Bezeichnung des Gegenstandes des Sondereigentums auf die Eintragungsbewilligung Bezug genommen werden (§§ 7 Abs. 3, 8 Abs. 2 S. 1 WEG). Der Gegenstand des Sondereigentums bestimmt sich daher allein nach der Grundbucheintragung und dem dabei regelmäßig in Bezug genommenen Aufteilungsplan gem. § 7 Abs. 4 Nr. 1 WEG; auf die tatsächliche Bauausführung kommt es nicht an.[48]

Hinweis:

Lesen Sie mehr zur Grundbucheintragung mit Beispielen im → Kapitel D Rn. 1 ff.

---

[44] Vgl. GmS-OGB BGHZ 119, 42 = NJW 1992, 3290; OLG München NZM 2006, 635.
[45] NKV/*Vandenhouten* § 5 Rn. 11.
[46] NKV/*Vandenhouten* § 5 Rn. 12.
[47] OLG Celle ZWE 2009, 128.
[48] BGHZ 208, 29 = NJW 2016, 473 = ZWE 2016, 79 mwN.

2. Gebäudebestandteile

23 Nach der Systematik des Gesetzes werden nur **wesentliche Gebäudebestandteile** iSd §§ 93, 94 BGB erfasst.[49] Diese können ihre Eigenschaft entweder durch feste Verbindung mit dem Grundstück erlangt haben (§§ 93, 94 Abs. 1 BGB) oder sie wurden wesentliche Bestandteile des Gebäudes, weil sie zur Herstellung des Gebäudes eingefügt worden sind (§ 94 Abs. 2 BGB).[50] Als wesentlich sind Bestandteile dann anzusehen, wenn sie nicht voneinander getrennt werden können, ohne dass der eine oder der andere Teil zerstört oder in seinem Wesen verändert wird (§ 93 BGB).

Beispiele:

Innenputz, Oberbodenbelag[50a].

Nicht sondereigentumsfähig iSd § 5 Abs. 1 WEG sind demnach einfache Bestandteile, Scheinbestandteile, Zubehör und Inventar des Wohnungseigentümers, weil sie nicht von § 93 BGB abweichen können (vgl. § 3 Abs. 1 WEG); sie folgen allesamt eigentumsrechtlich den allgemeinen Vorschriften.

Beispiele:

- **Einfache Grundstücksbestandteile (arg. § 93 BGB):** in Betracht kommt eine auf einen Lichtmast aufgesetzte Leuchte einer Straßenbeleuchtungsanlage, deren Mast fest mit dem Grundstück verbunden ist, die selbst aber lediglich einfacher Bestandteil der Straßenleuchte und damit mittelbar auch des Straßengrundstücks ist.[51]
- **Scheinbestandteile (§ 95 BGB):** s. bereits → Rn. 6.
- **Zubehör (§ 97 BGB):** In Betracht kommen nicht mit einer Einsatzleitstelle verbundene mobile Rauchwarnmelder.[52]
- **Inventar:** In Betracht kommt die Wohnungseinrichtung eines Wohnungseigentümers.[53]

24 Bestandteile eines Gebäudes können – anders als Räume! – nicht rechtsgeschäftlich zum Gegenstand des Sondereigentums erklärt werden. Die **eigentumsrechtliche Zuordnung** erfolgt in diesem Fall vielmehr allein **durch das Gesetz** (§ 5 Abs. 1 WEG).[54] Eine Rechtsmacht etwa des teilenden Eigentümers zur Eigentumszuordnung von Gebäudebestandteilen zum Sondereigentum begründet das WEG demgegenüber nicht.[55] Finden sich im Teilungsvertrag bzw. in

---

[49] BGHZ 73, 302 = NJW 1979, 2391; BGH NJW 1975, 688; BayObLG ZWE 2000, 213.

[50] *Hügel/Elzer* § 5 Rn. 8; Staudinger/*Rapp* § 5 Rn. 19.

[50a] BGH NJW 2015, 1442 = ZWE 2015, 212.

[51] *Stieper* CuR 2012, 96, 100.

[52] LG Hamburg ZWE 2012, 55; LG Hamburg ZWE 2011, 286; *Abramenko* ZWE 2013, 117 (118); Bärmann/*Armbrüster* § 5 Rn. 64; *Hügel/Elzer* § 5 Rn. 40 (Stw. „Rauchwarnmelder"); *Schneider* ZMR 2010, 822 (824); undeutlich BGH NJW 2013, 3092 =ZWE 2013, 358; aA *Grziwotz* NotBZ 2013, 168; *Schmidt/Breiholdt/Riecke* ZMR 2008, 341 (343).

[53] *Hügel/Elzer* § 5 Rn. 8; Staudinger/*Rapp* § 5 Rn. 21.

[54] BGH NJW 2013, 1154 = ZWE 2013, 205; aA noch BGH NJW 2011, 2958 = ZWE 2011, 394.

[55] BGH NJW 2013, 1154 = ZWE 2013, 205; *Hügel/Elzer* DNotZ 2012 4 (5); *Schneider* ZMR 2010, 822, 824; *Kümmel* FS Merle (2010), S. 207 (216).

der Teilungserklärung gleichwohl Zuordnungen, kann diesen keine konstitutive, sondern nur deklaratorische Bedeutung zukommen.[56]

Für die sachenrechtliche Zuordnung müssen die Gebäudebestandteile zu einem **25** im Sondereigentum stehenden Raum „gehören". Dies ist unproblematisch der Fall, wenn sich der Gebäudebestandteil innerhalb des Sondereigentums befindet. Ob darüber hinaus neben dem **räumlichen Zusammenhang** auch ein **baulich funktionaler Zusammenhang** ausreicht[57], wenn sich der Gebäudebestandteil außerhalb der räumlichen Begrenzung des Sondereigentums befindet, aber nur diesem ausschließlich dient, ist noch nicht abschließend geklärt[58], wenngleich zu bejahen.

Beispiel:

Eine Abwasserhebeanlage, die sich im gemeinschaftseigenen Heizungskeller befindet, aber lediglich der Wasserentsorgung einer einzelnen Eigentumswohnung dient, gehört als Gebäudebestandteil zu den Sondereigentumsräumen, deren Abwässer sie entsorgt und ist damit Gegenstand des Sondereigentums.[59]

Darüber hinaus müssen die Bestandteile des Gebäudes verändert, beseitigt **26** oder eingefügt werden können, ohne dass dadurch das gemeinschaftliche Eigentum oder ein auf Sondereigentum beruhendes Recht eines anderen Wohnungseigentümers über **das nach § 14 zulässige Maß** hinaus beeinträchtigt oder die **äußere Gestaltung** des Gebäudes verändert wird.

IV. Sachenrechtliche Vereinbarungen
zum Gemeinschaftseigentum

Wenn Sie bis hierhin durchgehalten haben, mag folgendes Zitat zweier renom- **27** mierter Wohnungseigentumsrechtler ein wenig Hoffnung geben:

„Wem diese sachenrechtlichen Überlegungen für den Alltag der Wohnungseigentümer zu diffizil und zu kompliziert handhabbar oder wem die Ergebnisse der Rechtsprechung zu wenig überzeugend und vorhersehbar erscheinen, sollte darüber nachdenken, den bisher wenig beschrittenen Weg über § 5 Abs. 3 WEG zu gehen, indem das im Einzelfall bestehende Sondereigentum an den Gebäudebestandteilen insgesamt zum gemeinschaftlichen Eigentum erklärt wird. Sachenrechtliche Abgrenzungsfragen stellen sich dann nicht.
Im Gegenzug bedarf es dann aber einer stimmigen Kostenverteilung für diese Bestandteile und einer exakten Regelung über die Verwaltungszuständigkeit für diese."[60]

---

[56] BGH NJW 2014, 379 = ZWE 2014, 81; *Elzer* NotBZ 2014, 321.

[57] LG München I ZWE 2013, 165; Bärmann/*Armbrüster* § 5 Rn. 22; *Hügel/Elzer* DNotZ 2013, 487 (491); *Lehmann-Richter* ZWE 2013, 69 (70).

[58] A.A. wohl BGH NJW 2013, 1154 = ZWE 2013, 205.

[59] OLG Düsseldorf NZM 2001, 752.

[60] *Hügel/Elzer* DNotZ 2013, 487 (496).

28 **Hinweis:**

Damit Sie sich nicht im Dickicht der Regelungen zur Raumeigenschaft und Sondereigentumsfähigkeit verfangen, enthalten die einschlägigen Kommentare zu §5 WEG Zusammenstellungen alphabetisch sortierter Einzelfallentscheidungen.

Wiederholungsaufgaben und Vertiefungsfragen

1. Können Mülltonnen im Gemeinschaftseigentum stehen? Begründen Sie Ihre Rechtsansicht.
2. Steht die von einem Wohnungseigentümer angeschaffte und in seinem Wohnzimmer aufgestellte Wohnlandschaft (bestehend aus einem überdimensionierten Sofa und mehreren Sesseln) in dessen Sondereigentum?

Kapitel D. Begründung des Wohnungseigentums

Ausgewählte Literatur zur Ergänzung und Vertiefung:

Becker M., Die Einpersonen-Eigentümergemeinschaft, FS Seuß (2007), S.19; *Becker J.*, Die Rechtsnatur der Abgeschlossenheitsbescheinigung nach dem Wohnungseigentumsgesetz und das Prüfungsrecht des Grundbuchamts, NJW 1991, 2742; *Böttcher*, Verbindung von Grundstücken unter Berücksichtigung des DaBaGG, ZNotP 2013, 367; *Bub*, Aufteilungsplan und Abgeschlossenheitsbescheinigung, WE 1991, 124 und WE 1991, 150; *Demharter*, Isolierter Miteigentumsanteil beim Wohnungseigentum, NZM 2000, 1196; *Demharter*, Wohnungseigentum und Überbau, Rpfleger 1983, 133; *Ertl*, AGB-Kontrolle von Gemeinschaftsordnungen der Wohnungseigentümer durch das Grundbuchamt?, DNotZ 1981, 149; *Gaberdiel*, Mängel bei der Begründung von Wohnungseigentum, NJW 1972, 847; *Grziwotz*, Abgeschlossenheit einer Wohnung, MietRB 2013, 127; *Heismann*, Die werdende Wohnungseigentümergemeinschaft – ein traditionelles Rechtsinstitut des WEG auf dem dogmatischen Prüfstand, ZMR 2004, 10; *Hügel*, Begründung von Wohnungseigentum mittels eines vorläufigen Aufteilungsplans; NotBZ 2003, 147; *Klühs*, Dingliche und grundbuchverfahrensrechtliche Auswirkungen der Nichterrichtung von Wohnungs- bzw. Teileigentum, ZWE 2010, 730; *Lotter*, Zum Inhalt des Aufteilungsplans nach § 7 Abs, 4 Satz 1 Nr.1 WEG, MittBayNot 1993, 144; *Ludwig*, Grenzüberbau bei Wohnungs- und Teileigentum, DNotZ 1983, 411; *Pause*, Begründung von Wohnungseigentum an Altbauten ohne Abgeschlossenheitsbescheinigung?, NJW 1990, 3178; *Reymann*, Werdende Wohnungseigentümergemeinschaft bei der Vorratsteilung – Fortexistenz bis zur Veräußerung der letzten Einheit?, ZWE 2012, 357; *Röll*, Rechenfehler bei der Aufteilung zu Wohnungseigentum, MittBayNot 1996, 175; *F. Schmidt*, Der Alleineigentümerstatus im Wohnungseigentum, ZMR 2009, 725; *Schneider*, Zustimmungen Drittberechtigter bei der Begründung von Wohnungseigentum, ZNotP 2010, 299 u. 387; *Tersteegen*, Der Überbau in der notariellen Praxis, RNotZ 2006, 433; *Thoma*, Rechtsprobleme bei der Aufteilung von Grundbesitz in Wohnungseigentum, RNotZ 2008, 121; *Ulmer*, AGB und einseitig gesetzte Gemeinschaftsordnungen von Wohnungseigentümern, FS Weitnauer (1980), S.205.

I. Begründungsmöglichkeiten und Gesetzessystematik

Im Kapitel A haben wir die historische Entstehung des Wohnungseigentums **1** in Deutschland auf der Grundlage einer Bruchteilsgemeinschaft entwickelt. Der Gesetzgeber fügt dieser Begründungsart eine zweite Möglichkeit hinzu. Gem. § 2 WEG kann Wohnungs- und Teileigentum (nur) auf folgenden beiden Wegen begründet werden: entweder durch die Ihnen schon bekannte **vertragliche Einräumung von Sondereigentum** (§§ 3, 4 WEG) oder auch durch eine **einseitige Teilungserklärung** (§ 8 WEG). Andere Begründungsmöglichkeiten sieht das Gesetz nicht vor.[1] Allerdings können diese beiden Möglichkeiten miteinander kombiniert werden.[2]

Bitte lesen Sie jetzt § 2 WEG!

---

[1] Keine Begründung von Wohnungseigentum durch letztwillige Verfügung; vgl. BGH NJW 2002, 2712 = ZWE 2002, 461. Ebenfalls keine Begründung von Wohnungseigentum durch Richterspruch; vgl. OLG Oldenburg FamRZ 1996, 1437.
[2] Beispiele bei Riecke/Schmid/*Schneider* § 2 Rn.13ff.

Ist das Wohnungseigentum erst einmal wirksam entstanden, ist die Art seiner Begründung für den weiteren Rechtsverkehr unerheblich.[3]

2 **Regelungssystematisch** hat der Gesetzgeber die vertragliche Begründung gem. § 3 WEG in den Vordergrund gestellt. Die nachfolgenden Vorschriften der §§ 4 bis 7 WEG beziehen sich zunächst auf diese Begründungsmöglichkeit. Für die mittlerweile in der Praxis jedoch weitaus gebräuchlichere Teilungserklärung gem. § 8 WEG enthält § 8 Abs. 2 S. 1 WEG eine Rückverweisung auf die insoweit anwendbaren Vorschriften.

3 **Hinweis:**

Sie sollten bereits jetzt darauf achten, die beiden Begründungsarten auch **sprachlich** sauber zu trennen. Die leider im WEG-Alltag oftmals anzutreffende „Teilungserklärung" als Sammelbegriff für beide Begründungsvorgänge beschreibt richtigerweise lediglich die einseitige Entstehungsvariante gem. § 8 WEG.

II. Materiell-rechtliche Voraussetzungen

1. Vertragliche Einräumung von Sondereigentum (§ 3 WEG)

a) Vorhandene Bruchteilsgemeinschaft

4 Die vertragliche Einräumung von Sondereigentum ist Ihnen bereits bekannt. Diese Möglichkeit kommt immer dann in Betracht, wenn die für die Begründung von Wohnungseigentum benötigten Miteigentumsanteile schon vorhanden sind und diese durch die Miteigentümer nur noch vertraglich wechselseitig mit Sondereigentum verknüpft werden müssen.

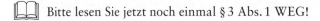 Bitte lesen Sie jetzt noch einmal § 3 Abs. 1 WEG!

In diesem Fall besteht also schon eine Miteigentümergemeinschaft gem. §§ 741, 1008 BGB, so dass die künftigen Wohnungseigentümer bereits bekannt und in gewöhnlicher Bruchteilsgemeinschaft miteinander verbunden sind (§ 3 Abs. 1 WEG). Über die Größe und die Anzahl der Miteigentumsanteile enthält das Gesetz keine Angaben (→ Rn. 16).

b) Vorgängige Änderungen in der Zusammensetzung

5 Bilden die Beteiligten demgegenüber noch eine **Gesamthandsgemeinschaft** (zB Erbengemeinschaft gem. §§ 2032 ff. BGB), muss für eine vertragliche Begründung von Wohnungseigentum zuvor die Umwandlung in eine Bruchteilsgemeinschaft erfolgen.[4]

6 Eine der Begründung von Wohnungseigentum vorhergehende **Verschiebung der** bisherigen **Miteigentumsanteile** zur Schaffung veränderter Quoten bedarf ne-

---

[3] OLG Celle ZMR 2009, 214.
[4] OLG Hamm OLGZ 1968, 89 = DNotZ 1968, 489.

ben dem eigentlichen Teilungsvertrag einer zusätzlichen Auflassung gem. §§ 873 Abs. 1, 925 BGB.[5]

Dabei sind auch **Zusammenlegungen mehrerer Bruchteile** zur Bildung eines 7 größeren Miteigentumsanteils denkbar, an dem dann die einbringenden Eigentümer in ihrem bisherigen Verhältnis berechtigt sind.

Beispiel:

Die Beteiligten A, B, C und D sind Miteigentümer eines Grundstücks zu je 1/4 Miteigentumsanteil. Die Eheleute A und B legen nunmehr ihre beiden 1/4-Anteile in der Weise zusammen, dass zur Vorbereitung der Bildung von Wohnungseigentum ein 1/2 Miteigentumsanteil entsteht, der dann mit dem Sondereigentum an einer Wohnung verbunden wird. Das neu gebildete Wohnungseigentum steht den Eheleuten A und B zu je 1/2 Anteil in Bruchteilsgemeinschaft zu.[6] Wegen der besonderen wohnungseigentumsrechtlichen Verbundenheit der Miteigentumsanteile liegt hierin keine unzulässige Aufteilung eines gewöhnlichen Bruchteilseigentums in Unterbruchteilseigentum.[7]

Im Hinblick auf § 6 WEG müssen allerdings immer sämtliche vorhandenen Miteigentumsanteile mit Sondereigentum verbunden werden (vgl. auch § 3 Abs. 1 WEG: „(…) daß *jedem* der Miteigentümer (…) das Sondereigentum an einer bestimmten Wohnung (…) eingeräumt wird.")

c) Dingliche Einigung

Für die vertragliche Einräumung des Sondereigentums ist die **dingliche Eini-** 8 **gung** aller Bruchteilseigentümer erforderlich (§ 4 Abs. 1 WEG). Sie bedarf der für die Auflassung vorgeschriebenen **Form** (§ 4 Abs. 2 S. 1 WEG; § 925 BGB); eine notarielle Beurkundung ist materiell-rechtlich somit nicht erforderlich. Die Einräumung von Sondereigentum darf nicht unter einer **Bedingung** oder **Zeitbestimmung** erfolgen (§ 4 Abs. 2 Satz 2 WEG). Erfolgt die Grundbucheintragung trotz unwirksamer Einigung, weil zB die Form nicht gewahrt wurde, wird dieser Gründungsmangel insgesamt geheilt, sobald ein Dritter gutgläubig eine der vom Gründungsakt erfassten Eigentumswohnungen erwirbt.[8]

Für die **Verpflichtung** zur Begründung von Sondereigentum gilt § 311b Abs. 1 9 BGB entsprechend (§ 4 Abs. 3 WEG).

Bitte lesen Sie jetzt § 4 WEG!

d) Grundbucheintragung

Für die Entstehung von Wohnungseigentum ist weiterhin noch die Grundbuch- 10 eintragung erforderlich (§ 4 Abs. 1 WEG). Die Eintragung der einzelnen Wohnungseigentumseinheiten erfolgt auf eigenen, besonders anzulegenden Grundbuchblättern (§ 7 Abs. 1 WEG). Sie stellen das Grundbuch i.S. des BGB und der GBO dar; jedes **Wohnungs- und Teileigentumsgrundbuch** (§ 1 WGV) ist wie ein selbständiges Grundstücksgrundbuch zu behandeln.

---

[5] BayObLG DNotZ 1986, 237.
[6] BGHZ 86, 393 = NJW 1983, 1672.
[7] BGHZ 13, 133 = NJW 1954, 1035.
[8] BGHZ 109, 179 = NJW 1990, 447 = Rpfleger 1990, 62 [„Heizwerkfall"].

Beispiel:

(verkürztes Eintragungsbeispiel)

Rechtslage *vor* der vertraglichen Einräumung des Sondereigentums
(ohne Belastungen)

Amtsgericht Duisburg   **Grundbuch von Duisburg**   **Blatt 100**

Bestandsverzeichnis

Lau-fende Nummer der Grund-stücke	Bis-herige laufende Nummer der Grund-stücke	Bezeichnung der Grundstücke und der mit dem Eigentum verbundenen Rechte				Größe		
		Gemarkung (Vermessungsbezirk)	Karte Flur	Flur-stück	Liegen-schafts-buch	Wirtschaftsart und Lage		
		a	b		c/d	e	ha	a	m²
1	2	3					4		
1		Duisburg	1	101		Gebäude- und Freifläche, Kardinal-Galen-Straße 124		02	34

Amtsgericht Duisburg   **Grundbuch von Duisburg**   **Blatt 100**

Erste Abteilung

Laufende Nummer der Eintragung	Eigentümer	Laufende Nummer der Grund-stücke im Bestands-verzeichnis	Grundlage der Eintragung
1	2	3	4
1	1. Karl Kumpel, geboren am 22.3.1958, Duisburg – zu 1/8-Anteil – 2. Elfriede Bergmann, geborene Steiger, geboren am 7.2.1963; Essen – zu 1/8-Anteil – 3. . . .	1	Aufgelassen am 15.9.1998; eingetragen am 20.11.1998

II. Materiell-rechtliche Voraussetzungen

**Rechtslage *nach* der vertraglichen Einräumung des Sondereigentums
(ohne Belastungen)**

Amtsgericht Duisburg   **Wohnungsgrundbuch von Duisburg**   **Blatt 10 000**

Bestandsverzeichnis

Laufende Nummer der Grundstücke	Bisherige laufende Nummer der Grundstücke	Bezeichnung der Grundstücke und der mit dem Eigentum verbundenen Rechte				Größe		
		G e m a r k u n g (Vermessungsbezirk)	Karte Flur / Flurstück	Liegenschaftsbuch	Wirtschaftsart und Lage	ha	a	m²
		a	b	c/d	e			
1	2	3				4		
1		⅛tel Miteigentumsanteil an dem Grundstück						
		Duisburg	1 / 101		Gebäude- und Freifläche, Kardinal-Galen-Straße 124		02	34
		verbunden mit dem Sondereigentum an der im Aufteilungsplan vom 24. März 2000 mit Nr. 2 bezeichneten Wohnung im Erdgeschoss links.						

Amtsgericht Duisburg   **Wohnungsgrundbuch von Duisburg**   **Blatt 10 000**

Erste Abteilung

Laufende Nummer der Eintragung	Eigentümer	Laufende Nummer der Grundstücke im Bestandsverzeichnis	Grundlage der Eintragung
1	2	3	4
1	Karl Kumpel, geboren am 22.3.1958, Duisburg	1	Aufgrund Einräumung von Sondereigentum gem. § 3 WEG vom 25.2.2009 eingetragen am 24.3.2009.

Zur weiteren grundbuchmäßigen Behandlung → Rn. 42 ff.

Merke: 👉

Bei der vertraglichen Einräumung von Sondereigentum setzt sich das zuvor bestehende Miteigentum der bisherigen Bruchteilseigentümer in der Weise fort, dass die
vormals gewöhnlichen Miteigentumsanteile nach der Verbindung mit Sondereigen-

tum unverändert mit den jeweiligen Miteigentumsanteilen der Wohnungseigentümer übereinstimmen. Lediglich der Gegenstand des gemeinschaftlichen Eigentums hat sich durch die wechselseitige Einräumung von Sondereigentum reduziert.

Hinweis:

Einen **Mustertext** für die vertragliche Einräumung von Sondereigentum finden Sie im → **Anhang IV.**

2. Teilungserklärung durch den (Allein-)Eigentümer (§ 8 WEG)

a) Teilungserklärung

11   Diese in der Praxis weitaus häufiger vorkommende Art der Begründung von Wohnungseigentum bietet sich vor allem für Bauträger an. Sie dient allerdings auch (Erben-)Gemeinschaften zur Vorbereitung einer späteren Auseinandersetzung durch sukzessive Abveräußerungen.

 Bitte lesen Sie jetzt § 8 WEG!

12   Der Eigentümer eines Grundstücks zerlegt das bisher einheitliche Eigentum am Grundstück in Miteigentumsanteile und verbindet diese jeweils mit Sondereigentum (vgl. § 8 Abs. 1 WEG). § 8 WEG ermöglicht damit die Bildung von **Miteigentumsanteilen in der Hand eines Alleineigentümers**, was nach gewöhnlichem bürgerlichen Recht gar nicht möglich wäre.[9] Dieselbe Befugnis steht auch mehreren Personen zu, denen das aufzuteilende Grundstück in einem bestimmten Gemeinschaftsverhältnis gehört.

13   Die Teilungserklärung gem. § 8 WEG ist kein Vertrag, sondern eine **einseitige materielle Willenserklärung**, die gegenüber dem Grundbuchgericht abzugeben ist. Sie muss von demjenigen abgegeben werden, der im Zeitpunkt der Anlegung der Wohnungs- und Teileigentumsgrundbücher Eigentümer des betroffenen Grundstücks ist.[10] Steht das aufzuteilende Grundstück im Eigentum einer Bruchteils- oder Gesamthandsgemeinschaft, ist die Teilungserklärung von sämtlichen Mitgliedern der Gemeinschaft abzugeben. Für die materielle Teilungserklärung ist eine besondere **Form** nicht vorgeschrieben, wenngleich sich in der Praxis eine notarielle Beurkundung wegen der damit verbundenen Bezugnahmemöglichkeiten in den anschließenden Veräußerungsverträgen als zweckmäßig erweist (vgl. § 13 Abs. 1 S. 1 BeurkG). Die Teilungserklärung kann nach zutreffender Ansicht (entsprechend des nicht in Bezug genommenen § 4 Abs. 2 S. 2 WEG) **nicht bedingt oder befristet** abgegeben werden.[11]

---

[9] BGHZ 49, 250 = NJW 1968, 499; BayObLGZ 1996, 41 = NJW-RR 1996, 1041; LG Köln MittRhNotK 1977, 32; *Wolff/Raiser* § 89 Abs. III 2. Fn 14: „Anomalie". Eine Parallele findet sich in § 3 Abs. 6 GBO, dort allerdings unter der Voraussetzung, dass die Miteigentumsanteile des Alleineigentümers zugleich den herrschenden Grundstücken zugeordnet werden.

[10] OLG Düsseldorf DNotZ 1976, 168.

[11] NKV/*Vandenhouten* § 8 Rn. 8.

Eine Bindung an die Teilungserklärung kann nach überwiegender Auffassung **14** zwar nicht nach § 873 Abs. 2 BGB eintreten, wohl aber in entsprechender Anwendung von § 875 Abs. 2 BGB.[12] Bei vorhandenen **Verfügungsbeeinträchtigungen** ist eine wirksame Begründung demzufolge nach § 878 BGB möglich.[13]

Bei der Begründung von Wohnungseigentum durch einen **Nichteigentümer** **15** kann es jedoch keinen Gutglaubensschutz nach § 892 Abs. 1 BGB geben, weil es insoweit an einem Verkehrsgeschäft fehlt.[14] War das Grundstücksgrundbuch also unrichtig, werden durch die Aufteilung auch die Wohnungs- und Teileigentumsgrundbücher unrichtig.

b) Bestimmung der Miteigentumsanteile

Rechtlich steht beim Wohnungseigentum der Miteigentumsanteil am Grund- **16** stück im Vordergrund (vgl. § 6 WEG).[15] Die **Größe der Miteigentumsanteile** bestimmt der teilende Grundstückseigentümer selbst; er kann grundsätzlich auch die **Anzahl der Miteigentumsanteile** frei bestimmen.[16] Insoweit macht das Gesetz keine Vorgaben. Es kann daher grundsätzlich jeder beliebig große (oder kleine) Miteigentumsanteil mit jedem beliebig wertvollen Sondereigentum verbunden werden. Miteigentum und Sondereigentum brauchen also nicht in einem bestimmten Wertverhältnis zueinander zu stehen.[17] Auch eine bestimmte Bindung an die Grundfläche oder die Nutzungsart des Sondereigentums besteht nicht.[18] Notwendig ist nur, dass die Summe aller Miteigentumsanteile wieder ein Ganzes ergibt und sämtliche Miteigentumsanteile mit Sondereigentum verbunden werden (vgl. auch § 8 Abs. 1 WEG: „(…) daß mit *jedem* Anteil das Sondereigentum an einer bestimmten Wohnung (…) verbunden ist."

Hinweis:

Wenn die Festlegung der Miteigentumsanteile keiner gesetzlichen Bestimmung unterliegt, muss es auch möglich sein, Sondereigentum nachträglich zu erweitern, ohne dabei zugleich die Höhe des ihm zugeordneten Miteigentumsanteils zu ändern.[19] Ebenfalls muss dann auch eine spätere Veränderung der Miteigentumsanteile ohne gleichzeitige Veränderung des Sondereigentums möglich sein.[20]
Schauen Sie dazu einmal in das → Kapitel F Rn. 47 ff.

---

[12] LG Leipzig NotBZ 2000, 342 m. Anm. *Egerland*; Bamberger/Roth/*Hügel* § 8 Rn. 2; Bauer/v. Oefele/*Kössinger* § 19 Rn. 165; Erman/*Artz* § 878 Rn. 2; Lemke, Immobilienrecht, § 878 BGB Rn. 3; Meikel/*Böttcher* Nach § 20 GBO Rn. 71, 86 mwN; MüKoBGB/*Kohler* § 878 Rn. 23; Palandt/*Herrler* § 878 Rn. 4; Staudinger/*Gursky* (2012) § 878 Rn. 9; aA, da es keinen von der Teilung begünstigten Dritten gebe, LG Köln MittRhNotK 1984, 16; *Demharter* § 13 Rn. 9; *Schöner/Stöber* Rn. 113.

[13] BGH ZfIR 2017, 113 für eine Erhaltungssatzung iSd § 172 Abs. 1 S. 1 Nr. 2 BauGB.

[14] OLG Frankfurt ZMR 1974, 251.

[15] BGHZ 49, 250 = NJW 1968, 499.

[16] Die noch in einem Gesetzentwurf des Bundesrates vorgesehene Begrenzung auf max. 100 Miteigentumsanteile ist nicht Gesetz geworden; vgl. BR-Drs. 133/76.

[17] BGH ZMR 2012, 116 = ZWE 2012, 30; BGH NJW-RR 1999, 1214; BGH NJW 1986, 2759 = ZMR 1986, 365; BGH NJW 1976, 1976 = ZMR 1977, 81; OLG München RNotZ 2014, 434; OLG Düsseldorf ZWE 2001, 388; BayObLG ZWE 2000, 171.

[18] OLG Hamm ZMR 2003, 286.

[19] BGH NJW 1986, 2759 = ZMR 1986, 365.

[20] BGH NJW 1976, 1976 = ZMR 1977, 81; BayObLGZ 1993, 166 = NJW-RR 1993, 1043.

Im Hinblick auf die gesetzlich vorgesehene Kosten- und Lastenverteilung gem. § 16 Abs. 2 WEG dürfte es sich allerdings empfehlen, **sachgerechte Maßstäbe** für die Größenbildung der Miteigentumsanteile heranzuziehen. Dies gilt erst recht angesichts der jetzt in § 10 Abs. 8 S. 1 WEG normierten Außenhaftung der Wohnungseigentümer. Der gebräuchlichste Maßstab ist das Verhältnis der Wohn- und Nutzflächen der einzelnen Einheiten zueinander.[21]

c) Grundbucheintragung

17   Für die Entstehung von Wohnungseigentum ist weiterhin die Grundbucheintragung erforderlich (§ 8 Abs. 2 S. 1 WEG). Die Eintragung der einzelnen Wohnungseigentumseinheiten kann ebenfalls nur auf besonderen Grundbuchblättern erfolgen (§ 8 Abs. 2 S. 1 WEG), die das Grundbuch i.S. des BGB und der GBO darstellen (§ 1 WGV).

18   Nach der wirksamen Aufteilung gem. § 8 WEG bestehen rechtlich selbstständige Wohnungseigentumsrechte, die sich zunächst alle in der Hand des teilenden Grundstückseigentümers befinden. Man spricht deshalb auch von einer **Vorratsteilung**, die lediglich dazu dient, als rechtstechnische Maßnahme die spätere Entstehung einer Wohnungseigentümergemeinschaft vorzubereiten.

Merke:

Der Aufteilungsvorgang gem. § 8 WEG führt allein für sich **niemals** zu einer **Veränderung der bestehenden Eigentumsverhältnisse**. Derjenige Eigentümer, der zuvor am ungeteilten Grundstück als Alleineigentümer im Grundstücksgrundbuch eingetragen war, wird auch nach vollzogener Aufteilung wiederum als Alleineigentümer in sämtlichen für die Miteigentumsanteile verbunden mit Sondereigentum neu gebildeten Wohnungsgrundbüchern eingetragen sein. Das Gleiche gilt, wenn mehrere Eigentümer unter Angabe eines Gemeinschaftsverhältnisses im Grundstücksgrundbuch eingetragen waren (zB in Erbengemeinschaft). Auch insoweit setzen sich die bisherigen Eigentumsverhältnisse unverändert an sämtlichen neu gebildeten Wohnungseigentumseinheiten fort.[22]

Hinweis:

Einen **Mustertext** für die einseitige Aufteilung eines Grundstücks in Wohnungseigentumsrechte finden Sie im → **Anhang V**.

3. Gemeinsame Begründungsvoraussetzungen

a) Zustimmungen dinglich Berechtigter

19   Die Begründung von Wohnungseigentum kann im Einzelfall die **Zustimmung dinglich Berechtigter** gem. §§ 876, 877 BGB erforderlich machen, wenn deren

---

[21] Staudinger/*Rapp* § 3 Rn. 5.
[22] KG Rpfleger 1995, 17; OLG Zweibrücken MittBayNot 1983, 242; BayObLGZ 1969, 82 = NJW 1969, 883.

im Grundbuch eingetragene Rechte beeinträchtigt werden können. Ob dies der Fall ist, beurteilt sich zum Einen nach dem bisherigen Belastungsgegenstand der Rechte und zum Anderen nach der Begründungsart des Wohnungseigentums.

Bitte lesen Sie jetzt §§ 876, 877 BGB!

Der Kreis der in Betracht kommenden Rechte ist abschließend im Gesetz geregelt und umfasst – in der Reihenfolge ihrer Nennung im BGB – folgende Rechte:

„Numerus clausus der dinglichen Rechte"

- Grunddienstbarkeiten (§§ 1018ff. BGB)
- Nießbrauchsrechte (§§ 1030ff. BGB)
- Beschränkte persönliche Dienstbarkeiten (§§ 1090ff. BGB)
- (Privatrechtliche) Vorkaufsrechte (§§ 1094ff. BGB)
- Reallasten (§§ 1105ff. BGB)
- Hypotheken (§§ 1113ff. BGB)
- Grundschulden (§§ 1191ff. BGB)
- Rentenschulden (§§ 1199ff. BGB).

Hinzu kommen nach dem Inkrafttreten des WEG noch

- Dauerwohn- und Dauernutzungsrechte (§§ 31ff. WEG).

aa) Das gesamte Grundstück als bisheriger Belastungsgegenstand

Ist Belastungsgegenstand eines dinglichen Rechtes das gesamte, in Wohnungs- **20** und Teileigentumsrechte zu überführende Grundstück, scheidet nach heute ganz vorherrschendem Verständnis ein Zustimmungserfordernis Drittberechtigter aus, weil das **Haftungsobjekt als Ganzes** durch die Begründung von Wohnungseigentum **nicht verändert** wird.[23] Ein dingliches Recht wird sich nach der Begründung an sämtlichen neu gebildeten Einheiten fortsetzen, so dass in der Summe wiederum alle dann mit Sondereigentum verbundenen Miteigentumsanteile belastet sind („Globalrechte"). Eine Beeinträchtigung dinglich Berechtigter ist deshalb nicht erkennbar.

Dasselbe hat für eine zuvor **an sämtlichen Miteigentumsanteilen bestehende Belastung** des in Wohnungseigentum zu überführenden Grundstücks zu gelten.[24]

So werden insbesondere Grundpfandrechte und Reallasten zu **Gesamtrechten** **21** (§§ 1132 Abs. 1 S. 1, 1192 Abs. 1, 1200 Abs. 1, 1107 BGB). Dies hat zur Folge, dass bei sämtlichen beteiligten Wohnungsgrundbüchern von Amts wegen sog Mithaftvermerke einzutragen sind (§ 48 GBO), da andernfalls der Anschein eines Einzelrechts mit der Gefahr gutgläubigen Erwerbs entstehen könnte.

---

[23] BGH NJW 2012, 1226 = ZWE 2012, 219; BGHZ 49, 250 = NJW 1968, 499; OLG Frankfurt FGPrax 1997, 139 = ZMR 1997, 367; OLG Frankfurt FGPrax 1996, 139 = Rpfleger 1996, 340 mwN; BayObLG Rpfleger 1986, 177; BayObLG NJW 1958, 2016; Bärmann/*Armbrüster* § 2 Rn. 23; *Demharter* Anh zu § 3 Rn. 17 u. 18; Hügel/*Kral* SB WEG Rn. 112; Meikel/*Morvilius* Einl. B Rn. 139; Palandt/*Wicke* § 3 Rn. 1 und § 8 Rn. 1; Riecke/Schmid/*Schneider* § 7 Rn. 43 ff.; *Schöner/Stöber* Rn. 2849; *Timme* § 1 Rn. 77; Weitnauer/*Briesemeister* § 3 Rn. 74 und § 8 Rn. 15.

[24] BayObLGZ 1958, 273 = NJW 1958, 2016; OLG Stuttgart NJW 1954, 682; Bärmann/*Armbrüster* § 2 Rn. 24; Hügel/*Kral* SB WEG Rn. 112.

22   Sie wissen bereits, dass Wohnungseigentümer ihr Verhältnis untereinander durch Vereinbarungen ausgestalten können. Auch solche wohnungseigentumsrechtlichen Regelungen zur **Gemeinschaftsordnung** anlässlich der Begründung von Wohnungseigentum vermögen nicht in den Bestand dinglicher (Global-) Rechte einzugreifen.

Beispiel

Die mögliche inhaltliche Ausgestaltung des Eigentums durch Vereinbarung einer **Veräußerungsbeschränkung** gem. § 12 WEG für die neu entstehenden Wohnungseigentumsrechte ändert nichts an dem Haftungsobjekt als Ganzem.[25] Näheres zur wohnungseigentumsrechtlichen Veräußerungsbeschränkung finden Sie im → Kapitel E Rn. 115 ff.
Ebenso ist die Zustimmung eines **Dienstbarkeitsberechtigten** an dem aufzuteilenden Grundstück selbst dann nicht erforderlich, wenn dessen Rechtsposition durch die vorgesehene Gemeinschaftsordnung berührt werden könnte.[26] Eine die Dienstbarkeitsausübung beeinträchtigende Nutzung des Grundstücks kann nämlich gem. §§ 1027, 1004 BGB unterbunden werden.[27]

23   Soweit ein dingliches Recht seiner Natur nach an einem einzelnen Wohnungseigentum bestehen kann (zB ein Wohnungsrecht gem. §§ 1090, 1093 BGB), werden die übrigen neu gebildeten Einheiten durch die Begründung des Wohnungseigentums von dieser Belastung frei. Ein solches Recht besteht in diesem Fall nur an demjenigen Wohnungseigentumsrecht fort, auf dessen Raumeinheit es sich ausschließlich erstreckt (§§ 1090 Abs. 2, 1026 BGB).[28] Im Übrigen kann Grundbuchberichtigung erfolgen (§ 22 Abs. 1 GBO), wenn ein entsprechender Nachweis in der Form des § 29 Abs. 1 GBO geführt wird oder die Unrichtigkeit bei dem Grundbuchgericht offenkundig ist.[29] Überschreitet der Ausübungsbereich des Wohnungsrechts jedoch die Nutzungsbefugnisse eines Sondereigentümers, müssen sämtliche Wohnungseigentumsrechte belastet bleiben.[30]

 Merke:

Ist das gesamte in Wohnungseigentum zu überführende Grundstück oder sind sämtliche Miteigentumsanteile hieran mit dinglichen Rechten zugunsten Dritter belastet, erfolgt durch die Begründung von Wohnungseigentum kein Eingriff in deren Rechtspositionen. Ein etwaiges **Zustimmungserfordernis** gem. §§ 876, 877 BGB **entfällt** daher **unabhängig von der Entstehungsart** des Wohnungseigentums.

---

[25] OLG Frankfurt NJW-RR 1996, 918 = Rpfleger 1996, 340.
[26] ZB durch Einräumung eines Alleinnutzungsrechtes zugunsten eines Wohnungseigentümers an einer Grundstücksfläche, die der Rechtsausübung seitens des eingetragenen Grunddienstbarkeitsberechtigten unterliegt.
[27] Riecke/Schmid/*Schneider* § 7 Rn. 45; *Röll* MittBayNot 2002, 397; *Schöner/Stöber* Rn. 2849; Timme/*Kral* § 8 Rn. 24; aA BayObLG NJW-RR 2002, 1526 =NZM 2002, 488 = Rpfleger 2002, 432.
[28] OLG Oldenburg NJW-RR 1989, 273; OLG Frankfurt DNotZ 1960, 153 = NJW 1959, 1977; BayObLG NJW 1957, 1840; Bauer/*v. Oefele* AT V Rn. 188; Hügel/*Kral* SB WEG Rn. 113.
[29] Riecke/Schmid/*Schneider* § 7 Rn. 49.
[30] OLG Hamm DNotZ 2001, 216 m. Anm. *v. Oefele* = ZWE 2000, 372.

Hinweis: 24

An diesen Grundsätzen hat sich auch durch die Einführung der neuen Rangklasse 2 des § 10 Abs. 1 ZVG zum 1.7.2007 nichts geändert. Wird aufgrund dieses **Hausgeldprivilegs** zB wegen rückständiger Hausgeldzahlungen die Zwangsversteigerung betrieben, erlöschen durch eine Zuschlagserteilung nach den gesetzlichen Versteigerungsbedingungen zwar die nachgehenden Grundpfandrechte, Reallasten, Vorkaufsrechte und Nießbrauchsrechte in der Rangklasse 4 des § 10 Abs. 1 ZVG, so dass bisweilen angenommen wurde, diese „Globalberechtigten" seien von der Begründung des Wohnungseigentums betroffen.[31] Sie brauchen allerdings mangels einer planwidrigen Regelungslücke nicht gem. §§ 877, 876 BGB zuzustimmen.[32] Die Vorschriften sind nach Auffassung des BGH nicht anwendbar, wenn lediglich eine Teilung des Vollrechts stattfindet. Hinzu kommt, dass die bloße Aufteilung für sich allein noch keine Gemeinschaft und somit auch noch keine Hausgeldansprüche entstehen lässt. Auch die Berechtigten von Grunddienstbarkeiten und beschränkten persönlichen Dienstbarkeiten müssen nicht zustimmen, weil sie selbst im Falle des Betreibens einer Zwangsversteigerung aus § 10 Abs. 1 Nr. 2 ZVG unter bestimmten Voraussetzungen bestehen bleiben können (vgl. § 52 Abs. 2 Satz 2 lit. b ZVG). Zur Immobiliarvollstreckung in ein Wohnungseigentum → Kapitel M Rn. 1 ff.

bb) Lediglich ein Miteigentumsanteil als bisheriger Belastungsgegenstand

(1) Begründung von Wohnungseigentum gem. § 8 WEG. Ist Belastungsgegen- 25 **stand** eines dinglichen Rechts von vornherein nur ein ideeller **Miteigentumsanteil** an dem ungeteilten Grundstück, so kann im Falle der Teilung gem. § 8 WEG nichts anderes gelten.

Hinweis:

Solche Bruchteilsbelastungen eines im Miteigentum stehenden Grundstücks sind nur zulässig mit Nießbrauchsrechten (§ 1066 BGB), Vorkaufsrechten (§ 1095 BGB), Reallasten (§ 1106 BGB) und Grundpfandrechten (§ 1114 BGB iVm §§ 1192 Abs. 1, 1199 Abs. 1BGB).

Ein dingliches Recht der vorgenannten Art wird sich nach der Begründung von Wohnungseigentumsrechten unverändert an sämtlichen neu gebildeten Einheiten fortsetzen, so dass auch in diesem Fall in der Summe immer noch der ursprüngliche Miteigentumsanteil haftet.[33]

Beispiel

In der Praxis finden sich gelegentlich für Grundstücke im Eigentum von Eheleuten allein am Miteigentumsanteil des Ehemannes eingetragene Zwangshypotheken wegen Steuerschulden aus dessen gewerblicher Tätigkeit. Der weitere Miteigentumsanteil der Ehefrau ist demgegenüber lastenfrei. Teilen die Eheleute nun das Grundstück gem. § 8 WEG in Wohnungseigentums-

---

[31] So zuvor insbes. OLG Frankfurt ZWE 2011, 405; *Kesseler* NJW 2010, 2317; *Timme/ Kesseler* 2. Aufl. § 3 Rn. 30; ihm folgend *Böttcher* NotBZ 2010, 239.

[32] BGH NJW 2012, 1226 = ZWE 2012, 219; OLG Celle ZWE 2012, 276; OLG München NJW 2011, 3588 = ZWE 2011, 266; OLG Oldenburg ZWE 2011, 224; KG ZfIR 2011, 254 m zust. Anm. *Heinemann* = ZWE 2011, 81; *Becker/Schneider* ZfIR 2011, 545; *Schneider* ZNotP 2010, 299; *ders.* ZNotP 2010, 387.

[33] *Demharter* Anh zu § 3 Rn. 18; Riecke/Schmid/*Schneider* § 7 Rn. 54; Timme/*Kral* § 8 Rn. 23.

rechte auf, wird sich die Zwangshypothek als Belastung des betreffenden halben Miteigentumsanteils des Ehemannes an jeder neuen Einheit fortsetzen. Eine solchermaßen entstandene „Gesamtzwangssicherungshypothek" verstößt auch nicht gegen § 867 Abs. 2 ZPO.[34]

26 **(2) Begründung von Wohnungseigentum gem. § 3 WEG.** Ist **Belastungsgegenstand** eines dinglichen Rechts dagegen nur ein **Miteigentumsanteil** an dem ungeteilten Grundstück und die Begründung des Wohnungseigentums vollzieht sich durch Einräumung des Sondereigentums gem. § 3 WEG, so lastet ein dingliches Recht infolge der Verbindung des Miteigentumsanteils mit einem Sondereigentum nach der Begründung zwar weiterhin auf demselben Miteigentumsanteil. Die qualitative Veränderung des belasteten Miteigentumsanteils ergibt sich in diesem Fall allerdings aus der geänderten Eigentumszuordnung der vormals mithaftenden gegenständlichen Sondereigentumsbereiche, die nunmehr zugunsten anderer Einheiten dem bisherigen gewöhnlichen Miteigentum entzogen werden. Diese Inhaltsänderung macht die Zustimmung der dinglich Berechtigten gem. §§ 876, 877 BGB erforderlich.[35] Ob dem Entzug der übrigen Sondereigentumsbereiche *wertmäßig* die Zuordnung des eigenen Sondereigentums entspricht, ist für die Beurteilung unerheblich; §§ 876, 877 BGB stellen allein auf die (mögliche) *rechtliche* Beeinträchtigung ab.[36]

> **Merke:**
>
> Ein Zustimmungserfordernis Drittberechtigter kann bei der Begründung von Wohnungseigentum überhaupt nur in Betracht kommen, wenn Miteigentümer sich Sondereigentum gem. § 3 WEG vertraglich einräumen und ein Miteigentumsanteil zuvor bereits mit einem dinglichen Einzelrecht belastet ist.

b) Ein Grundstück im Rechtssinne

27 Nach § 1 Abs. 4 WEG darf Wohnungseigentum nicht an mehreren Grundstücken im Rechtssinne begründet werden. Werden`mehrere Grundstücke zur Errichtung der Wohnungseigentumsanlage benötigt, so müssen diese zunächst rechtlich miteinander verbunden werden. Dies kann nur durch eine **Vereinigung** (§ 890 Abs. 1 BGB, § 5 GBO) oder **Bestandteilszuschreibung** (§ 890 Abs. 2 BGB, § 6 GBO) geschehen.[37]

> **Wiederholung:**
>
> Wiederholen Sie jetzt bitte aus dem → Kapitel B Rn. 17 ff. den **Grundstücksbegriff.**

---

[34] OLG Hamm ZfIR 1998, 115; BayObLGZ 1996, 41 = NJW-RR 1996, 1041; allgemein BGH NJW 2012, 1226 = ZWE 2012, 219.

[35] BGH NJW 2012, 1226 = ZWE 2012, 219; OLG Hamm ZfIR 1998, 115; OLG Frankfurt OLGZ 1990, 253 = NJW-RR 1990, 1042; BayObLG Rpfleger 1986, 177; Bamberger/Roth/*Hügel* § 4 Rn. 6; Bärmann/*Armbrüster* § 2 Rn. 26; *Demharter* Anh zu § 3 Rn. 17; Riecke/Schmid/*Schneider* § 7 Rn. 55; *Schöner/Stöber* Rn. 2849; Staudinger/*Rapp* § 3 Rn. 24; Weitnauer/*Briesemeister* § 3 Rn. 75 und 79; aA nur noch LG Wuppertal Rpfleger 1987, 366 m. abl. Anm. *Meyer-Stolte.*

[36] Vgl. BGHZ 145, 133 = NJW 2000, 3643; BGHZ 91, 343 = NJW 1984, 2409.

[37] OLG München v. 20.9.2011 – 34 Wx 373/11, zit. juris.

Die rechtliche Verbindung von Grundstücken ist grundsätzlich nur möglich, **28**
wenn diese demselben Eigentümer gehören und hiervon – insbesondere angesichts
unterschiedlicher Belastungen mit Verwertungsrechten – Verwirrung nicht zu besorgen ist (§ 5 Abs. 1, § 6 Abs. 1 S. 1 u. Abs. 2 GBO).[38] Weiterhin sollen die Grundstücke im selben Grundbuch- und Vermessungsbezirk liegen sowie unmittelbar
aneinandergrenzen (§ 5 Abs. 2 S. 1, § 6 Abs. 2 GBO).[39] Von dem letztgenannten
Erfordernis kann jedoch abgewichen werden, wenn hierfür, insbesondere wegen
der Zusammengehörigkeit baulicher Anlagen und Nebenanlagen, ein erhebliches
Bedürfnis besteht (§ 5 Abs. 2 Satz 2, § 6 Abs. 2 GBO).

Beispiel:

Ein solches Bedürfnis kann insbesondere bei der Begründung von Wohnungs- und Teileigentum an mehreren rechtlich selbständigen Grundstücken bestehen, wenn das Wohnhaus
sich auf dem einen Grundstück und die zugehörigen Pkw-Stellplätze/Garagen sich auf einem
anderen, nicht unmittelbar angrenzenden Grundstück befinden.

Mit dem Grundstücksbegriff eng verknüpft ist die rechtliche Klärung eines **29**
etwaigen **Grenzüberbaus**. Wohnungseigentum an einem auf das Nachbargrundstück überbauten Gebäudeteil kann nur begründet werden, wenn der Überbau
eigentumsmäßig dem überbauenden und in Wohnungseigentumsrechte aufzuteilenden Stammgrundstück zugeordnet werden kann.[40]

Wiederholung:

Wiederholen Sie jetzt bitte aus dem → Kapitel B Rn. 20 ff. die Ausführungen zum
Grenzüberbau.

c) Gebäude

Sondereigentum kann an **Räumen** in einem bereits errichteten (**Bestandsbau**) **30**
oder an einem erst noch zu errichtenden Gebäude (**Neubau**) gebildet werden (vgl.
§ 3 Abs. 1, § 8 Abs. 1 WEG). Im letzteren Fall besteht bis zur Fertigstellung des
Gebäudes eine Art „Anwartschaftsrecht" auf Erlangung von Sondereigentum,
das schrittweise mit dem Baufortschritt zum Vollrecht erstarkt.[41] Das Wohnungseigentumsrecht ist jedoch bereits mit der Anlegung der Wohnungsgrundbücher
anwendbar und nicht erst mit vollständiger Fertigstellung der Baulichkeiten.[42]

---

[38] Dazu ausf. Meikel/*Böttcher* § 5 Rn. 31 ff. und Lemke/*Schneider* § 5 Rn. 52 ff. je mwN.
[39] Meikel/*Böttcher* § 5 Rn. 57 ff. und Lemke/*Schneider* § 5 Rn. 80 ff. je mwN.
[40] Verschiedene Fallgruppen finden sich bei KG v. 19.8.2015 – 1 W 765/15; Riecke/
Schmid/*Schneider* § 1 Rn. 193 ff.
[41] BGHZ 110, 36 = NJW 1990, 1111 [Bauverbotsfall]; OLG Frankfurt ZMR 2012, 30;
OLG Hamm ZMR 2006, 60; BayObLGZ 2001, 328 = ZWE 2002, 121.
[42] OLG Hamm ZMR 2007, 213.

d) Miteigentumsanteile und Sondereigentum

31   Die Summe aller Miteigentumsanteile muss wieder **ein Ganzes** ergeben.[43]
Jeder Miteigentumsanteil muss dabei zwingend mit Sondereigentum verbunden
werden.[44] Sog. freie („**isolierte**") **Anteile**, die nicht mit Sondereigentum verbunden
sind, können weder (bei der vertraglichen Begründung) „übrig bleiben", noch
rechtsgeschäftlich (bei der Vorratsteilung) begründet werden, weil sie denknotwendig dann auch den Bereich des eingeräumten Sondereigentums anderer
Einheiten erfassen müssten (vgl. § 6 WEG).

Isolierte Miteigentumsanteile können jedoch uU nachträglich kraft Gesetzes
entstehen.

Beispiel

Verstößt die Einräumung von Sondereigentum an einem Gebäudeteil gegen zwingende gesetzliche Vorschriften (zB unzulässige Einräumung von Sondereigentum an einer Heizungsanlage gem. § 5 Abs. 2 WEG samt dem ausschließlich diesem Zweck dienenden Raum[45]), ist
die Begründung des Sondereigentums insoweit unwirksam; die Räumlichkeit verbleibt im
Gemeinschaftseigentum.[46] War mit dem betreffenden Miteigentumsanteil nur dieser eine –
nicht sondereigentumsfähige – Raum verbunden, entsteht isoliertes Miteigentum.[47]

32   Es darf auch **kein isoliertes Sondereigentum** gebildet werden; die Verbindung
mit einem Miteigentumsanteil ist gem. § 6 WEG notwendige Voraussetzung für
dessen wirksame Entstehung.[48] Allerdings können mit einem Miteigentumsanteil
durchaus **mehrere** abgeschlossene **Wohnungen** verbunden werden.[49] Umgekehrt
können jedoch nicht mehrere Miteigentumsanteile mit nur einem Sondereigentum
verbunden werden[50]; die Begründung von sog Mitsondereigentum im Sinne einer
dinglich verselbständigten Untergemeinschaft ist unzulässig.[51]

Wiederholung:

Wiederholen Sie jetzt bitte aus dem → Kapitel B Rn. 26 ff. die Ausführungen zum unzulässigen **Mitsondereigentum** (→ Rn. 26) und zum unzulässigen **abgesonderten**
Miteigentum (→ Rn. 29).

---

[43] Über Korrekturmöglichkeiten bei Über- und Unterverteilung s. *Röll* MittBayNot
1996, 175.

[44] BGHZ 109, 179 = NJW 1990, 447 [Heizwerkfall].

[45] BGHZ 73, 302 = NJW 1979, 2391.

[46] BGHZ 109, 179 = NJW 1990, 447 [Heizwerkfall]; OLG Hamm Rpfleger 2007, 137.

[47] BGHZ 109, 179 = NJW 1990, 447 [Heizwerkfall]; ebenso BGH NJW 2004, 1798
= ZWE 2004, 263 [Abweichende Bauausführung]; BGHZ 130, 159 = NJW 1995, 2851
[Widerspruch zwischen Aufteilungsplan und Teilungserklärung].

[48] OLG Karlsruhe ZWE 2014, 162; OLG München ZfIR 2008, 115; BayObLGZ 1995,
399 = NJW-RR 1996, 721.

[49] BGHZ 146, 241 = NJW 2001, 1212 [Wanddurchbruch]; instruktiv OLG Düsseldorf
v. 30.11.2015 – 3 Wx 272/15; KG OLGZ 1989, 385 = NJW-RR 1989, 1360; BayObLGZ
1971, 102 = DNotZ 1971, 473.

[50] BGHZ 86, 393 = NJW 1983, 1672.

[51] BGH ZMR 2012, 377 = ZWE 2012, 81; BGHZ 130, 159, 168 = NJW 1995, 2851;
OLG Karlsruhe ZWE 2014, 162; BayObLG ZWE 2000, 213.

e) Bestimmung und Abgrenzung des Eigentumsbereiche

Sowohl der Vertrag über die Einräumung von Sondereigentum gem. § 3 WEG **33** als auch die einseitige Teilungserklärung gem. § 8 WEG erfordern eine **ausdrückliche Zuordnung** näher bezeichneter gegenständlicher Bereiche **zum** Sondereigentum. **Gegenstand des Sondereigentums** sind nämlich nur die gemäß § 3 Abs. 1 WEG bestimmten Räume sowie die zu diesen Räumen gehörenden Bestandteile des Gebäudes, die verändert, beseitigt oder eingefügt werden können, ohne dass dadurch das gemeinschaftliche Eigentum oder ein auf Sondereigentum beruhendes Recht eines anderen Wohnungseigentümers über das nach § 14 zulässige Maß hinaus beeinträchtigt oder die äußere Gestaltung des Gebäudes verändert wird (§§ 5 Abs. 1 iVm § 8 Abs. 2 WEG). Die Festlegung muss im Rahmen der durch § 5 Abs. 1 und 2 WEG gezogenen Grenzen eindeutig und zweifelsfrei erfolgen (dazu vgl. ausf. → Kapitel C); andernfalls verbleibt der betreffende Gegenstand im gemeinschaftlichen Eigentum (§ 1 Abs. 5 WEG).

Damit verbunden ist die notwendige **Abgrenzung** des gemeinschaftlichen **34** Eigentums vom zukünftigen Sondereigentum. Beides erfolgt in der Praxis regelmäßig durch sprachliche Beschreibung unter gleichzeitiger Bezugnahme auf einen zeichnerischen Aufteilungsplan für die Gesamtanlage (dazu → Rn. 45 ff.).

f) Regelungen zur Gemeinschaftsordnung

Der Begriff der Gemeinschaftsordnung ist gesetzlich nicht definiert. Im All- **35** gemeinen wird hierunter die **Gesamtheit aller schuldrechtlichen Vereinbarungen** verstanden, durch die die Wohnungseigentümer ihr Verhältnis untereinander in Ergänzung oder Abweichung von den Vorschriften des WEGs oder den übrigen dispositiven Bestimmungen des materiellen Rechts regeln sowie **sämtliche Beschlüsse**, die sich nicht auf einen Ausführungsakt beschränken, sondern das **Grundverhältnis** der Wohnungseigentümer berühren.[52] Die Vereinbarungen (und diese Art von Beschlüssen) bilden in ihrer Gesamtheit die Verfassung der Gemeinschaft; sie sind der **Satzung** einer juristischen Person vergleichbar.[53]

Hinweis:

Zum leichteren Verständnis für Sie soll im Folgenden der Begriff der **Gemeinschaftsordnung** lediglich auf die **Gesamtheit der wohnungseigentumsrechtlichen Vereinbarungen** beschränkt werden.

In der Praxis ist es üblich, sowohl einem Begründungsvertrag gem. § 3 WEG **36** als auch einer Teilungserklärung gem. § 8 WEG Regelungen einer (zukünftigen) Gemeinschaftsordnung beizufügen. Dies ist durchaus zweckmäßig, jedoch keineswegs zwingend.[54] Eine **Gemeinschaftsordnung** ist nämlich **keine Tatbestandsvoraussetzung** für die wirksame Begründung von Wohnungseigentum.[55] Fehlen

---

[52] Vgl. Bärmann/*Suilmann* § 10 Rn. 83; Riecke/Schmid/*Elzer-Schneider* § 3 Rn. 112 je mwN auch zu engeren und weiteren Ansätzen.

[53] BGH ZWE 2012, 361; BGHZ 163, 154 = NJW 2005, 2061 = ZWE 2005, 422; BGH NJW 2003, 2165 = ZWE 2003, 259.

[54] BGH NJW 2002, 2712 = ZWE 2002, 461.

[55] Riecke/Schmid/*Elzer-Schneider* § 3 Rn. 111 und § 8 Rn. 50.

solche Regelungen (ausnahmsweise) einmal, verbleibt es bei dem zwischen allen Wohnungseigentümern bestehenden gesetzlichen Schuldverhältnis, das den Regelungen des WEGs (insbes. den §§ 10 bis 29) und den ergänzend anwendbaren Bestimmungen des BGBs über die Bruchteilsgemeinschaft unterliegt (§ 10 Abs. 2 S. 1 WEG).[56]

37 Regeln die Wohnungseigentümer jedoch ihr Verhältnis untereinander in Ergänzung oder Abweichung von Vorschriften des WEGs (§ 10 Abs. 2 S. 2 WEG), wirken insoweit getroffene **Vereinbarungen** gegenüber dem Sondernachfolger eines Wohnungseigentümers nur dann, wenn sie auch als **Inhalt des Sondereigentums** im Grundbuch eingetragen sind (§ 10 Abs. 3 WEG). Der Grundbucheintragung von Vereinbarungen der Wohnungseigentümer kommt daher Bedeutung zur Erlangung eines Sukzessionsschutzes zu. Die Vorschriften sind über §§ 5 Abs. 4 S. 1, 8 Abs. 2 S. 1 WEG auf Vorgaben des teilenden Eigentümers in einseitigen Teilungserklärungen entsprechend anwendbar.

Bitte lesen Sie jetzt § 5 Abs. 4 S. 1 sowie § 10 Abs. 2 und 3 WEG!

38 Aus diesem Grund müssen insbesondere die zur Eintragung vorgesehenen Vereinbarungen den gesetzlichen Anforderungen der §§ 134, 138 und §§ 242, 305ff. BGB genügen. Zum Prüfungsrecht des Grundbuchgerichts s. auch → Rn. 42.

Ausgewählte Beispiele

a) Beispiele zu § 134 BGB

Abweichende Vereinbarungen sind im Bereich der Gemeinschaftsordnung nicht zulässig, soweit dort zwingendes Recht entgegensteht[57]:

– Gesetzlicher Abänderungsanspruch (§ 10 Abs. 2 S. 3 WEG);
– Unauflöslichkeit der Gemeinschaft und Ausschluss eines Insolvenzverfahrens (§ 11 WEG);
– Versagung einer vereinbarten Veräußerungszustimmung (§ 12 Abs. 2 WEG);
– Mehrheitliche Aufhebung einer vereinbarten Veräußerungszustimmung (§ 12 Abs. 4 S. 2 WEG);
– Beschränkung bei der Änderung der Kostenverteilung (§ 16 Abs. 5 WEG);
– Anspruch auf Entziehung des Wohnungseigentums (§ 18 Abs. 4 WEG);
– Ausschluss der Verwalterbestellung (§ 20 Abs. 2 WEG);
– Beschränkung bei der Änderung der Kostenverteilung für Modernisierungsmaßnahmen (§ 22 Abs. 2 S. 2 WEG);
– Einstimmigkeitserfordernis für Umlaufbeschlüsse (§ 23 Abs. 3 WEG-str.);
– Minderheitenschutz bei Versammlungseinberufung (§ 24 Abs. 2 WEG);
– Regelung und Zeitdauer einer Verwalterbestellung (§ 26 Abs. 1 WEG);
– Rechte und Pflichten des Verwalters (§ 27 Abs. 4 WEG);
– Separierungspflicht für angelegte Gelder (§ 27 Abs. 5 S. 1 WEG);
– Verfahrensrecht (§ 43ff. WEG);
– Keine Ersteherhaftung nach Zuschlagserteilung (§ 56 S. 2 ZVG).

b) Beispiele zu §§ 138, 242 BGB

Unzulässig ist folgende sittenwidrige Vereinbarung:

– Willkürliche Benachteiligung bestimmter Personengruppen bei der Erteilung einer Veräußerungszustimmung[58];

---

[56] BGH NJW 2002, 2712 = ZWE 2002, 461; BGHZ 141, 224 = NJW 1999, 2108 = ZWE 2000, 23.
[57] Vgl. Bärmann/*Suilmann* § 10 Rn. 95; Riecke/Schmid/*Schneider* § 7 Rn. 118.
[58] OLG Zweibrücken MittBayNot 1994, 44.

Als gegen die Grundsätze von Treu und Glauben verstoßend ist folgende Vereinbarung unzulässig:

– Feststellung eines veränderten Abstimmungsergebnisses aufgrund einer unzulässigen Stimmrechtsregelung nach Durchführung der Abstimmung.[59]

c) Anwendung der §§ 305ff. BGB?

Noch nicht höchstrichterlich geklärt ist die Streitfrage, ob von dem teilenden Eigentümer einseitig vorgegebene Bestimmungen darüber hinaus einer AGB-Kontrolle gem. §§ 305ff. BGB unterliegen.[60] Richtigerweise wird man dies wohl verneinen müssen. Bei der vertraglichen Begründung mangelt es regelmäßig bereits an der einseitigen „Setzung" und dem Vielzahlerfordernis.[61] Bei der einseitigen Aufteilung scheidet eine unmittelbare Anwendung der §§ 305ff. BGB auf die Gemeinschaftsordnung aus, weil die Rechtswirkungen im Erwerbsfall kraft Gesetzes und nicht kraft vertraglicher Bestimmung eintreten.[62] Für eine weitergehende Analogie besteht kein Bedürfnis; vielmehr spricht im Hinblick auf die starken gesellschaftsrechtlichen Einflüsse einiges für die Anwendung des § 310 Abs. 4 S. 1 BGB auch auf die wohnungseigentumsrechtliche Gemeinschaftsordnung.[63]

> **Hinweis:**
>
> Mit dem Inhalt des Sondereigentums werden wir uns noch ausführlicher im → Kapitel E befassen.

g) Genehmigungserfordernisse

aa) Gerichtliche Genehmigungserfordernisse

Soweit unter elterlicher Sorge, Vormundschaft, Betreuung oder Pflegschaft **39** stehende Personen an der Begründung von Wohnungseigentum beteiligt sind, benötigen die **gesetzlichen Vertreter** nach § 1821 Abs. 1 Nr. 1, 1. Alt., § 1643 Abs. 1, § 1705, § 1908 i, § 1915 BGB eine (familien-, vormundschafts- oder betreuungs-) **gerichtliche Genehmigung**, weil nach h.M. eine Verfügung über das Grundstück i.S. dieser Vorschriften vorliegt. Bei der Begründung von Wohnungseigentum gem. § 3 WEG ist dies unstreitig, weil die bisher „normalen" Miteigentumsanteile mit Sondereigentum verbunden werden und dem bisherigen Miteigentum Sondereigentumsbereiche zugunsten anderer Miteigentümer entzogen werden; es liegt damit nach überwiegender Auffassung[64] eine Inhaltsänderung des Eigentums vor.[65]

---

[59] LG Regensburg NJW-RR 1991, 1169.

[60] Offen gelassen u.a. in BGH NJW 2012, 676 = ZWE 2012, 175 [Zuordnungsvorbehalt für Sondernutzungsrecht], BGH NJW 2011, 679 = ZWE 2011, 122 [Stimmrechtsausschluss]; BGH NJW 2007, 213 = DNotZ 2007, 39 [Betreutes Wohnen]; BGHZ 151, 164 = NJW 2002, 3240 = ZWE 2002, 570 [Verwalterbestellung in Teilungserklärung].

[61] Allgem. M. *Ertl* DNotZ 1981, 149 (151); *Ulmer* FS Weitnauer (1980), S. 205, 209; Weitnauer/*Briesemeister* § 7 Rn. 25.

[62] OLG Frankfurt NJW-RR 1998, 1707 = ZfIR 1998, 235; OLG Hamburg FGPrax 1996, 132; BayObLG NJW-RR 1992, 83; Bärmann/*Armbrüster* § 2 Rn. 49ff; *Demharter* Anh zu § 3 Rn. 26; Riecke/Schmid/*Schneider* § 7 Rn. 142ff.; *Schöner/Stöber* Rn. 2815; Staudinger/*Rapp* § 7 Rn. 35.

[63] A.A. – analoge Anwendung: Meikel/*Böttcher* Einl D Rn. 135ff.; *Ulmer* FS Weitnauer (1980), S. 205.

[64] Nach weitergehender Ansicht soll eine Verfügung durch Neuzuordnung des Eigentums vorliegen; Bamberger/Roth/*Hügel* § 4 Rn. 6; Staudinger/*Rapp* § 4 Rn. 3.

[65] Bamberger/Roth/*Hügel* § 4 Rn. 7; Bärmann/*Armbrüster* § 2 Rn. 28f.; Riecke/Schmid/*Schneider* § 7 Rn. 75; *Schöner/Stöber* Rn. 2850; Staudinger/*Rapp* § 4 Rn. 22.

40 Im Falle der Aufteilung gem. § 8 WEG wird diese Sichtweise jedoch zunehmend bestritten. Während überwiegend wohl immer noch zumindest von einer verfügungsähnlichen, das Genehmigungserfordernis begründenden Handlung ausgegangen wird[66], befindet sich eine ablehnende Auffassung im Vordringen, die für diese Begründungsart lediglich ein – genehmigungsfreies – sog neutrales Geschäft annehmen will.[67] Offen bleibt dabei allerdings, wie dann für einzelne Einheiten nachteilige Regelungen (zB in der Kosten- und Lastentragung) ausreichende Berücksichtigung im Rahmen einer Veräußerungsgenehmigung für eine profitable Einheit finden können.

bb) Öffentlich-rechtliche Genehmigungserfordernisse

41 Daneben können für die Begründung von Wohnungseigentum weitere **behördliche Genehmigungserfordernisse** in Betracht kommen:

- für **Fremdenverkehrsgebiete** gem. § 22 Abs. 1 BauGB;[68]
- für **Umlegungs- und Enteignungsverfahren** gem. § 51, § 108 BauGB;[69]
- für Gebiete zur **Erhaltung bestimmter Milieustrukturen** aufgrund einer Erhaltungssatzung gem. § 172 Abs. 1 Satz 4 BauGB;[70]
- für die neuen Bundesländer gem. § 3 Satz 2 Nr. 1 GVO iVm § 2 GVO wegen der damit verbundenen Änderung etwaiger **Restitutionsansprüche** bei vertraglicher Einräumung von Sondereigentum;[71]
- für den Nachweis fehlender oder erfüllter Grunderwerbsteuerpflicht gem. § 22 GrEStG (sog **Unbedenklichkeitsbescheinigung**) bei vertraglicher Einräumung von Sondereigentum gem. § 3 WEG; die Teilung gem. § 8 WEG unterfällt mangels Eigentumswechsels keiner Grunderwerbsteuer.[72]

III. Grundbuchmäßige Behandlung

1. Formelle Eintragungsvoraussetzungen

a) Prüfungskompetenz des Grundbuchgerichts

42 Das Grundbuchgericht hat im Rahmen der ihm zur Verfügung stehenden Beweismittel zu prüfen, ob Wohnungseigentum nach den vorgelegten Unterlagen wirksam begründet werden kann. Dies macht auch im formellen Eintragungsver-

---

[66] Bamberger/Roth/*Hügel* § 8 Rn. 5; Jennißen/*Zimmer* § 4 Rn. 34; *Klüsener* Rpfleger 1981, 464; NK-BGB/*Heinemann* § 2 Rn. 6 WEG; Riecke/Schmid/*Schneider* § 7 Rn. 75; *Schöner/Stöber* Rn. 2850; differenzierend Staudinger/*Rapp* § 8 Rn. 20.
[67] KG ZWE 2015, 118; Bärmann/*Armbrüster* § 2 Rn. 33; RGRK/*Augustin* § 8 Rn. 3.
[68] Vgl. dazu ausf. DNotI-Gutachten in DNotI-Report 2008, 97.
[69] Vgl. Bärmann/*Armbrüster* § 2 Rn. 18; Riecke/Schmid/*Schneider* § 7 Rn. 77a f.; *Schöner/Stöber* Rn. 3863; aA für Teilungen gem. § 8 WEG aufgrund der fehlenden Verfügung Battis/Krautzberger/Löhr/*Reidt* § 51 Rn. 14.
[70] Vgl. BGH v. 12.10.2016 – V ZB 198/15; KG v. 13.10.2016 – 1 W 303/16; OLG Hamm 1999, 132 = Rpfleger 1999, 487; OLG Zweibrücken DNotZ 1999, 825 = Rpfleger 1999, 441; *Schöner/Stöber* Rn. 3853 b.
[71] Bamberger/Roth/*Hügel* § 4 Rn. 9; *Frenz* DtZ 1994, 56, 57; *Schöner/Stöber* Rn. 4108a.
[72] LG Saarbrücken NZM 1998, 924; Bärmann/*Armbrüster* § 2 Rn. 47; Riecke/Schmid/*Schneider* § 7 Rn. 76.

fahren grundsätzlich eine Prüfung der vorgenannten materiell-rechtlichen Entstehungsvoraussetzungen nicht entbehrlich. Das Grundbuchgericht hat allerdings – abgesehen von den in § 20 GBO genannten Ausnahmen – nicht die Wirksamkeit der materiell-rechtlichen Einigung zu prüfen; ihm kommt darüber hinaus aber die notwendige Prüfungskompetenz zu, solange es sich um die Beantwortung von Rechtsfragen handelt. Weiß das Grundbuchgericht, dass durch die bewilligte Eintragung das Grundbuch unrichtig würde, darf es die Eintragung also nicht vornehmen; denn es ist seine Aufgabe, das Grundbuch nach Möglichkeit mit der wirklichen Rechtslage in Einklang zu halten und eine Grundbuchunrichtigkeit zu verhindern.[73] Die in § 29 Abs. 1 GBO normierte **Beweismittelbeschränkung** verdrängt also keineswegs die Beachtung des **Legalitätsprinzips**. Gemessen daran darf das Grundbuchgericht aber gerade nicht sehenden Auges unrichtige Eintragungen herbeiführen.[74]

Vor diesem Hintergrund sind die allgemeinen und besonderen Eintragungs- **43** voraussetzungen zu prüfen. Die entsprechende Prüfung hat richtigerweise auch bereits im Anlegungsverfahren für das Wohnungseigentum stattzufinden[75] und nicht erst in einem nachgelagerten Prozess gem. § 43ff. WEG.[76]

b) Allgemeine Eintragungsvoraussetzungen

Die Prüfung der allgemeinen Eintragungsvoraussetzungen auf der Grundlage **44** einer Eintragungsbewilligung (sog „formelles Konsensprinzip") umfasst insbesondere folgende Punkte:

- Zuständigkeiten (§ 1 GBO)
- Antragstellung (§ 13 GBO)
  - Antragserklärung und -berechtigung, ggf. Vertretung
  - Antragsinhalt
  - Antragsform
- Bewilligung (§ 19 GBO)
  - Bewilligungserklärung und -berechtigung, auch mittelbar Betroffener, ggf. Vertretung
  - Bewilligungsinhalt
  - Bewilligungsform
- Voreintragung (§ 39 GBO)
- Briefvorlage (§ 41f. GBO)
- Genehmigungen

Zur Vermeidung von Wiederholungen kann auf die Ausführungen von *Wilsch* „Die Grundbuchordnung für Anfänger" in dieser Reihe verwiesen werden.

Die Ihnen jetzt bekannten materiell-rechtlichen Entstehungsvoraussetzungen für Wohnungseigentum sind im Rahmen des Bewilligungsinhalts zu berücksichtigen.

---

[73] BGH v. 16.2.2012 – V ZB 204/11, zit. juris.

[74] Enger dagegen *Hügel/Elzer* § 7 Rn. 55: nur offensichtliche Nichtigkeitsgründe sollen zur Zurückweisung berechtigen.

[75] OLG Frankfurt NJW-RR 1998, 1707; OLG Zweibrücken MittBayNot 1994, 44; BayObLGZ 1997, 139 = DNotZ 1997, 970.

[76] So aber Staudinger/*Rapp* § 7 Rn. 38; *Weitnauer* DNotZ 1989, 430 für die Prüfung gem. § 242 BGB.

c) Besondere Eintragungsvoraussetzungen

aa) Aufteilungsplan

45   Der verfahrensrechtlich notwendigen Eintragungsbewilligung (§ 19 GBO) ist als Anlage eine von der Baubehörde[77] mit Unterschrift und Siegel oder Stempel versehene Bauzeichnung beizufügen, aus der die Aufteilung des Gebäudes sowie die Lage und Größe der im Sondereigentum und der im Gemeinschaftseigentum stehenden Gebäudeteile ersichtlich ist (sog **Aufteilungsplan**).

Bitte lesen Sie jetzt § 7 Abs. 4 S. 1 Nr. 1 WEG!

Danach ist für die Abgrenzung des Sondereigentums nicht die tatsächliche Bauausführung, sondern allein der Aufteilungsplan maßgeblich.[78] Er soll sicherstellen, dass dem Bestimmtheitsgrundsatz des Sachen- und Grundbuchrechts Rechnung getragen wird, indem er die Aufteilung des Gebäudes sowie die Lage und Größe des Sondereigentums und der im gemeinschaftlichen Eigentum stehenden Gebäudeteile ersichtlich macht. Bei Grundstücken ergibt sich der Grenzverlauf aus der dem Liegenschaftskataster zugrundeliegenden Liegenschaftskarte (vgl. § 2 Abs. 2 GBO); hierauf erstreckt sich die Vermutung der Richtigkeit des Grundbuchs gem. § 891 Abs. 1 BGB. Dieselbe sachenrechtliche **Abgrenzungsfunktion** wie das Liegenschaftskataster erfüllt bei der Aufteilung in Wohnungseigentum der Aufteilungsplan, der an die Stelle der Vermessung und katastermäßigen Erfassung tritt.[79]

46   Dieser Bedeutung des Aufteilungsplans entspricht das grundbuchmäßige **Buchungsverfahren**. So kann bei der Eintragung von Wohnungseigentum zur näheren Bezeichnung des Gegenstands und des Inhalts des Sondereigentums auf die Eintragungsbewilligung Bezug genommen werden (§ 7 Abs. 3 WEG); in der Eintragungsbewilligung wiederum wird auf den Aufteilungsplan verwiesen, so dass letzterer ebenfalls zur Grundbucheintragung gehört (sog „**doppelte Bezugnahme**"). Daraus ergibt sich zugleich, dass mit dem Aufteilungsplan als Bestandteil der Eintragungsbewilligung der Inhalt einer Teilungserklärung gem. § 8 Abs. 1 WEG übereinstimmen muss. Alle **Widersprüche** zwischen dem Inhalt der Teilungserklärung selbst und dem Inhalt des in Bezug genommenen Aufteilungsplans machen die Erklärung inhaltlich unbestimmt, so dass eine Eintragung nicht erfolgen kann.[80]

47   Die von der Baubehörde mit Unterschrift und Siegel oder Stempel zu versehene Bauzeichnung ist im Maßstab von mindestens 1 : 100 zu erstellen[81]; sie setzt sich regelmäßig aus **Grundrissen** der einzelnen Stockwerke, **Schnitten** und **Ansichten** des Gebäudes zusammen.[82] Der Aufteilungsplan muss sich demgemäß auf alle

---

[77] Wegen der möglichen Zuständigkeitsübertragung → Fn. 102.

[78] Gegen die bisher ganz vorherrschende Meinung: BGH v. 20.11.2015 – V ZR 284/14.

[79] BGH v. 20.11.2015 – V ZR 284/14; BGHZ 177, 338 = NJW 2008, 2982 = ZfIR 2008, 734 = ZMR 2008, 897 = ZWE 2008, 426 [„Luftschranke"]; BGHZ 130, 159 = NJW 1995, 2851 [Widerspruch zwischen Aufteilungsplan und Teilungserklärung].

[80] OLG Köln NJW-RR 1993, 204.

[81] Nr. 2 der Allgemeinen Verwaltungsvorschrift für die Ausstellung von Bescheinigungen gemäß § 7 Abs. 4 Nr. 2 und § 32 Abs. 2 Nr. 2 des Wohnungseigentumsgesetzes vom 19.3.1974 (BAnz. Nr. 58 vom 23.3.1974); → Anhang III.

[82] BayObLG DNotZ 1998, 377; BayObLGZ 1980, 226 = DNotZ 1980, 747.

Teile eines Gebäudes beziehen, auch auf den Keller und das Dachgeschoss.[83] Er soll auch den Grundrissplan eines nur beschränkt nutzbaren Spitzbodens enthalten, gleichgültig, ob dieser Gemeinschaftseigentum oder Sondereigentum ist; die bloße Darstellung des Spitzbodens im Schnittplan soll nicht genügen.[84] Neben den Grundrissen der Wohnungen muss der Aufteilungsplan auch Ansichten des Gebäudes enthalten, wobei sich Unterschrift und Siegel (Stempel) der Baubehörde auch darauf beziehen müssen.[85] Eine zeichnerische Darstellung nur eines Gebäudeteils, zB nur der im Sondereigentum stehenden Teile, genügt nicht.[86] Das Erfordernis von Grundrissen und Ansichten gilt grundsätzlich auch für **selbstständige Garagen**, an denen Sondereigentum begründet werden soll.[87] Sollen diese dagegen im gemeinschaftlichen Eigentum verbleiben, genügt ein Grundriss, aus dem sich Lage und Größe der Garagen ersehen lassen; Ansichten und Schnitte sind dann nicht erforderlich.[88]

Alle zu demselben Wohnungseigentum gehörenden Einzelräume, auch die **48** außerhalb der eigentlichen Wohnungen liegenden, zB Speicher, Keller[89], sind mit der jeweils gleichen **Nummer** zu kennzeichnen (§ 7 Abs. 4 S. 1 Nr. 1 WEG)[90]; eine nochmalige verbale Beschreibung in der Teilungserklärung ist dann nicht notwendig, solange eine Zuordnung zum Sondereigentum anderweitig festgestellt werden kann.[91] Innerhalb einer Wohnung muss nicht jeder Raum mit einer Nummer gekennzeichnet werden, es genügt vielmehr die farbige Umrandung der Wohnung.[92] Wenn in der Eintragungsbewilligung für die einzelnen Sondereigentumsrechte Nummern angegeben werden, sollen sie mit denen des Aufteilungsplans übereinstimmen (§ 7 Abs. 4 S. 2 WEG). Diese Grundsätze sollen auch dann gelten, wenn die Teilungserklärung vor der Grundbucheintragung noch geändert wird.[93]

---

[83] BayObLGZ 1980, 226 = DNotZ 1980, 747.

[84] So BayObLG MittBayNot 1997, 2910; aA *F. Schmidt* MittBayNot 1997, 276; Riecke/Schmid/*Schneider* § 7 Rn. 87 zumindest für den Fall, dass der im Gemeinschaftseigentum verbleibende Spitzboden schon aufgrund seiner Standhöhe nicht zum dauernden Aufenthalt von Menschen geeignet ist und auch sonst keine weiteren darstellungsbedürftigen Merkmale aufweist.

[85] BayObLG MittBayNot 1984, 130; BayObLGZ 1980, 226 = DNotZ 1980, 747; LG Lüneburg Rpfleger 1979, 314.

[86] LG Lüneburg Rpfleger 1979, 314.

[87] OLG Düsseldorf ZWE 2000, 369; OLG Hamm OLGZ 1977, 264, 272 = DNotZ 1977, 308; BayObLGZ 1973, 267 = NJW 1974, 152.

[88] BayObLG MittBayNot 1993, 215.

[89] LG Heilbronn BWNotZ 1976, 125.

[90] Vgl. auch Nr. 3 der Allgemeinen Verwaltungsvorschrift für die Ausstellung von Bescheinigungen gemäß § 7 Abs. 4 Nr. 2 und § 32 Abs. 2 Nr. 2 des Wohnungseigentumsgesetzes vom 19.3.1974 (BAnz. Nr. 58 vom 23.3.1974); → Anhang III.

[91] OLG Köln NJW-RR 1993, 204 im konkreten Fall zumindest fragwürdig.

[92] LG Bayreuth MittBayNot 1975, 102.

[93] BayObLG Rpfleger 1991, 414; aA Riecke/Schmid/*Schneider* § 7 Rn. 91 mwN.

Beispiel:

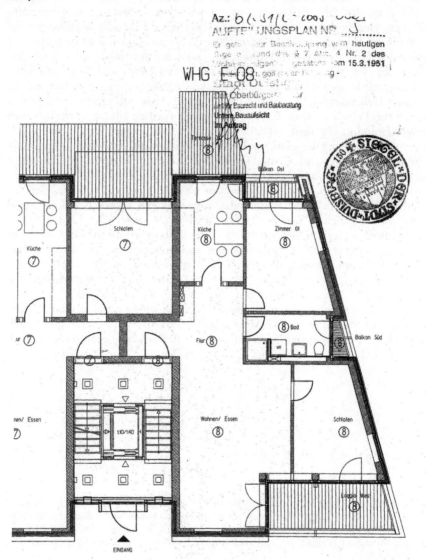

Befinden sich mehrere Bauwerke auf dem in Wohnungseigentum aufzuteilen- **49** den Grundstück, muss sich aus dem Aufteilungsplan auch die genaue **Lage der Gebäude** ergeben.[94] Aber auch bei nur einem Baukörper wird richtigerweise zur genauen Bestimmung seines Standortes die Vorlage eines amtlichen Lageplanes für erforderlich gehalten, um das Vorliegen eines evtl. Überbaues feststellen zu können.[95]

Bei der Aufteilung in Wohnungseigentum kann mit nur einem Miteigen- **50** tumsanteil das Sondereigentum an zwei in sich abgeschlossenen Wohnungen, die im Aufteilungsplan mit unterschiedlichen Nummern bezeichnet sind, verbunden werden.[96] Im Falle des § 3 Abs. 2 S. 2 WEG muss sich die Art der dauerhaften Markierungen zwar aus dem Aufteilungsplan ergeben[97]; insoweit handelt es sich jedoch um eine nicht vom Grundbuchgericht zu prüfende bautechnische Anforderung.[98]

Es handelt sich bei dem Aufteilungsplan um eine andere Voraussetzung der **51** Grundbucheintragung iSd § 29 Abs. 1 S. 2 GBO. Das Grundbuchgericht hat deshalb das Vorliegen der gesetzlichen Voraussetzungen des § 7 Abs. 4 S. 1 Nr. 1 WEG zu prüfen. Diese **Prüfungspflicht des Grundbuchgerichts** erstreckt sich insbesondere auf die Vollständigkeit und Widerspruchsfreiheit der vorgelegten Pläne, eine ordnungsgemäße Nummerierung der Sondereigentumseinheiten und die Zusammengehörigkeit der Aufteilungspläne mit der weiterhin erforderlichen Abgeschlossenheitsbescheinigung (dazu sogleich).[99]

§ 7 Abs. 4 S. 1 Nr. 1 WEG verlangt nicht, dass schon bei der Niederschrift der **52** Teilungserklärung bzw. Einräumung des Sondereigentums der von der Baubehörde amtlich bestätigte Aufteilungsplan als Anlage der unterschriftsbeglaubigten Erklärung beigefügt sein muss.[100] „Beifügen" ist nach der Gesetzesgenese in diesem Zusammenhang nicht beurkundungstechnisch iSd §§ 9 Abs. 1 S. 3, 13, 44 BeurkG zu verstehen. Bei Errichtung der Teilungserklärung liegt deshalb oftmals nur ein **vorläufiger Aufteilungsplan** vor.

Für die Eintragung des Wohnungseigentums muss dann allerdings dem Grundbuchgericht der von der Baubehörde amtlich erstellte Aufteilungsplan vorgelegt werden. Bei der **Prüfung der Identität** zwischen dem vorläufigen und dem endgültigen Aufteilungsplan ergeben sich in der Praxis dann häufig Probleme. Diese Prüfung hat das Grundbuchgericht nach zutreffender Ansicht selbst vorzunehmen; es kann sich dieser Pflicht auch nicht durch das Verlangen nach einer notariellen Identitätserklärung entziehen.[101] Vielmehr bedarf es einer formgerechten Nachtragserklärung der Beteiligten, wenn vorläufiger und amtlich bestätigter

---

[94] OLG Hamm OLGZ 1977, 264, 272 = DNotZ 1977, 308; OLG Bremen Rpfleger 1980, 68; LG Lüneburg Rpfleger 1979, 314.

[95] Riecke/Schmid/*Schneider* § 7 Rn. 88 mwN.

[96] LG Passau MittBayNot 2004, 264.

[97] Nr. 6 der Allgemeinen Verwaltungsvorschrift für die Ausstellung von Bescheinigungen gemäß § 7 Abs. 4 Nr. 2 und § 32 Abs. 2 Nr. 2 des Wohnungseigentumsgesetzes vom 19.3.1974 (BAnz. Nr. 58 vom 23.3.1974); s. Anhang III.

[98] LG Nürnberg – Fürth MittBayNot 1997, 373; Röll DNotZ 1988, 323; aA noch LG Nürnberg – Fürth DNotZ 1988, 321; *Schöner/Stöber* Rn. 2853.

[99] *Hügel/Elzer* § 7 Rn. 53; Riecke/Schmid/*Schneider* § 7 Rn. 147.

[100] OLG Düsseldorf ZWE 2010, 368; vgl. hierzu auch DNotI – Report 1999, 17.

[101] BayObLGZ 2002, 397 = DNotZ 2003, 275 m. Anm. *F. Schmidt* = MittBayNot 2003, 127 m. Anm. *Morhard* = ZfIR 2003, 382; *Hügel* NotBZ 2003, 147.

Aufteilungsplan sich widersprechen. Andernfalls verbleibt nur eine kostenpflichtige Zurückweisung ihres Antrags.

bb) Abgeschlossenheitsbescheinigung

53   Der Eintragungsbewilligung (§ 19 GBO) ist weiterhin als Anlage eine Bescheinigung der Baubehörde[102] beizufügen, dass die Voraussetzungen des § 3 Abs. 2 WEG vorliegen (sog **Abgeschlossenheitsbescheinigung**).

Bitte lesen Sie jetzt § 7 Abs. 4 S. 1 Nr. 2 und § 3 Abs. 2 WEG!

Das WEG selbst definiert den **Begriff der Abgeschlossenheit** nicht. Lediglich in Nr. 5 der AVV[103] finden sich Ausführungshinweise zur Erteilung der entsprechenden Bescheinigungen. Danach sind abgeschlossene **Wohnungen** solche Wohnungen, die baulich vollkommen von fremden Wohnungen und Räumen abgeschlossen sind, zB durch Wände und Decken, die den Anforderungen der Bauaufsichtsbehörden (Baupolizei) an Wohnungstrennwände und Wohnungstrenndecken entsprechen und einen eigenen abschließbaren Zugang unmittelbar vom Freien, von einem Treppenhaus oder einem Vorraum haben. Zu abgeschlossenen Wohnungen können zusätzlich Räume außerhalb des Wohnungsabschlusses gehören. Wasserversorgung, Ausguss und WC müssen innerhalb der Wohnung liegen. Zusätzliche Räume, die außerhalb des Wohnungsabschlusses liegen, müssen verschließbar sein.[104]

54   Aus diesen Erfordernissen werden allgemein drei inhaltsbestimmende Merkmale abgeleitet[105]:

- **Abgegrenztheit** (eigentliche Abgeschlossenheit)
  Ein Sondereigentum muss gegenüber anderem Sonder- und Gemeinschaftseigentum klar abgegrenzt sein. Eine solche bauliche Absonderung lässt sich zB durch Wände und Decken erreichen.[106] Dies schließt es nicht aus, dass nicht alle zu demselben Sondereigentum gehörenden Räume auch in einem

---

[102] Grundsätzlich müssen der Aufteilungsplan und die Abgeschlossenheitsbescheinigung von der Baubehörde ausgestellt werden (§ 7 Abs. 4 Satz 1 Nr. 1 und 2 WEG). Die Landesregierungen können allerdings durch Rechtsverordnung bestimmen, dass und in welchen Fällen der Aufteilungsplan und die Abgeschlossenheit von einem öffentlich bestellten oder anerkannten Sachverständigen für das Bauwesen statt von der Baubehörde ausgefertigt und bescheinigt werden (§ 7 Abs. 4 Satz 3 WEG). Von dieser Möglichkeit hat bisher noch kein Bundesland Gebrauch gemacht.

[103] Nr. 5 der Allgemeinen Verwaltungsvorschrift für die Ausstellung von Bescheinigungen gemäß § 7 Abs. 4 Nr. 2 und § 32 Abs. 2 Nr. 2 des Wohnungseigentumsgesetzes vom 19.3.1974 (BAnz. Nr. 58 vom 23.3.1974); → Anhang III.

[104] Nr. 5 lit. a) der Allgemeinen Verwaltungsvorschrift für die Ausstellung von Bescheinigungen gemäß § 7 Abs. 4 Nr. 2 und § 32 Abs. 2 Nr. 2 des Wohnungseigentumsgesetzes vom 19.3.1974 (BAnz. Nr. 58 vom 23.3.1974); → Anhang III.

[105] Vgl. BayObLGZ 1983, 266 = ZMR 1984, 359.

[106] Soweit Nr. 5 lit a) der AVV immer noch verlangt, dass Wände und Decken „den Anforderungen der Bauaufsichtsbehörden (Baupolizei) an Wohnungstrennwände und Wohnungstrenndecken entsprechen" müssen (gemeint sind: Schallschutz, Wärmeschutz und Brandschutz), ist dies für die Beurteilung des zivilrechtlichen Abgeschlossenheitsbegriffs nicht mehr zutreffend. Landesrechtlichen Vorschriften des Bauplanungs- und Bauordnungsrecht kommt für die Auslegung der bundesrechtlich normierten Abgeschlossenheit keine Bedeutung zu; GmS-OGB BGHZ 119, 42 = NJW 1992, 3290.

baulichen Verbund zueinander stehen. Ausreichend ist, dass jedenfalls die miteinander verbundenen Räume in sich jeweils abgeschlossen sind. Deshalb können auch außerhalb einer Wohnung liegende Räume zum Sondereigentum dieser Einheit gehören. Voraussetzung ist jedoch, dass es sich insoweit lediglich um verschließbare Nebenräume handelt.[107] Die zu Wohnzwecken mindestens erforderlichen Räume müssen hingegen innerhalb eines abgeschlossenen Verbundes stehen und über Wasserversorgung, Ausguss und WC verfügen.[108] Unschädlich ist eine zwischen zwei Wohnungen befindliche, jederzeit zu öffnende Verbindungstür.[109] Auch ein zeitweises Betretungsrecht für andere Wohnungseigentümer schadet der Abgeschlossenheit nicht.[110]

- **Zugangsmöglichkeit**
  Das Sondereigentum muss einen eigenen abschließbaren Zugang unmittelbar vom Freien, von einem Treppenhaus oder einem Vorraum haben.[111] Das Erfordernis der Abgeschlossenheit einer Wohnung bezieht sich jedoch nicht auf die Abschließung gegenüber Räumen auf einem anderen Grundstück.[112] Der nach § 3 Abs. 2 WEG notwendige freie Zugang zu den Wohnungen kann deshalb auch in der Weise geschaffen werden, dass die Benutzung des im Nachbargebäude befindlichen und im Eigentum eines Dritten stehenden Treppenhauses durch eine Grunddienstbarkeit zugunsten aller jeweiligen Wohnungseigentümer sichergestellt wird.[113]

- **Ausstattung**
  Um die vorgesehene Wohnungsnutzung überhaupt zu ermöglichen, bedarf es einer Mindestausstattung. Dazu gehören nach Nr. 4 und 5a der AVV innerhalb der Wohnung zumindest eine Kochgelegenheit, die Versorgung mit Wasser, ein Ausguss und ein WC.[114] Unschädlich ist ein außerhalb des Wohnungsverbundes liegender Raum mit zusätzlichen Ausstattungsmerkmalen.[115] Dem allgemeinen Wohnungsbegriff[116] entsprechend wird weiterhin ein Stromanschluss innerhalb der Wohnung gefordert.[117] Bad, Dusche und Heizung werden demgegenüber ebensowenig verlangt[118] wie eigene Zähler- und Messvorrichtungen für Strom, Gas, Wasser oder Heizung.[119]

---

[107] Weitergehend offenbar LG Bielefeld Rpfleger 2000, 387.
[108] KG ZWE 2013, 322.
[109] KG OLGZ 1985, 129 = DNotZ 1985, 437; LG Köln MittRhNotK 1993, 224.
[110] BayObLG DNotZ 1989, 433.
[111] OLG München ZWE 2009, 25; BayObLG NJWE-MietR 1997, 80.
[112] BayObLGZ 1990, 279 = DNotZ 1991, 480.
[113] OLG Düsseldorf OLGZ 1987, 51 = DNotZ 1987, 235.
[114] KG ZWE 2013, 322; OLG Zweibrücken ZWE 2001, 395.
[115] Vgl. OLG Nürnberg ZWE 2012, 317 für ein zusätzliches WC in einem separaten Raum.
[116] Vgl. BFHE 187, 445 = NZM 1999, 186: „Zusammenfassung mehrerer Räume (…), in denen ein selbständiger Haushalt geführt werden kann.".
[117] *Hügel/Elzer* § 3 Rn. 40; *Riecke/Schmid/Elzer-Schneider* § 3 Rn. 64.
[118] *Pfeilschifter/Wüstenberg* WuM 2004, 635, 639; zT aA wohl Bärmann/*Armbrüster* § 3 Rn. 79.
[119] Bärmann/*Armbrüster* § 3 Rn. 61 unter Hinweis auf die tlw. abweichende Gesetzesbegründung.

55 Bei **nicht zu Wohnzwecken dienenden Räumen** gelten diese Erfordernisse sinngemäß.[120] Abgegrenztheit und Zugangsmöglichkeit müssen hier ebenso vorliegen. Lediglich bei den Ausstattungsmerkmalen können die Anforderungen für Teileigentum hinter denen für Wohnungseigentum zurückbleiben. So ist zB ein Teileigentum auch dann abgeschlossen, wenn sich ein zum Sondereigentum gehörendes WC außerhalb der Einheit befindet.[121] Auch einzelne Hotelzimmer oder Hotelappartements können nach zutreffender Auffassung Teileigentum sein.[122]

Für **Pkw-Stellplätze in Garagen** fingiert § 3 Abs. 2 S. 2 WEG die Abgeschlossenheit, wenn ihre Flächen durch dauerhafte Markierungen ersichtlich sind (→ Rn. 50).[123] Zu den rechtlichen Gestaltungsmöglichkeiten bei Pkw-Stellplätzen s. ausführlich → Kapitel E Rn. 119.

56 Das Abgeschlossenheitserfordernis ist in § 3 Abs. 2 WEG lediglich als **Sollvorschrift** ausgestaltet. Erfolgt die Eintragung des Wohnungseigentums in das Grundbuch also trotz fehlender Abgeschlossenheit, ist das Wohnungseigentum dennoch wirksam entstanden[124]; das Grundbuch ist nicht unrichtig.[125]

Wiederholung:

Wiederholen Sie bei dieser Gelegenheit bitte die Begriffe **„Mussvorschrift"**, **„Sollvorschrift"** sowie **„Kannvorschrift"**. Grenzen Sie diese drei Normtypen nach den unterschiedlichen Rechtsfolgen im Falle eines Verstoßes gegeneinander ab.

Sondereigentum entsteht demgemäß auch dann, wenn die gem. § 7 Abs. 4 S. 1 Nr. 2 WEG notwendige Abgeschlossenheitsbescheinigung gar nicht oder mängelbehaftet vorgelegen haben sollte. Die Bescheinigung der Abgeschlossenheit des Sondereigentums durch die Baubehörde dient lediglich der Erleichterung der Prüfung des Eintragungsantrags durch das Grundbuchgericht und ist nicht Voraussetzung für dessen Entstehen. Für das Entstehen des Sondereigentums ist die Bescheinigung vielmehr ohne Bedeutung, sofern die Eintragung in das Grundbuch erfolgt.[126]

57 Gleichwohl darf das Grundbuchgericht die beantragte Begründung von Wohnungseigentum nicht vollziehen, wenn die in § 7 Abs. 4 S. 1 Nr. 2 geforderte Abgeschlossenheitsbescheinigung nicht vorliegt; eine fehlende Bescheinigung stellt

---

[120] Nr. 5 lit. b) der Allgemeinen Verwaltungsvorschrift für die Ausstellung von Bescheinigungen gemäß § 7 Abs. 4 Nr. 2 und § 32 Abs. 2 Nr. 2 des Wohnungseigentumsgesetzes vom 19.3.1974 (BAnz. Nr. 58 vom 23.3.1974); → Anhang III.

[121] KG ZWE 2013, 322; OLG Düsseldorf ZfIR 1997, 760.

[122] OLG München ZWE 2017, 175; OLG Naumburg NotBZ 2005, 221 Ls.; *Bärmann/Armbrüster* § 3 Rn. 73ff.; *Häublein* NotBZ 2004, 243; aA OVG Lüneburg DNotZ 1984, 390; LG Halle NZM 2004, 748.

[123] Zu den Möglichkeiten für eine dauerhafte Markierung s. Nr. 6 der Allgemeinen Verwaltungsvorschrift für die Ausstellung von Bescheinigungen gemäß § 7 Abs. 4 Nr. 2 und § 32 Abs. 2 Nr. 2 des Wohnungseigentumsgesetzes vom 19.3.1974 (BAnz. Nr. 58 vom 23.3.1974); → Anhang III.

[124] BGHZ 177, 338 = NJW 2008, 2982 = ZWE 2008, 426 [„Luftschranke"]; BGHZ 110, 36 = BGH NJW 1990, 1111 [„Bauverbotsfall"].

[125] OLG München ZWE 2013, 409.

[126] BGHZ 177, 338 = NJW 2008, 2982 = ZWE 2008, 426 [„Luftschranke"].

ein **Eintragungshindernis** dar.[127] Liegt eine Abgeschlossenheitsbescheinigung vor, darf das Grundbuchgericht aber nicht dazu beitragen, Wohnungs- oder Teileigentum materiell ohne Abgeschlossenheit entstehen zu lassen. Es ist daher an die von der Baubehörde erteilte Abgeschlossenheitsbescheinigung nach ganz überwiegender und zutreffender Auffassung nicht gebunden, wenn sich aus den Eintragungsunterlagen eindeutig die Unrichtigkeit der Bescheinigung ergibt.[128] Dem Grundbuchgericht kommt daher ein selbstständiges materielles **Prüfungsrecht** hinsichtlich der Rechtsfrage der Abgeschlossenheit zu (nicht dagegen bauordnungsrechtlicher oder -technischer Voraussetzungen!), das richtigerweise mit einer entsprechenden **Prüfungspflicht** im Wege der **Evidenzkontrolle** korrespondiert.[129]

Die Baubehörde darf eine von ihr erteilte Abgeschlossenheitsbescheinigung nachträglich für kraftlos erklären, wenn der zugrundeliegende Aufteilungsplan durch bauliche Veränderungen des Gebäudes unrichtig geworden ist und den Umfang des Sondereigentums sowie des Gemeinschaftseigentums und der zulässigen Nutzung nicht mehr zutreffend darstellt.[130]

---

[127] OLG Frankfurt ZWE 2012, 34; OLG Zweibrücken ZWE 2001, 395; BayObLGZ 1990, 168 = DNotZ 1991, 477; BayObLG DWE 1990, 102.

[128] OLG Nürnberg ZWE 2012, 317; OLG Frankfurt ZWE 2012, 34; BayObLGZ 1989, 447 = DNotZ 1990, 260; KG OLGZ 1985, 129 = DNotZ 1985, 437; aA LG Frankfurt/M. NJW 1971, 759.

[129] GmS-OGB BGHZ 119, 42 = NJW 1992, 3290; OLG Düsseldorf ZfIR 1997, 760; BayObLGZ 1989, 447 = DNotZ 1990, 260; *Bärmann/Armbrüster* § 7 Rn. 124; *Bub* WE 1991, 150 (155); *Hügel/Elzer* § 7 Rn. 54; *Riecke/Schmid/Schneider* § 7 Rn. 152.

[130] BVerwGE 100, 83 = NJW 1997, 71.

Beispiel:

Der Oberbürgermeister
Amt für Baurecht und Bauberatung ·
Untere Bauaufsichts- / Denkmalbehörde

DU|SBURG
am Rhein

62   Stadtverwaltung Duisburg, 47049 Duisburg

Datum	27.08.2013
Herrn	Ihre Nachricht vom	
Karl Kumpel	Auskunft erteilt	Herr Mitarbeiter
Kardinal-Galen-Straße 124	Telefon	(0203) 999 9999
47051 Duisburg	Telefax	(0203) 999 9999
	Zimmer	999
	Dienstgebäude	Friedrich-Albert-Lange-Platz 7
		- Stadthaus -
	Sprechzeiten	nach Vereinbarung
	Bahn	Linie79, 901, 903
		König-Heinrich-Platz
	eMail	amt@stadt-duisburg.de

● **Bescheinigung nach dem Wohnungseigentumsgesetz**
   auf Grund des § 7 Abs. 4 Nr. 2 / § 32 Abs 2 Nr. 2 des Wohnungseigentumsgesetzes
   (WEG) vom 15.03.1951 (BGBl. I Seite 175), in der zur Zeit geltenden Fassung

Aktenzeichen: Grundstück:
62-33-L-20139999   Kardinal-Galen-Straße 124   47051 Duisburg

Gemarkung: Flur: Flurstück(e):
Duisburg   1   101
Maßnahme:
Abgeschlossenheitserklärungen (L): Antrag auf Ausstellung einer Abgeschlossenheitsbescheinigung
nach dem Wohnungseigentumsgesetz

Sehr geehrter Herr Kumpel,

die in den beiliegenden Aufteilungsplänen-Nr. **1 - 9**

mit Nummer **1 - 11** bezeichneten Wohnungen

mit Nummer **12 - 16** bezeichneten nicht zu Wohnzwecken dienenden Räume

in dem bestehenden Gebäude auf dem Grundstück

47051 Duisburg, Kardinal-Galen-Straße 124

Gemarkung:	Flur:	Flurstück:
Duisburg	1	**101**

Grundbuch von: **Duisburg**   Blatt: **1055**

sind in sich abgeschlossen.

2

68

Seite 2 - Bescheinigung nach dem Wohnungseigentumsgesetz v. 27.08.2013 / 62-33-L-20139999

Sie entsprechen daher dem Erfordernis des § 3 Abs. 2/§ 32 Abs. 1 des WEG.

Eine bauordnungsrechtliche Prüfung hat im Zusammenhang mit der Erteilung der Abgeschlossenheitsbescheinigung nach dem Wohnungseigentumsgesetz nicht stattgefunden.

Mit freundlichen Grüßen
Im Auftrag

(L.S.)

Mitarbeiter

---

d) Prüfungsaufbau

Aus den zuvor genannten allgemeinen und besonderen Eintragungsvorausetzungen lässt sich das nachfolgende Prüfungsschema für die Begründung von Wohnungseigentum ableiten. Der Aufbau orientiert sich dabei wegen der praktischen Bedeutung grundsätzlich an der unter Rn. 44 dargestellten allgemeinen Prüfungsabfolge für Grundbucheintragungen auf der Grundlage einer Eintragungsbewilligung (§ 19 GBO). Die sich für eine vertragliche Einräumung von Sondereigentum ergebenden Abweichungen sind integriert; die inhaltliche Prüfung der Bewilligung folgt den gesetzlichen Elementen des Wohnungseigentums: **58**

Miteigentumsanteil + **Sondereigentum**
(am *gemeinschaftlichen*   (= *Allein-*
Eigentum, u.a. **Grst.**)   eigentum)

Gegenstand des SE
(§ 5 Abs. 1–3 WEG)

Inhalt des SE
(§ 5 Abs. 4 WEG)

Dies wird Ihnen hoffentlich die Reproduzierbarkeit des Prüfungsaufbaus erleichtern. **59**

Prüfungsschema (Begründung von Wohnungseigentum)		
I.	**Zuständigkeiten (§ 1 Abs. 1 S. 1 u. 2 GBO)**	
II.	**Antrag (§ 13 GBO)**	
	1.	**Antragserklärung und -berechtigung** Antragsberechtigter ist allein der Grundstückseigentümer. Bei mehreren Eigentümern genügt der wirksame Antrag eines Miteigentümers.[131]
	2.	**Antragsinhalt** Begründung von Wohnungseigentum; ggf. zusätzlich vorherige Grundstücksverbindung in Form der Vereinigung oder Bestandteilszuschreibung (dazu → Rn. 27 f.).

---

[131] *Demharter* § 13 Rn. 45.

3.	**Antragsform**		
	Schriftform ist im Hinblick auf das erforderliche Präsentat ausreichend (§ 13 Abs. 2 S. 1 GBO, § 30 GBO).		
III.	**Eintragungsbewilligung (§ 19 GBO)**		
	1.	**Bewilligungserklärung[132] und -berechtigung**	
		a)	**Unmittelbar Betroffener** (Bewilligungsmacht u. -befugnis)
			– Im Falle des **§ 8 WEG** (sämtliche) Eigentümer (vgl. § 891 Abs. 1 BGB).[133]
			– Im Falle des **§ 3 WEG** (sämtliche) Miteigentümer (vgl. § 891 Abs. 1 BGB). Daneben soll nach überwiegender Ansicht gem. § 4 Abs. 2 S. 1 WEG auch § 20 GBO Anwendung finden, dh auch die dingliche Einigung vorzulegen sein.[134]
		b)	**Mittelbar Betroffene** wer materiell-rechtlich zustimmen muss, muss grds. auch verfahrensrechtlich bewilligen[135] (→ Rn. 19 ff.).
	2.	**Bewilligungsinhalt**	
		a)	**Allgemeine Angaben**
			aa) Angaben zum Berechtigten gem. § 15 GBV.
			bb) Angaben zum Grundstück gem. § 28 GBO.
		b)	**Miteigentumsanteile**
			aa) Aufteilung in Miteigentumsanteile/Vorliegen von Miteigentumsanteilen, deren Summe ein Ganzes ergibt (→ Rn. 31).
			bb) Alle Miteigentumsanteile müssen mit Sondereigentum verbunden sein (→ Rn. 31).
		c)	**Grundstück/Gebäude**
			aa) Es muss *ein* Grundstück im Rechtssinn vorliegen, § 1 Abs. 4 WEG Ggf. vorherige Vereinigung oder Bestandteilszuschreibung (→ Rn. 27).
			bb) Zumindest ein Gebäude muss bestehen oder geplant sein (→ Rn. 30).
			cc) Klärung einer evtl. Überbauproblematik (→ Rn. 29).

---

[132] Die gem. § 8 Abs. 2 S. 1, § 7 Abs. 3 WEG erforderliche Eintragungsbewilligung kann allerdings in der Teilungserklärung zu sehen sein; OLG Köln NJW-RR 1993, 204; OLG Hamm OLGZ 1985, 19 = DNotZ 1985, 552; OLG Zweibrücken OLGZ 1982, 263; LG Itzehoe ZMR 2008, 736.

[133] Riecke/Schmid/*Elzer-Schneider* § 8 Rn. 4.

[134] OLG Düsseldorf ZWE 2010, 368; Meikel/*Böttcher* § 20 GBO Rn. 59; *Schöner/ Stöber* Rn. 2842; Staudinger/*Rapp* WEG § 4 Rn. 4; aA OLG Zweibrücken OLGZ 1982, 263; *Demharter* Anh zu § 3 Rn. 41.

[135] BGHZ 91, 343 = NJW 1984, 2409.

		d)	**Gegenstand des Sonder- und Gemeinschaftseigentums**
		aa)	Zuordnungserklärung von Räumen zum Sondereigentum[136]
		bb)	Sondereigentumsfähigkeit (→ Kapitel C).
		cc)	Abgrenzung zwischen Sonder – und Gemeinschaftseigentum (→ Rn. 33 f.).
		dd)	Kein isoliertes Sondereigentum/Keine isolierten Miteigentumsanteile infolge fehlender Sondereigentumsfähigkeit (→ Rn. 32).
		e)	**Inhalt des Sondereigentums/Gemeinschaftsordnung**
		aa)	Vereinbarkeit mit den gesetzlichen Bestimmungen (§ 134 BGB), insbesondere des WEG (→ Rn. 38).
		bb)	Kein Verstoß gegen die guten Sitten (§ 138 BGB; → Rn. 38).
		cc)	Kein Verstoß gegen Treu und Glauben (§ 242 BGB; → Rn. 38).
		dd)	Nach zutreffender Ansicht keine Prüfung AGB-rechtlicher Normen (§§ 305 ff. BGB; → Rn. 38).
		ee)	Typische inhaltliche Regelungen Wohnungseigentumsrechtliche Öffnungsklauseln (→ Kapitel E Rn. 47 ff.) Sondernutzungsrechte (→ Kapitel E Rn. 62 ff.) Veräußerungsbeschränkungen (→ Kapitel E Rn. 114 ff.)
	3.		**Bewilligungsform (§ 29 GBO)** Bewilligungen (§ 19 GBO) müssen zumindest notariell beglaubigt sein (§ 29 Abs. 1 Satz 1 GBO). Der von der h.M. für die vertragliche Einräumung geforderte Nachweis der dinglichen Einigung (§ 20 GBO) bedarf der notariellen Beurkundung (§ 29 Abs. 1 Satz 2 GBO).
IV.			**Voreintragung (§ 39 GBO)[137]**
V.			**Briefvorlage (§ 41 f. GBO)** Zum Vollzug einer Teilungserklärung gem. § 8 WEG bedarf es mangels Eintragung „bei dem Recht" nicht der Vorlage etwaig erteilter Grundpfandrechtsbriefe (vgl. § 41 Abs. 1 S. 1 GBO).[138] Vollzieht sich die Begründung des Wohnungseigentums jedoch gem. § 3 WEG sind etwaig erteilte Grundpfandrechtsbriefe zum Nachweis der Legitimation der zustimmenden Gläubiger dem Grundbuchgericht vorzulegen.[139]

---

[136] Eine Zuordnung zum Gemeinschaftseigentum ist nicht erforderlich; was nicht zum Sondereigentum erklärt wird, verbleibt im Gemeinschaftseigentum (vgl. § 1 Abs. 5, § 5 Abs. 2 WEG).

[137] Bei vorheriger Änderung der Miteigentumsquoten im Fall des § 3 WEG (dazu DNotI-Gutachten DNotI-Report 2002, 81) oder Erwerb des gem. § 8 WEG zu teilenden Grundstücks (dazu *Schöner/Stöber* Rn. 2864) genügt die unmittelbare Eintragung der jeweiligen Erwerber als (Mit-)Eigentümer in den neu anzulegenden Wohnungsgrundbüchern.

[138] LG Stralsund NotBZ 2005, 230.

[139] Bauer/v. Oefele/*Schneider* § 41 Rn. 16.

VI.	Genehmigungen und Bescheinigungen	
	a)	Gerichtliche Genehmigungen (→ Rn. 39)
	b)	Behördliche Genehmigungen/Bescheinigungen (→ Rn. 41)
VII.	Besondere Eintragungsvoraussetzungen	
	1.	Aufteilungsplan gem. § 7 Abs. 4 S. 1 Nr. 1 WEG (→ Rn. 45).
	2.	Abgeschlossenheitsbescheinigung gem. § 7 Abs. 4 S. 1 Nr. 2 WEG (→ Rn. 53).

2. Grundbucheintragungen

a) Schließung des Grundstücksgrundbuches

Soweit dort nicht weitere Grundstücke verzeichnet sind, wird das Grundbuchblatt des Grundstücks von Amts wegen geschlossen (§ 7 Abs. 1 Satz 3 WEG).

b) Anlegung separater Wohnungs- u. Teileigentumsgrundbücher

An seiner Stelle wird für jeden Miteigentumsanteil von Amts wegen ein besonderes Grundbuchblatt angelegt (**Realfolium** – § 7 Abs. 1 S. 1, Abs. 5 WEG). Der Miteigentumsanteil an dem Grundstück ist als zahlenmäßiger **Bruchteil** gem. § 47 GBO auszudrücken (§ 3 Abs. 1 lit. a) WGV). Die Angabe der Miteigentumsanteile bezieht sich auf das in Wohnungseigentum aufgeteilte **Grundstück**. Das Grundstück wird dabei nach den allgemeinen Vorschriften anhand der (bisherigen) Katasterdaten unter Angabe von Gemarkung, Flur, Flurstück, Wirtschaftsart, Lage und Größe bezeichnet (§ 3 Abs. 1 lit. b) u. Abs. 4 WGV).

60   Auf diesem Wohnungs- bzw. Teileigentumsgrundbuch ist das zu dem Miteigentumsanteil gehörende **Sondereigentum** einzutragen (§ 7 Abs. 1 S. 2 WEG; § 3 Abs. 1 lit. c) WGV). Die Beschreibung der Räumlichkeiten wird sich dabei regelmäßig an dem gem. § 7 Abs. 4 S. 1 Nr. 1 WEG der Bewilligung beizufügenden Aufteilungsplan orientieren. Verwendet die Bezeichnung des Sondereigentums eine **Lageangabe** (z. B. „verbunden mit dem Sondereigentum an der Wohnung im Erdgeschoß links, im Aufteilungsplan mit Nr. 1 bezeichnet"), so ist diese mangels anderer Angaben grundsätzlich vom Eingang aus zu sehen.[140] Der Angabe von **Wohnungsgrößen** bei der Eintragung bedarf es nicht; eine gleichwohl erfolgte Eintragung kann wie bei einem ungeteilten Grundstück nicht am öffentlichen Glauben des Grundbuchs teilnehmen.[141]

61   In den Wohnungs- und Teileigentumsgrundbüchern ist jeweils als **Beschränkung des Miteigentums** die Einräumung der zu den anderen Miteigentumsanteilen gehörenden Sondereigentumsrechte einzutragen (§ 7 Abs. 1 S. 2 WEG, § 3 Abs. 1 lit. c) WGV).

---

[140] OLG München NZM 2008, 810.
[141] Staudinger/*Gursky* (2013) § 892 Rn. 66.

Bei der Eintragung in das Grundbuch kann zur näheren Bezeichnung des Ge- **62** genstandes und des Inhalts des Sondereigentums auf die Eintragungsbewilligung **Bezug** genommen werden (§ 7 Abs. 3 WEG, § 3 Abs. 2 1. Hs. WGV). Wegen der ausdrücklichen Eintragung von Veräußerungsbeschränkungen und Sondernutzungsrechten → Kapitel E Rn. 117 ff. sowie → Kapitel E Rn. 82.

Die genannten Vorschriften gelten im Falle der einseitigen Aufteilung eines **63** Grundstücks entsprechend (§ 8 Abs. 2 S. 1 WEG).

Bitte lesen Sie jetzt § 7 Abs. 1 bis 3 WEG und § 3 WGV (→ Anhang II)!

Beispiel:

(verkürztes Eintragungsbeispiel)

Amtsgericht Duisburg   **Grundbuch von Duisburg**   **Blatt 2261**

Bestandsverzeichnis

Laufende Nummer der Grundstücke	Bisherige laufende Nummer der Grundstücke	Bezeichnung der Grundstücke und der mit dem Eigentum verbundenen Rechte					Größe		
		Gemarkung (Vermessungsbezirk)	Karte		Liegenschaftsbuch	Wirtschaftsart und Lage			
			Flur	Flurstück					
		a	b		c/d	e	ha	a	m²
1	2	3					4		
1		187/10.000stel Miteigentumsanteil an dem Grundstück							
		Duisburg	1	101		Gebäude- und Freifläche, Kardinal-Galen-Straße 124		02	34

verbunden mit dem Sondereigentum an der im Aufteilungsplan vom 24. März 2000 mit Nr. 1 bezeichneten Wohnung im Erdgeschoss links mit einem Kellerraum im Kellergeschoss.

Für jeden Miteigentumsanteil ist ein besonderes Grundbuch angelegt (Nr. 2261 bis Nr. 2374). Der hier eingetragene Miteigentumsanteil ist durch die zu den anderen Miteigentumsanteilen gehörenden Sondereigentumsrechte beschränkt.

Es sind Sondernutzungsrechte begründet hinsichtlich der hinter dem Haus gelegenen Gartenfläche und der insgesamt 15 Pkw-Einstellplätze (StP 1 bis StP 15). Dem jeweiligen Eigentümer der Einheit Nr. 1 steht das Sondernutzungsrecht an der hinter dem Haus gelegenen Gartenfläche zu.

Wegen Gegenstand und Inhalt des Sondereigentums wird Bezug genommen auf die Bewilligung vom 15. Mai 2000 (Notar Dr. Helmut Genau in Duisburg – UR-Nr. 555/00).

Der Miteigentumsanteil ist von Blatt 1055 hierher übertragen, eingetragen am 22. Mai 2000.

IV. Vormerkungen

1. Erwerbsvormerkung *nach* Begründung des Wohnungseigentums

64   Der schuldrechtliche Anspruch auf Übertragung eines Wohnungseigentums bedarf der notariellen Beurkundung (§ 4 Abs. 3 WEG, § 311b Abs. 1 BGB) und kann nach vollzogener Begründung des Wohnungseigentums aufgrund einer Bewilligung (§ 19 GBO) des eingetragenen Wohnungseigentümers durch Eintragung einer Erwerbsvormerkung (§ 883 BGB) zugunsten einen Dritten wie bei einem gewöhnlichen Grundstück im jeweiligen Wohnungsgrundbuch gesichert werden. Dabei spielt es keine Rolle, ob das Wohnungseigentum bereits errichtet worden ist oder erst noch fertiggestellt werden muss.[142]

2. Vormerkung *vor* Begründung des Wohnungseigentums

a) Gesicherter Anspruch

65   Einerseits kann der schuldrechtliche Anspruch eines Miteigentümers auf vertragliche **Einräumung von Sondereigentum** durch Eintragung einer Vormerkung in das Grundbuch gesichert werden.[143]

66   Andererseits kann aber auch schon *vor* Anlegung des Wohnungsgrundbuchs der (beurkundete, s.o.) Anspruch eines Dritten auf Veräußerung einer Eigentumswohnung durch Eintragung einer Vormerkung in das Grundbuch für das noch ungeteilte Grundstück gesichert werden. Eine solche Vormerkung sichert allerdings – unabhängig von der beabsichtigten Begründungsart des Wohnungseigentums – einen über den reinen Übertragungsanspruch hinausgehenden Anspruch des zukünftigen Wohnungserwerbers auf **Übertragung eines Miteigentumsanteils** *und* **Verbindung mit noch zu begründendem Sondereigentum.**[144]

Voraussetzung hierfür ist, dass der schuldrechtliche **Anspruch,** der durch die Vormerkung gesichert werden soll, nach Inhalt und Gegenstand **bestimmt oder** wenigstens **eindeutig bestimmbar** ist. Bei einem Gebäude, das in Wohnungseigentum überführt werden soll, genügt es, dass die Wohnung in der Eintragungsbewilligung so beschrieben ist, dass sie aufgrund der Beschreibung der Örtlichkeit zweifelsfrei festgestellt werden kann. Der Vorlage eines Aufteilungsplanes oder des Bauplanes für das Gebäude bedarf es dagegen nicht zwingend.[145] Dies gilt nicht nur für bereits fertig gestellte, sondern auch für noch nicht errichtete Gebäude.[146] Bloße Bestimmbarkeit genügt jedoch wegen § 47 GBO nicht für die Angabe der **Größe des Miteigentumsanteils;** hier bedarf es vielmehr ziffernmäßiger Bestimmtheit.[147]

---

[142] OLG Köln DNotZ 1985, 450.

[143] *F. Schmidt* FS Bärmann und Weitnauer (1990), S. 545, 552.

[144] OLG Köln DNotZ 1985, 450; BayObLG DNotZ 1977, 544.

[145] OLG Köln DNotZ 1985, 450; BayObLG DNotZ 1977, 544.

[146] BayObLG DNotZ 1992, 426.

[147] LG Hamburg Rpfleger 1982, 272; *Hügel/Elzer* § 4 Rn. 33; Riecke/Schmid/*Schneider* § 4 Rn. 22; Staudinger/*Rapp* § 4 Rn. 14; aA OLG Düsseldorf DNotZ 1997, 162; LG Dresden MittBayNot 2002, 115.

b) Bewilligungserfordernis und Belastungsgegenstand

Während im Fall der Teilung gem. §8 WEG unstreitig nur die Bewilligung 67
des Grundstückseigentümers für die Eintragung der Vormerkung am noch ungeteilten Grundstück erforderlich ist (§ 19 GBO), besteht im Fall der vertraglichen
Einräumung des Sondereigentums gem. §3 WEG Streit über die Frage, ob die
Eintragung der Vormerkung wirksam nur aufgrund Bewilligung aller Miteigentümer an sämtlichen Miteigentumsanteilen erfolgen kann, da deren Mitwirkung
für die Einräumung von Sondereigentum nach § 3 WEG notwendig ist.[148] Nach
zutreffender Ansicht genügt jedoch zur Eintragung nur an einem oder mehreren
Miteigentumsanteilen die Bewilligung des jeweils betroffenen Miteigentümers,
da das Grundbuchgericht nicht zu prüfen habe, ob dieser die Verpflichtung auch
allein erfüllen kann oder nicht. [149]

V. Der „werdende Wohnungseigentümer"
im Gründungsstadium

1. Entstehen der Wohnungseigentümergemeinschaft

Nach dem zuvor Gesagten entsteht bei der vertraglichen Einräumung von Son- 68
dereigentum gem. §3 WEG eine (Bruchteils-)Gemeinschaft der Wohnungseigentümer, sobald für jeden Miteigentumsanteil verbunden mit Sondereigentum ein
eigenes Wohnungsgrundbuch angelegt worden ist und die bisherigen Miteigentümer dort als Wohnungseigentümer eingetragen sind. Der Übergang von der gewöhnlichen Bruchteilsgemeinschaft zur Wohnungseigentümergemeinschaft wird
sich danach in aller Regel bruchlos durch die Grundbucheintragung vollziehen.[150]
Ein Bedürfnis für eine vorgezogene Anwendung wohnungseigentumsrechtlicher Bestimmungen ist deshalb grundsätzlich nicht erkennbar[151], zumal es den
Bruchteilseigentümern freisteht, die vorgezogene Anwendung wohnungseigentumsrechtlicher Regelungen vertraglich zu vereinbaren (vgl. § 744 Abs. 1 BGB).[152]
Demgegenüber ist bei einer Vorratsteilung gem. §8 WEG die Wohnungsei- 69
gentümergemeinschaft erst dann in Vollzug gesetzt, wenn die Wohnungsgrundbücher angelegt und wenigstens ein Erwerber neben dem teilenden Eigentümer

---

[148] So BayObLGZ 1992, 40 = DNotZ 1992, 426; BayObLG DNotZ 1977, 544; Stau-
dinger/*Rapp* §4 Rn.15.

[149] So OLG Köln DNotZ 1985, 450; Bärmann/*Armbrüster* §4 Rn.47; *Hügel/Elzer*
§4 Rn.34; Riecke/Schmid/*Schneider* §4 Rn.23; *F. Schmidt* FS Bärmann und Weitnauer
(1990), S. 545, 552.

[150] Sollten die späteren Miteigentümer bereits als „Bauherrengemeinschaft" in Gesellschaft bürgerlichen Rechts verbunden sein, würden insoweit §§705ff. BGB Anwendung
finden.

[151] BayObLGZ 2002, 82 = ZWE 2002, 309; KG ZWE 2001, 275; BayObLG ZWE
2001, 74; BayObLG WE 1998, 149; weitergehend Bärmann/*Suilmann* § 10 Rn.20; *Hügel/
Elzer* § 3 Rn.63.

[152] BayObLGZ 2002, 82 = ZWE 2002, 309; zur Vereinbarkeit wohnungseigentumsrechtlicher Bestimmungen zwischen Erbbauberechtigten vgl. auch BGH NJW 2005, 2622
= ZWE 2005, 438.

dort als Wohnungseigentümer eingetragen ist.[153] Es müssen also verschiedene Miteigentümer für mehrere Einheiten eingetragen sein; eine „Ein-Personen-Gemeinschaft" sieht das WEG nicht vor (vgl. § 10 Abs. 7 S. 4 WEG).[154]

2. Notwendigkeit für ein Vorziehen der WEG-Regelungen bei der Vorratsteilung

70   Bei der Aufteilung eines Grundstücks gem. § 8 WEG können demzufolge zwischen dem Verkauf und der Übergabe einer Wohnung einerseits und der Eintragung des ersten Miteigentümers im Grundbuch andererseits Jahre vergehen. Das gilt insbesondere bei einem Kauf vom Bauträger, wenn der Erwerber unter Berufung auf Gewährleistungsansprüche Kaufpreisanteile zurückhält, Auflassung und Eigentumsumschreibung jedoch erst nach vollständiger Bezahlung des Kaufpreises geschuldet sind. In dieser **Zeitspanne** können nach dem Wortlaut des Gesetzes die Regelungen des WEGs unmittelbar noch keine Anwendung finden. Andererseits muss die Wohnanlage aber schon ab Bezugsfertigkeit und Übergabe der verkauften Wohnungen bewirtschaftet und verwaltet werden. Dies sollte im Hinblick auf die unterschiedlichen Interessenlagen der Beteiligten jedoch nicht allein dem Veräußerer überlassen bleiben, sondern unter Mitwirkung der künftigen Eigentümer bereits nach den Regeln erfolgen, deren Geltung die Beteiligten ohnehin anstreben. Eine entsprechende vertragliche Vereinbarung zwischen teilendem Eigentümer und Ersterwerbern stößt hier indessen auf Schwierigkeiten, weil sie sich nicht nur auf das Verhältnis der Vertragsparteien beschränken, sondern sämtliche Erwerber gleichermaßen einbeziehen müsste.[155]

3. Die Rechtsfigur des werdenden Wohnungseigentümers

71   Es ist deshalb anerkannt, dass Erwerber von Wohnungseigentum bereits im Anlaufstadium noch vor Entstehen der eigentlichen Wohnungseigentümergemeinschaft eine sog werdende Gemeinschaft („Vorgemeinschaft") bilden, auf die die Vorschriften des Wohnungseigentumsgesetzes entsprechend anzuwenden sind.[156] Voraussetzung dafür ist, dass der Erwerber einer Einheit[157] aufgrund einer **rechtlich verfestigten Erwerbsposition** ein berechtigtes Interesse daran erlangt hat, die mit dem Wohnungseigentum verbundenen Mitwirkungsrechte an der Verwal-

---

[153] BGHZ 177, 53 = NJW 2008, 2639 = ZWE 2008, 378; BayObLG ZMR 2004, 767; OLG Hamm FGPrax 2003, 111; BayObLG ZWE 2003, 387; BayObLGZ 1990, 101 = NJW 1990, 3216.

[154] A.A. in Anlehnung an gesellschaftsrechtliche Konzeptionen *F. Schmidt* ZMR 2009, 725; *Becker* FS Seuß (2007), S. 19.

[155] BGH NJW 2015, 2877 = ZfIR 2015, 765 = ZMR 2015, 878 = ZWE 2015, 406; BGHZ 177, 53 = NJW 2008, 2639 = ZfIR 2008, 866 = ZMR 2008, 805 = ZWE 2008, 378.

[156] Grundlegend BGHZ 177, 53 = DNotZ 2008, 930 = NJW 2008, 2639 = ZfIR 2008, 866 = ZMR 2008, 805 = ZWE 2008, 378 mit zahlreichen Nachweisen.

[157] Keine werdende Wohnungseigentümergemeinschaft bei Übertragung sämtlicher Miteigentumsanteile an denselben Erwerber, OLG München FGPrax 2006, 63.

tung der Wohnanlage vorzeitig auszuüben. Eine solche Erwerbsposition ist nach höchstrichterlicher Auffassung[158] dann entstanden, wenn

- ein wirksamer, auf die Übereignung von Wohnungseigentum gerichteter **Erwerbsvertrag** vorliegt[159] **und**
- der Übereignungsanspruch durch eine **Auflassungsvormerkung** gesichert ist[160] **und**
- der **Besitz** an der Wohnung an den Erwerber übergeben worden ist.[161]

Beispiel

Der Bauträger hat nach Teilung des Grundstücks gem. § 8 WEG die Wohnung Nr. 1 an den Erwerber E1 verkauft. In dem notariell beurkundeten Vertrag wird dem Erwerber der Besitz eingeräumt sowie die Eintragung einer Erwerbsvormerkung in das angelegte Wohnungsgrundbuch zu seinen Gunsten bewilligt. Die Umschreibung des Eigentums soll jedoch erst nach vollständiger Zahlung des Kaufpreises vom Notar veranlasst werden.
In der Folge wird die Vormerkung zugunsten des Erwerbers in das Wohnungsgrundbuch eingetragen; der Erwerber bezieht die Wohnung. Wegen streitiger Baumängel hält der Erwerber jedoch noch einen Teil des Kaufpreises zurück.

Nach Auffassung des BGH soll es **nicht** der vorherigen **Anlegung** separater **Wohnungsgrundbücher** bedürfen, da der Übertragungsanspruch auch durch Eintragung einer Erwerbsvormerkung am noch ungeteilten Grundstück gesichert werden könne. Ein Erwerber sei in diesem Fall in gleicher Weise vor einseitigen Änderungen der Teilungserklärung geschützt wie der Berechtigte einer in einem Wohnungsgrundbuch eingetragenen Vormerkung. Der gesicherte Anspruch muss sich allerdings auf den Erwerb des Wohnungseigentums und nicht lediglich auf die Übertragung eines schlichten Miteigentumsanteils richten (→ Rn. 65).[162] 72

4. Zuordnung der Rechtspositionen

Die vorverlagerte Anwendung der Vorschriften des Wohnungseigentumsgesetzes auf den noch nicht im Grundbuch als Eigentümer eingetragenen Erwerber im 73

---

[158] BGH 11.12.2015 – V ZR 80/15; BGH NJW 2015, 2877 = ZfIR 2015, 765 = ZMR 2015, 878 = ZWE 2015, 406; BGHZ 193, 219 = NJW 2012, 2650 = ZfIR 2012, 603 = ZMR 2012, 711 = ZWE 2012, 369; BGHZ 177, 53 = DNotZ 2008, 930 = NJW 2008, 2639 = ZMR 2008, 805 = ZWE 2008, 378.

[159] Zur Wirksamkeit des schuldrechtlichen Anspruchs und seiner nachträglichen Beseitigung vgl. OLG Dresden ZMR 2010, 462 = ZWE 2010, 188 (Nichtigkeit des Kaufvertrages wegen Sittenwidrigkeit), BayObLG FGPrax 1995, 232 (Rücktritt vom Kaufvertrag bei fortdauernder Grundbucheintragung als Vormerkungsberechtigter); vgl. demgegenüber aber OLG Stuttgart ZMR 2005, 983 = WuM 2005, 669 Ls. (treuwidriges Verhalten durch verspätete Berufung auf die Nichtigkeit des Kaufvertrages im Strukturvertrieb) und LG Nürnberg-Fürth ZWE 2010, 465 (Ohne besondere Anhaltspunkte keine Prüfung der Nichtigkeit des Erwerbsvertrages im Hausgeldprozess).

[160] Ein durch Erklärung der Auflassung und Antragstellung beim Grundbuchgericht entstandenes Anwartschaftsrecht wird gleich zu behandeln sein; *Bärmann/Suilmann* § 10 Rn. 17; *Wenzel* NZM 2008, 625.

[161] Keine Besitzverschaffung durch verbotene Eigenmacht; BGH 11.12.2015 – V ZR 80/15.

[162] BGHZ 177, 53 = DNotZ 2008, 930 = NJW 2008, 2639 = ZMR 2008, 805 = ZWE 2008, 378; aA *Becker* ZfIR 2008, 869; *Schneider* ZWE 2010, 449.

Gründungsstadium einer Wohnungseigentümergemeinschaft erfolgt „jedenfalls im Innenverhältnis, dh im Verhältnis zwischen dem teilenden Eigentümer und den Ersterwerbern".[163] Nach dem Sinn und Zweck der Rechtsfigur gehen daher mit dem Eintritt in die werdende Eigentümergemeinschaft sämtliche Mitgliedschaftsrechte und -pflichten aus dem späteren Volleigentum auf die Erwerber eines Wohnungseigentums über. Dem entspricht komplementär beim teilenden Eigentümer die Beendigung seiner Mitgliedschaftsrechte und -pflichten für die jeweilige Wohnungseinheit mit der dinglichen Sicherung des Erwerbers und dessen Inbesitznahme.[164] Es besteht also **keine doppelte Mitgliedschaft** hinsichtlich derselben Einheit; die Gefahr einer Mitgliederkonkurrenz erwächst deshalb nicht.

74 Dem aufteilenden **Bauträger** verbleibt lediglich seine **sachenrechtlich unveränderte Rechtsstellung** als eingetragener Eigentümer.[165] Ihm bleiben damit weiterhin sachenrechtliche Verfügungen vorbehalten (wie zB Änderungen der Sondereigentumsbereiche, der Anzahl der gebildeten Einheiten etc.). Wegen etwaig bestehender Zustimmungspflichten → Kapitel F).

75 Demgegenüber bewirkt das möglichst schnelle und umfassende Vorziehen der endgültigen Gemeinschaftsstrukturen eine **Verlagerung der gemeinschaftsrechtlichen Kompetenzen.** So sind zB zur Eigentümerversammlung diejenigen Personen zu laden, die die Gemeinschaft faktisch in Vollzug gesetzt haben.[166] Das Stimmrecht gebührt sodann für „seine" Einheit dem werdenden Wohnungseigentümer[167], und zwar allein unter Ausschluss des noch im Grundbuch eingetragenen teilenden Eigentümers.[168] Zur Durchsetzung dieser Rechtspositionen besteht auch das notwendige Anfechtungsrecht.[169] Konsequenterweise trifft dann auch die Verpflichtung zur Zahlung der künftig fällig werdenden Hausgeldbeiträge gem. §§ 16 Abs. 2, 28 Abs. 2 und 5 WEG allein den werdenden Wohnungseigentümer; teilender Eigentümer und Erwerber haften insoweit nicht gesamtschuldnerisch.[170]

Merke:

Die Rechtsfigur des werdenden Wohnungseigentümers belässt im Falle der Vorratsteilung gem. § 8 WEG die sachenrechtlichen Zuständigkeiten bis zum Vollzug

---

[163] BGHZ 177, 53 Rz 12 = DNotZ 2008, 930 = NJW 2008, 2639 = ZMR 2008, 805 = ZWE 2008, 378.

[164] *Wenzel* NZM 2008, 625 (628).

[165] Auch Vereinbarungen der werdenden Wohnungseigentümer können ohne Mitwirkung des teilenden Eigentümers nicht als Inhalt des Sondereigentums im Grundbuch verdinglicht werden; BeckOKWEG/*Dötsch* edit. 25 § 10 Rn. 59.

[166] OLG Hamm ZMR 2007, 712 m. abl. Anm. *Elzer;* OLG Düsseldorf ZMR 2007, 126; OLG Köln NZM 2006, 301 = ZMR 2006, 383; OLG Köln ZMR 2004,859; BeckOK BGB/*Hügel* § 24 Rn. 12.

[167] OLG Hamm ZMR 2007, 712 m. abl. Anm. *Elzer*; OLG Düsseldorf ZMR 2007, 126; OLG Köln NZM 2006, 301 = ZMR 2006, 383.

[168] OLG Hamm ZMR 2007, 712 m. abl. Anm. *Elzer*; BayObLGZ 1981, 50 = ZMR 1981, 249; BeckOK BGB/*Hügel* § 25 Rn. 3; *Wenzel* NZM 2008, 625 (628); aA Riecke/ Schmid/*Riecke* § 25 Rn. 5.

[169] OLG Hamm WuM 2000, 319.

[170] BGH NJW 2015, 2877 = ZfIR 2015, 765 = ZMR 2015, 878 = ZWE 2015, 406; BGHZ 193, 219 = NJW 2012, 2650 = ZfIR 2012, 603 = ZMR 2012, 711 = ZWE 2012, 369; BeckOK BGB/*Hügel* § 16 Rn. 28; *Schneider* ZWE 2010, 204 (206); *Wenzel* NZM 2008, 625 (629).

des Eigentumswechsels unverändert beim eingetragenen (teilenden) Eigentümer. Demgegenüber erlangt der werdende Wohnungseigentümer – kumulativ – durch den Abschluss des Erwerbsvertrages, die Eintragung einer Erwerbsvormerkung sowie den Besitzübergang an der erworbenen Wohnungseinheit eine rechtlich verfestigte Position, die ihm bereits im Vorgriff auf die zu erwartende Eigentumsumschreibung die bisher dem Alleineigentümer zustehenden Mitgliedschaftsrechte allein und ausschließlich zuordnet.

5. Kontinuität der Rechtsstellung

Wohnungserwerber, die beim Erwerb vom Bauträger die vorgenannten Voraussetzungen erfüllen, werden als **Ersterwerber** bezeichnet. Deren Rechtsstellung entfällt auch später nicht dadurch, dass die eigentliche Wohnungseigentümergemeinschaft im Rechtssinne entsteht. Zwar endet die werdende Wohnungseigentümergemeinschaft mit der Eintragung des ersten Eigentumserwerbs in einem Wohnungsgrundbuch.[171] 76

Beispiel (Fortsetzung)

Wird im vorgenannten Beispiel also der Erwerber E2 bei der Wohnungseinheit Nr. 2 vor dem immer noch prozessierenden E1 als Eigentümer in das Grundbuch eingetragen, entsteht durch diese Eintragung die endgültige Gemeinschaft.

Gleichwohl setzt sich die Wohnungseigentümergemeinschaft dann aber aus Gründen der Kontinuität für eine **Übergangszeit aus werdenden und Volleigentümern** zusammen.[172] Mit der Umwandlung der werdenden Gemeinschaft in die endgültige Wohnungseigentümergemeinschaft ändert sich die Identität der Gemeinschaft nicht.[173] 77

Ein werdender Wohnungseigentümer bleibt i.ü. auch dann Mitglied der Gemeinschaft, wenn er die Einheit unter **Abtretung** des vorgemerkten Übereignungsanspruchs und Besitzübertragung veräußert; der Erwerber ist nicht als werdender Wohnungseigentümer anzusehen.[174] 78

6. Erst- und Zweiterwerb

Der **Ersterwerb** eines werdenden Wohnungseigentümers kann sich demnach eigentlich nur bis zum Entstehen einer vollständig und rechtlich in Vollzug gesetzten Eigentümergemeinschaft realisieren. Der anschließende Erwerb von einem eingetragenen Wohnungseigentümer nach Invollzugsetzung der Gemein- 79

---

[171] OLG Düsseldorf ZMR 2007, 126; OLG Köln ZMR 2004,859; BayObLGZ 1990, 101 = NJW 1990, 3216.

[172] BGHZ 177, 53 = DNotZ 2008, 930 = NJW 2008, 2639 = Rpfleger 2008, 564 = ZMR 2008, 805 = ZWE 2008, 378; OLG Köln NZM 2006, 301 = ZMR 2006, 383 unter Aufgabe von OLG Köln NJW-RR 1999, 959 = NZM 1999,765.

[173] NKV/*Kümmel* § 10 Rn. 14.

[174] BGHZ 206, 281 = NJW 2015, 2877 = ZWE 2015, 406.

schaft erfolgt dagegen immer von einem Volleigentümer; er wird deshalb als sog **Zweiterwerb** angesehen.[175]

80 Auf den **Zweiterwerber** finden jedoch die Vorschriften des WEGs vor seiner Eigentumseintragung keine Anwendung. Erst die Umschreibung des Eigentums im Grundbuch führt hier zur **Mitgliedschaft** in der Wohnungseigentümergemeinschaft.[176] Auch ein üblicherweise vormerkungsgesicherter Zweiterwerber hat keine originären Miteigentümerpflichten. Mangels einer abweichenden Ermächtigung im Erwerbsvertrag kommt ihm weder ein Stimmrecht zu, noch schuldet er Hausgeldbeiträge.

81 Der BGH möchte in seiner jüngeren Rechtsprechung allerdings auch denjenigen Erwerber, der sein Wohnungseigentum erst nach rechtlicher Invollzugsetzung der Gemeinschaft vom teilenden Bauträger erwirbt, – zumindest „für einen gewissen Zeitraum" – ebenfalls noch als Ersterwerber ansehen. Bei der ersten Eigentumsumschreibung auf einen anderen Erwerber handele es sich nämlich um einen zufälligen Zeitpunkt; Ersterwerber würden auf diese Weise ohne sachlichen Grund beim Erwerb vom selben Bauträger unterschiedlich behandelt, obwohl ihre Interessenlage in Bezug auf den Bauträger vergleichbar sei.[177]

Beispiel (Fortsetzung)

Schließt der Bauträger einen weiteren vormerkungsgesicherten Erwerbsvertrag für die Wohnung Nr. 3 mit E3, so ist eine Besitzerlangung *nach* dem zwischenzeitlichen Eigentumserwerb des E2 für die Einordnung des E3 als Ersterwerber unschädlich.[178]

82 Die daraufhin unternommenen Versuche zur **zeitlichen Begrenzung des Ersterwerberstatus** in Anlehnung an die fünfjährige werkvertragliche Verjährungsfrist[179] konnten letztlich allein schon deshalb nicht überzeugen, weil dem Erwerb nicht immer werkvertragliche Vorschriften zugrunde liegen müssen (so zB im Schenkungsfall).[180] Man wird solche Abgrenzungsschwierigkeiten wohl letztlich nur vermeiden können, wenn man auf eine zeitliche Begrenzung für die Einbeziehung eines Ersterwerbers in die Gemeinschaft entweder gänzlich verzichtet und **jeden Erwerb vom Bauträger** unter den genannten Voraussetzungen als **Ersterwerb** ansieht[181] **oder** wieder zur früheren Ansicht zurückkehrt, nach der mit dem Entstehen der endgültigen Eigentümergemeinschaft das Hinzutreten eines weiteren Wohnungseigentümers wegen der ansonsten zeitlich unbeschränkten Aufnahme von „Nachzüglern" **immer** als **Zweiterwerb** anzusehen sein wird.[182]

---

[175] BGHZ 87, 138 = NJW 1983, 1615 = Rpfleger 1983, 310; BGHZ 106, 113 = NJW 1989, 1087 = Rpfleger 1989, 150; BGH NJW 1994, 3352 = Rpfleger 1995, 150 = ZMR 1995, 37.

[176] BGHZ 106, 113 = NJW 1989, 1087; OLG Zweibrücken NZM 1999, 322 = ZMR 1999, 358; BayObLGZ 1990, 101 = NJW 1990, 3216.

[177] BGHZ 193, 219 = NJW 2012, 2650 = ZfIR 2012, 603 = ZMR 2012, 711 = ZWE 2012, 369; BGHZ 177, 53 = DNotZ 2008, 930 = NJW 2008, 2639 = Rpfleger 2008, 564 = ZMR 2008, 805 = ZWE 2008, 378; LG Ellwangen NJW-RR 1996, 973; *Heismann* ZMR 2004, 13; *Coester* NJW 1990, 3184.

[178] BGHZ 193, 219 = NJW 2012, 2650 = ZfIR 2012, 603 = ZMR 2012, 711 = ZWE 2012, 369.

[179] *Timme* MDR 2012, 1068; *Wenzel* NZM 2008, 625 (627).

[180] *Hügel/Elzer* § 10 Rn. 15.

[181] So Bärmann/*Suilmann* § 10 Rn. 19; *Reymann* ZWE 2009, 233.

[182] So *Hügel/Elzer* § 10 Rn. 15.

VI. Mängel bei der Begründung

Anlässlich der Begründung von Wohnungs- und Teileigentum kann es aus 83
unterschiedlichen Ursachen zu sogenannten **Gründungsmängeln** kommen. Man
kann nach der Art der Mängel bzw. Fehler solche mit rein baulicher Veranlassung
und solche mit überwiegend (verfahrens-)rechtlicher Ursache unterscheiden.

1. Bauliche Mängel und Fehler

a) Fehlende Fertigstellung des Gebäudes

Gem. § 3 Abs. 1 WEG und § 8 Abs. 1 WEG kann Wohnungseigentum aus- 84
drücklich auch an erst noch zu errichtenden Gebäuden begründet werden. In
beiden Fällen entsteht zunächst ein **isolierter** (substanzloser) **Miteigentumsanteil**[183], der mit einem „Anwartschaftsrecht" auf Erwerb des mit dem Miteigentumsanteil zu verbindenden Sondereigentums als Vollrecht verknüpft ist.[184] Mit
der Errichtung entsteht dann das einem Miteigentumsanteil jeweils zugeordnete
Sondereigentum an einer Wohnung („**schrittweise Fertigstellung**").

Wird das **Gebäude endgültig nicht errichtet**,[185] bleibt das Wohnungseigentum 85
in dem Zustand wirksam, in dem es sich bei der Grundbucheintragung befand,
also der Substanz nach nur in Form eines Miteigentumsanteils am Grundstück.[186]
Auch bei der Zerstörung eines Gebäudes wandelt sich das mit dem Miteigentumsanteil verbundene Sondereigentum wieder in eine „Anwartschaft" um (dazu
mehr im → Kapitel N Rn. 2). Ein automatischer Untergang des „Anwartschafts-
rechts" bei **objektiver Unmöglichkeit** der Fertigstellung ist nach sachenrecht-
lichem Verständnis nicht denkbar; es bedarf vielmehr einer sachenrechtlichen
Vereinbarung aller Miteigentümer.[187]

Sämtliche Wohnungseigentümer sind untereinander verpflichtet, im Rahmen 86
des Zumutbaren und ggf. gegen Ausgleichszahlungen an der **Beseitigung** dieses
rechtlich unzulässigen Zustandes mitzuwirken.[188] Dies kann im Einzelfall durch
Abschluss einer Anpassungsvereinbarung der Miteigentümer (zB zur Schaffung
neuen Sondereigentums und Verbindung mit dem isolierten Miteigentumsanteil)
oder durch Übernahme des isolierten Miteigentumsanteils seitens der anderen

---

[183] Zur Terminologie vgl. *Hügel* ZMR 2004, 549.

[184] OLG Hamm DNotZ 2003, 945; OLG Hamburg NZM 2003, 108; BayObLG NJW-
RR 2002, 224.

[185] Im Fall BayObLGZ 2001, 328 = ZWE 2002, 121 nach fast 30 Jahren; demgegenüber
im Fall OLG Hamm NZM 2006, 142: Insolvenz des Bauträgers reicht für die Annahme
einer endgültigen Nichterrichtung nicht aus.

[186] BGHZ 110, 36 = NJW 1990, 1111 [Bauverbotsfall]; BayObLGZ 2001, 328 = ZWE
2002, 121.

[187] BayObLGZ 2001, 328 = ZWE 2002, 121; *Hügel/Elzer* § 3 Rn. 98; aA OLG Hamm
NZM 2006, 142.

[188] BGH NJW 2004, 1798 = Rpfleger 2004, 207; OLG München NZM 2008, 810;
Demharter NZM 2000, 1196 (1198).

Miteigentümer geschehen.[189] Ob eine **Bauverpflichtung** der Wohnungseigentümer besteht, ist streitig.[190]

87   Auf den Eigentümer eines **isolierten Miteigentumsanteils** finden die Bestimmungen des WEGs Anwendung.[191] Er ist deshalb auch zur anteiligen Kostentragung verpflichtet.[192] Über einen isolierten Miteigentumsanteil kann auch rechtsgeschäftlich durch Übertragung **verfügt** werden.[193]

b) Keine Grundbuchunrichtigkeit durch abweichende Bauausführung

88   Eine abweichende Bauausführung kann nicht zur Unrichtigkeit des Grundbuchs führen.[194] Die genaue Umgrenzung der Wohnungseigentumseinheiten wird rechtlich durch die Teilungserklärung in Verbindung mit dem Aufteilungsplan und der Abgeschlossenheitsbescheinigung festgelegt. Dies gilt auch dann, wenn das Sondereigentum an einer bestimmten Wohnung in einem auf dem Grundstück erst noch zu errichtenden Gebäude eingeräumt wird. Ausgangspunkt der Aufteilung sind also nicht die tatsächlich bestehenden Raumverhältnisse, sondern der Grundbuchinhalt (vgl. §§ 3, 8 WEG). Bauliche Abweichungen von der im Grundbuch eingetragenen Teilungserklärung oder dem in Bezug genommenen Aufteilungsplan können also nicht zu einer Änderung der sachenrechtlichen Rechtslage führen. Maßgeblich ist allein der eingetragene Grundbuchinhalt; die tatsächlich bestehenden Raumverhältnisse bestimmen nicht das sachenrechtliche Eigentum.[195]

c) Änderungen der Raumaufteilung im Sondereigentum

89   **Grundrissverschiebung** lediglich **innerhalb einer Wohnung** ohne Änderung der im Aufteilungsplan niedergelegten äußeren Umfangsgrenzen beeinträchtigen die Entstehung des Sondereigentums solange nicht, wie die erforderliche Bestimmtheit der Abgrenzung des Sondereigentums von anderem Sondereigentum sowie vom Gemeinschaftseigentum nicht berührt wird.[196]

---

[189] Vgl. BGHZ 130, 159 = NJW 1995, 2851; OLG Hamm NZM 2007, 448.

[190] Bejahend OLG Hamm NZM 2006, 142; OLG Hamburg NZM 2003, 108; Lutter AcP 164, 144; aA *Hügel/Elzer* § 3 Rn. 100f.

[191] Umstritten ist lediglich, ob die Regelungen des WEG unmittelbare Anwendung finden (so *Hügel*, ZMR 2004, 549 (553); Riecke/Schmid/*Elzer-Schneider* § 3 Rn. 103 mwN) oder ob sich der isolierte Miteigentümer wie ein werdender Wohnungseigentümer behandeln lassen muss (so BGH NJW-RR 2005, 10 = ZWE 2005, 64).

[192] OLG Hamm NZM 2007, 448.

[193] BGH NJW-RR 2005, 10 = ZWE 2005, 64; OLG Hamm NZM 2007, 448.

[194] BGH NJW 2016, 473 = ZWE 2016, 79; OLG Zweibrücken ZWE 2006, 186.

[195] BGH NJW 2016, 473 = ZWE 2016, 79; OLG Frankfurt ZWE 2011, 414; KG ZWE 2001, 554; BayObLG DNotZ 1999, 212.

[196] OLG Düsseldorf v. 17.6.2016 – 3 Wx 282/15, zit. juris; OLG Bamberg NJW-RR 2003, 1138; OLG Hamm Rpfleger 1986, 374; BayObLG DNotZ 1982, 242 = Rpfleger 1982, 21.

d) Zusätzliche Räumlichkeiten

Werden zusätzliche Räumlichkeiten gebaut, verbleiben diese im Gemein- 90
schaftseigentum. Eine Überführung in Sondereigentum ist nur nach den Regeln
der §§ 3, 4 WEG möglich.[197]

e) Errichtung an anderer Stelle

Wird das Gebäude abweichend vom Aufteilungsplan an anderer Stelle auf dem 91
Grundstück oder in anderer Form errichtet, so entsteht sachenrechtlich Wohnungseigentum mit Sondereigentum in diesem Gebäude, sofern Gemeinschaftseigentum und Sondereigentum zweifelsfrei voneinander abgrenzbar sind. Solange
trotz der Abweichung eine Abgrenzung zwischen diesen beiden zweifelsfrei
möglich ist, hat der Aufteilungsplan seine Funktion erfüllt und es entsteht Sondereigentum an dem Gebäude, so wie es errichtet wird.[198] Es genügt nämlich, wenn
trotz der Abweichung die dem Sondereigentum zugrundeliegende Raumeinheit
genügend bestimmbar ist, also die Abgrenzungen der im Gemeinschaftseigentum
und im Sondereigentum stehenden Gebäudeteile nach wie vor übereinstimmen.[199]
Maßgeblich ist die Erwägung, dass Gegenstand des Sondereigentums nicht die
einzelnen Räume sind, sondern die aus einzelnen Räumen zusammengesetzte
Wohnung. Solange die Identität der einzelnen Wohnung demnach sichergestellt
ist, sind die Gegenstände von Sondereigentum und Gemeinschaftseigentum hinreichend bestimmt.[200]
Wird bei der tatsächlichen Bauausführung von dem Aufteilungsplan jedoch
in einer Weise abgewichen, die es **unmöglich** macht, die errichteten Räume einer
in dem Aufteilungsplan ausgewiesenen Raumeinheit **zuzuordnen**, kann kein
Sondereigentum, sondern nach § 1 Abs. 5 WEG nur gemeinschaftliches Eigentum entstehen. Ein Wohnungseigentümer kann in einem solchen Fall nur einen
isolierten Miteigentumsanteil erwerben.[201]

f) Baulicher Übergriff auf fremdes Eigentum

Eine mit der Änderung der Raumaufteilung evtl. verbundene **Einbeziehung** 92
gemeinschaftlichen Eigentums oder fremden Sondereigentums in die veränderte
Wohnung kann nach dem zuvor Gesagten grundsätzlich nicht zur Entstehung von
Sondereigentum führen. Lediglich in Fällen geringfügiger Überschreitungen des
im Aufteilungsplan festgelegten Sondereigentumsbereiches wurde demgegenüber
aus Gründen der Praktikabilität von der früher hM angenommen, dass gleichwohl Sondereigentum entsprechend der tatsächlichen Bauausführung entstehen

---

[197] OLG Celle ZWE 2009, 128; OLG-Report München 2005, 607; BayObLG NJW-
RR 1990, 657.
[198] BGHZ 177, 338 = DNotZ 2009, 50 = NJW 2008, 2982 = Rpfleger 2008, 631;
BGH DNotZ 2004, 371 = NJW 2004, 1798; OLG Hamburg NZM 2003, 109; BayObLG
NJW-RR 1990, 332.
[199] OLG Hamburg NZM 2003, 109; OLG Köln Rpfleger 1982, 374.
[200] BayObLG DNotZ 1982, 242; krit. *Hügel/Elzer* § 3 Rn. 94.
[201] BGH DNotZ 2004, 371 = NJW 2004, 1798 = ZWE 2004, 263.

könne, solange eine eindeutige Identifizierung möglich sei.[202] Solche geringfügigen Abweichungen sollten bis zu einer Grenze von 3% angenommen werden können.[203] Der BGH ist dem entgegengetreten[204] und hat wie zuvor schon für wesentliche Abweichungen bestätigt, dass Sondereigentum nur in den Grenzen des Aufteilungsplanes, also unabhängig von der tatsächlichen räumlichen Begrenzung auch an Teilen eines Raumes (!), entstehen können soll, solange sich die im Sondereigentum stehenden Räume nach dem Aufteilungsplan identifizieren lassen.[205] Ist dies aufgrund der tatsächlichen Bauausführung nicht mehr möglich, entsteht kein Sondereigentum, so dass es bei dem zuvor entwickelten Grundsatz der allein maßgeblichen Grundbuchlage nach dem Aufteilungsplan verbleiben kann und sich die Räumlichkeiten insoweit im gemeinschaftlichen Eigentum befinden.[206]

93   Die zum **Überbau** entwickelten Grundsätze sollen nach allerdings umstrittener Ansicht insoweit nicht entsprechend anwendbar sein.[207] Richtigerweise wird man jedoch bei Abweichungen davon auszugehen haben, dass Sondereigentum wegen der Abweichung von der vereinbarten Rechtslage in jedem Fall mangels Raumeigenschaft überhaupt noch nicht wirksam entstanden ist.[208] Ein solcher Mangel kann durch Anpassung der baulichen Verhältnisse an die sachenrechtliche Vereinbarung behoben werden. Kommt eine solche Korrektur aus tatsächlichen oder überwiegenden wirtschaftlichen Gründen nicht in Betracht, dann besteht unter Anwendung des § 242 BGB ein Anspruch der Miteigentümer untereinander auf **Anpassung der dinglichen Rechtslage** an die tatsächlichen Verhältnisse.[209] Insoweit kann auch ein Anspruch auf Leistung einer Ausgleichszahlung in Betracht kommen.[210]

2. (Verfahrens-)rechtliche Mängel und Fehler

a) Nichtigkeit der Aufteilung nach allgemeinen Regeln

94   Der Teilungsvertrag unterliegt den allgemeinen Regelungen des BGB. Demgemäß können die zur Begründung des Sondereigentums abgegebenen Willens-

---

[202] OLG Hamburg NZM 2003, 109; OLG Karlsruhe NJW-RR 1993, 1294; *Niedenführ/Kümmel/Vandenhouten* § 7 Rn. 35; aA *Hügel/Elzer* § 3 Rn. 89f.

[203] *Armbrüster* ZWE 2005, 182 (188); Bärmann/*Armbrüster* § 2 Rn. 77 enger noch Timme/*Kesseler* § 3 Rn. 87: Überschreiten der Erheblichkeitsschwelle bereits bei einer absoluten Verschiebung von mehr als 5 cm.

[204] BGH NJW 2016, 473 = ZWE 2016, 79.

[205] BGH NJW 2016, 473 = ZWE 2016, 79; BGHZ 177, 338 = DNotZ 2009, 50 = NJW 2008, 2982 [„Luftschranke"]; OLG Zweibrücken NZM 2006, 586; BayObLG DNotZ 1999, 212 = NZM 1998, 973; OLG Celle OLGZ 1981, 106; *Armbrüster* ZWE 2005, 182 (190).

[206] BGH NJW 2004, 1798 = ZWE 2004, 263.

[207] BGH NJW 2016, 473 = ZWE 2016, 79; BayObLG DNotZ 1993, 741; Riecke/Schmid/*Elzer* § 3 Rn. 95; Weitnauer/*Briesemeister* § 3 Rn. 44; aA Bamberger/Roth/*Hügel* § 3 Rn. 15 u. 21; *Bauer/v. Oefele* AT V Rn. 258 und 265; *Ertl* WE 1992, 221; Staudinger/*Rapp* § 3 Rn. 78 b.

[208] Riecke/Schmid/*Elzer-Schneider* § 3 Rn. 135.

[209] BayObLG DNotZ 2004, 126; KG NZM 2001, 1127; BeckOK WEG/*Kesseler* § 3 Rn. 89.

[210] Vgl. KG NZM 2001, 1127; BayObLG NZM 2000, 1024.

erklärungen aus unterschiedlichen Gründen nichtig sein. In Betracht kommt hier insbesondere eine **Nichtigkeit wegen Geschäftsunfähigkeit** (§ 105 BGB), **wegen Formmangels** (§ 125 BGB) und **wegen nachträglicher Anfechtung** zB wegen Irrtums (§§ 142 Abs. 1, 119 BGB). Unter Zugrundelegung der allgemeinen Grundsätze müsste der Teilungsvertrag in den genannten Fällen als von Anfang an unwirksam angesehen werden.[211]

Dies trägt jedoch nicht den besonderen Anforderungen eines mitgliedschaftlich **95** verfassten Verbandes Rechnung (dazu ausführlich → Kapitel G), der aufgrund seiner komplexen Organisation nicht mehr ohne weiteres rückabgewickelt werden kann. Aus diesem Grunde wendet die h.M. die **Regeln über die fehlerhafte Gesellschaft** entsprechend auf die fehlerhafte Wohnungseigentümergemeinschaft an.[212] Wohnungseigentümern ist es damit verwehrt, sich ex tunc auf die anfängliche Nichtigkeit zu berufen. Sie müssen sich vielmehr trotz mangelhafter Begründung des Wohnungseigentums ab Invollzugsetzung der Gemeinschaft[213] bis zur Geltendmachung der Unwirksamkeit als voll wirksame Wohnungseigentümergemeinschaft behandeln lassen. Sachenrechtlich wird der unwirksame **Gründungsakt** in dem Augenblick **insgesamt geheilt,** in dem ein Dritter gutgläubig auch nur eine der gebildeten Wohnungseinheiten erwirbt. Wohnungseigentum kann nämlich nicht nur an einer Wohnung entstehen.[214]

b) Unrichtige Angabe der Miteigentumsanteile

Die Summe sämtlicher Miteigentumsanteile muss zwingend wieder ein Ganzes ergeben. Bloße **Additions- oder Schreibfehler** können immer dann im Wege der Berichtigung beseitigt werden, wenn die Aufteilung nach einem für alle Einheiten nachvollziehbaren Maßstab (zB dem Verhältnis der Wohnfläche) erfolgen sollte.[215] In diesen Fällen kann die fehlerhafte Gesamtaufteilung durch Angleichung der Miteigentumsanteile im Nenner der Einheiten erreicht werden (zB 999/1.000 in 999/999 oder 1001/1.000 in 1.001/1.001). Eine Zustimmung dinglich Berechtigter ist für eine solche Anpassung nach zutreffender Ansicht nicht erforderlich.[216] Den Beteiligten sollte allerdings vor der Richtigstellung Gelegenheit zur Stellungnahme eingeräumt werden.

In allen übrigen Fällen führen Abweichungen bei der Anlegung der Wohnungsgrundbücher entweder zu einer Unter- oder Überverteilung bei den Miteigentumsanteilen. Im Falle der **Unterverteilung** entsteht ein isolierter Miteigentumsanteil, der von den Wohnungseigentümern gem. §§ 242, 313 BGB unter Berücksichtigung der gemeinschaftsrechtlichen Bindungen nach den vom BGH[217] aufgezeigten Grundsätzen zB durch Vereinigung (§ 890 Abs. 1 BGB) oder Zu-

---

[211] BeckOK WEG/*Kral* § 7 Rn. 93 bejahte deshalb in den genannten Fällen eine Grundbuchunrichtigkeit mit der Möglichkeit der Berichtigung gem. § 894 BGB, § 22 GBO.

[212] Bärmann/*Armbrüster* § 2 Rn. 56 f.; Riecke/Schmid/*Elzer-Schneider* § 3 Rn. 32 ff; Weitnauer/*Briesemeister* § 3 Rn. 36; offen gelassen von OLG Hamm NZM 2004, 787 (789); aA Bamberger/Roth/*Hügel* § 3 Rn. 15.

[213] Nach Bärmann/*Armbrüster* § 2 Rn. 57 ist dafür der Zeitpunkt der Bildung eines Verwaltungsvermögens i.S.d. § 10 Abs. 7 WEG anzunehmen.

[214] Bamberger/Roth/*Hügel* § 3 Rn. 15; *Röll* FS Seuß (1987), 233 (236); Weitnauer/ *Briesemeister* § 3 Rn. 38.

[215] *Röll* MittBayNot 1996, 175; Staudinger/*Rapp* § 3 Rn. 47.

[216] *Röll* MittBayNot 1996, 175 (176).

[217] BGH NJW –RR 2005, 10 = NZM 2004, 876.

schreibung (§ 890 Abs. 2 BGB)[218] wieder zu beseitigen ist. Im Falle der **Überverteilung** ist die Aufteilung insgesamt unwirksam; auch ein gutgläubiger Erwerb ist durch die Doppelbuchung ausgeschlossen.[219]

c) Unterbliebene Zuordnung zum Sondereigentum

96   Sondereigentum kann wirksam nur begründet werden, wenn auch eine entsprechende rechtsgeschäftliche **Zuordnungserklärung** vorliegt. Räume, die nur im Aufteilungsplan als zum Sondereigentum gehörend bezeichnet sind, verbleiben im Gemeinschaftseigentum.[220] Etwas anderes kann dann gelten, wenn zwar in der Teilungserklärung keine ausdrückliche Zuordnung erfolgt ist, dort jedoch wegen des Gegenstandes und der Lage des Sondereigentums auf den Aufteilungsplan verwiesen wird. In diesem Fall ist der Zuordnungswille eindeutig erkennbar, wenn die verwendete Nummerierung der Räume identisch ist.[221]

d) Fehlerhafte Zuordnung zum Sondereigentum

97   Wird ein **nicht sondereigentumsfähiger Raum** durch die Grundbucheintragung als Sondereigentum ausgewiesen, verbleibt dieser gleichwohl im Gemeinschaftseigentum, weil insoweit wirksam kein Sondereigentum begründet werden kann.[222] Die Eintragung ist inhaltlich unzulässig und daher von Amts wegen gem. § 53 Abs. 1 S. 2 GBO zu löschen.[223] Die fehlgeschlagene Begründung von Sondereigentum kann jedoch unter bestimmten Voraussetzungen gem. § 140 BGB in ein Sondernutzungsrecht für den Berechtigten umgedeutet werden.[224] Ist mit dem fraglichen Miteigentumsanteil kein weiteres Sondereigentum verbunden, entsteht wiederum ein isolierter Miteigentumsanteil, zu dessen Beseitigung die Wohnungseigentümer – ggf. auch gegen Ausgleichszahlungen – verpflichtet sind.[225] Die Behebung dieses gesetzlich nicht vorgesehenen Zustandes kann auch durch Übernahme des isolierten Miteigentumsanteils seitens der übrigen Wohnungseigentümer geschehen. Bis dahin unterliegt der Inhaber des isolierten Miteigentumsanteils jedoch den Regeln des WEG und ist deshalb auch zur anteiligen Kostentragung verpflichtet.[226]

98   Die fehlerhafte Zuordnung eines Raumes zum Sondereigentum lässt die Wirksamkeit der übrigen Wohnungseigentumsrechte allerdings unberührt. Ein Mangel des Gründungvertrages wird durch den gutgläubigen Erwerb auch nur eines Wohnungseigentums insgesamt geheilt.[227]

---

[218] Vgl. BGHZ 109, 179 = DNotZ 1990, 377 = NJW 1990, 447.

[219] Palandt/*Herrler* BGB § 892 Rn. 11; Staudinger/*Rapp* BGB § 3 Rn. 47 a.

[220] OLG Düsseldorf ZMR 2004, 611; OLG Stuttgart Rpfleger 1981, 109.

[221] OLG Frankfurt DNotZ 1998, 387 = NJW-RR 1997, 1305; OLG Zweibrücken ZMR 1996, 387.

[222] BGHZ 109, 179 = DNotZ 1990, 377 = NJW 1990, 447 = Rpfleger 1990, 62 für einen Kellerraum mit gemeinschaftlicher Heizungsanlage.

[223] BayObLG DNotZ 2000, 205; zur Grundbucheintragung in diesem Fall s. *Demharter* Anh zu § 3 Rn. 12.

[224] Dazu s. im einzelnen Riecke/Schmid/*Schneider* § 5 Rn. 21 ff. mwN.

[225] Vgl. BGHZ 130, 159 = DNotZ 1996, 289 = NJW 1995, 2851; BGH DNotZ 2004, 371 = NZM 2004, 103.

[226] OLG Hamm NZM 2007, 448.

[227] BGHZ 109, 179 = DNotZ 1990, 377 = NJW 1990, 447; BayObLG NZM 1998, 525.

e) Fehlende Kennzeichnung von Sondereigentum

Bezeichnet zwar die Teilungserklärung einen mit entsprechender Nummerie- **99** rung zugeordneten Raum als Sondereigentum, verbleibt dieser gleichwohl im Gemeinschaftseigentum, wenn er im Aufteilungsplan als solches ausgewiesen ist und nicht unter ausdrücklicher Ausräumung des Widerspruchs Sondereigentum begründet worden ist.[228]

Beispiel

Die fehlende Kennzeichnung des gewollten Sondereigentums findet sich in der Praxis häufig bei **Balkonen**.[229] In Rechtsprechung[230] und Literatur[231] mehren sich allerdings die Stimmen, die den Balkonraum unabhängig von einer Nummerierung als räumliche Fortsetzung der Wohnung begreifen und ihn daher kraft Gesetzes als zum Sondereigentum der Gesamtwohnung gehörend ansehen.

f) Widersprüchliche Angaben zum Gegenstand des Sondereigentums

Stimmen die wörtliche Beschreibung des Gegenstandes eines Sondereigentums **100** im Text der zur Eintragung bewilligten **Teilungserklärung** und die Angaben im **Aufteilungsplan** nicht überein, so ist grundsätzlich keiner der sich widersprechen- den Erklärungsinhalte vorrangig und aus diesem Grunde kein Sondereigentum entstanden.[232] Die Angaben im Aufteilungsplan verdrängen also nicht den Inhalt der Teilungserklärung. Betrifft der offene Widerspruch das gesamte Sondereigen- tum einer Wohnungseinheit, so entsteht ein isolierter Miteigentumsanteil, wodurch jedoch die Wirksamkeit der Wohnungseigentumsbegründung hinsicht- lich der übrigen Einheiten nicht berührt wird.[233] Selbst wenn bei Bildung von Wohnungseigentum aufgrund eines wegen Verstoßes gegen das Bestimmtheits- gebot fehlerhaften Gründungsakts ausschließlich isolierte Miteigentumsanteile entstanden sind und Sondereigentum an den Räumen der Wohnanlage bisher gar nicht begründet wurde, können die als Wohnungseigentümer eingetragenen Berechtigten nachträglich den ursprünglich fehlerhaften Gründungsakt ändern und somit erstmals Sondereigentum zur Entstehung bringen.[234]

g) Unrichtige Angabe der Zweckbestimmung

Wird in der Grundbucheintragung die Zweckbestimmung abweichend von der **101** zugrundeliegenden Vereinbarung angegeben, so handelt es sich um eine tatsäch- liche Unrichtigkeit, die von Amts wegen berichtigt werden kann.

---

[228] OLG München NZM 2006, 704; BayObLG DNotZ 1982, 242.

[229] OLG Frankfurt FGPrax 1997, 139; LG Wuppertal RNotZ 2009, 48; LG Frankfurt a.M. NJW-RR 1990, 1238 = WE 1991, 124 m. abl. Anm. *Bielefeld*.

[230] OLG München ZWE 2012, 37.

[231] *Bielefeld* Wohnungseigentümer, 30; *Diester* Rechtsfragen Rn. 109 ff; *Hügel* RNotZ 2009, 49; Riecke/Schmid/*Schneider* § 7 Rn. 94 u. 196; *F. Schmidt* MittBayNot 2001, 442; wohl auch *Schöner/Stöber* Rn. 2852 Fn. 15.

[232] BGH DNotZ 2004, 371 = NZM 2004, 103; BGHZ 130, 159 = DNotZ 1996, 289 m. krit. Anm. *Röll* = NJW 1995, 2851; OLG München ZWE 2012, 487; OLG München NZM 2008, 810 = ZWE 2009, 39; OLG Hamm FGPrax 2003, 208; OLG Hamburg NZM 2001, 132; BayObLG DNotZ 2000, 205.

[233] BGHZ 130, 159 = DNotZ 1996, 289 = NJW 1995, 2851.

[234] OLG München NZM 2008, 810 = ZWE 2009, 39.

Beispiel

Im Grundbuch ist versehentlich „Wohnungseigentum" statt „Teileigentum" eingetragen worden.

Das eingetragene Sondereigentum ist mit der fehlerhaften Bezeichnung gleichwohl wirksam entstanden, so dass den Anforderungen des § 7 Abs. 1 WEG Genüge getan ist.[235] Danach hat die Eintragung des *Sondereigentums* in das Grundbuch zu erfolgen, nicht aber dessen Qualifizierung als Wohnungs- oder Teileigentum. Die Bezeichnung als Wohnungs- oder Teileigentum wird als Zweckbestimmung nach der überwiegenden Auffassung nicht als konstitutiv für die sachenrechtliche Aufteilung angesehen. Die Eintragung ist in einem solchen Fall deshalb auch nicht als inhaltlich unzulässig zu löschen.[236]

102 Ebenso kann verfahren werden, wenn bei der Grundbucheintragung statt zutreffend von „Sondereigentum" versehentlich von einem „Sondernutzungsrecht" die Rede ist. Die Grundbucheintragung ist dann so zu verstehen, als hätte sie von Anfang an zutreffend das neu zugeordnete Sondereigentum betroffen.[237]

h) Widersprüchliche Zweckbestimmungen

103 Weichen die Angaben zur Zweckbestimmung des Sondereigentums im **Teilungsvertrag** von denen im **Aufteilungsplan** ab, so kommt den Angaben im Plan kein Vorrang zu. Widersprechen sich die Angaben, so kann ein unbefangener Betrachter nicht von der am engsten begrenzten Nutzungsmöglichkeit ausgehen.[238] Regelmäßig wird den Angaben im Aufteilungsplan dabei der Charakter eines „Nutzungsvorschlags" zukommen.[239]

104 Enthalten dagegen die **Teilungserklärung** und die **Gemeinschaftsordnung** hinsichtlich der Zweckbestimmung eines Sondereigentums widersprüchliche Angaben, so geht grundsätzlich die Regelung in der Gemeinschaftsordnung vor; in diesem Fall hat die nähere Beschreibung eines Teileigentums in der Teilungserklärung in der Regel nicht die Bedeutung einer Nutzungsbeschränkung.[240]

105 Dasselbe gilt auch dann, wenn **Aufteilungsplan** und **Gemeinschaftsordnung** einander widersprechen.[241] Eine vereinbarte Zweckbestimmung wird nicht dadurch in Frage gestellt, dass im Aufteilungsplan die einzelnen Räume eines Sondereigentums anders bezeichnet sind.[242]

---

[235] *Hügel* FS Bub (2007), 137 (148); Riecke/Schmid/*Schneider* § 7 Rn. 192; *Schöner/Stöber* Rn. 2872b; BeckOK WEG/*Kral* § 7 Rn. 85, der allerdings unter Hinweis auf *Bauer/v. Oefele* AT V Rn. 233 auf eine abweichende Angabe in der Aufschrift abstellt; wie hier Bärmann/*Armbrüster* § 1 Rn. 32 – anders allerdings Bärmann/*Armbrüster* § 7 Rn. 50.
[236] So aber BayObLG NJW-RR 1998, 735; *Meikel/Morvilius* Einl C Rn. 177.
[237] OLG München MietRB 2013, 329.
[238] OLG Frankfurt ZMR 1993, 125.
[239] BGH ZWE 2013, 20; BGH ZWE 2010, 178; OLG Frankfurt ZWE 2008, 433; OLG Hamm NZM 2007, 294; OLG Hamburg NZM 2001, 132.
[240] OLG Düsseldorf FGPrax 2003, 202; BayObLG ZMR 1998, 184; BayObLG DNotZ 1989, 426; OLG Hamm WE 1990, 95; Bärmann/*Armbrüster* § 7 Rn. 17.
[241] OLG Schleswig ZMR 2004, 68; Bärmann/*Armbrüster* § 7 Rn. 18.
[242] BayObLG ZfIR 2004, 129 Ls.; Riecke/Schmid/*Elzer-Schneider* § 3 Rn. 44.

[handwritten: Teilungserklärung → Wohnungs-eigentum / Gemeinschaftsordnung → Vebältnis / Wohnungseigentümer]

i) Fehlerhafte Regelungen in der Gemeinschaftsordnung

Im Grundbuch eingetragene Regelungen der Gemeinschaftsordnung, die gegen **106** gesetzliche Bestimmungen verstoßen (→ Rn. 98), sind unwirksam. Im übrigen bleibt die Begründung des Wohnungseigentums jedoch wirksam. An die Stelle der unzulässigen Regelung treten im Wege der ergänzenden Vertragsauslegung die gesetzlichen Bestimmungen; eine Gesamtnichtigkeit gem. § 139 BGB ist nicht anzunehmen.[243]

[handwritten: GemO → GB !]

j) Fehlender Aufteilungsplan

Fehlt bei der Begründung des Wohnungseigentums der **Aufteilungsplan**, so **107** ist die Teilung unwirksam. Es mangelt an der grundbuchmäßigen Bestimmtheit sowohl des Sonder- als auch des Gemeinschaftseigentums.[244]

Wird bei der Begründung von Wohnungseigentum auf einen zum Zeitpunkt **108** der Beurkundung nicht vorliegenden Aufteilungsplan in den Wohnungsgrundbüchern Bezug genommen, wird der später **nachgereichte Plan** zum Inhalt des Grundbuchs und nimmt an dessen öffentlichem Glauben teil. Ein solcher Gründungsmangel wird durch einen nachfolgenden gutgläubigen Erwerb geheilt.[245]

k) Widersprüchliche Angaben in den Anlagen zur Eintragungsbewilligung

Sind die als Aufteilungsplan vorgelegten **Bauzeichnungen** in sich **widersprüch-** **109** **lich**, so kann der Aufteilungsplan nicht Grundlage für die Anlegung der Wohnungsgrundbücher sein. Das gleiche gilt für die auf der Grundlage eines solchen Plans erteilte Abgeschlossenheitsbescheinigung.[246]

l) Fehlende oder nachträglich wegfallende Abgeschlossenheit

Stellt sich erst nach der Grundbucheintragung heraus, dass die **Abgeschlos-** **110** **senheitsvoraussetzungen** zu diesem Zeitpunkt tatsächlich gar **nicht vorgelegen** haben, entfällt gleichwohl das eingetragene Sondereigentum nicht nachträglich. Die Entstehung des Sondereigentums wird nicht dadurch in Frage gestellt, dass die Sollbestimmung des § 3 Abs. 2 WEG außer Acht gelassen wurde.[247]

Auch ein späterer **Wegfall der Abgeschlossenheit** zB durch Umbaumaßnahmen **111** berührt nicht die Wirksamkeit der Aufteilung und damit auch nicht die Zuordnung von Sondereigentum.[248] Rechte dinglich gesicherter Gläubiger können nicht

---

[243] Staudinger/*Rapp* § 3 Rn. 64.
[244] Staudinger/*Rapp* § 3 Rn. 47.
[245] OLG Karlsruhe NJW-RR 1993, 1294.
[246] BayObLG Rpfleger 1993, 335.
[247] BGHZ 177, 338 = NJW 2008, 2982 = ZWE 2008, 426 [„Luftschranke"]; BGHZ 110, 36 = BGH NJW 1990, 1111 [„Bauverbotsfall"]. Bärmann/*Armbrüster* § 3 Rn. 57; Riecke/Schmid/*Elzer-Schneider* § 3 Rn. 62 je mwN.
[248] BGHZ 146, 241 = DNotZ 2002, 127 = NJW 2001, 1212 [„Mauerdurchbruch"]; OLG München ZWE 2009, 25; OLG Köln NJW-RR 1994, 717; BayObLG Rpfleger 1991, 414.

davon abhängen, ob im Einzelfall die Voraussetzungen der Abgeschlossenheit auch tatsächlich erfüllt sind.[249] Sondereigentum an einem Raum soll selbst dann entstehen können, wenn es an einer tatsächlichen Abgrenzung des Raumes gegenüber fremdem Sondereigentum fehlt, solange nur die Begrenzung des Sondereigentums nach dem Aufteilungsplan und der Bauausführung eindeutig ist.[250]

112   Erst recht wird der Bestand des Sondereigentums nicht dadurch gefährdet, dass bei Anlegung des Sondereigentums eine Abgeschlossenheits**bescheinigung fehlte** oder eine bereits erteilte im Nachhinein **für kraftlos erklärt** wird.[251]

📖 **Wiederholungsaufgaben und Vertiefungsfragen**

1. Können in einem Wohnungsgrundbuch auch zwei Eigentumswohnungen gebucht sein?
2. Kann an einem Altbau Wohnungseigentum begründet werden, wenn sich dort die Toiletten jeweils für zwei Wohnungen gemeinschaftlich auf der Halbetage befinden?
3. Kann ein einmal zur Grundakte eingereichter Aufteilungsplan mit Abgeschlossenheitsbescheinigung nach einer Zurückweisung des Teilungsantrags gem. § 8 WEG zu einem späteren Zeitpunkt für einen neuerlich gestellten Antrag wieder verwendet werden? Wie lang darf dieser Zeitraum ggf. sein?

---

[249] BayObLG DNotZ 1982, 242 = Rpfleger 1982, 21; *Röll* Rpfleger 1983, 380 (382).
[250] BGH NJW 2016, 473 = ZWE 2016, 79; BGHZ 177, 338 = DNotZ 2009, 50 = NJW 2008, 2982 [„Luftschranke"].
[251] Vgl. BVerwG NJW 1997, 71.

Kapitel E. Gesetzlicher und rechtsgeschäftlicher Inhalt des Eigentums

Ausgewählte Literatur zur Ergänzung und Vertiefung:

Becker/Kümmel, Die Grenzen der Beschlusskompetenz der Wohnungseigentümer, ZWE 2001, 128; *Ertl*, Dingliche und verdinglichte Vereinbarungen über den Gebrauch des Wohnungseigentums DNotZ 1988, 4; *Ertl*, AGB-Kontrolle von Gemeinschaftsordnungen der Wohnungseigentümer durch das Grundbuchamt? DNotZ 1981, 149; *Graßhof*, Eigentumsgarantie versus Mehrheitsprinzip – die Verfassungsmäßigkeit einer gesetzlichen Regelung zur Einführung des Mehrheitsprinzips, ZWE 2003, 33; *Häublein*, Bindung des Erwerbers an Vereinbarungen der Wohnungseigentümer durch notariellen Erwerbsvertrag, DNotZ 2005,741; *A. Ott*, Zur Bindung von Sondernachfolgern an Verträge der Wohnungseigentümer mit Dritten, ZMR 2002,169. *Schuschke*, Die Regelungsinstrumente der Wohnungseigentümergemeinschaft, NZM 2001, 497; *Wenzel*, Beschluss oder Vereinbarung?, NZM 2003, 217; *Wenzel*, Der vereinbarungsersetzende, vereinbarungswidrige und vereinbarungsändernde Mehrheitsbeschluss, ZWE 2000, 2.

Ausgewählte Literatur zur wohnungseigentumsrechtlichen **Öffnungsklausel**:

Armbrüster, Vereinbarte Öffnungsklauseln in der Gemeinschaftsordnung, ZWE 2013, 242; *Blankenstein*, Öffnungsklauseln in der Gemeinschaftsordnung, ZWE 2016, 197; *Briesemeister*, Öffnungsklausel und Belastungsverbot, ZWE 2015, 116; *Gaier*, Zustimmung dinglicher Berechtigter zur Eintragung einer Öffnungsklausel im Grundbuch, ZWE 2005, 39; *Hügel*, Öffnungsklauseln in Gemeinschaftsordnungen, NotBZ 2004, 205; *Hügel*, Vereinbarungen aufgrund so genannter Öffnungsklauseln, ZWE 2002, 503; *Hügel*, Die Mehrheitsvereinbarung im Wohnungseigentumsrecht, DNotZ 2001, 176; *Jacoby*, Gesetzliche „Öffnungsklausel" zur Änderung der Gemeinschaftsordnung?, ZWE 2013, 61; *M. Müller*, Eintragungsfähigkeit von Öffnungsklausel-Beschlüssen, ZMR 2011, 103; *A. Ott*, Zur Eintragung von Mehrheitsbeschlüssen im Grundbuch bei sogenannter Öffnungsklausel, ZWE 2001, 466; *Schneider*, Grundbucheintragung wohnungseigentumsrechtlicher Öffnungsklauseln und darauf beruhender Regelungen nach der WEG-Novelle (2007), NotBZ 2008, 442; *Schneider*, Auswirkungen der „Jahrhundertentscheidung" im Wohnungseigentumsrecht auf das Grundbuchverfahren, Rpfleger 2002, 503; *Schultzky*, Anforderungen an Beschlüsse aufgrund vereinbarter Öffnungsklauseln; MietRB 2015, 60; *Wenzel*, Öffnungsklauseln und Grundbuchpublizität im Wohnungseigentumsrecht, ZNotP 2004, 170 = ZWE 2004, 130.

Ausgewählte Literatur zu **Sondernutzungsrechten**:

Böhringer, Begründung und spätere Veränderungen von Sondernutzungsrechten, NotBZ 2003, 285; *Bornemann*, Der Erwerb von Sondernutzungsrechten im Wohnungseigentumsrecht (2000); *Böttcher*, Sondernutzungsrechte bei der Veräußerung von Eigentumswohnungen, NotBZ 2007,201; *Ertl*, Eintragung von Sondernutzungsrechten im Sinne des §15 WEG, Rpfleger 1979, 81; *Frank*, Zur grundbuchmäßigen Behandlung von Stellplätzen in Doppelstockgaragen MittBayNot 1994, 512; *Häublein*, Sondernutzungsrechte und ihre Begründung im Wohnungseigentumsrecht (2003); *Hogenschurz*, Das Sondernutzungsrecht nach WEG (2008); *Hügel/Elzer*, Sondernutzungsrechte am Sondereigentum, DNotZ 2014, 403; *Kreuzer*, Sondernutzungsrechte: Begründung, Übertragung, Änderung FS Merle (2000), 203; *Ott*, Das Sondernutzungsrecht im Wohnungseigentum (2000); *Schmenger*, Begründung, Änderung, Übertragung und Erlöschen von dinglichen und schuldrechtlichen Sondernutzungsrechten, BWNotZ 2003, 73; *Schnauder*, Die Relativität der Sondernutzungsrechte FS Bärmann und Weitnauer (1990), 567; *Schneider*, Sondernutzungsrechte im Grundbuch Teile I u. II, Rpfleger 1998, 9 u. 53; *Schweiger*, Sondernutzungsrechte im Wohnungseigentum (1987).

Ausgewählte Literatur zur wohnungseigentumsrechtlichen **Veräußerungsbeschränkung:**

Böttcher, Aufhebung der Veräußerungsbeschränkung des § 12 WEG, ZNotP 2007, 373; *Drasdo,* Die Aufhebung der Veräußerungsbeschränkung nach § 12 WEG, RNotZ 2007, 264; *Hallmann,* Probleme der Veräußerungsbeschränkung nach § 12 WEG, MittRhNotK 1985, 1; *Hügel,* Aktuelles zur Veräußerungsbeschränkung nach § 12 WEG, MittBayNot 2016, 109; *M. Müller,* Zustimmungserfordernis bei Unterteilung von Wohnungs- oder Teileigentum, ZWE 2012, 22; *Wenzel,* Beschlusskompetenz zur Aufhebung einer Veräußerungsbeschränkung gemäß § 12 Abs. 4 WEG, ZWE 2008, 69; *Wilsch,* Die Aufhebung von Veräußerungsbeschränkungen nach § 12 Abs. 4 WEG, NotBZ 2007, 305.

Ausgewählte Literatur zu **baulichen Maßnahmen** (s. i. ü → Kapitel K Rn. 1 ff.)

Hügel, Der nachträgliche Ausbau von Dachgeschossen – Gestaltungsmöglichkeiten in der Gemeinschaftsordnung; RNotZ 2005, 149; *Lehmann-Richter,* Ausbaurechte in der Gemeinschaftsordnung, ZWE 2017, 203.

I. Die gesetzliche Regelungshierarchie

1   Wir haben im vorhergehenden Kapitel bereits gelernt, dass mit der Begründung des Wohnungseigentums in der weit überwiegenden Zahl der Fälle auch das Eigentum ausformende Regelungen als Inhalt des Sondereigentums in das Grundbuch eingetragen werden. Dies bedarf noch ein wenig der Systematisierung und Vertiefung.

2   Die **Regelungssystematik** des Gesetzes ergibt sich zunächst aus § 10 Abs. 2 S. 1 WEG. Danach bestimmt sich das Verhältnis der Wohnungseigentümer untereinander nach den Vorschriften des WEGs und, soweit das Gesetz keine besonderen Bestimmungen enthält, nach den Vorschriften des Bürgerlichen Gesetzbuches über die Gemeinschaft (§§ 741 ff., 1008 ff. BGB). Die Wohnungseigentümer können von den Vorschriften des WEGs abweichende Vereinbarungen treffen, soweit nicht etwas anderes ausdrücklich bestimmt ist. Desweiteren kann aus § 23 Abs. 1 WEG entnommen werden, dass darüber hinaus in Angelegenheiten, über die nach diesem Gesetz oder nach einer Vereinbarung der Wohnungseigentümer die Wohnungseigentümer durch Beschluss entscheiden können, Beschlussfassungen in einer Versammlung der Wohnungseigentümer erfolgen können. Daraus lässt sich folgendes Stufenmodell ableiten:

Schaubild Regelungshierarchie

1. Stufe: Zwingende Vorschriften des WEG
2. Stufe: Vereinbarungen der Wohnungseigentümer
3. Stufe: Beschlüsse der Wohnungseigentümer
4. Stufe: Subsidiär Vorschriften des BGB über die Gemeinschaft

Bitte lesen Sie jetzt § 10 Abs. 2 S. 1 und § 23 Abs. 1 WEG!

3   Die zwingenden gesetzlichen Vorschriften des Wohnungseigentumsrechts zur Gemeinschaft der Wohnungseigentümer und zur Verwaltung des gemeinschaftlichen Eigentums haben Sie bereits im → Kapitel D Rn. 1 ff. kennengelernt.

Wiederholung:

Wiederholen Sie jetzt bitte aus dem → Kapitel D Rn. 38 ff. die Ausführungen zu den zwingenden gesetzlichen Vorschriften im 2. und 3. Abschnitt des WEGs.

Darüber hinaus besteht im Gegensatz zu gewöhnlichen Grundstücksnachbarn 4 zwischen den Mitgliedern einer Wohnungseigentümergemeinschaft ein **gesetzliches Schuldverhältnis**, durch das u.a. die Rechte des § 13 WEG, aber auch die Verhaltenspflichten des § 14 WEG begründet werden (dazu nachfolgend mehr im II. Abschnitt). Dieses gesetzliche Schuldverhältnis bildet die Grundlage für Treue- und Rücksichtnahmepflichten der Wohnungseigentümer im Sinne von § 241 Abs. 2 WEG.[1]

Im Rahmen dieser rechtlichen Sonderverbindung unterscheidet das WEG zwi- 5 schen Angelegenheiten, welche die Wohnungseigentümer durch Beschluss gemäß § 23 Abs. 1 und 3, bei einem Versammlungsbeschluss mit Stimmenmehrheit (§ 25 Abs. 1 WEG), regeln können, und solchen Angelegenheiten, über die nur durch allseitige Vereinbarung befunden werden darf. Eine Vereinbarung verlangt § 10 Abs. 2 S. 2 WEG für eine vom dispositiven Gesetzesrecht abweichende Regelung des Gemeinschaftsverhältnisses (dazu nachfolgend → Rn. 24 ff.). Demgegenüber betreffen die gesetzlich vorgesehenen Beschlussangelegenheiten das der Gemeinschaftsordnung nachrangige Verhältnis der Wohnungseigentümer untereinander, namentlich die Ausgestaltung des ordnungsmäßigen Gebrauchs und die ordnungsmäßige Verwaltung des gemeinschaftlichen Eigentums (§ 15 Abs. 2, § 21 Abs. 1 und 3 WEG).[2]

II. Gesetzlicher Inhalt des Wohnungseigentums

1. Rechte der Wohnungseigentümer

Jeder Wohnungseigentümer kann, soweit nicht das Gesetz oder Rechte Drit- 6 ter entgegenstehen, mit den im Sondereigentum stehenden Gebäudeteilen nach Belieben verfahren (§ 13 Abs. 1 WEG). Er ist außerdem zum Mitgebrauch des gemeinschaftlichen Eigentums nach Maßgabe der §§ 14 und 15 WEG berechtigt. An den sonstigen Nutzungen des gemeinschaftlichen Eigentums gebührt jedem Wohnungseigentümer ein Anteil nach Maßgabe des § 16 WEG (§ 13 Abs. 2 WEG).

Bitte lesen Sie jetzt § 13 WEG!

a) Rechte aus dem Sondereigentum

§ 13 Abs. 1 WEG räumt einem Wohnungseigentümer in Bezug auf sein Sonder- 7 eigentum dem gewöhnlichen Grundstückseigentümer entsprechende Befugnisse

---

[1] Ständige Rspr. vgl. nur BGH NJW 2014, 1653 = ZWE 2014, 208; BGH NJW 2012, 2725 = ZWE 2012, 319; BGH NJW 2007, 292 = ZWE 2007, 32; BGHZ 141, 224 = NJW 1999, 2108 = ZWE 2000, 23.
[2] BGHZ 115, 151 = DNotz 1992, 226 = NJW 1991, 2637.

ein (vgl. § 903 S. 1 BGB). Der Wohnungseigentümer hat insoweit die Rechtsstellung eines **Alleineigentümers**; er kann das Sondereigentum insbesondere bewohnen, vermieten, verpachten oder in sonstiger Weise nutzen. Das Gebrauchsrecht umfasst auch das Recht zum Um- und Ausbau der im Sondereigentum stehenden Gebäudeteile.[3]

Beispiel

Der Sondereigentümer kann etwa den zum Sondereigentum gehörenden Fußbodenbelag entfernen und (in den Grenzen des § 14 WEG – dazu sogleich) durch einen anderen ersetzen.[4]

Hinzu kommt das bereits aus § 747 BGB bekannte Verfügungsrecht des Bruchteilseigentümers.

Hinweis:

Die Verfügungsmöglichkeiten beim Wohnungseigentum werden noch ausführlich im → Kapitel F dargestellt.

8   Die Rechte des Sondereigentümers bestehen allerdings nicht unbeschränkt. Sie reichen nur soweit, wie nicht das Gesetz oder Rechte Dritter entgegenstehen. Gesetzliche **Beschränkungen** ergeben sich dabei u.a. aus den §§ 14 und 15 WEG; Drittrechte können zB auch aus Vereinbarungen der Wohnungseigentümer erwachsen.

Beispiel

Die Wohnungseigentümer können in der Gemeinschaftsordnung die Vermietung des Sondereigentums von der Zustimmung des WEG-Verwalters abhängig machen.[5]

9   Jeder Wohnungseigentümer kann andere **von Einwirkungen** auf das Sondereigentum **ausschließen**. Dazu stehen ihm zivilrechtlich die Abwehrklage nach § 1004 BGB, die Vindikationsklage nach § 985 BGB und die Besitzschutzklagen nach § 861f. BGB zur Verfügung.[6] Im Verhältnis zu außenstehenden Dritten finden darüber hinaus auch die Vorschriften des privaten und des öffentlichen Nachbarrechts Anwendung; im Innenverhältnis der Wohnungseigentümer treten wegen des intensivierten Nachbarschaftsverhältnisses an deren Stelle grundsätzlich die Regelungen der §§ 14, 15 WEG.[7]

b) Rechte aus dem Miteigentum

10   § 13 Abs. 2 S. 1 WEG berechtigt jeden Wohnungseigentümer zum Mitgebrauch des gemeinschaftlichen Eigentums nach Maßgabe der §§ 14 und 15 WEG. Mitgebrauch in diesem Sinn ist das aus der Gemeinschaft der Eigentümer herzuleitende Recht der Eigentümer, den seiner Natur nach nicht in ideelle oder reale Bruchteile

---

[3] Bärmann/*Suilmann* § 13 Rn. 13.
[4] OLG Düsseldorf ZWE 2001, 616.
[5] OLG Frankfurt NJW-RR 2005, 1604.
[6] Bärmann/*Suilmann* § 13 Rn. 5.
[7] BVerfG NJW-RR 2006, 726.

aufteilbaren Mitbesitz (§ 866 BGB) auszuüben.[8] Mitgebrauch ist auch noch bei einem mittelbaren (Fremd-)Gebrauch gegeben, der an die Stelle des unmittelbaren Gebrauchs den Anteil an den Mieteinnahmen treten lässt.[9]

Beispiel

Mangels entgegenstehender Vereinbarung beschließen die Wohnungseigentümer über die Vermietung von Kellerräumen im Gemeinschaftseigentum.

Neben solchen mittelbaren Sachfrüchten gebühren dem Wohnungseigentümer **11** auch die sonstigen Nutzungen des gemeinschaftlichen Eigentums nach dem Verhältnis der eingetragenen Miteigentumsanteile (§ 13 Abs. 2 S. 2 WEG).

Beispiel

In Betracht kommen hier alle natürlichen Erzeugnisse wie etwa Früchte von Obstbäumen auf dem gemeinschaftlichen Grundstück, aber auch gezahlte Überbaurenten.

Jeder Wohnungseigentümer kann die Ansprüche aus §§ 985 und 1004 BGB **12** bzgl. des Miteigentums allein geltend machen.[10]

2. Pflichten der Wohnungseigentümer

Die hier maßgebliche Vorschrift des § 14 WEG begrenzt die Rechte der Woh- **13** nungseigentümer gem. § 13 WEG; sie stellt die zentrale Norm des innergemeinschaftlichen Nachbarrechts dar. Die Regelungen sind nachgiebig und können durch Vereinbarungen und Gebrauchsregelungen nach § 15 WEG ergänzt und modifiziert werden. Im Anwendungsbereich des § 14 WEG hat sich eine reichhaltige Judikatur entwickelt.

a) Instandhaltungspflicht des Sondereigentums

Gem. § 14 Nr. 1 Var. 1 WEG ist jeder Wohnungseigentümer verpflichtet, die **14** im Sondereigentum stehenden Gebäudeteile so instand zu halten, dass dadurch keinem der anderen Wohnungseigentümer über das bei einem geordneten Zusammenleben unvermeidliche Maß hinaus ein Nachteil erwächst.

Bitte lesen Sie jetzt § 14 Nr. 1 WEG!

Der Zustand des Sondereigentums ist solange ohne Bedeutung, als von ihm **15** keine negativen Einflüsse auf das gemeinschaftliche Eigentum oder fremdes Sondereigentum ausgehen. Bis zu dieser Grenze kann ein Wohnungseigentümer seine Wohnung sogar ungenutzt leer stehen lassen.[11] Allerdings trifft diesen Sondereigentümer dann eine Pflicht zum schonenden Nichtgebrauch.[12]

---

[8] BayObLGZ 1973, 267 = NJW 1974, 152.
[9] BGHZ 144, 386 = NJW 2000, 3211 = ZWE 2001, 21.
[10] BGHZ 116, 392 = NJW 1992, 978.
[11] Vgl. BGH ZWE 2011, 394 zur fehlenden Beheizbarkeit.
[12] Bärmann/*Suilmann* § 14 Rn. 26.

16   Wird die Nutzung des Sondereigentums durch einen **Mangel am Gemein-schaftseigentum** beeinträchtigt, so steht dem Sondereigentümer kein nachbar-rechtlicher Ausgleichsanspruch in entsprechender Anwendung von § 906 Abs. 2 S. 2 BGB zu.[13] Wird dagegen die Nutzung des Sondereigentums durch rechts-widrige Einwirkungen beeinträchtigt, die von im **Sondereigentum** eines anderen Wohnungseigentümers stehenden Räumen ausgehen, kann dem betroffenen Woh-nungseigentümer ein nachbarrechtlicher Ausgleichsanspruch in entsprechender Anwendung von § 906 Abs. 2 S. 2 BGB zustehen; Wohnungseigentum ist nämlich echtes bürgerlich-rechtliches Eigentum, so dass sich zwei Wohnungseigentümer wie zwei Grundstücksnachbarn gegenüberstehen.[14]

Beispiel

Aufgrund einer gelösten Schlauchverbindung in einem rechtlich als Teileigentum ausgestal-teten Operationszentrum tritt Leitungswasser aus. In der darunter liegenden Teileigentum-seinheit kommt es durch den Wassereintritt zu Beschädigungen.[15]

b) Rücksichtsvoller Gebrauch des Sonder- und des Gemeinschafts-eigentums

17   Gem. § 14 Nr. 1 Var. 2 WEG ist jeder Wohnungseigentümer weiterhin ver-pflichtet, von seinem Sondereigentum sowie von dem gemeinschaftlichen Ei-gentum nur in solcher Weise Gebrauch zu machen, dass dadurch keinem der anderen Wohnungseigentümer über das bei einem geordneten Zusammenleben unvermeidliche Maß hinaus ein Nachteil erwächst. Das Recht zum Gebrauch des Sondereigentums und zum Mitgebrauch des Gemeinschaftseigentums folgt dem Gebot der gegenseitigen Rücksichtnahme.

Beispiele

- Geruchsbelästigungen durch Küchendünste[16] oder im Treppenhaus versprühtes Parfum.[17]
- Einhalten von Ruhezeiten.[18]
- Ausschluss bestimmter Tierhaltung (hier: Kampfhund).[19]
- Aufstellen von Gartenzwergen[20], insbesondere in exhibitionistischer Pose.[21]

c) Einwirkungspflicht

18   Gem. § 14 Nr. 2 WEG ist jeder Wohnungseigentümer verpflichtet, für die Ein-haltung der vorstehend unter lit. a) und b) bezeichneten Pflichten durch Personen zu sorgen, die seinem Hausstand oder Geschäftsbetrieb angehören oder denen er

---

[13] BGHZ 185, 371 = NJW 2010, 2347 = ZWE 2010, 327.
[14] BGHZ 198, 327 = NJW 2014, 458 = ZWE 2014, 83.
[15] BGHZ 198, 327 = NJW 2014, 458 = ZWE 2014, 83.
[16] BayObLG ZWE 2000, 411.
[17] OLG Düsseldorf NJW-RR 2003, 1098.
[18] BGHZ 139, 288 = NJW 1998, 3713.
[19] KG ZMR 2004, 704.
[20] OLG Hamburg OLGZ 1988, 308 = NJW 1988, 2052.
[21] AG Essen-Borbeck NJW-RR 2000, 461. Wenn Sie mehr über die rechtliche Behand-lung von Gartenzwergen in Wohnungseigentümergemeinschaften erfahren möchten, sei Ihnen der Beitrag von *Schmittmann* MDR 2000, 753 empfohlen.

sonst die Benutzung der in Sonder- oder Miteigentum stehenden Grundstücks- oder Gebäudeteile überlässt.

Bitte lesen Sie jetzt § 14 Nr. 2 WEG!

Der Wohnungseigentümer haftet ohne eigenes Verschulden zwar nicht unmittelbar für das Verhalten der Fremdnutzer, jedoch trifft ihn eine **Sorge- und Einwirkungspflicht**[22], die sich je nach Grad der Beeinträchtigung bis hin zu einem Entziehungsverfahren gegen ihn gem. § 18 WEG[23] steigern kann, wenn Abhilfebemühungen erfolglos bleiben.

Beispiele

Dritte iSd Vorschrift sind zB:

– zum Hausstand gehörende Familienangehörige; Lebenspartner[24] und Haushaltshilfen;
– zum Geschäftsbetrieb gehörende Angestellte;
– Mieter und Pächter als sonstige Nutzer, aber auch Untermieter[25] und Nießbrauchsberechtigte.[26]

d) Duldungspflicht

Gem. § 14 Nr. 3 WEG ist jeder Wohnungseigentümer verpflichtet, Einwirkungen auf die im Sondereigentum stehenden Gebäudeteile und das gemeinschaftliche Eigentum zu dulden, soweit sie auf einem nach § 14 Nr. 1 und 2 zulässigen Gebrauch beruhen.   **19**

Bitte lesen Sie jetzt § 14 Nr. 3 WEG!

Diese Duldungspflicht ist die Komplementärpflicht zur Pflicht aus § 14 Nr. 1 WEG sowie zur zulässigen Rechtsausübung nach § 13 WEG. Sie trifft neben dem Wohnungseigentümer auch den Fremdnutzer.[27] Zu dulden sind verhältnismäßige Beeinträchtigungen des Sonder- und Gemeinschaftseigentums, die sich aus einem ordnungsmäßigen Gebrauch anderen Sondereigentums oder Miteigentums ergeben.

Beispiele

– Zu dulden ist unvermeidbarer Lärm im Zuge eines erlaubten Dachgeschossausbaus.[28]
– Zu dulden sind gewöhnliche Betriebsgeräusche einer Toilettenanlage bei bestimmungsgemäßer Nutzung.[29]

---

[22] LG Hamburg ZWE 2014, 31.
[23] Vgl. OLG Saarbrücken NJW 2008, 80.
[24] OLG Saarbrücken NJW 2008, 80.
[25] BayObLG NJW-RR 1994, 337.
[26] BGH NJW 2014, 2640 = ZWE 2014, 356.
[27] Bärmann/*Suilmann* § 13 Rn. 51.
[28] KG ZfIR 1998, 308.
[29] Riecke/Schmid/*Abramenko* § 14 Rn. 10.

e) Gestattungspflicht

20   Gem. § 14 Nr. 4 WEG ist jeder Wohnungseigentümer verpflichtet, das Betreten und die Benutzung der im Sondereigentum stehenden Gebäudeteile zu gestatten, soweit dies zur Instandhaltung und Instandsetzung des gemeinschaftlichen Eigentums erforderlich ist; der hierdurch entstehende Schaden ist zu ersetzen.

📖 Bitte lesen Sie jetzt § 14 Nr. 4 WEG!

Erforderlich ist das **Betreten** des Sondereigentums, nicht schon zum Zwecke der bloßen Kontrolle oder Beobachtung von Meldeanlagen oder sonstigen Einrichtungen, die für das Gemeinschaftseigentum von Bedeutung sind.[30] Auch gestattet § 14 Nr. 4 WEG kein Betreten zu anderen Zwecken, etwa zur Überwachung der Einhaltung von Hausordnung oder Gebrauchsregelungen. Es bedarf – insbesondere im Hinblick auf den besonderen Schutz der Wohnung gem. Art. 13 GG – vielmehr konkreter Anhaltspunkte dafür, dass Instandhaltungs- bzw. Instandsetzungsmaßnahmen erforderlich sind.[31]

21   Über das Betreten hinaus hat der Wohnungseigentümer auch die **Benutzung** seines Sondereigentums zu dulden, wenn dies zur Instandsetzung oder Instandhaltung erforderlich ist. Die Vorschrift knüpft insoweit an § 21 Abs. 5 Nr. 2 WEG an. Die Benutzung umfasst zunächst die über das bloße Betreten hinausgehende Inanspruchnahme des Sondereigentums ohne Beschädigung der Substanz.

Beispiel

Der Wohnungseigentümer ist etwa verpflichtet, das Aufstellen von Mess- und Trocknungsgeräten in seinem Sondereigentum zu dulden.[32]

Die Benutzung umfasst darüber hinaus aber auch die unvermeidliche Beschädigung des Sondereigentums.[33]

Beispiel

Für die Reparatur von Versorgungsleitungen kann das Aufstemmen von Wänden unerlässlich sein.

22   Entstehen durch Betreten und Benutzung **Schäden**, steht dem betroffenen Wohnungseigentümer insoweit ein **Ersatzanspruch** aus § 14 Nr. 4 letzter Halbsatz WEG zu. Dies gilt allerdings nicht, wenn er durch schuldhafte Verletzung seiner Pflichten, etwa durch ungenehmigte bauliche Veränderungen, den Schaden bzw. die Notwendigkeit einer Untersuchung des Gemeinschaftseigentums selbst verursacht hat.[34] Der Schadensersatzanspruch umfasst zunächst die Beseitigung sämtlicher Substanzschäden[35], darüber hinaus aber ggf. auch die Kosten einer Ersatzunterkunft oder eines etwaigen Verdienstausfalls.[36]

---

[30] OLG Zweibrücken ZWE 2001, 171.
[31] OLG Celle ZMR 2004, 364; OLG Hamburg ZMR 2000, 480.
[32] Riecke/Schmid/*Abramenko* § 14 Rn. 35.
[33] BayObLG ZMR 2004, 762.
[34] Vgl. OLG Celle ZMR 2004, 365.
[35] OLG Köln NZM 1999, 83; OLG Düsseldorf ZMR 1995, 84.
[36] KG ZWE 2000, 273.

III. Rechtsgeschäftlicher Inhalt des Sondereigentums

1. Vorüberlegungen

Ihnen ist bereits aus Kapitel D bekannt, dass die Wohnungseigentümer von den 23 Vorschriften dieses Gesetzes abweichende **Vereinbarungen** treffen *können* (§ 10 Abs. 2 S. 2 WEG). Der gesetzliche Inhalt des Wohnungseigentums kann auf diesem Wege in Verbindung mit einer entsprechenden Grundbucheintragung weitgehend rechtsgeschäftlich ausgestaltet bzw. abgeändert werden (vgl. § 5 Abs. 4 S. 1 WEG). Für die Gesamtheit der wohnungseigentumsrechtlichen Vereinbarungen haben wir dort den Begriff der „**Gemeinschaftsordnung**" gefunden.

Wiederholung:

Wiederholen Sie jetzt bitte aus dem Kapitel D die Ausführungen zur Gemeinschaftsordnung (→ Kapitel D Rn. 35).

Wir wollen uns deshalb zunächst nur den Vereinbarungen als gesetzlich vorgesehenem Regelungsinstrument widmen (Ziffer 2.), bevor wir diese gegenüber den Beschlüssen der Wohnungseigentümer abgrenzen (Ziffer 3.).

Im Anschluss daran werden Sie im Abschnitt IV mit der Öffnungsklausel, im Abschnitt V mit dem Sondernutzungsrecht, im Abschnitt VI mit der Veräußerungsbeschränkung und im Abschnitt VII mit baulichen Maßnahmen typische Vereinbarungsmaterien kennenlernen.

2. Vereinbarungen der Wohnungseigentümer

a) Zustandekommen von Vereinbarungen

Eine Vereinbarung gem. § 10 Abs. 2 S. 2 WEG kann grundsätzlich nur durch 24 sämtliche Wohnungseigentümer getroffen werden. Es handelt sich um einen schuldrechtlichen **Kollektivvertrag**[37], der durch übereinstimmende Willenserklärungen aller Wohnungseigentümer zustande kommt und den Regeln des Schuldrechts folgt. Vereinbarungen dürfen damit nicht gegen Treu und Glauben verstoßen (§ 242 BGB) oder die Schranken der §§ 134, 138, 315 BGB überschreiten.[38] **Form**vorschriften sind nicht vorgesehen.[39] Vereinbarungen können **bedingt** und **befristet** ausgestaltet werden.[40] Eine Vereinbarung kann auch in einem gerichtlichen **Vergleich** geschlossen werden.[41]

Nach schuldrechtlichen Grundsätzen können Vereinbarungen auch durch 25 **schlüssiges Verhalten** der Wohnungseigentümer zustande kommen. An das Vor-

---

[37] OLG Hamburg ZMR 2008, 154.
[38] BGH NJW 1994, 2950.
[39] BGH NJW 1984, 612.
[40] Vgl. OLG Zweibrücken NJW-RR 2008, 1395.
[41] OLG München ZWE 2014, 265.

liegen einer konkludenten Vereinbarung sind jedoch strenge Anforderungen zu stellen. Nicht jede langjährige Übung stellt eine konkludente Vereinbarung dar. Entscheidend ist, ob die Wohnungseigentümer bewusst eine dauerhafte Regelung schaffen bzw. bewusst dauerhaft eine Änderung herbeiführen wollten.[42]

26   In der Praxis dominiert die Begründung des Wohnungseigentums durch einseitige **Teilungserklärung** des Eigentümers gem. § 8 WEG. In diesem Fall wird der teilende Eigentümer bereits mit der Teilungserklärung das spätere Verhältnis der Wohnungseigentümer vorgeben. Diese einseitige Erklärung wirkt dann wie eine Vereinbarung gegenüber den künftigen Erwerbern von Wohnungseigentum, wenn sie als Inhalt des Sondereigentums in das Grundbuch eingetragen ist (§§ 8 Abs. 2, 5 Abs. 4 S. 1, 10 Abs. 3 WEG).[43]

b) Inhalt von Vereinbarungen

27   Der Inhalt von Vereinbarungen gem. § 10 Abs. 2 S. 2 WEG betrifft „das Verhältnis der Wohnungseigentümer untereinander". Vereinbarungen regeln damit das **Gemeinschaftsverhältnis** der Wohnungseigentümer im Sinne einer Grundordnung, vergleichbar der Satzung eines Vereins.[44] Neben den Bestimmungen über die Gemeinschaft der Wohnungseigentümer (§§ 10 bis 19 WEG) werden davon auch die Vorschriften über die Verwaltung des Wohnungseigentums umfasst (§§ 20 bis 29 WEG).

28   Der Anwendungsbereich des § 10 Abs. 2 S. 2 WEG bezieht sich damit nicht auf die sachenrechtliche Zuordnung zum Sonder- oder Gemeinschaftseigentum und die Größe der Miteigentumsanteile. Das Gesetz unterscheidet also sehr genau zwischen den **gegenständlichen** (sachenrechtlichen) und den **inhaltlichen** (schuldrechtlichen) **Regelungsbereichen**.

Schaubild:

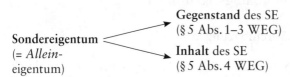

Sondereigentum
(= *Allein-*
eigentum)

Gegenstand des SE
(§ 5 Abs. 1–3 WEG)

Inhalt des SE
(§ 5 Abs. 4 WEG)

   Diese Unterscheidung ist kein Selbstzweck; sie ist verbunden mit unterschiedlichen Rechtswirkungen.[45] Je nach Regelungsbereich folgen Verfügungen unterschiedlichen Anforderungen. Dazu werden Sie noch mehr im → Kapitel F Rn. 1 ff. erfahren.

Merke:

Es ist penibel zwischen dem sachenrechtlichen **Gegenstand** des Sondereigentums und dem schuldrechtlichen **Inhalt** des Sondereigentums zu unterscheiden.

---

[42] OLG München NJW-RR 2007, 375.
[43] BGH NJW 1994, 2950; *Becker/Ott/Suilmann* Rn. 147 a.E.
[44] Vgl. BGH ZWE 2012, 361; BGHZ 163, 154 = NJW 2005, 2061 = ZWE 2005, 422; BGH NJW 2003, 2165 = ZWE 2003, 259.
[45] Vgl. BGH NJW 2013, 1962 = ZWE 2013, 330; BGH ZWE 2012, 361.

c) Drittwirkung einer Vereinbarung

aa) Wohnungseigentümer

Gem. § 10 Abs. 2 S. 2 WEG bedarf eine Vereinbarung der Wohnungseigen- 29
tümer zu ihrer Wirksamkeit nicht der Eintragung in das Grundbuch.[46] Ohne
Eintragung wirkt sie lediglich schuldrechtlich im Verhältnis der bei ihrem Abschluss unmittelbar Beteiligten („inter partes"). Man spricht dann von „schuldrechtlichen Vereinbarungen". Dies würde aber im Fall eines Eigentumswechsels
zu einem Rechtsverlust führen können.

Um die Erstreckung der schuldrechtlichen Rechtsbeziehungen auf später in 30
die Gemeinschaft eintretende Sondernachfolger im Eigentum zu ermöglichen,
können Vereinbarungen der Wohnungseigentümer gem. §§ 5 Abs. 4 S. 1, 10 Abs. 3
WEG zum **Inhalt des Sondereigentums** gemacht werden. Eine Pflicht dazu besteht
gleichwohl nicht.

Bitte lesen Sie jetzt § 5 Abs. 4 S. 1 und § 10 Abs. 3 WEG!

Die in § 10 Abs. 3 WEG zugelassene Eintragung von Vereinbarungen in das
Grundbuch ist also nur erforderlich zur Erlangung der Bindungswirkung gegenüber späteren Erwerbern, nicht dagegen zur Begründung der Vereinbarung.

Ohne die mit der Grundbucheintragung verbundene Erstreckungswirkung 31
würde die lediglich schuldrechtlich wirkende Vereinbarung nur dann gegenüber
einem Sondernachfolger im Eigentum wirken können, wenn der neue Eigentümer
in diese Regelung „eintritt".[47] Bindet die ursprüngliche Regelung jedoch *einen*
Sondernachfolger nicht, so kann sie auch gegenüber den übrigen Mitgliedern der
Gemeinschaft keine Wirkung entfalten, wenn der Zweck der Vereinbarung dann
nicht mehr erreicht werden kann; eine relative Änderung der Gemeinschaftsordnung kommt jedoch nicht in Betracht.[48]

Beispiel

Die Wohnungseigentümer haben eine von § 13 Abs. 2 WEG abweichende Nutzungsregelung
für Pkw-Stellplätze auf dem Grundstück in der Weise getroffen, dass jedem Wohnungseigentümer ein näher bestimmter Stellplatz zur alleinigen und ausschließlichen Nutzung
zugewiesen ist. Wirkt diese das Gesetz ändernde Regelung nicht gegenüber dem später in
die Gemeinschaft eintretenden Erwerber einer Wohnungseinheit, so ist dieser in seiner Stell-
platzwahl frei und kann demzufolge jeden Pkw-Stellplatz nutzen. De facto kann dann aber
keine Alleinnutzung der übrigen Wohnungseigentümer mehr stattfinden.

Die Grundbucheintragung einer Vereinbarung der Wohnungseigentümer dient 32
damit der **Verdinglichung von schuldrechtlichen Regelungen** der Wohnungsei-

---

[46] *Erman/Grziwotz* § 10 Rn. 9.

[47] *Wenzel* ZWE 2004, 130, 132; zum Zeitpunkt und zu den Modalitäten des „Eintritts"
s. ausf. *Hügel* FS Wenzel (2005), S. 219.

[48] BGH DNotZ 2002, 866 = NZM 2002, 664; OLG Frankfurt ZWE 2006, 392;
BayObLG NZM 2003, 321 = ZWE 2002, 262; OLG Hamburg NZM 2002, 27; OLG
Köln DNotZ 2002, 223 m. Anm. *Häublein* = NZM 2001, 1135; *Becker* PiG 63, 99 (105);
Demharter DNotZ 1991, 28 (34); *H. Müller* ZMR 2000, 473f.; *Volmer* ZfIR 2000, 931
(940); *Wenzel* ZNotP 2004, 170f.; aA *Rapp* DNotZ 2000, 185 (194).

gentümer.[49] Diese dingliche **Wirkung** ist **nicht absolut**[50]; sie gilt nur unter Wohnungseigentümern, ihren Sondernachfolgern und den in der Gemeinschaft an ihre Stelle tretenden Fremdnutzern (zB Mietern).[51] **Sondernachfolger** ist dabei jeder Wohnungseigentümer, der das Wohnungseigentum im Wege der Einzelrechtsnachfolge entweder durch Rechtsgeschäft oder durch Zuschlag in der Zwangsversteigerung erwirbt sowie der Pfändungsgläubiger eines dinglichen Rechts am Miteigentum, nicht dagegen der Gesamtrechtsnachfolger gem. § 1922 BGB oder nach §§ 20 Abs. 1, 131 Abs. 1 UmwG.[52]

bb) Dinglich Berechtigte

33   Eine besondere Zustimmung dinglich Berechtigter anlässlich der Begründung des Wohnungseigentums ist im Hinblick auf die vereinbarten Regelungen gem. § 10 Abs. 2 WEG nicht notwendig. Soweit zu diesem Zeitpunkt überhaupt ein Zustimmungserfordernis gem. §§ 876, 877 BGB in Betracht kommen kann, machen bereits die eigentumsmäßigen Veränderungen die Zustimmung Drittberechtigter erforderlich, so dass diese nicht noch einmal zustimmen müssen.[53]

34   Die **Sonderregelung** des § 5 Abs. 4 S. 2 u. 3 WEG betrifft **nachträgliche Veränderungen** des sondereigentumsmäßigen Inhalts. Danach ist zu einer Vereinbarung der Wohnungseigentümer die Zustimmung des Gläubigers eines Grundpfandrechts oder einer Reallast nur noch erforderlich, wenn ein Sondernutzungsrecht begründet, aufgehoben, geändert oder übertragen werden soll, es sei denn, es wird gleichzeitig das zu seinen Gunsten belastete Wohnungseigentum mit einem Sondernutzungsrecht verbunden.

Hinweis:

Zu der nicht ganz einfachen Anwendung des durch die WEG-Novelle (2007) erweiterten § 5 Abs. 4 WEG s. das Schaubild im → Kapitel F Rn. 132.

---

d) Fehlerfolgen

35   Vereinbarungen sind nicht nur im **sachenrechtlichen** Bereich unwirksam. Sie sind auch den allgemeinen Schranken privatrechtlicher Gestaltungsmöglichkeiten unterworfen; sie dürfen insbesondere nicht gegen ein gesetzliches **Verbot** (§ 134 BGB) oder gegen die **guten Sitten** verstoßen (§ 138 BGB) oder den unantastbaren wohnungseigentumsrechtlichen **Kernbereich**[54] verletzen. Ein Verstoß begründet demgemäß die Nichtigkeit der Vereinbarung, die ohne Beachtung einer Frist in jedem Stadium des Verfahrens von Amts wegen zu beachten ist.

---

[49] Wegen der unterschiedlichen dogmatischen Auffassungen zur Rechtsnatur der verdinglichten Vereinbarung s. Bärmann/*Suilmann* § 10 Rn. 113 ff. mwN.

[50] BGHZ 145, 133 = NJW 2000, 3643 = ZWE 2001, 63; OLG München ZWE 2014, 265.

[51] Bärmann/*Suilmann* § 10 Rn. 118.

[52] Bärmann/*Armbrüster* § 10 Rn. 123; *Hügel/Elzer* § 10 Rn. 180; Weitnauer/*Lüke* § 10 Rn. 34.

[53] Vgl. BGH NJW 2012, 1226 = ZWE 2012, 219; aA zumindest für eine vereinbarte Veräußerungsbeschränkung Bärmann/*Suilmann* § 12 Rn. 7.

[54] Vgl. BGHZ 157, 322 = NJW 2004, 937 = ZWE 2004, 322 mwN.

Beispiele

– Die Gemeinschaftsordnung enthält eine Bestimmung, wonach der Erwerber eines Wohnungseigentums im Wege der Zwangsversteigerung für Hausgeldrückstände des Voreigentümers haften soll.
Die Regelung verstößt gegen § 56 S. 2 ZVG und ist deshalb gem. § 134 BGB nichtig.[55]
– Die im Grundbuch eingetragene Gemeinschaftsordnung sieht vor, dass ein Wohnungseigentümer, der mit der Zahlung von Hausgeldbeiträgen in Verzug ist, deswegen von der Wohnungseigentümerversammlung ausgeschlossen werden kann; ihm kann auch das Stimmrecht entzogen werden.
Der Entzug des Stimmrechts und der Ausschluss von der Versammlung der Wohnungseigentümer stellt einen solch schwerwiegenden Eingriff in den Kernbereich elementarer Mitgliedschaftsrechte eines Wohnungseigentümers dar, dass eine hiergegen verstoßende Regelung nichtig ist.[56]

e) Grundbucheintragung

In aller Regel wird die Gemeinschaftsordnung von sämtlichen Miteigentümern **36** oder dem teilenden Bauträger zusammen mit der Teilungserklärung in der Form des § 29 GBO zur Eintragung in das Grundbuch bewilligt (§ 19 GBO). Vom Gesetz abweichende oder ergänzende Regelungen müssen dabei nicht gesondert gekennzeichnet werden.[57] Die in der Gemeinschaftsordnung enthaltenen Vereinbarungen können buchungstechnisch durch **Bezugnahme auf die Eintragungsbewilligung** in das Grundbuch eingetragen werden (§ 7 Abs. 3 WEG).

Beispiel:

(verkürztes Eintragungsbeispiel)

Amtsgericht Duisburg Grundbuch von Duisburg Blatt 2261

Bestandsverzeichnis

Laufende Nummer der Grundstücke	Bisherige laufende Nummer der Grundstücke	Bezeichnung der Grundstücke und der mit dem Eigentum verbundenen Rechte				Größe		
		G e m a r k u n g (Vermessungsbezirk)	Karte Flur / Flurstück	Liegenschaftsbuch	Wirtschaftsart und Lage			
		a	b	c/d	e	ha	a	m²
1	2	3				4		
1		187/10.000stel Miteigentumsanteil an dem Grundstück						
		Duisburg	1 / 101		Gebäude- und Freifläche, Kardinal-Galen-Straße 124		02	34

---

[55] BGHZ 99, 358 = NJW 1987, 1638.
[56] BGH NJW 2011, 679 = ZWE 2011, 122.
[57] OLG Hamm FGPrax 1997, 59.

	verbunden mit dem Sondereigentum an der im Aufteilungsplan vom 24. März 2000 mit Nr. 1 bezeichneten Wohnung im Erdgeschoss links mit einem Kellerraum im Kellergeschoss.							

...

Wegen Gegenstand und Inhalt des Sondereigentums wird Bezug genommen auf die Bewilligung vom 15. Mai 2000 (Notar Dr. Helmut Genau in Duisburg – UR-Nr. 555/00).

Der Miteigentumsanteil ist von Blatt 1055 hierher übertragen, eingetragen am 22. Mai 2000.

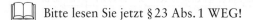

„Was nicht vereinbart werden kann, kann auch nicht beschlossen werden."

3. Beschlüsse der Wohnungseigentümer

a) Abgrenzung Vereinbarung und Beschluss

37   Sie haben bereits oben in der Regelungshierarchie erfahren, dass der Gesetzgeber neben dem Gestaltungsmittel der Vereinbarung den Wohnungseigentümern auch die Möglichkeit zur Beschlussfassung einräumt. Dabei gilt: Tertium non datur.[58] Eine grundsätzliche Wahlmöglichkeit zwischen beiden Regelungsinstrumenten besteht jedoch nicht.[59] Mehrheitliche Beschlussfassungen sind nur dann möglich, wenn den Wohnungseigentümern entweder durch Gesetz oder durch eine Vereinbarung der Wohnungseigentümer auch die **Kompetenz zur Beschlussfassung** eingeräumt wird (vgl. § 23 Abs. 1 WEG).[60]

Bitte lesen Sie jetzt § 23 Abs. 1 WEG!

38   Das Gesetz selbst sieht den Beschluss weitgehend nur für einen bestimmten Regelungsbereich vor. So finden sich gesetzliche Beschlusskompetenzen im Wesentlichen für den Bereich der **Verwaltungsangelegenheiten** (§ 21 Abs. 3 WEG).[61] Der Beschluss ist damit *das* Regelungsinstrument zur Realisierung einer effektiven wohnungseigentumsrechtlichen Verwaltung; es geht dabei nicht um eine demokratische Willensbildung innerhalb der Eigentümergemeinschaft.[62] Außerhalb der Verwaltung gilt grundsätzlich das Vertragsprinzip, das eine einstimmige Vereinbarung erfordert.[63]

---

[58] „Ein Drittes ist nicht gegeben"; *Wenzel* ZWE 2000, 2f.
[59] *Hügel/Scheel* Teil 5 Rn. 20.
[60] Grundlegend BGHZ 145, 158 = NJW 2000, 3500 = Rpfleger 2001, 19 = ZfIR 2000, 877 = ZMR 2000, 771 = ZWE 2000, 518.
[61] Ausnahmen finden sich u.a. in § 15 Abs. 2 WEG für einen Beschluss über einen ordnungsmäßigen Gebrauch und in § 18 Abs. 3 WEG für die Entziehung des Wohnungseigentums.
[62] *Graßhof* ZWE 2003, 33 (37); *Hügel/Scheel* Teil 5 Rn. 21.
[63] *Häublein* ZWE 2001, 2 (4).

Mit der WEG-Novelle (2007) sind darüber hinaus in ausgewählten Satzungs- 39
bereichen Beschlusskompetenzen eingeführt worden. So ermöglicht § 12 Abs. 4
WEG die beschlussweise Aufhebung einer vereinbarten Veräußerungsbeschränkung und § 16 Abs. 3 WEG die Abänderung des gesetzlichen bzw. vereinbarten
Kostenverteilungsschlüssels für Betriebskosten und Kosten der Verwaltung.

b) Zustandekommen von Beschlüssen

Das Wohnungseigentumsgesetz sieht für die Beschlussfassung ein formelles 40
Verfahren vor. Beschlüsse werden grundsätzlich in einer Versammlung der Wohnungseigentümer gefasst (§ 23 Abs. 1 WEG); dort genügt zur Beschlussfassung
ein **Mehrheitsbeschluss**, soweit nichts anderes vereinbart worden ist (§ 25 Abs. 1
WEG). Daneben ist noch ein schriftliches Verfahren vorgesehen, für das im Gesetz Einstimmigkeit verlangt wird (§ 23 Abs. 3 WEG).

Nach allgemeiner Auffassung handelt es sich bei einem Wohnungseigentümer- 41
beschluss um ein mehrseitiges Rechtsgeschäft eigener Art, einen sog **Gesamtakt**,
durch welchen mehrere gleichgerichtete Willenserklärungen der Wohnungseigentümer gebündelt werden.[64] Im Gegensatz zu Vereinbarungen können Beschlüsse
nicht durch konkludentes Handeln oder stillschweigende Zustimmung zustande
kommen.[65] Das Beschlussergebnis bedarf vielmehr einer **konstitutiv** wirkenden
Feststellung und **Verkündung** durch den Versammlungsleiter[66]; die Wirksamkeit
hängt jedoch nicht von einer Eintragung in der Beschluss-Sammlung gem. § 24
Abs. 7 u. 8 WEG ab.[67] Die in der Eigentümerversammlung abgegebene Stimme
kann nach ihrem Zugang bei dem Versammlungsleiter nicht mehr widerrufen
werden.[68] Der gem. § 8 WEG teilende Alleineigentümer kann nach hM **keine** sog
„Einmannbeschlüsse" fassen, wenn zu diesem Zeitpunkt noch keine werdende
Gemeinschaft besteht.[69]

c) Drittwirkungen eines Beschlusses

Gem. § 10 Abs. 5 WEG bindet ein Beschluss alle **Wohnungseigentümer**, und 42
zwar auch dann, wenn diese gegen den Beschluss gestimmt oder an der Beschlussfassung gar nicht mitgewirkt haben. Gegenüber einem **Sondernachfolger** wirken
Beschlüsse gem. § 10 Abs. 4 WEG auch ohne Eintragung in das Grundbuch. Aus
diesem Grunde bedürfen Beschlüsse mangels eines rechtlichen Anknüpfungstat-
bestandes auch nicht der Zustimmung **dinglich Berechtigter**.[70]

---

[64] BGHZ 139, 288 = NJW 1998, 3713; BayObLGZ 1977, 226, 231 = NJW 1978, 1387.
[65] LG Dortmund ZWE 2014, 127.
[66] BGHZ 148, 335 = NJW 2001, 3339 = ZWE 2001, 530; OLG München NJW-RR
2007, 594.
[67] *Niedenführ* NJW 2007, 1841.
[68] BGH NJW 2012, 3372 = ZWE 2012, 496.
[69] OLG Köln ZWE 2008, 242; OLG München FGPrax 2006, 63; OLG Düsseldorf
NJW-RR 2005, 1469; aA *Becker* FS Seuß (2007), S. 19.
[70] AA *Sauren* ZMR 2008, 516.

d) Fehlerfolgen

43   Nach § 23 Abs. 4 S. 1 WEG ist ein Eigentümerbeschluss nichtig, wenn er gegen eine Rechtsvorschrift verstößt, auf deren Einhaltung rechtswirksam nicht verzichtet werden kann. Dies ist u. a. der Fall bei einem Verstoß gegen ein zwingendes gesetzliches Verbot (§ 134 BGB) oder bei einem Verstoß gegen die guten Sitten (§ 138 BGB).[71] Ein Beschluss ist aber auch dann nichtig, wenn für die Beschlussfassung die notwendige Beschlusskompetenz überhaupt nicht vorhanden ist.[72] Eine solche Regelung mit **vereinbarungs- bzw. gesetzesänderndem Inhalt** ist dem Mehrheitsprinzip von vornherein entzogen.[73]

Beispiel

Die Wohnungseigentümer wollen ohne eine dahingehende Ermächtigung in der Gemeinschaftsordnung mit Mehrheit beschließen, dass der Erwerber einer Eigentumswohnung für die Rückstände seines Rechtsvorgängers aus früher beschlossenen Jahresabrechnungen haften soll.
Hier gilt: „Was zu vereinbaren ist, kann nicht beschlossen werden, solange nicht vereinbart ist, dass dies auch beschlossen werden darf."[74]

44   Darüber hinaus ist ein Beschluss nur ungültig, wenn er gemäß § 43 Nr. 4 WEG für ungültig erklärt ist. Solange dies nicht rechtskräftig geschehen ist, ist nach § 23 Abs. 4 S. 2 WEG auch ein rechtzeitig angefochtener Eigentümerbeschluss wirksam; die Anfechtung hat keine aufschiebende Wirkung. Für einen solchen Beschluss besteht allerdings grundsätzlich Beschlusskompetenz; fraglich ist lediglich, ob er auch ordnungsmäßiger Verwaltung entspricht (vgl. § 21 Abs. 3 WEG). Die Ordnungsmäßigkeit der Beschlussfassung ist aber aus Gründen der Rechtssicherheit nicht kompetenzbegründend, so dass für Gebrauchs-, Verwaltungs- und Instandhaltungsregelungen bestandskräftige Mehrheitsbeschlüsse gültig sind, auch wenn der konkrete Regelungsgegenstand den Abschluss einer Vereinbarung oder Einstimmigkeit erfordert hätte. Insoweit spricht man von **vereinbarungsersetzenden Beschlüssen.**[75]

Beispiel

Die Wohnungseigentümer können den Gebrauch des Sondereigentums und des gemeinschaftlichen Eigentums nach § 15 Abs. 1 WEG sowohl durch Vereinbarung als auch nach § 15 Abs. 2 WEG durch Beschluss regeln, wenn dieser der Beschaffenheit des Eigentums entspricht und als ordnungsmäßig anzusehen ist. Beschließen die Wohnungseigentümer nunmehr ein generelles Verbot der Hundehaltung, entspricht ein solcher Beschluss nicht mehr ordnungsmäßiger Verwaltung; für die beabsichtigte Regelung ist eine Vereinbarung erforderlich. Fassen die Eigentümer gleichwohl nur einen Beschluss, so tritt dieser an die Stelle der an sich erforderlichen Vereinbarung; er hat also vereinbarungsersetzenden Charakter.[76] Wird der Beschluss nicht angefochten, erwächst er in Bestandskraft und bindet alle Wohnungseigentümer sowie deren Sondernachfolger.

---

[71] Insoweit noch aktuell BGHZ 54, 65 = NJW 1970, 1316; BayObLGZ 1977, 226 = ZMR 1979, 21; BayObLGZ 1975, 284.

[72] BGHZ 145, 158 = NJW 2000, 3500 = ZWE 2000, 518.

[73] Vgl. *Wenzel* ZWE 2000, 2.

[74] *H. Müller* FS Bärmann und Weitnauer (1990), S. 505, 510.

[75] Vgl. *Wenzel* ZWE 2000, 2.

[76] BGHZ 145, 158 = NJW 2000, 3500 = ZWE 2000, 518; BGHZ 129, 329 = NJW 1995, 2036.

Eine dritte Gruppe betrifft **gesetzes- bzw. vereinbarungswidrige Beschlüsse,** 45 die lediglich im Einzelfall gegen die durch Gesetz oder Vereinbarung vorgegebene Regelung verstoßen, diese aber nicht ersetzen wollen.

Beispiel

Die Wohnungseigentümer beschließen mit der Jahresabrechnung eine von der Gemeinschaftsordnung abweichende Kostenverteilung, wonach die Kosten für die Unterhaltung der Tiefgarage nicht lediglich anteilig von den Teileigentümern der dort befindlichen Pkw-Stellplätze zu tragen sind, sondern aus der Instandhaltungsrücklage der Gesamtanlage zu entnehmen sind.[77]

e) Grundbucheintragung

Da Beschlüsse der Wohnungseigentümer gemäß § 23 WEG zu ihrer Wirksam- 46 keit gegen den Sondernachfolger eines Wohnungseigentümers nicht der Eintragung in das Grundbuch bedürfen (§ 10 Abs. 4 S. 1 WEG), sind sie grundsätzlich auch **nicht eintragungsfähig.**[78] Dies gilt nach h.M. auch für die gemäß § 23 Abs. 1 WEG aufgrund einer Vereinbarung gefassten Beschlüsse, die vom Gesetz abweichen oder eine Vereinbarung ändern (§ 10 Abs. 4 S. 2 WEG).

Hinweise:

Zu den wesentlichen Abgrenzungsmerkmalen von Vereinbarungen und Beschlüssen s. auch die nachfolgende Übersicht.
Zur materiellen und formellen Ordnungsmäßigkeit von Beschlüssen sowie zu besonderen Beschlussformen → Kapitel H Rn. 114 ff.
Zu den aufgrund einer Vereinbarung gefassten Beschlüssen s. nachfolgend → Rn. 47 ff.

[handschriftliche Notizen:]

Vereinbarung
· Verträge
· formfrei Übereinkunft sämtl. Eigentümer
· Verhältnis untereinander für Zukunft in Ergänzung oder Abweichung WEG
· Grundordnung Gemeinschaft (Satzung)
· gegen Sondernachfolger nur wenn als Inhalt des Sondereigentums im GB

Beschlüsse
· in Eigentümerversammlung mit Stimmenmehrheit
· nur rechtmäßig wenn im Gesetz oder Vereinbarung Beschlusskompetenz
· auch gegen Sondernachfolger

---

[77] *Wenzel* ZWE 2000, 2.
[78] BGHZ 127, 99 = NJW 1994, 3230; OLG München ZWE 2014, 167; OLG München NJW 2010, 450 = ZWE 2010, 128.

Schaubild[1]

Unterschiede von Vereinbarungen und Beschlüssen

Regelungs-instrument	Zustandekommen	Inhalt	Drittwirkung	Fehlerfolgen	Grundbucheintragung/Kosten
Vereinbarung	Schuldrechtlicher Vertrag sämtlicher Wohnungseigentümer b) Einseitige Setzung d.d. teilenden Eigentümer	Regelung des Gemeinschaftsverhältnisses in Ergänzung oder Abweichung von dispositiven gesetzlichen Vorschriften	a) gegenüber Sondernachfolgern nach Eintragung in das Grundbuch b) gegenüber dinglich Berechtigten uU erst nach Zustimmung	Nichtigkeit bei Anfechtung, Verstoß gegen gesetzliches Gebot, Sittenwidrigkeit, wohnungseigentumsrechtlichen Kernbereich	a) Eintragung zur Erstreckungswirkung möglich b) Für die Grundbucheintragung aa) Notargebühren für Unterschriftsbeglaubigungen bb) Eintragungsgebühren beim GBA pro betroffener Einheit KV-Nr. 14150[2]
Beschluss	Beschlussfassung durch Abstimmung a) in der Eigentümerversammlung mit Stimmenmehrheit b) im schriftlichen Verfahren mit Zustimmung aller Wohnungseigentümer	a) Gesetzlich definierte Beschlusskompetenzen b) Vereinbarte Beschlusskompetenz bei Öffnungsklausel	a) gegenüber Sondernachfolgern ohne Eintragung in das Grundbuch b) gegenüber dinglich Berechtigten nach h.M. ohne Zustimmung	Anfechtbar innerhalb eines Monats; danach bestandskräftig (Ausnahme: nichtige und unwirksame Beschlüsse)	Nach h.M. keine Grundbucheintragung möglich.

[1] Für die von *M. Becker, A. Ott und M. Suilmann*, Rn. 170 gegebenen Anregungen möchte ich mich ausdrücklich bedanken.
[2] Vgl. OLG München NJW-RR 2015, 1162.

Vereinbarung durch Vereinbarung geändert
· Änderung Vereinbarung durch Beschluss

IV. Wohnungseigentumsrechtliche Öffnungsklauseln

1. Rechtsgeschäftliche Vereinbarung einer Öffnungsklausel

a) Inhalt einer Öffnungsklausel

Die im III. Abschnitt schon mehrfach zitierte Entscheidung des BGH vom **47**
20.9.2000[79] hatte für den gesetzes- und vereinbarungsändernden Bereich das
Ende der bis dahin im Wohnungseigentumsrecht gebräuchlichen „**Zitterbeschlüsse**" zur Folge.

> **Hinweis:**
>
> Der Begriff leitet sich aus dem während der laufenden Rechtsmittelfrist andauernden „Zittern" ab, ob die Gemeinschaftsordnung tatsächlich durch einen bestandskräftigen Mehrheitsbeschluss mit gesetzes- oder vereinbarungsänderndem Inhalt dauerhaft geändert werden könne.

Seit dieser Entscheidung ist anerkannt, dass eine Änderung des Gesetzes oder
der Gemeinschaftsordnung über bestandskräftige Mehrheitsbeschlüsse ohne eine
entsprechende Legitimation nicht möglich ist.

Bitte lesen Sie vor diesem Hintergrund jetzt noch einmal § 23 Abs. 1 WEG!

Die Gestaltungspraxis ging deshalb zunehmend dazu über, in neu zu verfassenden Gemeinschaftsordnungen sog **Öffnungsklauseln** aufzunehmen. Auf
diese Weise sollten Beschlusskompetenzen in solchen Satzungsbereichen eröffnet
werden, in denen nach dem Gesetz Änderungen nur über eine Vereinbarung
aller Wohnungseigentümer erreicht werden könnten. Die Zulässigkeit solcher
Öffnungsklauseln ist heute unbestritten.[80] Sie können auch noch nachträglich
eingeführt werden.

Öffnungsklauseln können unterschiedlich **ausgestaltet** sein. So sind einerseits **48**
konkrete und punktuelle Öffnungsklauseln gebräuchlich, die sich lediglich auf
ganz bestimmte Bereiche der Gemeinschaftsordnungen beschränken; andererseits
sind allgemeine Klauseln ebenso anzutreffen wie bestimmte (qualifizierte) Mehrheitsanforderungen für eine Änderung.

Beispiele

– Die Wohnungseigentümer vereinbaren lediglich die Möglichkeit, die Kosten- und Lastentragung mehrheitlich ändern zu können.[81]

---

[79] Sog. „Jahrhundertentscheidung": BGHZ 145, 158 = DNotZ 2000, 854 = NJW 2000,
3500 = Rpfleger 2001, 19 = ZMR 2000, 771 = ZWE 2000, 518.

[80] Vgl. nur BGHZ 95, 137 = DNotZ 1986, 83 = NJW 1985, 2832 = ZMR 1986, 19;
OLG Hamm NZM 2004, 504 = ZMR 2004, 852; OLG Frankfurt NZM 2001, 140;
KG NZM 2001, 959 = ZfIR 2002, 56; *Grebe* DNoZ 1987, 5; *Hügel* NotBZ 2004, 205;
Schneider Rpfleger 2002, 503, 504; *Ott* ZWE 2001, 466, 467; *Wenzel* ZNotP 2004, 170.

[81] Vgl. BayObLG WE 1988, 140; *Häublein* FS Bub 2007, 113, 122; *Müller* ZWE 2004,
333.

- Die Wohnungseigentümer vereinbaren, dass die Regelungen der Gemeinschaftsordnung durch einen Beschluss, der einer Mehrheit von 2/3 bedarf, geändert werden können, soweit nicht zwingende Bestimmungen des WEG entgegenstehen.[82]

b) Materielle und formelle Voraussetzungen

49   Bei der Einführung einer Öffnungsklausel handelt es sich um eine gewöhnliche **Vereinbarung** iSd § 10 Abs. 2 S. 2 WEG, mit der die Wohnungseigentümer ihr Verhältnis untereinander regeln. Die Vereinbarung einer Öffnungsklausel bedarf deshalb zu ihrer Wirksamkeit nicht der Eintragung in das Grundbuch. Ohne Eintragung wirkt sie allerdings lediglich schuldrechtlich im Verhältnis der an ihrem Abschluss unmittelbar Beteiligten. Die Grundbucheintragung ist demnach auch hier erforderlich zur Erstreckung der schuldrechtlichen Rechtsbeziehungen auf später in die Gemeinschaft eintretende Sondernachfolger im Eigentum (§ 10 Abs. 3 WEG). Ohne die mit der Grundbucheintragung verbundene Erstreckungswirkung würde die lediglich schuldrechtlich wirkende Öffnungsklausel nicht als Ermächtigungsgrundlage für gemeinschaftsordnungsändernde Beschlüsse im Falle eines Eigentümerwechsels dienen können, wenn nicht der neue Eigentümer in die Regelung „eintritt".[83] Ein aufgrund einer solchen schuldrechtlichen Öffnungsklausel gefasster Mehrheitsbeschluss ist Sondernachfolgern gegenüber mangels Beschlusskompetenz unwirksam.[84] Bindet die ursprüngliche Öffnungsklausel jedoch *einen* Sondernachfolger nicht, so kann sie auch gegenüber den übrigen Mitgliedern der Gemeinschaft keine Wirkung entfalten, da der Zweck der Vereinbarung dann nicht mehr erreicht werden kann.

50   Zum Abschluss der Vereinbarung bedarf es **materiell-rechtlich** der **Mitwirkung aller Wohnungseigentümer**; dies gilt sowohl bei der Aufteilung gem. § 3 WEG (bzw. der insoweit gleich zu setzenden einseitigen Erklärung des aufteilenden Eigentümers gem. § 8 WEG) als auch bei einem späteren Abschluss nach Errichtung der Gemeinschaftsordnung. Die Vereinbarung ist materiell-rechtlich an **keine Form** gebunden.[85]

51   **Verfahrensrechtlich** macht die erstmalige Grundbucheintragung anlässlich der Begründung von Wohnungseigentum zusammen mit der Gemeinschaftsordnung die **Bewilligungen aller Miteigentümer** bzw. des aufteilenden Alleineigentümers gem. § 19 GBO erforderlich.[86] Dies gilt auch für eine nachträgliche Eintragung der Öffnungsklausel in das Grundbuch; insoweit handelt es sich um eine inhaltliche Veränderung des eingetragenen Sondereigentums.[87] Formell-rechtlich bedürfen die Bewilligungen der **Form** des § 29 Abs. 1 S. 1 GBO. Auch eine weit gefasste Öffnungsklausel berührt nicht die Frage der grundbuchrechtlichen Bestimmtheit.[88]

---

[82] Vgl. BGH v. 13.5.2016 – V ZR 152/15, NJW-RR 2016, 1107.

[83] *Wenzel* ZWE 2004, 130 (132).

[84] *Becker* ZWE 2002, 341 (343); *Kümmel* ZWE 2002, 68 (69); *Schneider* ZfIR 2002, 108 (111); *Wenzel* FS Deckert (2002), S. 517, 528 f.

[85] *Hügel* NotBZ 2004, 205.

[86] *Schneider* NotBZ 2008, 442.

[87] *Böttcher* NotBZ 2008, 421 (427) *Hügel* NotBZ 2004, 205 (206); *Schneider* ZfIR 2002, 108 (116).

[88] *Hügel/Elzer* § 10 Rn. 148; *Schneider* ZMR 2004, 286.

c) Mitwirkung Drittberechtigter

Für die Eintragung der Öffnungsklausel in das Grundbuch ist eine Zustim- 52
mung Drittberechtigter analog §§ 876, 877 BGB nach h.M. nicht erforderlich.
Dies gilt auch für ihre nachträgliche Eintragung.[89] Die dingliche Rechtsposition
der Dritten wird nämlich durch die bloße Vereinbarung einer Öffnungsklausel
noch nicht beeinträchtigt; die Wahl eines anderen Entscheidungsmediums durch
die Wohnungseigentümer löst daher noch keine Mitwirkungspflicht aus.[90]

Merke:

Man muss also strikt trennen zwischen der legitimierenden **Vereinbarung** der Öffnungsklausel **einerseits** und der zeitlich nachfolgenden **Mehrheitsentscheidung**
der Wohnungseigentümer in Ausübung der erlaubten Mehrheitsmacht **andererseits.**

---

d) Einordnung der zugelassenen Mehrheitsentscheidung

Bis zum Inkrafttreten der WEG-Novelle im Jahr 2007 bildete sich eine h.M.[91] 53
heraus, die zulässigerweise aufgrund einer rechtsgeschäftlich vereinbarten Öffnungsklausel getroffene Mehrheitsentscheidungen der Wohnungseigentümer im
gesetzes- bzw. vereinbarungsändernden Bereich nicht nur für eintragungsfähig
hielt, sondern zur Erlangung der Erstreckungswirkung gegenüber einem Sondernachfolger im Eigentum sogar deren Grundbucheintragung forderte. Es bestand
Konsens darüber, dass der Eingriff in eine bestehende Gemeinschaftsordnung
nach seinem materiellen Wirkungsgehalt zu beurteilen sei. Danach würde aber
eine durch rechtsgeschäftlich vereinbarte Öffnungsklausel zugelassene Mehrheitsentscheidung die gleichen Rechtswirkungen zeitigen wie eine als Inhalt des
Sondereigentums in das Grundbuch eingetragene, das Gesetz oder eine frühere
Vereinbarung abändernde oder aufhebende Vereinbarung. Die überwiegende
Zahl der Befürworter qualifizierte dabei die durch eine Öffnungsklausel zugelassene Mehrheitsentscheidung in Übereinstimmung mit dem Gesetz[92] und der
BGH-Rechtsprechung[93] als „**Beschluss mit Vereinbarungsinhalt**".[94] Dazu wurde
der Anwendungsbereich des § 10 Abs. 3 WEG aF (heute § 10 Abs. 4 S. 1 WEG) von

---

[89] OLG Düsseldorf ZMR 2004, 284; *Gaier* ZWE 2005, 39; *Hügel* ZWE 2002, 503;
Schneider Rpfleger 2002, 503; *Wenzel* ZWE 2004, 130.

[90] So auch *Hügel/Elzer* § 10 Rn. 147 für den dort vertretenen Ansatz einer sog Mehrheitsvereinbarung.

[91] Vgl. u.a. *Bärmann/Pick/Merle* 9. Aufl. § 23 Rn. 20; *Böttcher* Rpfleger 2004, 21, 31;
Buck WE 1996, 94 (96); *Grebe* DNotZ 1987, 5; KK-WEG/*Elzer* § 10 Rn. 297 f.; *Hügel*
DNotZ 2001, 176; *v. Oefele/Schneider* DNotZ 2004, 740; *Ott* ZWE 2001, 466 (469);
Röll Rpfleger 2003, 277 (278); *Schneider* ZfIR 2002, 108 (112); Weitnauer/*Lüke* 9. Aufl.
2005 § 10 Rn. 57; *Wenzel* ZWE 2004, 130 (135 ff.) je mwN.

[92] Vgl. § 23 Abs. 1 WEG: „Angelegenheiten, über die (...) nach einer Vereinbarung
der Wohnungseigentümer die Wohnungseigentümer **durch Beschluss** entscheiden können
(...).".

[93] BGHZ 95, 137 = DNotZ 1986, 83 = NJW 1985, 2832 = ZMR 1986, 19.

[94] *Bärmann/Pick/Merle* 9. Aufl. 2003 § 23 Rn. 20; *Becker* ZWE 2002, 341; Beck'sches
Notarhandbuch/*Rapp* 3. Aufl. A III Rn. 121; *Grebe* DNotZ 1987, 5, 16; *Häublein* Sondernutzungsrechte und ihre Begründung im Wohnungseigentumsrecht, S. 223; *ders.* ZWE
2005, 148; MüKoBGB/*Commichau* 4. Aufl. § 10 WEG Rn. 76; *Ott* ZWE 2001, 466 (469);

der h.M. teleologisch reduziert und der des § 10 Abs. 2 WEG aF (heute § 10 Abs. 3 WEG) im Wege der Analogie erweitert.[95] Einige Befürworter wollten demgegenüber weniger auf das Medium der Änderung als vielmehr auf den veränderten rechtlichen Tatbestand abstellen; sie bezeichneten eine durch Öffnungsklausel zugelassene Mehrheitsentscheidung deshalb als „Mehrheitsvereinbarung".[96]

54 § 10 Abs. 4 S. 2 WEG untersagt nun – wie schon § 10 Abs. 4 S. 1 WEG aufgrund seines subsidiären Charakters für gewöhnliche Beschlüsse – die Grundbucheintragung *„auch für die gem. § 23 Abs. 1 WEG aufgrund einer Vereinbarung gefassten Beschlüsse, die vom Gesetz abweichen oder eine Vereinbarung ändern".*

Bitte lesen Sie jetzt § 10 Abs. 4 WEG!

Der Gesetzgeber macht sich mit dieser Formulierung ausdrücklich die h.M. zur Qualifizierung der aufgrund einer rechtsgeschäftlichen Öffnungsklausel ergehenden **Mehrheitsentscheidung als Beschluss** zu eigen.[97] Solche Beschlüsse sollen nach den Vorstellungen des Gesetzgebers entgegen der bis 2007 von der h.M. gebildeten Auffassung bereits kraft Gesetzes gegenüber Sondernachfolgern wirken und deshalb nicht in das Grundbuch eingetragen werden.[98] Mangelt es jedoch an der Eintragungsbedürftigkeit, so sollen gesetzes- und vereinbarungsändernde Beschlüsse nach diesem Verständnis auch nicht in das Grundbuch eingetragen werden können.[99] Mangels einer rechtlichen Anknüpfungsmöglichkeit muss dann auch eine evtl. **Drittzustimmung** entfallen, so dass für dinglich Berechtigte keine Kontrollmöglichkeiten mehr bestehen.[100]

55 Die Entscheidung des Gesetzgebers **gegen die Eintragung von Mehrheitsbeschlüssen in das Grundbuch,** die den Inhalt des Wohnungseigentums erlaubtermaßen ändern oder aufheben, ist **systemwidrig.**[101] Die sich daraus ergebenden Widersprüche und Probleme wurzeln in der Schaffung unterschiedlicher Publizitätsträger mit unterschiedlichen Wirkungsweisen für uU identische Regelungsgegenstände, nämlich Grundbuch einerseits und Beschluss-Sammlung gem. § 24 Abs. 7 u. 8 WEG andererseits.[102]

Röll DNotZ 2000, 898 (901); *Schmenger,* BWNotZ 2003, 83; *Schneider* ZfIR 2002, 108, (112 ff.); *Wenzel* ZWE 2004, 130 (136).
[95] Vgl. nur *Ott* ZWE 2001, 466 (468); *Wenzel* ZWE 2004, 130 (135 ff.).
[96] *Hügel* DNotZ 2001, 176 (187), *ders.* ZWE 2001, 578 (580); ihm folgend *Böhringer* NotBZ 2003, 285 (288) Fn. 30; *Böttcher* Rpfleger 2004, 21 (31).
[97] *Abramenko* Das neue WEG in der anwaltlichen Praxis § 2 Rn. 5.
[98] Gesetzentwurf der Bundesregierung zur Änderung des Wohnungseigentumsgesetzes und anderer Gesetze vom 9.3.2006, BT-Drs. 16/887, 20.
[99] OLG München NJW 2010, 450 = ZWE 2010, 128; *Armbrüster* ZWE 2013, 242; Erman/*Grziwotz* § 10 Rn. 11; *M. Müller* ZMR 2011, 103; NKV/*Kümmel* § 10 Rn. 70; Palandt/*Wicke* § 10 Rn. 27; *Riecke*/Schmid § 24 Rn. 148; *Schneider* NotBZ 2008, 442; *Schöner/Stöber* Rn. 2887.
[100] A.A. Bärmann/Suilmann § 10 Rn. 149f.
[101] Bärmann/*Suilmann* § 10 Rn. 190; *Hügel/Elzer* Das neue WEG-Recht § 3 Rn. 138 ff.; *Schneider* NotBZ 2008, 442.
[102] *Schneider* NotBZ 2008, 442.

Beispiele

– Der überwiegend für zulässig gehaltene gutgläubige Erwerb[103] einer eingetragenen Vereinbarung ist fraglich geworden. Wird nämlich zukünftig eine als Inhalt des Sondereigentums im Grundbuch eingetragene Vereinbarung im Rahmen einer Öffnungsklausel durch einen Mehrheitsbeschluss in zulässiger Weise geändert, wird dadurch das Grundbuch hinsichtlich des Inhalts des Sondereigentums unrichtig. Eine Berichtigung wäre nur durch Eintragung des Mehrheitsbeschlusses möglich. Eine solche ist nun aber ausdrücklich nicht mehr zugelassen. Das Grundbuch bleibt damit ohne die Möglichkeit einer Berichtigung auf Dauer unrichtig. Die fehlende Berichtigungsmöglichkeit durch Verlautbarung der Inhaltsänderung beeinträchtigt die Aussagekraft des Grundbuchs. Seine Verlässlichkeit im Hinblick auf Richtigkeit und Vollständigkeit der Angaben zum Inhalt des Sondereigentums wird damit aufgegeben. Insoweit kann das Grundbuch daher keinen öffentlichen Glauben mehr genießen; der Bereich der Gemeinschaftsordnung ist dem Anwendungsbereich der §§ 892 f. BGB entzogen.[104]
– In der rechtlichen Einordnung vereinbarter und zulässigerweise beschlossener Sondernutzungsrechte kommt es zu Wertungswidersprüchen.[105] So soll etwa einem zulässigerweise im Beschlusswege eingeräumten Sondernutzungsrecht nach der Novelle ein höherer Wirkungsgrad ohne Zustimmung Drittberechtigter zukommen als den mit einer kosten- und zeitaufwändigen Grundbucheintragung gem. § 5 Abs. 4 S. 1, § 8 Abs. 2 S. 2, § 10 Abs. 3 WEG zum Inhalt des Sondereigentums gemachten. Zu Sondernutzungsrechten s. ausführlich Abschnitt V.

Die mit der Einführung von § 10 Abs. 4 S. 2 WEG verbundenen Systembrü- **56** che versucht eine **Mindermeinung** durch ein unverändertes Festhalten an der „Mehrheitsvereinbarung" zu vermeiden.[106] Begründet wird dies damit, dass die Neuregelung ausdrücklich von „Beschlüssen" spricht, die aufgrund einer Vereinbarung gefasst werden. Qualifiziere man aber Mehrheitsentscheidungen auf der Grundlage einer Öffnungsklausel als Vereinbarung, werden Regelungen mit Vereinbarungsinhalt von § 10 Abs. 4 S. 2 WEG gerade nicht erfasst. Betrachtet man allerdings die Entstehungsgeschichte des § 10 Abs. 4 S. 2 WEG n.F. und die Begründung des Gesetzgebers[107], so kann kein Zweifel daran bestehen, dass der Anwendungsbereich des § 10 Abs. 4 S. 2 WEG eindeutig bestimmt ist. Jedenfalls sollte eine Grundbucheintragung in diesem Bereich auf der Grundlage von Öffnungsklauseln durch die Novelle eindeutig unterbunden werden, und zwar gleichgültig, in welchem Gewand sich die Mehrheitsentscheidung zeigt.[108]

---

[103] OLG Hamm DNotZ 2009, 383; OLG Frankfurt FGPrax 1997, 214; OLG Hamm Rpfleger 1994, 60; BayObLG Rpfleger 1991, 308; BayObLG DNotZ 1990, 381; OLG Stuttgart OLGZ 1986, 35 = NJW-RR 1986, 318; LG München ZWE 2011, 232; LG Nürnberg-Fürth NJW 2009, 3442; LG Stuttgart WE 1994, 119; aA LG Köln MDR 2002, 1186; Weitnauer/*Lüke* § 15 Rn. 35.
[104] *Becker* ZWE 2008, 217 (225); *Demharter* ZWE 2005, 131 (151); *F. Schmidt* ZWE 2007, 280 (288); *Schneider* ZMR 2005, 15; ebenso *Hügel/Elzer* Das neue WEG-Recht § 8 Rn. 24 für den Bereich der Kostentragung.
[105] *Häublein* ZWE 2005, 131 (148 ff.).
[106] *Böttcher* Rpfleger 2009, 181 (196); *Hügel/Elzer* § 10 Rn. 154; *Rapp* DNotZ 2009, 342.
[107] Gesetzentwurf der Bundesregierung zur Änderung des Wohnungseigentumsgesetzes und anderer Gesetze vom 9.3.2006, BT-Drs. 16/887, 20.
[108] OLG München NZM 2010, 49 = ZWE 2010, 128 mit zust. Anm. *Demharter* FGPrax 2010, 18 u. abl. Anm. *Böttcher* NotBZ 2010, 108; *Abramenko* Das neue WEG in der anwaltlichen Praxis, § 1 Rn. 7; Bärmann/*Suilmann* § 10 Rn. 190; *Böhringer/Hintzen* Rpfleger 2007, 353 (356); Erman/*Grziwotz* § 10 Rn. 11; *Hogenschurz* Das Sondernutzungsrecht nach WEG § 2 Rn. 103 Fn. 176 u. Rn. 107; *Köhler* Das neue WEG 2007 Rn. 86 ff.; *M.*

e) Zulässigkeit einer Mehrheitsentscheidung

57   Eine Mehrheitsentscheidung aufgrund einer Öffnungsklausel kann nicht schrankenlos getroffen werden. Schranken ergeben sich zunächst aus den gesetzlichen Bestimmungen der §§ 134, 138, 242 BGB und den zum **Kernbereich** des Wohnungseigentumsrechts zählenden Vorschriften, wozu u.a. unentziehbare und unverzichtbare Individualrechte gehören.[109] Der Kernbereichsbegriff ist allerdings nicht abschließend geklärt[110] Nach hier vertretener Auffassung wird man zur Vermeidung der oben angesprochenen Friktionen seit der Novelle 2007 jetzt wohl auch die Einräumung von Sondernutzungsrechten aufgrund einer allgemeinen Öffnungsklausel diesem Kernbereich zuzuordnen haben.[111]

58   Weiterhin darf nach Auffassung des BGH eine Mehrheitsentscheidung aufgrund einer (allgemeinen) Öffnungsklausel nicht gegen das **Belastungsverbot** verstoßen.[112] Danach soll jeder Wohnungseigentümer vor der Aufbürdung neuer – sich weder aus dem Gesetz noch aus der bisherigen Gemeinschaftsordnung ergebender – Leistungspflichten geschützt sein. Diese Rechtsprechung erscheint zumindest fragwürdig[113]; schließlich findet der belastende Mehrheitsbeschluss seine Legitimation in einer Vereinbarung aller Wohnungseigentümer. Er wird also gerade mit antizipierter Zustimmung des später betroffenen Wohnungseigentümers getroffen.

59   Weiterhin war seit jeher umstritten, ob eine Abänderungsmöglichkeit aufgrund einer Öffnungsklausel nur dann bestehen sollte, wenn auch ein sachlicher Grund für die Änderung vorliegt und einzelne Wohnungseigentümer gegenüber dem früheren Rechtszustand nicht unbillig benachteiligt würden.[114] Vor dem Hintergrund der gesetzlichen Öffnungsklausel in § 16 Abs. 3 WEG, die keinen Einschränkungen unterworfen werden darf (§ 16 Abs. 5 WEG) hat der BGH die Anforderungen für eine Beschlussfassung aufgrund einer rechtsgeschäftlichen Öffnungsklausel gelockert. Es ist jetzt ausreichend, wenn der entsprechende Beschluss **ordnungsmäßiger Verwaltung** entspricht und damit nicht willkürlich ist.[115]

Müller ZMR 2011, 103; NKV/*Kümmel* § 10 Rn. 70; *Schneider* NotBZ 2008, 442; *Schöner/Stöber* Rn. 2887.

[109] BGHZ 202, 346 = NJW 2015, 549 = ZWE 2015, 131.

[110] Vgl. insbesondere BGHZ 129, 329 = NJW 1995, 2036 = ZMR 1995, 416; BGHZ 127, 99, 105 = DNotZ 1995, 599 = NJW 1994, 3230 = ZMR 1995, 34; Kreuzer MittBayNot 1996, 339, 341; *Bub* FS Seuß 2007, 53, 58 ff.

[111] OLG Köln ZMR 1998, 373 ; *Schneider* NotBZ 2008, 442, 449 ; aA *Hügel/Elzer* § 10 Rn. 149.

[112] BGH ZWE 2016, 374; BGHZ 202, 346 = NJW 2015, 549 = ZWE 2015, 131.

[113] Abl. *Hügel/Elzer* § 10 Rn. 151.

[114] BGHZ 95,137 = DNotZ 1986, 83 = NJW 1985, 2832 = ZMR 1986, 19; OLG Hamm ZMR 2007, 293 = ZWE 2007, 252; OLG Hamm NZM 2004, 504 = ZMR 2004, 852; OLG Düsseldorf ZMR 2006, 296; OLG Zweibrücken ZMR 1999, 585 = ZWE 2000, 46; aA *Elzer* ZMR 2007, 237 (240 f.); *Grebe* DNotZ 1987, 5 (15); *Häublein* Sondernutzungsrechte und ihre Begründung im Wohnungseigentumsrecht, S 212; *Hügel* NotBZ 2004, 205, 206; *Sauren* NJW 1986, 2034; differenzierend *Ott* ZWE 2001, 466 (467 f.).

[115] BGH ZWE 2011, 327.

2. Gesetzliche Öffnungsklauseln

Der Gesetzgeber hat sich im Jahr 2007 angesichts der bereits erwähnten „Jahr- 60 hundertentscheidung" zu einer vorsichtigen Öffnung in einigen ausgewählten Satzungsbereichen entschlossen.

Bitte lesen Sie jetzt § 12 Abs. 4 S. 1, § 16 Abs. 3 u. Abs. 4 S. 2, § 21 Abs. 7 und § 22 Abs. 2 S. 2 WEG!

Mehrheitsbeschlüsse in den genannten Bereichen ändern damit die im Grundbuch eingetragene Gemeinschaftsordnung. Fraglich ist, ob solche gesetzes- bzw. vereinbarungsändernde Beschlüsse, die auf einer der neu geschaffenen gesetzlichen Öffnungsklauseln beruhen, zur Herbeiführung der Bindung eines Sondernachfolgers der **Eintragung in das Grundbuch** bedürfen. Nach dem Wortlaut des § 10 Abs. 4 S. 2 WEG sollen allerdings nur solche gesetzes- bzw. vereinbarungsändernden Beschlüsse von der Eintragung in das Grundbuch ausgeschlossen sein, die gem. § 23 Abs. 1 WEG auf einer Vereinbarung der Wohnungseigentümer beruhen. Da sich gesetzliche Öffnungsklauseln jedoch in ihren rechtlichen Wirkungen nicht von denen rechtsgeschäftlich vereinbarter Öffnungsklauseln unterscheiden, ist nicht einzusehen, warum Beschlüsse in dem einen Anwendungsbereich zur Erzielung der Bindungswirkung gegenüber einem Sondernachfolger der Eintragung in das Grundbuch bedürfen sollen, in dem anderen jedoch nicht. § 10 Abs. 4 S. 2 WEG ist daher auf Beschlüsse, die auf einer der neu geschaffenen gesetzlichen Öffnungsklauseln beruhen, insoweit analog anzuwenden.[116]

Die bisherige Grundbucheintragung wird jedoch durch eine abändernde Mehr- 61 heitsentscheidungen unrichtig.[117] Das Gesetz räumt aber lediglich in § 12 Abs. 4 WEG die Möglichkeit zu einer Grundbuchberichtigung ein; im übrigen ist eine Grundbucheintragung nicht vorgesehen. Auch insoweit verzichtet der Gesetzgeber also auf eine Beibehaltung der vormaligen Grundbuchpublizität im Bereich der Gemeinschaftsordnung.

Beispiel

Die Wohnungseigentümer haben mit der Begründung des Wohnungseigentums entweder gem. § 16 Abs. 2 WEG den gesetzlichen oder einen abweichend vereinbarten Kostenverteilungsschlüssel zum Inhalt des Sondereigentums gemacht. Dieser Inhalt wird zweckmäßigerweise durch Grundbucheintragung verdinglicht (§ 10 Abs. 3 WEG). Mit dem ersten Mehrheitsbeschluss gem. § 16 Abs. 3 WEG wird der bisherige Maßstab für die Kostenverteilung außer Kraft gesetzt; das Grundbuch verlautbart aber weiterhin – unrichtig – den bisherigen Umlageschlüssel.

Die Eintragung sog „**Negativ-Vermerke**", wonach die ursprünglich im Grundbuch eingetragene Vereinbarung aufgrund eines Öffnungsklausel-Beschlusses nicht mehr gilt, ist nicht vorgesehen und muss daher unterbleiben.[118]

---

[116] *Abramenko* Das neue WEG in der anwaltlichen Praxis, § 2 Rn. 4.
[117] M. *Müller* ZMR 2011, 103; aA OLG München NJW 2010, 450 = ZWE 2010, 128.
[118] M. *Müller* ZMR 2011, 103; aA *Hügel/Elzer* § 10 Rn. 145.

V. Sondernutzungsrechte

1. Begriff und Rechtsnatur

62   In diesem Abschnitt lernen Sie mit dem „Sondernutzungsrecht" ein Rechtsinstitut kennen, dem in der Praxis eine herausragende Bedeutung zukommt. Erstaunlicherweise fehlt eine gesetzliche **Definition** des Begriffs; der Gesetzgeber setzt ihn vielmehr in § 5 Abs. 4 S. 2 u. 3 WEG voraus.

> **Merke:**
>
> Nach überwiegender Rechtsauffassung[119] ist ein **Sondernutzungsrecht** das einem oder mehreren Wohnungseigentümern eingeräumte, dauernde und alleinige Recht zur Nutzung von Flächen, Anlagen und Einrichtungen des gemeinschaftlichen Eigentums unter Ausschluss der übrigen Wohnungseigentümer.

63   Das Sondernutzungsrecht wird somit durch eine **positive** und eine **negative Komponente** charakterisiert. Einmal erfolgt positiv eine Zuordnung der Alleinnutzungsbefugnis, zum anderen werden negativ die übrigen Wohnungseigentümer vom Mitgebrauch und den Gebrauchsvorteilen hinsichtlich bestimmter Teile des gemeinschaftlichen Eigentums ausgeschlossen.[120] Dazu bedarf es einer vertraglichen Regelung. Wir haben es damit mit einer weiteren **Vereinbarung** iSd § 10 Abs. 2 S. 2 WEG zu tun[121]; die einseitige Erklärung des teilenden Eigentümers steht dem gem. §§ 5 Abs. 1, 8 Abs. 2 WEG gleich.

64   Wie Ihnen aus den vorherigen Ausführungen bereits bekannt ist, handelt es sich damit bei der Vereinbarung eines Sondernutzungsrechts lediglich um eine **schuldrechtliche Regelung der Wohnungseigentümer**[122], die zunächst nur zwischen den unmittelbar vertragsschließenden Wohnungseigentümern („inter partes") wirkt.[123] Allerdings *können* auch solche Vereinbarungen gemäß § 5 Abs. 4 S. 1 WEG zur Gestaltung des Gemeinschaftsverhältnisses als **Inhalt des Sondereigentums** in das Grundbuch eingetragen werden. Sie binden dann gemäß § 10 Abs. 3 WEG auch die jeweiligen **Sondernachfolger** im Eigentum. Die maßgebliche Bedeutung der Grundbucheintragung liegt damit wiederum im **Sukzessionsschutz**; für die Begründung eines Sondernutzungsrechtes ist die

---

[119]   Es handelt sich sozusagen um den kleinsten gemeinsamen Nenner; vgl. die Definitionen bei AHB/*Häublein/Ott* Teil 17 Rn. 3, *Bärmann/Suilmann* § 13 Rn. 73; *Hogenschurz*, Das Sondernutzungsrechte S. 5; *Hügel/Elzer* § 13 Rn. 44.

[120]   KG ZWE 2007, 237.

[121]   BGH ZWE 2012, 175.

[122]   KG ZWE 2007, 237; OLG Köln DNotZ 2002, 223; BayObLG DNotZ 1990, 496; *Bärmann/Suilmann* § 10 Rn. 66; *Häublein*, Sondernutzungsrechte, S. 33 ff; *Hogenschurz*, Das Sondernutzungsrecht, § 1 Rn. 32; *Kümmel*, Die Bindung der Wohnungseigentümer und deren Sondernachfolger an Vereinbarungen, Beschlüsse und Rechtshandlungen nach § 10 WEG, S. 3 f.; *Schnauder*, FS Bärmann und Weitnauer (1990), S. 567, 577; Weitnauer/ *Lüke* § 15 Rn. 30; aA noch OLG Frankfurt Rpfleger 1975, 309; *Bärmann* AcP 155, 1 (10); *Ott* ZMR 2002, 7 (9); *Röll* Rpfleger 1980, 90, die in einem Sondernutzungsrecht einen sachenrechtlichen Bestandteil des Wohnungseigentums sehen wollten.

[123]   OLG Frankfurt ZWE 2006, 489 m. Anm. *Becker*; BayObLG NZM 2002, 747.

Eintragung im Grundbuch demnach nicht konstitutiv.[124] In der Folge wird wegen der verschiedenartigen Wirkungen deshalb zwischen „schuldrechtlichen" und „verdinglichten" Sondernutzungsrechten unterschieden.

Wiederholung:

Wiederholen Sie jetzt bitte die Rechtsfolgen einer unterbliebenen Grundbucheintragung (→ Rn.29ff.).

Das Sondernutzungsrecht ist lediglich ein alleiniges **Gebrauchs- und Nut-** 65 **zungsrecht,** das die gesetzliche Regel des § 13 Abs. 2 S. 1 WEG abändert[125]; es lässt die sachenrechtliche Zuordnung des Eigentums am aufgeteilten Grundstück unverändert.[126] Gleichwohl kommt ein Sondernutzungsrecht aus der Sicht der Beteiligten wirtschaftlich dem eingeräumten Sondereigentum recht nah. So können auch an grundsätzlich sondereigentumsfähigen Räumlichkeiten, die jedoch im gemeinschaftlichen Eigentum verblieben sind, stattdessen solche Nutzungsrechte eingeräumt werden. Soweit die Bildung von Sondereigentum fehlgeschlagen sein sollte, kann unter bestimmten Voraussetzungen eine **Umdeutung** gem. § 140 BGB in ein Sondernutzungsrecht in Betracht kommen.[127]

Beispiel

Die Wohnungseigentümer haben anlässlich der Begründung des Wohnungseigentums einen Flur, der den einzigen Zugang zur gemeinschaftlichen Heizungsanlage und den zentralen Versorgungseinrichtungen des Hauses darstellt, dem Sondereigentum zugeordnet. Die Eintragung in das Grundbuch ist entsprechend vorgenommen worden.[128] Da die Zuordnung des Flurs zum Sondereigentum gem. §5 Abs. 2 WEG unwirksam ist, kann ggf. eine Umdeutung in ein Sondernutzungsrecht erfolgen, wenn dem betreffenden Wohnungseigentümer noch ein zuordnungsfähiges (Rest-)Sondereigentum verbleibt.

2. Gegenstand von Sondernutzungsrechten

Sondernutzungsrechte können nach h.M. nur am gemeinschaftlichen Eigen- 66 tum eingeräumt werden.[129] Die Bestellung bietet sich als Gestaltungsmöglichkeit insbesondere auch für nicht abgeschlossene Räumlichkeiten an. Darüber hinaus können Sondernutzungsrechte sowohl an **Flächen** und **Räumen** als auch an **Gebäudeteilen, Anlagen** und **Einrichtungen** des Gemeinschaftseigentums bestellt werden.[130] Demgemäß können die Inhalte vielfältig sein. Praktisch bedeutsam sind Sondernutzungsrechte in folgenden Bereichen:

---

[124] *Hogenschurz,* Das Sondernutzungsrecht nach WEG § 1 Rn. 14 mwN.
[125] BGH ZWE 2012, 359; BGHZ 145, 158 = NJW 2000, 3500 = ZWE 2000, 518.
[126] BGHZ 202, 346 = NJW 2015, 549 = ZWE 2015, 131.
[127] S. dazu im Einzelnen Riecke/Schmid/*Schneider* § 5 Rn. 21ff.
[128] Vgl. BGH NJW 1991, 2909 = DNotZ 1992, 224.
[129] BGH v. 8.4.2016 – V ZR 191/15, NJW 2017, 64; BGH ZWE 2014, 211; OLG München ZWE 2012, 37.
[130] *Hügel/Elzer* § 13 Rn. 44 mwN.; Staudinger/*Kreuzer* § 15 Rn. 16.

Beispiele

- Pkw-Stellplätze im Freien;[131]
- Gartenflächen;[132]
- plattierte Terrassenflächen im Erdgeschoss;[133]
- Speicher[134]- und Kellerräume[135], die im Gemeinschaftseigentum verblieben sind;
- Reihen- und Doppelhäuser.[136] Auf diese Weise wird zumindest wirtschaftlich ein der Realteilung angenäherter Rechtszustand erreicht.

3. Inhaltliche Ausgestaltung von Sondernutzungsrechten

a) Nutzungsumfang

67   Das Gesetz legt inhaltlich keinen **Nutzungsumfang** fest; Sondernutzungsrechte richten sich damit nach dem Umfang, mit dem sie begründet werden. Sie können auch ohne Beschränkung auf eine bestimmte Nutzungsart **umfassend** eingeräumt werden.[137]

68   Sondernutzungsrechte erlauben jedoch lediglich die Nutzung des gemeinschaftlichen Eigentums. Aus diesem Grunde berechtigen Sondernutzungsrechte mangels einer entsprechenden Vereinbarung grundsätzlich nicht zur Vornahme **baulicher Veränderungen,** wenn diese nicht im Rahmen des § 22 Abs. 1 WEG zulässig sind.

Beispiel

Die Errichtung einer Terrassenüberdachung überschreitet die übliche Nutzung einer Gartenfläche und ist von dem entsprechenden Sondernutzungsrecht ohne eine ausdrückliche Regelung nicht umfasst.[138]

b) Schranken der Nutzungsbefugnis

69   Die eingeräumte Nutzungsbefugnis ist allerdings nicht schrankenlos. Ihre **Grenzen** ergeben sich insbesondere aus der zugrunde liegenden **Vereinbarung.**

Beispiel

Mit der Vereinbarung eines Gartensondernutzungsrechts können dem Berechtigten Vorgaben zur Bepflanzung und zur Tierhaltung gemacht werden.[139]

70   Beschränkungen können sich desweiteren aus einer vorhandenen **Zweckbestimmung** ergeben. Wird nämlich die ausschließliche Nutzung auf einen bestimmten Zweck beschränkt, berechtigt dies den Sondernutzungsberechtigten

---

[131] Vgl. BGH NJW 2012, 676 = ZWE 2012, 175; KG ZMR 2007, 384.
[132] Vgl. BayObLG NZM 2000, 1236; KG NJW-RR 1995, 333.
[133] Vgl. KG ZWE 2015, 118.
[134] Vgl. OLG Düsseldorf ZWE 2008, 137; OLG Köln NZM 2001, 1135.
[135] Vgl. OLG Düsseldorf ZMR 2004, 611; OLG Köln NZM 2001, 1135.
[136] Vgl. OLG München DNotZ 2008, 614; OLG Düsseldorf FGPrax 2004, 267.
[137] BayObLG DNotZ 1999, 672.
[138] BGH NJW 2014, 1090 = ZWE 2014, 178.
[139] Vgl. OLG Frankfurt ZWE 2006, 80; OLG Köln NJW-RR 2005, 1541.

nicht zu einer darüber hinausgehenden oder abweichenden Nutzung, wenn diese die übrigen Wohnungseigentümer stärker beeinträchtigt.

Beispiel

Einem Wohnungseigentümer ist es nicht gestattet, auf einer ihm als Gartenterrasse einge-räumten Sondernutzungsfläche einen Oldtimer abzustellen.[140]

Letztlich unterliegt auch ein Sondernutzungsberechtigter dem **Rücksichtnah-** 71
megebot des § 14 Nr. 1 WEG.

Beispiel

Aus dem Gemeinschaftsverhältnis der Wohnungseigentümer kann sich im konkreten Ein-zelfall ergeben, dass ein Eigentümer mit einem Sondernutzungsrecht an einer Gartenfläche verpflichtet ist, dem benachbarten Miteigentümer, der keinen äußeren Zugang zu seiner ebenfalls im Sondernutzungsrecht stehenden Gartenfläche hat, zu deren ordnungsgemäßer Bewirtschaftung zu bestimmten Zeiten Durchgang zu gewähren.[141]

c) Bedingungen und Befristungen

Als schuldrechtliche Vereinbarung kann das Sondernutzungsrecht sowohl 72
unter einer **auflösenden oder** einer **aufschiebenden Bedingung**[142] als auch unter einer **Befristung**[143] gem. §§ 158ff. BGB bestellt werden.

Beispiel

– So kann etwa das mit dem Sondereigentum an der Wohnung Nr. 1 verbundene Sonder-nutzungsrecht an einem Pkw-Stellplatz auflösend bedingt sein durch den Auszug der Wohnungseigentümer aus dieser Wohnung; das mit dem Sondereigentum an der Woh-nung Nr. 2 verbundene Sondernutzungsrecht kann durch den Eintritt dieses Ereignisses aufschiebend bedingt sein.
– Ein Sondernutzungsrecht könnte auch von Beginn an nur für einen näher bestimmten Zeitraum bestellt sein.

Weder die Vereinbarung dieser Bedingungen (bzw. Zeitbestimmungen) noch der Umstand, dass ihr Eintritt mit den beschränkten Beweismitteln des § 29 GBO möglicherweise nicht nachweisbar ist, steht einer Eintragung der Sonder-nutzungsrechte im Grundbuch entgegen.[144] Wenn und soweit der Nachweis des Eintritts der aufschiebenden Bedingung in der Form des § 29 GBO nicht möglich ist, erfordert die Eintragung eines unbedingten Sondernutzungsrechtes eben die Bewilligung der übrigen Miteigentümer (§ 19 GBO). Erlischt das auflösend bedingte Sondernutzungsrecht durch den Eintritt der Bedingung und kann dies dem Grundbuchamt nicht in der Form des § 29 GBO nachgewiesen werden, kann die Löschung nur mit Löschungsbewilligung des betroffenen Sondernutzungsbe-rechtigten erfolgen.

---

[140] BayObLG MDR 1981, 937.
[141] OLG Stuttgart ZMR 2001, 730; vgl. auch OLG Zweibrücken ZWE 2011, 179; KG NJW-RR 1990, 333.
[142] OLG Zweibrücken NJW-RR 2008, 1395 = Rpfleger 2008, 358; BayObLG Rpfleger 1986, 132, 134; LG Stuttgart ZWE 2014, 33; LG Koblenz Rpfleger 2003, 416.
[143] Weitnauer/*Lüke* § 15 Rn. 26 aE.
[144] OLG Zweibrücken DNotZ 2008, 511.

d) Unterhaltungs- und Kostentragungspflicht

73   Die Begründung eines Sondernutzungsrechts ändert nichts daran, dass die der Alleinnutzung unterfallenden Bereiche rechtlich weiterhin dem Gemeinschaftseigentum zuzuordnen sind. Demgemäß sind anfallende **Kosten** grundsätzlich gem. § 16 Abs. 2 WEG von allen Wohnungseigentümern zu tragen.[145] Ebenso obliegt die **Instandhaltung und Instandsetzung** des gemeinschaftlichen Eigentums grundsätzlich auch dann allen Wohnungseigentümern gemeinsam (§ 21 Abs. 1, Abs. 5 Nr. 2 WEG), wenn insoweit Sondernutzungsrechte eingeräumt worden sind.[146]

74   Will man also dem Berechtigten, dem allein die Vorteile des Sondernutzungsrechts zukommen, interessengerecht auch die damit verbundenen Unterhaltungs- und Kostenlasten zuordnen, bedarf es hierzu einer entsprechenden Vereinbarung der Wohnungseigentümer.[147] Wird allerdings einem Sondereigentümer in der Gemeinschaftsordnung eine Instandsetzungs- oder Instandhaltungspflicht übertragen, hat er im Zweifel auch die ihm dadurch entstehenden Kosten zu tragen.[148]

e) Abgrenzung

75   Bisweilen ergeben sich in der Praxis **Abgrenzungsschwierigkeiten** gegenüber bloßen Gebrauchsregelungen gem. § 15 WEG[149] sowie gegenüber Miet- und Pachtverträgen.[150]

76   Insbesondere bei **Mehrfachparkern** (auch bekannt als „Doppelstockgaragen", „Duplex-Parker", „Quadro-Parker") stellt sich im Hinblick auf die fehlende Raumeigenschaft des einzelnen Stellplatzes die Frage nach der Gestaltung der Alleinnutzungsbereiche. Steht ein Mehrfachparker in einer Wohnungseigentumsanlage im Bruchteilssondereigentum mehrerer Personen, können die Bruchteilseigentümer die Nutzung der einzelnen Stellplätze gemäß § 745 Abs. 1, § 1010 BGB regeln; zulässig ist aber auch eine Zuweisung der Stellplätze mittels Gebrauchsregelung durch Vereinbarung aller Wohnungs- und Teileigentümer gemäß § 15 Abs. 1 WEG.[151] Der BGH will in dieser Art von Nutzungsberechtigung lediglich eine Gebrauchsreglung gem. § 15 WEG, nicht dagegen einen Nutzungsentzug gem. § 13 Abs. 2 WEG sehen; zwingend erscheint das allerdings keineswegs.

4. Begründung von Sondernutzungsrechten

a) Allgemeine Anforderungen

77   Für die Begründung eines Sondernutzungsrechts ist gem. § 10 Abs. 2 S. 2 WEG materiell-rechtlich das Zustandekommen einer schuldrechtlich wirkenden Ver-

---

[145] Vgl. KG ZWE 2005, 334.
[146] BayObLG NZM 1998, 818.
[147] BayObLG ZMR 2004, 357.
[148] BGH WuM 2017, 168.
[149] OLG Hamm FGPrax 2005, 113; LG Köln ZWE 2012, 187; zu Rotationsregelungen s. jetzt BGH v. 8.4.2016 – V ZR 191/15, NJW-RR 2016, 1107.
[150] LG Hamburg ZMR 2016, 57.
[151] BGH NJW 2014, 1879 = ZWE 2014, 211.

einbarung aller Miteigentümer erforderlich.[152] Ein Mehrheitsbeschluss ist hierfür nicht ausreichend.[153] Die Wohnungseigentümer sind an eine Vereinbarung über die Begründung eines Sondernutzungsrechts grundsätzlich sofort gebunden, wenn nicht abweichend vereinbart wird, dass die Wirkungen erst mit Eintragung der Vereinbarung in das Grundbuch oder zu einem anderen Zeitpunkt eintreten sollen.[154] Die Eintragung in das Grundbuch ist jedoch keine Wirksamkeitsvoraussetzung. Die Vereinbarung unterliegt materiell-rechtlich nach allgemeinen Grundsätzen keinem Formzwang[155] und kann wie alle Verträge daher auch **stillschweigend** oder durch **konkludentes Handeln** zustande kommen.[156] In jedem Fall ist es aber erforderlich, dass sich das Bewusstsein der zustimmenden Wohnungseigentümer feststellen lässt, eine für die Zukunft geltende Regelung schaffen zu wollen.[157]

b) Anforderungen an die Verdinglichung

Wohnungseigentum kann entweder durch Teilungsvertrag gem. § 3 WEG **78** oder durch einseitige Teilungserklärung gem. § 8 WEG begründet werden. Für gleichzeitig eingeräumte Sondernutzungsrechte macht die Begründungsart keinen Unterschied. Der vereinbarungsweisen Einräumung von Sondernutzungsrechten im Rahmen eines Teilungsvertrages gem. § 3 WEG entspricht die einseitige Begründung durch den aufteilenden Alleineigentümer gem. § 8 WEG, weil die Teilungserklärung ab dem Zeitpunkt, ab dem sie von dem teilenden Eigentümer nicht mehr einseitig abgeändert werden kann, einer Vereinbarung gleichsteht (§ 5 Abs. 4 S. 1 iVm § 8 Abs. 2 WEG).[158]

Unabhängig von der Art der Begründung erfolgt die **Verdinglichung** durch **79** **Grundbucheintragung** der neu begründeten Wohnungs- und Teileigentumsrechte zusammen mit den Sondernutzungsrechten aufgrund einer Eintragungsbewilligung (§ 19 GBO)[159] in der Form des § 29 GBO, die im Falle der vertraglichen Einräumung von Sondereigentum auch in der materiellen Einigungserklärung gem. § 4 WEG enthalten sein kann.[160]

Bei der Begründung von Sondernutzungsrechten anlässlich der Aufteilung des Grundstücks muss die **Größe der Sondernutzungsflächen** nicht mit den gebildeten Miteigentumsanteilen übereinstimmen. Es steht den Wohnungseigentümern vielmehr frei, einvernehmlich Sondernutzungsrechte zB an Gartenflächen unabhängig von den Miteigentumsanteilen zu bestellen.[161]

---

[152] BGHZ 145, 133 = NJW 2000, 3643 = ZWE 2001, 63; OLG Köln OLGReport 2006, 783; OLG Köln NZM 2001, 1135.

[153] BGHZ 145, 158 = NJW 2000, 3500 = ZWE 2000, 518.

[154] BeckOK/Timme/ *Dötsch* § 15 Rn. 227; *Hogenschurz,* Das Sondernutzungsrecht nach WEG, § 2 Rn. 5.

[155] BayObLG ZfIR 2002 ,645.

[156] OLG Düsseldorf ZfIR 2003, 911; BayObLG NZM 2002, 747; BayObLG ZWE 2002, 403; BayObLG NZM 1998, 873; LG Hamburg ZWE 2010, 277.

[157] OLG Köln OLGR 2006, 783; *Hogenschurz* Das Sondernutzungsrecht nach WEG § 2 Rn. 7.

[158] BGHZ 145, 133 = NJW 2000, 3643 = Rpfleger 2001, 69.

[159] Vgl. OLG Hamm Rpfleger 1985, 109.

[160] Vgl. BayObLG DNotZ 2004, 147.

[161] OLG Hamburg ZMR 2003, 448; vgl. auch BGH v. 8.4.2016 – V ZR 191/15, zit. juris für eine gerichtlich angeordnete Sondernutzungsregelung.

80   Eine mit der Aufteilung des Grundstücks verbundene Eintragung von Sondernutzungsrechten bedarf keiner **Zustimmung dinglich Berechtigter,** da deren Rechte in den neu angelegten Wohnungsgrundbüchern als Gesamtbelastung eingetragen werden.[162] Dies kann jedoch nur gelten, soweit sich nicht ein Zustimmungserfordernis gem. §§ 876, 877 BGB bereits aus den allgemeinen Grundsätzen anlässlich der Aufteilung in Wohnungseigentumsrechte ergibt.[163] So können von einer vertraglichen Einräumung des Sondereigentums (und der ggf. damit verbundenen Sondernutzungsrechte) gem. § 3 WEG im Grundbuch eingetragene Drittberechtigte betroffen sein, soweit deren Rechte vor der Aufteilung nur auf einem Miteigentumsanteil und nicht auf dem gesamten Grundstück lasteten. Dies macht deren Zustimmung erforderlich, die dann allerdings schon zur Eintragung der Inhaltsänderung der Miteigentumsanteile benötigt wird.

Wiederholung:

Wiederholen Sie bitte die Voraussetzungen für eine Zustimmungspflicht Drittberechtigter anlässlich der Begründung von Wohnungseigentum im → Kapitel D Rn. 19 ff.

Abzulehnen ist deshalb die Auffassung des BayObLG, wonach bei einer auf *sämtlichen* Miteigentumsanteilen eingetragenen Grunddienstbarkeit die Zustimmung dieses Berechtigten zur Begründung eines Sondernutzungsrechts dann erforderlich sein soll, wenn sich die Ausübungsbereiche der Dienstbarkeit und des Sondernutzungsrechts auf dieselbe Fläche erstrecken.[164]

c) Bestimmtheitsgrundsatz

81   Zu verdinglichende Sondernutzungsrechte unterliegen dem das Grundbuchverfahren allgemein beherrschenden **Bestimmtheitsgrundsatz.**[165] Dies erfordert als Eintragungsgrundlage klare und eindeutige Angaben hinsichtlich des betroffenen Bereiches des aufzuteilenden Grundstücks, des Berechtigten sowie des Inhalts und des Umfangs des einzutragenden Rechts.[166] Mangels Bestimmtheit kann ein Sondernutzungsrecht nicht entstehen.[167] Der Bestimmtheitsgrundsatz verlangt, dass die Bewilligung die Teilfläche genau bezeichnet, für die ein Sondernutzungsrecht bestellt werden soll.[168] Es genügt allerdings, dass die Fläche **bestimmbar** ist; insoweit können die Grundsätze über die Eintragung von Grunddienstbarkeiten

---

[162] Staudinger/*Kreuzer* § 10 Rn. 39.

[163] *Schöner/Stöber* Rn. 2912b.

[164] BayObLG FGPrax 2002, 149 = Rpfleger 2002, 432; aA Bamberger/Roth/*Hügel* § 8 Rn. 25; Riecke/Schmid/*Schneider* § 7 Rn. 45; *Röll* NZM 2002, 601 u. MittBayNot 2002, 398; *Schöner/Stöber* Rn. 2849. Im vom BayObLG entschiedenen Fall sollte jedoch nicht lediglich die Nutzungsberechtigung, sondern weitergehend auch die Nutzungs*art* der Dienstbarkeit verändert werden. Jetzt zutreffend vom Vorrang des dinglichen Rechts ausgehend OLG München ZWE 2013, 321.

[165] OLG München ZWE 2017, 211; KG ZWE 2007, 447; Bärmann/*Suilmann* § 13 Rn. 91.

[166] OLG München ZWE 2013, 318; OLG Saarbrücken ZMR 2005, 981; BayObLG Rpfleger 1989, 194; LG Hamburg ZMR 2011, 990.

[167] KG ZWE 2007, 447; BayObLG DNotZ 1994, 244.

[168] BGH ZWE 2012, 258; KG ZMR 2007, 384 = ZWE 2007, 447; KG FGPrax 1996, 178; BayObLG DNotZ 1994, 294; BayObLG MittBayNot 1992, 266

entsprechend herangezogen werden.[169] Zur näheren Bezeichnung kann eine wörtliche Beschreibung in der Teilungserklärung erfolgen und/oder auf einen Plan Bezug genommen werden; dies muss nicht der Aufteilungsplan sein.[170] Ausreichend ist auch die Beifügung einer Skizze oder eines Lageplans, worin die betroffenen Flächen übereinstimmend mit den Nummern gekennzeichnet werden, mit denen im Aufteilungsplan die Räume des Sondereigentums gekennzeichnet sind.[171] Nicht ausreichend ist dagegen die Erklärung „dass den jeweiligen Eigentümern einzelner Eigentumswohnungen jeweils das Recht auf ausschließliche Benutzung eines Kfz – Abstellplatzes zusteht".[172] Wenn einer Sondereigentumseinheit ausnahmsweise die Sondernutzungsrechte an sämtlichen auf dem Grundstück befindlichen Kfz – Stellplätzen zugeordnet sind, soll zur wirksamen Festlegung die Bezugnahme auf den in der Teilungserklärung niedergelegten Inhalt des Sondereigentums auch dann genügen, wenn dort die Beifügung eines Lageplans unterblieben ist.[173] Lässt sich die in einem der Teilungserklärung beigefügten Lageplan eingezeichneten Grenze zwischen zwei Sondernutzungsflächen nicht mit den Größenangaben für diese in Übereinstimmung bringen, ist maßgebend die Darstellung in dem Lageplan.[174] Werden in einer Teilungserklärung mehrere Sondernutzungsrechte in der Weise begründet, dass hinsichtlich der Lage der Sondernutzungsflächen auf einen Lageplan Bezug genommen wird, so entsteht das Sondernutzungsrecht ungeachtet der erfolgten Eintragung im Grundbuch nicht, wenn in einer für zwei Sondernutzungsrechte vorgesehenen Gesamtfläche keine Abgrenzung der einzelnen Sondernutzungsrechte zueinander markiert ist.[175] Ist der Gegenstand und die Fläche des Sondernutzungsrechts nicht hinreichend bestimmt, entsteht kein Sondernutzungsrecht.[176]

d) Grundbucheintragung

Ein dinglich wirkendes Sondernutzungsrecht gehört zum **Inhalt des Sonde-** 82 **reigentums** und entsteht nicht ohne Grundbucheintragung.[177] Die Eintragung in das Grundbuch vollzieht sich gem. §§ 7 Abs. 3, 8 Abs. 2 WEG iVm § 874 BGB. Danach kann buchungstechnisch zur näheren Bezeichnung des Gegenstandes und des Inhalts des Sondereigentums auf die Eintragungsbewilligung Bezug genommen werden. Es genügt demgemäß den gesetzlichen Anforderungen, wenn die Zuordnung von Sondernutzungsrechten nicht ausdrücklich im Grundbuch vermerkt wird, sondern lediglich von einem allgemein gehaltenen **Bezugnahmevermerk** abgedeckt wird.[178] Das gleiche hat auch für spätere Veränderungen

---

[169] BayObLG MittRhNotK 1986, 77.

[170] OLG München ZWE 2016, 255; OLG Frankfurt DNotZ 2007, 470; BayObLG Rpfleger 1994, 294.

[171] LG Düsseldorf Rpfleger 1977, 30.

[172] BayObLG MDR 1981, 56.

[173] KG FGPrax 1996, 178.

[174] BayObLG ZfIR 2000, 289.

[175] OLG Hamm Rpfleger 2000, 385.

[176] OLG Hamm DNotZ 2009, 383; KG ZWE 2007, 447.

[177] KG NJW-RR 1997, 205.

[178] OLG München ZWE 2013, 404; OLG Frankfurt NZM 2008, 214; KG ZMR 2007, 384; OLG München DNotZ 2007, 47; BayObLG NJW-RR 1997, 206; KG NJW-RR 1997, 205; OLG Köln Rpfleger 1992, 479; OLG Hamm Rpfleger 1985, 109.

bereits eingetragener Sondernutzungsrechte zu gelten.[179] Gleichwohl empfiehlt sich jenseits dieser Mindestanforderungen zur Steigerung der Rechtssicherheit und -klarheit ein ausdrücklicher Eintragungsvermerk.[180]

Beispiel:

(verkürztes Eintragungsbeispiel)

Amtsgericht Duisburg **Grundbuch von Duisburg** **Blatt 2261**

Bestandsverzeichnis

Lau-fende Nummer der Grund-stücke	Bis-herige laufende Nummer der Grund-stücke	Bezeichnung der Grundstücke und der mit dem Eigentum verbundenen Rechte				Größe		
		G e m a r k u n g (Vermessungsbezirk)	Karte Flur|Flur-stück	Liegen-schafts-buch	Wirtschaftsart und Lage	ha	a	m²
		a	b	c/d	e			
1	2	3				4		
1		187/10.000stel Miteigentumsanteil an dem Grundstück						
		Duisburg	1 | 101		Gebäude- und Freifläche, Kardinal-Galen-Straße 124		02	34
		verbunden mit dem Sondereigentum an der im Aufteilungsplan vom 24. März 2000 mit Nr. 1 bezeichneten Wohnung im Erdgeschoss links mit einem Kellerraum im Kellergeschoss.						
		Für jeden Miteigentumsanteil ist ein besonderes Grundbuch angelegt (Nr. 2261 bis Nr. 2374). Der hier eingetragene Miteigentumsanteil ist durch die zu den anderen Miteigentumsanteilen gehörenden Sondereigentums-rechte beschränkt.						
		Es sind Sondernutzungsrechte begründet hinsichtlich der hinter dem Haus gelegenen Gartenfläche und der insgesamt 15 Pkw-Einstellplätze (StP 1 bis StP 15). Dem jeweiligen Eigentümer der Einheit Nr. 1 steht das Sondernut-zungsrecht an der hinter dem Haus gelegenen Gartenfläche zu.						
		Wegen Gegenstand und Inhalt des Sondereigentums wird Bezug genommen auf die Bewilligung vom 15. Mai 2000 (Notar Dr. Helmut Genau in Duisburg – UR-Nr. 555/00).						
		Der Miteigentumsanteil ist von Blatt 1055 hierher übertragen, eingetragen am 22. Mai 2000.						

83 Sondernutzungsrechte werden in der Praxis üblicherweise **subjektiv-dinglich,** dh durch Anbindung an ein bestimmtes Wohnungseigentum bestellt.

---

[179] OLG Köln Rpfleger 1985, 110; aA Bärmann/*Suilmann* § 13 Rn. 135.
[180] Riecke/Schmid/*Schneider* § 7 Rn. 180ff. mwN.

Beispiel

Wie im vorstehenden Eintragungsbeispiel erfolgt die Verlautbarung des Sondernutzungsrechtes im Grundbuch idR *„für den jeweiligen Eigentümer"* einer bestimmten Wohnungs- oder Teileigentumseinheit.

Die Verknüpfung eines Sondernutzungsrechts mit einem bestimmten Woh- **84** nungseigentum ist allerdings nach dem WEG für dessen Wirksamkeit nicht zwingend erforderlich. Berechtigter eines Sondernutzungsrechtes kann auch ein Mitglied der Wohnungseigentümergemeinschaft – **persönlich** – ohne Bindung an ein bestimmtes Wohnungseigentum sein.[181]

e) Gestreckte Begründung von Sondernutzungsrechten

Zur Erlangung einer optimalen Verwertbarkeit aufgeteilter Immobilien bedie- **85** nen sich Bauträger gerne einer zeitlich gestreckten Zuordnung von Sondernutzungsrechten. Auf diese Weise können Wünsche der Kaufinteressenten auch noch nach der grundbuchmäßigen Aufteilung berücksichtig werden. Als problematisch kann sich allerdings je nach gewählter Gestaltungsvariante die notwendige Zustimmung Drittberechtigter erweisen. Bei den nachfolgend aufgeführten Gestaltungsmöglichkeiten ist wiederum der sachenrechtliche **Bestimmtheitsgrundsatz** zu beachten.[182]

aa) Gestreckte Begründung durch vorbehaltene Zuordnung von Sondernutzungsrechten

Möglich ist es, in der Gemeinschaftsordnung zunächst *alle Wohnungseigen-* **86** *tümer bis auf den teilenden Eigentümer* vom Mitgebrauch der Sondernutzungsflächen auszuschließen (= negatives Element)[183] und die endgültige Zuweisung dann einem Dritten, zB dem aufteilenden Eigentümer oder dem Verwalter, zu überlassen. Die Zuordnung an die Wohnungseigentümer (= positives Element) erfolgt dann erst später, wozu die Mitwirkung der übrigen Wohnungseigentümer und deren dinglich Berechtigter dann nicht mehr erforderlich ist.[184]

Der Sache nach handelt es sich bei einem solchen „Zuordnungsvorbehalt" um **87** persönliche Sondernutzungsrechte des teilenden Eigentümers. Aus diesem Grund müssen richtigerweise allerdings die an den verbleibenden Einheiten dinglich Be-

---

[181] OLG München ZWE 2012, 367 (allerdings mit mißverständlichem Leitsatz); KG ZMR 2007, 384; OLG Düsseldorf NZM 2000, 765; BeckOK/Timme/*Dötsch* § 15 Rn. 296; *Ertl* FS Seuß (1987), S. 151, 155; *Häublein,* Sondernutzungsrechte und ihre Begründung im Wohnungseigentumsrecht, 279 f.; *Herrmann* DNotZ 1986, 91 (92); *Hogenschurz,* Das Sondernutzungsrecht nach WEG, § 1 Rn. 46; Hügel/Elzer § 13 Rn. 54; *NKV* § 13 Rn. 33; *Schneider* Rpfleger 1998, 9 (13); Weitnauer/*Lüke* § 15 Rn. 26 a. E.; aA Bärmann/*Suilmann* § 13 Rn. 79.

[182] BGH ZWE 2012, 377; BGH DNotZ 2012, 684 = NJW-RR 2012, 711 = ZWE 2012, 258; BGH DNotZ 2012, 528 = NJW 2012, 676 = ZWE 2012, 175; OLG München ZWE 2016, 19; KG ZWE 2007, 447.

[183] Weitergehend *Hügel/Elzer* § 13 Rn. 59: Unbedingter Ausschluss sämtlicher Wohnungseigentümer sei von Beginn an möglich.

[184] BGH NJW 2012, 676 = ZWE 2012, 175 m. Bespr. *Schneider* ZWE 2012, 171; KG ZMR 2007, 384 = ZWE 2007, 237; OLG Frankfurt ZfIR 1997, 665.

rechtigten der Zuordnung zustimmen.[185] Auch entfällt eine Mitwirkung Dritter nicht, wenn in der Gemeinschaftsordnung nicht eindeutig bestimmt ist, wer die endgültige Zuordnung zu treffen hat; dann müssen die übrigen Wohnungseigentümer, die Vormerkungsberechtigten und die dinglich Berechtigten zustimmen, weil sie durch den nachträglichen Nutzungsentzug iSd §§ 876, 877 BGB beeinträchtigt sein können.[186]

cc) Gestreckte Begründung durch aufschiebend bedingte Zuordnung von Sondernutzungsrechten

88 Zulässig ist es auch, Sondernutzungsrechte in der Weise zu begründen, dass *sämtliche Wohnungseigentümer* unter der **aufschiebenden Bedingung** der positiven Zuordnung vom Mitbenutzungsrecht am gemeinschaftlichen Eigentum negativ ausgeschlossen sind.[187] Mit Eintritt der Bedingung in Form der positiven Zuordnungserklärung wird der Ausschluss der übrigen Wohnungseigentümer vom Mitgebrauch wirksam. Sie sind daher ebenso wenig von der beantragten Zuweisung eines Sondernutzungsrechtes berührt, wie die dinglich Berechtigten und Vormerkungsberechtigten, die ihre Rechtspositionen nach Eintragung der Gemeinschaftsordnung im Grundbuch erworben haben (vgl. § 161 BGB); der teilende Alleineigentümer kann deshalb in diesem Fall einseitig ein Sondernutzungsrecht positiv zuordnen.[188]

f) Nachträgliche Begründung von Sondernutzungsrechten

89 Ist eine Wohnungseigentümergemeinschaft bereits entstanden, wird durch die nachträgliche Einräumung eines Sondernutzungsrechtes die bisher für alle Wohnungseigentümer bestehende uneingeschränkte Nutzungsbefugnis gemäß § 13 Abs. 2 WEG in der Weise abgeändert, dass für den Berechtigten nunmehr unter Erweiterung seiner bisherigen Mitberechtigung die Befugnis zur ausschließlichen Nutzung besteht. Zur Änderung der bisherigen Nutzungsbefugnis mit Wirkung gegenüber einem Sondernachfolger muss sie durch Eintragung im Grundbuch gemäß § 10 Abs. 3 WEG zum Inhalt des Sondereigentums gemacht werden. Dies setzt nach hM **materiell-rechtlich** eine Vereinbarung zur **Inhaltsänderung des** jeweiligen **Sondereigentums** gemäß § 5 Abs. 4 S. 1 WEG voraus, auf die nach ganz h.M. die Vorschriften der §§ 877, 873 BGB entsprechend anwendbar sein sollen.[189]

---

[185] OLG Köln Rpfleger 2001, 535 m insoweit zust. Anm. *Schneider;* BayObLG Rpfleger 1990, 63; BayObLG DNotZ 1986, 87 = Rpfleger 1985, 292; Bärmann/*Suilmann* § 13 Rn. 89; *DNotI-Gutachten* DNotI-Report 2016, 117; *Schneider* ZWE 2012, 171 je mwN.
[186] BayObLG MittBayNot 1997, 36.
[187] BGH ZWE 2012, 258; OLG Hamm ZWE 2015, 211; OLG München ZWE 2013, 319; OLG Stuttgart ZWE 2012, 488; KG ZMR 2007, 384 = ZWE 2007, 237; OLG Düsseldorf Rpfleger 2001, 534 m Anm. *Schneider* = DNotZ 2002, 157; OLG Hamm DNotZ 2000, 210; OLG Frankfurt Rpfleger 1998, 20.
[188] Grundlegend BayObLGZ 1985, 378 = DNotZ 1986, 479 m. Anm. *Ertl.*
[189] BGH NJW 2012, 1226 = ZWE 2012, 219; BGHZ 145, 133 = NJW 2000, 3643 = ZWE 2001, 63; BGHZ 91, 343 = NJW 1984, 2409 = Rpfleger 1984, 408; BGHZ 73, 145 = NJW 1979, 548 = Rpfleger 1979, 57; BayObLG NJW-RR 2001, 1164 = Rpfleger 2001, 404; BayObLG DNotZ 1986, 87 (88) = Rpfleger 1985, 292; *Böttcher* Rpfleger 2004, 21, 33; *Hügel* DNotZ 2001, 176 (184); *Ott,* Das Sondernutzungsrecht, S. 91; Staudinger/

Verfahrensrechtlich betrifft die nachträgliche Einräumung eines Sondernut- 90
zungsrechtes lediglich diejenigen Wohnungseigentümer, deren Sondereigentum
nach der Eintragung nicht mehr mit der Befugnis zur Mitbenutzung verbunden
sein wird. Weil deren Buchposition eine *rechtliche* Verschlechterung erleidet,
haben sie die **Eintragung** in das Grundbuch in der Form des § 29 GBO zu **bewil-**
ligen (§ 19 GBO). Inhaltlich handelt es sich nach der hier vertretenen Auffassung
dabei um eine Berichtigungsbewilligung. Nicht betroffen ist demgemäß der
allein nutzungsberechtigte Wohnungseigentümer; er ist von der Inhaltsänderung
rechtlich begünstigt.

Zur Eintragung der nachträglichen Inhaltsänderung des Sondereigentums 91
im Grundbuch ist weiterhin noch gem. §§ 877, 876 S. 1 BGB die **Zustimmung**
Drittberechtigter an den verlierenden Wohnungseigentumseinheiten erforderlich.
Soweit diese Zustimmungen nach den Sätzen 2 und 3 des § 5 Abs. 4 WEG materiell-rechtlich erforderlich sind, haben die dinglich Berechtigten die Eintragung
auch verfahrensrechtlich zu bewilligen (§§ 19, 29 GBO).

Hinweis:

Wegen der gem. § 5 Abs. 4 S. 2 u. 3 WEG eingeschränkten Zustimmungspflichten
→ Kapitel F Rn. 129 ff.

---

5. Berechtigter

Berechtigter eines Sondernutzungsrechtes kann im Hinblick auf die der Be- 92
gründung zugrundeliegende Vereinbarung **nur ein Wohnungseigentümer,** nicht
dagegen ein außenstehender Dritter sein. Dies gilt umso mehr, als das Sondernutzungsrecht als *Inhalt des Sondereigentums* in das Grundbuch eingetragen
wird, das Sondereigentum gem. § 6 Abs. 1 WEG aber nur einem Miteigentümer
zustehen kann.[190] In der Praxis überwiegt bei Weitem die subjektiv-dingliche
Bestellung zugunsten des jeweiligen Eigentümers eines näher bezeichneten Woh-
nungs- oder Teileigentumsrechts.

Ein Sondernutzungsrecht kann aber auch in der Weise begründet werden, dass 93
es lediglich mit dem **Miteigentumsanteil** eines von mehreren Bruchteilseigentümern (§§ 741, 1008 BGB) an derselben Wohnungseigentumseinheit verbunden
sein soll.[191]

Beispiel

Auf diese Weise lassen sich insbesondere Sondernutzungsrechte an einzelnen Stellplätzen
in einem als Teileigentum eingetragenen Mehrfachparker dem jeweiligen Eigentümer eines
Miteigentumsanteils zuordnen.

Gursky (2012) § 877 Rn. 59; *Weitnauer* JZ 1984, 1115; aA *Häublein,* Sondernutzungsrechte und ihre Begründung im Wohnungseigentumsrecht, S. 78.

[190] BGH NJW 2012, 676 = ZWE 2012, 175; BGHZ 73, 145 = NJW 1979, 548 = Rpfleger 1979, 57; BayObLG MittBayNot 2002, 113 = Rpfleger 2002, 260; OLG Zweibrücken
NJW-RR 1986, 1338; Bärmann/*Suilmann* § 13 Rn. 79; Weitnauer/*Lüke* § 15 Rn. 26.

[191] BGH DNotZ 2012, 769 = NJW-RR 2012, 1157 = ZMR 2012, 795 = ZWE 2012,
359 mit zust. Anm. *Armbrüster* und mit abl. Anm. *Ott* ZfIR 2012, 754; aA *Hügel/Elzer*
§ 13 Rn. 54.

94   Ein Sondernutzungsrecht kann auch **für mehrere Wohnungseigentümer** bestellt werden.

Beispiel

Insbesondere in sog Mehrhausanlagen bietet es sich an, die Benutzung von Treppenhäusern und bestimmten Außenanlagen einer Gruppe von Wohnungseigentümern als Sondernutzungsrecht verbunden mit einer entsprechenden Kosten- und Lastentragungsregelung zuzuordnen.[192]

Es gelten dann die §§ 741 ff. BGB, soweit nichts anderes vereinbart ist.[193] Da das Sondernutzungsrecht nur ein schuldrechtliches Gebrauchsrecht ist, muss das Gemeinschaftsverhältnis der Berechtigten nicht nach § 47 GBO im Grundbuch eingetragen werden.[194]

6. Übertragung von Sondernutzungsrechten

95   Bei den auf der Grundlage einer Vereinbarung begründeten Sondernutzungsrechten handelt es sich um Regelungen im Innenverhältnis der Wohnungseigentümer. Aus diesem Grund kann wie schon bei der Begründung auch die Übertragung eines Sondernutzungsrechtes lediglich auf einen anderen **Miteigentümer der Wohnungseigentümergemeinschaft,** nicht aber auf einen außenstehenden Dritten erfolgen.[195]

a) Übertragung schuldrechtlicher Sondernutzungsrechte

96   Ein lediglich **schuldrechtlich** wirkendes Sondernutzungsrecht kann gem. §§ 398, 413 BGB isoliert außerhalb des Grundbuchs im Wege der **Abtretung** mit antizipierter Zustimmung der übrigen Miteigentümer auf einen anderen Wohnungseigentümer übertragen werden, soweit nichts anderes bestimmt ist.[196] Einer Mitwirkung der übrigen Wohnungseigentümer oder deren dinglich Berechtigter bedarf es nicht, weil sich an deren Ausschluss vom Mitgebrauch durch die Übertragung nichts ändert.[197] Auch eine Zustimmung dinglich Berechtigter am Wohnungseigentum des veräußernden Miteigentümers ist entbehrlich, da sie vom Gesetz nicht vorgesehen ist und durch schuldrechtliche Abtretungen Drittberechtigte in ihren dinglichen Rechtspositionen nicht beeinträchtigt werden können.[198]

97   Streitig ist, ob bei einer **Übertragung** des Sondernutzungsrechts **zusammen mit dem Wohnungseigentum** das lediglich schuldrechtlich wirkende Sondernutzungs-

---

[192] Vgl. OLG München ZMR 2016, 303.
[193] BayObLG WE 1994, 17.
[194] OLG Düsseldorf ZMR 2010, 975 = FGPrax 2011, 8.
[195] BGH NZM 2008, 732; BGHZ 73, 145 = NJW 1979, 548 = Rpfleger 1979, 57.
[196] OLG München ZWE 2012, 367; Bärmann/*Suilmann* § 13 Rn. 121; BeckOK/WEG Timme/*Dötsch* § 15 Rn. 279.
[197] Bärmann/*Suilmann* § 13 Rn. 121.
[198] LG Mönchengladbach RNotZ 2003, 568.

recht entsprechend § 746 BGB automatisch zugunsten des Erwerbers Wirkungen entfalten kann[199] oder ob es einer Übernahmeerklärung des Erwerbers bedarf.[200]

b) Übertragung verdinglichter Sondernutzungsrechte

aa) Übertragung eines Wohnungseigentums mit dem zugeordneten Sondernutzungrecht

Der Rechtsübergang eines im Grundbuch für den jeweiligen Eigentümer einer **98** bestimmten Sondereigentumseinheit vermerkten Sondernutzungsrechts vollzieht sich im Hinblick auf § 10 Abs. 3 WEG **mit der Übertragung des betreffenden Wohnungseigentums** ohne weitere Abtretungserklärungen. Das Sondernutzungsrecht folgt als Inhalt des Sondereigentums den für die Übertragung des Eigentums geltenden Regeln (§ 6 Abs. 2 WEG). Dies gilt sowohl für einen rechtsgeschäftlichen Eigentumserwerb[201] als auch für einen Erwerb durch Zuschlag im Wege der Zwangsversteigerung.[202]

bb) Isolierte Übertragung eines Sondernutzungsrechts

Soll ein im Grundbuch eingetragenes Sondernutzungsrecht **isoliert** zwischen **99** zwei Wohnungseigentümern übertragen werden, soll dies nach hM eine **Inhaltsänderung des Sondereigentums** ausschließlich bei den beteiligten Wohnungseigentumsrechten bewirken (§ 5 Abs. 4 S. 1 WEG). Dazu soll materiell-rechtlich eine Einigung des betroffenen und des begünstigten Wohnungseigentümers gem. §§ 877, 873 BGB mit entsprechender – konstitutiv wirkender – Grundbucheintragung erforderlich sein.[203] Nach anderer Auffassung handelt es sich insoweit um eine Grundbuchberichtigung, die allerdings verfahrensrechtlich ebenfalls von dem abgebenden Wohnungseigentümer in der Form des § 29 GBO zur Eintragung bewilligt werden muss (§ 19 GBO).[204]

Dinglich Berechtigte müssen der isolierten Übertragung gem. § 5 Abs. 4 S. 2 **100** WEG iVm §§ 876, 877 BGB nur insoweit zustimmen, als für sie Einzelrechte am abgebenden Wohnungseigentum eingetragen sind. Im Hinblick auf den Ausnahmecharakter des § 5 Abs. 4 S. 3 WEG dürfte eine Zustimmungserleichterung angesichts des eindeutigen Wortlauts für Übertragungen wohl ausscheiden.[205]

---

[199] So OLG München ZWE 2012, 367; OLG Frankfurt ZWE 2006, 489; BayObLG NZM 2003, 321; OLG Düsseldorf NZM 2001, 530; OLG Hamm FGPrax 1998, 175; OLG Schleswig FGPrax 1996, 56; *Hogenschurz,* Das Sondernutzungsrecht nach WEG, § 4 Rn. 9; *Schnauder,* FS Bärmann und Weitnauer (1990), 567, 580; Weitnauer/*Lüke* § 10 Rn. 31.

[200] So Bärmann/*Suilmann* § 13 Rn. 84 und Rn. 122; *Kümmel,* Die Bindung der Wohnungseigentümer und deren Sondernachfolger an Vereinbarungen, Beschlüsse und Rechtshandlungen nach § 10 WEG, S. 38 f.; *Ott,* Das Sondernutzungsrecht im Wohnungseigentum, 47 ff;.

[201] Bärmann/*Suilmann* § 13 Rn. 125; *Hogenschurz,* Das Sondernutzungsrecht nach WEG, § 4 Rn. 7; *Kreuzer,* FS Merle (2000), S. 203, 214.

[202] OLG Stuttgart OLGReport 2002, 290; LG Hamburg ZMR 2011, 585.

[203] BGH NZM 2008, 732; BGHZ 73, 145 = NJW 1979, 548 = Rpfleger 1979, 57; Bamberger/Roth/*Hügel* § 13 Rn. 19; Bärmann/*Suilmann* § 13 Rn. 123; Bauer/*v. Oefele* AT V Rn. 332; *Schöner/Stöber* Rn. 2963.

[204] Riecke/Schmid/*Schneider* § 7 Rn. 279 mwN.

[205] Vgl. dazu OLG München ZWE 2014, 164; OLG München FGPrax 2009, 205.

Hinweis:

Wegen der gem. § 5 Abs. 4 S. 2 u. 3 WEG eingeschränkten Zustimmungspflichten s. i. ü. → Kapitel F Rn. 132 ff.

101 Zur Grundbucheintragung der isolierten Übertragung eines Sondernutzungsrechts ist eine steuerliche **Unbedenklichkeitsbescheinigung** erforderlich.[206]

c) Gutgläubiger Erwerb

102 Ein gutgläubiger Erwerb nicht im Grundbuch verlautbarter („schuldrechtlicher") Sondernutzungsrechte scheidet mangels eines rechtlichen Anknüpfungspunktes von vornherein aus.[207]

103 **Hinweis:**

Zur Möglichkeit, ein **Sondernutzungsrecht gutgläubig erwerben** zu können, s. die Ausführungen und Nachweise bei der Öffnungsklausel (→ Rn. 55).

Ein im Grundbuch verlautbartes Sondernutzungsrecht an einem Pkw-Stellplatz kann aber jedenfalls dann nicht gutgläubig erworben werden, wenn seine Eintragung widersprüchlich und deshalb unzulässig ist.

Beispiel

Weist die Grundbucheintragung das Sondernutzungsrecht an dem Pkw-Stellplatz Nr. 3 der Wohnung Nr. 1 zu, während die Eintragungsbewilligung es der Wohnung Nr. 4 zuordnet, stehen die Grundbucheintragung und die dort in Bezug genommene Eintragungsbewilligung nicht im Einklang. Damit liegt ein insbesondere durch Auslegung nicht aufzulösender Widerspruch zwischen der Eintragung und der in Bezug genommenen Urkunde vor.[208]

7. Belastung von Sondernutzungsrechten

104 Sondernutzungsrechte am gemeinschaftlichen Eigentum sind keine dinglichen Rechte; sie können aber gem. §§ 5 Abs. 4 S. 1, 8 Abs. 2 S. 2, 10 Abs. 3, 13 Abs. 2 WEG als Inhalt des Sondereigentums verdinglicht werden. Zulässige Belastungen des einzelnen Wohnungseigentums erfassen dabei immer auch das zugunsten eines Wohnungseigentümers bestehende Sondernutzungsrecht. Nach der gesetzlichen Systematik des § 6 WEG erstrecken sich nämlich eingetragene Rechte am Miteigentumsanteil ohne weiteres auf das Sondereigentum und damit auch auf ein als dessen Inhalt zugeordnetes Sondernutzungsrecht.[209]

---

[206] Vgl. den insoweit sprachlich noch nicht an das aktuelle wohnungseigentumsrechtliche Verständnis von Sondernutzungsrechten als Nutzungsentzug gem. § 13 Abs. 2 WEG angepassten § 2 Abs. 2 Nr. 3 GrEStG.

[207] Bärmann/*Suilmann* § 13 Rn. 122; BeckOK/WEG Timme/*Dötsch* § 15 Rn. 262.

[208] OLG Zweibrücken ZWE 2013, 85.

[209] Vgl. BGH ZWE 2015, 97.

Hinweis:

Zu den Möglichkeiten der Belastung eines einzelnen Wohnungseigentums mit dinglichen Rechten s. ausführlich → Kapitel F Rn. 25 ff.

Dem einzelnen Wohnungseigentümer fehlt jedoch die notwendige alleinige 105
Verfügungsmacht zur Bestellung eines dinglichen Rechts, wenn dessen Ausübungsbereich nur die dem Sondernutzungsrecht unterfallenden Bereiche sein sollen. Die Ausübung einer Nutzungsbefugnis kann notwendigerweise nur auf dem Grundstück als gemeinschaftlichem Eigentum insgesamt erfolgen. Diese Problematik stellt sich bisweilen im Bereich der Dienstbarkeiten, weil dort ebenfalls Nutzungsbefugnisse tangiert werden.

Beispiel

Ist dem jeweiligen Eigentümer der Wohnungseigentumseinheit Nr. 1 das alleinige Sondernutzungsrecht an einem näher bezeichneten Pkw-Stellplatz auf dem Grundstück im Freien zugeordnet, so kann der Wohnungseigentümer dem jeweiligen Eigentümer eines Nachbargrundstücks hieran kein Nutzungsrecht in Form einer Grunddienstbarkeit oder beschränkten persönlichen Dienstbarkeit einräumen. Das Grundstück ist zwingend gemeinschaftliches Eigentum (§ 1 Abs. 5 WEG), so dass bei der Bestellung von dinglichen Rechten sämtliche Wohnungseigentümer mitwirken müssen.[210]

Verfahrensrechtlich haben hierfür alle Miteigentümer in der Form des § 29 GBO die Grundbucheintragung zu bewilligen. Die Eintragung solcher Rechte muss dann auch zwingend in sämtlichen für die Anlage gebildeten Wohnungs- und Teileigentumsgrundbüchern erfolgen und die Gesamtbelastung zum Ausdruck bringen (§ 4 Abs. 1 WGV).

Die überwiegende Meinung verlangt damit eine **Übereinstimmung** der Rechts- 106
verhältnisse am **Belastungsobjekt** mit denen am **Nutzungsobjekt**.[211] Lediglich eine Mindermeinung will demgegenüber in Anlehnung an eine Einzelfallentscheidung des BGH[212] auf das formale Kriterium der Eigentumsverhältnisse verzichten und statt dessen auf eine rechtliche Belastung der Nutzungsbefugnis abstellen; die übrigen Wohnungseigentümer erlitten dadurch keine Beeinträchtigung, denn sie seien auch bei bestimmungsgemäßer Nutzung durch den sondernutzungsberechtigten Wohnungseigentümer bereits von jeglicher Nutzung ausgeschlossen.[213]

---

[210] OLG Schleswig ZWE 2012, 42.

[211] OLG Schleswig DNotZ 2012, 359 = ZWE 2012, 42; OLG Hamburg ZMR 2004, 616; OLG Hamburg ZMR 2001, 380; OLG Zweibrücken NZM 1999, 771; BayObLG DNotZ 1998, 384 = Rpfleger 1998, 68; BayObLG NJW-RR 1997, 1236 m. krit. Anm. *Ott* DNotZ 1998, 125 ff.; BayObLG DNotZ 1990, 496; OLG Düsseldorf DNotZ 1988, 31.

[212] BGHZ 107, 289 = DNotZ 1990, 493 m. Anm. *Amann.*

[213] OLG Hamm DNotZ 2001, 216 m. zust. Anm. *v. Oefele; Amann* DNotZ 1990, 498, 499 f.; *Bärmann/Suilmann* § 13 Rn. 76; *Bauer/v. Oefele* AT V Rn. 301 f.; *Merle* Das Wohnungseigentum im System des bürgerlichen Rechts, S. 195; *Röll* Rpfleger 1980, 90, 91; Staudinger/*Kreuzer* § 15 Rn. 14; Staudinger/*Mayer* (2009) § 1018 BGB Rn. 60; Staudinger/ *Rapp* § 1 Rn. 51.

8. Änderungen von Sondernutzungsrechten

a) Grundsätze

107 Für bereits im Grundbuch eingetragene Sondernutzungsrechte kann sich aus ganz unterschiedlichen Gründen im Nachhinein Veränderungsbedarf ergeben. Solche Änderungen müssten **materiell-rechtlich** gem. § 10 Abs. 2 S. 2 WEG wiederum von allen Wohnungseigentümern vereinbart werden. Auch Veränderungen wirken gegen den Sondernachfolger eines Wohnungseigentümers nur, wenn sie als Inhalt des Sondereigentums im Grundbuch eingetragen sind (§ 10 Abs. 3 WEG). Zur Eintragung in das Grundbuch ist **verfahrensrechtlich** die Eintragungsbewilligung derjenigen Wohnungseigentümer erforderlich, die durch die jeweilige Änderung in ihren Rechten beeinträchtigt werden können (§§ 19, 29 GBO).

108 Auch eine verfahrensrechtliche Mitwirkung dinglich Berechtigter ist insoweit notwendig, als materiell-rechtlich deren Zustimmung gem. § 876, 877 BGB erforderlich ist.

> **Hinweis:**
>
> Wegen der gem. § 5 Abs. 4 S. 2 u. 3 WEG eingeschränkten Zustimmungspflichten s. i. ü. → Kapitel F Rn. 132.

b) Exemplarische Veränderungen bei Sondernutzungsrechten

aa) Veränderungen des räumlichen Ausübungsbereichs

109 Beispielhaft kommen hier in Betracht:

- **Erweiterungen** des bisherigen Ausübungsbereichs.
  Es handelt sich rechtlich insoweit um die Neubestellung eines Sondernutzungsrechts nach den dafür geltenden Grundsätzen.[214]
- **Verkleinerungen** des bisherigen Ausübungsbereichs.
  Es handelt sich rechtlich insoweit um die Aufhebung eines Sondernutzungsrechts nach den dafür geltenden Grundsätzen.[215]
- **Grenzverschiebungen** zwischen zwei Sondernutzungsrechten.
  Ohne Änderung der äußeren Umfangsgrenzen handelt es sich rechtlich um Binnenänderungen, von denen die bereits von der Nutzung ausgeschlossenen Wohnungseigentümer nicht mehr betroffen sind.[216]
- **Verlegungen** der bisherigen Ausübungsstelle.
  Es handelt sich rechtlich um die Aufhebung des bisher eingeräumten Sondernutzungsrechts verbunden mit der gleichzeitigen Neubestellung nach den jeweils dafür geltenden Grundsätzen.[217]

Beispiel: Statt eines bisher eingeräumten Sondernutzungsrechts an einem Pkw-Stellplatz vor dem Haus jetzt Verlegung des Sondernutzungsrechts auf den hinter dem Haus befindlichen Pkw-Stellplatz.

---

[214] Bauer/*v. Oefele* AT V Rn. 331.
[215] Bauer/*v. Oefele* AT V Rn. 331.
[216] BayObLG ZWE 2002, 78; BayObLG DNotZ 1999, 672.
[217] Vgl. BayObLGZ 2001, 73 = ZWE 2001, 430.

bb) Inhaltliche Veränderungen

Beispielhaft kommen hier in Betracht: **110**

- **Unterteilungen** bestehender Sondernutzungsrechte.
  Es handelt sich rechtlich um Binnenänderungen, von denen die bereits ausgeschlossenen Wohnungseigentümer nicht mehr betroffen sind.[218] Dritte brauchen zunächst nicht mitzuwirken, weil deren Rechte sich unverändert an demselben Miteigentumsanteil verbunden mit Sondereigentum fortsetzen. Erst mit der lastenfreien Abveräußerung eines neu gebildeten Sondernutzungsrechtsteils entstehen Mitwirkungspflichten Drittberechtigter nach den für eine Übertragung von Sondernutzungsrechten geltenden Grundsätzen.[219]
  Beispiel: Vorratsteilung eines Sondernutzungsrechts an der gesamten unbebauten Grundstücksfläche durch den Bauträger in Vorbereitung zukünftiger Einzelübertragungen.

- **Änderungen** der vereinbarten **Nutzungsart**.
  Soweit die bisher zulässige Nutzungsart durch eine andere ersetzt werden soll, handelt es sich rechtlich um eine notwendige *Änderung der Zweckbestimmung*, die nur unter Mitwirkung sämtlicher Wohnungseigentümer und dinglich Berechtigter im Rahmen des § 5 Abs. 4 S. 2 u. 3 WEG erreicht werden kann.[220]
  Beispiel: Statt bisher als Gartenfläche wird jetzt am selben Grundstücksteil ein Sondernutzungsrecht als Pkw-Stellplatz eingeräumt.

  Soweit *Nutzungserweiterungen durch bauliche Veränderungen* angestrebt werden, beurteilen sich diese nach § 22 Abs. 1 WEG.[221]
  Beispiel: Statt eines Sondernutzungsrechts an einem ebenerdigen Pkw-Stellplatz wird jetzt ein Sondernutzungsrecht an demselben Pkw-Stellplatz mit der Befugnis zur Errichtung eines Carports eingeräumt.

  Die Notwendigkeit einer Mitwirkung Drittberechtiger von anderen Einheiten ist insoweit umstritten.[222]

- **Einräumung** einer weiteren **Mitnutzungsbefugnis**.
  Es handelt sich rechtlich um eine Binnenänderung, von der die bereits ausgeschlossenen Wohnungseigentümer und deren dinglich Berechtigten nicht mehr betroffen sind. Zwischen den mehreren Sondernutzungsberechtigten entsteht ein Gemeinschaftsverhältnis gem. § 741 ff. BGB.[223]
  Beispiel: Der bisherige Alleinnutzungsberechtigte am Hausgarten räumt einem weiteren Wohnungseigentümer eine „Beteiligung" an dem im übrigen unveränderten Sondernutzungsrecht ein.

- **Umwandlung** eines Sondernutzungsrechts **in Sondereigentum**.
  Es handelt sich rechtlich um eine Umwandlung von Gemeinschaftseigentum in Sondereigentum.

---

[218] BayObLG MittBayNot 1991, 168; BayObLG DNotZ 1988, 30.
[219] Bärmann/Seuß/*Schneider* Teil C Rn. 413; aA *Hügel/Elzer* § 13 Rn. 73.
[220] Vgl. Kapitel F Rn. 129 mwN; aA LG Darmstadt NZM 2000, 716.
[221] Vgl. BayObLG ZMR 1993, 476.
[222] Bejahend: BayObLG MittBayNot 1993, 292; abl. wegen des schon bestehenden Nutzungsausschlusses ThürOLG ZWE 2012, 40; OLG Hamm FGPrax 1998, 140.
[223] BayObLG WE 1994, 17.

Hinweis:

Zu den Voraussetzungen einer Umwandlung von Gemeinschafts- in Sondereigentum s. ausführlich → Kapitel F Rn. 99 ff.

9. Aufhebung und Löschung von Sondernutzungsrechten

111 In der Praxis stellt die Aufhebung und anschließende Löschung verdinglichter Sondernutzungsrechte im Grundbuch bei einer bestehenden Eigentümergemeinschaft wohl den häufigsten Beendigungstatbestand dar. Dabei sind die beiden Begriffe – wie auch sonst! – mit unterschiedlichen Inhalten besetzt und daher sauber zu trennen.

Hinweis:

Vergleichen Sie bitte einmal die gesetzliche Formulierung in § 875 Abs. 1 S. 1 BGB für die Beendigung dinglicher Rechte.

112 **Materiell-rechtlich** bedarf es zur **Aufhebung** eines im Grundbuch vermerkten Sondernutzungsrechts wiederum einer **Vereinbarung sämtlicher Wohnungseigentümer** als „actus contrarius" zu seiner Begründung (§ 10 Abs. 2 S. 2 WEG).[224] Ein einseitiger Verzicht des Sondernutzungsberechtigten ist dagegen zur Lösung aus den gemeinschaftsrechtlichen Bindungen materiell-rechtlich nicht möglich.[225] Die Aufhebung eines Sondernutzungsrechts führt damit gem. §§ 877, 873 BGB zu einer Inhaltsänderung sämtlicher Sondereigentumsrechte.

113 **Verfahrensrechtlich** erfordert die **Löschung** des im Grundbuch vermerkten Sondernutzungsrechts die Beseitigung des Erstreckungsvermerks gem. § 10 Abs. 3 WEG. Davon sind jedoch allein der bisher im Grundbuch vermerkte Sondernutzungsberechtigte sowie etwaige am begünstigten Wohnungseigentum eingetragene dinglich Berechtigte betroffen; ihnen geht durch die Löschung die bisherige Erstreckungswirkung gegenüber Sondernachfolgern verloren. Da im Rahmen der §§ 876, 877 BGB allein auf eine mögliche *rechtliche* Beeinträchtigung abzustellen ist, ist deshalb zur Löschung auch nur deren Eintragungsbewilligung erforderlich (§ 19, 29 GBO), nicht aber die der sonstigen Wohnungseigentümer.[226] *Wirtschaftliche* Folgen der grundbuchmäßigen Löschung haben demgegenüber außer Betracht zu bleiben.[227]

---

[224] BGHZ 145, 133 = NJW 2000, 3643 = ZWE 2001, 63.
[225] BGHZ 145, 133 = NJW 2000, 3643 = ZWE 2001, 63.
[226] BGHZ 145, 133 = NJW 2000, 3643 = ZWE 2001, 63; BGHZ 91, 343 = NJW 1984, 2409; BGHZ 66, 341 = DNotZ 1976, 490; *Böhringer* MDR 2000, 758; *Demharter* FG-Prax 1996, 6; *Schneider* Rpfleger 1998, 53 (56).
[227] A.A. Bärmann/*Suilmann* § 13 Rn. 132; *Häublein* ZMR 2001, 120; *Ott* ZMR 2002, 7.

Schaubild:

Die wichtigsten Unterschiede von Sondereigentum und Sondernutzungsrechten am Beispiel eines Pkw-Stellplatzes:

Pkw-Stellplatz als	**Sondereigentum** (TE) Vgl. § 3 Abs. 2 S. 2 WEG	Im Grundbuch (BV) vermerktes **Sondernutzungsrecht** (SNR)
Rechtsgestaltung	**Gegenstand** des SE – Eigentum	**Inhalt** des SE – Nutzungsrecht
Buchungsart im GB	IdR eigener MEA und eigenes TE-GB	Kein eigener MEA; ggf. nur durch Bezugnahme im BV erkennbar
Übertragbarkeit	Volle Verkehrsfähigkeit auch im Verhältnis zu Außenstehenden	Als Vereinbarung nur zwischen den an diese Vereinbarung gebundenen Wohnungseigentümern übertragbar
Belastbarkeit	Als Eigentum grds. mit dinglichen Rechten mgl (insbes. FinanzierungsR; Ausnahmen für NutzungsR)	Nach h.M. für Berecht. allein nicht möglich, da Belastungsgegenstand immer noch Gem.-Eigentum aller WEig.
Zwangsvollstreckung	Als eigenständiges TE auch selbständiges Vollstreckungsobjekt	Nur zusammen mit dem Wohnungseigentum[228]; nach h.M. keine isolierte Pfändung von SNRen mgl.[229]

VI. Veräußerungsbeschränkung

1. Sinn und Zweck

Die Wohnungseigentümergemeinschaft ist eine grundsätzlich unauflösbare **114** und damit auf Dauer angelegte Gemeinschaft (vgl. § 11 Abs. 1 u. 3 WEG). Es besteht daher ein berechtigtes Interesse der Wohnungseigentümer, sich gegen das Eindringen unerwünschter Personen in diese Gemeinschaft schützen zu können.[230] Deshalb kann die Veräußerung von Wohnungseigentum – ausnahmsweise[231] – von der Zustimmung der übrigen Wohnungseigentümer oder eines Dritten abhängig gemacht werden.

Bitte lesen Sie jetzt § 12 Abs. 1 WEG!

---

[228] BGH ZWE 2015, 97; Bärmann/Seuß/*Schneider* Teil C Rn. 424 Timme/*Dötsch* § 15 Rn. 391.

[229] A.A LG Stuttgart DWE 1989, 72; *Schmid* ZfIR 2011, 733 (736); *Schuschke* NZM 1999, 830.

[230] BGHZ 195, 120 = NJW 2013, 299 = ZWE 2013, 21.

[231] BGHZ 37, 203 = NJW 1962, 1613: „Durchbrechung des Grundsatzes des § 137 S. 1 BGB".

2. Begründung der Veräußerungsbeschränkung

a) Vereinbarung

115   Gem. § 12 Abs. 1 WEG kann eine Veräußerungsbeschränkung nur durch eine **Vereinbarung** aller Wohnungseigentümer begründet werden. Dies gilt auch für die nachträgliche Einräumung einer Veräußerungsbeschränkung. Einer Vereinbarung steht im Fall ihrer Grundbucheintragung die einseitige Erklärung des teilenden Eigentümers gem. § 8 WEG gleich (§§ 8 Abs. 2, 5 Abs. 4 S. 1 WEG).

116   Wegen des Ausnahmecharakters der Norm sind Erweiterungen des Anwendungsbereichs grundsätzlich ausgeschlossen. Darüber hinaus unterliegt die Vereinbarung jedoch der privatautonomen **Gestaltung** durch die Wohnungseigentümer.[232] So kann das Zustimmungserfordernis auf bestimmte Einheiten beschränkt werden oder bestimmte Veräußerungsfälle können vom Erfordernis ausgenommen werden.

Beispiele

Die Wohnungseigentümer können vereinbaren, dass nur die Veräußerung von Wohnungseigentumseinheiten zustimmungspflichtig sein soll, die von Teileigentumseinheiten dagegen nicht.[233]

Möglich wäre auch eine Beschränkung des Zustimmungserfordernisses nur auf Fälle des Kaufes, nicht aber z.B für Schenkungen.[234]

Ebenfalls werden in der Praxis häufig Erstveräußerungen durch den teilenden Bauträger, Veräußerungen an Ehegatten und bestimmte Verwandte sowie solche im Wege der Zwangsvollstreckung oder durch den Insolvenzverwalter zur Erhaltung der Beleihbarkeit vom Zustimmungserfordernis ausgenommen.[235]

b) Eintragung in das Grundbuch   *Sukzessiver Rechtsnachfolge*

aa) Notwendigkeit der Eintragung

117   Die Vereinbarung einer Veräußerungsbeschränkung erzeugt nach zutreffender Auffassung bereits mit ihrem Abschluss schuldrechtliche Wirkungen zwischen den beteiligten Wohnungseigentümern (§ 10 Abs. 2 S. 2 WEG).[236] Einer **Grundbucheintragung** bedarf die vereinbarte Veräußerungsbeschränkung demnach zunächst nur zur Erlangung der Sukzessionswirkung des § 10 Abs. 3 WEG. Gegen den Sondernachfolger eines Wohnungseigentümers wirkt die als Inhalt des Sondereigentums vereinbarte Veräußerungsbeschränkung nämlich nur, wenn sie auch im Grundbuch eingetragen ist (§ 5 Abs. 4 S. 1, § 10 Abs. 3 WEG).

---

[232] KG ZWE 2012, 426; KG ZWE 2010, 456.

[233] Bärmann/*Suilmann* § 12 Rn. 11.

[234] KG ZWE 2010, 456.

[235] Vgl. nur KG NZM 2012, 317.

[236] Bärmann/*Suilmann* § 12 Rn. 5 u. 8; *Hügel/Elzer* § 12 Rn. 4f.; Riecke/Schmid/*Schneider* § 12 Rn. 11; aA Staudinger/*Kreuzer* § 12 Rn. 9.

> **Hinweis:**
>
> Sie haben mit der Veräußerungsbeschränkung ein weiteres Anwendungsbeispiel für eine mögliche Vereinbarung vor sich, mit der die Wohnungseigentümer ihr Verhältnis untereinander i.S.d. § 10 Abs. 2 WEG gestalten können. Lesen Sie dazu bitte → Rn. 24 ff.!

Über die innergemeinschaftliche Sukzessionswirkung hinaus erzeugt die Eintragung der Veräußerungsbeschränkung in das Grundbuch jedoch kraft ausdrücklicher gesetzlicher Anordnung weitergehend noch eine **absolute Rechtswirkung** gegenüber jedermann.[237] Nur auf diese Weise können auch Dritte einer Erwerbsbeschränkung unterworfen werden. **118**

Bitte lesen Sie jetzt § 12 Abs. 3 WEG!

bb) Art und Umfang der Eintragung

Die gem. § 12 WEG vereinbarte Veräußerungsbeschränkung muss **ausdrücklich** in das Grundbuch **eingetragen** werden; eine bei Grundbucheintragungen sonst mögliche Bezugnahme auf die zugrunde liegende Eintragungsbewilligung (vgl. § 874 BGB, § 7 Abs. 3 WEG) reicht hier nicht aus. **119**

Bitte lesen Sie jetzt § 3 Abs. 2 WGV (→ Anhang II)!

Erfolgt die Grundbucheintragung gleichwohl unter **Verstoß** gegen diese Norm nicht ausdrücklich und lediglich unter Bezugnahme auf die Eintragungsbewilligung, ist die vereinbarte Veräußerungsbeschränkung dennoch materiell-rechtlich wirksam entstanden. Es handelt sich bei § 3 Abs. 2 WGV nach zutreffender Auffassung nämlich lediglich um eine verfahrensrechtliche Ordnungsvorschrift[238], deren Verletzung für das Zustandekommen der Beschränkung keine Auswirkungen hat. Es handelt sich demnach nicht um eine konstitutive Eintragung der Veräußerungsbeschränkung mit der Folge, dass sie bei fehlender ausdrücklicher Grundbucheintragung nicht entsteht.[239] **120**

§ 3 Abs. 2 WGV regelt jedoch nicht, in welchem **Umfang** die Grundbucheintragung erfolgen soll. So ist etwa vorstellbar, eine vereinbarte Veräußerungsbeschränkung mit allen Einzelheiten ausdrücklich in die Wohnungsgrundbücher einzutragen (zB zustimmungspflichtige Personen, vereinbarte Ausnahmetatbestände etc.).[240] Als zulässig anzusehen ist allerdings auch die ausdrückliche Eintragung eines Vermerkes über die **Tatsache** einer vereinbarten Veräußerungsbeschränkung und im übrigen eine **Bezugnahme** wegen der Einzelheiten auf die **121**

---

[237] Bärmann/*Suilmann* § 12 Rn. 5 u. 8; *Hügel/Elzer* § 12 Rn. 4 f.; Riecke/Schmid/*Schneider* § 12 Rn. 11.

[238] OLG München ZMR 2006, 961; LG München II MittBayNot 1994, 137; Bärmann/*Suilmann* § 12 Rn. 9; *Hügel/Elzer* § 12 Rn. 9 f.; Riecke/Schmid/*Schneider* § 12 Rn. 17; *Schöner/Stöber* Rn. 2902; Weitnauer/*Lüke* § 12 Rn. 7.

[239] So aber Beck'sches Notarhandbuch/*Rapp* A III Rn. 172; Erman/*Grziwotz* § 12 Rn. 6; MünchKomm/*Commichau* § 12 WEG Rn. 10; Staudinger/*Kreuzer* § 12 Rn. 10.

[240] So noch OLG Saarbrücken Rpfleger 1968, 57; LG Marburg Rpfleger 1990, 336; LG Mannheim Rpfleger 1963, 301.

zum Inhalt des Sondereigentums gemachte Gemeinschaftsordnung.[241] Diese Verfahrensweise ähnelt der Grundbucheintragung bedingter Rechte, bei der lediglich die Tatsache der Bedingung unmittelbar in das Grundbuch einzutragen ist, während hinsichtlich der Einzelheiten der Bedingung auf die Eintragungsbewilligung Bezug genommen werden kann.[242] Im Hinblick auf die für die Praxis der Grundbuchgerichte notwendige schnelle Nachprüfbarkeit sollte zumindest der unmittelbaren Eintragung von Ausnahmetatbeständen der Vorzug gegeben werden.[243]

Beispiel:

(verkürztes Eintragungsbeispiel)

Amtsgericht Duisburg   **Grundbuch von Duisburg**   **Blatt 2261**

Bestandsverzeichnis

Laufende Nummer der Grundstücke	Bisherige laufende Nummer der Grundstücke	Bezeichnung der Grundstücke und der mit dem Eigentum verbundenen Rechte				Größe		
		Gemarkung (Vermessungsbezirk)	Karte Flur | Flurstück	Liegenschaftsbuch	Wirtschaftsart und Lage	ha	a	m²
		a	b	c/d	e			
1	2	3				4		
1		187/10.000stel Miteigentumsanteil an dem Grundstück						
		Duisburg	1 | 101		Gebäude- und Freifläche, Kardinal-Galen-Straße 124		02	34
		verbunden mit dem Sondereigentum an der im Aufteilungsplan vom 24. März 2000 mit Nr. 1 bezeichneten Wohnung im Erdgeschoss links mit einem Kellerraum im Kellergeschoss.						
		Für jeden Miteigentumsanteil ist ein besonderes Grundbuch angelegt (Nr. 2261 bis Nr. 2374). Der hier eingetragene Miteigentumsanteil ist durch die zu den anderen Miteigentumsanteilen gehörenden Sondereigentumsrechte beschränkt.						
		Zur Veräußerung bedarf es der Zustimmung des Verwalters. Dies gilt nicht im Fall – der Erstveräußerung durch den teilenden Eigentümer; – der Veräußerung an Ehegatten, Verwandte in gerader Linie oder Verwandte zweiten Grades in der Seitenlinie; – der Veräußerung durch den Insolvenzverwalter oder im Wege der Zwangsvollstreckung.						

---

[241] So Bärmann/*Suilmann* § 12 Rn. 9; *Demharter* Anh zu § 3 Rn. 51; Weitnauer/*Lüke* § 12 Rn. 8; Meikel/*Böttcher* 10. Aufl. § 3 WGV Rn. 9 und § 56 GBV Rn. 9; Riecke/Schmid/*Schneider* § 7 Rn. 173; enger LG Kempten Rpfleger 1968, 58.

[242] KEHE/*Eickmann* § 3 GBV Rn. 8.

[243] Riecke/Schmid/*Schneider* § 7 Rn. 174.

| | | Wegen Gegenstand und Inhalt des Sondereigentums wird Bezug genommen auf die Bewilligung vom 15. Mai 2000 (Notar Dr. Helmut Genau in Duisburg – UR-Nr. 555/00).

Der Miteigentumsanteil ist von Blatt 1055 hierher übertragen, eingetragen am 22. Mai 2000. | | |

c) Zustimmungen Dritter

Eine Zustimmung dinglich Berechtigter zur Vereinbarung einer Veräußerungs- **122** beschränkung ist **anlässlich der Begründung** des Wohnungseigentums in keinem Fall erforderlich. Ist das Grundstück nämlich als Ganzes oder sind sämtliche Miteigentumsanteile am Grundstück einheitlich mit dinglichen Rechten belastet, entfällt eine Zustimmung dieser Berechtigten bei einer Teilung gem. § 8 WEG, da deren Rechte auch materiell-rechtlich iSv §§ 876, 877 BGB nicht betroffen werden können.[244] Bei einer Begründung gem. § 3 WEG werden dinglich Berechtigte an einzelnen Miteigentumsanteilen ohnehin wegen der inhaltlichen Änderung ihres Belastungsgegenstandes zustimmen müssen; einer nochmaligen Zustimmung für die zeitgleiche Begründung einer Veräußerungsbeschränkung bedarf es daher nach hier vertretener Auffassung nicht.[245]

Wiederholung:

Wiederholen Sie jetzt bitte aus dem → Kapitel D die Rn. 19 ff. zum Zustimmungserfordernis dinglich Berechtigter anlässlich der Begründung von Wohnungseigentum.

Soll die Veräußerungsbeschränkung **nachträglich** eingeführt werden, gelten die **123** allgemeinen Grundsätze für die Grundbucheintragung nachträglicher Vereinbarungen der Wohnungseigentümer.

Hinweis:

Lesen Sie zu diesem Thema bitte → Kapitel F Rn. 129 ff.

Es handelt es sich bei der nachträglichen Einführung einer Veräußerungsbeschränkung um eine **Inhaltsänderung** des bestehenden Wohnungseigentums, die materiell-rechtlich wiederum gem. § 10 Abs. 2 S. 2 WEG einer Vereinbarung sämtlicher Wohnungseigentümer bedarf. Eine Begründung durch Mehrheitsbeschluss wäre demgegenüber mangels Beschlusskompetenz selbst dann nichtig[246], wenn die Veräußerungsbeschränkung zuvor noch mehrheitlich gem. § 12 Abs. 4 WEG aufgehoben worden sein sollte.[247] Einer solchen nachträglichen Vereinbarung

---

[244] BGH NJW 2012, 1226 = ZWE 2012, OLG Frankfurt NJW-RR 1996, 918; LG Marburg Rpfleger 1996, 341; krit. Weitnauer/*Lüke* § 12 Rn. 5 S. 310 im Hinblick auf eine möglicherweise erschwerte Verwertung.

[245] Im Ergebnis wie hier *Hügel/Elzer* § 12 Rn. 6; Timme/*Hogenschurz* § 12 Rn. 3; aA Bärmann/*Suilmann* § 12 Rn. 7 aE.

[246] Vgl. BGHZ 145, 158 = NJW 2000, 3500 = ZWE 2000, 518.

[247] OLG München ZWE 2014, 267.

müssten gem. §§ 876, 877 BGB, § 19 GBO all diejenigen dinglich Berechtigten zustimmen, denen nicht ein Gesamtrecht am ganzen Grundstück oder an sämtlichen Wohnungseigentumseinheiten zusteht.[248] Gesamtrechtsinhaber sind nämlich auch sonst nicht gegen die Veräußerung des Grundstücks als Ganzes an denselben Erwerber geschützt.[249] Darüber hinaus entfällt seit der WEG-Novelle (2007) ein Zustimmungserfordernis für Grundpfandrechts- und Reallastberechtigte gem. § 5 Abs. 4 S. 2 WEG.[250]

3. Veräußerung

a) Veräußerungsbegriff

124　§ 12 WEG betrifft nur Veräußerungen, dh **rechtsgeschäftliche Übertragungen** des Wohnungseigentums unter Lebenden. Dem gleichgestellt sind nach der ausdrücklichen Anordnung in § 12 Abs. 3 Satz 2 WEG eine Veräußerung im Wege der **Zwangsvollstreckung** oder durch den **Insolvenzverwalter**.

125　Der Veräußerungsbegriff umfasst nicht nur das dingliche **Erfüllungsgeschäft**, sondern auch das schuldrechtliche **Verpflichtungsgeschäft** (vgl. § 12 Abs. 3 S. 1 WEG).[251] Dabei ist es nach hier vertretener Auffassung unerheblich, ob das Wohnungseigentum als Ganzes oder lediglich ein (Bruch-)Teil davon veräußert werden soll oder lediglich Teile seiner Elemente veräußert werden sollen.

Beispiel

Die Veräußerung eines ideellen Miteigentumsanteils am Wohnungseigentum als Ganzem[252] wird ebenso von einem vereinbarten Zustimmungserfordernis erfasst wie eine Änderung des Miteigentumsanteils ohne gleichzeitige Veränderung des Sondereigentums (sog Quotenänderung)[253] und eine Änderung des Sondereigentums ohne gleichzeitige Veränderung des Miteigentumsanteils.[254]

126　In zeitlicher Hinsicht werden von einem vereinbarten Zustimmungserfordernis sämtliche Veräußerungsfälle erfasst, die nach dem Entstehen einer (werdenden) Wohnungseigentümergemeinschaft stattfinden. Dies gilt zum Einen mangels abweichender Regelung für den gem. § 8 WEG teilenden Bauträger selbst, der entgegen der vormals h.M.[255] auch mit der **Erstveräußerung** seiner ihm verbliebenen Einheiten der von ihm selbst mit der Teilungserklärung gesetzten Veräußerungsbeschränkung unterfällt.[256] Zum anderen werden aber auch **werdende**

---

[248] OLG Frankfurt NJW-RR 1996, 918.
[249] OLG Hamm ZWE 2012, 276; *Böttcher* ZNotP 2013, 128; *Schneider* RpflStud 2012, 119.
[250] Übersehen von Bärmann/*Suilmann* § 12 Rn. 7.
[251] BGH NJW 2012, 3232 = ZWE 2012, 499; OLG Hamm ZWE 2012, 97.
[252] KG ZWE 2011, 220; OLG Hamm ZWE 2002, 42; aA *Hügel/Elzer* § 12 Rn. 23 allerdings im Widerspruch zu Rn. 29.
[253] *Müller* Teil 4 Rn. 6; aA Bärmann/*Suilmann* § 12 Rn. 18.
[254] Bärmann/*Suilmann* § 12 Rn. 17; a.A OLG Celle NJW 1974, 1908.
[255] OLG Frankfurt OLGZ 1989, 44 = DNotZ 1990, 45; BayObLG ZMR 1986, 247; BayObLG DNotZ 1984, 559.
[256] BGHZ 113, 374 = DNotZ 1991, 888 = NJW 1991, 1613; aus diesem Grund wird die Erstveräußerung idR vom Zustimmungserfordernis ausgenommen (→ Rn. 121). Die

Wohnungseigentümer von einem vereinbarten Zustimmungserfordernis erfasst, weil sie im Verhältnis untereinander die gleichen Rechte und Pflichten wie (endgültige) Wohnungseigentümer haben.[257]

Wiederholung:

Wiederholen Sie jetzt bitte → Kapitel D Rn. 68 ff. zum sog werdenden Wohnungseigentümer.

b) Typische Veräußerungsfälle

Vom Veräußerungsbegriff des § 12 WEG werden damit bspw. folgende Erwerbsfälle – vorbehaltlich einer vereinbarten Ausnahmeregelung – erfasst: **127**

Beispiele

- Veräußerung im Wege der **Schenkung**;[258]
- Veräußerung an den **geschiedenen Ehegatten**, die erst nach Rechtskraft der Scheidung vereinbart wird, auch wenn die Veräußerung an den Ehegatten vom Zustimmungserfordernis ausgenommen ist;[259]
- Veräußerung an **Abkömmlinge** des Eigentümers, wenn nicht insoweit ein Befreiungstatbestand besteht; dann allerdings kann die Veräußerung auch durch die Erben an einen Abkömmling zustimmungsfrei erfolgen;[260]
- Veräußerung an einen **anderen Wohnungseigentümer**;[261]
- Veräußerung an einen **Grundpfandrechtsgläubiger**;[262]
- Veräußerungen zur **Auseinandersetzung einer Erbengemeinschaft**, und zwar auch dann, wenn die Veräußerung der Erfüllung eines Vermächtnisses oder einer Teilungsanordnung des Erblassers dient;[263]
- Veräußerung an eine **Gesellschaft bürgerlichen Rechts** selbst dann, wenn bei einem vereinbarten Verwandtenprivileg alle Mitglieder der Gesellschaft Verwandte des Veräußerers sind;[264]
- Veräußerung von einer **Kommanditgesellschaft** an die beiden einzigen Kommanditisten.[265]

c) Keine Veräußerungsfälle

Nicht von einer vereinbarten Veräußerungsbeschränkung gem. § 12 WEG erfasst werden demgegenüber all jene Fallgestaltungen, die entweder keine singuläre Rechtsnachfolge darstellen, nicht rechtsgeschäftlich erfolgen oder schon gar nicht zu einer Rechtsnachfolge führen. **128**

Entscheidung war Anlass für die Einführung des § 61 WEG zur Heilung unwirksamer Veräußerungsfälle.

[257] *Demharter* Anh zu § 3 Rn. 36; *Hügel/Elzer* § 12 Rn. 13; Riecke/Schmid/*Schneider* § 12 Rn. 12; aA OLG Hamm OLGZ 1994, 515 = NJW-RR 1994, 975; Bärmann/*Suilmann* § 12 Rn. 10; offen gelassen von *Dötsch* ZWE 2011, 387.

[258] KG ZWE 2012, 426.

[259] KG ZWE 2011, 220.

[260] KG ZWE 2012, 227.

[261] KG ZWE 2011, 220; OLG Hamm ZWE 2002, 44.

[262] LG Düsseldorf Rpfleger 1981, 193.

[263] BayObLGZ 1982, 46 = MittBayNot 1982, 70; LG Dortmund MittBayNot 2009,43.

[264] KG ZWE 2012, 41; OLG München NJW 2007, 1536.

[265] OLG Hamm FGPrax 2007, 10.

Beispiele

- Gesamtrechtsnachfolge etwa aufgrund **Erbfolge**[266], Vereinbarung einer **Gütergemeinschaft**[267] oder nach dem **UmwG**[268];
- Veränderungen im Personenbestand bei gesamthänderisch gebundenen Vermögen etwa durch **Erbteilübertragung**[269] oder **Übertragung eines Anteils** an einer **Gesellschaft bürgerlichen Rechts**[270];
- **Umwandlung** einer Erbengemeinschaft in eine personengleiche Bruchteilsgemeinschaft;[271]
- **Enteignung**;[272]
- Eintragung einer **Erwerbsvormerkung**;[273]
- **Belastung** des Wohnungseigentums mit einem dinglichen Recht;[274]
- Abschluss eines **Mietvertrages**.[275]

d) Beschränkung und Erweiterung des Anwendungsbereichs

129 Der Inhalt einer vereinbarten Veräußerungsbeschränkung muss den sachenrechtlichen Bestimmtheitsanforderungen genügen.[276] Nach den Verfahrensgrundsätzen des Grundbuchrechts kann das Grundbuchgericht die Wirksamkeit einer vereinbarten Veräußerungsbeschränkung **grundsätzlich** nur nach einer **formalen Betrachtungsweise** beurteilen; eine Interessenabwägung kann im Grundbuchverfahren regelmäßig nicht geleistet werden.[277] Als Ausnahmetatbestand ist § 12 WEG dabei grundsätzlich eng auszulegen.[278]

aa) Beschränkung des Anwendungsbereichs

130 Eine Beschränkung des Anwendungsbereichs wird immer dann in Betracht kommen, wenn der **Schutzbereich des § 12 WEG offenkundig nicht eröffnet** sein kann. Dies muss dann auch vom Grundbuchgericht berücksichtigt werden (vgl. § 29 Abs. 1 S. 2 GBO).

Beispiele

Ein vereinbartes Zustimmungserfordernis entfällt bei **gleichzeitiger Veräußerung sämtlicher Wohnungseigentumsrechte** oder des **Grundstücks als Ganzes an denselben Erwerber**, weil in diesem Fall die Mitglieder der Gemeinschaft nicht vor unerwünschten Dritten geschützt werden müssen.[279] Dagegen nicht generell vom Zustimmungserfordernis ausgenommen sein kann die (zufällig) zeitgleiche Veräußerung aller Wohnungseigentumsrechte, selbst wenn diese an denselben Erwerber erfolgt.[280]

---

[266] KG ZWE 2014, 311.
[267] Riecke/Schmid/*Schneider* § 12 Rn. 36.
[268] ThürOLG ZWE 2014, 123.
[269] OLG Hamm OLGZ 1979, 419 = DNotZ 1980, 53.
[270] OLG Celle ZWE 2011, 270.
[271] OLG Karlsruhe ZWE 2012, 490.
[272] KG ZWE 2014, 311.
[273] OLG Hamm ZWE 2012, 97.
[274] KG ZWE 2014, 311.
[275] *Hügel/Elzer* § 12 Rn. 27.
[276] LG Duisburg ZMR 2007, 145.
[277] *Hügel/Elzer* § 12 Rn. 28.
[278] KG ZWE 2010, 456; BayObLG DNotZ 1992, 229.
[279] OLG Hamm ZWE 2012, 276; *Böttcher* ZNotP 2013, 128; *Schneider* RpflStud 2012, 119.
[280] *Schneider* RpflStud 2012, 119; aA OLG Saarbrücken ZWE 2012, 132.

Ebenfalls zustimmungsfrei bleibt trotz vereinbarten Zustimmungserfordernisses die **Veräußerung eines Wohnungseigentums an den rechtsfähigen Verband** Wohnungseigentümergemeinschaft in derselben Anlage, weil in diesem Fall die Wohnungseigentümer nicht vor sich selbst geschützt werden müssen.[281]

bb) Erweiterung des Anwendungsbereichs

Eine Erweiterung des Anwendungsbereichs ist im Hinblick auf den Ausnah- **131** mecharakter der Norm nur in solchen Fällen möglich, die rechtlich und/oder wirtschaftlich **einer Veräußerung gleichstehen**.

Beispiele

Der BGH hat für folgende Fallgestaltungen eine analoge Anwendung des § 12 WEG anerkannt:

- Wegen der eigentumsähnlichen Rechtsstellung des Berechtigten die Belastung eines Wohnungseigentums mit einem **Dauerwohnrecht** nach § 31 WEG oder einem **Wohnungsrecht** nach § 1093 BGB;[282]
- die Übertragung von **Sondernutzungsrechten**;[283]
- die **Unterteilung** eines Wohnungseigentums.[284]

Andere Zustimmungsvorbehalte fallen nicht unter § 12 WEG. Sie können **132** aber gem. § 10 Abs. 2 u. 3 iVm § 15 Abs. 1 WEG als Inhalt des Sondereigentums vereinbart und in das Grundbuch eingetragen werden.

Beispiel

Dazu gehören u.a. Zustimmungserfordernisse zur Belastung eines Wohnungseigentums mit einem **Nießbrauch**[285] oder zu dessen **Vermietung**[286].

Der **Unterschied** zur Veräußerungsbeschränkung nach § 12 WEG zeigt sich darin, dass eine fehlende Zustimmung das Rechtsgeschäft mit dem Dritten nicht unwirksam macht, sondern nur zum Schadensersatz verpflichtet.[287] Ein solchermaßen vereinbarter „anderer" Zustimmungsvorbehalt ist daher auch nicht vom Grundbuchgericht zu beachten und bedarf deshalb auch keiner ausdrücklichen Eintragung in das Grundbuch.[288]

---

[281] OLG Hamm NJW 2010, 1464; Bärmann/*Suilmann* § 12 Rn. 19; *Schneider* Rpfleger 2008, 291; aA *Hügel/Elzer* § 12 Rn. 30.

[282] BGHZ 37, 203 = NJW 1962, 1613; aA Weitnauer/*Lüke* § 12 Rn. 3; RGRK/*Augustin*, § 12 Rn. 2; Riecke/Schmid/*Schneider* § 12 Rn. 22.

[283] BGHZ 73, 149 = NJW 1979, 548.

[284] BGHZ 49, 250 = NJW 1968, 499; OLG München ZWE 2013, 409; BayObLG DNotZ 1992, 305; aA *Hügel/Elzer* § 12 Rn. 21; Meikel/*Böttcher* § 7 Rn. 112; *M. Müller* ZWE 2012, 22.

[285] LG Augsburg MittBayNot 1999, 381.

[286] OLG Frankfurt NZM 2005, 910.

[287] *Wenzel* ZWE 2008, 69 (72).

[288] Riecke/Schmid/*Schneider* § 12 Rn. 70.

4. Zustimmungsberechtigung

a) Wohnungseigentümer und Dritte

133   Die Vereinbarung kann eine Zustimmung durch **alle** oder nur **einige Wohnungseigentümer** oder aber einen **Mehrheitsbeschluss** der Wohnungseigentümerversammlung vorsehen.[289] Auch ein **Dritter** kann zustimmungspflichtig sein, so
zB (in der Praxis regelmäßig) der Wohnungseigentumsverwalter. Die Veräußerung
kann aber nicht in entsprechender Anwendung von § 1136 BGB von der Zustimmung eines **Grundpfandrechtsgläubigers** abhängig gemacht werden.[290]

b) Wohnungseigentumsverwalter

134   Ist der **Verwalter** zustimmungsberechtigt, so ist die Zustimmungsberechtigung
im Hinblick auf das erforderliche Vertrauensverhältnis grundsätzlich an seine
Person als Verwalter gebunden. Ist demgemäß der Verwalter eine **natürliche
Person**, erlischt die Zustimmungsberechtigung mit dessen Tod und geht nicht auf
die Erben über.[291] Ist demgegenüber Verwalter eine **juristische Person** (so zB die
typische Hausverwaltungs GmbH), so sollen bei deren Verschmelzung auf eine
andere juristische Person wegen der spezialgesetzlichen Umwandlungsregelungen
die Organstellung und der Verwaltervertrag im Wege der Gesamtrechtsnachfolge
auf den übernehmenden Rechtsträger übergehen.[292]

135   Ist die Zustimmung von einem **Wohnungseigentumsverwalter** zu erteilen, der
zugleich selbst als Veräußerer oder Erwerber der Wohnung am Vertrag beteiligt
ist, so ist entgegen der wohl noch vorherrschenden Ansicht[293] **§ 181 BGB** entsprechend anwendbar, selbst wenn der Verwalter die Erklärung (auch) gegenüber dem
anderen Vertragsteil abgegeben hat.[294] Auf einseitige Zustimmungserklärungen
ist § 181 BGB nämlich grundsätzlich anwendbar.[295] Nach dem Schutzzweck der
Norm muss dies auch dann gelten, wenn sich bei bestimmten Geschäften jenseits
ihres formalen Ordnungscharakters ein möglicher Missbrauch der Vertretungsmacht generell-abstrakt nach objektiv und einwandfrei feststellbaren Merkmalen
darstellen lässt und die Vorschrift bei einer rein formalen Betrachtungsweise andernfalls ihre Bedeutung verlöre, weil sie ohne weiteres umgangen werden könnte.[296] Es kann also nicht allein darauf ankommen, ob die Zustimmungserklärung

---

[289]   Zur Auslegung eines vereinbarten Zustimmungserfordernisses durch die „Mehrheit
der übrigen Wohnungseigentümer" vgl. OLG Hamm ZWE 2015, 362.

[290]   KEHE/*Eickmann* § 3 WGV Rn. 8; Riecke/Schmid/Schneider § 12 Rn. 86; *Schöner/
Stöber* Rn. 2898; Weitnauer/*Lüke* § 12 Rn. 14; aA Bärmann/*Suilmann* § 12 Rn. 28; *Hügel/
Elzer* § 12 Rn. 36.

[291]   BayObLGZ 2002, 20 = ZWE 2002, 214.

[292]   BGHZ 200, 221 = NJW 2014, 1447 = ZWE 2014, 216; anders noch OLG Köln
DNotZ 2006,690).

[293]   OLG Hamm v. 5.9.2013 – 15 W 303/13; KG DNotZ 2004, 391; BayObLG Mitt-
BayNot 1986, 180; OLG Düsseldorf NJW 1985, 390.

[294]   LG Hagen RNotZ 2007, 349; LG Traunstein MittBayNot 1980, 164; Bärmann/
Suilmann § 12 Rn. 27; *Böttcher* NJW 2008, 2088, 2094; *Hügel/Elzer* § 12 Rn. 40; Riecke/
Schmid/*Schneider* § 12 WEG Rn. 82; *Sohn* NJW 1985, 3060; Staudinger/*Schilken* (2014)
§ 181 Rn. 36.

[295]   BGH NJW-RR 1991, 1441; BayObLG DNotZ 1984, 559.

[296]   BGHZ 91, 334 = NJW 1984, 2085.

gem. § 182 Abs. 1 BGB sowohl dem einen als auch dem anderen Teil gegenüber erklärt werden kann und damit zumindest auch ohne ein Kontrahieren gegenüber dem anderen Vertragsteil wirksam werden könnte. Vielmehr liegt typischerweise ein das Motiv für § 181 BGB bildender Interessengegensatz vor, wenn der Verwalter, der zugleich Veräußerer oder Erwerber ist, auch über die notwendige Zustimmung zur Veräußerung entscheidet. Die Veräußerungsbeschränkung nach § 12 WEG soll jedoch dem Schutz der Wohnungseigentümer vor einem persönlich oder finanziell unzuverlässigen Erwerber dienen. Eine objektive Eignungsprüfung des Erwerbers durch den Verwalter ist aber bei bestehender Personenidentität von vornherein ausgeschlossen.

5. Erteilung, Widerruf und Wegfall der Zustimmung

a) Systematische Einordnung

Ein vereinbartes Zustimmungserfordernis erfasst sowohl das schuldrechtliche **136** Kausalgeschäft als auch das dingliche Erfüllungsgeschäft (§ 12 Abs. 3 S. 1 WEG). Solange die erforderliche Zustimmung zur Veräußerung nicht erteilt ist, ist sowohl das schuldrechtliche als auch das dingliche Veräußerungsgeschäft absolut schwebend unwirksam (§ 12 Abs. 3 Satz 1 WEG).[297] Die Veräußerung wird mit dem Zugang der Zustimmung beim Veräußerer oder beim Erwerber wirksam (§ 182 Abs. 1 BGB); im Fall der nachträglichen Zustimmung wirkt diese auf den Zeitpunkt des Vertragsschlusses zurück (§ 184 Abs. 1 BGB).[298]

Bitte lesen Sie jetzt § 12 Abs. 3 WEG!

Ob eine zur Auflassung erteilte Zustimmung damit bis zur Vornahme des **137** Rechtsgeschäfts grundsätzlich als **widerruflich** anzusehen ist (§ 183 BGB), ist nach wie vor nicht abschließend geklärt.[299] Hier stehen sich zwei Sichtweisen gegenüber:

aa) Zustimmungserfordernis als Verfügungsbeschränkung

Der traditionelle Ansatz versteht unter der „Vornahme des Rechtsgeschäfts" **138** die Eintragung des neuen Wohnungseigentümers in das Grundbuch nach § 873 Abs. 1 BGB.[300] Nach diesem Ansatz erlischt die Widerrufsmöglichkeit allenfalls vorzeitig gem. § 878 BGB, wenn die Auflassung nach § 873 Abs. 2 BGB (durch notarielle Beurkundung) bindend geworden und der Umschreibungsantrag beim Grundbuchgericht gestellt worden ist.[301] Eine wohnungseigentumsrechtliche Veräußerungsbeschränkung wird damit wie eine **Verfügungsbeschränkung** behandelt.

---

[297] BGH NJW 2012, 3232 = ZWE 2012, 499.
[298] LG Frankfurt a.M. NJW-RR 1996, 1080; aA Bärmann/*Suilmann* § 12 Rn. 36.
[299] Offen gelassen in BGHZ 195, 120 = NJW 2013, 299 = ZWE 2013, 21: „sofern man eine Widerruflichkeit der Zustimmungserklärung überhaupt bejaht".
[300] BGH NJW 1963, 36 für den vergleichbaren Sachverhalt bei einem Erbbaurecht.
[301] BGH NJW 1963, 36; vgl. DNotI-Gutachten DNotI-Report 2004, 165 mwN.

139   Genehmigt demgegenüber der Zustimmungsberechtigte den schuldrechtlichen Kaufvertrag, wird dieser ex tunc unwiderruflich wirksam (§ 184 Abs. 1 BGB). Eine Genehmigung nach § 184 BGB kann nämlich wegen ihrer rechtsgestaltenden Wirkung nicht mehr widerrufen werden.[302]

bb) Zustimmungserfordernis als inhaltsbestimmende Ausgestaltung des Sondereigentums

140   Weil die Zustimmung zum schuldrechtlichen Kaufvertrag und zur sachenrechtlichen Auflassung in der Praxis allerdings nicht in zwei getrennten Rechtsgeschäften, sondern einheitlich erklärt werden, kann nach einer jüngeren Rechtsansicht richtigerweise die Zustimmung zur Auflassung dann ebenfalls nicht mehr widerrufen werden, wenn die Zustimmung zum Kaufvertrag unwiderruflich geworden ist.[303] Begründet wird dies mit der den Inhalt des Sondereigentums gem. §§ 5 Abs. 4 S. 1, 10 Abs. 3 WEG ausgestaltenden Wirkung der Veräußerungsbeschränkung. Andernfalls könnte nämlich der auf Veräußerung gerichtete schuldrechtliche Vertrag nach erteilter Zustimmung bereits wirksam geworden sein (und u.a. die Verpflichtung zur Zahlung des Kaufpreises ausgelöst haben!), ohne dass er infolge eines späteren Widerrufs der Zustimmung zur Auflassung noch erfüllt werden könnte.[304] Es handelt sich nach dieser Ansicht bei dem Zustimmungserfordernis gem. § 12 WEG also nicht um eine Veräußerungsbeschränkung im Sinne einer Verfügungsbeschränkung, sondern um eine **Fungibilitätsbeschränkung**.[305]

b) Wirkung einer erteilten Zustimmung

141   Die beiden unterschiedlichen Rechtsauffassungen führen in der Praxis zu weitreichende Auswirkungen, wenn in der Person des Zustimmungsberechtigten Veränderungen eintreten. Sieht man nämlich traditionell in einer wohnungseigentumsrechtlichen Veräußerungsbeschränkung eine **Verfügungsbeschränkung**, so ist für die Beurteilung der Verfügungsbefugnis maßgeblich auf den Zeitpunkt der Grundbucheintragung abzustellen, weil sich erst dann die Verfügung über das Eigentumsrecht verwirklicht. In diesem Fall käme es also auf die Zustimmungserklärung durch die im Zeitpunkt des Eigentumswechsels zustimmungsberechtigte Person an. Die von einem Rechtsvorgänger des zustimmungspflichtigen Wohnungseigentumsverwalters oder eines zustimmungspflichtigen Wohnungseigentümers erteilte Zustimmung würde mit dem Verlust dieser Rechtsstellung wirkungslos und könnte den (wieder entstehenden) Mangel in der Verfügungsbefugnis des Veräußerers nicht beheben.[306] Eine Vorverlagerung des maßgeblichen Zeitpunkts kommt nach dieser Ansicht nur unter den Voraussetzungen des § 878 BGB in Betracht.

---

[302] BGHZ 125,355 = NJW 1994, 1785; BGHZ 40,156 = MDR 1964, 136.

[303] Bauer/v. Oefele/*Kössinger* § 19 GBO Rn. 203; *Hügel/Elzer* § 12 Rn. 41ff.; *Kesseler* RNotZ 2005, 543; MüKoBGB/*Commichau* § 12 WEG Rn. 45; *F. Schmidt* MittBayNot 1999, 366; Riecke/Schmid/*Schneider* § 12 Rn. 78 u. 84; jetzt auch Staudinger/*Gursky* (2014) § 183 Rn. 28; zögerlich *Schöner/Stöber* Rn. 2904.

[304] Instruktiv OLG Hamburg ZfIR 2011, 528 m. abl. Anm. *Schneider* = ZWE 2011, 408; ausf. zum Problem auch *DNotI-Gutachten* DNotI-Report 2011, 113.

[305] Der Begriff wurde wohl erstmals in diesem Zusammenhang geprägt von Bauer/v. Oefele/*Kössinger* § 19 Rn. 203.

[306] So jetzt unter Aufgabe seiner bisherigen Rechtsprechung OLG München v. 31.05.2017 – 34 Wx 386/16; OLG Frankfurt ZWE 2012, 274; OLG Frankfurt ZWE

Folgt man demgegenüber der jüngeren und im Vordringen befindlichen Rechts- **142** ansicht zur **Fungibilitätsbeschränkung**, muss die Zustimmungsberechtigung nur im Zeitpunkt der Abgabe der Zustimmungserklärung vorliegen, nicht aber bei der Eigentumsumschreibung.[307] Auch auf den vorgezogenen Beurteilungszeitpunkt des § 878 BGB kommt es nicht an. Ein späterer Wechsel des Zustimmungsberechtigten bleibt ohne Auswirkungen auf eine bereits erteilte Zustimmung. Der durch die Zustimmung begünstigte Veräußerer erlangt durch die vollständige Unwiderruflichkeit auch im dinglichen Bereich eine gesicherte Rechtsposition, die von weiteren Entwicklungen in der Sphäre des Zustimmungsberechtigten unabhängig ist. Die einmal erteilte Zustimmungserklärung behält auf diese Weise insgesamt ihre Wirksamkeit und hat die ursprünglich auf Veräußererseite bestehende Beschränkung einheitlich beseitigt.

Der BGH hat die zugrunde liegende Rechtsfrage letztlich offen gelassen.[308] **143** Der von ihm gewählte Ansatz geht davon aus, dass die Veräußerungszustimmung des Wohnungseigentumsverwalters wie ein entsprechender Beschluss der Wohnungseigentümer selbst zu behandeln ist. Die Wohnungseigentümer könnten nämlich die Zustimmungserteilung jederzeit an sich ziehen, soweit der Verwalter nur als mittelbarer Vertreter handelt. Ihr Mehrheitsbeschluss sei jedoch gem. § 10 Abs. 4 S. 1 bindend und könne deshalb auch nicht vom Grundbuchgericht hinterfragt werden. Damit dürfte die überwiegende Zahl der Fälle in der Praxis beherrschbar sein. Offen bleibt bei dieser Sichtweise allerdings, woraus der BGH die Kompetenz für eine Mehrheitsentscheidung ableitet.[309] Auch vermag der vom BGH gewählte Lösungsansatz diejenigen Fallgestaltungen nicht zu erfassen, bei denen ein Verwalter nicht als mittelbarer Vertreter, sondern kraft eigenen Rechts oder ein Wohnungseigentümer aufgrund seiner Rechtsstellung handelt.

6. Verweigerung der Zustimmung

Eine erforderliche Veräußerungszustimmung darf nur aus **wichtigem Grund 144** versagt werden.

Bitte lesen Sie jetzt § 12 Abs. 2 WEG!

Die Regelung des § 12 Abs. 2 S. 1 WEG ist zwingend.[310] Wird eine erforderliche Zustimmung verweigert, ist der Veräußerungsvertrag endgültig unwirksam.[311] Eine Versagung der Zustimmung ist trotz einer eingetragenen Erwerbsvormerkung noch möglich.[312]

Die Veräußerungszustimmung kann nur verweigert werden, wenn die Übertra- **145** gung des Wohnungseigentums eine **gemeinschaftswidrige Gefahr** für die übrigen

---

2012, 273; OLG Saarbrücken ZWE 2012,132; OLG Hamburg ZfIR 2011, 528 = ZWE 2011, 408; OLG Hamm NZM 2010, 709 = ZfIR 2011, 526; KG ZMR 2009, 784; OLG Celle NZM 2005, 260.

[307] OLG Nürnberg ZWE 2013, 86; KG ZWE 2012, 227; OLG München NZM 2012, 388, jetzt allerdings wieder aufgegeben v. OLG München v. 31.05.2017 – 34 Wx 386/16; OLG Düsseldorf ZfIR 2011, 529 = ZWE 2011, 268.

[308] BGHZ 195, 120 = NJW 2013, 299 = ZWE 2013, 21.

[309] *Elzer* MietRB 2013, 16; *Hügel* NotBZ 2013, 1.

[310] OLG Hamm NJW-RR 1993, 279.

[311] BGH NJW 2012, 3232 = ZWE 2012, 499.

[312] OLG Düsseldorf WuM 1997, 387.

Wohnungseigentümer bedeutet, die in der Person des Erwerbers begründet ist.[313]
Ein solcher wichtiger Grund liegt vor, wenn ein Erwerbsinteressent im Hinblick
auf seine **Person** oder seine **wirtschaftliche Leistungsfähigkeit** für die Wohnungseigentümergemeinschaft unzumutbar ist.

146 Ein **wichtiger Grund** iSd § 12 WEG liegt u.a. vor:

Beispiele

– Ein Erwerbsinteressent ist bereits Mitwohnungseigentümer und hat rechtswidrige bauliche
  Veränderungen vorgenommen sowie erhebliche Hausgeldrückstände auflaufen lassen.[314]
– Ein Erwerbsinteressent hat bereits als Mieter seine Miete nicht oder nicht rechtzeitig
  gezahlt.[315]
– Ein ausländischer Erwerbsinteressent verweigert die Bestellung eines in der Gemeinschaftsordnung vorgesehenen inländischen Zustellungsbevollmächtigten in notariell be-
  glaubigter Form.[316]
– Ein Erwerbsinteressent versucht, die erforderliche Zustimmung durch Drohungen zu
  erreichen.[317]

147 **Kein wichtiger Grund** iSd § 12 WEG liegt u.a. vor:

Beispiele

– Bloße Antipathie reicht für eine Zustimmungsversagung nicht aus.[318]
– Ein Hausgeldrückstand des *Veräußerers* stellt keinen Versagungsgrund dar.[319]
– Bewilligung von Prozesskostenhilfe über zwei Instanzen zugunsten eines Erwerbsinter-
  essenten.[320]

148 Liegt ein wichtiger Grund, der die Verweigerung der Zustimmung rechtfertigt,
nicht vor, steht dem veräußerungswilligen Eigentümer einer Eigentumswohnung
nach § 12 Abs. 2 WEG ein Anspruch auf Erteilung der in der Gemeinschaftsordnung vorgesehenen Zustimmung zur Veräußerung in grundbuchtauglicher Form
zu.[321] Bei Verweigerung der Zustimmung kann ein gerichtliches Ersetzungsver-
fahren nach § 43 Nr. 1 bzw. Nr. 3 WEG eingeleitet werden.

7. Nachweis der Zustimmung

149 Das Grundbuchgericht muss eine vereinbarte Veräußerungsbeschränkung
gem. § 12 WEG von Amts wegen beachten.[322] Dazu ist die **Zustimmung** eines
Wohnungseigentumsverwalters **in der Form des § 29 Abs. 1 S. 1 GBO** nachzuweisen und kann auch nicht von einer Kostenübernahme durch den veräußernden
Wohnungseigentümer abhängig gemacht werden.[323]

---

[313] OLG Zweibrücken ZWE 2006, 46 OLG Köln ZfIR 2002, 144.
[314] LG Köln ZMR 2009, 552.
[315] OLG Köln NJW-RR 1996, 1296.
[316] AG Hamburg ZMR 2011, 67.
[317] OLG Düsseldorf NJW-RR 1997, 268.
[318] OLG Köln ZWE 2010, 42.
[319] OLG Brandenburg ZMR 2009, 703.
[320] LG Itzehoe ZWE 2012, 180.
[321] BGH ZWE 2011, 321; OLG Hamm OLGZ 1993, 295 = NJW-RR 1993, 279; OLG
Hamm OLGZ 1992, 295 = NJW-RR 1992, 785.
[322] OLG Hamm ZWE 2013, 215; OLG Frankfurt ZWE 2011, 337.
[323] OLG Hamm OLGZ 1989, 302 = NJW-RR 1989, 974.

Daneben ist dessen **Eigenschaft als Verwalter in der Form des § 29 GBO** nach- 150
zuweisen. Hierfür genügt die Vorlage einer Niederschrift über den Bestellungsbeschluss, bei der die Unterschriften der in § 24 Abs. 6 WEG bezeichneten Personen
öffentlich beglaubigt sind (§ 26 Abs. 3 WEG). Eines weitergehenden Nachweises
dahingehend, dass die Unterzeichner auch die in der Niederschrift bezeichnete
Funktion innehaben (zB als Vorsitzender des Verwaltungsbeirates), bedarf es
nicht.[324] Soweit sich aus der Verwalterbestellung nichts Anderes ergibt, kann
für drei bzw. fünf Jahre vom Fortbestand der Verwalterbestellung ausgegangen
werden (vgl. § 26 Abs. 1 WEG).[325]

Hinweis:

Einzelheiten zum Nachweis einer Verwalterbestellung durch Beschlussfassung der
Wohnungseigentümer finden Sie im → Kapitel H Rn. 89 ff.

Muster[326]   151

Zustimmungserklärung

Ich bin zum Verwalter nach dem Wohnungseigentumsgesetz bestellt für die bei dem
Amtsgericht . . . . . gebildeten Sondereigentumseinheiten an dem Grundstück Gemarkung . . . . ., Flur . . . . ., Flurstück . . . . ., eingetragen in den Wohnungs- und
Teileigentumsgrundbüchern von . . . . . Blatt . . . . . bis Blatt . . . . .
Mit notariellem Vertrag (Notar; UR-Nr. . . . .) vom . . . . . hat der eingetragene Eigentümer sein Wohnungseigentum Nr. . . . . . des Aufteilungsplans auf den Erwerber
. . . . . übertragen.
In meiner Eigenschaft als Verwalter stimme ich dieser Übertragung gem. § 12 WEG
hiermit zu.

Meine Verwaltereigenschaft ergibt sich aus:
☐ dem anliegend beigefügten Beschluss über meine Bestellung zum Verwalter mit den
   gem. § 26 Abs. 3, § 24 Abs. 6 WEG öffentlich beglaubigten Unterschriften;
☐ dem bereits zu den Grundakten von . . . . . Blatt . . . . . eingereichten Beschluss
   über meine Bestellung zum Verwalter mit den gem. § 26 Abs. 3, § 24 Abs. 6 WEG
   öffentlich beglaubigten Unterschriften
☐ der bei den Grundakten befindlichen Teilungserklärung.

. . . . .
(Ort, Datum)

. . . . .
(Unterschrift)

. . . . .
(Unterschriftsbeglaubigung)

---

[324] LG Lübeck Rpfleger 1991, 309; LG Aachen MittRhNotK 1985, 13; LG Wuppertal
MittRhNotK 1985, 11; LG Köln MittRhNotK 1984, 121.
[325] BayObLG MittBayNot 1991,170; OLG Oldenburg Rpfleger 1979,266.
[326] Mit freundlicher Erlaubnis entnommen aus dem Beck'schen Formularbuch Wohnungseigentumsrecht, Formular G III.

8. Aufhebung der Veräußerungsbeschränkung

a) Grundsatz

152   Die Aufhebung einer vereinbarten Veräußerungsbeschränkung führt ebenso wie ihre Begründung zur **Inhaltsänderung** aller beteiligten Wohnungseigentumsrechte (§ 5 Abs. 4 Satz 1 WEG); sie bedarf damit als vereinbarungsaufhebende Regelung grundsätzlich der Mitwirkung aller Wohnungseigentümer (vgl. auch § 10 Abs. 3 WEG „Aufhebung solcher Vereinbarungen").

b) Mehrheitsbeschluss

153   Die Wohnungseigentümer können allerdings auch durch Stimmenmehrheit **beschließen**, dass eine Veräußerungsbeschränkung gemäß § 12 Abs. 1 WEG aufgehoben wird. Diese Befugnis kann durch Vereinbarung der Wohnungseigentümer nicht eingeschränkt oder ausgeschlossen werden. Ist ein solcher Beschluss gefasst, kann die Veräußerungsbeschränkung im Grundbuch gelöscht werden. Die Beschlusskompetenz wurde im Zuge der WEG-Novelle (2007) eingeführt; sie gilt allerdings auch für bereits eingetragene Veräußerungsbeschränkungen aus der Zeit vor dem 1.7.2007.[327]

📖   Bitte lesen Sie jetzt § 12 Abs. 4 WEG!

154   Die Aufhebung der Veräußerungsbeschränkung können die Wohnungseigentümer mit einfacher Stimmenmehrheit beschließen (§ 12 Abs. 4 S. 1 WEG). Dabei wird das in der jeweiligen Wohnungseigentumsanlage geltende **Stimmrechtsprinzip** zugrunde gelegt[328]; eine Begrenzung auf das gesetzliche Kopfstimmrecht des § 25 Abs. 2 WEG[329] kann trotz des Beschränkungsverbotes in § 12 Abs. 4 S. 2 WEG nicht angenommen werden.[330]

> **Hinweis:**
>
> Wegen der verschiedenen Stimmrechtsprinzipien → Kapitel H Rn. 44.

155   In **Mehrhausanlagen** steht die Beschlusskompetenz zur Aufhebung einer Veräußerungsbeschränkung trotz getrennter Verwaltungsbefugnis nur der Eigentümerversammlung der Gesamtgemeinschaft zu.[331]

---

[327] Vgl. OLG Hamm ZWE 2008, 465.

[328] Bärmann/*Suilmann* § 12 Rn. 52; *Böttcher* Rpfleger 2009, 181, 192; *Hügel/Elzer* § 12 Rn. 80; *Rapp* DNotZ 2009, 335 (347); Riecke/Schmid/*Schneider* § 12 Rn. 68c; *Wenzel* ZWE 2008, 69 (74).

[329] So aber *Drasdo* RNotZ 2007, 264; *Häublein* FS Bub (2007), S. 113; *Merle* ZWE 2009, 15 (18).

[330] Der BGH NJW 2015, 3371 = ZWE 2015, 410 folgt der hier vertretenen Sichtweise im vergleichbaren Fall des § 16 Abs. 3 WEG.

[331] OLG Hamm ZWE 2012, 489.

c) Grundbuchberichtigung

Der Beschluss über die Aufhebung einer bestehenden Veräußerungsbeschränkung **156** wird mit seiner Verkündung wirksam.[332] Keine Wirksamkeitsvoraussetzung sind demzufolge die Grundbucheintragung des Beschlusses (vgl. § 12 Abs. 4 S. 3 WEG), seine Eintragung in die Beschluss–Sammlung (vgl. § 24 Abs. 7 WEG) oder die Aufnahme in die zu erstellende Niederschrift (vgl. § 24 Abs. 6 WEG) noch der Eintritt der Bestandskraft.[333] Der wirksame Aufhebungsbeschluss hat konstitutive Wirkung; die anschließende Löschung der Veräußerungsbeschränkung im Grundbuch stellt lediglich eine **Grundbuchberichtigung** mit deklaratorischer Wirkung dar.[334]

Zur Grundbuchberichtigung ist neben der entsprechenden Antragstellung[335] **157** entweder die Vorlage einer Berichtigungsbewilligung sämtlicher Betroffener (§ 19 GBO) oder ein Unrichtigkeitsnachweis (§ 22 GBO) erforderlich.[336] Als **Unrichtigkeitsnachweis** ist eine Niederschrift über die Beschlussfassung der Eigentümerversammlung vorzulegen, wobei die Unterschriften des Versammlungsleiters und eines Wohnungseigentümers und, falls ein Verwaltungsbeirat bestellt ist, auch von dessen Vorsitzenden oder seinem Stellvertreter, öffentlich beglaubigt sein müssen (§ 12 Abs. 4 S. 5, § 26 Abs. 3 WEG). Eines weitergehenden Nachweises, dass die Unterzeichner auch die bezeichneten Funktionen innehaben (zB als Vorsitzender des Verwaltungsbeirats) bedarf es wiederum nicht.

> **Hinweis:**
> Zum parallelen Nachweiserfordernis bei der Verwalterzustimmung → Rn. 149 f.
> Wegen Einzelheiten zum Nachweis einer Beschlussfassung der Wohnungseigentümer → Kapitel H Rn. 89 ff.

Eine **Zustimmung dinglich Berechtigter** zur Aufhebung einer vereinbarten **158** Veräußerungsbeschränkung ist mangels Beeinträchtigungsmöglichkeit nicht erforderlich.[337]

d) Rückgängigmachung der Aufhebung

Möchten die Wohnungseigentümer die Aufhebung wieder rückgängig machen, **159** also die Veräußerungsbeschränkung des § 12 WEG wieder einführen, bedarf es dazu einer neuerlichen Vereinbarung aller Wohnungseigentümer gem. § 10 Abs. 2 S. 2 WEG. Für die Wiederbegründung einer zuvor durch Beschluss aufgehobenen Veräußerungsbeschränkung fehlt der Versammlung der Wohnungseigentümer nämlich die notwendige Beschlusskompetenz. § 12 Abs. 4 S. 1 WEG gilt als gesetzliche Ausnahme vom Vereinbarungsprinzip nicht für den „actus contrarius".[338]

---

[332] *Wenzel* ZWE 2008, 69 (75).

[333] OLG München ZWE 2014, 267.

[334] OLG Hamm ZWE 2012, 489, OLG München ZWE 2011, 418.

[335] Zum Antragsrecht des einzelnen Wohnungseigentümers s. OLG München ZWE 2014, 267; *Wilsch* NotBZ 2007, 305, 308.

[336] OLG München ZWE 2011, 418.

[337] BayObLGZ 1989, 354 = MittBayNot 1989, 315; LG Bielefeld Rpfleger 1985, 232; LG Düsseldorf MittRhNotK 1983, 221.

[338] OLG München ZWE 2014, 267.

VII. Bauliche Maßnahmen

1. Anwendungsbereich und rechtliche Einordnung

160   In der Praxis besteht für bestimmte bauliche Maßnahmen oftmals ein Bedürfnis, bereits bei der Begründung des Wohnungseigentums den Rechtsboden für die Zeit nach der Entstehung einer Eigentümergemeinschaft vorzubereiten.

Beispiele

Typische Anwendungsfälle sind u.a.:

- die Berechtigung zum nachträglichen Ausbau eines Dachgeschosses als Wohnung;
- die Berechtigung zum nachträglichen Aufstellen eines Carports auf einem zur Sondernutzung zugewiesenen Pkw-Stellplatz;
- die Berechtigung zum nachträglichen Anbau von Ständerbalkonen;
- die Berechtigung zum nachträglichen Ein- oder Anbau eines Fahrstuhls.

161   Der Sache nach handelt es sich dabei um **bauliche Veränderungen** des gemeinschaftlichen Eigentums, die nach Invollzugsetzung der Wohnungseigentümergemeinschaft nur noch unter bestimmten Voraussetzungen mehrheitlich beschlossen werden können. Soweit solche Veränderungen nämlich über die ordnungsmäßige Instandhaltung und Instandsetzung des gemeinschaftlichen Eigentums hinausgehen, bedarf es der Zustimmung aller Wohnungseigentümer, deren Rechte über das in § 14 Nr. 1 WEG bestimmte Maß hinaus beeinträchtigt werden, wenn nicht eine Modernisierungsmaßnahme vorliegen sollte.

📖 Bitte lesen Sie jetzt § 22 Abs. 1 WEG!

2. Vereinbarung baulicher Veränderungen

162   Da insbesondere in größeren Eigentümergemeinschaften die notwendigen Zustimmungen nur schwer zu erlangen sind, stellt sich die Frage, ob näher bestimmte absehbare bauliche Maßnahmen nicht bereits mit der Begründung des Wohnungseigentums vereinbart werden können. Bereits nach der Regelungshierarchie (→ Rn. 2) können Wohnungseigentümer auch vereinbaren, was zu beschließen ist. Vereinbarungen können jedoch nach den Vorschriften des 2. und **3. Abschnittes** (!) des I. Teils des WEG zum Inhalt des Sondereigentums gemacht werden.

📖 Bitte lesen Sie jetzt vor diesem Hintergrund noch einmal § 5 Abs. 4 S. 1 WEG!

163   Wir haben es damit mit einer weiteren **Vereinbarung** iSd § 10 Abs. 2 S. 2 WEG zu tun.[339] Die einseitige Erklärung des teilenden Eigentümers steht einer Ver-

---

[339] Vgl. BGH ZWE 2013, 131 (Dachgeschossausbau); BGH ZWE 2012, 377; BGH NJW 2012, 676 = ZWE 2012, 175 (jew. Sondernutzungsrecht mit der Befugnis zu baulichen Veränderungen).

einbarung gem. §§ 5 Abs. 4 S. 1, 8 Abs. 2 WEG gleich, wenn diese als Inhalt des Sondereigentums in das Grundbuch eingetragen ist. Sie bindet dann gemäß § 10 Abs. 3 WEG auch die jeweiligen **Sondernachfolger** im Eigentum an die auf diese Weise verdinglichte Zustimmungserklärung.[340]

> **Hinweis:**
> Zu baulichen und Modernisierungsmaßnahmen s. ausf. → Kapitel K Rn. 1 ff.

Wiederholungsaufgaben und Vertiefungsfragen

1. Könnte ein Sondernutzungsrecht auch in der Weise begründet werden, dass dem jeweiligen Eigentümer eines näher beschriebenen und abgeschlossenen Teileigentums an einem Kellerraum das Sondernutzungsrecht an einer im Obergeschoss gelegenen, näher beschriebenen Wohnung zugeordnet wird?
2. Könnte eine Veräußerungsbeschränkung gem. § 12 WEG auch für die Übertragung von Sondernutzungsrechten vereinbart werden?

---

[340] LG Hamburg ZMR 2011, 410 (für den Anbau von Ständerbalkonen), *Bärmann/ Merle* § 22 Rn. 167; *Hügel/Elzer* § 22 Rn. 34.

Kapitel F. Verfügungen über das Wohnungseigentum

Ausgewählte Literatur zur Ergänzung und Vertiefung:

Amann, Amtslöschung von Dienstbarkeiten am Gemeinschaftseigentum?, MittBayNot 1995, 267; *Böttcher*, Vereinigung von Eigentumswohnungen, ZNotP 2013, 57; *Böttcher*, Veränderungen beim Wohnungseigentum, BWNotZ 1996, 80; *Ertl*, Ausübungsbereiche des Wohnungsrechts am Wohnungseigentum, FS Bärmann und Weitnauer (1990), S.251; *Gaier*, Unterteilung von Wohnungseigentum, FS Wenzel (2005), S.145; Harz/Riecke/ Schmid/*Ott*, Hdb. d. FA Miet- und Wohnungseigentumsrecht, 5.Aufl. 2015 Kapitel 27: Bauträgerrecht, Kaufrecht; *Heinemann*, Umwandlungsvorgänge im Wohnungs- und Teileigentumsrecht, MietRB 2011, 231; *Hügel*, Die Umwandlung von Teileigentum zu Wohnungseigentum und umgekehrt FS Bub (2007), S.137 = ZWE 2008, 120; *A. Ott*, Die Abnahme des Gemeinschaftseigentums vom Bauträger, ZWE 2013, 253; *A. Ott* Die Verfolgung von Mängelrechten gegen den Bauträger, NZM 2007, 505; *Pause/Vogel*, Auswirkungen der WEG-Reform auf die Geltendmachung von Mängeln am Gemeinschaftseigentum, ZMR 2007, 577; *Rapp*, Unterteilungen und Neuaufteilungen von Wohnungseigentum, MittBayNot 1996, 344; *Röll*, Das Eingangsflurproblem bei der Unterteilung von Eigentumswohnungen DNotZ 1998, 345; *Röll*, Veräußerung und Zuerwerb von Teilflächen bei Eigentumswohnanlagen, Rpfleger 1990, 277; *Schüller*, Änderungen von Teilungserklärungen und Gemeinschaftsordnungen, RNotZ 2011, 203; *Stöhr*, Mitwirkungserfordernis der Sondereigentümer und dinglich Berechtigten bei Gestaltungen und Änderungen im Recht der Wohnungseigentümer, RNotZ 2016, 137; *Streblow*, Änderungen von Teilungserklärungen nach Eintragung der Aufteilung in das Grundbuch, MittRhNotK 1987, 141; *Streuer*, Nachverpfändung, Zuschreibung oder Pfanderstreckung kraft Gesetzes?, Rpfleger 1992, 181; *Vogel*, Probleme der Änderung von Teilungserklärung und Gemeinschaftsordnung beim Erwerb vom Bauträger, ZMR 2008, 270; *Weikart*, Bestandsänderungen von Sondereigentumsgrundstücken, NotBZ 1997, 89; *F. Zimmermann*, Belastung von Wohnungseigentum mit Dienstbarkeiten, Rpfleger 1981, 333.

I. Vorbemerkungen

1. Verfügungen

Mit diesem Kapitel ist für Sie zunächst die Gelegenheit verbunden, sich vorab **1** noch einmal mit dem bürgerlich-rechtlichen **Verfügungsbegriff** zu befassen:

> **Wiederholung:**
>
> Unter einer Verfügung ist bekanntlich ein *Rechtsgeschäft* zu verstehen, *durch das der Verfügende unmittelbar (dinglich) auf ein bestehendes Recht einwirkt, indem er es aufhebt, belastet, überträgt oder verändert.*[1] *(„ABÜV")*

Es wird also in der Folge darum gehen, auf welche Art und Weise Wohnungseigentum rechtsgeschäftlich übertragen (Abschnitt II), belastet (Abschnitt III) und verändert werden kann (Abschnitt IV). Mit den Aufhebungsmöglichkeiten können Sie sich dann am Ende des Buches (→ Kapitel N Rn.1 ff.) beschäftigen.

---

[1] Vgl. BGHZ 75, 221, 226 = NJW 1980, 175; BGHZ 1, 294, 304 = NJW 1951, 645, 647.

Es geht in diesem Kapitel also nicht um Überlegungen zu einem Eigentums-erwerb kraft Gesetzes (zB durch Erbfolge gem. § 1922 BGB; dazu → Kapitel J Rn. 75) oder durch Hoheitsakt (zB durch Zuschlag in einem Zwangsversteige-rungsverfahren gem. § 90 ZVG; dazu → Kapitel M Rn. 7 ff.). Auch gehören bau-liche Veränderungen eines Wohnungseigentums nicht hierher (dazu → Kapitel K).

2. Trennungs- und Abstraktionsprinzip

2   Darüber hinaus sollten Sie sich vor der weiteren Lektüre noch einmal die tragenden Grundprinzipien unserer Zivilrechtsordnung in Erinnerung rufen. Danach wird zwischen dem **Verpflichtungsgeschäft** einerseits und den **Verfü-gungsgeschäften** andererseits unterschieden; sie bilden juristisch keine Einheit (Trennungsprinzip). Das Abstraktionsprinzip beruht auf diesem Trennungsprin-zip und besagt, dass die genannten Rechtsgeschäfte auch in ihrer Wirksamkeit voneinander unabhängig zu betrachten sind. Danach kann also zB das verpflicht-ende Geschäft unwirksam, das dingliche dagegen wirksam sein. Zur Visualisie-rung soll das folgende Schaubild dienen:

Schaubild:

Erfüllungsgeschäfte	Erfüllen die Rechte und Pflichten aus dem Grundverhältnis durch *Rechtsgeschäfte, die unmittelbar dinglich auf ein bestehen-des Recht einwirken, indem sie es aufhe-ben, belasten; übertragen oder verändern* (= Def. **Verfügung)**
‑‑‑‑‑‑‑‑‑‑‑‑‑‑‑‑‑‑‑‑‑‑ **Trennungsprinzip** ‑‑‑‑‑‑‑‑‑‑‑‑‑‑‑‑‑‑‑‑‑‑	
Verpflichtungsgeschäft („causa")	Begründet Rechte und Pflichten zwischen den Vertragsparteien. Schafft damit eine vertragliche **Bindung** zwischen Berechtig-tem und Verpflichteten („schuldrechtliches Band") ohne unmittelbare Einwirkungen auf die dingliche Rechtslage.

II. Übertragung des Wohnungseigentums

1. Materiell-rechtliche Voraussetzungen einer Übertragung

3   Miteigentum nach Bruchteilen ist seinem Wesen nach dem Alleineigentum gleichartig; es ist Eigentum und ein selbständiges Recht wie das ganze Recht.[2] Die Veräußerung von Wohnungseigentum als besonders ausgestaltetem Miteigentum unterfällt deshalb wie bei einem Grundstück den allgemeinen **sachenrechtlichen**

---

[2] BGHZ 172, 209 = NJW 2007, 2254 = ZfIR 2008, 19 = ZMR 2007, 793; BGHZ 36,365 = NJW 1962, 1109 u. 1203.

Bestimmungen. Die Übertragung des Eigentums erfolgt materiell-rechtlich durch **dingliche Einigung** des Berechtigten und des anderen Teils über den Eigentumswechsel (**Auflassung**) sowie **Eintragung** des Erwerbers in das Grundbuch (§§ 873 Abs. 1, 925 BGB).[3] Im Hinblick auf § 6 WEG kann Wohnungseigentum grundsätzlich nur in seiner Gesamtheit übertragen werden. Wegen der Veräußerung von Teilen eines Wohnungseigentums s. unter Abschnitt IV → Rn. 118.

Erwerbsgegenstand ist das im Wohnungsgrundbuch unter Bezugnahme auf 4 die Teilungserklärung samt Gemeinschaftsordnung verzeichnete Wohnungseigentum. Gegenstand und Inhalt des Sondereigentums bestimmen sich allein nach diesen Erklärungen in Verbindung mit dem in Bezug genommenen Aufteilungsplan; eine evtl. dem Kaufvertrag beigefügte (Vorläufer-)Version ist sachenrechtlich ohne Belang.[4] **Abweichungen** in der Bauausführung können deshalb insbesondere bei Neubauten **Identitätserklärungen** zur Herstellung der Kongruenz von Grundbuchinhalt und Vertragsinhalt erforderlich machen.[5] Auch eine abweichende Bauausführung steht jedoch dem Vollzug eines Eigentumswechsels dann nicht entgegen, wenn die Planabweichung eine Zuordnung der Räume nicht unmöglich macht.[6] Eine zuvor erklärte Auflassung eines Wohnungseigentums ist selbst dann noch im Grundbuch vollziehbar, wenn die **Gemeinschaftsordnung** hinsichtlich bestehender Gebrauchsregelungen zwischenzeitlich **geändert** worden sein sollte.[7] Diese betreffen nämlich weder die Größe des Miteigentumsanteils noch den Sondereigentumsbereich des Vertragsobjektes.

Auch ein **isolierter** (substanzloser) **Miteigentumsanteil** ist verkehrsfähig und 5 kann daher nach den allgemeinen Bestimmungen übertragen werden.[8]

Wiederholung:

Wiederholen Sie jetzt bitte aus dem → Kapitel D Rn. 31 ff. die Ausführungen zum **isolierten (substanzlosen) Miteigentumsanteil.**

Soweit eine **Veräußerungsbeschränkung** gem. § 12 WEG vereinbart sein sollte, 6 ist unter den dort genannten Voraussetzungen zusätzlich noch die Zustimmung des näher bestimmten Dritten (in der Praxis regelmäßig des Wohnungseigentumsverwalters) bzw. der anderen Wohnungseigentümer erforderlich.

Hinweis:

Zu den Voraussetzungen und Wirkungen einer wohnungseigentumsrechtlichen Veräußerungsbeschränkung s. ausf. im → Kapitel E Rn. 114 ff.

Im **Umlegungsverfahren** bedarf die Veräußerung eines Wohnungs- bzw. Teil- 7 eigentums der Genehmigung gem. § 51 BauGB.[9] Ist im Wohnungs- bzw. Teil-

---

[3] Allgem. Meinung vgl. nur BGHZ 173, 71 = NJW 2007, 3204; OLG Düsseldorf DNotZ 2007, 46.
[4] LG Itzehoe ZMR 2008, 736.
[5] Vgl. OLG Schleswig MietRB 2016, 232.
[6] OLG Düsseldorf, Beschl. v. 17.6.2016 – 3 Wx 282/15, zit. DNotI.
[7] BayObLG Rpfleger 1984, 408; s. auch DNotI-Gutachten DNotI-Report 2016, 77 zu weiteren Änderungen.
[8] Vgl. BGH ZfIR 2004, 1006 = ZWE 2005, 64; BGH NJW 2004, 1798 = ZfIR 2004, 108 = ZWE 2004, 263; OLG Hamm NZM 2007, 448.
[9] Battis/Krautzberger/Löhr/*Reidt* § 51 Rn. 15.

eigentumsgrundbuch ein **Sanierungsvermerk** eingetragen, bedarf es bei der Veräußerung der Genehmigung der Gemeinde nach § 144 Abs. 2 BauGB.[10]

8   Bei der rechtsgeschäftlichen Veräußerung von Wohnungseigentum besteht selbst dann kein gesetzliches **Vorkaufsrecht** gem. § 24 Abs. 2 BauGB, wenn sämtliche Miteigentumsanteile einer Wohnungseigentumsanlage veräußert werden.[11]

2. Formell-rechtliche Voraussetzungen einer Übertragung

9   Verfahrensrechtlich kann eine Veräußerung vom zuständigen Grundbuchgericht (§ 1 Abs. 1 GBO) vollzogen werden, wenn folgende Eintragungsvoraussetzungen vorliegen:

- **Zuständigkeiten** (§ 1 GBO)
- **Antragstellung** (§ 13 GBO)
  - Antragserklärung und -berechtigung, ggf. Vertretung
  - Antragsinhalt
  - Antragsform

- **Auflassung/Bewilligung** (§ 20, § 19 GBO)
  a) Nachweis der wirksamen **Auflassung** (§§ 873 Abs. 1 Var. 1, 925 BGB)
     aa) Dingliche Einigung   (Voraussetzungen
     bb) Verfügungsmacht des Veräußerers   des § 873 Abs. 1
     cc) Verfügungsbefugnis des Veräußerers   Var. 1 BGB)
     dd) Gleichzeitige Anwesenheit der Parteien (Voraussetzungen
     ee) Zur Entgegennahme zuständige Stelle   des
     ff) Keine Bedingungen und keine Zeitbestimmungen § 925 BGB)
     ggf. zusätzlich Zustimmung zur Veräußerung (§ 12 WEG)
  b) **Bewilligung** (zusätzlich![12])
     aa) Bewilligungserklärung und -berechtigung,
     bb) Bewilligungsinhalt

- **Nachweise/Form** (§ 29 GBO[13])

- **Voreintragung** (§ 39 GBO)

- **Genehmigungen/Bescheinigungen** *Bescheinigung Finanzamt*
  a) Unbedenklichkeitsbescheinigung (§ 22 GrEStG)
  b) ggf. Genehmigung nach § 144 Abs. 2 BauGB im Sanierungsgebiet
  c) *Keine* Vorkaufsrechtsverzichtsbescheinigung (§ 24 Abs. 2, § 25 Abs. 2 S. 1 BauGB)
  d) ggf. weitere Genehmigungen nach landesrechtlichen Bestimmungen

---

[10] LG Berlin Rpfleger 1996, 342.

[11] OLG Hamm ZWE 2012, 129.

[12] Nach hM kann eine Auslegung ergeben, dass die sachenrechtliche Einigungserklärung mangels anderer Anhaltspunkte auch die verfahrensrechtliche Eintragungsbewilligung enthält; vgl. OLG Stuttgart DNotZ 2008, 456; OLG Köln DNotZ 1992, 371; *Demharter* § 20 Rn. 2; aA *Böttcher* ZNotP 2008, 258.

[13] Zum Nachweis der gleichzeitigen Anwesenheit der Beteiligten ist die Auflassung – anders als die bloße Eintragungsbewilligung – in beurkundeter Form gem. § 29 Abs. 1 S. 2 GBO vorzulegen; KG NotBZ 2015, 387; BayObLGZ 2001, 14 = DNotZ 2001, 560 je mwN.

Zur Vermeidung von Wiederholungen kann auf die Ausführungen von *Wilsch* „Die Grundbuchordnung für Anfänger" in dieser Reihe verwiesen werden.

3. Das kausale Rechtsverhältnis

Von der sich allein nach sachenrechtlichen Vorschriften vollziehenden Eigen- **10** tumsübertragung ist nach dem Trennungs- und Abstraktionsprinzip das zugrundeliegende Verpflichtungsgeschäft zu unterscheiden. Typische Kausalgeschäfte sind der Kauf (§ 433 BGB), der Tausch (§ 480 BGB) und das Schenkungsversprechen (§§ 516 Abs. 1, 518 Abs. 1 S. 1 BGB). Nur zu Ersterem sollen im Folgenden einige weiterführende Hinweise gegeben werden:

a) Erwerb von einem Wohnungseigentümer

Dem rechtsgeschäftlichen Erwerb eines Wohnungseigentums von einem im **11** Grundbuch bereits eingetragenen Wohnungseigentümer wird in der Praxis oftmals ein Kauf zugrunde liegen. Der Abschluss eines Kaufvertrages über ein Wohnungseigentum bedarf wie ein gewöhnlicher Grundstückskaufvertrag der notariellen Beurkundung gem. §§ 433, 311b Abs. 1 S. 1 BGB (vgl. auch § 4 Abs. 3 WEG).

Ggf. wird auch hier ein vereinbartes Zustimmungserfordernis zu beachten sein **12** (vgl. § 12 Abs. 3 S. 1 WEG).

Wiederholung:

Wiederholen Sie jetzt bitte aus dem → Kapitel D Rn. 79 ff. die Ausführungen zum sog **Zweiterwerb**.

b) Erwerb von einem Bauträger

Etwas anders verhält es sich dagegen bei dem in der Praxis häufig vorkommen- **13** den (Erst-)Erwerb von einem Bauträger.

Wiederholung:

Wiederholen Sie jetzt bitte aus dem → Kapitel D Rn. 71 ff. die Ausführungen zum sog **Ersterwerb**.

aa) Bauträgervertrag

Hier wird ein sog Bauträgervertrag abgeschlossen. Der Bauträgervertrag ist **14** ein **einheitlicher Vertrag eigener Art**[14], der neben werk- und werklieferungsvertraglichen auch kaufvertragliche Elemente sowie – je nach den Umständen des Einzelfalles – Bestandteile aus dem Auftrags- und Geschäftsbesorgungsrecht ent-

---

[14] BGHZ 96, 175 = NJW 1985, 925; BGHZ 74, 204 = NJW 1979, 1406.

hält.[15] Mit dem Abschluss des Bauträgervertrages verpflichtet sich der Bauträger also einmal zur Errichtung (bzw. Sanierung) des näher beschriebenen Gebäudes (werkvertragliche Herstellungspflicht, vgl. § 631 BGB) und zum anderen zur Übertragung des näher beschriebenen Wohnungseigentums (kaufvertragliche Eigentumsverschaffungspflicht; vgl. § 433 BGB). Im Hinblick auf die kaufvertraglichen Verpflichtungen bedarf der Bauträgervertrag insgesamt der notariellen **Beurkundung** gem. § 311b Abs. 1 S. 1 BGB.[16]

bb) Vergütung

15   Die Vergütung des Bauträgers ist mangels einer anderslautenden Vereinbarung grundsätzlich erst bei der Abnahme der Werkleistung fällig (§ 641 Abs. 1 BGB). Allerdings kann der Unternehmer von dem Besteller für eine vertragsgemäß erbrachte Leistung eine Abschlagszahlung in der Höhe verlangen, in der der Besteller durch die Leistung einen Wertzuwachs erlangt hat (§ 632a Abs. 1 S. 1 BGB). Für Bauträgerverträge richtet sich die Höhe der Teilbeträge in aller Regel nach der vertraglich zugrunde gelegten Makler und Bauträgerverordnung (MaBV).[17]

> **Hinweis:**
>
> § 3 Abs. 1 der MaBV nennt im Einzelnen die Voraussetzungen, unter denen der Auftragnehmer „Vermögenswerte des Auftraggebers" entgegennehmen darf.
> § 3 Abs. 2 enthält eine prozentuale Verteilung je nach Baufortschritt, aus der sich die maximal sieben möglichen Teilbeträge zusammensetzen können.

cc) Abnahme

16   Die Abnahme hat sich sowohl auf das Sondereigentum als auch auf das gemeinschaftliche Eigentum zu erstrecken.[18]

> **Hinweis:**
>
> Der werkvertragliche **Abnahmebegriff** wird in § 640 BGB vorausgesetzt. Die Abnahme besteht regelmäßig darin, dass der Besteller das hergestellte Werk zum einen körperlich hinnimmt und zum anderen zu erkennen gibt, er wolle die Leistung als in der Hauptsache dem Vertrag entsprechend annehmen.[19]

17   Beim gemeinschaftlichen Eigentum besteht nun für den Bauträger das Problem, dass infolge einer Vielzahl individuell erforderlicher Abnahmen die Verjährungsfristen unterschiedlich beginnen würden. Dies könnte solange zur Durchsetzung von Ansprüchen bzgl. des Gemeinschaftseigentums führen, wie die Frist noch für einen Erwerber läuft. Deshalb wird über vertragliche Gestaltungen versucht, insoweit einen „Gleichlauf" zu erreichen. In diesem Zusammenhang ist jedoch eine von einem Bauträger in **Allgemeinen Geschäftsbedingungen eines Erwerbsvertrags** verwendete Klausel gem. § 307 Abs. 1 S. 1 BGB unwirksam, die die Ab-

---

[15] BGHZ 96, 175 = NJW 1985, 925; BGHZ 92, 123 = NJW 1984, 2573.
[16] BGHZ 78, 346 = NJW 1981, 274.
[17] Makler- und Bauträgerverordnung (Verordnung über die Pflichten der Makler, Darlehensvermittler, Bauträger und Baubetreuer) v. 7.11.1990 (BGBl. I S. 2479).
[18] BGH ZfIR 2016, 570; BGH NJW 1985, 1551.
[19] BGHZ 48, 257 = NJW 1967, 2259; vgl. auch RGZ 57, 337.

nahme des Gemeinschaftseigentums durch den Bauträger selbst als Erstverwalter oder einen von ihm bestimmbaren Erstverwalter ermöglicht.[20] Ebenfalls sind **Vereinbarungen** in der Gemeinschaftsordnung und **Beschlussfassungen** über eine Abnahmeregelung infolge fehlender Kompetenz ausgeschlossen.[21]

Damit verknüpft ist das weitere Problem der Bindung sog **Nachzügler** an eine   **18** bereits erfolgte Abnahme des gemeinschaftlichen Eigentums.

Beispiel

Bei einem Nachzügler handelt es sich um einen Wohnungserwerber, der erst **nach Entstehen** der (werdenden) **Wohnungseigentümergemeinschaft** und **nach** erfolgter **Abnahme** des gemeinschaftlichen Eigentums seinen Erwerbsvertrag mit dem Bauträger abgeschlossen hat.[22]

Sollen solche Nachzügler über eine in Allgemeinen Geschäftsbedingungen eines Erwerbsvertrages verwendete Klausel an eine durch frühere Erwerber bereits erfolgte Abnahme des Gemeinschaftseigentums gebunden werden, ist dies wegen mittelbarer Verkürzung der Verjährung gemäß § 309 Nr. 8 lit. b ff BGB unwirksam.[23]

dd) Mängelrechte

Entsprechend der Rechtsnatur des Bauträgervertrages sind Mängel sowohl   **19** hinsichtlich der vereinbarten Werkleistungen als auch hinsichtlich der kaufvertraglichen Verpflichtungen vorstellbar.

Beispiele

Mangels abweichender Vereinbarungen ist eine Werkleistung geschuldet, die den anerkannten Regeln der Technik im Zeitpunkt der Abnahme entspricht (z.B: Schallschutz).[24]
Eine fehlende Baugenehmigung stellt regelmäßig einen Sachmangel des veräußerten Wohnungseigentums dar.[25]

Jeder Erwerber hat aufgrund seines individuellen Erwerbsvertrages mit dem   **20** Bauträger auch einen individuellen Anspruch auf mangelfreie Herstellung und mangelfreie Eigentumsverschaffung. Er ist damit der Inhaber der Mängelrechte.[26] Zusätzlich erschwert wird die Geltendmachung der Mängelrechte wiederum durch die unterschiedliche eigentumsmäßige Zusammensetzung des Wohnungseigentums. So kann jeder Wohnungseigentümer zwar die ihm zustehenden Rechte hinsichtlich seines Sondereigentums selbständig ausüben.[27] Bzgl. des gemeinschaftlichen Eigentums bedarf es jedoch einer Beschränkung bei der selbständigen Geltendmachung aus dem Gesichtspunkt des Schuldnerschutzes (Schuldner der Leistung ist hier der Bauträger).

---

[20] BGH v. 30.6.2016 – VII ZR 188/13; BGH NJW 2013, 3360 = ZWE 2013, 455.
[21] BGH ZfIR 2016, 570.
[22] Vgl. BGH ZfIR 2016, 570.
[23] BGH ZfIR 2016, 570; BGH NJW 2016, 1572 = ZfIR 2016, 313.
[24] BGHZ 172, 346 = NJW 2007, 2983 = ZfIR 2008, 58.
[25] BGH NJW 2013, 2182 = ZWE 2013, 260.
[26] BGH ZfIR 2016, 570, 573; Harz/Riecke/Schmid/*Ott* Hdb FA Miet- und Wohnungseigentumsrecht Kap. 27 Rn. 125.
[27] Harz/Riecke/Schmid/*Ott* Hdb. FA Miet- und Wohnungseigentumsrecht Kapitel 27 Rn. 132.

Beispiel[28]

Könnte wegen desselben Mangels am gemeinschaftlichen Eigentum (zB fehlende Fertigstellung der Außenanlagen) der eine Erwerber Nacherfüllung verlangen (§§ 634 Nr. 1, 635 BGB) und ein anderer zeitgleich sein Minderungsrecht ausüben (vgl. §§ 634 Nr. 3, 638 BGB), müsste der Bauträger zwar die Kosten für eine Mangelbeseitigung aufwenden, würde aber gleichwohl von dem mindernden Erwerber nicht die volle Vergütung erhalten.[29]

Der einzelne Erwerber eines Wohnungseigentums soll deshalb nach hM[30] nicht berechtigt sein, das Minderungsrecht auszuüben[31], Schadensersatz statt der Leistung zu verlangen (sog kleiner Schadensersatz)[32] oder den werkvertraglichen Teil des Bauträgervertrages aus wichtigem Grund zu kündigen[33].

Hinweis:

Wegen der Möglichkeiten, diese gemeinschaftsbezogenen Rechte dennoch geltend machen zu können, → Kapitel G Rn. 40 ff.

21 Es soll einem Erwerber jedoch ohne Rücksicht auf die übrigen Wohnungseigentümer möglich sein, selbständig den Rücktritt zu erklären oder Schadensersatz statt der ganzen Leistung zu verlangen (sog großer Schadensersatz), weil dadurch die übrigen Verträge mit den anderen Erwerbern nicht berührt werden.[34]

III. Belastung des Wohnungseigentums

1. Grundsätze

a) Materiell-rechtliche Voraussetzungen einer Belastung

22 Da Wohnungs- und Teileigentum dogmatisch lediglich ein besonders ausgestaltetes Miteigentum darstellen, können daran solche **Belastungen** unproblematisch vorgenommen werden, die nach den gesetzlichen Bestimmungen **an einem Miteigentumsanteil** eingetragen werden können. Gem. § 6 Abs. 2 WEG erstrecken sich die an dem Miteigentumsanteil bestehenden Rechte dann auch auf das zu ihm gehörende Sondereigentum.

23 Für eine Belastung des einzelnen Wohnungseigentums kommen wie bei einem ungeteilten Grundstück grundsätzlich nur die abschließend im Gesetz genannten Rechte in Betracht.

---

[28] Nach *Becker/Ott/Suilmann* Rn. 85a.

[29] S. aber auch *A. Ott* NZM 2007, 505, der dem Bauträger gegenüber dem mindernden Wohnungseigentümer einen Bereicherungsanspruch zubilligen will.

[30] Abl. Harz/Riecke/Schmid/*Ott* Hdb d. FA Miet- u. Wohnungseigentumsrecht Kapitel 27 Rn. 139f.

[31] BGH NJW 1998, 2967 = ZfIR 1998, 402 = ZMR 1998, 641.

[32] BGH NJW 1998, 2967 = ZfIR 1998, 402 = ZMR 1998, 641.

[33] Vgl. BGHZ 96, 275 = NJW 1986, 925.

[34] BGHZ 74, 258 = NJW 1979, 2207.

Wiederholung:

Dieser „**Numerus clausus der dinglichen Rechte**" ist Ihnen bereits im → Kapitel D Rn. 19 ff. begegnet. Schauen Sie doch bitte dort schnell noch einmal nach.

2. Formell-rechtliche Voraussetzungen einer Belastung

Verfahrensrechtlich müssen für eine Belastung des Wohnungseigentums fol- 24
gende Eintragungsvoraussetzungen erfüllt sein.

- **Zuständigkeiten** (§ 1 GBO)

- **Antragstellung** (§ 13 GBO)
  - Antragserklärung und -berechtigung, ggf. Vertretung
  - Antragsinhalt
  - Antragsform

- **Bewilligung** (§ 19 GBO)
  - Bewilligungserklärung und -berechtigung
  - Bewilligungsinhalt
  - Bewilligungsform/Nachweise (§ 29 GBO)

- **Voreintragung** (§ 39 GBO)

- **Genehmigungen/Bescheinigungen**

Zur Vermeidung von Wiederholungen kann auf die Ausführungen von *Wilsch* „Die Grundbuchordnung für Anfänger" in dieser Reihe verwiesen werden.

3. Gesetzlich zulässige Bruchteilsbelastungen

Die folgenden dinglichen Rechte können als **Einzelbelastung** auf einem Woh- 25
nungseigentum eingetragen werden, weil insoweit die Belastung von Miteigentumsanteilen im Gesetz ausdrücklich vorgesehen ist:

a) Nießbrauchsrechte

Ein Grundstück kann zugunsten des Berechtigten dahingehend belastet wer- 26
den, die (= sämtliche) Nutzungen der Sache ziehen zu dürfen (§ 1030 BGB).
Nießbrauchsrechte können gem. § 1066 Abs. 1 BGB auch an dem Bruchteilsanteil
eines Miteigentümers und somit auch an einem Wohnungseigentum[35] eingetragen
werden.

Als **Berechtigte** eines Nießbrauchrechts können nur eine oder mehrere konkre- 27
te (natürliche oder juristische) Personen und Handelsgesellschaften, nicht aber der
jeweilige Eigentümer eines anderen Grundstücks in das Grundbuch eingetragen

---

[35] Vgl. nur BGH NJW 2014, 2640 = ZWE 2014, 356; BGHZ 150, 109 = NJW 2002,
1647 = ZWE 2002, 260.

werden.[36] Die Bestellung des Rechts ist nicht nur als **Bruchteilsnießbrauch**, sondern auch als sog **Quotennießbrauch** möglich.[37]

Hinweis

Von einem **Bruchteilsnießbrauch** spricht man, wenn ein ideeller Miteigentumsanteil am Grundstück oder ein ideeller Anteil davon mit einem ungeteilten Nießbrauchsrecht belastet wird. Es handelt sich insoweit um den gesetzlichen Anwendungsfall des § 1066 BGB. **Belastungsgegenstand** ist hier also nicht die gesamte Immobilie.

Beispiel

An dem 1/2-Miteigentumsanteil des Ehemannes wird ein alleiniges Nießbrauchsrecht für die Ehefrau bestellt.
Von einem **Quotennießbrauch** spricht man demgegenüber, wenn die ganze Immobilie mit dem Bruchteil eines Nießbrauchs belastet wird.[38] **Belastungsgegenstand** ist hier also die gesamte Immobilie.

Beispiel

Der als Alleineigentümer eingetragene Ehemann bestellt zugunsten seiner Ehefrau ein Nießbrauchsrecht zu 1/2-Anteil. Bzgl. der restlichen Hälfte verbliebe ihm dann selbst die Nutzungsbefugnis.

Der Nießbraucher erlangt **Mitbesitz** an den gemeinschaftlichen Gegenständen und **Alleinbesitz** an den zum Sondereigentum gehörenden Gebäudeteilen.[39] Entsprechend rückt er in die **Kostentragungspflicht** im Rahmen des § 16 Abs. 2 WEG ein. Diese bezieht sich auf die Kosten der Verwaltung und der gewöhnlichen Unterhaltung sowie die dem Nießbraucher obliegende Versicherungspflicht. Zudem hat er die Ertragslasten gem. § 1047 BGB zu tragen. Gleichwohl bleibt das **Stimmrecht** des Wohnungseigentümers in der Wohnungseigentümerversammlung unberührt, wenn nicht dem Nießbraucher vom Eigentümer eine besondere Stimmrechtsvollmacht erteilt wird.[40]

b) Vorkaufsrechte

28   Ein Grundstück kann zugunsten des Berechtigten in der Weise belastet werden, dass er dem Eigentümer gegenüber zum Vorkauf berechtigt ist (§ 1094 BGB). Solche privatrechtlichen Vorkaufsrechte können gem. § 1095 BGB auf dem Bruchteil eines Miteigentümers und somit auch an einem Wohnungseigentumsrecht eingetragen werden.

29   Als **Berechtigter** eines Vorkaufsrechts können sowohl ein oder mehrere konkrete (natürliche oder juristische) Personen und Handelsgesellschaften (§ 1094 Abs. 1 BGB; auch ein anderer Wohnungseigentümer) als auch der jeweilige Eigentümer eines anderen Grundstücks (§ 1094 Abs. 2 BGB) in das Grundbuch eingetragen werden. Die Eintragung eines Vorkaufsrechts in das Grundbuch

---

[36] Vgl. *Schöner/Stöber* Rn. 1370 – auch wegen der insoweit möglichen Gemeinschaftsverhältnisse.

[37] Zur Abgrenzung und Unterscheidung s. OLG Schleswig MittBayNot 2009, 376.

[38] LG München I MittBayNot 2003, 492; LG Aachen RNotZ 2001, 587.

[39] Bärmann/*Armbrüster* § 1 Rn. 157.

[40] BGHZ 150, 109 = NJW 2002, 1647 = ZWE 2002, 260.

kann nur als **dingliche Belastung** des Wohnungseigentums in der II. Abteilung des Grundbuchs erfolgen; das Recht kann dagegen **nicht** als **Inhalt** des Sondereigentums gem. §§ 5 Abs. 4 S. 1, 10 Abs. 3 WEG eingetragen werden.[41]

c) Reallasten

Ein Grundstück kann zugunsten des Berechtigten in der Weise belastet werden, 30
dass an ihn wiederkehrende Leistungen aus dem Grundstück zu entrichten sind (§ 1105 Abs. 1 S. 1 BGB). Reallasten können gem. § 1106 BGB auf dem Bruchteil eines Miteigentümers und somit auch an einem Wohnungseigentumsrecht eingetragen werden.

Als **Berechtigter** einer Reallast können sowohl ein oder mehrere konkrete 31
(natürliche oder juristische) Personen (§ 1105 Abs. 1 BGB; auch ein anderer Wohnungseigentümer) als auch der jeweilige Eigentümer eines anderen Grundstücks (§ 1105 Abs. 2 BGB) in das Grundbuch eingetragen werden. Reallasten können als Gesamtrechte auch mehrere Wohnungseigentumsrechte belasten.[42] Bei den aus dem Wohnungseigentum zu erbringenden Leistungen muss es sich um **wiederkehrende** (nicht zwingend regelmäßig wiederkehrende) **Leistungen** handeln, die auch lediglich mit einem bestimmbaren Inhalt gem. § 1105 Abs. 1 S. 2 BGB in das Grundbuch eingetragen werden können. Mangels abweichender Vereinbarung haftet der Eigentümer für die während der Dauer seines Eigentums fällig werdenden Leistungen auch persönlich (§ 1108 BGB).

Beispiel

Hauptanwendungsfall einer Reallast in der Praxis dürfte wohl die Absicherung sog „Hege- und Pflegeverpflichtungen" zugunsten der veräußernden Eltern im Rahmen einer Immobilienübertragung auf die nächste Generation sein.
Wohnungseigentumsrechtlich finden sich insbesondere bei räumlicher Nachbarschaft mehrerer rechtlich selbständiger Wohnungseigentumsanlagen des Öfteren Reallasten über **Lieferverpflichtungen** wegen des Bezugs von **Heizwärme und Warmwasser** aus der Heizzentrale nur einer Eigentümergemeinschaft.[43]

d) Grundpfandrechte

Ein Grundstück kann zugunsten des Berechtigten in der Weise belastet werden, 32
dass an ihn eine bestimmte Geldsumme aus dem Grundstück zu zahlen ist (§ 1191 Abs. 1 BGB). Dieses Recht kann wie bei der Rentenschuld auch in regelmäßig wiederkehrenden Terminen bestehen (§ 1199 Abs. 1 BGB) oder wie bei der Hypothek auch akzessorisch zur Befriedigung wegen einer dem Berechtigten zustehenden Forderung bestellt werden (§ 1113 Abs. 1 BGB). Alle Grundpfandrechte können ebenfalls auf dem Bruchteilsanteil eines Miteigentümers und somit auch an einem Wohnungseigentumsrecht eingetragen werden (für die **Hypothek:** § 1114 BGB; für die **Grundschuld:** § 1192 Abs. 1 BGB; für die **Rentenschuld:** § 1199 Abs. 1 BGB).

---

[41] OLG Bremen Rpfleger 1977, 313; OLG Celle NJW 1955, 953 = DNotZ 1955, 320; Bärmann/*Armbrüster* § 1 Rn. 162; Weitnauer/*Lüke* § 10 Rn. 38.

[42] *Schöner/Stöber* Rn. 1311.

[43] Wegen der Gestaltungsprobleme in diesem Bereich, insbesondere auch der Schwierigkeiten bei der zeitlichen Begrenzung der Rechte, s. ausführlich Beck'sches Formularbuch Wohnungseigentumsrecht Teil G. IV. 8. mwN.

33 Als **Berechtigter** eines Grundpfandrechts können nur eine oder mehrere konkrete (natürliche oder juristische) Personen und Handelsgesellschaften, nicht aber der jeweilige Eigentümer eines anderen Grundstücks in das Grundbuch eingetragen werden.[44] Außerdem ist die Begründung von **Gesamtgrundpfandrechten** gem. §§ 1132, 1192 Abs. 1, 1199 Abs. 1 BGB auch in der Weise möglich, dass für ein und dieselbe besicherte Forderung (Grundschuld, Rentenschuld) mehrere Wohnungseigentumseinheiten haften. In diesem Fall bedarf es der Eintragung eines Mithaftvermerkes in die beteiligten Wohnungsgrundbücher gem. § 48 Abs. 1 GBO.

34 Soweit bei einem Wohnungseigentum nur ein **isolierter** (substanzloser) **Miteigentumsanteil** besteht, lasten bereits eingetragene Grundpfandrechte an diesem mit der Anwartschaft auf Fertigstellung verbundenen Anteil. Darüber hinaus sind isolierte Miteigentumsanteile verkehrsfähig und können demzufolge auch selbständig mit einem Grundpfandrecht belastet werden.[45]

Wiederholung:

Der isolierte (substanzlose) Miteigentumsanteil ist Ihnen bereits im → Kapitel D Rn. 31 begegnet.

35 Dem Gläubiger eines Grundpfandrechtes haftet das belastete Wohnungseigentum wie ein Grundstück. Damit finden auch die Vorschriften über den sog **Hypothekenhaftungsverband** (§§ 1120 ff. BGB) sinngemäß Anwendung.[46] Entsprechendes gilt für Grund- und Rentenschulden gem. §§ 1192 Abs. 1, 1199 Abs. 1 BGB.

Beispiel

Stellen Sie sich sinnbildlich eine über das Wohnungseigentum gestülpte „Käseglocke" vor, die bis zur Beschlagnahme im Wege der Zwangsvollstreckung durchlässig ist. Diese „Käseglocke" erfasst neben dem **Wohnungseigentum** selbst und dessen **wesentlichen Bestandteilen**

- das schuldnereigene **Zubehör** wie etwa eine Alarmanlage[47] (§§ 97, 98, 1120 ff. BGB);
- die **Miet- und Pachtforderungen,** wenn das Wohn- oder Teileigentum vermietet ist (§§ 1123 ff. BGB)[48];
- die zugunsten des jeweiligen Wohnungseigentümers subjektiv-dinglich bestellten **wiederkehrenden Leistungen** (§§ 96, 1126 BGB)[49];
- die **Versicherungsforderungen** (§ 1127 ff. BGB);
- die bei einem Wohnungseigentum wohl weniger relevanten getrennten (= abgeernteten) **Erzeugnisse** (§§ 99, 1120 ff. BGB).

---

[44] Vgl. *Schöner/Stöber* Rn. 1921 ff – auch wegen der insoweit möglichen Gemeinschaftsverhältnisse.

[45] BGH NJW-RR 2005, 10 = ZfIR 2004, 1006 = ZWE 2005, 64; BGH NJW 2004, 1798 = ZfIR 2004, 108 = ZWE 2004, 263; OLG Hamm NZM 2007, 448 = ZMR 2007, 213; aA noch OLG Hamm DNotZ 1992, 492 m. abl. Anm. *Hauger.*

[46] Bärmann/*Armbrüster* § 1 Rn. 132 ff.

[47] OLG München ZMR 1980, 208.

[48] Die Beschlagnahme in der Zwangsversteigerung umfasst allerdings nicht die Miet- und Pachtforderungen (§ 21 Abs. 2 ZVG); s. demgegenüber aber für die Zwangsverwaltung § 148 Abs. 1 S. 1 ZVG.

[49] Die Beschlagnahme in der Zwangsversteigerung umfasst auch nicht die Ansprüche aus einem mit dem Eigentum an dem Grundstück verbundenen Recht auf wiederkehrende Leistungen (§ 21 Abs. 2 ZVG); s. demgegenüber aber für die Zwangsverwaltung § 148 Abs. 1 S. 1 ZVG.

Die Eintragung einer Hypothek kann auch im Wege der **Zwangsvollstreckung** als Sicherungshypothek (§§ 1184, 1185 BGB) für die Forderung erfolgen (§§ 864 Abs. 2, 866 Abs. 1 ZPO).

> **Hinweise:**
>
> Zur Bedeutung des Hypothekenhaftungsverbandes → Kapitel M Rn. 5.
> Zu den Voraussetzungen und Wirkungen einer Zwangssicherungshypothek → Kapitel M Rn. 36 ff.

e) Vormerkungen

Vormerkungen sind **keine dinglichen Rechte**, sondern Sicherungsmittel eige- 36 ner Art. Sie schützen den Gläubiger eines schuldrechtlichen, auf die Änderung der dinglichen Rechtslage an dem von der Vormerkung betroffenen Grundstück gerichteten Anspruchs vor dessen Vereitelung oder Beeinträchtigung durch Verfügungen des Schuldners und Zwangsvollstreckungsmaßnahmen anderer Gläubiger.[50] Bezieht sich der gesicherte schuldrechtliche Anspruch auf ein Wohnungseigentum, können unter den in §§ 883, 885 BGB genannten Voraussetzungen Vormerkungen auch in ein Wohnungsgrundbuch eingetragen werden. Das können zum einen klassische, auf das zu erwerbende Wohnungseigentum gerichtete **Erwerbsvormerkungen** sein.[51]

In Betracht kommen aber auch Vormerkungen zur Sicherung des schuldrecht- 37 lichen Anspruchs auf **Abtrennung und Übereignung** eines Raumes bei einem bereits eingetragenen Wohnungseigentum.[52] Auch die **Aufhebung von Sondereigentum** kann durch Eintragung einer Vormerkung am betroffenen Wohnungseigentum gesichert werden.[53] Sicherbar sind auf diese Weise auch Ansprüche auf **Inhaltsänderungen** bei dem eingetragenen Sondereigentum

Beispiel

Als Inhaltsänderungen des Sondereigentums kommen zB in Betracht die nachträgliche Einräumung[54] oder Übertragung[55] sog Sondernutzungsrechte.

4. Ausnahmsweise zulässige Einzelbelastungen

a) Grunddienstbarkeiten und beschränkte persönliche Dienstbarkeiten

Ein Grundstück kann zugunsten des Berechtigten in der Weise belastet werden, 38 dass dieser das Grundstück in einzelnen Beziehungen benutzen darf (Var. 1), oder dass auf dem Grundstück gewisse Handlungen nicht vorgenommen werden dür-

---

[50] BGHZ 200, 179 = NJW 2014, 2431 = ZfIR 2014, 479.
[51] Synonym werden auch die Begriffe „Eigentumsvormerkung" bzw. „Auflassungsvormerkung" verwendet.
[52] Vgl. *Schöner/Stöber* Rn. 2946.
[53] BayObLGZ 1979, 414 = MittBayNot 1980, 20.
[54] Vgl. *Schöner/Stöber* Rn. 2961a.
[55] BayObLG DNotZ 1979, 307 = Rpfleger 1979, 217.

fen (Var. 2) oder dass die Ausübung eines Rechts ausgeschlossen ist, das sich aus dem Eigentum an dem belasteten Grundstück dem anderen Grundstück gegenüber ergibt (Var. 3). Eine solche Berechtigung kann entweder subjektiv-dinglich zugunsten des jeweiligen Eigentümers eines anderen (herrschenden) Grundstücks (als **Grunddienstbarkeit**) oder subjektiv-persönlich zugunsten einer oder mehrerer konkreter (natürlicher oder juristischer) Personen oder Handelsgesellschaften (als **beschränkte persönliche Dienstbarkeit**) eingetragen werden. Grunddienstbarkeiten (§§ 1018ff. BGB) und beschränkte persönliche Dienstbarkeiten (§§ 1090ff. BGB) unterscheiden sich damit lediglich in der Person des Berechtigten; die inhaltlichen **Gestaltungsmöglichkeiten** als **Nutzungsdienstbarkeit, Unterlassungsdienstbarkeit** bzw. **Ausschlussdienstbarkeit** decken sich.

Beispiele

Für Var. 1: Geh- und Fahrtrecht[56]; Bau und Betrieb einer Windkraftanlage[57];
für Var. 2: Bebauungsverbote[58]; Einhaltung eines bestimmten Bauabstandes[59];
für Var. 3: Duldung von Immissionen[60]; Duldung eines Grenzüberbaus.[61]

39　　Das Gesetz sieht im Gegensatz zu den unter Ziffer 3. genannten Rechten und Vormerkungen die Belastung von gewöhnlichen ideellen Miteigentumsanteilen mit einer **Grunddienstbarkeit** oder einer **beschränkten persönlichen Dienstbarkeit** nicht vor. Diese Rechte müssen nämlich ihrer Natur nach auf dem gesamten Grundstück ausgeübt werden.

Beispiel

Ein Fahrt- oder Leitungsrecht kann denknotwendig nur am ganzen – *realen* – Grundstück, nicht aber an einem – *ideellen* – Miteigentumsanteil bestellt werden. Versuchen Sie einmal, auf einem Miteigentumsanteil zu fahren!

40　　**Ausnahmsweise** ist jedoch für Wohnungs- und Teileigentum anerkannt, dass die genannten Rechte als (Be-)**Nutzungsrechte** (§ 1018 1. Var. BGB, § 1090 Abs. 1 BGB) wegen des gegenständlich begrenzten Sondereigentumsbereichs auf damit verbundenen Miteigentumsanteilen zur Eintragung gebracht werden können.[62] **Voraussetzung** ist allerdings, dass sich der **Ausübungsbereich** lediglich auf das Sondereigentum und das sich aus dem Gemeinschaftseigentum ergebende Mitbenutzungsrecht bezieht. Nutzungs- und Belastungsgegenstand müssen bei dinglichen Nutzungsrechten also deckungsgleich sein.[63] Dann können sogar verschie-

---

[56] BayObLGZ 1990, 8 = NJW-RR 1990, 600.
[57] Vgl. OLG Oldenburg NJW-RR 1998, 644.
[58] BayObLGZ 1990, 279 = DNotZ 1991, 480.
[59] BGH NJW-RR 2011, 1522.
[60] Vgl. OLG München ZNotP 2014, 238 bzgl. Bahnanlagen; BayObLGZ 2004, 103 = DNotZ 2004, 928 =ZfIR 2004, 776 bzgl. Chemiewerk.
[61] OLG Karlsruhe DNotZ 1986, 753; OLG Hamm Rpfleger 1984, 98.
[62] BGHZ 107, 289 = BGH NJW 1990, 493 m. Anm. *Amann* = NJW 1989, 2391; OLG Hamm DNotZ 2001, 216 m. Anm. *v. Oefele* = ZWE 2000, 372; BayObLG NJW-RR 1997, 1236 = ZfIR 1997, 546; BayObLG DNotZ 1990, 496; KG Rpfleger 1976, 180; Bärmann/*Armbrüster* § 1 Rn. 148; Bauer/v. Oefele/*Bayer* AT III Rn. 260; *Ertl* FS Bärmann und Weitnauer (1990), 251; *Schöner/Stöber* Rn. 2952; Staudinger/*Rapp* § 1 Rn. 51; Weitnauer/*Briesemeister* § 3 Rn. 116.
[63] *Ertl* DNotZ 1988, 4 (13).

dene Wohnungseigentumseinheiten in derselben Anlage sowohl **dienendes** als auch **herrschendes** Grundstück im Sinne des § 1018 BGB sein.[64]

Beispiel

So kann etwa ein Terrassenalleinnutzungsrecht als Grunddienstbarkeit an einem Wohnungseigentum zugunsten eines anderen eingetragen werden.[65]

Darüber hinaus ist aber die jeweilige Zweckbestimmung des Sondereigentums zu beachten.

Beispiel

So kann an einem selbständig als Teileigentum gebuchten Pkw-Stellplatz kein Wohnungsrecht eingetragen werden.[66]
Auch ist eine Grunddienstbarkeit an einem Wohnungseigentum wegen Einräumung einer schon formal umfassenden Befugnis zur Nutzung inhaltlich unzulässig, wenn sie zur Ausübung am Sondereigentum oder realen Teilen davon zwar „zu Wohnzwecken", aber im übrigen unbeschränkt bestellt wird.[67]

Einen **Sonderfall** stellt insoweit die bei Erdgeschoßwohnungen übliche Zuord- **41** nung der **Gartennutzung** dar. Obwohl der Garten des in Wohnungseigentumsrechte aufgeteilten Grundstücks zwingend im gemeinschaftlichen Eigentum steht (§ 1 Abs. 5 WEG), kann dessen Nutzung dennoch dem an einem Wohnungseigentum als beschränkter persönlicher Dienstbarkeit eingetragenen **Wohnungsrecht** gem. § 1093 BGB unterfallen, wenn der Garten zuvor dem jeweiligen Eigentümer dieser Wohnung als Sondernutzungsrecht zugewiesen war. Hier ergibt sich nämlich die **Mitübertragung der alleinigen Nutzungsbefugnis** an der Gartenfläche auf den Wohnungsberechtigten bereits **als gesetzliche Folge** aus der Einräumung des Wohnungsrechts (§ 1093 Abs. 3 BGB, § 13 Abs. 2 S. 1 WEG).[68]

Dienstbarkeiten können **ausnahmsweise** auch als **Unterlassungsdienstbarkeit 42** (§ 1018 2. Var. BGB bzw. § 1090 Abs. 1 BGB)[69] oder als **Ausschlussdienstbarkeit** (§ 1018 3. Var. BGB bzw. § 1090 Abs. 1 BGB)[70] an einem Wohnungseigentum zur Eintragung kommen. Dies ist jedoch nur möglich, wenn das zur Eintragung beantragte Recht nicht eine über die konkrete Einheit hinausgehende allgemeine Duldungsverpflichtung enthält, die andernfalls nur noch an dem Grundstück insgesamt abgesichert werden kann.[71]

---

[64] BGHZ 107, 289 = DNotZ 1990, 493 m. Anm. *Amann* = NJW 1989, 2391.

[65] BayObLG v. 10.5.1985 – 2 Z 69/84, MittBayNot 1985, 127.

[66] BayObLGZ 1986, 441 = DNotZ 1987, 223.

[67] KG FGPrax 1995, 226 m. Anm. *Demharter*.

[68] BayObLGZ 1997, 282 = DNotZ 1998, 384; *Ertl* FS Bärmann und Weitnauer (1990), 251, 265.

[69] Vgl. BayObLG DNotZ 1991, 480: Abgrenzungsverbot gegenüber Nachbargrundstück.

[70] Vgl. OLG Hamm Rpfleger 1980, 468: „Bergschädenminderwertverzicht" und OLG Hamm Rpfleger 1980, 469: Ausschluss der Gartenmitbenutzung.

[71] OLG Hamm FGPrax 2006, 145 = ZWE 2006, 357 (Ls.): über den bloßen „Bergschädenminderwertverzicht" hinausgehende Modifikation der Duldungsverpflichung des Grundstückseigentümers.

b) Dauerwohn- und Dauernutzungsrechte

43   Auch das dienstbarkeitsähnliche **Dauerwohnrecht** (§ 31 Abs. 1 WEG) bzw. das **Dauernutzungsrecht** (§ 31 Abs. 2 WEG) können an einem Wohnungseigentumsrecht zur Eintragung gebracht werden. Auch hier beschränkt sich die Ausübung des jeweiligen Rechts auf das gegenständlich begrenzte Sondereigentum.[72]

> **Hinweis:**
>
> Zum Dauerwohn- und Dauernutzungsrecht finden Sie noch einige Hinweise im → Kapitel O Rn. 20 ff.

5. Notwendige Gesamtbelastungen aller Wohnungseigentumsrechte

44   Dienstbarkeiten, die zwingend nur das **Grundstück als Ganzes** belasten können, müssen auch nach der Begründung von Wohnungseigentum noch in das Grundbuch eingetragen werden können. **Belastungsgegenstand** ist in diesen Fällen allerdings das gesamte Grundstück, das sich nach der Begründung aus den einzelnen Miteigentumsanteilen verbunden mit Sondereigentum zusammensetzt. Die Eintragung solcher Rechte hat daher an sämtlichen für das Grundstück gebildeten Wohnungs- und Teileigentumsrechten zu erfolgen.[73]

45   Die **Grundbucheintragung** ist daher in sämtlichen für die Miteigentumsanteile an dem zu belastenden Grundstück gebildeten Wohnungs- und Teileigentumsgrundbüchern in der Weise vorzunehmen, dass die Belastung des ganzen Grundstücks erkennbar gemacht wird und jeweils auf die anderen Eintragungen verwiesen wird (§ 4 Abs. 1 WGV).

Bitte lesen Sie jetzt § 4 WGV (→ Anhang II)!

Ein versehentlich **unterbliebener Gesamtvermerk** gem. § 4 Abs. 1 WGV soll die Unzulässigkeit der Eintragung zur Folge haben. In Betracht käme dann nur eine Amtslöschung des Rechts gem. § 53 Abs. 1 S. 2 GBO.[74] Richtigerweise muss jedoch die **Nachholung** des Gesamtvermerkes möglich sein, wenn das Recht durch Eintragung oder Übernahme in allen Grundbüchern materiell wirksam entstanden ist.[75]

46   Eine notwendige Belastung des gesamten Grundstücks erhöht jedoch das **Untergangspotential**. Erlischt nämlich eine auf dem gesamten in Wohnungseigentum aufgeteilten Grundstück lastende Grunddienstbarkeit lediglich an dem (versteigerten) Grundstückmiteigentumsanteil eines Wohnungseigentümers, so hat deren **Löschung an der einen (versteigerten) Einheit** grundsätzlich zur Folge,

---

[72] BGH Rpfleger 1979, 58 Ls.; BayObLG NJW 1957, 1840; Bamberger/Roth/*Hügel* § 31 Rn. 5; *Schöner/Stöber* Rn. 2952; Weitnauer/*Briesemeister* § 3 Rn. 116.

[73] OLG Hamm FGPrax 2006, 145 = ZWE 2006, 357 (Ls.); OLG Hamm DNotZ 2001, 216 = ZWE 2000, 372; Riecke/Schmid/*Schneider* § 1 Rn. 107; Weitnauer/*Briesemeister* § 3 Rn. 108; im Erg. auch Bärmann/*Armbrüster* § 1 Rn. 178.

[74] So BayObLG MittBayNot 1995, 288.

[75] *Amann* MittBayNot 1995, 267; *Bestelmeyer* Rpfleger 1995, 7, 11; *Böttcher* ZfIR 1997, 321, 323; Riecke/Schmid/*Schneider* § 7 Rn. 47; *Schöner/Stöber* Rn. 2870.

dass ihre Eintragung auch auf den (nicht versteigerten) Miteigentumsanteilen der anderen Wohnungseigentümer als inhaltlich unzulässig nach § 53 Abs. 1 S. 2 GBO zu löschen ist.[76] Es macht damit keinen Unterschied, ob die Unzulässigkeit der Dienstbarkeit bereits bei ihrer originären Bestellung vorliegt oder erst nachträglich infolge einer teilweisen Löschung eintritt.

> **Hinweis:**
>
> Auch der Erwerb von bisher nicht gebuchten Anlagen- und Leitungsdienstbarkeiten in den **neuen Bundesländern** nach § 9 Abs. 1 S. 1 GBBerG wird von diesen Grundsätzen erfasst. Solche Rechte waren nur bis zum 31.12.2010 vom Buchungszwang zur Erhaltung ihrer Wirksamkeit gegenüber dem öffentlichen Glauben des Grundbuchs befreit worden. Die außerhalb des Grundbuchs entstandene, aber noch nicht eingetragene Dienstbarkeit kann durch gutgläubig lastenfreien Erwerb eines Wohnungseigentums nach Ablauf der Schutzfrist unter den Voraussetzungen des § 892 BGB allerdings erlöschen. Noch nicht gebuchte Dienstbarkeiten, die an einzelnen Miteigentumsanteilen aufgrund des gutgläubigen Wegerwerbs nicht fortbestehen können, erlöschen dann aber insgesamt und damit auch im Verhältnis zu den anderen Wohnungs- oder Teileigentümern. Der gutgläubig lastenfreie Erwerb einer Wohnungs- bzw. Teileigentumseinheit erstreckt sich nämlich auch auf bisher nicht eingetragene, jedoch eintragungsbedürftige Dienstbarkeiten am Grundstück.[77]

IV. Veränderungen des Wohnungseigentums

1. Vorbemerkung

Rechtliche Veränderungen bereits eingetragener Wohnungseigentumseinheiten 47 können sich während der „Lebensdauer" einer Wohnungseigentumsanlage aus verschiedenen Gründen ergeben. Wegen der unterschiedlichen Änderungsbefugnis und den damit verbundenen Modalitäten macht es Sinn, im Folgenden nach Änderungen des gem. § 8 WEG aufteilenden Bauträgers (Ziffer 2.) und solchen bei einer schon bestehenden Eigentümergemeinschaft (Ziffer 3.) zu differenzieren.

2. Veränderungen durch den aufteilenden Eigentümer

a) Grundsatz

Nach einer vollzogenen Aufteilung gem. § 8 WEG kann sich im Zuge der Ab- 48 veräußerung die Notwendigkeit von nachträglichen Veränderungen des bereits grundbuchmäßig angelegten Wohnungs- oder Teileigentums ergeben.

---

[76] BGH NJW 1974, 1552, 1553 (insoweit in BGHZ 62, 388 nicht abgedruckt); OLG Düsseldorf ZWE 2010, 460; OLG Frankfurt Rpfleger 1979, 149; KG Rpfleger 1975, 68 (für ein Wohnungsrecht); aA NK-BGB/*Otto* § 1018 Rn. 116a.
[77] BGH ZWE 2015, 448.

Beispiel

Die Veränderungen können sich beziehen auf

- das aufgeteilte Grundstück selbst;
- die Größe der gebildeten Miteigentumsanteile;
- die Anzahl der gebildeten Sondereigentumseinheiten;
- die Zuordnung von Räumlichkeiten zum Sonder- bzw. Gemeinschaftseigentum;
- die Bestimmungen über das Verhältnis der Wohnungseigentümer untereinander (Gemeinschaftsordnung).

In all diesen Fällen besteht grundsätzlich für den aufteilenden Eigentümer die Möglichkeit einer einseitigen Änderung der Teilungserklärung sowie der Gemeinschaftsordnung in entsprechender Anwendung des § 8 WEG[78], solange er noch alleiniger Eigentümer sämtlicher Einheiten ist. Erst mit der dinglichen Übertragung eines Wohnungseigentums auf einen Erwerber endet dieses Recht des Teilenden und es gelten ab diesem Zeitpunkt die Regelungen der §§ 3, 4 WEG.[79]

49 Verfahrensrechtlich bedarf es zur Grundbucheintragung der Veränderungen einer **Bewilligung** des Alleineigentümers (§ 19 GBO) in der Form des § 29 Abs. 1 GBO.

b) Mitwirkung dinglich Berechtigter

50 Die uneingeschränkte Verfügungsmöglichkeit des aufteilenden Alleineigentümers bezüglich sämtlicher neu gebildeten Einheiten kann jedoch lediglich bis zur Eintragung einer Einzelbelastung an einem Wohnungseigentum bestehen.

Beispiel

Zugunsten der finanzierenden Bank eines Enderwerbers wird in einem Wohnungsgrundbuch ein Grundpfandrecht eingetragen.

Ist eine solche Eintragung auch nur in einem Wohnungsgrundbuch erfolgt, bedarf der aufteilende Alleineigentümer zur Vornahme von Veränderungen materiell-rechtlich unter den Voraussetzungen der §§ 876, 877 BGB der **Zustimmung** dieses **dinglich Berechtigten.** Das macht verfahrensrechtlich dessen Bewilligung in grundbuchmäßiger Form erforderlich (§§ 19, 29 GBO).[80]

51 Entgegen der Regelung in § 888 BGB gilt dies auch für den Berechtigten einer eingetragenen **Erwerbsvormerkung,** da nur auf diese Weise einheitliche Rechtsverhältnisse in der (werdenden) Eigentümergemeinschaft gewährleistet werden können.[81] Nicht erforderlich ist dagegen die Zustimmung eines zeitgleich mit der Anlegung der Wohnungsgrundbücher eingetragenen Vormerkungsberechtigten.[82]

---

[78] Vgl. BGH NJW 1976, 1976 = ZMR 1977, 81; OLG München ZWE 2009, 25.

[79] Bamberger/Roth/*Hügel* § 8 Rn. 10.

[80] BayObLG DNotZ 2003, 932 m. Anm. *Basty*; OLG Frankfurt NZM 1998, 409 = ZfIR 1998, 235; OLG Düsseldorf FGPrax 1997, 129 = ZfIR 1997, 302.

[81] BGH ZWE 2017, 169; OLG München ZWE 2013, 209; BayObLGZ 1998, 255 = NZM 1999, 126; BayObLGZ 1993, 259 = NJW-RR 1993, 1362; aA *Häublein,* Sondernutzungsrechte, 130; *Ott* Sondernutzungsrecht, 80.

[82] BayObLGZ 1998, 275 = DNotZ 1999, 671 = NZM 1999, 76.

c) Entbehrlichkeit von Drittzustimmungen

Vor diesem Hintergrund ist sicherlich nachvollziehbar, dass in der Kautelar- **52** praxis nach Wegen gesucht wurde, wie dem Bauträger möglichst lange die Befugnis zur einseitigen Änderung der Teilungserklärung bzw. Gemeinschaftsordnung erhalten werden kann. Um die an sich notwendige Mitwirkung Drittberechtigter entbehrlich zu machen, bieten sich insbesondere zwei Wege an.

aa) Verdinglichte Ermächtigungen

Eine Möglichkeit besteht darin, bereits in der Gemeinschaftsordnung eine **53** entsprechende Ermächtigung zugunsten des teilenden Eigentümers aufzunehmen, auch nach der Begründung des Wohnungseigentums noch einseitig Änderungen ohne Mitwirkung evtl. Drittberechtigter vornehmen zu dürfen (§ 10 Abs. 2 S. 2 iVm §§ 5 Abs. 4 S. 1, 8 Abs. 2 WEG). Mit der Grundbucheintragung der Gemeinschaftsordnung würde zugleich auch diese **Ermächtigung verdinglicht**, so dass Sondernachfolger später veräußerter Einheiten im Hinblick auf § 10 Abs. 3 WEG daran gebunden sind.

Allerdings kann das Zustimmungserfordernis dadurch nicht in jedem Fall ab- **54** bedungen werden. Eine solche Ermächtigung kann mit einer die Sondernachfolger bindenden Wirkung als Inhalt des Sondereigentums nämlich nur dann wirksam vereinbart (bzw. vom Bauträger einseitig vorgegeben) werden, wenn die Regelung auch das „Verhältnis der Wohnungseigentümer untereinander", nicht aber das sachenrechtliche Grundverhältnis der Wohnungseigentümer betrifft.[83] Damit können lediglich im Grundbuch eingetragene **Ermächtigungen zu** *inhaltlichen* **Regelungen** des Gemeinschaftsverhältnisses, **nicht** aber solche **zu** *gegenständlichen* Änderungen der Eigentumsverhältnisse die Zustimmung eines Erwerbers von Wohnungseigentum entbehrlich machen.

Beispiel

So kann etwa eine sich sachenrechtlich auswirkende Ermächtigung, **Sondereigentum in gemeinschaftliches Eigentum** umzuwandeln oder umgekehrt, nicht mit einer die Sondernachfolger bindenden Wirkung als Inhalt des Sondereigentums vereinbart werden, während bei der Umwandlung eines **Teileigentums in Wohnungseigentum** oder umgekehrt die Mitwirkung Dritter bei der Änderung der Zweckbestimmung dann entbehrlich ist, wenn sie durch Vereinbarung (oder eine vom Bauträger vorgegebene Regelung) ausgeschlossen worden ist.[84]

Merke:

Mit einer durch Grundbucheintragung verdinglichten Ermächtigung zugunsten des teilenden Eigentümers können lediglich Regelungen über das Verhältnis der Wohnungseigentümer untereinander zustimmungsfrei gestellt werden (vgl. § 10 Abs. 2 WEG). Das sachenrechtliche Grundverhätltnis wird demgegenüber nicht vom Anwendungsbereich des § 10 Abs. 2 WEG erfasst.

---

[83] BGH NJW-RR 2012, 1036 = ZWE 2012, 361; BGH DNotZ 2003, 536 = NJW 2003, 2165; BayObLG DNotZ 2002, 149 = NZM 2002, 70; BayObLGZ 2000, 1 = DNotZ 2000, 466 = NZM 2000, 668; KG NZM 1999, 258; *Demharter* Anh zu § 3 Rn. 91; *Hügel* RNotZ 2005, 149 (151); *Schöner/Stöber* Rn. 2967c.
[84] BayObLGZ 2000, 1 = ZWE 2000, 182; BayObLGZ 1997, 223 = DNotZ 1998, 379.

bb) Änderungsvollmachten

55 Sollen dem teilenden Eigentümer also *gegenständliche* Änderungen auch noch nach Veräußerung der ersten Einheit ohne Zustimmung Dritter möglich sein, kann dies nur durch **Vollmachtsregelungen** geschehen, die in die jeweiligen Erwerbsverträge zwischen dem aufteilenden Bauträger und den Enderwerbern aufgenommen werden.[85] Dabei gilt es aber zu bedenken, dass eine solche dem Verkäufer erteilte Vollmacht zur Änderung der Teilungserklärung nur das Verhältnis des Erwerbers zum Verkäufer betrifft. Eine **Zustimmung** (bzw. verfahrensrechtliche Bewilligung) **dinglich Berechtigter** am Einzelobjekt wird dadurch nicht entbehrlich.[86]

56 Die Gestaltung von **Vollmachten zur Änderung von Teilungserklärungen** wird zu berücksichtigen haben, dass den Grundbuchgerichten im Hinblick auf offensichtlich unwirksame Bestimmungen über **Allgemeine Geschäftsbedingungen** (insbes. § 308 Nr. 4 BGB) eine Prüfungskompetenz zukommt.[87] Offensichtlich unwirksam wird eine Vollmachtserteilung jedoch in der Regel dann nicht sein, wenn sie zwar im Innenverhältnis mit entsprechenden Beschränkungen, **im Außenverhältnis** allerdings **unbeschränkt** erteilt wird.[88] Darüber hinaus kann die Verwendung von Vollmachten wegen mangelnden **Umfangs** oder fehlender Beachtung des grundbuchrechtlichen **Bestimmtheitsgrundsatzes** ausgeschlossen sein. Dabei ist auf Wortlaut und Sinn der Erklärung abzustellen, wie er sich für einen unbefangenen Beobachter als nächstliegende Bedeutung der Erklärung ergibt.[89] Unter diesen Gesichtspunkten hat sich zu Vollmachtsfragen eine reichhaltige **Kasuistik** entwickelt.[90]

d) Bescheinigungen

57 Soweit nach Anlegung der Wohnungsgrundbücher durch den teilenden Eigentümer zulässigerweise die Zuordnung einzelner Gebäudeteile zum Sondereigentum oder zum gemeinschaftlichen Eigentum verändert werden soll, erfordert dies grundsätzlich neben der entsprechenden Eintragungsbewilligung in der Form des § 29 GBO auch einen **geänderten Aufteilungsplan nebst geänderter Abgeschlossenheitsbescheinigung**.[91] Jedoch kann auf die Vorlage eines von der Baubehörde mit Unterschrift und Siegel oder Stempel versehenen berichtigten

---

[85] Bamberger/Roth/*Hügel* § 8 Rn. 10; *Häublein* DNotZ 2000, 442.

[86] BayObLG DNotZ 2005, 390 = Rpfleger 2005, 136; BayObLG DNotZ 1996, 297.

[87] OLG München FGPrax 2009, 105; BayObLG NZM 2002, 958 = Rpfleger 2003, 121; *Demharter* § 19 Rn. 76.

[88] OLG München NZM 2013, 91; OLG München FGPrax 2009, 105; BayObLG NZM 2002, 958 = Rpfleger 2003, 121; *Basty* NotBZ 1999, 233; *Demharter* § 19 Rn. 76; aA allerdings OLG München NZM 2015, 632; OLG München ZWE 2013, 209; OLG München DNotZ 2007, 41 m. abl. Anm. *Munzig* = NZM 2006, 867, wenn das Grundbuchgericht sichere Kenntnis vom Missbrauch einer im Außenverhältnis unbeschränkten Vollmacht hat und dem Vollmachtgeber evident ein Vermögensschaden entsteht.

[89] *Demharter* § 19 Rn. 28 mwN.

[90] Vgl. OLG München NJW-RR 2015, 1230; OLG München ZWE 2013, 209; OLG München DNotZ 2007, 41; BayObLG DNotZ 2003, 932 m Anm *Basty;* BayObLG DNotZ 1999, 665; BayObLG DNotZ 1997, 473 m Anm *Brambring;* OLG Düsseldorf FGPrax 1997, 313 = Rpfleger 1997, 305; BayObLG DNotZ 1995, 610 m Anm *Röll;* BayObLG DNotZ 1994, 233 m abl Anm *Röll* = Rpfleger 1994, 17.

[91] BayObLGZ 1997, 347 = ZfIR 1998, 156 = DNotZ 1999, 208.

Aufteilungsplans ausnahmsweise verzichtet werden, wenn durch die Beschreibung der Änderung in der Eintragungsbewilligung im Zusammenhang mit dem bereits vorhandenen Aufteilungsplan Umfang und Ausmaß der Änderung des Gegenstands von Sondereigentum und gemeinschaftlichem Eigentum eindeutig und zweifelsfrei festgelegt werden.[92]

Beispiel

Bisher im Sondereigentum stehende Kellerräume sollen in gemeinschaftliches Eigentum überführt werden.

3. Änderungen bei bestehender Eigentümergemeinschaft

a) Grundsätze

Auch bei einer bereits in Kraft gesetzten Eigentümergemeinschaft kann sich nachträglich die Notwendigkeit von rechtlichen Veränderungen ergeben. Diese können sich u.a. auf die Anzahl und Größe der gebildeten Miteigentumsanteile (nachfolgend lit. b), das aufgeteilte Grundstück (nachfolgend lit. c), die Zuordnung von Räumlichkeiten zum Gemeinschafts- bzw. zum Sondereigentum (nachfolgend lit. d) oder auch auf die Bestimmungen über das Verhältnis der Wohnungseigentümer untereinander (Gemeinschaftsordnung) beziehen (nachfolgend lit. e).

Die aufgeführten **Veränderungen** sind dabei auch **in Kombination** vorstellbar. 58 Sie müssen jedoch für den rechtlichen Vollzug einzeln betrachtet werden und insoweit die jeweils bestehenden Eintragungsvoraussetzungen erfüllen. Die dabei ermittelte umfassendere Form genügt dann einheitlich für alle Elemente der wohnungseigentumsrechtlichen Veränderungen.[93]

Beispiel

–　Für eine **Änderung** der eingetragenen **Miteigentumsanteile** ist wie beim Volleigentum materiell-rechtlich eine Auflassung gem. § 873 Abs. 1 BGB iVm § 925 BGB erforderlich (sog Quotenänderung).[94] Verfahrensrechtlich erfolgt der Vollzug beim Grundbuchgericht gem. § 20 GBO.[95]

–　Gleiches gilt für Änderungen am **Grundstücksbestand**.[96]

–　Änderungen des **Gegenstandes von Sonder- oder Gemeinschaftseigentum** machen materiell-rechtlich eine Einigung der Wohnungseigentümer in der Form des § 4 Abs. 1 u. 2 WEG erforderlich. Verfahrensrechtlich genügen nach allerdings bestrittener Auffassung insoweit entsprechende Eintragungsbewilligungen gem. § 19 GBO.[97]

–　Betrifft eine Änderung den **Inhalt des Sondereigentums** mit den gem. § 5 Abs. 4 S. 1, § 8 Abs. 2 WEG für das Verhältnis der Wohnungseigentümer untereinander maßgeblichen

---

[92]　BayObLGZ 1997, 347 = ZfIR 1998, 156 = DNotZ 1999, 208; vgl. auch OLG Zweibrücken ZWE 2001, 395.

[93]　BayObLG NJW-RR 1993, 1043 = Rpfleger 1993, 444; *Bauer/v. Oefele* AT V Rn. 376.

[94]　OLG Saarbrücken NZM 2005, 423: keine Vereinbarung gem. § 10 Abs. 2 S. 1, Abs. 3 WEG.

[95]　BayObLG NJW-RR 1993, 1043 = Rpfleger 1993, 444; *Bauer/v. Oefele* AT V Rn. 376; *Demharter* Anh zu § 3 Rn. 78.

[96]　*Bauer/v. Oefele* AT V Rn. 378 u. 382.

[97]　Ebenso OLG Zweibrücken OLGZ 1982, 265; *Demharter* Anh zu § 3 Rn. 41 u. 78; Weitnauer/*Briesemeister* § 4 Rn. 5; aA Bauer/v. Oefele/*Kössinger* § 20 Rn. 66; Meikel/ *Böttcher* § 20 Rn. 59; *Schöner/Stöber* Rn. 2842; Staudinger/*Rapp* § 4 Rn. 4.

Vereinbarungen, macht dies nach hM eine Änderungsvereinbarung gem. §§ 877, 873 BGB erforderlich, wenn die Regelung im Grundbuch mit Wirkung gegenüber einem Sondernachfolger verdinglicht werden soll (vgl. § 10 Abs. 3 WEG).[98] Die Vereinbarung bedarf materiell-rechtlich keiner besonderen Form und wird verfahrensrechtlich gem. §§ 19, 29 GBO vollzogen.[99]

59 Im Einzelfall können wiederum **Zustimmungserfordernisse** dinglich Berechtigter in Betracht kommen (§§ 876, 877 BGB), soweit deren Rechtspositionen durch die beantragten Änderungen rechtlich berührt werden können. Notwendige Erklärungen eines Rechtsinhabers können ggf. durch ein sog Unschädlichkeitszeugnis ersetzt werden (Art. 120 EGBGB).[100]

> **Hinweis:**
>
> **Unschädlichkeitszeugnisse** bezogen sich zunächst auf Grundstücke und sollten die Mitwirkung dinglich Berechtigter bei Eigentumsübertragungen wegen Geringfügigkeit entbehrlich machen. Inzwischen ist jedoch anerkannt und zT ausdrücklich gesetzlich übernommen, dass auch wohnungseigentumsrechtliche Veränderungen sich auf diesem Wege erleichtern lassen. Die Voraussetzungen sind landesrechtlich geregelt; vgl. im Einzelnen die Zusammenstellung im Beck'schen Formularbuch Wohnungseigentumsrecht (Hrsg. *H. Müller*) Formular G III 7 mwN.

b) Veränderungen der Miteigentumsanteile in Größe und Anzahl

60 Grundsätzlich kann über Wohnungseigentum nur in seiner Gesamtheit verfügt werden (§ 6 WEG). Eine **isolierte Verfügung** über Teile des Miteigentums oder des Sondereigentums ist allerdings ausnahmsweise unter den Wohnungseigentümern möglich,[101] solange nicht eines der beiden Elemente ohne Verbindung verbleibt.

aa) Isolierte Veränderung der Miteigentumsanteile

61 Der Miteigentumsanteil eines Wohnungseigentums muss bekanntlich nicht in einem bestimmten Größenverhältnis zum Wert oder Umfang des Sondereigentums stehen.

> **Wiederholung:**
>
> Bitte schauen Sie sich die Ausführungen zur Festlegung der Miteigentumsanteile anlässlich der Begründung des Wohnungseigentums im → Kapitel D Rn. 16 noch einmal an.

---

[98] BGHZ 145, 133 = DNotZ 2001, 381 = NJW 2000, 3643 = ZWE 2001, 63; BayObLG DNotZ 1998, 379 = Rpfleger 1998, 19 in ständiger Rspr. mwN; *Bärmann/Suilmann* § 10 Rn. 88; *Bauer/v. Oefele* AT V Rn. 318; *Demharter* Anh zu § 3 Rn. 78; *Röll* Rpfleger 1980, 90; aA – Grundbuchberichtigung – *Böhringer* NotBZ 2003, 285, 289; *Meikel/Böttcher* § 22 Rn. 7; KEHE/*Dümig* § 22 Rn. 53; *Schneider* ZfIR 2002, 108, 116.

[99] *Bauer/v. Oefele/Kössinger* § 20 Rn. 67; *Demharter* Anh zu § 3 Rn. 78; *Meikel/Böttcher* § 20 Rn. 61.

[100] Der Anwendungsbereich ist nach hier vertretener Auffassung auch nach Einführung des § 5 Abs. 4 S. 2 u. 3 WEG durch die WEG-Novelle (2007) noch eröffnet.

[101] OLG München v. 6.6.2017 – 34 Wx 440/16; *Hügel/Elzer* § 6 Rn. 6.

Der im Grundbuch eingetragene Bruchteil kann deshalb durch Verfügung zwischen den Miteigentümern derselben Wohnungseigentumsanlage auch ohne gleichzeitige Veränderung des Sondereigentums rechtsgeschäftlich verändert werden.[102] Solche **Quotenänderungen** folgen den Regeln für die Übertragung von Alleineigentum.

Hierfür ist die **Mitwirkung** der übrigen, nicht unmittelbar am Veräußerungs- 62 vorgang beteiligten Miteigentümer nicht erforderlich.[103] Es kann aber evtl. ein vereinbartes Zustimmungserfordernis gem. § 12 WEG zu beachten sein.[104]

Die Übertragung von Miteigentumsanteilen erfolgt **materiell-rechtlich** durch 63 Erklärung der **Auflassung** und Grundbucheintragung gem. §§ 873, 925 BGB; **verfahrensrechtlich** bedarf der grundbuchmäßige Vollzug gem. § 20 GBO der notariellen Urkundsform gem. § 29 Abs. 1 S. 2 GBO. Dabei ist bei mehreren gleichzeitig zu vollziehenden Übertragungen nach hier vertretener Auffassung eine Angabe darüber erforderlich, von welchem Wohnungseigentum welcher Miteigentumsanteil abgespalten und wohin er übertragen werden soll. Andernfalls lassen sich Übertragungsmängel nämlich nicht mehr lokalisieren.[105]

Die Veränderung von Miteigentumsanteilen bedarf grundsätzlich der **Zustim- 64 mung der dinglich Berechtigten** am verkleinerten Bruchteil (§§ 876, 877 BGB), weil deren Haftungsmasse geschmälert wird.[106] Sind die dinglich Berechtigten nicht von der Verkleinerung betroffen, entfällt das Erfordernis der Mitwirkung.

Beispiel

Ein Gläubiger kann nicht rechtlich betroffen sein, wenn sein Recht zuvor schon als **Gesamtrecht** auf allen beteiligten Einheiten lastete[107], weil sich die Übertragung von Miteigentumsanteilen für ihn nur als Verschiebung seiner Haftungsmasse darstellt.
Ebenfalls nicht betroffen sein kann der Berechtigte eines **Wohnungsrechts**[108], weil sich durch die Veränderung der ideellen Miteigentumsanteile nichts an den Nutzungsmöglichkeiten hinsichtlich des realen Ausübungsbereichs seines Rechts verändert.

In der materiell-rechtlichen Zustimmungserklärung kann ohne weiteres die **verfahrensrechtlich** erforderliche Eintragungsbewilligung (§ 19 GBO) gesehen werden, wenn die Form des § 29 GBO gewahrt wird.[109]

Lasten auf dem um die übertragenen Miteigentumsanteile vergrößerten Woh- 65 nungseigentum bereits dingliche Rechte, so bedarf es einer **Pfandunterstellung** (Einbeziehung in die Mithaft), um einheitliche Belastungsverhältnisse zu gewährleisten. Diese sind erforderlich, damit nicht im Fall einer Zwangsversteigerung lediglich der ursprünglich belastete Miteigentumsanteil verbunden mit Sondereigentum einem Ersteher zugeschlagen wird; zurück bliebe dann nämlich ein

---

[102] BGH NJW 1986, 2759 = ZMR 1986, 365; BGH NJW 1976, 1976 = ZMR 1977, 81; KG NZM 1998, 581; OLG Hamm NZM 1999, 82 = Rpfleger 1998, 514.

[103] BGH NJW 1976, 1976 = ZMR 1977, 81.

[104] Weitnauer/*Lüke* § 12 Rn. 2.

[105] Riecke/Schmid/*Schneider* § 6 Rn. 5; aA BayObLGZ 1993, 166 = NJW-RR 1993, 1043 = Rpfleger 1993, 444; OLG Hamm NJW-RR 1986, 1275 = Rpfleger 1986, 374; *Demharter* Anh zu § 3 Rn. 90.

[106] BayObLGZ 1993, 166 = NJW-RR 1993, 1043 = Rpfleger 1993, 444; mit anderer Begründung auch *F. Schmidt* MittBayNot 1985, 237, 244; *Streuer* Rpfleger 1992, 181, 183.

[107] *Schöner/Stöber* Rn. 2971.

[108] *Böttcher* BWNotZ 1996, 80, 84.

[109] OLG Hamm NZM 1999, 82 = Rpfleger 1998, 514; *Bauer/v. Oefele* AT V Rn. 342; *Schöner/Stöber* Rn. 2971.

unzulässiger isolierter Miteigentumsanteil. Umstritten ist nun, auf welche Weise die Pfandunterstellung zu erfolgen hat.

Hinweis:

Es stehen sich **vier Rechtsmeinungen** (!) gegenüber, deren Begründungen Sie wegen der praktischen Bedeutung vertiefen sollten.

- **Meinung 1** verlangt eine – gewöhnliche – rechtsgeschäftliche Nachverpfändung des hinzukommenden Miteigentumsanteils.[110]
- **Meinung 2** hält eine Bestandteilszuschreibung gem. § 890 Abs. 2 BGB für ausreichend[111]; sie ist wegen der auf Grundpfandrechte beschränkten Erstreckungswirkung des § 1131 S. 1 BGB eine Mindermeinung geblieben.
- **Meinung 3** war bisher die vermittelnde und sieht die für notwendig gehaltene Nachverpfändungserklärung des betroffenen Eigentümers bereits konkludent in dessen Zustimmung anlässlich der Vereinbarung über die Änderung der Miteigentumsanteile.[112] Diese erfasst dann vor allem auch eine evtl. erklärte Unterwerfung unter die sofortige Zwangsvollstreckung gem. § 800 ZPO.[113]
- **Meinung 4** geht demgegenüber von einer kraft Gesetzes eintretenden Pfanderstreckung aufgrund der Inhaltsänderung des aufnehmenden Wohnungseigentums aus.[114]

Der Meinungsstreit hatte sich zunächst in der Praxis kaum ausgewirkt, weil man sich mit Meinung drei gut behelfen konnte. Die Rechtslage hat sich jedoch mit dem Inkrafttreten des **RisikobegrenzungsG**[115] geändert. Wurde eine Grundschuld danach **bis zum 19.8.2008** bestellt, könnte nach diesem Zeitpunkt eine rechtsgeschäftliche Nachverpfändung insoweit nur noch mit der Fälligkeitsbestimmung des § 1193 Abs. 2 BGB n. F. auf dem hinzukommenden Miteigentumsanteil erfolgen.[116] Dann würde aber ein und dasselbe Recht an einem einheitlichen Belastungsgegenstand mit unterschiedlichen Fälligkeitsregelungen eingetragen werden, wenn nicht zugleich für das schon eingetragene Recht eine – allerdings für den Gläubiger nachteilige und deshalb zustimmungspflichtige – Anpassung an die neue Rechtslage erfolgt. Man wird deshalb unter dem Gesichtspunkt der notwendigen Vollstreckungseinheit der Pfanderstreckung durch Inhaltsänderung den Vorzug geben müssen. Eine Grundschuld besteht nämlich nur in diesem Fall unverändert an dem vergrößerten Miteigentumsanteil fort.[117]

bb) Rechtliche Zusammenlegungen von Wohnungseigentum

66 **(1) Vereinigung mehrerer Wohnungseigentumseinheiten.** Eine rechtliche Vereinigung mehrerer Wohnungseigentumsrechte oder Teileigentumsrechte ist in

---

[110] BayObLGZ 1993, 166 = NJW-RR 1993, 1043 = Rpfleger 1993, 444; OLG Hamm NJW-RR 1986, 1275 = Rpfleger 1986, 374; *Demharter* Anh zu § 3 Rn. 88.

[111] LG Bochum Rpfleger 1990, 291; *F. Schmidt* MittBayNot 1985, 237, 244f.

[112] OLG Hamm NZM 1999, 82 = Rpfleger 1998, 514.

[113] LG Köln Rpfleger 2002, 566.

[114] OLG Karlsruhe ZWE 2013, 208; LG Lüneburg RNotZ 2005, 364, LG Wiesbaden Rpfleger 2004, 350; *Böttcher* Rpfleger 2005, 648, 655; *DNotI-Gutachten* DNotI-Report 2015, 49; *Streuer* Rpfleger 1992, 181, 183.

[115] Gesetz zur Begrenzung der mit Finanzinvestitionen verbundenen Risiken (RisikobegrenzungG) v. 12.8.2008 (BGBl. I S. 1666).

[116] Vgl. BGHZ 186, 28 = NJW 2010, 3300 = ZfIR 2010, 622.

[117] *DNotI-Gutachten* DNotI-Report 2015, 49; Riecke/Schmid/*Schneider* § 6 Rn. 8; vgl. auch OLG Karlsruhe ZWE 2013, 208.

analoger Anwendung von § 890 Abs. 1 BGB möglich, wenn diese demselben Rechtsträger gehören.[118] Unbedenklich ist auch die Vereinigung von Wohnungseigentum und Teileigentum; beide Formen des Raumeigentums sind inhaltsgleiche und nur zur Kennzeichnung der Nutzungsart unterschiedene Rechte.[119] Die Miteigentumsanteile verbunden mit Sondereigentum müssen im Hinblick auf § 1 Abs. 4 WEG allerdings an demselben Grundstück bestehen.[120]

Die **Vereinigung bewirkt** den Verlust der rechtlichen Selbständigkeit der vereinigten Wohnungseigentumsrechte; diese werden nichtwesentliche Bestandteile der neuen Gesamteinheit.[121] Im Grundbuch eingetragene Belastungen bleiben im bisherigen Umfang bestehen und erstrecken sich nicht automatisch auf die andere(n) an der Vereinigung beteiligte(n) Einheit(en).[122] Nach vollzogener Vereinigung können Belastungen nur noch an dem einheitlichen Wohnungseigentum eingetragen werden. Mit der *rechtlichen* Vereinigung muss nicht zwangsläufig auch eine *bauliche* Zusammenlegung zweier bisher selbständiger Einheiten verbunden sein.[123] Durch eine sachenrechtliche Vereinigung können sowohl steuerliche als auch verwaltungskostenmäßige **Vorteile** erlangt werden.   67

Beispiel

– Wenn nach der vorherigen Vereinigung von zwei Wohnungseinheiten eine nachfolgende Veräußerung rechtlich nur noch das eine (vereinigte) Objekt erfasst, so lässt sich dadurch der **steuerliche Objektverbrauch** im Rahmen der sog Drei-Objekt-Grenze reduzieren.[124] Im Gegensatz zu einer lediglich privaten Vermögensverwaltung wird idR von einem gewerblichen Grundstückshandel ausgegangen, wenn innerhalb von etwa fünf Jahren zwischen Anschaffung/Errichtung und Verkauf mindestens vier Objekte veräußert werden.[125]
– Wird die **Verwaltervergütung** objektbezogen berechnet, ist nach der Vereinigung nur noch eine Gebühr zu zahlen.[126]

Für die Vereinigung bestehen **keine Zustimmungserfordernisse.** Weder müssen die übrigen Wohnungseigentümer mitwirken[127], noch ist eine Zustimmung dinglich Berechtigter erforderlich[128]; es fehlt in beiden Fällen an einem rechtlichen Betroffensein. Die Möglichkeit der Vereinbarung eines Zustimmungserfordernisses gem. § 12 WEG für den Fall der Vereinigung zweier Wohnungseigentums-   68

---

[118] BGH NJW 2014, 1002 = ZfIR 2014, 60 m. Anm. Schneider = ZWE 2014, 79; BGHZ 146, 241 = NJW 2001, 1212 = ZfIR 2001, 209 = ZWE 2001, 314; BayObLG NZM 2000, 1232; OLG Hamm ZMR 2000, 244; BayObLG DNotZ 1999, 674 = NZM 1999, 277; *Bauer/v. Oefele* AT V Rn. 370; *Demharter* § 5 Rn. 5.
[119] OLG Düsseldorf ZWE 2016, 165.
[120] Bärmann/*Armbrüster* § 1 Rn. 102; Lemke/*Schneider* § 5 Rn. 28; Meikel/*Böttcher* § 5 Rn. 13; *Schöner/Stöber* Rn. 2979; Weitnauer/*Briesemeister* § 3 Rn. 91; aA wohl nur Bauer/von Oefele/*Waldner* §§ 5, 6 Rn. 16.
[121] BGH DNotZ 1978, 156 = Rpfleger 1978, 52.
[122] BGH DNotZ 1978, 156 = Rpfleger 1978, 52; OLG Hamm DNotZ 2003, 355 = Rpfleger 2003, 349.
[123] Vgl. OLG Hamburg FGPrax 2004, 217 = Rpfleger 2004, 620; aA *Streuer* Rpfleger 1992, 181, der irrig davon ausgeht, dass eine rechtliche Vereinigung zwingend mit einer räumlichen Verschmelzung des Sondereigentums einhergehen muss.
[124] BFHE 164, 551 = BFH NJW 1992, 2504.
[125] Vgl. BFHE 240, 278 = NZM 2013, 775 = ZfIR 2013, 442.
[126] LG Lüneburg ZWE 2013, 25.
[127] OLG Hamburg FGPrax 2004, 217 = Rpfleger 2004, 620; BayObLG NZM 2000, 1232; OLG Hamm ZMR 2000, 244; BayObLG DNotZ 1999, 674 = NZM 1999, 277.
[128] *Bauer/v. Oefele* AT V Rn. 372 Fn. 953.

einheiten ist nach der hier vertretenen Auffassung im Hinblick auf den eng auszulegenden Anwendungsbereich der Norm abzulehnen.[129]

69   **Verfahrensrechtlich** kann eine in der Form des § 29 GBO zu bewilligende Vereinigung[130] im Grundbuch vollzogen werden, wenn neben den allgemeinen Verfahrensvoraussetzungen auch die besonderen Voraussetzungen des § 5 GBO erfüllt sind.

> **Wiederholung:**
>
> Wiederholen Sie doch bei dieser Gelegenheit gleich die allgemeinen grund-buchrechtlichen Eintragungsvoraussetzungen (Antrag, Bewilligung, Voreintragung); s. zB → Rn. 24.

Gem. § 5 Abs. 1 S. 1 GBO darf durch die Vereinigung **keine Verwirrung** zu besorgen sein. Verwirrung wird immer dann zu besorgen sein, wenn die Eintra-gungen derart unübersichtlich und schwer verständlich würden, dass der gesamte grundbuchliche Rechtszustand nicht mit der für den Grundbuchverkehr notwen-digen Klarheit und Bestimmtheit erkennbar ist und die Gefahr von Streitigkeiten von Berechtigten untereinander oder mit Dritten und von Verwicklungen nament-lich im Fall der Zwangsversteigerung besteht.[131] Der frühere Meinungsstreit dar-über, ob eine Vereinigung auch bei ungleichmäßigen Belastungen möglich sei[132], hat sich durch die gesetzliche Änderung des § 5 GBO weitgehend erledigt.[133] Nunmehr soll eine Vereinigung insbesondere unterbleiben, wenn die Grundstücke im Zeitpunkt der Vereinigung mit unterschiedlichen Grundpfandrechten oder Reallasten oder zwar mit denselben Grundpfandrechten oder Reallasten, aber in unterschiedlicher Rangfolge belastet sind (§ 5 Abs. 1 S. 2 GBO). Dies zwingt bei unterschiedlicher Belastung mit den genannten Verwertungsrechten zunächst zu rechtsgeschäftlichen Pfandrerstreckungen und ggf. auch zu Rangregulierungen.

> **Hinweis:**
>
> Bei der Eintragung solcher Nachverpfändungen für **Sicherungsgrundschulden** aus der Zeit vor dem 20.8.2008[134] wird das Grundbuchgericht wiederum die ge-änderten Kündigungs- und Fälligkeitsregelungen des § 1193 Abs. 2 BGB n.F. für das nachzubelastende Wohnungseigentum zu beachten haben (→ Rn. 65). Eine sich – zulässigerweise[135] – durch die Nachverpfändung ergebende unterschiedliche Fälligkeit des Gesamtrechts an den beteiligten Wohnungseinheiten ist dann durch einen Klarstellungsvermerk von Amts wegen zu kennzeichnen.[136]

---

[129] Palandt/*Wicke* § 12 Rn. 4; Riecke/Schmid/*Schneider* § 12 Rn. 56; aA Köhler/*Bassenge/Fritsch* 1. Aufl. Teil 17 Rn. 19.

[130] Die sachenrechtliche Vereinigungserklärung stellt in der Regel zugleich die verfah-rensrechtliche Eintragungsbewilligung dar; sie bedarf dann der Form des § 29 Abs. 1 S. 1 GBO; *Demharter* § 5 Rn. 10.

[131] Allgem. M. seit BayObLG DNotZ 1997, 398; BayObLG DNotZ 1994, 242.

[132] Vgl. zuletzt noch BGH ZfIR 2014, 60 m. Anm. Schneider = ZWE 2014, 79 m. zahlreichen Nachweisen zur alten Rechtslage.

[133] Gesetz zur Einführung eines Datenbankgrundbuchs (DaBaGG) v. 1.10.2013 (BGBl. I S. 3719).

[134] Vgl. zur Anwendbarkeit des RisikobegrenzungsG Art. 229 § 18 Abs. 3 EGBGB.

[135] BGHZ 186, 28 = NJW 2010, 3300 = ZfIR 2010, 622.

[136] BGH NJW 2014, 1450 = DNotZ 2014, 513; *Dietz* DNotZ 2010, 686, 689; Lemke/*Schneider* § 5 Rn. 108; aA Meikel/*Böttcher* § 5 Rn. 86.

Eine Vereinigung ist auch möglich, wenn die Wohnungs- bzw. Teileigentum- **70** seinheiten nicht unmittelbar **aneinandergrenzen**.[137] § 5 Abs. 2 S. 1 GBO stellt insoweit kein Hindernis dar, weil die beteiligten Wohnungseigentumseinheiten ohnehin am selben Grundstück bestehen müssen.

Die durch die Vereinigung neu entstehende Rechtseinheit braucht keine in sich **71** wiederum abgeschlossene Gesamtwohnung zu bilden; die vormaligen Sondereigentumsbereiche können weiterhin räumlich getrennt bleiben.[138] In diesem Fall braucht für die Vereinigung **kein neuer Aufteilungsplan** mit **Abgeschlossenheitsbescheinigung** vorgelegt zu werden, weil sich an der ursprünglich vorhandenen Abgeschlossenheit durch die bloße rechtliche Vereinigung nichts geändert haben kann.[139] Die Vorlage eines neuen Aufteilungsplanes ist aber auch dann nicht erforderlich, wenn mit der rechtlichen Vereinigung eine räumliche Zusammenlegung zweier Sondereigentumseinheiten etwa durch einen Mauerdurchbruch einhergehen sollte. Solange die räumliche Verbindung nicht die Überführung von gemeinschaftlichem Eigentum in Sondereigentum oder umgekehrt zur Schaffung der baulichen Gesamteinheit erforderlich macht (sog „Eingangsflurproblem"; dazu sogleich → Rn. 116), berührt selbst ein Mauerdurchbruch weder die *rechtliche* Abgrenzung des Gemeinschafts- und Sondereigentums, noch wird dadurch das Gemeinschaftseigentum in seiner *rechtlichen* Ausgestaltung inhaltlich verändert.[140] Durch einen Mauerdurchbruch wird der mit § 3 Abs. 2 WEG gesicherte Zweck der Abgeschlossenheit gegenüber den übrigen Einheiten nämlich nicht berührt. Selbst ein unzulässiger *tatsächlicher* Eingriff in das Gemeinschaftseigentum (denkbar zB infolge eines Mauerdurchbruchs in Bezug auf eine tragende Wand)[141] vermag unabhängig von etwaig bestehenden Unterlassungs- oder Beseitigungsansprüchen (vgl. § 22 Abs. 1, § 14 Nr. 1 WEG, § 1004 Abs. 1 BGB) die dingliche Rechtslage nicht zu verändern.[142] Aus diesem Grund kann auch das Grundbuchgericht die evtl. Zustimmungsbedürftigkeit baulicher Veränderungen bei der Eintragung der rechtlichen Vereinigung nicht prüfen.[143]

Für den **Grundbuchvollzug** müssen die bisher in unterschiedlichen Grundbü- **72** chern verzeichneten Wohnungseigentumseinheiten zunächst auf einem Grundbuchblatt zusammengeführt werden. Erst dann kann die Vereinigung unter Bildung eines einheitlichen Miteigentumsanteils erfolgen.[144]

---

[137] OLG Düsseldorf ZWE 2016, 165; Lemke/*Schneider* § 5 Rn. 81; Meikel/*Böttcher* § 5 Rn. 57; aA BayObLG DNotZ 2003, 352; Bauer/v. Oefele/*Waldner* §§ 5, 6 Rn. 16 u. 37.

[138] BGHZ 146, 241 = NJW 2001, 1212 = ZWE 2001, 314; OLG Düsseldorf ZWE 2016,165; BayObLG NZM 2000, 1232; BayObLG NZM 1999, 277; KG NJW-RR 1989, 1360 = Rpfleger 1989, 500 m. Anm. *Meyer-Stolte*.

[139] LG Wiesbaden Rpfleger 1989, 194.

[140] BGHZ 146, 241 = NJW 2001, 1212 = ZWE 2001, 314; OLG Düsseldorf ZWE 2016, 165; OLG Hamburg FGPrax 2004, 217 = Rpfleger 2004, 620; insoweit aA Meikel/*Böttcher* § 5 Rn. 16, wenn der rechtlichen Vereinigung auch eine bauliche Vereinigung zugrundeliegt; unklar bleibt allerdings, wie das Grundbuchgericht dies erkennen kann.

[141] Zu den Voraussetzungen vgl. BGHZ 146, 241 = NJW 2001, 1212.

[142] BayObLG NZM 1998, 308; Beck'sches Notar-Handbuch/*Rapp* A III Rn. 95 d.

[143] *Schöner/Stöber* Rn. 2977a mwN.

[144] OLG Düsseldorf ZWE 2016, 165; Meikel/*Böttcher* § 5 Rn. 17; Lemke/*Schneider* § 5 Rn. 29 mwN; die insoweit aA des KG NJW-RR 1989, 1360 = Rpfleger 1989, 500 und wohl auch des BGH ZfIR 2014, 60 m. Anm. Schneider = ZWE 2014, 79 übersieht, dass es grds. keinen Miteigentumsanteil in der Hand eines Alleineigentümers geben kann. Die bisherigen Miteigentumsanteile müssen daher miteinander verschmelzen, ohne dass dies zwingend auch für das Sondereigentum zu gelten hätte (so aber irrig *Streuer* Rpfleger 1992, 181, 185).

Abbildung – (Verkürztes) Eintragungsbeispiel:

Amtsgericht Duisburg   **Grundbuch von Duisburg**   **Blatt 2291**

Bestandsverzeichnis

Lau-fende Nummer der Grund-stücke	Bis-herige laufende Nummer der Grund-stücke	Bezeichnung der Grundstücke und der mit dem Eigentum verbundenen Rechte				Größe		
		Gemarkung (Vermessungsbezirk)	Karte	Liegen-schafts-buch	Wirtschaftsart und Lage			
			Flur	Flur-stück				
		a	b	c/d	e	ha	a	m²
1	2	3				4		
3	1, 2	375/10.000stel Miteigentumsanteil an dem Grundstück						
		Duisburg	1	101	Gebäude- und Freifläche, Kardinal-Galen-Straße 124		02	34
		verbunden mit dem Sondereigentum an der im Aufteilungsplan vom 24. März 2000 mit Nr. 11 bezeichneten Wohnung im Obergeschoss links mit einem Kellerraum im Kellergeschoss sowie der mit Nr. 12 bezeichneten Wohnung im Obergeschoss rechts mit einem Kellerraum im Kellergeschoss						
		(weiter wie ursprüngliche Eintragung)						

73 **(2) Bestandteilszuschreibung.** Neben der Vereinigung zweier Wohnungseigentumsrechte besteht für den Eigentümer auch die Möglichkeit, ein **Wohnungseigentum** einem anderen **als Bestandteil zuschreiben** zu lassen (§ 890 Abs. 2 BGB), sofern die Miteigentumsanteile verbunden mit Sondereigentum im Hinblick auf § 1 Abs. 4 WEG wiederum an demselben Grundstück bestehen.[145]

74 Die **Bestandteilszuschreibung bewirkt,** dass das zugeschriebene Wohnungseigentum nichtwesentlicher Bestandteil des neu entstehenden Wohnungseigentums wird.[146] Im Unterschied zur Vereinigung nach § 890 Abs. 1 BGB, bei der ein neues Gesamtwohnungseigentum entsteht, bewirkt die Zuschreibung als Bestandteil eine Erweiterung der zuvor bestimmten Haupteinheit. Damit führt die Bestandteilszuschreibung im Ergebnis wie die Vereinigung zu einem neuen einheitlichen Rechtsgebilde. Auch mit der rechtlichen Zuschreibung muss nicht zwangsläufig eine bauliche Zusammenlegung zweier bisher selbständiger Einheiten verbunden sein.

75 Von der Vereinigung unterscheidet sich die Zuschreibung nur durch das unterschiedliche **Schicksal** bereits **eingetragener Einzelgrundpfandrechte.** Anders als im Vereinigungsfalle erstrecken sich nämlich die am Hauptobjekt bereits eingetragenen Grundpfandrechte nach der Zuschreibung auch auf das zugeschriebene Wohnungseigentum (§§ 1131 S. 1, 1192 Abs. 1, 1199 Abs. 1 BGB). Dort bereits eingetragenen Belastungen gehen sie allerdings im Range nach (§§ 1131 S. 2, 1192

---

[145] BGH NJW 2014, 1002 = ZfIR 2014, 60 m. Anm. *Schneider* = ZWE 2014, 79; LG Ravensburg Rpfleger 1976, 303; Bärmann/*Armbrüster* § 1 Rn. 102; *Demharter* § 6 Rn. 5; Lemke/*Schneider* § 6 Rn. 22; Meikel/*Böttcher* § 6 Rn. 15; *Schöner/Stöber* Rn. 2980.

[146] BGH ZfIR 2014, 60 m. Anm. *Schneider* = ZWE 2014, 79.

Abs. 1, 1199 Abs. 1 BGB). Im übrigen bestehen die eingetragenen Belastungen in dem bisherigen Umfang fort. Insbesondere erstrecken sich umgekehrt die Belastungen am zugeschriebenen Wohnungseigentum nicht auf das Hauptobjekt.[147] Nach der Zuschreibung können Belastungen nur noch an dem einheitlichen Wohnungseigentum eingetragen werden.

> **Hinweis:**
>
> Anders als bei der rechtlichen Vereinigung (→ Rn. 69) wirkt die Haftungserstreckung des § 1131 S. 1 BGB auch gegenüber den durch das **RisikobegrenzungsG**[148] geänderten Kündigungs- und Fälligkeitsbestimmungen von Sicherungsgrundschulden. Die Zuschreibung bewirkt also die Erstreckung einer auf dem Hauptwohnungseigentum eingetragenen Sicherungsgrundschuld mit dem seinerzeitigen Rechtsinhalt. Es entsteht kein Gesamtrecht, sondern ein Einzelrecht am vergrößerten Wohnungseigentum.[149]

Wegen der weiteren Voraussetzungen und der grundbuchmäßigen Behandlung 76 kann auf die Ausführungen zur Vereinigung verwiesen werden (vgl. § 6 GBO).

> **Merke:**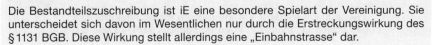
>
> Die Bestandteilszuschreibung ist iE eine besondere Spielart der Vereinigung. Sie unterscheidet sich davon im Wesentlichen nur durch die Erstreckungswirkung des § 1131 BGB. Diese Wirkung stellt allerdings eine „Einbahnstrasse" dar.

(3) Vereinigungsähnliche Grundbucheintragungen. Mehrere demselben Eigentü- 77 mer gehörende Wohnungseigentumseinheiten können abweichend von §§ 7 Abs. 1 S. 1, 8 Abs. 2 S. 1 WEG auf einem Grundbuchblatt zusammengefasst werden, solange hiervon Verwirrung nicht zu besorgen ist (§ 4 Abs. 1 GBO).[150] Die grundbuchgerichtliche Praxis verfährt insoweit sehr zurückhaltend. Bei einer solchen **Zusammenschreibung** handelt es sich lediglich um einen buchungstechnischen Vorgang; die jeweiligen Miteigentumsanteile mit den zugehörigen Sondereigentumsrechten verbleiben in diesem Fall rechtlich selbständig.

Einem Wohnungseigentumsrecht kann aber auch ein gewöhnlicher **Mitei-** 78 **gentumsanteil an einer dienenden Immobilie** zugebucht werden (§ 3 Abs. 4 bis 9 GBO).[151]

Beispiel

– Wohnungs- und Teileigentumseinheiten können auf diese Weise zB **Miteigentumsanteile an gewöhnlichen Grundstücken** zugebucht werden, die als Zufahrts- oder Wegeflächen dem aufgeteilten Grundstück dienen und im Miteigentum der Wohnungseigentümer stehen.[152]

---

[147] BayObLG DNotZ 1995, 305.

[148] Gesetz zur Begrenzung der mit Finanzinvestitionen verbundenen Risiken v. 12.8.2008 (BGBl. I S. 1666).

[149] *Böhringer* Rpfleger 2009, 124, 131; *Dietz* DNotZ 2010, 686, 690; Lemke/*Schneider* § 6 Rn. 53; Meikel/*Böttcher* § 6 Rn. 50.

[150] *Demharter* § 4 Rn. 3; Lemke/*Schneider* § 4 Rn. 5; Weitnauer/*Briesemeister* § 7 Rn. 37.

[151] OLG Celle MittBayNot 1998, 104; BayObLGZ 1994, 221 = DNotZ 1995, 74; Lemke/*Schneider* § 3 Rn. 52.

[152] OLG Celle MittBayNot 1998, 104.

– Denkbar ist aber auch die Zubuchung von **Miteigentumsanteilen an anderen Teileigentumseinheiten** aus derselben Anlage, wie etwa Mehrfachparkern[153], Heizkraftwerken oder Schwimmbädern.

Wohnungs- und Teileigentumseinheiten können demgemäß sowohl herrschendes als auch dienendes „Grundstück" iSd § 3 Abs. 4 GBO sein.

Eine solche **Zubuchung** stellt ebenfalls keine sachenrechtliche Veränderung dar, sondern soll lediglich die Zuordnung von Miteigentumsanteilen an dienenden, aber rechtlich unverändert selbständigen Immobilien ermöglichen. Im Ergebnis wird auf diese Weise die gem. § 3 Abs. 1 S. 1 GBO bzw. § 7 Abs. 1 S. 1 WEG grds. auch für dienende Immobilien bestehende Buchungspflicht suspendiert.

79 **Zweck der Zubuchung** ist es zu verhindern, dass sonst in unterschiedlichen Grundbüchern gebuchtes Eigentum bei der Veräußerung des herrschenden Wohnungseigentums oder bei der Eintragung einer Erbfolge übersehen wird. Weiterhin wird durch diese Art der Buchung eines Miteigentumsanteils außer einem kostenmäßigen Vorteil bei der Erteilung von Grundbuchauszügen in der Regel auch ein besserer Datenschutz erreicht.[154]

Abbildung – (Verkürztes) Eintragungsbeispiel:

**Rechtslage *vor* der Begründung von Wohnungseigentum
ohne Zubuchung eines Miteigentumsanteils gem. § 3 Abs. 5 GBO:**

Amtsgericht Duisburg					**Grundbuch von Duisburg**			**Blatt 150**	
					Bestandsverzeichnis				

Laufende Nummer der Grundstücke	Bisherige laufende Nummer der Grundstücke	Bezeichnung der Grundstücke und der mit dem Eigentum verbundenen Rechte				Größe		
		Gemarkung (Vermessungsbezirk)	Karte		Liegenschaftsbuch	Wirtschaftsart und Lage		
			Flur	Flurstück				
		a	b		c/d	e	ha	a	m²
1	2	3				4		
1		Duisburg	1	101		Gebäude- und Freifläche, Kardinal-Galen-Straße 124		02	34
2		Duisburg	1	105		Weg, Kardinal-Galen-Straße			58

---

[153] BayObLGZ 1994, 221 = DNotZ 1995, 74.
[154] *Demharter* § 3 Rn. 30.

**Rechtslage nach der Begründung von Wohnungseigentum
und Zubuchung eines Miteigentumsanteils gem. §3 Abs. 5 GBO:**

Amtsgericht Duisburg **Grundbuch von Duisburg** **Blatt 2310**

Bestandsverzeichnis

Laufende Nummer der Grundstücke	Bisherige laufende Nummer der Grundstücke	Bezeichnung der Grundstücke und der mit dem Eigentum verbundenen Rechte				Größe		
		Gemarkung (Vermessungsbezirk)	Karte Flur / Flurstück	Liegenschaftsbuch	Wirtschaftsart und Lage			
		a	b	c/d	e	ha	a	m²
1	2	3				4		
1		197/10.000stel Miteigentumsanteil an dem Grundstück						
		Duisburg	1 101		Gebäude- und Freifläche, Kardinal-Galen-Straße 124		02	34
		verbunden mit dem Sondereigentum an der im Aufteilungsplan vom 24. März 2000 mit Nr. 18 bezeichneten Wohnung im III. Obergeschoss links.						
		(weitere Eintragung)						
2/zu 1		⅟₁₈ Miteigentumsanteil an dem Grundstück						
		Duisburg	1 105		Weg, Kardinal-Galen-Straße			58

c) Veränderungen am aufgeteilten Grundstück

aa) Veräußerung einer Grundstücksteilfläche

(1) Vorüberlegungen. Für die folgenden Überlegungen zur **Abveräußerung einer** 80
realen Grundstücksfläche aus dem in Wohnungseigentum aufgeteilten Grundstück muss wegen der unterschiedlichen Anforderungen differenziert werden. Befinden sich auf der zu veräußernden Teilfläche nämlich Räumlichkeiten im Sondereigentum, folgt die Übertragung zT anderen Regeln als bei einer unbebauten Teilfläche oder wenn lediglich eine Teilfläche mit Räumlichkeiten im Gemeinschaftseigentum veräußert wird. Lassen Sie uns der Einfachheit halber mit den letztgenannten Tatbeständen beginnen.

(2) Die Veräußerung einer unbebauten Grundstücksteilfläche und einer Grundstücksteilfläche mit Räumlichkeiten im Gemeinschaftseigentum. Die Veräu- 81
ßerung einer unbebauten Teilfläche bzw. einer Teilfläche mit Räumlichkeiten im Gemeinschaftseigentum stellt sich in beiden Fällen materiell-rechtlich als **Verfügung über das Gemeinschaftseigentum** dar (§ 10 Abs. 2 S. 1 WEG, § 747

S. 2 BGB).[155] Sie bedarf daher der **Auflassung** unter Mitwirkung sämtlicher Wohnungs- und Teileigentümer.[156] Im Hinblick auf § 925 Abs. 1 S. 1 BGB kommt eine getrennte Verfügung der einzelnen Miteigentümer hier nicht in Betracht; sie würde zur Nichtigkeit der Auflassung führen (§ 125 BGB). Zum Nachweis der gleichzeitigen Anwesenheit ist verfahrensrechtlich die Auflassungserklärung in notarieller Urkunde vorzulegen (§ 29 Abs. 1 S. 2 GBO). Darüber hinaus ist eine weitergehende **Aufhebungs- oder Umwandlungserklärung** im Hinblick auf die bisher an der Teilfläche bestehenden gemeinschaftsrechtlichen Bindungen **nicht erforderlich**. Mit der Veräußerung aller Miteigentumsanteile an der Teilfläche erlöschen die insoweit bestehenden Rechtsverhältnisse von selbst.[157]

Beispiel

Falls an der abveräußerten Grundstücksteilfläche einem Wohnungseigentümer ein Sondernutzungsrecht an einem Pkw-Stellplatz eingeräumt war, wird das Sondernutzungsrecht durch den Vollzug der Auflassung automatisch gegenstandslos.[158]

82   Wegen der mit der Abveräußerung verbundenen Reduzierung ihrer Haftungsobjekte bedarf es zur lastenfreien Abschreibung materiell-rechtlich der **Zustimmung** und verfahrensrechtlich der **Bewilligung aller dinglich Berechtigten** an sämtlichen Wohnungs- und Teileigentumseinheiten in der Form des § 29 GBO (§§ 876, 877 BGB, § 19 GBO).[159] Dies gilt auch für Gesamtrechte an allen Einheiten sowie für Rechte am ganzen Grundstück.[160] Liegt bei eingetragenen Dienstbarkeiten der Ausübungsbereich nicht auf der abveräußerten Teilfläche, wird eine lastenfreie Abschreibung entsprechend § 1026 BGB möglich sein.

83   Soweit eine **Veräußerungsbeschränkung** gem. § 12 WEG vereinbart sein sollte, ist diese zwar grundsätzlich auch bei der isolierten Übertragung von Miteigentumsanteilen zu beachten. Im vorliegenden Fall erfolgt die Veräußerung jedoch an einen Außenstehenden, der dadurch nicht Mitglied der Eigentümergemeinschaft wird. Der Anwendungsbereich des § 12 WEG ist deshalb nicht eröffnet.

   Wiederholung:

Vielleicht möchten Sie sich an dieser Stelle noch einmal kurz den Anwendungsbereich des § 12 WEG in Erinnerung rufen. Ausführungen dazu finden Sie im → Kapitel E Rn. 124 ff.

---

[155] BGH NJW 2013, 1962 = ZWE 2013, 330; LG Düsseldorf MittRhNotK 1980, 77; *Bärmann/Armbrüster* § 1 Rn. 70.

[156] *Bauer/v. Oefele* AT V Rn. 382.

[157] *Bauer/v. Oefele* AT V Rn. 382; *Böttcher* BWNotZ 1996, 80 (90); *Riecke/Schmid/Schneider* § 6 Rn. 27; *Röll* Rpfleger 1990, 277 (278); *Schöner/Stöber* Rn. 2982; *Weitnauer/Briesemeister* § 1 Rn. 33; aA OLG Frankfurt a. M. Rpfleger 1990, 282; Beck'sches Notarhandbuch/*Rapp* A III Rn. 139; *Herrmann* DNotZ 1991, 607, 609).

[158] *Weitnauer/Briesemeister* § 1 Rn. 33.

[159] OLG Frankfurt NJW-RR 1990, 1042 = Rpfleger 1990, 292; *Bauer/v. Oefele* AT V Rn. 382; *Riecke/Schmid/Schneider* § 6 Rn. 29.

[160] Die von OLG Zweibrücken Rpfleger 1986, 93; *Böttcher* BWNotZ 1996, 80 (90); *Schöner/Stöber* Rn. 2982 vertretene aA kann sich nur auf eine Abtrennung ohne gleichzeitige lastenfreie Abveräußerung beziehen, da nur in diesem Fall ein Gesamtgläubiger nicht durch Freigabe beeinträchtigt werden kann.

Landesrechtliche Bestimmungen können zur Verselbständigung der Teilfläche 84 die Vorlage einer **Teilungsgenehmigung** vorsehen.[161] Soweit die Fortschreibung des ursprünglich in Wohnungseigentumsrechte aufgeteilten Grundstücks noch nicht erfolgt sein sollte, ist gem. § 2 GBO auch der **Veränderungsnachweis** des Kataster- und Vermessungsamtes zum Vollzug vorzulegen.[162] Weiterhin ist dem Grundbuchgericht nachzuweisen, dass sich auf der abveräußerten Teilfläche keine im Sondereigentum stehenden Baulichkeiten befinden.[163] Dieser Nachweis kann nur durch Vorlage einer **amtlichen Karte** oder Bescheinigung erfolgen (§ 29 Abs. 1 S. 2 GBO). Darüber hinaus ist zum Eigentumswechsel die steuerliche **Unbedenklichkeitsbescheinigung** beizubringen (§ 22 GrEStG).

Die **Eintragung** der Abveräußerung erfolgt hinsichtlich der Teilfläche **in sämt-** 85 lichen für die Wohnungseigentumsanlage gebildeten **Grundbüchern.**

(3) Die Veräußerung einer Grundstücksteilfläche mit Räumlichkeiten im Sonder- **reigentum.** Für die Veräußerung einer Teilfläche mit **Räumlichkeiten im Sonderei-** 86 **gentum** gelten zunächst die vorstehenden Ausführungen zur Abveräußerung ohne Räumlichkeiten im Sondereigentum entsprechend. Diese Grundsätze müssen auch dann gelten, wenn das Gebäude, das im Bereich der abzuschreibenden Teilfläche liegen sollte, noch gar nicht gebaut ist, die Wohnungsgrundbücher jedoch schon angelegt sind.[164]

Wiederholung:

Das WEG ermöglicht für beide Begründungsarten die Bildung von Sondereigentum an einem noch „zu errichtenden Gebäude". Lesen Sie bitte noch einmal in § 3 Abs. 1 und § 8 Abs. 1 WEG nach.

Im vorliegenden Fall kann jedoch der Wegfall der gemeinschaftsrechtlichen 87 Bindungen für sich allein nicht ausreichen; es soll schließlich in die bestehende Eigentumsstruktur der Gesamtanlage eingegriffen werden. Es bedarf deshalb zusätzlich noch einer **rechtsgeschäftlichen Teilaufhebung des Sondereigentums**[165], da der bisherige Gegenstand des Sondereigentums verändert werden soll. Dafür wird zu Recht eine Einigungserklärung sämtlicher Miteigentümer gem. § 4 WEG verlangt.[166]

Denkbar ist zudem, dass die auf der abveräußerten Teilfläche befindlichen 88 Räumlichkeiten mit einem Miteigentumsanteil verbunden sind, mit dem sie ein selbständiges Wohnungs- oder Teileigentum bilden.

Beispiel

Geradezu ein Paradebeispiel stellt hier das in einem eigenen Teileigentumsgrundbuch verzeichnete und folglich mit einem eigenen Miteigentumsanteil verbundene Sondereigentum an einer freistehenden Garage auf dem Grundstück dar.

---

161 Vgl. *Schöner/Stöber* Rn. 3819.
162 *Böttcher* BWNotZ 1996, 80, 91.
163 Riecke/Schmid/*Schneider* § 6 Rn. 28; Weitnauer/*Briesemeister* § 1 Rn. 33.
164 KG ZMR 2012, 462.
165 Die Aufhebung sämtlicher Sondereigentumsrechte ist hierfür nicht erforderlich; KG ZMR 2012, 462.
166 Bauer/*v. Oefele* AT V Rn. 385; *Böttcher* BWNotZ 1996, 80, 90.

In diesem Fall muss zugleich der durch die Abveräußerung frei werdende – dann aber substanzlose – Miteigentumsanteil durch Übertragung beseitigt werden, weil infolge der Teilaufhebung **kein isolierter Miteigentumsanteil** verbleiben darf.[167] Diese Übertragung eines bloßen Miteigentumsanteils folgt wiederum den Regeln für das Alleineigentum an Grundstücken,[168] so dass hierfür eine entsprechende Auflassungserklärung gem. §§ 873, 925 BGB erforderlich wird.

89 Im Ergebnis bedarf es also materiell-rechtlich **mehrerer Einigungserklärungen,** wenn sich auf dem abzuveräußernden Grundstücksteil Räumlichkeiten im Sondereigentum befinden. Da die verfahrensrechtlich gem. § 20 GBO nachzuweisenden Auflassungen das stärkere Formerfordernis darstellen, kommt es auf die umstrittene Frage, ob für die weiterhin nachzuweisende Einigung gem. § 4 WEG zur Teilaufhebung des Sondereigentums die Vorschriften über die Auflassung entsprechende Anwendung finden[169] oder eine einseitige verfahrensrechtliche Bewilligung ausreichend ist,[170] nicht mehr an.

90 Anstelle des Nachweises fehlender Baulichkeiten kann für im Sondereigentum verbleibende (Rest-)Räumlichkeiten eine neue **Abgeschlossenheitsbescheinigung** erforderlich werden, weil auch bei nachträglichen Veränderungen das Erfordernis der Abgeschlossenheit zu beachten ist.[171] Eine solche dürfte jedoch immer dann entbehrlich sein, wenn es sich bei der übertragenen Räumlichkeit um einen separaten Baukörper gehandelt hat, dessen Herausnahme aus dem Wohnungseigentum und Abveräußerung die Abgeschlossenheit und Zugänglichkeit im Übrigen nicht beeinträchtigen kann.

Beispiel

Dazu bemühen wir am Besten gleich noch einmal unser Paradebeispiel: die Abveräußerung der realen Grundstücksteilfläche mit der bisher als eigenes Teileigentum gebuchten Garage wird die Abgeschlossenheit der übrigen Sondereigentumseinheiten nicht verändern. Damit ist nach der Abveräußerung der „Restaufteilungsplan" mit der „Restabgeschlossenheitsbescheinigung" für das „Restgrundstück" immer noch aktuell.

91 Soweit die isolierten Miteigentumsanteile von Wohnungseigentümern erworben werden, deren Wohnungseigentumsrechte bereits mit dinglichen Rechten belastet sind, ist zur Herstellung einheitlicher Belastungsverhältnisse insoweit wiederum eine **Pfandunterstellung** erforderlich, weil andernfalls ggf. nur der ursprünglich belastete Miteigentumsanteil zur Zwangsversteigerung käme.

Wiederholung:

Wie sich die Einbeziehung des isolierten Miteigentumsanteils in die bestehenden Belastungsverhältnisse vollzieht, haben Sie bereits gelernt. Schauen Sie sich insoweit noch einmal die Rn. 65 ff. an.

---

[167] KG ZMR 2012, 462; *Bauer/v. Oefele* AT V Rn. 385; *Röll* Rpfleger 1990, 277.

[168] Weitnauer/*Briesemeister* § 6 Rn. 1.

[169] So die wohl hM Bamberger/Roth/*Hügel* § 7 Rn. 6; Bärmann/*Armbrüster* § 4 Rn. 21 ff; Bauer/v. Oefele/*Kössinger* § 20 Rn. 66; Meikel/*Böttcher* § 20 Rn. 58; MüKoBGB/ *Commichau* § 4 Rn. 5 f.; *Schöner/Stöber* Rn. 2842; Staudinger/*Rapp* § 4 Rn. 4.

[170] OLG Zweibrücken OLGZ 1982, 263; *Demharter* Anhang zu § 3 GBO Rn. 41, Riecke/Schmid/*Schneider* § 7 Rn. 70; Palandt/*Bassenge* § 7 Rn. 2; Weitnauer/*Briesemeister* § 4 Rn. 5.

[171] Weitnauer/*Briesemeister* § 3 Rn. 57.

bb) Hinzuerwerb einer Grundstücksfläche

Der Erwerb des Eigentums an einer weiteren Grundstücksfläche durch die 92
Wohnungseigentümer vollzieht sich sachenrechtlich im Wege der **Auflassung** gem.
§§ 873, 925 BGB. Auf diese Weise erwerben alle Wohnungseigentümer zunächst
sachenrechtlich weiteres Eigentum in bruchteilsmäßiger Verbundenheit. Diese
an sich „neben" der Wohnungseigentümergemeinschaft am aufgeteilten Grundstück bestehende (personenidentische) Bruchteilsgemeinschaft muss sozusagen
noch wohnungseigentumsrechtlich „integriert" werden. Der Eigentumserwerb
setzt deshalb **gleiche Eigentumsverhältnisse** mit identischen Miteigentumsquoten sowohl an dem aufgeteilten als auch an dem einzubeziehenden Grundstück
voraus.[172] Im Hinblick auf § 1 Abs. 4 WEG bedarf es nämlich zur Einbeziehung
des hinzuerworbenen Grundstücks einer rechtsgeschäftlichen **Erstreckung des
Wohnungseigentums** mit den diesbezüglichen Regelungen der Gemeinschaftsordnung als Inhalt des Sondereigentums auf die hinzuerworbene Fläche.[173] Dies
kann nur im Wege der **Vereinigung** (§ 890 Abs. 1 BGB) oder der **Bestandteilszuschreibung** (§ 890 Abs. 2 BGB) erfolgen.[174] Die hM verlangt darüber hinaus noch
zusätzlich eine Umwandlung und Einbeziehung des normalen hinzukommenden
Miteigentumsanteils in die bestehende wohnungseigentumsrechtliche Aufteilung
(§ 4 WEG).[175] Die Herstellung einer so weit reichenden Gleichartigkeit ist jedoch
gar nicht erforderlich, da die Grundstücke in beiden Fällen im Miteigentum
der Wohnungseigentümer stehen (vgl. § 1 Abs. 5 WEG) und Sondereigentum
nicht betroffen wird.[176] Keineswegs bedarf es zur Einbeziehung der vorherigen
Aufhebung der bestehenden Teilung mit anschließender Neuaufteilung des Gesamtgrundstücks.[177]

Verfahrensrechtlich genügt für den Erwerb des Eigentums also der Nachweis 93
der **Auflassung identischer Bruchteile** (§ 20 GBO) in der Form des § 29 GBO.
Weiterhin ist noch die **Vereinigung bzw. Bestandteilszuschreibung** zur Eintragung zu bewilligen (§ 19 GBO). Die von der hM zusätzlich geforderte Umwandlungserklärung, mit der das hinzu kommende Grundstück ebenfalls den Regeln
des Wohnungseigentums unterstellt werden soll, kann im Wege der Auslegung
bereits aus der Erstreckung der Teilungserklärung[178] oder der Angabe des Er-
werbsverhältnisses[179] entnommen werden, so dass es insoweit keiner zusätzlichen
Bewilligung bedarf.

---

[172] BayObLG NJW 1973, 1378.
[173] Bauer/*v. Oefele* AT V Rn. 378; *Röll* Rpfleger 1990, 277, 278.
[174] OLG Oldenburg Rpfleger 1977, 22; OLG Frankfurt Rpfleger 1973, 394; Bärmann/
Armbrüster § 1 Rn. 65.
[175] OLG Frankfurt a.M. DNotZ 1993, 612; OLG Zweibrücken DNotZ 1991, 605 m.
Anm. *Herrmann*; Beck'sches Notarhandbuch/*Rapp* A III Rn. 141; *Böttcher* BWNotZ
1996, 80, 91; *Demharter* § 5 Rn. 7; *Schöner/Stöber* Rn. 2981.
[176] Zutreffend daher Bärmann/*Armbrüster* § 1 Rn. 66; Weitnauer/*Briesemeister* § 1
Rn. 31.
[177] So aber noch OLG Saarbrücken Rpfleger 1988, 479; dagegen bereits zu Recht Bär-
mann/*Armbrüster* § 1 Rn. 66.
[178] OLG Frankfurt DNotZ 1993, 612 = Rpfleger 1993, 396; *Böttcher* BWNotZ 1996,
80, 91.
[179] OLG Zweibrücken DNotZ 1991, 605; Bauer/*v. Oefele* AT V Rn. 378; *Röll* Rpfleger
1990, 277, 278.

94 Sowohl für eine Vereinigung als auch für eine Bestandteilszuschreibung bestehen zusätzliche Eintragungsvoraussetzungen gem. §§ 5, 6 GBO, die Ihnen aber
bereits bekannt sind.

Wiederholung:

Wiederholen Sie jetzt bitte die Ausführungen zu den besonderen grundbuchrechtlichen Voraussetzungen einer **Vereinigung** (→ Rn. 66) und einer **Bestandteilszuschreibung** (→ Rn. 79).

95 Durch den Hinzuerwerb des weiteren Grundstücks vergrößert sich das Haftungsobjekt für eingetragene **dinglich Berechtigte,** so dass sie von der nachträglichen Einbeziehung eines Grundstücks rechtlich nicht betroffen, sondern
begünstigt sind. Aus diesem Grunde bedarf es ihrer Mitwirkung weder materiell-rechtlich noch verfahrensrechtlich (§ 19 GBO, §§ 876, 877 BGB).

96 Zum Eigentumswechsel ist die steuerliche **Unbedenklichkeitsbescheinigung**
gem. § 22 GrEStG sowie ein **Negativattest** über die Nichtausübung eines gemeind-
lichen Vorkaufsrechts (§§ 24, 28 BauGB) beizubringen. Einer neuerlichen **Abgeschlossenheitsbescheinigung** bedarf es dagegen nicht, da sich an den baulichen
Verhältnissen durch den Hinzuerwerb nichts geändert hat.[180]

97 Soweit sich **abgeschlossene Räumlichkeiten** auf dem einbezogenen Grundstück
befinden, verbleiben diese nach Verbindung mit dem aufgeteilten Grundstück
zunächst im **Gemeinschaftseigentum** aller Wohnungs- und Teileigentümer.[181]
Sollte auch insoweit die Begründung von Sondereigentum angestrebt sein, bedürfte es einer weitergehenden Überführung von gemeinschaftlichem Eigentum
in Sondereigentum.

Hinweis:

Im nächsten Gliederungspunkt werden Sie die Umwandlungsmöglichkeiten von
Gemeinschafts- in Sondereigentum und umgekehrt kennenlernen.
Darüber hinaus werden Sie im Kapitel G noch eine weitere Möglichkeit zum Hinzuerwerb von Grundstücken kennenlernen. Schauen Sie dort einmal in den → Rn. 31 ff.
nach – Sie werden staunen!

98 Die **Eintragung** des hinzuerworbenen Grundstücks erfolgt **in sämtlichen** für
die Wohnungseigentumsanlage bereits gebildeten **Grundbüchern.**

---

[180] Vgl. LG Duisburg ZMR 2007, 888.
[181] Bauer/*v. Oefele* AT V Rn. 380.

IV. Veränderungen des Wohnungseigentums

Beispiel:

(verkürztes Eintragungsbeispiel)

Amtsgericht Duisburg   **Grundbuch von Duisburg**   **Blatt 2261**

Bestandsverzeichnis

Laufende Nummer der Grundstücke	Bisherige laufende Nummer der Grundstücke	Bezeichnung der Grundstücke und der mit dem Eigentum verbundenen Rechte				Größe		
		Gemarkung (Vermessungsbezirk)	Karte Flur / Flurstück	Liegenschaftsbuch	Wirtschaftsart und Lage			
		a	b	c/d	e	ha	a	m²
1	2	3				4		
1		187/10.000stel Miteigentumsanteil an dem Grundstück						
		Duisburg	1	101	Gebäude- und Freifläche, Kardinal-Galen-Straße 124		02	34
		Duisburg	1	150	Freifläche, Kardinal-Galen-Straße			66

verbunden mit dem Sondereigentum an der im Aufteilungsplan
vom 24. März 2000 mit Nr. 1 bezeichneten Wohnung im Erdgeschoss
links mit einem Kellerraum im Kellergeschoss.

verbunden mit dem Sondereigentum an der im Aufteilungsplan
vom 24. März 2000 mit Nr. 1 bezeichneten Wohnung im Erdgeschoss
links mit einem Kellerraum im Kellergeschoss.

Für jeden Miteigentumsanteil ist ein besonderes Grundbuch angelegt
(Nr. 2261 bis Nr. 2374). Der hier eingetragene Miteigentumsanteil ist durch
die zu den anderen Miteigentumsanteilen gehörenden Sondereigentumsrechte beschränkt.

Wegen Gegenstand und Inhalt des Sondereigentums wird Bezug genommen
auf die Bewilligung vom 15. Mai 2000 (Notar Dr. Helmut Genau in Duisburg –
UR-Nr. 555/00).

Der Miteigentumsanteil ist von Blatt 1055 hierher übertragen, eingetragen
am 22. Mai 2000.

d) Gegenständliche Veränderungen des Gemeinschafts- oder Sondereigentums

aa) Umwandlung von Gemeinschaftseigentum in Sondereigentum und umgekehrt

99 In bestehenden Wohnungseigentumsanlagen können nachträgliche Umwandlungen **von Gemeinschaftseigentum in Sondereigentum** aus den unterschiedlichsten Anlässen erforderlich werden.

Beispiele

– Ein bisher im Gemeinschaftseigentum stehender (Keller-, Speicher- oder Hobby-)Raum oder abgetrennte Teile eines solchen sollen einem Wohnungseigentümer allein ohne Änderung des schon bestehenden Miteigentumsanteils als Sondereigentum zugeordnet werden.[182]
– Eine neue Wohnungseigentumseinheit soll nachträglich unter gleichzeitiger Verbindung mit abgespaltenen Miteigentumsanteilen durch Umwandlung bisherigen Gemeinschaftseigentums beim nachträglichen Dachgeschossausbau gebildet werden.[183]
– Im Rahmen einer sog Mehrhausanlage wird ein späterer Bauabschnitt in der Weise realisiert, dass bisher gemeinschaftliches Eigentum des hinzugekommenen Gebäudes in Sondereigentum überführt wird.[184]

100 Eine solche Umwandlung ist allerdings nur möglich, wenn es sich bei den in Sondereigentum umgewandelten Räumlichkeiten auch um sondereigentumsfähige Bereiche handelt. Zwingendes Gemeinschaftseigentum gem. § 5 Abs. 2 WEG kann nicht in Sondereigentum überführt werden.

Beispiele

– Ein Heizungsraum kann bei ausschließlicher Selbstversorgung in der Anlage nicht in Sondereigentum umgewandelt werden.[185]
– Der einzige Zugang zu gemeinschaftlichen Einrichtungen muss im gemeinschaftlichen Eigentum verbleiben und kann nicht umgewandelt werden.[186]

Wiederholen Sie ggf. noch einmal die Ausführungen im → Kapitel C Rn. 7 ff.!

101 Entsprechend kann sich nach der Begründung von Wohnungseigentumseinheiten auch umgekehrt die **Überführung** einzelner im **Sondereigentum** stehender Räumlichkeiten oder gar vollständiger Sondereigentumseinheiten **in gemeinschaftliches Eigentum** vollziehen. Dabei wird allerdings zu beachten sein, dass kein isolierter Miteigentumsanteil verbleibt.[187]

---

[182] Vgl. BGH NJW 1986, 2759 = DNotZ 1987, 208; BayObLGZ 1991, 313 = NJW-RR 1992, 208.
[183] Vgl. BayObLG DNotZ 1993, 741 = ZMR 1993, 423.
[184] Vgl. BayObLGZ 1994, 233 = DNotZ 1995, 607.
[185] BGHZ 109, 179 = NJW 1990, 447 = Rpfleger 1990, 62; BGHZ 73, 302 = NJW 1979, 2391 = Rpfleger 1979, 255.
[186] BGH NJW 1991, 2909 = Rpfleger 1991, 454.
[187] OLG München ZWE 2010, 459.

Beispiel

Ein Teil eines Raumes bleibt nach vollzogener Unterteilung einer Wohnungseinheit als Sondereigentum „übrig" (sog Eingangsflurproblem; dazu sogleich mehr) und muss daher in gemeinschaftliches Eigentum überführt werden.[188]

In beiden Umwandlungsfällen („GE in SE" bzw. „SE in GE") handelt es sich **102** um eine **gegenständliche Veränderung des Gemeinschafts- oder des Sondereigentums**. Für die darin liegende Änderung des sachenrechtlichen Grundverhältnisses der Wohnungseigentümer bedarf es einer **Einigungserklärung** sämtlicher Miteigentümer gem. § 4 WEG und der Eintragung in die Wohnungsgrundbücher.[189]

Die Umwandlung von Gemeinschaftseigentum in Sondereigentum und umge- **103** kehrt fällt damit **nicht** in den Regelungsbereich des § 10 Abs. 2 u. 3 WEG. Aus diesem Grunde kann auch in einer Gemeinschaftsordnung nicht eine **vorweg genommene Ermächtigung** zur Vornahme solcher Veränderungen mit einer den Sondernachfolger bindenden Wirkung als *Inhalt des Sondereigentums* vereinbart und in das Grundbuch eingetragen werden.[190]

Auch die Einräumung eines **umfassenden Sondernutzungsrechts** mit Bebau- **104** ungsbefugnis enthält nicht die vorweg genommene Einigung über die Einräumung von Sondereigentum zugunsten des Sondernutzungsberechtigten an den entstehenden Räumlichkeiten.

Beispiel

Auf diese Weise versucht man bisweilen die spätere Errichtung von Gebäuden in mehreren Bauabschnitten bei einer Mehrhausanlage zu gestalten.[191]

Dinglich Berechtigte müssen sowohl der Umwandlung in Sondereigentum als **105** auch umgekehrt zustimmen, soweit sie rechtlich betroffen sein können (§§ 876, 877 BGB). Für Inhaber von **Gesamtrechten** an sämtlichen Einheiten ändert sich an ihrer Rechtsposition insgesamt jedoch nichts.[192] Nicht nachteilig betroffen sind auch die Inhaber dinglicher Rechte an den aufnehmenden Einheiten, deren Sondereigentum bzw. Gemeinschaftseigentum erweitert wird; diese Rechte erfahren einen **Rechtszuwachs**. Eine etwaige Erhöhung der Unterhaltungslasten

---

[188] BGHZ 139, 352 = NJW 1998, 3711 = Rpfleger 1999, 66; BayObLGZ 1987, 390 = DNotZ 1988, 316.

[189] Für eine Umwandlung in Sondereigentum: OLG Saarbrücken NZM 2005, 423; OLG Celle OLGReport 2004, 79; KG FGPrax 1998, 94; BayObLG MittBayNot 1994, 41; für eine Umwandlung in Gemeinschaftseigentum: BGHZ 139, 352 = NJW 1998, 3711 = Rpfleger 1999, 66; OLG Stuttgart ZMR 2013, 54; BayObLG DNotZ 1998, 379 = Rpfleger 1998, 19; BayObLG NJW-RR 1996, 721 = Rpfleger 1996, 240; *Bärmann/Armbrüster* § 4 Rn. 8 f.

[190] BGH NJW-RR 2012, 1036 = ZWE 2012, 361; BGH NJW 2003, 2165; BayObLG NZM 2002, 70 = Rpfleger 2002, 140; BayObLG NZM 2000, 1235 = Rpfleger 2000, 544; BayObLG DNotZ 1998, 379 = Rpfleger 1998, 19; KG NZM 1998, 581; *Demharter* Anh zu § 3 Rn. 91 u. 93; *Schöner/Stöber* Rn. 2967; aA *Rapp* MittBayNot 1998, 77; *Röll* DNotZ 1998, 345.

[191] BGH NJW-RR 2005, 10 = Rpfleger 2005, 17; OLG Celle OLGReport 2004, 79; BayObLG NZM 2002, 70 = Rpfleger 2002, 140; BayObLG NZM 2000, 1235 = Rpfleger 2000, 544; BayObLG MittBayNot 2000, 551 m. Anm. *Roellenbleg*; *Bärmann/Armbrüster* § 4 Rn. 8.

[192] OLG Frankfurt FGPrax 1997, 139 = Rpfleger 1997, 374; *Böhringer* BWNotZ 1993, 153, 158 f.; *Schöner/Stöber* Rn. 2967.

durch die Vergrößerung des gemeinschaftlichen Eigentums kann allenfalls eine wirtschaftliche Beeinträchtigung darstellen; hierfür ist jedoch eine Zustimmung der dinglich Berechtigten nicht erforderlich.[193] Eine Zustimmungserklärung soll nach hM auch dann erforderlich sein, wenn bei der Umwandlung in Sondereigentum dem hinzuerwerbenden Wohnungseigentümer an der umgewandelten Gemeinschaftsfläche zuvor bereits ein **Sondernutzungsrecht** eingeräumt war.[194] In einer erteilten Zustimmungserklärung ist zugleich auch die verfahrensrechtliche Bewilligung nach § 19 GBO zu sehen[195]; sie bedarf dann allerdings der grundbuchmäßigen Form des § 29 GBO.

106   **Nachverpfändungserklärungen** hinsichtlich eingetragener Einzelrechte an aufnehmenden Sondereigentumseinheiten entfallen, da sich Belastungen am hinzuerworbenen Sondereigentum kraft Gesetzes auf isoliertes Sondereigentum erstrecken.[196] Lediglich in den Fällen, in denen die Umwandlungen mit der Veränderung gebuchter Miteigentumsanteile verbunden ist, gelten die hierzu entwickelten Grundsätze (→ Rn. 65 ff.).

107   Verfahrensrechtlich sind nach der hier vertretenen Auffassung die **Eintragungsbewilligungen** sämtlicher Wohnungseigentümer in der Form des § 29 GBO vorzulegen, soweit nicht gleichzeitig Veränderungen in den Miteigentumsanteilen den Nachweis der Auflassung erforderlich machen. Den Eintragungsbewilligungen ist grundsätzlich ein **geänderter Aufteilungsplan** mit entsprechender Abgeschlossenheitsbescheinigung beizufügen.[197] Wird allerdings Sondereigentum in Gemeinschaftseigentum in der Weise überführt, dass lediglich ein auch schon bisher als abgeschlossen bescheinigter Raum umgewandelt wird, werden die übrigen Wohnungseigentümer durch die Umwandlung nicht berührt. In einem solchen Fall genügt daher die zweifelsfreie Feststellung der betroffenen Räumlichkeit, so dass ausnahmsweise ein berichtigter Aufteilungsplan entbehrlich ist.[198] Ebenso wird die Beibringung einer steuerlichen **Unbedenklichkeitsbescheinigung** immer dann für erforderlich gehalten, wenn sich die wertmäßige Beteiligung der erwerbenden Wohnungseigentümer verändert.[199]

108   Die Eintragung der Umwandlung hat in allen für das Grundstück angelegten Wohnungs- und Teileigentumsgrundbüchern zu erfolgen.[200] Bei der **Grundbucheintragung** muss eine Änderung im Bestand der zum Sondereigentum gehörenden Räume auf dem Grundbuchblatt selbst **ausdrücklich** vermerkt werden, wenn das Sondereigentum zuvor konkret bezeichnet war. Eine Eintragung nur durch Bezugnahme auf die Eintragungsbewilligung ist dann unzulässig.[201] Ist für den jeweiligen Eigentümer eines Wohnungseigentums ein **Sondernutzungsrecht** im Grundbuch verzeichnet, so wird dieses durch die teilweise Aufhebung des Sonde-

---

[193] BayObLG DNotZ 1999, 665.
[194] BayObLG NZM 2002, 70 = Rpfleger 2002, 140; BayObLG WE 1996, 155; BayObLG DNotZ 1993, 741 = Rpfleger 1993, 488; *Bauer/v. Oefele* AT V Rn. 358; *Demharter* Anh zu § 3 Rn. 91; *Schöner/Stöber* Rn. 2967 c; aA *F. Schmidt* WE 1996, 157 (159); *Schneider* Rpfleger 1998, 53, 59.
[195] LG Bremen Rpfleger 1985, 106 m. abl. Anm. *Meyer-Stolte.*
[196] LG Düsseldorf MittRhNotK 1986, 78; *Schöner/Stöber* Rn. 2967; *Streuer* Rpfleger 1992, 181.
[197] BayObLG DNotZ 1999, 208 = Rpfleger 1998, 194.
[198] BayObLG DNotZ 1999, 208 = Rpfleger 1998, 194.
[199] *Borrutau/Viskorf* § 2 Rn. 257.
[200] BayObLGZ 1997, 347 = ZfIR 1998, 156.
[201] BGHZ 174, 61 = NJW 2007, 3777 = Rpfleger 2008, 60.

reigentums nicht berührt. Erst die vollständige Aufhebung des Sondereigentums durch Umwandlung in gemeinschaftliches Eigentum wäre mit dem Untergang des Sondernutzungsrechts verbunden.[202]

bb) Unterteilung von Wohnungseigentum

Wohnungs- und Teileigentümer können ihr bisher einheitliches Eigentum in mehrere selbständige Einheiten unterteilen.[203] Dabei handelt es sich nicht um eine Abspaltung von einer „Restwohnung".[204] Zur Unterteilung bedarf es nach überwiegend vertretener Ansicht einer (Unter-)**Teilungserklärung** in entsprechender Anwendung des § 8 WEG, der Verbindung der auf diese Weise entstehenden Miteigentumsanteile mit abgeschlossenem Sondereigentum und der entsprechenden Grundbucheintragung.[205] **109**

Einer **Mitwirkung der übrigen Wohnungseigentümer** bedarf es zur bloßen Unterteilung nicht, weil sie durch diese Änderung nicht benachteiligt werden.[206] Die Unterteilung kann zwar zu **geänderten Stimmrechtsverhältnissen** führen, diese beeinträchtigen jedoch die übrigen Miteigentümer ebenfalls nicht, weil aus der Summe der durch die Unterteilung entstehenden Wohnungseigentumsrechte grundsätzlich nicht mehr Befugnisse erwachsen können, als aus dem ungeteilten Wohnungseigentum.[207] Die Gemeinschaftsordnung kann allerdings insoweit etwas Anderes ausdrücklich zulassen.[208] Auch eine evtl. zu **baulichen Veränderungen** erforderliche Zustimmung der übrigen Wohnungseigentümer gem. § 22 Abs. 2 WEG kann die Eintragung der Rechtsänderung in das Grundbuch nicht beeinträchtigen, weil es sich insoweit um tatsächliche Maßnahmen und nicht um Rechtsänderungen handelt.[209] Das Grundbuchgericht hat daher insoweit auch nicht zu prüfen, ob die übrigen Wohnungseigentümer einer baulichen Veränderung (zB durch Schaffung weiterer Eingangsmöglichkeiten) zugestimmt haben.[210] **110**

Wird allerdings zugleich mit der Unterteilung eine **Änderung der Zweckbestimmung** vorgenommen, ist die Unterteilung ohne Zustimmung der übrigen Wohnungseigentümer unzulässig. Eine gleichwohl vorgenommene Eintragung ist als inhaltlich unzulässig zu löschen (§ 53 Abs. 1 S. 2 GBO), weil sich an widersprüchliche Grundbucheintragungen kein gutgläubiger Erwerb anschließen kann.[211] **111**

---

[202] Riecke/Schmid/*Schneider* § 7 Rn. 238.

[203] BGH ZWE 2015, 208; BGH NZM 2004, 876 = Rpfleger 2005, 17; BGHZ 73, 150 = NJW 1979, 870 = Rpfleger 1979, 96; BGHZ 49, 250 = NJW 1968, 499 = Rpfleger 1968, 114; BayObLG DNotZ 1992, 305 = Rpfleger 1991, 455; OLG Düsseldorf NJW-RR 1990, 81; BayObLG NJW-RR 1986, 244 = Rpfleger 1986, 177; *Demharter* Anh zu § 3 Rn. 73; *Röll* DNotZ 1993, 158; *Schöner/Stöber* Rn. 2975 ff.

[204] OLG München ZWE 2011, 267.

[205] BGH NZM 2004, 876 = Rpfleger 2005, 17; BGHZ 73, 150 = NJW 1979, 870 = Rpfleger 1979, 96; LG Frankfurt Rpfleger 1989, 281; Bärmann/*Armbrüster* § 2 Rn. 93; *Gaier* FS Wenzel (2005), 59; Riecke/Schmid/*Schneider* § 7 Rn. 242; Staudinger/*Rapp* § 8 Rn. 11; aA – Unterteilung in entsprechender Anwendung des § 7 WEG – Weitnauer/*Briesemeister* § 8 Rn. 3.

[206] BGH NZM 2004, 876 = Rpfleger 2005, 17; BGHZ 49, 250 = NJW 1968, 499 = Rpfleger 1968, 114; Bärmann/*Armbrüster* § 2 Rn. 95; *Böttcher* BWNotZ 1996, 80 (87).

[207] Dazu ausführlich Bärmann/*Armbrüster* § 2 Rn. 112 ff mwN.

[208] OLG Köln NZM 2005, 148.

[209] BayObLG DNotZ 1999, 210 = FGPrax 1998, 52.

[210] LG Köln MietRB 2009, 205.

[211] BGH ZWE 2015, 208.

Beispiel

Eine Zweckbestimmung erfolgt bereits durch die Qualifizierung eines Sondereigentums als Wohnung oder als nicht zu Wohnzwecken dienenden Räumen. Besteht nun ein als Wohnungseigentum im Grundbuch eingetragenes Sondereigentum nach der eingetragenen Teilungserklärung mit Gemeinschaftsordnung aus Wohnräumen im Erdgeschoss und nicht zu Wohnzwecken dienenden Kellerräumen im Untergeschoss, kann eine Unterteilung nicht dergestalt erfolgen, dass zwei neue Miteigentumsanteile gebildet werden, die dann jeweils mit Sondereigentum an Wohnräumen verbunden sind. Hier würde quasi auf „kaltem Wege" eine Änderung der Zweckbestimmung ohne die notwendige Mitwirkung der übrigen Wohnungseigentümer erfolgen.

112   Allerdings hält es die überwiegende Meinung für zulässig, in der Gemeinschaftsordnung für die Unterteilung einen **Zustimmungsvorbehalt** gem. § 12 WEG zu vereinbaren.[212] Das gleiche gilt für die gleichzeitige oder spätere Veräußerung eines der Teilrechte.[213]

113   **Dinglich Berechtigte** am bisherigen Wohnungseigentum sind durch die Unterteilung nicht beeinträchtigt. Ihre Rechte setzen sich nach den für eine Teilung gem. § 8 WEG entwickelten Grundsätzen an den neu gebildeten Einheiten (ggf. als Gesamtrechte) fort.[214] Dies gilt auch für dingliche Rechte, die zum Besitz berechtigen wie bspw. einem Wohnungsrecht; die hier möglicherweise auftretenden *tatsächlichen* Beeinträchtigungen sind durch die baulichen Maßnahmen, nicht aber durch die *rechtliche* Unterteilung veranlasst.[215] Ein durch Unterteilung entstandenes Wohnungseigentum kann gem. § 1026 BGB von der Belastung mit einem solchen Recht frei werden.[216]

 Wiederholung:

Vielleicht möchten Sie sich an dieser Stelle die Behandlung der dinglichen Rechte anlässlich der Teilung gem. § 8 WEG noch einmal in Erinnerung rufen. In diesem Fall finden Sie Ausführungen im → Kapitel D Rn. 19 ff.

114   Da für die bloße Unterteilung in entsprechender Anwendung des § 8 WEG nach materiellem Recht weder die Zustimmung der übrigen Wohnungseigentümer noch der dinglich Berechtigten notwendig ist, ist auch grundbuchrechtlich deren **Eintragungsbewilligung** nicht erforderlich.[217] Dem Grundbuchgericht genügt die Eintragungsbewilligung des (unter-)teilenden Eigentümers in der Form des § 29 GBO. Als Anlagen zur Eintragungsbewilligung sind jedoch ein **geänderter Aufteilungsplan** mit entsprechender **Abgeschlossenheitsbescheinigung** für sämtliche neu gebildeten Einheiten vorzulegen.[218] Dies gilt selbst dann, wenn durch die Unterteilung eine frühere Vereinigung wieder rückgängig gemacht werden soll.[219]

---

[212] BGHZ 49, 250 = NJW 1968, 499 = Rpfleger 1968, 114; BayObLG DNotZ 1992, 305 = Rpfleger 1991, 455; BayObLG Rpfleger 1986, 177; Bärmann/*Armbrüster* § 2 Rn. 95; Bauer/*v. Oefele* AT V Rn. 366; *Demharter* Anh zu § 3 Rn. 75; aA M. *Müller* ZWE 2012, 22; Weitnauer/*Lüke* § 12 Rn. 3.

[213] BGHZ 73, 150 = NJW 1979, 870 = Rpfleger 1979, 96; *Demharter* Anh zu § 3 Rn. 75.

[214] *Demharter* Anh zu § 3 Rn. 74.

[215] Riecke/Schmid/*Schneider* § 7 Rn. 247; aA *Böttcher* BWNotZ 1996, 80, 87.

[216] *Demharter* Anh zu § 3 Rn. 74.

[217] BayObLG DNotZ 1992, 305 = Rpfleger 1991, 455.

[218] OLG München ZWE 2011, 267.

[219] BayObLG NJW-RR 1994, 716 = Rpfleger 1994, 498.

Die Vorlage eines Unterteilungsplanes ist jedoch entbehrlich, wenn bereits der ursprüngliche Aufteilungsplan bisher mit demselben Miteigentumsanteil verbundene selbständige Raumeinheiten ausweist, deren Abgeschlossenheit seinerzeit schon bescheinigt worden ist.[220] Bisher schon zugeordnete **Sondernutzungsrechte** werden mangels anderslautender Erklärung zu gemeinschaftlichen zugunsten der jeweiligen Eigentümer der neu entstandenen Einheiten.[221]

Wie bei einer Erstaufteilung ist auch bei einer späteren Unterteilung entsprechend § 8 WEG die Vorlage einer steuerlichen **Unbedenklichkeitsbescheinigung** entbehrlich. Jedoch können entsprechende Genehmigungen nach § 22 BauGB (**Fremdenverkehrsgebiete**) und § 172 BauGB (**Milieuschutzsatzung**) in Betracht kommen.   **115**

Die **Unterteilung** eines Wohnungseigentums muss **kongruent** erfolgen, dh es darf infolge der Unterteilung weder bisher gemeinschaftliches Eigentum in das neu gebildete Sondereigentum einbezogen werden, noch dürfen Teile des bisherigen Sondereigentums ohne Verbindung mit einem Miteigentumsanteil verbleiben.[222] In beiden Fällen bedürfte es zur wirksamen Änderung der bestehenden Rechtsverhältnisse zusätzlich einer Einigung sämtlicher Wohnungseigentümer über die darin liegende **Umwandlung** von Gemeinschaftseigentum in Sondereigentum bzw. umgekehrt sowie einer entsprechenden Grundbucheintragung.   **116**

Hinweis:

Bei der Unterteilung eines Sondereigentums tritt bisweilen die bautechnische Notwendigkeit auf, dass zur Schaffung separierter Zugänge eine Teilfläche des vormaligen Sondereigentums als notwendiger Vorflur den neuen Einheiten nicht mehr zugeordnet und dadurch den übrigen Miteigentümern gleichsam als gemeinschaftliches Eigentum „überlassen" werden soll. Da zumindest nach ganz überwiegender Meinung eine Lösung des Problems durch Einräumung von „Mitsondereigentum" bzw. „abgesondertem Miteigentum" nicht möglich ist, hat sich für das Phänomen der Begriff des „**Eingangsflurproblems**" ausgeprägt.

Wiederholung:

– Wiederholen Sie jetzt bitte zunächst die Ausführungen zum „Mitsondereigentum" und „abgesondertem Miteigentum" in → Kapitel B Rn. 26 ff.
– Wiederholen Sie dann möglichst die Ausführungen zur Umwandlung von Gemeinschafts- in Sondereigentum und umgekehrt in → Rn. 99 ff.

Lässt sich die Zustimmung der übrigen Eigentümer und der betroffenen dinglich Berechtigten zu einer notwendigen Umwandlung nicht erlangen, so ist die vorgesehene Unterteilung nicht möglich; Wohnungseigentümer müssen sich im Rahmen einer Unterteilung entstehendes gemeinschaftliches Eigentum nicht aufdrängen lassen.[223]

---

[220] OLG München ZWE 2011, 267; OLG Zweibrücken FGPrax 2001, 105.
[221] Bauer/*v. Oefele* AT V Rn. 364; Riecke/Schmid/*Schneider* § 7 Rn. 250; aA Beck'sches Formularbuch/*Rapp* A III Rn. 90; der eine vorherige Klärung der Zuordnung verlangt.
[222] Besonders anschaulich OLG Karlsruhe ZWE 2014, 162.
[223] BGHZ 139, 352 = NJW 1998, 3711 = Rpfleger 1999, 66; OLG München DNotZ 2007, 946 = Rpfleger 2007, 459; aA *Gaier* FS Wenzel (2005), S. 145; *Röll* DNotZ 1998, 79.

117 Eine gegen diese Mitwirkungspflicht verstoßende Eintragung einer Unterteilung in das Grundbuch ist genauso unzulässig und daher nichtig[224] als wenn die gleichzeitige Änderung der Zweckbestimmung ohne die erforderliche Mitwirkung eingetragen würde.[225] Solche Eintragungen können auch nicht Grundlage für einen **gutgläubigen Erwerb** sein.[226] Die Eintragung eines Amtswiderspruchs gem. § 53 Abs. 1 S. 1 GBO scheidet damit aus; es verbleibt nur die **Amtslöschung** gem. § 53 Abs. 1 S. 2 GBO.[227] Eine inhaltlich unzulässige Eintragung liegt auch vor, wenn im Grundbuch eines durch Unterteilung entstandenen Wohnungseigentums sowohl auf die ursprüngliche Teilungserklärung, die von der Unterteilung erfasste Räumlichkeiten noch als gemeinschaftliches Eigentum ausweist, als auch auf die Unterteilungserklärung Bezug genommen wird.[228]

cc) Isolierte Veränderungen des Sondereigentums

118 Isolierte Verfügungen allein über das Sondereigentum ohne den dazu gehörigen Miteigentumsanteil sind zulässig (→ Rn. 60) und in unterschiedlicher Ausgestaltung denkbar:

119 **(1) Aufhebung von Sondereigentum.** Bestehendes Sondereigentum kann ohne eine anderweitige Zuordnung lediglich an einzelnen Räumen aufgehoben werden. Eine solche **teilweise Aufhebung des Sondereigentums** ist nicht einseitig möglich und stellt sich rechtlich als **Umwandlung** von bestehendem Sondereigentum in Gemeinschaftseigentum dar.

Wiederholung:

Wiederholen Sie jetzt bitte die Ausführungen zur Umwandlung von Gemeinschafts- in Sondereigentum und umgekehrt in → Rn. 99 ff.

120 Gleiches gilt auch für die **vollständige Aufhebung eines Sondereigentums.** Es wird allerdings zu beachten sein, dass auf diesem Wege die rechtsgeschäftliche Begründung isolierter Miteigentumsanteile nicht möglich ist.[229]

121 **(2) Abspaltung von Sondereigentum. Sondereigentum** kann auch ohne Mitnahme von Miteigentumsanteilen nur hinsichtlich einzelner Räume **abgetrennt** und einer anderen Einheit in derselben Anlage zugeordnet werden. Der Vorgang stellt eine gegenständliche Veränderung der beteiligten Einheiten dar, für deren Vollzug bei verschiedenen Eigentümern § 4 WEG unmittelbar[230] bzw. entsprechend[231] heranzuziehen ist. Aber auch ein Wohnungseigentümer, dem zwei Wohnungen

---

[224] BGH NZM 2004, 876 = Rpfleger 2005, 17; OLG Karlsruhe ZWE 2014, 162; OLG München DNotZ 2007, 946 = Rpfleger 2007, 459; BayObLG NJW-RR 1996, 721 = Rpfleger 1996, 240; *Demharter* Anh zu § 3 Rn. 73; *Schöner/Stöber* Rn. 2976 a.

[225] BGH ZWE 2015, 208.

[226] BGH ZWE 2015, 208; BGH NZM 2004, 876 = Rpfleger 2005, 17; BayObLG DNotZ 1988, 316 = Rpfleger 1988, 102; aA *Böttcher* ZfIR 2008, 116; *Röll* MittBayNot 1988, 22.

[227] BGH ZWE 2015, 208; OLG Karlsruhe ZWE 2014, 162; BayObLG Rpfleger 1988, 256; insoweit unrichtig OLG München DNotZ 2007, 946 = Rpfleger 2007, 459.

[228] BGH NZM 2004, 876 = Rpfleger 2005, 17.

[229] OLG München ZWE 2010, 459.

[230] OLG Köln FGPrax 2007, 19; BayObLG FGPrax 1998, 52.

[231] Bärmann/*Armbrüster* § 2 Rn. 11; Riecke/Schmid/*Schneider* § 6 Rn. 12.

gehören, kann Räume des einen Sondereigentums einseitig dem anderen Sondereigentum zuordnen.[232]

Die übrigen Wohnungseigentümer sind an der Abspaltung nicht beteiligt und 122 müssen deshalb vorbehaltlich einer vereinbarten **Veräußerungszustimmung** gem. § 12 WEG[233] auch nicht mitwirken.[234]

Wiederholung:

Auch die isolierte Übertragung von Sondereigentum unterfällt dem Anwendungsbereich des § 12 WEG und bedarf nach dem Schutzzweck der Norm einer vereinbarten Zustimmung. Vielleicht möchten Sie das noch einmal im → Kapitel E Rn. 125 ff. nachlesen.

Ein Mitwirkungserfordernis entfällt selbst dann, wenn mit der Abspaltung **bauliche Veränderungen** verbunden sein sollten, die zu Eingriffen in das Gemeinschaftseigentum führen.

Beispiel

In der Praxis sind Abspaltungen einzelner Sondereigentumsräume vielfach mit Wand- und Deckendurchbrüchen verbunden, um den abgespaltenen Raum mit dem aufnehmenden Wohnungseigentum verbinden zu können. Umgekehrt müssen bisher bestehende Verbindungstüren zum abgespaltenen Raum verschlossen werden.

In einem solchen Fall ändern die baulichen Maßnahmen nichts an der bestehenden Abgrenzung von Sonder- und Gemeinschaftseigentum. Die dingliche Rechtsstellung der übrigen Wohnungseigentümer wird dadurch *rechtlich* nicht betroffen; *tatsächliche* bauliche Maßnahmen vermögen nichts an der rechtlichen Zuordnung von Sonder- und Gemeinschaftseigentum zu ändern und führen daher auch nicht zu einer Unrichtigkeit des Grundbuchs.[235] Die Erteilung einer evtl. gem. § 22 WEG erforderlichen Zustimmung ist daher vom Grundbuchgericht nicht zu prüfen; etwaige Beseitigungsansprüche gem. §§ 22 Abs. 1, 14 Nr. 1 WEG, § 1004 Abs. 1 BGB bleiben unberührt. Selbst wenn eine **tragende,** im Gemeinschaftseigentum stehende **Wand** durchbrochen werden sollte, kann der damit für die übrigen Wohnungseigentümer entstehende Nachteil hinzunehmen sein, wenn kein wesentlicher Eingriff in die Substanz des Gemeinschaftseigentums erfolgt, insbesondere keine Gefahr für die konstruktive Stabilität des Gebäudes und dessen Brandsicherheit geschaffen worden ist.[236]

Verfahrensrechtlich genügt nach dem hier vertretenen Ansatz der Nachweis 123 der **Einigungserklärung** in der Form des § 29 GBO; sie wird regelmäßig auch die

---

[232] OLG München NZM 2009, 402 = Rpfleger 2009, 20.

[233] OLG München v. 06.06.2017 – 34 Wx 440/16; Bärmann/*Suilmann* § 12 Rn. 17; *Hallmann* MittRhNotK 1985, 1, 4; Palandt/*Wicke* BGB § 12 Rn. 3; Riecke/Schmid/*Schneider* § 12 Rn. 46; Weitnauer/*Lüke* § 12 Rn. 2; aA OLG Celle DNotZ 1975, 42 = Rpfleger 1974, 267; *Bauer/v. Oefele* AT V Rn. 119; Schöner/Stöber Rn. 2905.

[234] OLG München v. 06.06.2017 – 34 Wx 440/16; OLG München NZM 2009, 402 = Rpfleger 2009, 20; OLG Köln FGPrax 2007, 19; OLG Zweibrücken FGPrax 2001, 105.

[235] BayObLG FGPrax 1998, 52 = NZM 1998, 308; *Kolb* MittRhNotK 1996, 254 (255); *Röll* MittBayNot 1998, 81; Schöner/Stöber Rn. 2977a.

[236] BGHZ 146, 241 = NJW 2001, 1212; OLG Celle ZWE 2002, 533; FGPrax 2000, 220; aA noch KG NJW-RR 1997, 587; BayObLG ZMR 1996, 618; OLG Köln WE 1995, 221.

verfahrensmäßige **Bewilligung** des Eigentümers der verkleinerten Einheit beinhalten. § 20 GBO findet demgegenüber nach hier vertretener Auffassung mangels eines entsprechenden Verweises keine Anwendung. Stehen die beteiligten Einheiten im Eigentum desselben Wohnungseigentümers, kann er durch seine alleinige Bewilligung in der Form des § 29 GBO die Zuordnung verändern.

124 **Dinglich Berechtigte** am abgebenden Wohnungseigentum, deren Rechte nicht zugleich auch am aufnehmenden Wohnungseigentum lasten, müssen der Enthaftung des abgespaltenen Sondereigentums zustimmen und verfahrensrechtlich mitbewilligen (§ 19 GBO, §§ 876, 877 BGB).[237] In der Zustimmung ist auch die notwendige Bewilligung zur **Pfandentlassung** zu sehen.[238] Umgekehrt müssen dinglich Berechtigte am aufnehmenden Wohnungseigentum das hinzukommende Sondereigentum nicht rechtsgeschäftlich nachverpfänden, weil sich die **Einbeziehung in die Mithaft** bereits kraft Gesetzes vollzieht.[239]

Bitte lesen Sie noch einmal § 6 Abs. 2 WEG!

125 Zugunsten der ursprünglichen Gesamteinheit eingetragene **Sondernutzungsrechte** verbleiben bei dem restlichen Wohnungseigentum, sofern nichts anderes bestimmt wird.[240]

126 Die Vorlage eines **neuen Aufteilungsplanes mit Abgeschlossenheitsbescheinigung** ist entbehrlich, wenn bereits der ursprüngliche Aufteilungsplan bisher mit demselben Miteigentumsanteil verbundene selbständige Raumeinheiten ausweist, deren Abgeschlossenheit seinerzeit schon bescheinigt worden ist.[241] In den übrigen Fällen bedarf es einer erneuten Vorlage.[242] Auch eine steuerliche **Unbedenklichkeitsbescheinigung** ist vorzulegen.[243]

127 Bei der **Grundbucheintragung** muss zur Wirksamkeit eine solche Änderung in den beteiligten Wohnungsgrundbuchblättern selbst *ausdrücklich* vermerkt werden.[243a] Eine Eintragung nur durch Bezugnahme auf die Eintragungsbewilligung ist nach § 7 Abs. 3 WEG nicht zulässig; eine unzulässige Bezugnahme wirkt nicht als Eintragung.[244]

128 (3) **Tausch von Sondereigentum.** Denkbar ist auch der Tausch bereits **bestehenden** Sondereigentums zwischen zwei Wohnungseigentümern, so dass lediglich die bisher vorhandene Verbindung mit einem Miteigentumsanteil verändert wird.

---

[237] BayObLG FGPrax 1998, 52.

[238] LG Bremen Rpfleger 1985, 106 m. abl. Anm. *Meyer-Stolte; Böttcher* BWNotZ 1996, 80, 86; *Streuer* Rpfleger 1992, 181, 182.

[239] LG Düsseldorf MittRhNotK 1986, 78; *Böttcher* BWNotZ 1996, 80, 86; *Demharter* Anh zu § 3 Rn. 88; *Streuer* Rpfleger 1992, 181, 182; *Schöner/Stöber* Rn. 2970; aA Beck'sches Notarhandbuch/*Rapp* A III Rn. 97; *Böhringer* BWNotZ 1990, 105 (110); *F. Schmidt* MittBayNot 1985, 237 (244).

[240] *Riecke/Schmid/Schneider* § 7 Rn. 275; aA Beck'sches Notarhandbuch/*Rapp* A III Rn. 99, 101.

[241] OLG Zweibrücken FGPrax 2001, 105.

[242] BayObLG DNotZ 1999, 210.

[243] *Boruttau/Viskorf* § 2 Rn. 217.

[243a] OLG München v. 06.06.2017 – 34 Wx 440/16.

[244] BGHZ 174, 61 = DNotZ 2008, 441 = NJW 2007, 3777 = Rpfleger 2008, 60.

Beispiel

Geradezu ein Klassiker der wohnungseigentumsrechtlichen Praxis ist hier der Tausch von Kellerräumen zwischen zwei Wohnungseigentümern, wenn die Räume jeweils dem Sondereigentum zugeordnet sind.

Dabei können zwei Wohnungseigentümer untereinander – unter Beibehaltung ihres jeweiligen Miteigentumsanteils – das Sondereigentum sogar vollständig austauschen.[245] Für den grundbuchlichen Vollzug einer solchen Änderung der Teilungserklärung ist ein neuerlicher Aufteilungsplan mit entsprechender Neunummerierung nicht erforderlich.[246] Im Übrigen gilt das bei → Rn. 121 ff. Gesagte entsprechend.

e) Inhaltliche Veränderungen des Sondereigentums

aa) Grundsätze

Ihnen ist bereits bekannt, dass die Wohnungseigentümer gem. § 10 Abs. 2 **129** S. 2 WEG von den gesetzlichen Vorgaben abweichende **Vereinbarungen** treffen können. Solche Vereinbarungen wirken gegenüber einem Sondernachfolger im Eigentum allerdings nur, wenn sie als Inhalt des Sondereigentums im Grundbuch eingetragen sind (§ 10 Abs. 3 WEG).

Wiederholung:

Sie sollten zunächst noch einmal § 10 Abs. 2 und Abs. 3 WEG nachlesen, bevor Sie sich die im → Kapitel E Rn. 24 ff. herausgearbeiteten Grundsätze zu inhaltlichen Gestaltungen des Sondereigentums noch einmal vor Augen führen.

Als **Inhalt des Sondereigentums** in das Grundbuch eingetragene Vereinba- **130** rungen oder vom Gesetz vorgegebene Regelungen können im Verhältnis der Wohnungseigentümer untereinander nur nach Maßgabe der § 5 Abs. 4 S. 1, § 8 Abs. 2 S. 1, § 10 Abs. 3 WEG aufgehoben, geändert oder ergänzt werden.[247] Zur Erlangung der Erstreckungswirkung gegenüber einem Sondernachfolger bedürfen also auch diese Änderungen, Ergänzungen oder die Aufhebung einer Regelung der Eintragung in das Grundbuch. Hierzu bedarf es rechtsgeschäftlich wiederum einer Vereinbarung aller Wohnungseigentümer.

Beispiele

Die in der Praxis bedeutsamsten inhaltlichen Veränderungen betreffen folgende Bereiche:

– Umwandlungen von Wohnungs- in Teileigentum und umgekehrt;
– Änderung einer vereinbarten Kosten- und Lastentragungspflicht;
– Nachträgliche Begründung oder Veränderung von Sondernutzungsrechten;
– Nachträgliche Begründung oder Veränderung von Veräußerungsbeschränkungen;
– Nachträgliche Vereinbarung einer Öffnungsklausel.

---

[245] BayObLG DNotZ 1984, 381 = Rpfleger 1984, 268.
[246] OLG München ZWE 2010, 421.
[247] BGHZ 156, 192 = NJW 2003, 3476; BGHZ 130, 304 = NJW 1995, 2791.

131   Die Mitwirkung der betroffenen Wohnungseigentümer ist allerdings dann entbehrlich, wenn in der Gemeinschaftsordnung eine **vorweg genommene Zustimmung** zur Vornahme solcher Veränderungen mit einer den Sondernachfolger bindenden Wirkung als Inhalt des Sondereigentums vereinbart und auch in das Grundbuch eingetragen worden ist.[248] Gem. § 10 Abs. 3 WEG wirkt eine solche Vereinbarung als Inhalt des Sondereigentums gegenüber Sondernachfolgern; sie betrifft nicht das sachenrechtliche Grundverhältnis sondern gestaltet lediglich das Gemeinschaftsverhältnis.

Wiederholung:

Solche verdinglichten Ermächtigungen sind Ihnen bereits in → Rn. 59 ff. untergekommen.

132   Die für die Eintragung einer inhaltlichen Veränderung grundsätzlich erforderliche **Mitwirkung dinglich Berechtigter** (§§ 877, 876 BGB) entfällt nicht dadurch, dass in der Gemeinschaftsordnung bereits eine vorweg genommene Zustimmung enthalten und diese als bindender Inhalt in das Grundbuch eingetragen worden ist[249]; Wohnungseigentümer können dadurch nur ihr Verhältnis untereinander regeln. Im Übrigen bedarf es der Zustimmung Drittberechtigter immer dann, wenn ein Recht auch nur möglicherweise durch die Eintragung *rechtlich* betroffen werden kann.[250] Dies wird allerdings nicht der Fall sein, wenn das Recht am ganzen Grundstück oder an allen Miteigentumsanteilen eingetragen ist.[251] Für das Zustimmungserfordernis bei inhaltlichen Veränderungen ist außerdem die mit der WEG-Novelle (2007) eingefügte **Sonderregelung** des § 5 Abs. 4 S. 2 u. 3 WEG zu beachten. Danach ist zu einer Vereinbarung die Zustimmung des Gläubigers eines Grundpfandrechts oder einer Reallast nur noch erforderlich, wenn ein Sondernutzungsrecht begründet, aufgehoben, geändert oder übertragen werden soll, es sei denn, es wird gleichzeitig das zu seinen Gunsten belastete Wohnungseigentum mit einem Sondernutzungsrecht verbunden. Zustimmen müssen den Änderungen der Gemeinschaftsordnung aber auch weiterhin die betroffenen Berechtigten von Vormerkungen[252], Dienstbarkeiten sowie Dauerwohn- und -nutzungsrechten, nicht dagegen von Vorkaufsrechten.[253] Zur Verdeutlichung mag das folgende Schaubild dienen:

---

[248] BayObLG NZM 2002, 24; BayObLG Rpfleger 2000, 544; KG FGPrax 1998, 94; BayObLG DNotZ 1998, 379 = Rpfleger 1998, 19.

[249] BayObLG Rpfleger 2005, 135 m. zust. Anm. *Röll* DNotZ 2005, 392.

[250] BGHZ 145, 133 = NJW 2000, 3643 = Rpfleger 2001, 69; BGHZ 91, 343 = NJW 1984, 2409 = Rpfleger 1984, 408.

[251] OLG Frankfurt NJW-RR 1996, 918 = Rpfleger 1996, 340; *Demharter* Anh zu § 3 Rn. 79.

[252] Wegen der notwendigen Einheitlichkeit der Grundbucheintragung entgegen § 888 BGB: BayObLGZ 1993, 259 = NJW-RR 1993, 1362.

[253] OLG München ZWE 2013, 216.

Schaubild: Drittzustimmungen bei inhaltlichen Veränderungen des Sondereigentums

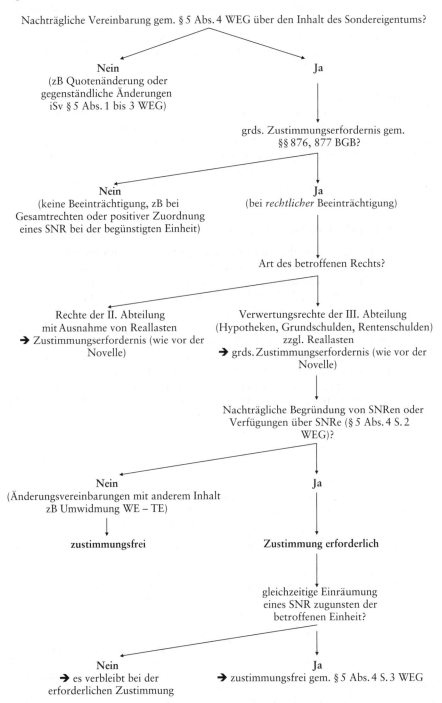

Nachträgliche Vereinbarung gem. § 5 Abs. 4 WEG über den Inhalt des Sondereigentums?

Nein
(zB Quotenänderung oder gegenständliche Änderungen iSv § 5 Abs. 1 bis 3 WEG)

Ja

grds. Zustimmungserfordernis gem. §§ 876, 877 BGB?

Nein
(keine Beeinträchtigung, zB bei Gesamtrechten oder positiver Zuordnung eines SNR bei der begünstigten Einheit)

Ja
(bei *rechtlicher* Beeinträchtigung)

Art des betroffenen Rechts?

Rechte der II. Abteilung mit Ausnahme von Reallasten
➔ Zustimmungserfordernis (wie vor der Novelle)

Verwertungsrechte der III. Abteilung (Hypotheken, Grundschulden, Rentenschulden) zzgl. Reallasten
➔ grds. Zustimmungserfordernis (wie vor der Novelle)

Nachträgliche Begründung von SNRen oder Verfügungen über SNRe (§ 5 Abs. 4 S. 2 WEG)?

Nein
(Änderungsvereinbarungen mit anderem Inhalt zB Umwidmung WE – TE)

zustimmungsfrei

Ja

Zustimmung erforderlich

gleichzeitige Einräumung eines SNR zugunsten der betroffenen Einheit?

Nein
➔ es verbleibt bei der erforderlichen Zustimmung

Ja
➔ zustimmungsfrei gem. § 5 Abs. 4 S. 3 WEG

133   Der Anwendungsbereich des § 5 Abs. 4 S. 3 WEG ist zudem nicht ganz klar. So fragt sich zB, ob auch eine **Aufhebung mit anschließender Neubegründung**[254] oder ein **Tausch**[255] von Sondernutzungsrechten unter die grds. eng auszulegende Ausnahmeregelung fallen kann. Unterschiedliche Auffassungen bestehen auch in der Frage, ob die gleichzeitige Einräumung eines Sondernutzungsrechts ein der Norm immanentes **Äquivalenzerfordernis** zu berücksichtigen hat[256] oder ob die eingeräumten Sondernutzungsrechte weder gleichartig noch gleichwertig sein müssen.[257]

134   **Verfahrensrechtlich** handelt es sich nach dem hier zugrunde gelegten Verständnis um eine berichtigende Eintragung[258], die entweder aufgrund einer Berichtigungsbewilligung der Betroffenen oder aufgrund eines Unrichtigkeitsnachweises entsprechend § 22 GBO im Grundbuch vollzogen werden könnte[259]; die Unterschiede zur h.M. können in der Praxis vernachlässigt werden, weil auch insoweit eine Eintragungsbewilligung gefordert wird. Soweit dinglich Berechtigte materiell-rechtlich zustimmen müssen, bedarf es auch deren grundbuchmäßiger Bewilligung (§§ 19, 29 GBO).

bb) Exemplarische Inhaltsänderungen

135   **(1) Umwandlung von Wohnungs- in Teileigentum und umgekehrt.** Die Angabe „Wohnungseigentum" bzw. „Teileigentum" beinhaltet materiell-rechtlich eine **allgemeine Zweckbestimmung** im weiteren Sinn.[260] Bei der Festlegung des Nutzungszwecks anlässlich der Begründung von Wohnungs- und Teileigentum handelt es sich nach insoweit inzwischen hM um eine **Zweckbestimmung mit Vereinbarungscharakter** (§§ 10 Abs. 3, 15 Abs. 1 WEG).[261] Eine Änderung des vereinbarten Nutzungszwecks von „Wohnungseigentum" in „Teileigentum" oder umgekehrt bewirkt somit eine Umwidmung des zuvor festgelegten Gebrauchszwecks. Dies stellt sich nach ganz überwiegender Meinung als Änderung der im Grundbuch eingetragenen Gemeinschaftsordnung und damit als **Inhaltsänderung des Sondereigentums** gem. §§ 5 Abs. 4 S. 1, 10 Abs. 2 und 3 WEG dar,[262] die grundsätzlich nur durch Vereinbarung sämtlicher Wohnungseigentümer unter

---

[254] Verneint von OLG München ZWE 2014, 164; OLG München ZMR 2009, 870.

[255] Beiläufig ablehnt von OLG München ZWE 2013, 216; aA *Böttcher* Rpfleger 2009, 181, 194.

[256] *Meffert* ZMR 2007, 517.

[257] So OLG München ZWE 2013, 216; aA Staudinger/*Gursky* (2012) § 877 Rn. 59.

[258] *Böhringer* NotBZ 2003, 285, 289; *Schneider* ZfIR 2002, 108, 116.

[259] AA die hM, die §§ 877, 873 BGB entsprechend anwenden will; vgl. *Bauer/v. Oefele* AT V Rn. 318; *Demharter* Anh zu § 3 Rn. 78 je mwN.

[260] BayObLG NZM 2005, 263; BayObLG NJW-RR 1998, 946; BayObLG WuM 1994, 222.

[261] BGH NJW 2004, 364; OLG München ZWE 2014, 165; OLG Schleswig FGPrax 2006, 207; OLG Zweibrücken NJW-RR 2005, 1540; OLG Hamm DNotZ 2004, 389; BayObLG NZM 2001, 137; Bärmann/*Armbrüster* § 1 Rn. 26 ff.

[262] BGH ZWE 2015, 208; BGH ZWE 2012, 361; OLG München ZWE 2014, 568; OLG München ZWE 2014, 121; KG ZWE 2013, 322; KG NJW-RR 2011, 1517 = ZWE 2011, 84; KG NZM 2007, 604; OLG Hamm NZM 2007, 294; OLG Hamburg ZMR 2003, 697; OLG Bremen ZWE 2002, 184; BayObLG NJW-RR 2001, 1163; OLG Köln ZMR 1997, 376; *Armbrüster* ZMR 2005, 244, 247; *Armbrüster/M. Müller* FS Seuß 2007, 3, 14, 15; Bärmann/*Armbrüster* § 1 Rn. 27 ff; Bärmann/*Suilmann* § 13 Rn. 22; *Hügel* ZWE 2008, 120; *Hügel* FS Bub 2007, 137; *Hügel* RNotZ 2005, 149 (154); MüKoBGB/*Commichau* § 1 Rn. 44; *H. Müller* Rn. 68; NKV/*Vandenhouten* § 1 Rn. 20; Palandt/*Bassenge* § 1 Rn. 4;

Zustimmung der dinglich Berechtigten bewirkt werden kann.[263] Die Grundbucheintragung ist lediglich zur Erlangung der Erstreckungswirkung erforderlich. Nicht gefolgt werden kann der Auffassung, die in der Änderung der Zweckbestimmung eine Veränderung des sachenrechtlichen Begründungsaktes erkennen will.[264] Dies würde die Notwendigkeit einer Einigung gem. § 4 WEG und die konstitutive Eintragung der Rechtsänderung im Grundbuch gem. §§ 877, 873 BGB zur Folge haben. Richtigerweise stellt die Festlegung des Nutzungszwecks aber materiell eine dem Begründungsakt vorgelagerte Bestimmung der Wohnungseigentümer dar, die diese – ohne Grundbucheintragung – bereits vor der Errichtung der Teilungsurkunde getroffen haben.[265] Der erst später nachfolgenden Grundbucheintragung kommt somit kein konstitutiver Charakter zu.[266]

Die vor der Novelle (2007) noch erforderliche **Mitwirkung von Grund-** **136** **pfandrechtsgläubigern und Reallastberechtigten** als Einzelberechtigte[267] entfällt, weil es sich insoweit um eine inhaltliche Änderung der Gemeinschaftsordnung handelt, der die Genannten gem. § 5 Abs. 4 S. 2 WEG nun nicht mehr zustimmen müssen.[268] Für die übrigen dinglich Berechtigten verbleibt es bei der früheren Rechtslage (→ Rn. 192).

Verfahrensrechtlich sind für die Grundbucheintragung der Inhaltsänderung **137** die **Eintragungsbewilligungen sämtlicher Wohnungseigentümer** gem. § 19 GBO in der Form des § 29 GBO erforderlich[269], wenn nicht in der eingetragenen Gemeinschaftsordnung bereits eine entsprechende **Änderungsermächtigung** verdinglicht worden ist.

Für die bloße Umwidmung ist die Vorlage eines geänderten oder ergänzten **138** **Aufteilungsplanes** entbehrlich, solange die äußeren Umfangsgrenzen des bestehenden Sondereigentums nicht ebenfalls verändert werden sollen.[270] Allerdings wird für die Umwandlung eines Teileigentums in ein Wohnungseigentum die Nachreichung einer geänderten **Abgeschlossenheitsbescheinigung** erforderlich, weil an die Ausstattung eines Wohnungseigentums höhere Anforderungen als an die eines Teileigentums gestellt werden.[271]

Bitte lesen Sie jetzt Nr. 5 lit. a) und b) der AVV v. 19.3.1974 (→ Anhang III)!

Riecke/Schmid/*Schneider* § 1 Rn. 42 ff; *F. Schmidt* ZWE 2005, 315, 316; Weitnauer/*Lüke* § 15 Rn. 15.

[263] OLG Hamburg ZMR 2000, 627; BayObLG DNotZ 1998, 378 = Rpfleger 1998, 19; *Böttcher* BWNotZ 1996, 80, 82; *F. Schmidt* WE 1996, 212; *Schöner/Stöber* Rn. 2872 d; Staudinger/*Rapp* § 1 Rn. 11.

[264] So aber noch KG NJW-RR 2005, 531; KG NZM 2002, 444; OLG Celle ZWE 2001, 33; BayObLG ZMR 1997, 537; BayObLG WE 1995, 157 m. abl. Anm. *Weitnauer; Ott* ZfIR 2005, 129, 130f.; Riecke/Schmid/*Elzer* 3. Aufl. § 3 Rn. 22; *Wenzel* ZWE 2006, 62.

[265] Riecke/Schmid/*Schneider* § 1 Rn. 44.

[266] Ausführlich *Hügel* FS Bub 2007, 137; *Weitnauer* WE 1995, 158.

[267] Inhaber von dinglichen Rechten am ganzen Grundstück bzw. an sämtlichen Miteigentumsanteilen sind ohnehin von einer Änderung nicht betroffen; vgl. OLG Frankfurt Rpfleger 1996, 340; *Demharter* Anh zu § 3 Rn. 79.

[268] OLG München ZWE 2014, 164; KG ZWE 2011, 84; Bärmann/*Armbrüster* § 1 Rn. 31; *Demharter* Anh zu § 3 Rn. 79; Riecke/Schmid/*Schneider* § 1 Rn. 46.

[269] BGH ZWE 2015, 208.

[270] OLG Bremen NZM 2002, 610; *Hügel* RNotZ 2005, 149 (155).

[271] KG NZM 2016, 525; KG ZWE 2013, 322; Beck'sches Notarhandbuch/*Rapp* III Rn. 110; *Hügel* RNotZ 2005, 149 (155); Riecke/Schmid/*Schneider* § 7 Rn. 286.

139 Die **Grundbucheintragung** der Umwidmung von Wohnungs- in Teileigentum und umgekehrt hat als Inhaltsänderung des Sondereigentums in sämtlichen Wohnungs- und Teileigentumsgrundbüchern der Anlage zu erfolgen. Sie kann gem. § 7 Abs. 3 WEG unter Bezugnahme erfolgen. Die betreffenden Grundbuchblattaufschriften sind zu berichtigen.

140 **(2) Änderung einer vereinbarten Kosten- und Lastentragungspflicht.** Die Wohnungseigentümer sind gem. § 16 Abs. 2 WEG zur Tragung der dort genannten Kosten und Lasten des gemeinschaftlichen Eigentums im Verhältnis ihrer Miteigentumsanteile verpflichtet. Die Regelung des § 16 WEG ist insgesamt abdingbar, es können daher andere Verteilungsschlüssel vereinbart werden. Wenn kein anderer Kostenverteilungsschlüssel wirksam vereinbart worden ist, gilt die gesetzliche Kostenverteilung.[272] Eine spätere Änderung dieser Verpflichtung war bis zur WEG-Novelle (2007) **nur im Vereinbarungswege** möglich[273] und führte mit der Grundbucheintragung nach den vorgenannten Grundsätzen zur **Inhaltsänderung** der eingetragenen Wohnungseigentumsrechte.

141 Die **Grundbucheintragung einer** solchen **vereinbarungsweisen Änderung** des Kostenverteilungsschlüssels ist nach wie vor möglich.[274] Für die Zustimmung der an den einzelnen Einheiten eingetragenen dinglich Berechtigten gilt das oben zur Änderung der Zweckbestimmung Gesagte entsprechend. Ob der Grundbucheintragung allerdings auch nach Einführung der gesetzlichen Öffnungsklausel in § 16 Abs. 3 WEG noch die frühere Bedeutung zukommt, ist offen. Jedenfalls werden von der gesetzlichen Öffnungsklausel nicht die Kosten für die Instandhaltung und Instandsetzung erfasst, deren Verteilung gem. § 16 Abs. 4 WEG nur für den Einzelfall geändert werden kann.

142 Die Möglichkeit zur **Grundbucheintragung einer lediglich mehrheitlich beschlossenen Änderung** des geltenden Kostenverteilungsschlüssels nach § 16 Abs. 3 WEG ist umstritten;[275] nach dem hier zugrunde gelegten Rechtsverständnis ist sie im Hinblick auf § 10 Abs. 4 S. 2 WEG abzulehnen.

> **Hinweis:**
>
> Die Frage der Eintragbarkeit beschlossener Änderungen des Kostenverteilungsschlüssels ist eng mit der Behandlung wohnungseigentumsrechtlicher Öffnungsklauseln verbunden. Dazu mehr im → Kapitel E Rn. 59 ff.

cc) Weitere Inhaltsänderungen

143 Wegen der der Vereinbarung einer **Öffnungsklausel** → Kapitel E Rn. 47 ff.; wegen der Begründung, Übertragung, Veränderung und Aufhebung von **Sondernutzungsrechten** → Kapitel E Rn. 77 ff.; wegen der Begründung, Änderung

---

[272] OLG München NJW-RR 2007, 375.

[273] BGHZ 156, 192 = NJW 2003, 3476; BGHZ 145, 158 = NJW 2000, 3500 = Rpfleger 2001, 19; BGHZ 130, 304 = NJW 1995, 2791; OLG Düsseldorf NJW-RR 2002, 157; *Wenzel* NZM 2000, 257 (261).

[274] Vgl. Riecke/Schmid/*Elzer-Abramenko* § 16 Rn. 40.

[275] Bejahend zwecks Erhaltung eines Restes an negativer Grundbuchpublizität *Derleder* ZWE 2008, 253, 260; *Hügel/Elzer* Das neue WEG-Recht § 5 Rn. 44 ff; *Hügel* DNotZ 2007, 326, 355; verneinend dagegen OLG München NJW 2010, 450 = ZWE 2010, 128; Bärmann/*Becker* § 16 Rn. 116; *Becker* ZWE 2008, 217, 225; *Jennißen* § 16 Rn. 87; *M. Müller* ZMR 2011, 103; NKV/*Kümmel* § 10 Rn. 70; *Schneider* NotBZ 2008, 442.

und Aufhebung einer eingetragenen **Veräußerungsbeschränkung** gem. § 12 WEG
→ Kapitel E Rn. 115 ff.

Wiederholungsaufgaben und Vertiefungsfragen

1. Kann gegen einen im Wohnungsgrundbuch eingetragenen Eigentumswechsel ein Amtswiderspruch gem. § 53 Abs. 1 S. 1 GBO eingetragen werden, wenn anlässlich der Eigentumsumschreibung versehentlich die notwendige Veräußerungszustimmung des WEG-Verwalters gem. § 12 WEG nicht vorgelegen hat?
2. Können Sie mindestens zwei gravierende Auswirkungen benennen, die sich aus der unterschiedlichen rechtlichen Einordnung einer Umwidmung von Wohnungs- in Teileigentum ergeben?

Kapitel G. Die rechtsfähige Gemeinschaft der Wohnungseigentümer

Ausgewählte Literatur zur Ergänzung und Vertiefung:

Abramenko, Die Wohnungseigentümergemeinschaft als Eigentümerin in derselben Wohnanlage, ZWE 2010, 193; *Armbruster,* Der Grundstückserwerb durch Wohnungseigentümergemeinschaften, NZG 2017, 441; *Becker,* Die Einpersonen-Eigentümergemeinschaft, FS Seuß (2007), S. 19; *Böhringer,* Der WEG-Personenverband als Teilnehmer am Grundstücksverkehr, NotBZ 2008, 179; *Elzer,* Die rechtsfähige Gemeinschaft der Wohnungseigentümer im Lichte des Verbandsrechts – die Rechtslage in Deutschland, ZMR 2013, 769; *ders.,* Die WEG-Novelle 2007, WuM 2007, 295; *Häublein,* Mehrhausanlagen und Rechtsfähigkeit der Gemeinschaft, ZWE 2010, 149; *Heismann,* Die werdende Wohnungseigentümergemeinschaft – ein traditionelles Rechtsinstitut des WEG auf dem dogmatischen Prüfstand, ZMR 2004, 10; *Hügel,* Die Rechtsfähigkeit der werdenden Wohnungseigentümergemeinschaft, ZWE 2010, 122; *ders.,* Das neue Wohnungseigentumsrecht, DNotZ 2007, 326; *ders.,* Die Teilrechtsfähigkeit der Wohnungseigentümergemeinschaft und ihre Folgen für die notarielle Praxis, DNotZ 2005, 753; *Lehmann-Richter,* Umfang und Ausgestaltung der Rechtsfähigkeit der Gemeinschaft der Wohnungseigentümer – § 10 Abs. 6 WEG, ZWE 2012, 463; *H. Müller,* Zuordnung und Übergang des Verwaltungsvermögens gem. § 10 VII WEG, ZWE 2012, 472; *Reymann,* Werdende Wohnungseigentümergemeinschaft bei der Vorratsteilung – Fortexistenz bis zur Veräußerung der letzten Einheit?, ZWE 2012, 357; *Schmidt-Räntsch,* Die Vergemeinschaftung von Wohnungseigentümeransprüchen, ZfIR 2016, 45; *Schneider,* Nachweise anläßlich der Grundbucheintragung des „Verbandes Wohnungseigentümergemeinschaft" als Eigentümer, Rpfleger 2008, 291; *Suilmann,* Ausübungsbefugnis der Eigentümergemeinschaft für gemeinschaftsbezogene und sonstige Rechte und Pflichten nach § 10 Abs. 6 Satz 3 WEG, ZWE 2013, 302; *Weber, J.,* Grundstückserwerb durch die teilrechtsfähige WEG – Überlegungen zur ultra-vires-Doktrin, Gestaltungshinweise, ZWE 2017, 68; *Wenzel,* Der Bereich der Rechtsfähigkeit der Gemeinschaft, ZWE 2006, 462; *Wilsch,* Teilrechtsfähigkeit der Wohnungseigentümergemeinschaft und Grundbuchverfahren, RNotZ 2005, 536.

I. Der Verband Wohnungseigentümergemeinschaft

1. Grundsatz

Bis zu diesem Kapitel haben Sie sich hauptsächlich mit den **sachenrechtlichen** 1 **Grundlagen** des WEG befasst. An diesen hat sich auch durch die WEG-Novelle (2007)[1] grundsätzlich nichts geändert. Inhaber der Rechte und Pflichten nach den Vorschriften des WEGs, insbesondere des Sondereigentums und des gemeinschaftlichen Eigentums, sind (und bleiben) die Wohnungseigentümer.

Bitte lesen Sie jetzt § 10 Abs. 1 WEG!

Alle diesbezüglichen Regelungen betreffen die dingliche Ausgestaltung des Eigentums; sie zählen daher nicht zu den Verwaltungsangelegenheiten und sind somit auch nicht der Wohnungseigentümergemeinschaft zur Wahrnehmung

---

[1] Gesetz v. 26.3.2007 (BGBl. I S. 370).

zugewiesen. § 10 Abs. 1 WEG kommt insoweit bekräftigender Charakter zu, als durch die WEG-Novelle (2007) nicht in die Ihnen inzwischen bekannten sachenrechtlichen Strukturen eingegriffen werden sollte.[2]

2. (Teil-)Rechtsfähigkeit

a) Rechtsgrundlage

2   Bereits im Jahr 2005 hatte der BGH in einer bahnbrechenden Grundsatzentscheidung (sog „Jahrtausendentscheidung"[3]) die (teil-)rechtsfähige Gemeinschaft der Wohnungseigentümer als Verband sui generis „entdeckt".[4] Erstmals wurde vom BGH die Gemeinschaft der Wohnungseigentümer selbst als rechtsfähig angesehen, soweit sie bei der Verwaltung des gemeinschaftlichen Eigentums am Rechtsverkehr teilnimmt. Damit wurde das **mitgliedschaftliche Element** des Wohnungseigentums auf eine völlig neue Grundlage gestellt.

3   Der Gesetzgeber übernahm diese Erkenntnis mit der WEG-Novelle 2007 u.a. in die neu geschaffenen § 10 Abs. 6 u. 7 WEG. Diese Absätze sind damit systematisch die Ausnahme zu Abs. 1 („soweit nicht etwas anderes ausdrücklich bestimmt ist"). Danach kann die Gemeinschaft der Wohnungseigentümer im Rahmen der gesamten Verwaltung des gemeinschaftlichen Eigentums gegenüber Dritten und Wohnungseigentümern selbst Rechte erwerben und Pflichten eingehen. *Sie* ist Inhaberin der als Gemeinschaft gesetzlich begründeten und rechtsgeschäftlich erworbenen Rechte und Pflichten. Das solchermaßen gebildete Verwaltungsvermögen gehört der Gemeinschaft der Wohnungseigentümer.

📖 Bitte lesen Sie jetzt § 10 Abs. 6 S. 1 u. 2 sowie § 10 Abs. 7 S. 1 WEG!

Rechtsträger im Rahmen der Verwaltung des gemeinschaftlichen Eigentums ist damit „die Gemeinschaft". Die Beschränkung „im Rahmen der gesamten Verwaltung" meint allerdings nicht eine Teilrechtsfähigkeit minderer Art.[5] Die Rechtsfähigkeit der Wohnungseigentümergemeinschaft ist lediglich bereichsmäßig beschränkt auf die Verwaltung des Gemeinschaftseigentums. Innerhalb dieses Bereichs liegt aber eine volle Rechtsfähigkeit vor.[6]

b) Begriffsbildung und Rechtsnatur

4   Die Terminologie des Gesetzes ist zumindest unglücklich; der Gemeinschaftsbegriff ist nicht eindeutig und wird bereits in anderem Zusammenhang verwendet (vgl. nur § 11 Abs. 1 S. 1, § 17 S. 1, 43 Nr. 1 WEG). Zur besseren Unterscheidbar-

---

[2] *Elzer* WuM 2007, 295 spricht in diesem Zusammenhang zutreffend von einem „Bekenntnis" des Gesetzgebers.

[3] Vgl. AG Bremen NZM 2010, 906; AG Bremen ZMR 2012, 905; *Riecke/v. Rechenberg* MDR 2007, 128, 129.

[4] BGHZ 163, 154 = NJW 2005, 2061 = Rpfleger 2005, 521 = ZfIR 2005, 506 = ZMR 2005, 547 = ZWE 2005, 422 („Olympiadorf"); krit. *Bork* ZIP 2005, 1205; *Rapp* MittBayNot 2005, 449; *Lüke* ZfIR 2005, 616.

[5] *Wenzel* ZWE 2006, 462.

[6] *Hügel* DNotZ 2005, 753; *Schneider* ZMR 2006, 813, 814.

keit von der nicht rechtsfähigen Bruchteilsgemeinschaft der Wohnungseigentümer empfiehlt es sich daher, die rechtsfähige Gemeinschaft als „**Verband Wohnungseigentümergemeinschaft**" zu bezeichnen.

Nachdem nun das Gesetz eine Bruchteilsgemeinschaft aller Wohnungsei- 5 gentümer am Gemeinschaftseigentum nach § 1 Abs. 5, § 5 Abs. 2 WEG (u.a. am Grundstück und an Teilen des Gebäudes, die für Bestand und Sicherheit erforderlich sind) einerseits und Alleineigentum der rechtsfähigen Wohnungseigentümergemeinschaft nach § 10 Abs. 6 S. 1 u. 2, Abs. 7 S. 1 WEG andererseits normiert, bedürfen die verschiedenen Rechtskreise der Klärung. Bisweilen wurde die Miteigentümergemeinschaft und der rechtsfähige Verband Wohnungseigentümergemeinschaft als ein und dieselbe Gemeinschaft mit unterschiedlichen Ausprägungen verstanden („janusköpfiges Rechtsgebilde").[7] Die inzwischen überwiegende Ansicht lehnt diese sog „**Einheitstheorie**" in Übereinstimmung mit der Gesetzesbegründung[8] zu Recht ab und sieht in der Bruchteilsgemeinschaft und der Wohnungseigentümergemeinschaft zwei unterschiedliche Gemeinschaften mit getrennten Vermögenszuordnungen (sog „**Trennungstheorie**").[9] Diese Sichtweise entspricht der Grundaussage in § 10 Abs. 2 S. 1 WEG, wonach sich das Verhältnis der Wohnungseigentümer untereinander hilfsweise nach den Vorschriften des Bürgerlichen Gesetzbuches über die (Bruchteils-)Gemeinschaft bestimmt. Den Wohnungseigentümern in ihrer bruchteilsmäßigen Verbindung tritt also spätestens mit der Novelle der rechtsfähige Verband als Dritter gegenüber.

Hinweis: 6

Auch bei der Vertretungsmacht des Wohnungseigentumsverwalters unterscheidet der Gesetzgeber nun zwischen diesen beiden Zuordnungen: In § 27 Abs. 2 WEG wird der Verwalter berechtigt, im Namen aller Wohnungseigentümer mit Wirkung für und gegen sie in dort näher bestimmten Angelegenheiten tätig zu werden; § 27 Abs. 3 WEG regelt dagegen die Vertretungsmacht des Verwalters für den rechtsfähigen Verband Wohnungseigentümergemeinschaft. Diese Unterscheidung wäre nach Auffassung der „Einheitstheorie" überflüssig.

Die praktischen Auswirkungen der unterschiedlichen Ansätze sind allerdings 7 nicht so gravierend, wie man zunächst annehmen könnte; bedeutsam ist die Unterscheidung u.a. für die zutreffende Einordnung im Rahmen des § 10 Abs. 6 S. 3 WEG, wenn es um die Ausübungsbefugnis des Verbandes geht (dazu → Rn. 40 ff.).

---

[7] *Armbrüster* ZWE 2006, 470, 471; *Bub* ZWE 2007, 15, 19; *Häublein* FS Wenzel (2005), S. 175, 198; *Wenzel* ZWE 2006, 462, 463.

[8] BT-Drucks. 16/887 S. 60: „*Die Gemeinschaft ist (...) zu unterscheiden von der nicht rechtsfähigen Gesamtheit der Wohnungseigentümer als Teilhaber der Bruchteilsgemeinschaft*".

[9] BGH NJW 2010, 1007 = Rpfleger 2010, 293 = ZfIR 2010, 108 m. Anm. *Elzer* = ZMR 2010, 376 = ZWE 2010, 86; BGH NZM 2007, 411 = Rpfleger 2007, 479 = ZMR 2007, 875; KG Rpfleger 2014, 132 = ZMR 2014, 300; OLG München Rpfleger 2013, 611 = ZWE 2013, 425; *Abramenko* ZMR 2006, 409, 410; *Demharter* NZM 2006, 489, 491; *Elzer* ZMR 2006, 626, *Gottschalg* FS Seuß (2007), S. 113, 114; *Hügel* DNotZ 2005, 753, 757; *Hügel/Elzer* Das neue WEG § 3 Rn. 9 ff.; *Jennißen* NZM 2006, 203, 204; *Merle* ZWE 2006, 365, 369; *Müller* FS Seuß (2007), S. 211, 213; *Riecke/Schmid/Schneider* § 1 Rn. 19; *Rühlicke* ZWE 2007, 261, 266 f.; *Saumweber* MittBayNot 2007, 357, 360; *Sauren* ZWE 2006, 258, 259; *J.-H. Schmidt* ZMR 2007, 90, 91; *Sommer* ZWE 2006, 335, 337.

c) Sinn und Zweck

8 Der Verband Wohnungseigentümergemeinschaft wird nicht vertraglich begründet. Er entsteht vielmehr kraft Gesetzes zwischen den dinglich berechtigten Wohnungseigentümern und ist untrennbar an deren Rechtsstellung als Wohnungseigentümer gebunden.[10] Ein Mitglied des Verbandes kann weder über seinen Anteil am Verbandsvermögen insgesamt noch über seinen Anteil an den einzelnen Vermögensgegenständen verfügen. Die gleichzeitige Zuordnung eines Rechts zu beiden Vermögenssphären ist nicht möglich.[11]

Merke:

Mit der hM sind **zwei Gemeinschaften** zu unterscheiden!
Einer **nicht rechtsfähigen Bruchteilsgemeinschaft** der Wohnungseigentümer mit Verfügungsmöglichkeiten der Miteigentümer im Rahmen der § 747 BGB, § 6 WEG steht ein **rechtsfähiger Personenverband** sui generis gegenüber. Das Gemeinschaftseigentum der Wohnungseigentümer ist streng zu trennen von dem Verwaltungsvermögen des rechtsfähigen Verbandes Wohnungseigentümergemeinschaft. Die Mitglieder des Verbandes rekrutieren sich ausschließlich aus dem Kreis der Wohnungseigentümer; sie besitzen kein individuelles Verfügungsrecht über das Verbandsvermögen. Man könnte diese Rechtslage beschreiben als eine Art grundstücksbezogene Zwangsmitgliedschaft in einem Verein der Wohnungseigentümer für die Dauer der sachenrechtlichen Eigentümerstellung.

9 Auf diese Weise wird zum einen erreicht, dass mit der Vermögenszuordnung an den rechtsfähigen Verband juristisch eine **Ablösung verwaltungsbezogener Vermögenspositionen** weg von den einzelnen Miteigentümern erfolgt.

Beispiel:

Die früheren „konzeptionellen Begründungsdefizite"[12] bei der Zuordnung der anteiligen Instandhaltungsrücklage entfallen, nachdem nun selbst für einen zwangsweisen Eigentumswechsel (zB durch Zuschlag in der Zwangsversteigerung) die Zweckbindung der Instandhaltungsrücklage auch ohne Mitwirkung des ausgeschiedenen Wohnungseigentümers gewährleistet werden kann. Rechtsträger ist insoweit nun der rechtsfähige Verband (vgl. § 10 Abs. 7 S. 3 WEG).

Zum anderen wird unabhängig von der personellen Zusammensetzung der Wohnungseigentümergemeinschaft **Vertragskontinuität** hergestellt, weil Vertragspartner für Verwaltungsschulden anstelle der einzelnen (wechselnden) Wohnungseigentümer nun (kontinuierlich) der rechtsfähige Verband ist.

Beispiel:

Ist für den Betrieb grundstücksübergreifender Einrichtungen ein entsprechender Pflege-, Wartungs- und Erneuerungsvertrag mit einer „Betreuungsgesellschaft" abgeschlossen worden, so haften für die Erfüllung der Verbindlichkeiten aus diesem (schuldrechtlichen) Vertrag als Vertragspartner nicht die beteiligten oder vertretenen Wohnungseigentümer persönlich. Es handelt sich vielmehr um eine Verwaltungsschuld, für die der rechtsfähige Verband Woh-

---

[10] *Elzer* ZMR 2013, 769, 770.
[11] *Hügel/Elzer* Das neue WEG-Recht, § 3 Rn. 12.
[12] BGHZ 163, 154 = NJW 2005, 2061 = Rpfleger 2005, 521 = ZfIR 2005, 506 = ZMR 2005, 547 = ZWE 2005, 422 („Olympiadorf" sub III.6 mwN).

nungseigentümergemeinschaft unabhängig von seinem sich ändernden Personenbestand einzustehen hat.[13]

d) Beginn der Rechtsfähigkeit

Bei der vertraglichen Begründung von Wohnungseigentum nach § 3 WEG **10** beginnt die Rechtsfähigkeit des Verbandes Wohnungseigentümergemeinschaft mangels ausdrücklicher gesetzlicher Regelungen mit der Anlegung sämtlicher Wohnungsgrundbücher. Zu diesem Zeitpunkt ist die Begründung der Wohnungseigentumsrechte und damit auch das Entstehen der Gemeinschaft abgeschlossen.

Wird dagegen Wohnungseigentum durch einseitige Erklärung des aufteilenden **11** Eigentümers gegenüber dem Grundbuchamt nach § 8 WEG begründet, entsteht eine Wohnungseigentümergemeinschaft erst mit der Veräußerung einer Wohnung, dh erst wenn mindestens zwei verschiedene Eigentümer im Grundbuch eingetragen sind.[14] Mit diesem Zeitpunkt entsteht dann auch der rechtsfähige Verband. Eine Ein-Personen-Eigentümergemeinschaft kann es nach h.M. nicht geben, weil die gesetzliche Konzeption dagegen spricht (vgl. § 10 Abs. 7 Satz 4 WEG und die weiteren Ausführungen unter lit e)).[15]

Zuvor wird bei der Aufteilung gem. § 8 WEG jedoch regelmäßig schon eine sog werdende Wohnungseigentümergemeinschaft bestehen. Dazu → Rn. 51 f.

e) Ende der Rechtsfähigkeit

Die Rechtsfähigkeit des Verbandes Wohnungseigentümergemeinschaft endet **12** mit der **Vereinigung aller Wohnungseigentumsrechte** in einer Hand. Das Verwaltungsvermögen der bisherigen Wohnungseigentümergemeinschaft geht dann nämlich mit sämtlichen Aktiva und Passiva kraft Gesetzes auf den Alleineigentümer des Grundstücks über (§ 10 Abs. 7 Satz 4 WEG), so dass der Verband aufhört zu existieren. Bei einer Personenmehrheit setzt dies hinsichtlich der Art und der anteiligen Berechtigung identische Gemeinschaftsverhältnisse an sämtlichen Wohnungseinheiten voraus.[16]

Nach dem Sinn und Zweck der Regelung kann nichts anderes gelten, wenn sämtliche Wohnungseigentumsrechte vertraglich nach § 4 Abs. 1 WEG aufgehoben werden.[17]

Bitte lesen Sie jetzt § 10 Abs. 7 S. 4 WEG!

---

[13] Vgl. BGHZ 163, 154 = NJW 2005, 2061 = Rpfleger 2005, 521 = ZfIR 2005, 506 = ZMR 2005, 547 = ZWE 2005, 422 („Olympiadorf" sub III.2 mwN).

[14] OLG Nürnberg ZWE 2013, 323; OLG Saarbrücken ZWE 2012, 133; OLG Düsseldorf ZMR 2007, 126; BayObLG ZMR 2004, 767; KG ZfIR 2003, 27.

[15] BGHZ 177, 53 = NJW 2008, 2639 = ZfIR 2008, 866 = ZMR 2008, 805 = ZWE 2008, 378; *Abramenko* Das neue WEG § 6 Rn. 8; *Hügel/Elzer* Das neue WEG § 3 Rn. 99ff.; Jennißen/*Jennißen* § 10 Rn. 96; aA *F. Schmidt* ZMR 2009, 725; *Becker* FS Seuß (2007), S. 19.

[16] *Hügel/Elzer* § 10 Rn. 291.

[17] AG Bremerhaven ZMR 2010, 882; *Hügel/Elzer* Das neue WEG § 3 Rn. 164; Riecke/Schmid/*Schneider* § 9 Rn. 15a.

13   Damit ist der rechtsfähige Verband Wohnungseigentümergemeinschaft beendet; ein Liquidationsverfahren wie zB bei einer Gesellschaft bürgerlichen Rechts
(vgl. §§ 731ff. BGB) ist nicht vorgesehen (vgl. auch § 11 Abs. 3 WEG). Es handelt
sich hier um eine gesetzlich angeordnete Gesamtrechtsnachfolge. Deshalb haftet
nur der Alleineigentümer in vollem Umfang für die Verbindlichkeiten der früheren Wohnungseigentümergemeinschaft.[18] Allerdings entfällt nach dem Untergang
des Verbandes die vormalige Zweckbindung des Verwaltungsvermögens. Damit
können jetzt auch persönliche Gläubiger des Alleineigentümers im Wege der
Zwangsvollstreckung darauf zugreifen.[19]

14   Zur Gesamtrechtsnachfolge kommt es mit dem Vollzug der Vereinigung aller
Wohnungseigentumsrechte im Grundbuch; einer vorherigen Schließung der Wohnungsgrundbücher bedarf es dazu nicht. Sollte später eines der (fortbestehenden)
Wohnungseigentumsrechte durch den Alleineigentümer veräußert werden, entsteht eine **neue Eigentümergemeinschaft**, die mit der ursprünglichen Gemeinschaft nichts gemeinsam hat.[20] Den Vorverband betreffende Vereinbarungen
und Beschlüsse sind hinfällig und müssen neu gefasst werden. Auch vertragliche
Beziehungen der untergegangenen Gemeinschaft mit Dritten haben ohne eine entsprechende Übernahme keine Bedeutung für die neu entstehende Gemeinschaft.
Nur der Alleineigentümer ist gemäß § 10 Abs. 7 S. 4 WEG Gesamtrechtsnachfolger des ehemals existierenden Verbands, nicht jedoch die neue Gemeinschaft.[21]

3. Ausübungsbereiche

15   Der Verband Wohnungseigentümergemeinschaft kann einerseits als Rechtsträger unmittelbar **eigene Rechte und Pflichten** wahrnehmen (§ 10 Abs. 6 S. 1 u. 2
WEG). Andererseits hat der Gesetzgeber ihm für **gemeinschaftsbezogene Rechte
und Pflichten** eine Ausübungs- und Wahrnehmungsbefugnis zugesprochen (§ 10
Abs. 6 S. 3 WEG). Beide Bereiche müssen deshalb getrennt betrachtet werden.

     Bitte lesen Sie jetzt § 10 Abs. 6 S. 1 u. 2 WEG einerseits sowie § 10 Abs. 6 S. 3
WEG andererseits!

a) Ausübung im eigenen Namen

aa) Grundsatz

16   Rechtsfähigkeit kommt der Wohnungseigentümergemeinschaft nur bei der
gesamten Verwaltung des Gemeinschaftseigentums zu (§ 10 Abs. 6 Satz 1 WEG);
für das Sondereigentum besteht dagegen von vornherein keine Zuständigkeit.
     Das dabei gebildete **Verwaltungsvermögen** des Verbandes Wohnungseigen-
tümergemeinschaft besteht nach dem sprachlich etwas missglückten § 10 Abs. 7

---

[18] *Böhringer* NotBZ 2008, 179, 189; *Hügel/Elzer* Das neue WEG-Recht, § 3 Rn. 161.
[19] *Abramenko* Das neue WEG § 6 Rn. 8; *Bonifacio* NZM 2009, 561; Riecke/Schmid/
Schneider § 9 Rn. 15a.
[20] A.A. allerdings noch die Gesetzesbegründung, die konzeptionell von einem – jedoch
nicht näher erläuterten – Sondervermögen ausging; BT-Drs. 16/887, S. 63.
[21] *Hügel* DNotZ 2007, 326, 341.

S. 1 WEG aus den im Rahmen der gesamten Verwaltung des gemeinschaftlichen Eigentums gesetzlich begründeten und rechtsgeschäftlich erworbenen Sachen und Rechten sowie den entstandenen Verbindlichkeiten. Zu dem Verwaltungsvermögen gehören insbesondere die Ansprüche und Befugnisse aus Rechtsverhältnissen mit Dritten und mit Wohnungseigentümern sowie die eingenommenen Gelder.

Bitte lesen Sie jetzt § 10 Abs. 7 S. 1 bis 3 WEG!

Beispiele:

Zu den **gesetzlich begründeten Rechten und Pflichten** gehören zB die sich aus dem Gemeinschaftsverhältnis ergebenden sog Sozialansprüche:

– Anspruch auf ordnungsmäßige Verwaltung gegen jeden einzelnen Wohnungseigentümer;
– Anspruch auf Zahlung des sog Hausgeldes aus Abrechnungen, Wirtschaftsplänen und Sonderumlagen;[22]
– Anspruch auf Schadensersatz wegen Verletzung des Verwaltervertrages, etwa durch unberechtigte Ausgaben.[23]

Zu den **rechtsgeschäftlich erworbenen Rechten und Verbindlichkeiten** gehören zB

– Dienst- und Arbeitsverträge wie der Abschluss des Verwaltervertrages mit dem Wohnungseigentumsverwalter[24] oder die Kündigung eines Hausmeistervertrages;[25]
– Werkverträge mit Handwerkern;
– Versicherungsverträge betr. das gemeinschaftliche Eigentum (zB gegen Glasbruch);
– Verträge zur Grundversorgung und zwar gleichgültig, ob mit öffentlichen[26] oder privaten[27] Versorgern;
– Kreditverträge, wobei insoweit die Anforderungen an eine ordnungsmäßige Verwaltung besonders ausgeprägt sind.[28]

Zu den **rechtsgeschäftlich erworbenen Sachen** gehören zB

– Eigentum an mobilen Gerätschaften zugunsten des Verbandes wie etwa einem Rasenmäher oder einer Wäschespinne.[29]
– Sogar (Grundstücks-)**Zubehör** gem. § 97 BGB kann vom Verband erworben werden wie zB Heizöl oder Rauchwarnmelder[30], weil das Zubehör sonderrechtsfähig ist.

Zu beachten ist hier allerdings, dass Zubehörteile durch Einbau zum wesentlichen Bestandteil des Gebäudes werden können (§§ 93, 94 BGB); es kommt dann zu einem gesetzlichen Eigentumsübergang gem. § 1 Abs. 5 WEG.[31]

---

[22] OLG Hamburg ZMR 2008, 152; OLG München ZMR 2005, 729.
[23] KG ZMR 2010, 467 = ZWE 2010, 183.
[24] Vgl. BGHZ 200, 221 = NJW 2014, 1447 = ZfIR 2014, 327 = ZMR 2014, 654 = ZWE 2014, 216; BGH NJW 2012, 1152 = ZMR 2012, 461 = ZWE 2012, 128.
[25] Vgl. BGHZ 200, 195 = NJW 2014, 1587 = ZfIR 2014, 484 = ZMR 2014, 566 = ZWE 2014, 181.
[26] BGHZ 193, 10 = NJW 2012, 1948 = ZMR 2012, 648 = ZWE 2012, 264 (Abfallentsorgung und Straßenreinigung); BGH NJW 2007, 2987 = ZMR 2007, 472 = ZWE 2007, 242 (Gaslieferung); BGH NJW 2010, 932 = ZfIR 2010, 284 = ZMR 2011, 142 (Wasserver- und -entsorgung).
[27] BGH ZWE 2014, 25 (Heizungs- und Warmwasserversorgung durch das rechtlich eigenständige Nachbarhaus).
[28] BGH ZfIR 2015, 837 = ZWE 2015, 453; BGHZ 195, 22 = NJW 2012, 3719 = ZMR 2013, 127 = ZWE 2013, 27; OLG Hamm ZWE 2012, 378; LG Düsseldorf ZMR 2013, 823 = ZWE 2014, 44; LG Karlsruhe ZMR 2012, 660.
[29] *Hügel* NotBZ 2008, 169, 170; *ders.* DNotZ 2007, 326, 335.
[30] BGH NJW 2013, 3092 = ZMR 2013, 642; *Schneider* ZMR 2010, 822.
[31] *H. Müller* ZWE 2012, 472.

Zu den **eingenommenen Geldern** gehören insbesondere die sog Hausgeldvorschüsse nach § 28 Abs. 2 WEG sowie die nach § 28 Abs. 1 S. 2 Nr. 2 WEG beschlossenen Sonderumlagen.

17 **Hinweis:**

Ein Konto für die dem Verband selbst zustehenden Verwaltungsgelder ist somit auch zugunsten des rechtsfähigen Verbandes als Forderungsinhaber zu führen („Fremdkonto")! Mehr dazu können Sie im → Kapitel I Rn. 89 f. nachlesen.

18   Der Begriff der „gesamten Verwaltung" umfasst nicht nur die in den §§ 20 bis 29 WEG unter „Verwaltung" genannten Maßnahmen.[32] Die Rechtsfähigkeit erstreckt sich vielmehr auf die **gesamte Geschäftsführung** zugunsten der Wohnungseigentümer in Bezug auf den Gebrauch und die Verwaltung des gemeinschaftlichen Eigentums.[33] Bei einem solch weit gefassten Verwaltungsbegriff sind unter Verwaltung alle Entscheidungen und Maßnahmen zu verstehen, die in tatsächlicher oder rechtlicher Hinsicht auf eine Änderung des bestehenden Zustandes durch Erhaltung, Sicherung, Verbesserung und gewöhnliche Nutzung des gemeinschaftlichen Eigentums abzielen oder sich als Geschäftsführung zugunsten der Wohnungseigentümer in bezug auf das gemeinschaftliche Eigentum darstellen.[34]

Wiederholung:

Sie sollten sich bei dieser Gelegenheit zur **Abgrenzung** noch einmal die **sachenrechtlichen Grundlagen** des Wohnungseigentums in Erinnerung rufen.
Verfügungen über das immobiliarsachenrechtliche Eigentum der Wohnungseigentümer (zB durch Umwandlung von Gemeinschaftseigentum in Sondereigentum und umgekehrt oder Veränderungen der Miteigentumsanteile) betreffen nicht die Verwaltung, sondern die dinglichen Rechtsgrundlagen der Gemeinschaft. Dem Verband Wohnungseigentümergemeinschaft steht in diesem Bereich keine Erklärungskompetenz zu; es bedarf vielmehr einer notariell beurkundeten Einigung der Miteigentümer und der Grundbucheintragung gem. § 4 WEG bzw. gem. §§ 873, 925 BGB.[35]

Merke:

Eine vom rechtsfähigen Verband vorzunehmende Maßnahme der Verwaltung kann alles sein, was im Interesse der Gesamtheit der Wohnungseigentümer ist und der Wohnungseigentümergemeinschaft dient.[36] **Nicht** hierunter fallen jedoch die dinglichen Rechtsgrundlagen der Bruchteilsgemeinschaft.

19   Für die Begründung der Verwaltungskompetenz nicht entscheidend ist dagegen, ob die betreffende Maßnahme auch „**ordnungsmäßiger Verwaltung**" entspricht.[37]

---

[32] BT-Drs. 16/887 S. 60.
[33] Bärmann/*Suilmann* § 10 Rn. 207; *Hügel/Elzer* § 10 Rn. 209.
[34] BGHZ 141, 224 = NJW 1999, 2108 = ZMR 1999, 647 = ZWE 2000, 23; BGHZ 121, 22 = NJW 1993, 727 = ZMR 1993, 173; Staudinger/*Bub* § 20 Rn. 4 ff.; *Wenzel* ZWE 2006, 462.
[35] BGH NJW 2013, 1962 = ZfIR 2013, 646 = ZMR 2013, 730 = ZWE 2013, 330; OLG München NJW 2010, 1467 = ZMR 2010, 706.
[36] *Heggen* NotBZ 2008, 198, 200.
[37] OLG Hamm NJW 2010, 1464 = Rpfleger 2010, 132 = ZfIR 2010, 190 = ZMR 2010, 216 = ZWE 2009, 452.

Die Reichweite der Rechtsfähigkeit der Wohnungseigentümergemeinschaft muss zum Schutz des Rechtsverkehrs abstrakt ermittelt werden können. Nur so lassen sich Sicherheit und Bestandskraft eines Rechtsgeschäfts objektiv gewährleisten. Eine Beschränkung der Rechtsfähigkeit auf den Verbandszweck entsprechend der „ultra-vires-Doktrin" des anglo-amerikanischen Rechtskreises ist dem deutschen Verbandsrecht auch im übrigen fremd.[38] Ausschlaggebend kann somit nur sein, ob eine bestimmte Angelegenheit überhaupt als Verwaltungsmaßnahme zu klassifizieren ist. Ob darüber hinaus der Rahmen der Ordnungsmäßigkeit eingehalten wurde, betrifft nur das Innenverhältnis der Wohnungseigentümer und des Verbandes.[39] Das Risiko der Einordnung eines Geschäfts als Verwaltungsangelegenheit trägt demzufolge die Gemeinschaft, nicht der Geschäftsgegner.[40]

> **Hinweis:**   20
> Widerspricht eine Verwaltungsmaßnahme ordnungsmäßiger Verwaltung, so kann dies nur in einem Anfechtungsverfahren vor dem ausschließlich zuständigen Amtsgericht festgestellt werden (vgl. § 23 Nr. 2c GVG iVm § 43 WEG). Zu Einzelheiten → Kapitel L Rn. 1 ff.

bb) Der rechtsfähige Verband als Inhaber dinglicher Rechte

Der Verband Wohnungseigentümergemeinschaft ist (nicht nur) rechtsfähig.   21
Aus der Rechtsfähigkeit des Verbandes folgt konsequenterweise seine Grundbuchfähigkeit; er kann daher als solcher auch selbst Berechtigter eines dinglichen Rechts sein.

> **Wiederholung:**
> Wiederholen Sie bitte an dieser Stelle den „Numerus clausus der dinglichen Rechte" noch einmal; → Kapitel D Rn. 19.

(1) Gläubiger von Grundpfandrechten. Wie bereits der BGH in seiner „Olympi-   22
adorfentscheidung" feststellte[41], kann der Verband Wohnungseigentümergemeinschaft nach der „Entdeckung" der Rechtsfähigkeit selbst Gläubiger einer **Zwangssicherungshypothek** sein (§ 867 Abs. 1 ZPO).[42] Es sind also nicht mehr wie noch bis zum Inkrafttreten der WEG-Novelle sämtliche Wohnungseigentümer unter Angabe ihres Gemeinschaftsverhältnisses nach § 47 GBO als Gläubiger in das Grundbuch einzutragen.[43] Auch für die bis dahin durchaus übliche Ermächtigung des Wohnungseigentumsverwalters zur Geltendmachung von Hausgeldansprüchen im eigenen Namen und dessen daran anschließender alleinigen Eintragung

---

[38] *Häublein* FS Seuß (2007), S. 125, 129; *Lehmann* AcP 207 (2007), 225.

[39] OLG Celle NJW 2008, 1537 = Rpfleger 2008, 296 = ZMR 2008, 210 = ZWE 2008, 237; aA noch LG Hannover ZMR 2007, 893 m. abl. Anm. *Kümmel*.

[40] *Wenzel* ZWE 2006, 462, 469.

[41] BGHZ 163, 154 = NJW 2005, 2061 = ZfIR 2005, 506 = ZMR 2005, 547 = ZWE 2005, 422 sub. III.7.

[42] BGH ZWE 2011, 401; LG Düsseldorf NJW 2008, 3150; *Böhringer* Rpfleger 2006, 53, 55; *Heggen* NotBZ 2008, 198, 199; *Hügel* NotBZ 2008, 169, 175; *ders.* DNotZ 2007, 326, 336; *Saumweber* MittBayNot 2007, 357, 360; *Wilsch* RNotZ 2005, 536, 539.

[43] Überholt damit die frühere Rechtsprechung u.a. BayObLG ZWE 2001, 375.

als Gläubiger in das Grundbuch[44] besteht mangels schutzwürdigen Eigeninteresses des Verwalters nunmehr kein Rechtsschutzinteresse mehr.[45]

23 Konsequenterweise kann die rechtsfähige Wohnungseigentümergemeinschaft auch Gläubigerin von rechtsgeschäftlich bestellten **Grundschulden** und **Hypotheken** sein (§§ 1191, 1113 BGB), sofern die zu sichernde Verbindlichkeit dem Verwaltungsvermögen zugerechnet werden kann.[46]

24 War zugunsten der rechtsfähigen Wohnungseigentümergemeinschaft ein solches Recht im Grundbuch eingetragen, wird das Grundbuch nach dem Untergang des Verbandes hinsichtlich der Rechtsinhaberschaft unrichtig; es kann gem. § 22 GBO berichtigt werden. Eine (Zwangs-)Hypothek an einer Eigentumswohnung zugunsten des Verbandes verwandelt sich in eine Eigentümergrundschuld.[47]

25 **(2) Berechtigter einer Dienstbarkeit.** Sofern das zu sichernde Recht dem Verwaltungsvermögen zugerechnet werden kann, ist auch die Begründung einer **beschränkten persönlichen Dienstbarkeit** für einen rechtsfähigen Wohnungseigentümerverband zulässig (§ 1090 Abs. 1 BGB).[48] Streitig ist dabei allerdings, ob Versorgungsdienstbarkeiten für die Wohnungsanlage und Dienstbarkeiten zur Einhaltung nachbarrechtlicher Grenzabstände und wegen Unterlassung von Immissionen überhaupt zugunsten des Verbandes eingetragen werden können.[49]

26 In der Praxis wird oftmals eine **Grunddienstbarkeit** zu Gunsten der jeweiligen Eigentümer des in Wohnungseigentumsrechte aufgeteilten Grundstücks bestellt (§ 1018 BGB).

Beispiel:

Eine Grunddienstbarkeit kann bestellt werden zur Absicherung von Pkw-Stellplätzen auf dem Nachbargrundstück (§ 1018 Var. 1 BGB).

Die Ausübung eines solchen Rechts kann durch Vereinbarung aller Wohnungseigentümer als Sondernutzungsrecht einem oder mehreren Wohnungseigentümern überlassen werden.[50] Bei einer Verfügung über die Grunddienstbarkeit (zB Rangrücktritt für ein am dienenden Grundstück einzutragendes Erbbaurecht oder Löschung des Rechts infolge Aufhebung) müssen dann alle Wohnungseigentümer als Eigentümer des Wohnungseigentumsgrundstücks und somit Berechtigte der Grunddienstbarkeit handeln; insoweit besteht keine Beschlusskompetenz.[51]

27 Erfolgte eine solche Absicherung durch eine beschränkte persönliche Dienstbarkeit für den rechtsfähigen Verband, bräuchte nur der Wohnungseigentumsverwal-

---

[44] So noch BGHZ 148, 392 = NJW 2001, 3627 = ZWE 2002, 28.

[45] BGHZ 188, 157 = NJW 2011, 1361 = ZWE 2011, 177.

[46] *Hügel* NotBZ 2008, 169, 175; *Rapp* MittBaynot 2005, 449, 458; *Saumweber* MittBayNot 2007, 357, 360; *Soth* NZM 2007, 470; *Wenzel* ZWE 2006, 462, 465; *Wilsch* RNotZ 2005, 536, 538.

[47] *Böhringer* NotBZ 2008, 179, 189; ders. Rpfleger 2007, 353.

[48] KG MDR 2015, 1229; *Böhringer* NotBZ 2008, 179, 184; *Hügel* NotBZ 2008, 169, 175; *Wilsch* RNotZ 2005, 536, 539.

[49] Befürwortend Bärmann/*Suilmann* § 10 Rn. 232; *Wenzel* ZWE 2006, 1 ,7; ders. ZWE 2006, 462, 465; ablehnend gegenüber *Böhringer* NotBZ 2008, 179, 184; *Böttcher* Rpfleger 2009, 181, 183: diese Dienstbarkeiten sollen nicht zur Verwaltung des Gemeinschaftseigentums gehören, sondern ein Recht aller Bruchteilseigentümer begründen.

[50] OLG Köln NotBZ 2006, 436; BayObLGZ 1990, 124 = DNotZ 1991, 600; OLG Stuttgart ZMR 1990, 306.

[51] AG Berlin-Charlottenburg ZWE 2011, 103.

ter als Vertreter der Wohnungseigentümergemeinschaft die notwendigen Erklärungen abzugeben. Trotz dieser Verfahrenserleichterung erscheint eine beschränkte persönliche Dienstbarkeit zugunsten des rechtsfähigen Verbandes in der Praxis als wenig taugliches Sicherungsmittel, weil es bei einer Aufhebung des Wohnungseigentums oder einer Vereinigung aller Wohnungseigentumsrechte in einer Hand mit dem Untergang des Verbandes auch zu einem **Erlöschen des Rechts** kommen würde (vgl. § 1092 Abs. 1 S. 1; § 1090 Abs. 2 iVm § 1061 BGB).[52] Auch hier könnte anschließend die Berichtigung des Grundbuchs gem. § 22 GBO erfolgen.

Ebenfalls denkbar ist die Einräumung eines **Grundstücksnießbrauchs** gem.   28
§ 1030 BGB zugunsten des rechtsfähigen Verbandes.

(3) Berechtigter eines Vorkaufsrechts. Die Bestellung eines **Vorkaufsrechts** für den   29
Verband Wohnungseigentümergemeinschaft ist gem. § 1094 Abs. 1 BGB möglich, so zB für die künftige Verwendung eines Wohnungseigentums als Hausmeisterwohnung oder für einen Pkw-Stellplatz als Teileigentum.[53]

(4) Berechtigter einer Reallast. Eine **Reallast** kann zugunsten der rechtsfähigen   30
Wohnungseigentümergemeinschaft in das Grundbuch eingetragen werden, wenn die vom belasteten Eigentümer zu erbringenden Leistungen gemeinschaftsbezogen sind und damit zum Verwaltungsvermögen des Verbandes gehören. Die Grundbucheintragung erfolgt als subjektiv-persönliches Recht gem. § 1105 Abs. 1 BGB.[54]

(5) Eigentümer eines Grundstücks. Das in Wohnungseigentumsrechte aufgeteilte   31
Grundstück ist zwingendes Gemeinschaftseigentum aller Bruchteilseigentümer (§ 1 Abs. 5 WEG) und steht nicht im Eigentum des rechtsfähigen Verbandes. Soll eine reale Teilfläche dieses Grundstücks veräußert oder eine reale Teilfläche hinzuerworben werden, müssen deshalb sachenrechtlich sämtliche Wohnungseigentümer an der gem. §§ 873, 925 BGB erforderlichen Auflassung beteiligt werden. Der Wohnungseigentumsverwalter als Vertreter des rechtsfähigen Verbandes ist im Rahmen seiner verwaltungsmäßigen Tätigkeit dazu nicht in der Lage[55]; auch eine mehrheitliche Ermächtigung scheidet aus.[56]

Wiederholung:

Ein solcher Grundstückszuerwerb erfolgt wegen § 1 Abs. 4 WEG durch Vereinigung oder Zuschreibung (§ 890 BGB, §§ 5, 6 GBO) in das Miteigentum der Wohnungseigentümer. Erforderlich ist dafür die Auflassung der Erwerbsfläche an alle Wohnungseigentümer zu den gleichen Miteigentumsanteilen, wie sie an dem in Wohnungseigentumsrechte aufgeteilten Grundstück bereits bestehen und nach h.M. die Umwandlung der gewöhnlichen Miteigentumsanteile an der Erwerbsfläche in Wohnungseigentumsanteile durch Erstreckung des Gemeinschaftsverhältnisses auf die hinzu erworbene Fläche.[57] Buchungstechnisch geht das hinzuerworbene Grundstück in den bereits vorhandenen Wohnungs- und Teileigentumsgrundbüchern „unter". → Kapitel F Rn. 98.

---

[52] *Hügel* NotBZ 2008, 169, 175; *Hügel/Elzer* Das neue WEG-Recht § 3 Rn. 68.
[53] *Böhringer* NotBZ 2008, 179, 184.
[54] *Schöner/Stöber* Rn. 2838f.
[55] BGH NJW 2013, 1962 = ZfIR 2013, 646 = ZMR 2013, 730 = ZWE 2013, 330.
[56] OLG München NJW 2010, 1467 = ZMR 2010, 706.
[57] OLG Frankfurt OLGZ 1993, 419 = DNotZ 1993, 612; OLG Zweibrücken DNotZ 1991, 605.

32 Demgegenüber kann nunmehr auch der Wohnungseigentümerverband selbst etwa zur Arrondierung der bestehenden Anlage ein weiteres rechtlich selbständiges Grundstück erwerben.

> **Merke:**
>
> Erwerber ist dann allerdings der rechtsfähige Verband Wohnungseigentümergemeinschaft, der durch den Verwalter beim Erwerbsvorgang vertreten werden muss; die Mitwirkung aller Wohnungseigentümer bei der Auflassung erübrigt sich.[58]

In einem solchen Fall liegt auch kein Verstoß gegen § 1 Abs. 4 WEG vor, weil das bereits in Wohnungs- und Teileigentumsrechte aufgeteilte Grundstück allen Wohnungseigentümern in Bruchteilsgemeinschaft zusteht, während das hinzuerworbene Grundstück allein dem rechtsfähigen Verband gehört. Es sind also rechtlich zwei selbständige Grundstücke vorhanden, die im Hinblick auf § 4 Abs. 1 GBO wegen der verschiedenen Rechtsträger auch buchungsmäßig nicht zusammengefasst werden dürfen.

33 **(6) Eigentümer eines Wohnungs- oder Teileigentumsrechts.** Sofern sich der Erwerb einer Eigentumswohnung oder eines Teileigentums als Maßnahme der Verwaltung darstellt, ist auch ein solcher Erwerb durch den rechtsfähigen Verband möglich.[59] Der Erwerb kann sich sowohl rechtsgeschäftlich, als auch im Wege der Zwangsvollstreckung durch Zuschlag in einem Zwangsversteigerungsverfahren vollziehen.[60] Den rechtsgeschäftlichen Erwerb können die Wohnungseigentümer als Verbandsmitglieder mit Mehrheit beschließen (vgl. § 27 Abs. 3 S. 1 Nr. 7, § 21 Abs. 3 WEG).[61]

Beispiel:

Ein Eigentumserwerb durch den Verband wird in der Praxis insbesondere für eine rechtlich bereits verselbstständigte Hausmeisterwohnung, einen Fahrradkeller, Geräteraum oder Pkw-Stellplätze in Betracht kommen. Die Gründe können unterschiedlicher Natur sein. Sind zB einzelne Wohnungseigentümer auf Grund von Zahlungsschwierigkeiten nicht mehr in

---

[58] BGH NJW 2016, 2177 = ZMR 2016, 476 m. Anm. *Schneider* = ZWE 2016, 268 m. Bespr. Lehmann-Richter, 250; OLG Hamm ZWE 2010, 270; LG Bremen ZWE 2015, 367; LG Deggendorf ZMR 2008, 909 mit insoweit zust. Anm. *Schneider*; *Böhringer* NotBZ 2008, 179, 182; *Hügel* NotBZ 2008, 169, 176.

[59] OLG München ZfIR 2016, 465 m. Anm. *Schneider* = ZWE 2016, 256; OLG Frankfurt MietRB 2015, 210; OLG Hamm ZWE 2009, 452; OLG Celle NJW 2008, 1537 = Rpfleger 2008, 296; LG Bremen MietRB 2015, 210; LG Frankenthal MittBayNot 2008, 128; *Abramenko* ZWE 2010, 452; *ders.* ZMR 2006, 338, 340; *Böhringer* NotBZ 2008, 179, 181; *ders.* Rpfleger 2007, 353, 354; *Häublein* ZWE 2007, 474; *Heggen* NotBZ 2008, 198; *Hügel* NotBZ 2008, 169, 176; *ders.* ZWE 2008, 240, 241; *ders.* DNotZ 2007, 326, 338; *Rapp* MittBayNot 2005, 458 f.; *Saumweber* MittBayNot 2007, 357, 360; *Schneider* Rpfleger 2007, 175; *Wenzel* NZM 2006, 323; aA LG Nürnberg-Fürth ZMR 2006, 812 m. abl. Anm. *Schneider*; LG Heilbronn ZMR 2007, 649 m. abl. Anm. *Hügel*; LG Hannover ZMR 2007, 893 m. abl. Anm. *Kümmel*; *Bonifacio* ZMR 2009, 257; krit. zunächst auch DNotI-Gutachten DNotI-Report 2007, 169.

[60] *Abramenko* ZMR 2006, 338; *Schneider* ZMR 2006, 813.

[61] OLG Frankfurt MietRB 2015, 210; OLG Hamm ZWE 2010, 270; OLG Hamm NJW 2010, 1464 = ZMR 2010, 216 m. Anm. *Schneider* = ZWE 2009, 452; OLG Celle NJW 2008, 1537 = ZWE 2008, 237; LG Bremen ZWE 2015, 367; LG Frankenthal MittBayNot 2008, 128; *Häublein* ZWE 2007, 474; *Hügel* NotBZ 2008, 169, 176; *Wilsch* RNotZ 2005, 536, 540.

der Lage, Hausgeldzahlungen aufzubringen, kann es etwa im Interesse der Verwaltung des gemeinschaftlichen Eigentums liegen, deren Wohnungen zu erwerben, um die zukünftige Zahlung des Hausgeldes sicherzustellen.[62]
Ebenso kann es im Interesse des Eigentümerverbandes liegen, durch eigenen Erwerb oder die Ersteigerung von Wohnungseinheiten solche Erwerber zu verhindern, die beabsichtigen, das Gemeinschaftseigentum zu beschädigen oder bei denen zu erwarten ist, dass sie sonst die Eigentümergemeinschaft schädigen.[63]

Die vom Verband zu erwerbende Einheit muss sich dabei nicht zwingend in der   34
eigenen Anlage befinden; auch ein „übergreifender" Erwerb einer Einheit in einer
Nachbaranlage kann durchaus noch ordnungsmäßiger Verwaltung entsprechen,
wenn sich bspw. der Erwerb einer Hausmeisterwohnung oder ausreichender
Pkw-Stellplätze in der eigenen Anlage nicht verwirklichen lässt.[64]
Sind die betroffenen Räume noch Gemeinschaftseigentum aller Wohnungseigentümer, muss an ihnen zunächst Sondereigentum begründet werden; erst
danach kann die Wohnung an den rechtsfähigen Verband aufgelassen werden.[65]
Der Verband kann auch **mehrere Einheiten** in „seiner" eigenen Anlage erwerben.
Im Hinblick auf die „natürliche Grenze" des § 10 Abs. 7 S. 4 WEG können aber
nicht alle Einheiten erworben werden, weil sonst die Gemeinschaft kraft Gesetzes
beendet wäre.[66]
Erwirbt der „Verband Wohnungseigentümergemeinschaft" in der von ihm
selbst verwalteten Anlage ein Wohnungs- oder Teileigentumsrecht, bedarf es
des Nachweises einer an sich vereinbarten **Veräußerungszustimmung** gemäß
§ 12 WEG nicht, da die Wohnungseigentümergemeinschaft nicht vor sich selbst
geschützt werden muss.[67]

Hinweis:

Ist der Verband Wohnungseigentümergemeinschaft Eigentümer einer Einheit in der von ihm selbst verwalteten Anlage, ergeben sich aus dieser „Insichmitgliedschaft" Konsequenzen für die Verwaltung. So ruht zB das Stimmrecht.[68] An den Kosten und Lasten des gemeinschaftlichen Eigentums ist der Verband gemäß § 16 Abs. 2 WEG jedoch wie jeder andere Wohnungseigentümer zu beteiligen; die Kosten seines Sondereigentums trägt er allein.[69]

(7) Grundbuchverfahren. Die Eintragungsfähigkeit des rechtsfähigen Verbandes   35
Wohnungseigentümergemeinschaft als Rechtsträger im Grundbuch hängt davon
ab, ob es sich dabei um die Verwaltung des gemeinschaftlichen Eigentums han-

---

[62] *Abramenko* ZMR 2006, 338, 340; *Böhringer* NotBZ 2008, 179, 181; *Heggen* NotBZ 2008, 198, 200; einschränkend für den Erwerb sog „Schrottimmobilien" allerdings OLG Hamm NJW 2010, 3586.
[63] *Schneider* ZMR 2006, 813.
[64] OLG München ZfIR 2016, 465 m. Anm. *Schneider* = ZWE 2016, 256; *Böhringer* NotBZ 2008, 179, 181; *Häublein* ZWE 2007, 474; *Hügel* ZWE 2008, 240, 241; *Schneider* Rpfleger 2008, 291, 292; *Wenzel* ZWE 2006, 2, 7.
[65] *Böhringer* NotBZ 2008, 179, 181; *Hügel* DNotZ 2007, 326, 339.
[66] *Hügel* ZWE 2008, 240, 242.
[67] OLG Hamm ZWE 2009, 452; *Schneider* Rpfleger 2008, 291, 292.
[68] OLG Hamm ZWE 2009, 452; *Häublein* FS Seuß (2007), 125; *Jennißen/Elzer* § 25 Rn. 23; *Hügel* NotBZ 2008, 169, 176.
[69] OLG Hamm ZWE 2009, 452; *Abramenko* ZWE 2010, 193; *Hügel* NotBZ 2008, 169, 176; *ders.* ZWE 2008, 240, 242; *Hügel/Elzer* § 10 Rn. 228.

delt, denn nur insoweit ist die Gemeinschaft rechtsfähig (§ 10 Abs. 6 Satz 1 und 2 WEG). Für das Grundbuchgericht ist es zunächst ausreichend, wenn aus der ihm vorgelegten Bewilligungs- oder Auflassungsurkunde eine **eindeutige Zuordnungserklärung** zum Verbandsvermögen zu entnehmen ist; weitere Darlegungen oder Nachweise sind dann entbehrlich.[70] Das Grundbuchgericht wird nur dann Anlass haben, den Verwaltungscharakter des Erwerbsgeschäftes zu prüfen, wenn es sich offensichtlich nicht um eine Verwaltungsmaßnahme handelt.[71]

36   Im Anwendungsbereich des formellen Konsensprinzips (**§ 19 GBO**) wird das Grundbuchgericht unter dieser Voraussetzung die beantragte Eintragung zugunsten des rechtsfähigen Verbandes aufgrund der einseitigen verfahrensrechtlichen Bewilligung vollziehen. Bei einer Auflassung hat das Grundbuchgericht gem. **§ 20 GBO** (sog materielles Konsensprinzip) weitergehend die Wirksamkeit des Rechtsgeschäfts zu prüfen und damit eigentlich auch die Frage, ob der Erwerb von Immobiliareigentum durch den rechtsfähigen Verband den Erfordernissen einer **ordnungsmäßigen Verwaltung** genügt. Neben einer jederzeit zulässigen Vereinbarung der Wohnungseigentümer[72] besteht für Fragen der Verwaltung zwar eine Beschlusszuständigkeit der Wohnungseigentümerversammlung. Für eine Überprüfung der Wirksamkeit bzw. Unwirksamkeit eines Beschlusses ist allerdings (nur) das Anfechtungsverfahren nach §§ 43 Nr. 4, 46 WEG vorgesehen. Insoweit liegt die **Prüfungskompetenz** allein bei den Wohnungseigentumsgerichten, die im Rahmen der Anfechtung von Beschlüssen der Wohnungseigentümerversammlung festzustellen haben, ob die Beschlussfassungen den Voraussetzungen des § 21 WEG genügen.[73] Erfolgt keine Anfechtung, ist davon auszugehen, dass die gefassten Beschlüsse mit den Anforderungen einer ordnungsmäßigen Verwaltung zu vereinbaren sind. Würde man hier die Überprüfung der Beschlussfassungen (auch noch) den Grundbuchämtern zuordnen, gelangte man zwangsläufig zu einer doppelten Prüfungszuständigkeit, mit der möglicherweise sogar die Bestandskraft von Beschlussfassungen der Versammlung unterlaufen werden könnte, weil im Grundbuchverfahren erneut darzulegen wäre, aus welchen Gründen der Erwerb von Immobiliareigentum den Maßgaben ordnungsmäßiger Verwaltung entspricht. Das Grundbuchgericht hat daher keine Kompetenz, die Eintragung eines Eigentumswechsels mit der Begründung abzulehnen, der Erwerb einer Einheit entspreche nicht ordnungsmäßiger Verwaltung; diese Frage ist ausschließlich den Wohnungseigentumsgerichten zur Klärung zugewiesen.[74]

37   Ein Erwerbsbeschluss ist gemäß § 23 Abs. 4 Satz 2 WEG als gültig zu behandeln, solange er nicht durch rechtskräftiges Urteil für ungültig erklärt ist. Die Prüfungsbefugnis des Grundbuchgerichts ist im Übrigen auf eine etwaige Nichtigkeit des Eigentümerbeschlusses beschränkt, die aber nur dann festgestellt werden kann, wenn er gegen zwingende gesetzliche Vorschriften verstößt, § 23

---

[70] OLG Hamm ZWE 2009, 452; OLG Celle Rpfleger 2008, 296; *Böhringer* NotBZ 2008, 179, 182; *Heggen* NotBZ 2008, 198, 200; *Hügel* NotBZ 2008, 169, 176; *ders.* DNotZ 2007, 326, 338: *Schneider* Rpfleger 2008, 291; *ders.* Rpfleger 2007, 175, 177; *Wilsch* RNotZ 2005, 536, 540; aA Bärmann/*Suilmann* § 10 Rn. 232.

[71] BGH NJW 2016, 2177 = ZMR 2016, 476 m. Anm. *Schneider* = ZWE 2016, 268 m. Bespr. Lehmann-Richter, 250; offen gelassen von OLG München ZfIR 2016, 465 m. Anm. *Schneider* = ZWE 2016, 256.

[72] Vgl. OLG München ZfIR 2016, 465 m. Anm. *Schneider* = ZWE 2016, 256.

[73] Prägnant OLG Hamm NJW 2010, 3586 = ZMR 2011, 403 = ZWE 2010, 454.

[74] OLG Frankfurt MietRB 2015, 210; OLG Hamm ZWE 2009, 452; OLG Celle ZMR 2008, 210; LG Deggendorf MittBayNot 2008, 380.

Abs. 4 Satz 1 WEG.[75] Das Grundbuchgericht kann also **keinen Nachweis der Bestandskraft** für einen Erwerbsbeschluss verlangen.[76] Es ist daher ggf. Sache des Klägers, im Beschlussanfechtungsverfahren den unverzüglichen Vollzug eines Eigentümerbeschlusses durch eine einstweilige Verfügung nach §§ 935 ff. ZPO zu verhindern.[77]

Im Bereich ihrer Rechtsfähigkeit ist der Wohnungseigentumsverwalter das 38 Vertretungsorgan des Verbandes Wohnungseigentümergemeinschaft. Seine Vertretungsmacht ist jedoch nicht umfassend geregelt. Neben den einzelnen Tatbeständen des § 27 Abs. 3 S. 1 Nr. 1 bis 6 WEG ist er nur berechtigt, im Namen der Gemeinschaft und mit Wirkung für und gegen sie sonstige Rechtsgeschäfte und Rechtshandlungen vorzunehmen, soweit er hierzu durch Vereinbarung oder Beschluss der Wohnungseigentümer besonders ermächtigt ist (§ 27 Abs. 3 S. 1 Nr. 7 WEG).[78] Für einen Immobilienerwerb im Anwendungsbereich des § 20 GBO muss er daher seine gesonderte Bevollmächtigung dem Grundbuchgericht nachweisen. Dies geschieht in entsprechender Anwendung von § 26 Abs. 3, § 24 Abs. 6 WEG durch Vorlage einer Niederschrift über den **Ermächtigungsbeschluss**, bei der die Unterschriften von dem Vorsitzenden und einem Wohnungseigentümer und falls ein Verwaltungsbeirat bestellt ist, auch von dessen Vorsitzendem oder seinem Vertreter, öffentlich beglaubigt sind.[79] Eines gesonderten Nachweises der Ermächtigung bedarf es gegenüber dem Grundbuchamt nicht mehr, wenn der jeweilige Verwalter bereits in der Gemeinschaftsordnung die entsprechende Ermächtigung erhalten hat und diese dem Grundbuchgericht vorliegt.[80] Zusätzlich bedarf es noch des Nachweises der **Bestellung** zum Wohnungseigentumsverwalter, der unmittelbar gem. § 26 Abs. 3, § 24 Abs. 6 WEG geführt werden kann.

Hinweis:

– Zur Nachweisführung durch eine Niederschrift über die Eigentümerversammlung → Kapitel H Rn. 106 ff.
– Zu weitergehenden Anforderungen an den Ermächtigungsnachweis unter Vollmachtsgesichtspunkten s. *Weber*[81].

Für die Grundbucheintragung ist der rechtsfähige Verband Wohnungseigen- 39 tümergemeinschaft gem. § 10 Abs. 6 S. 4 WEG zu bezeichnen. Der Verband muss danach die **Bezeichnung** „Wohnungseigentümergemeinschaft" gefolgt von der bestimmten Angabe des gemeinschaftlichen Grundstücks führen. Ein Zusatz

---

[75] OLG Frankfurt MietRB 2015, 210; OLG Hamm ZWE 2009, 452; OLG Celle ZMR 2008, 210.

[76] OLG München v. 16.11.2016 – 34 Wx 305/16; *Böhringer* NotBZ 2008, 179, 187; *Schneider* Rpfleger 2008, 291, 292; aA LG Deggendorf ZMR 2008, 909.

[77] *Bärmann/Suilmann* § 10 Rn. 223; *Schneider* Rpfleger 2008, 291, 292.

[78] OLG Hamm ZWE 2009, 452; *Böhringer* NotBZ 2008, 179, 186; *Heggen* NotBZ 2008, 198, 200; *Hügel* NotBZ 2008, 169, 176; *ders.* ZWE 2008, 240, 242; *Schneider* Rpfleger 2008, 291, 292.

[79] OLG München ZWE 2017, 93; *Böhringer* NotBZ 2008, 179, 186; *Heggen* NotBZ 2008, 198, 200; *Hügel* NotBZ 2008, 169, 176; *ders.* ZWE 2008, 240, 242; *Schneider* Rpfleger 2008, 291, 292; *ders.* 2007, 175, 177.

[80] OLG Hamm v. 21.12.2016 – 15 W 590/15; OLG Hamm ZMR 2010, 216 m. Anm. *Schneider.*

[81] *J. Weber* ZWE 2017, 68.

„Verband" ist zwar nicht zwingend notwendig, empfiehlt sich jedoch zur besseren Unterscheidung der verschiedenen Gemeinschaften.[82]

Beispiel:

Die Bezeichnung des Grundstücks kann erfolgen

a) durch Angabe der **postalischen** Anschrift (zB „Verband Wohnungseigentümergemeinschaft Schlossallee 10, 12345 Berlin"),

b) durch Angabe der **katastermäßigen** Bezeichnung (zB „Verband Wohnungseigentümergemeinschaft Gemarkung Lichterfelde Flur 10 Flurstück 4711") oder

c) durch Angabe der **grundbuchmäßigen** Bezeichnung unter Nennung sämtlicher für das aufgeteilte Grundstück gebildeten Wohnungsgrundbücher (zB Lichterfelde Blatt 1234 bis Blatt 1289);[83]

die gewählte Bezeichnung sollte zweckmäßigerweise bereits in der Teilungserklärung festgelegt werden.[84]

b) Ausübungs- und Wahrnehmungsbefugnis des Verbandes Wohnungseigentümergemeinschaft

aa) Grundsatz

40   Nach der gesetzlichen Aufgabenzuordnung obliegt die Verwaltung des gemeinschaftlichen Eigentums eigentlich den Wohnungseigentümern nach Maßgabe der §§ 21 bis 25 WEG (§ 20 Abs. 1 WEG). Die Wohnungseigentümer bedienen sich allerdings zur Erfüllung ihrer Verwaltungsaufgaben des von ihnen gebildeten rechtsfähigen Verbandes.[85] Der rechtsfähige Verband Wohnungseigentümergemeinschaft übt die gemeinschaftsbezogenen Rechte der Wohnungseigentümer aus und nimmt die gemeinschaftsbezogenen Pflichten der Wohnungseigentümer wahr, ebenso sonstige Rechte und Pflichten der Wohnungseigentümer, soweit diese gemeinschaftlich geltend gemacht werden können oder zu erfüllen sind.

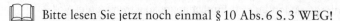 Bitte lesen Sie jetzt noch einmal § 10 Abs. 6 S. 3 WEG!

41   Die Regelung bedeutet, dass die genannten Rechte und Pflichten weiterhin den Wohnungseigentümern zustehen, es also nicht zu einem Inhaberwechsel kommt[86], deren Ausübung aber durch den rechtsfähigen Verband erfolgt. Die Rechtsnatur dieser Ausübungsbefugnis stellt materiell-rechtlich ein gegenständlich beschränktes treuhänderisches Verwaltungsrecht des Verbandes[87] und verfahrensrechtlich eine gesetzliche Prozessstandschaft dar.[88] Mit der Geltendmachung der Ausübungsbefugnis verfolgt der Verband Wohnungseigentümergemeinschaft **fremde Rechte im eigenen Namen.** Der Verband kann die ihm zur Ausübung zugewie-

---

[82] *Schneider* Rpfleger 2008, 291, 293.

[83] Riecke/Schmid/*Schneider* § 1 Rn. 97a ff.

[84] *Böhringer* NotBZ 2008, 179, 188; *Hügel* NotBZ 2008, 169; *Schneider* Rpfleger 2008, 291, 293.

[85] *Hügel/Elzer* § 10 Rn. 29.

[86] BT-Drs. 16/887, S. 61.

[87] Bärmann/*Suilmann* § 10 Rn. 40; *Hügel/Elzer* § 10 Rn. 236; *Wenzel* ZWE 2006, 462, 466.

[88] BGHZ 203, 327 = NJW 2015, 1020 = ZWE 2015, 122; BGH NJW 2011, 1351 = ZWE 2011, 123; *Abramenko*, Das neue WEG, § 6 Rn. 10.

senen Rechte im eigenen Namen einklagen; auch insoweit ist er parteifähig (vgl.
§ 10 Abs. 6 S. 5 WEG).

Nach dem Gesetzeszweck soll die Ausübungs- und Wahrnehmungsbefug- **42**
nis des rechtsfähigen Verbandes den Rechtsverkehr erleichtern.[89] Aus diesem
Grunde ist davon auszugehen, dass eine **Doppelzuständigkeit** des rechtsfähigen
Verbandes einerseits und der Gesamtheit der Wohnungseigentümer andererseits
ausgeschlossen sein soll.[90] Vielmehr überlagert die Befugnis der rechtsfähigen
Wohnungseigentümergemeinschaft die individuelle Rechtsverfolgungskompetenz
des Einzelnen[91]; der rechtsfähige Verband ist damit im Anwendungsbereich des
§ 10 Abs. 6 S. 3 WEG für die Ausübung gemeinschaftsbezogener und sonstiger
Rechte sowie für die Wahrnehmung von Pflichten ausschließlich zuständig.[92] Die
Interessen der Wohnungseigentümer werden durch die interne Verbandsorgani-
sation sichergestellt; sie entscheiden über die konkrete Ausübung ihrer gemeinschaftlichen Rechte durch Mehrheitsbeschluss (§ 21 Abs. 3 WEG).[93]

bb) Grenzen der Ausübungs- und Wahrnehmungsbefugnis

Ihre Grenzen findet die Ausübungs- und Wahrnehmungsbefugnis, wenn der **43**
Bereich der Verwaltung des gemeinschaftlichen Eigentums verlassen wird. Für
Maßnahmen am Sondereigentum besteht deshalb generell keine Beschlusskompetenz der Wohnungseigentümer; dies gilt auch dann, wenn öffentlich-rechtliche
Vorschriften solche Maßnahmen erfordern.[94] Aus demselben Grund kommt auch
eine Ausübungsbefugnis für **sachenrechtliche Verfügungen** nicht in Betracht
(s. bereits → Rn. 18 und 31 für Verfügungen aus eigenem Recht).[95] Ebenfalls keine Angelegenheit der gemeinschaftlichen Verwaltung iSd § 21 Abs. 3 WEG stellt
die **Abnahme der Werkleistung** vom Bauträger dar; betroffen ist hier nicht das
„Verhältnis der Wohnungseigentümer untereinander", sondern die individuellen
Rechtsbeziehungen des Erwerbers zum Bauträger.[96]

Sonstige **Verfügungen über individuelle Rechte** der Wohnungseigentümer sind **44**
dem Verband als Drittem im Außenverhältnis allerdings möglich. Auch Verfügungen sind nach zutreffender Ansicht nämlich Akte der Rechtsausübung, die
der rechtsfähigen Gemeinschaft gem. § 10 Abs. 6 S. 3 WEG zugewiesen sind.[97]

---

[89] BT-Drs. 16/887, S. 61.

[90] Vgl. *Wenzel* NZM 2008, 74.

[91] Vgl. BGH NJW 2010, 933.

[92] Bärmann/*Suilmann* § 10 Rn. 242; für Verpflichtungen der Wohnungseigentümer
können diese ggf. daneben im Außenverhältnis kumulativ haften, BGH NJW 2014, 1093
= ZWE 2014, 165.

[93] Bärmann/*Suilmann* § 10 Rn. 240; *Becker/Ott/ Suilmann* Rn. 202a.

[94] Ebenso grds. BGH NJW 2013, 3092 („Rauchwarnmelder") = ZfIR 2013, 511 m.
Anm. *Greupner* = ZMR 2013, 642 m. Anm. *Abramenko* = ZWE 2013, 358 m. Bespr.
Dötsch 353, im konkreten Sachverhalt allerdings grenzwertig; vgl. auch *Abramenko* ZWE
2013, 117, 119; *Elzer* ZMR 2013, 769, 772.

[95] OLG München NJW 2010, 1467 = ZMR 2010, 706 für eine Verfügung über das
gemeinschaftliche Eigentum; AG Berlin-Charlottenburg ZWE 2011, 103 für die Verfügung
über ein dingliches Recht der Wohnungseigentümer.

[96] BGH ZfIR 2016, 570.

[97] Bärmann/*Suilmann* § 10 Rn. 240; *Becker* MietRB 2007, 180, 183; *Becker/Ott/Suil-
mann* Rn. 205; N/K/V/*Kümmel* § 10 Rn. 82; *Wenzel* NZM 2008, 74, 76; aA *Hügel/Elzer*
§ 10 Rn. 238 u. 254.

Beispiel:

Der Verband Wohnungseigentümergemeinschaft kann nach dieser Auffassung über geltend gemachte Mängelansprüche der Wohnungseigentümer mit dem Bauträger wirksam einen Vergleich schließen.[98]
(Vielleicht schauen Sie schnell noch einmal im → Kapitel F bei Rn. 13 ff. zum Erwerb vom Bauträger nach.)

cc) Arten der Rechtsausübung

45 § 10 Abs. 6 Satz 3 WEG unterscheidet für die Ausübungs- und Wahrnehmungsbefugnis der rechtsfähigen Wohnungseigentümergemeinschaft zwischen gemeinschaftsbezogenen Rechten und Pflichten einerseits (§ 10 Abs. 6 S. 3 Hs. 1 WEG) und sonstigen Rechten und Pflichten der Wohnungseigentümer andererseits, soweit diese gemeinschaftlich geltend gemacht werden können oder zu erfüllen sind (§ 10 Abs. 6 S. 3 Hs. 2 WEG). *Wenzel* hat diese beiden Arten der Rechtsausübung prägnant als „geborene" und „gekorene" **Ausübungs- und Wahrnehmungsbefugnis** bezeichnet.[99]

(1) Geborene Ausübungs- und Wahrnehmungsbefugnis (§ 10 Abs. 6 S. 3 Hs. 1 WEG)

1. Variante: Geborene Ausübungsbefugnis

46 Die gemeinschaftsbezogenen Rechte (Abs. 6 S. 3 Hs. 1 Var. 1) unterfallen einem Zwang zur Geltendmachung durch die rechtsfähige Gemeinschaft; sie verdrängt die bis zum 30.6.2007 in diesem Bereich noch bestehende Ausübungsbefugnis der Wohnungseigentümer.[100] Eine einheitliche und gemeinsame Ausübung des Rechts ist immer dann zwingend erforderlich, wenn die Ausübung durch einen einzelnen Eigentümer die Vermögens- oder Rechtspositionen aller anderen Wohnungseigentümer nachteilig berühren könnte oder aus Gründen des Schuldnerschutzes ein gemeinschaftliches Vorgehen erfordert.[101] Könnte ein einzelner Wohnungseigentümer diese Rechte nicht ohne Ermächtigung durch die übrigen verfolgen, besteht eine gemeinsame Empfangszuständigkeit.[102] Es kommt also darauf an, ob Rechte zwingend gemeinschaftlich geltend zu machen sind.

Beispiele
für gemeinschaftsbezogene *Rechte* der Wohnungseigentümer (§ 10 Abs. 6 S. 3 Hs. 1 Var. 1 WEG):

– Ausübung des **Entziehungsrechts** gem. § 18 Abs. 1 S. 2 WEG sowie Zwangsvollstreckung aus einem Entziehungsurteil gem. § 19 Abs. 1 S. 2 WEG;
– Geltendmachung von **Schadensersatzansprüchen** (auch Wiederherstellungsansprüchen) wegen Verletzung des gemeinschaftlichen Eigentums;[103]

---

[98] LG München ZMR 2012, 579; LG München I ZMR 2011, 835 = ZWE 2012, 99; Bärmann/*Suilmann* § 10 Rn. 240; aA OLG Stuttgart NJW 2013, 699 für die Abtretung von Gewährleistungsansprüchen; *Elzer* MietRB 2013, 312, 315 für einen Vergleich mit dem Bauträger über Mängelansprüche.

[99] *Wenzel* ZWE 2006, 462, 467.

[100] *Becker* MietRB 2007, 180.

[101] Bärmann/*Suilmann* § 10 Rn. 248; N/K/V/*Kümmel* § 10 Rn. 85.

[102] BGH NJW 2011, 1351 = ZWE 2011, 123; *Wenzel* ZWE 2006, 462, 467.

[103] BGH NJW 2014, 1090 = ZWE 2014, 178; BGH NJW 2011, 1351 = ZWE 2011, 123.

– **Vermietung** des gemeinschaftlichen Eigentums (die Mieteinnahmen gehören zum Verwaltungsvermögen des Verbandes!);[104]
– Durchsetzung eines **Notwegerechts**;[105]
– Geltendmachung von **Unterhaltungsansprüchen** gegen den Eigentümer des herrschenden Grundstücks wegen einer (Wege-)Anlage auf dem in Wohnungseigentumsrechte aufgeteilten Grundstück.[106]

2. Variante: Geborene Wahrnehmungsbefugnis

Komplementär ist die sogenannte geborene Wahrnehmungsberechtigung des **47** rechtsfähigen Verbandes gegeben, wenn eine Verpflichtung, die im Außenverhältnis alle Wohnungseigentümer aufgrund einer gemeinsamen Erfüllungszuständigkeit gleichermaßen trifft, nach der Interessenlage der Miteigentümer oder aus Gründen des Schuldnerschutzes ein gemeinschaftliches Vorgehen zwingend erfordert.[107] Es kommt also darauf an, ob Verpflichtungen zwingend gemeinschaftlich zu erfüllen sind.

Beispiele
für gemeinschaftsbezogene *Pflichten* der Wohnungseigentümer (§ 10 Abs. 6 S. 3 Hs. 1 Var. 2 WEG):

– Wahrnehmung von **Verkehrssicherungspflichten** auf dem gemeinschaftlichen Grundstück;[108]
– Erfüllung von **Beitrags- und Abgabenschulden**, für die die Wohnungseigentümer gesamtschuldnerisch haften;[109]
– Erfüllung **nachbarrechtlicher Schadenersatzansprüche** gegen die Wohnungseigentümer;[110]
– Wahrnehmung der Pflichten nach der **TrinkwasserVO** und der **EnEV**.[111]

(2) Gekorene Ausübungs- und Wahrnehmungsbefugnis (§ 10 Abs. 6 S. 3 Hs. 2 WEG)

1. Variante: Gekorene Ausübungsbefugnis

Die sonstigen Rechte und Pflichten, die gemeinschaftlich geltend gemacht wer- **48** den können, sind für die Ausübung durch den Verband zwar potentiell geeignet, bedürfen aber nicht zwingend einer einheitlichen Rechtsausübung. Es handelt sich um Individualansprüche eines Wohnungseigentümers, die dieser grundsätzlich allein geltend machen kann. Anders als im Rahmen der geborenen Zuständigkeit bedarf es zur Ausübung dieser Rechte durch den Verband noch der vorherigen Entscheidung der Wohnungseigentümer über deren **Vergemeinschaftung** („Ansichziehen").[112] Für die ordnungsmäßige Ausübung dieses Zugriffsermessens

---

[104] *Hügel/Elzer* § 10 Rn. 243; N/K/V/*Kümmel* § 10 Rn. 86; *Wenzel* ZWE 2006, 462.
[105] BGH NJW 2006, 3426 = ZWE 2006, 486.
[106] BGH NJW 2011, 1351 = ZWE 2011, 123.
[107] BGH NJW 2014, 1093 = ZWE 2014, 165; BGH NJW 2013, 3092 = ZWE 2013, 358; BGH NJW 2011, 1351 = ZWE 2011, 123.
[108] BGH NJW 2012, 1724 = ZWE 2012, 268; OLG Oldenburg ZWE 2014, 313; OLG München NJW 2006, 1293 = ZWE 2006, 41.
[109] BGH NJW 2014, 1093 = ZWE 2014, 165.
[110] BGH ZMR 2012, 745.
[111] N/K/V/*Kümmel* § 10 Rn. 89.
[112] Weitergehend N/K/V/*Kümmel* § 10 Rn. 91 f., der zur Geltendmachung durch den Verband zusätzlich eine vorherige Übertragung seitens des anspruchsberechtigten Woh-

genügt es, dass die Rechtsausübung durch den Verband „förderlich" ist.[113] Dies bedarf regelmäßig einer Prüfung im Einzelfall. Es kommt hier also darauf an, ob die gemeinschaftliche Geltendmachung von Rechten *möglich* ist.

Beispiel
für sonstige Rechte der Wohnungseigentümer (§ 10 Abs. 6 S. 3 Hs. 2 Var. 1 WEG):

Durchsetzung von **Beseitigungs- oder Unterlassungsansprüchen** wegen Störungen des Gemeinschaftseigentums gem. § 1004 Abs. 1 BGB gegen einen Wohnungseigentümer[114] oder einen Dritten.[115]

49   Zieht der rechtsfähige Verband Wohnungseigentümergemeinschaft den Individualanspruch an sich, ist der einzelne Wohnungseigentümer mit diesem Streitgegenstand nicht mehr prozessführungsbefugt.[116] Die Rechtsverfolgungskompetenz steht dann allein dem Verband zu; es kommt zu keiner Konkurrenz bei der Anspruchsverfolgung. Der gemeinschaftlichen Willensbildung kommt der Vorrang auch dann zu, wenn der anspruchsberechtigte Wohnungseigentümer seinerseits bereits Klage erhoben haben sollte; diese wird infolge nachträglichen Wegfalls der Prozessführungsbefugnis dann unzulässig.[117]

2. Variante: Gekorene Wahrnehmungsbefugnis

50   Zur Wahrnehmung sonstiger Pflichten durch den rechtsfähigen Verband Wohnungseigentümergemeinschaft bedarf es einer vorherigen Beschlussfassung. Diese entspricht wiederum ordnungsmäßiger Verwaltung, wenn die Pflichtenerfüllung durch den Verband „förderlich" ist. Der Anwendungsbereich für eine solche gekorene Wahrnehmungsbefugnis ist allerdings nicht abschließend geklärt. Hier wird die weitere Entwicklung abzuwarten sein.[118]

Beispiel
für sonstige Pflichten der Wohnungseigentümer (§ 10 Abs. 6 S. 3 Hs. 2 Var. 2 WEG):

Installation von Rauchwarnmeldern nach landesrechtlichen Bestimmungen, wenn diese lediglich die Ausstattung von Wohnungen, nicht aber von sonstigen Räumlichkeiten (Teileigentum)

---

nungseigentümers fordert, weil das WEG für einen Eingriff in individuelle Rechtspositionen keine Beschlusskompetenz enthalte.

[113] BGH NJW 2014, 1093 = ZWE 2014, 165; BGH NJW 2013, 3092 = ZWE 2013, 358; BGH NJW 2011, 1351 = ZWE 2011, 123.

[114] BGH ZMR 2015, 947 = ZWE 2015, 402 („Nutzung eines ‚Ladens' als Gaststätte"); BGHZ 203, 327 = NJW 2015, 1020 = ZfIR 2015, 346 m. Bespr. *Dötsch* 328 = ZMR 2015, 248 m. Anm. *Schmid* = ZWE 2015, 122 m. Anm. *Ott* („Prostitution im Wohnungseigentum"); BGH ZfIR 2014, 741 = ZMR 2014, 996 = ZWE 2014, 398 („Rückbau einer Betonfläche"); BGH NJW 2006, 2187 = ZMR 2006, 457 = ZWE 2006, 285 („Funkfeststation auf dem Dach").

[115] BGH ZWE 2016, 176.

[116] BGH ZMR 2015, 947 = ZWE 2015, 402 („Nutzung eines ‚Ladens' als Gaststätte"); BGHZ 203, 327 = NJW 2015, 1020 = ZfIR 2015, 346 m. Bespr. *Dötsch* 328 = ZMR 2015, 248 m. Anm. *Schmid* = ZWE 2015, 122 m. Anm. *Ott* („Prostitution im Wohnungseigentum"); OLG Hamm ZMR 2010, 389.

[117] BGHZ 203, 327 = NJW 2015, 1020 = ZfIR 2015, 346 m. Bespr. *Dötsch* 328 = ZMR 2015, 248 m. Anm. *Schmid* = ZWE 2015, 122 m. Anm. *Ott* („Prostitution im Wohnungseigentum").

[118] N/K/V/*Kümmel* § 10 Rn. 97; vgl. auch *Hügel/Elzer* § 10 Rn. 248: „Fälle ... sind kaum ersichtlich.".

vorschreiben. Die Verpflichtung trifft in diesem Fall lediglich einen Teil der Miteigentümer (Wohnungseigentümer), so dass eine geborene Wahrnehmungsbefugnis ausscheidet.[119]

Schaubild:

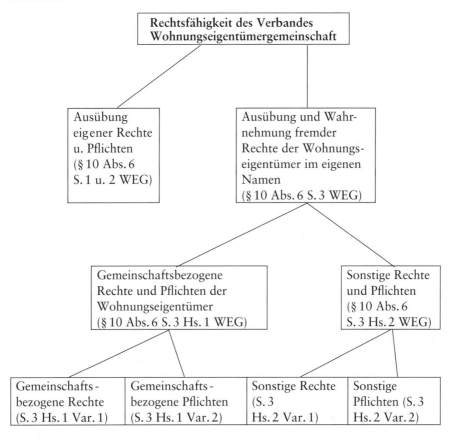

---

[119] BGH NJW 2013, 3092 („Rauchwarnmelder") = ZfIR 2013, 511 m. Anm. *Greupner* = ZMR 2013, 642 m. Anm. *Abramenko* = ZWE 2013, 358 m. Bespr. *Dötsch* 353.

[120] Hinweise zu weiterführender Literatur können Sie zu Beginn des Kapitels F finden.

[121] BGH NJW 2015, 2874 = ZWE 2015, 358; BGHZ 200, 263 = NJW 2014, 1377 = ZWE 2014, 258; BGHZ 172, 42 = NJW 2007, 1952 = ZWE 2007, 300.

Einen kleinen Einblick in Fragestellungen des Bauträgerrechts konnten Sie darüber hinaus bereits im → Kapitel F Rn. 13 ff. erhalten.

II. Besonderheiten

1. Die werdende Wohnungseigentümergemeinschaft

51   Bei der Begründung von Wohnungseigentum durch Teilungserklärung gem. § 8 WEG besteht bereits im Anlaufstadium der Gemeinschaft ein Bedürfnis dafür, das Verhältnis der Wohnungserwerber untereinander und zum abveräußernden Bauträger möglichst frühzeitig den Regelungen des WEGs zu unterstellen. Aus diesem Grunde werden Erwerber einer Eigentumswohnung unabhängig von der fehlenden Eigentümerposition im Grundbuch unter bestimmten Voraussetzungen wie Wohnungseigentümer behandelt. In diesem Zusammenhang ist Ihnen an anderer Stelle bereits die Rechtsfigur des werdenden Wohnungseigentümers untergekommen.

Wiederholung:

Schauen Sie jetzt bitte in das → Kapitel D Rn. 68 und wiederholen Sie noch einmal die notwendigen Voraussetzungen, bei deren Vorliegen von einem werdenden Wohnungseigentümer gesprochen werden kann.[122]

Da auch eine werdende Gemeinschaft Verwaltungsvermögen bildet, ist der Verband als Rechtsträger mit ihrem Entstehen ebenfalls als rechtsfähig anzusehen.[123] Weiterhin muss die Gemeinschaft der werdenden Wohnungseigentümer ihre Verwaltung ebenfalls organisieren und wird sich hierbei wiederum des rechtsfähigen Verbandes zur Ausübung und Wahrnehmung bedienen. Es besteht deshalb weitgehend Einigkeit, dass auf das Rechtsverhältnis der werdenden Wohnungseigentümer die Vorschriften der §§ 10 bis 29 und § 43 f. WEG und damit insbesondere auch **§ 10 Abs. 6 WEG entsprechende** Anwendung finden.[124]

52   Da aufgrund des zeitlich gestuften Entstehungsprozesses ein rechtsfähiger Verband sowohl für die Verwaltung des gemeinschaftlichen Eigentums echter als auch werdender Wohnungseigentümer erforderlich sein kann, kann seine endgültige Rechtsfähigkeit oder gar seine Existenz auch nicht in einem Vorstadium verbleiben. Er ist als Vertragspartner und Vermögensträger entweder vorhanden oder nicht. Damit unterscheidet sich der Verband werdende Wohnungseigentümergemeinschaft und der Verband echte Wohnungseigentümergemeinschaft in der Rechtsnatur nicht. Es handelt sich um ein und denselben **Vollverband** und nicht um einen werdenden Verband.[125]

---

[122] Vgl. BGH NJW 2015, 2877 = ZWE 2015, 406; BGHZ 193, 219 = NJW 2012, 2650 = ZWE 2012, 369; BGHZ 177, 53 = NJW 2008, 2639 = ZWE 2008, 378.

[123] *Hügel* ZWE 2010, 122; aA *H. Müller* 3. Teil Rn. 101.

[124] Vgl. nur Bärmann/*Suilmann* § 10 Rn. 16; *Hügel/Elzer* § 10 Rn. 36.

[125] *Hügel* ZWE 2010, 122, 124.

2. Untergemeinschaften in Mehrhausanlagen

In Mehrhausanlagen besteht oftmals ein praktisches Bedürfnis, sich durch eine 53
möglichst weitgehende **Verselbständigung** einzelner Hausgemeinschaften auf dem
gemeinsamen Grundstück einer unterbliebenen Realteilung annähern zu können.
Aus diesem Grunde werden in Gemeinschaftsordnungen von Mehrhausanlagen
oftmals zulässigerweise Kompetenzen zur separaten Beschlussfassung und Kostenverteilung für einzelne Häuser in allein sie betreffenden Verwaltungsangelegenheiten vorgesehen.[126] Auch Instandhaltungsrücklagen können auf diese Weise
separiert werden.[127]

Solche Untergemeinschaften stellen jedoch keine rechtlich selbständigen Ver- 54
bände i.S.d. § 10 Abs. 6 WEG dar; **rechts- und parteifähig** ist vielmehr allein die
Gesamtgemeinschaft.[128] Die Untergemeinschaften sind rechtlich unselbständige
Verwaltungseinheiten, denen lediglich vom rechtsfähigen Verband abgeleitete
Organisationsbefugnisse zukommen. Aus diesem Grunde ist auch die Bestellung
eines eigenen Wohnungseigentumsverwalters für eine solche Untergemeinschaft
nicht möglich.[129]

Wiederholungsaufgaben und Vertiefungsfragen

1. Wie stellen sich die Eigentumsverhältnisse dar, wenn der Wohnungseigentumsverwalter aufgrund entsprechender Beschlussfassung der Wohnungseigentümer einen Apfelbaum mit Mitteln des rechtsfähigen Verbandes für
   diesen erwirbt und den Baum sodann auf dem in Wohnungseigentumsrechte
   aufgeteilten Grundstück einpflanzt?
2. Kann aus einem gegen die Wohnungseigentümer in ihrer Gesamtheit gerichteten Zahlungstitel in das Verbandsvermögen vollstreckt werden?

---

[126] Vgl. zB BGH ZWE 2012, 223; BGH NJW 2012, 1224 = ZWE 2012, 88; BGH ZWE
2011, 331; OLG München MietRB 2014, 239.
[127] BGH ZfIR 2015, 667 = ZWE 2015, 335.
[128] OLG Koblenz ZMR 2011, 225 = ZWE 2011, 91; OLG Düsseldorf ZWE 2010,
336; LG Gera ZMR 2014, 1008; LG Frankfurt ZMR 2014, 142 = ZWE 2014, 191; LG
Düsseldorf NZM 2010, 288; AG Aachen ZMR 2011, 752; *Häublein* ZWE 2010, 149,
150; *Hügel* NZM 2010, 8, 14.
[129] LG Hamburg ZMR 2013, 214 = ZWE 2013, 292; LG Düsseldorf NZM 2010, 288;
LG Nürnberg-Fürth ZMR 2010, 315.

Kapitel H. Verwaltung durch die Wohnungseigentümer

Ausgewählte Literatur zur Ergänzung und Vertiefung:

Abramenko, Die Prüfung von Stimmrechtsvollmachten, ZWE 2016, 399; *Abramenko,* Die inhaltliche Bestimmtheit eines Beschlusses der Wohnungseigentümer, ZfIR 2014, 725; *Abramenko,* Willensmängel bei der Beschlussfassung, ZWE 2013, 395; *Armbrüster/ Kräher,* Verwaltung des gemeinschaftlichen Eigentums durch die Gemeinschaft – Verband als weiteres Verwaltungsorgan?, ZWE 2014, 1; *Armbrüster/Roguhn,* Der Grundsatz der Nichtöffentlichkeit der Versammlung – wen muss, wen darf man zulassen?, ZWE 2016, 105; *Becker,* Niederschrift über die Versammlung – Funktion , Inhalt, Form, ZWE 2016, 2; *Becker,* Feststellung und Verkündung fehlerhafter Beschlüsse durch den Verwalter, ZWE 2012, 297; *Böhringer,* Notarielle Unterschriftsbeglaubigung bei WEG-Beschlüssen, DNotZ 2016, 831; *Briesemeister,* Rechtfragen rund um die Einberufung der Eigentümerversammlung, ZWE 2013, 123; *Demharter,* Nachweis eines Eigentümersbeschlusses gegenüber dem Grundbuchamt, ZWE 2012, 75; *Drabek,* Vorbereitung und Durchführung von Eigentümerversammlungen, ZWE 2000, 395; *Drasdo,* Teilnahme Dritter an der Eigentümerversammlung, NZM 2015, 360; *Drasdo,* Die Eigentümerversammlung nach dem WEG, 5. Aufl. 2014; *Gottschalg,* Stimmrechtsausschluss in der Eigentümerversammlung, NZM 2012, 271; *Greiner,* Geschäftsordnungsbeschlüsse, ZWE 2016, 297; *Häublein,* Die Vertretung von Wohnungseigentümern durch den Verwalter in der Versammlung, ZWE 2012, 1; *Häublein,* Beschlussfähigkeit der Wohnungseigentümerversammlung und Stimmrechtsausschluss – Ein Beitrag zur Auslegung von § 25 III WEG, NZM 2004, 534; *Heggen,* Das Kreuz mit dem Verwalternachweis oder – Wer unterschreibt das Protokoll der Eigentümerversammlung wie?, RNotZ 2010, 455; *Jacoby,* Ohne ist nicht(s): Welche Beschlüsse sind nach BGH mangels Beschlusskompetenz nichtig?, ZWE 2013, 146; *Jennißen,* Beschlussfähigkeit der Versammlung, ZWE 2016, 8; *H. Müller,* Feststellung und Verkündung fehlerhafter Beschlüsse durch den Verwalter, ZWE 2015, 303; *H. Müller,* Die Beschlussfassung, ZWE 2000, 237; *M. J. Schmid,* Zur Auslegung von Wohnungseigentümerbeschlüssen, ZWE 2013, 442; *F. Schmidt,* Der Verwaltungsnachweis nach § 26 Abs. 3 WEG, ZMR 2013, 501; *J.-H. Schmidt,* Verkündung rechtswidriger Beschlüsse, ZWE 2016, 385; *Skauradszun,* Einberufung der Versammlung und Bezeichnung der Beschlussgegenstände, ZWE 2016, 61.

I. Grundsätze der Verwaltung

1. Organisation der Verwaltung

Nach dem Gesetz obliegt die Verwaltung des gemeinschaftlichen Eigentums 1 den **Wohnungseigentümern** nach Maßgabe der §§ 21 bis 25 WEG und dem **Verwalter** nach Maßgabe der §§ 26 bis 28 WEG. Soweit ein **Verwaltungsbeirat** bestellt sein sollte, richten sich dessen Aufgaben und Befugnisse nach Maßgabe des § 29 WEG.

Bitte lesen Sie jetzt § 20 Abs. 1 WEG!

Kein Verwaltungsorgan ist demgegenüber der rechtsfähige **Verband Wohnungseigentümergemeinschaft.**[1] Er dient den Wohnungseigentümern lediglich als „Medium" zur Umsetzung ihrer Verwaltungsentscheidungen; die Entdeckung der Rechtsfähigkeit hat insoweit zu keiner Änderung der gesetzlichen Zuständigkeiten geführt.[2]

2   Wenngleich nicht im Gesetz erwähnt, bleibt es den Wohnungseigentümern darüber hinaus unbenommen, zur besseren Verwaltung im Rahmen der allgemeinen Vorschriften auch einen **„Sonderausschuss"** für bestimmte einzelne Aufgaben einzurichten. Die Festlegung der Zusammensetzung und genauen Aufgabenstellung eines solchen – rechtlich unselbständigen -Ausschusses liegt im ordnungsmäßigen Ermessen der Wohnungseigentümer.[3]

Beispiel

Typischerweise finden sich in der Praxis insbesondere bei sehr großen Eigentümergemeinschaften sog „Bauausschüsse", denen zur Unterstützung des Verwalters dessen Beratung, die Vorbereitung und Begleitung (insbesondere Rechnungsprüfung) größerer Sanierungsmaßnahmen in der Anlage obliegt.[4]

3   Wir werden uns nach Klärung einiger Vorfragen in diesem Kapitel zunächst mit der Selbstverwaltung der Wohnungseigentümer befassen. Dazu bedarf es der näheren Beschäftigung mit den Regelungen zur Eigentümerversammlung (Abschnitt II) und zur Beschlussfassung durch die Wohnungseigentümer (Abschnitt III). Zum Wohnungseigentumsverwalter und zum Verwaltungsbeirat finden Sie weitere Informationen in dem eigenständigen → Kapitel I Rn. 1 ff.

2. Der Verwaltungsbegriff

4   Der Verwaltungsbegriff des § 20 Abs. 1 WEG umfasst alle **Entscheidungen und Maßnahmen,** die in tatsächlicher oder rechtlicher Hinsicht auf eine Änderung des bestehenden Zustandes durch Erhaltung, Sicherung, Verbesserung und gewöhnliche Nutzung des gemeinschaftlichen Eigentums abzielen oder sich als Geschäftsführung zugunsten der Wohnungseigentümer in bezug auf das gemeinschaftliche Eigentum darstellen.[5]

5   Dieser **weite Verwaltungsbegriff**[6] greift über den 3. Abschnitt im I. Teil des WEG hinaus (§§ 20 bis 29 WEG). Er umfasst zB auch die Erteilung einer notwendigen Veräußerungszustimmung gem. § 12 Abs. 1 WEG, die Bestellung eines Ersatzzustellungsvertreters gem. § 45 Abs. 2 S. 1 WEG und die Festlegung der Zweckbestimmung des gemeinschaftlichen Eigentums im Rahmen des § 15

---

[1] *Armbrüster/Kräher* ZWE 2014, 1; *Elzer* ZMR 2013, 769; aA für einen Sonderfall BGH NJW 2012, 2955 = ZWE 2012, 431.

[2] Bärmann/*Merle* § 20 Rn. 12a.

[3] BGH ZWE 2010, 215.

[4] Vgl. BGHZ 207, 99 = NJW 2015, 3651 = ZWE 2015, 453; OLG Schleswig NZM 2005, 588.

[5] BGHZ 141, 224 = NJW 1999, 2108 = ZMR 1999, 647 = ZWE 2000, 23; BGHZ 121, 22 = NJW 1993, 727 = ZMR 1993, 173; *Armbrüster/Kräher* ZWE 2014, 1; Staudinger/ *Bub* § 20 Rn. 4 ff.; *Wenzel* ZWE 2006, 462.

[6] Vgl. auch BT-Drs. 16/887 S. 60.

Abs. 2 WEG.[7] Keine am gemeinschaftlichen Interesse aller Wohnungseigentümer ausgerichtete Verwaltung stellt demgegenüber der eigentliche **Gebrauch** des gemeinschaftlichen Eigentums dar[8]; er dient lediglich dem Interesse des einzelnen Wohnungseigentümers.[9]

Die Verwaltung des Wohnungseigentums kann in folgende Bereiche untergliedert werden:[10] **6**

* **Allgemeine Verwaltung** mit Innenorganisation (zB Bürobetrieb, Buchführung) und **Objektverwaltung** (zB Durchführung von Beschlüssen, Überwachung des Zustands, Vertragsabschlüsse usw.);
* **Objektbewirtschaftung** (zB Instandhaltungsmaßnahmen, Wartung und Pflege der Einrichtungen und Anlagen, Einstellung eines Hausmeisters, Sicherstellung von Ver- und Entsorgung, Reinigung);
* **Organisatorische Verwaltung** (zB Eigentümerversammlung, Verwaltungsbeirat, Wahrnehmung von Ansprüchen der Gemeinschaft);
* **Wirtschafts- und Vermögensverwaltung** (zB Wirtschaftsplan, Geldverwaltung, Geldanlagen, Rücklagen, Sonderumlagen, Jahresabrechnung);
* **Technische Verwaltung** (zB Pflege, Wartung, Beauftragung von Handwerkern zur Durchführung von Instandhaltung und Instandsetzung, Schadensfeststellung, Herbeiführung von Beschlüssen, Notmaßnahmen).

3. Gegenstand der Verwaltung

Die Vorschriften über die Verwaltung von Wohnungseigentum betreffen schon **7** nach dem Wortlaut allein das **gemeinschaftliche Eigentum**. Gemeinschaftliches Eigentum sind gem. § 1 Abs. 5 WEG das Grundstück sowie die Teile, Anlagen und Einrichtungen des Gebäudes, die nicht im Sondereigentum oder im Eigentum eines Dritten stehen (vgl. auch § 5 Abs. 2 WEG).

Wiederholung:

In diesem Zusammenhang drängt sich ein wiederholender Blick in das → Kapitel C Rn. 1 ff. geradezu auf.

Das **Sondereigentum** des einzelnen Wohnungseigentümers unterliegt demgemäß nicht der Verwaltung durch sämtliche Wohnungseigentümer (vgl. § 13 Abs. 1 WEG).

Hinweis:

Zur Sondereigentumsverwaltung s. auch → Kapitel I Rn. 6.

Das dem Verband Wohnungseigentümergemeinschaft gehörende **Verwaltungs-** **8** **vermögen** gehört zwar nicht zum gemeinschaftlichen Eigentum (§ 10 Abs. 7 S. 1

---

[7] Ebenso *Hügel/Elzer* § 21 Rn. 2.
[8] BGHZ 144, 386 = NJW 2000, 3211 = ZWE 2001, 21.
[9] Bärmann/*Merle* § 20 Rn. 7; *Hügel/Elzer* § 20 Rn. 2.
[10] Vgl. *Hügel/Elzer*, Das neue WEG-Recht, § 3 Rn. 42 und *F. Schmidt* ZWE 2000, 507.

WEG). Das Verwaltungsvermögen wird allerdings im Rahmen der gesamten Verwaltung des gemeinschaftlichen Eigentums begründet oder erworben (§ 10 Abs. 7 S. 2 WEG), so dass es von den in § 20 Abs. 1 WEG Genannten verwaltet wird.[11]

II. Die Eigentümerversammlung

1. Bedeutung der Eigentümerversammlung

9 Die Eigentümerversammlung ist das höchste Organ der Wohnungseigentümergemeinschaft[12]; sie hat über alle Angelegenheiten zu befinden, die einer Mehrheitsentscheidung zugänglich sind, also insbesondere über die Verwaltung des gemeinschaftlichen Eigentums (§ 21 Abs. 1 iVm Abs. 3 WEG) und den Gebrauch des Gemeinschafts- und des Sondereigentums (§ 15 Abs. 2 WEG).

Wiederholung:

Wiederholen Sie jetzt bitte die Ausführungen im → Kapitel E Rn. 37.

10 Angesichts dieser Bedeutung knüpft das WEG an das wirksame Zustandekommen einer Versammlung der Wohnungseigentümer bestimmte formale Voraussetzungen, deren Nichtbeachtung ggf. die Anfechtbarkeit von Beschlüssen nach sich ziehen kann.[13]

2. Einberufung der Eigentümerversammlung

a) Zur Einberufung befugte Personen

aa) WEG-Verwalter

11 Primär zuständig für die Einberufung einer Eigentümerversammlung ist der jeweilige **Verwalter** einer Wohnungseigentumsanlage (vgl. § 24 Abs. 1 und 2 WEG).

Bitte lesen Sie jetzt § 24 Abs. 1 und 2 WEG!

12 Die Versammlung der Wohnungseigentümer ist danach mangels einer anderslautenden Vereinbarung mindestens einmal im Jahr einzuberufen. Die Einberufung weiterer Eigentümerversammlungen kann dann geboten sein, wenn im Laufe eines Jahres wichtige Angelegenheiten zur Entscheidung anstehen, die keinen Aufschub vertragen.

Hinweis:

Zum Verwalter nach dem WEG werden Sie noch mehr im → Kapitel I Rn. 1 ff. erfahren.

---

[11] Bärmann/*Merle* § 20 Rn. 3; *Hadding* ZWE 2012, 61; NKV/*Vandenhouten* § 20 Rn. 1.
[12] Vgl. BGHZ 152, 46 = NJW 2002, 3704 = ZWE 2003, 64.
[13] BGH NJW 2009, 2132.

bb) Verwaltungsbeirat

Fehlt ein Verwalter oder weigert er sich pflichtwidrig, die Versammlung der 13 Wohnungseigentümer einzuberufen, so kann die Versammlung auch, falls ein Verwaltungsbeirat bestellt ist, von dessen Vorsitzenden oder seinem Vertreter einberufen werden.

Bitte lesen Sie jetzt § 24 Abs. 3 WEG!

Haben weder die Wohnungseigentümer noch die Mitglieder des Verwaltungsbeirats einen Vorsitzenden des Beirats bestimmt, können gleichwohl alle 14 Mitglieder dieses Gremiums zusammenwirken, da dann auf jeden Fall auch der Vorsitzende oder sein Stellvertreter gehandelt haben.[14]

> **Hinweis:**
>
> Zum Verwaltungsbeirat werden Sie noch mehr im → Kapitel I Rn. 130 ff. erfahren.

cc) Einzelne Wohnungseigentümer

Einzelne Wohnungseigentümer sind grundsätzlich nicht befugt, eine Eigentü- 15 merversammlung eigenmächtig einzuberufen.[15] Erfolgt keine Einberufung nach Maßgabe des § 24 Abs. 1 bis Abs. 3 WEG, ist ein Antrag gemäß § 43 Nr. 1 WEG auf **Verpflichtung** des bestellten Verwalters **zur Einberufung** erforderlich (respektive zur Bestellung eines Verwalters nach § 21 Abs. 4 WEG, dem vom Gericht die Durchführung der notwendigen Eigentümerversammlung aufzugeben ist).

Denkbar ist auch der Antrag eines Wohnungseigentümers, ihn zur Einberu- 16 fung einer Eigentümerversammlung zu ermächtigen. Richtigerweise besteht für die **Ermächtigung** seit der WEG-Novelle (2007) die ausschließliche **Zuständigkeit** des Prozessgerichts[16] und nicht mehr die vormalige des Rechtpflegers entsprechend § 3 Nr. 1a RPflG in Anlehnung an § 37 Abs. 2 BGB.[17]

Ausnahmsweise sind auch die Eigentümer aufgrund ihres Selbstorganisati- 17 onsrechts berechtigt, eine Eigentümerversammlung einzuberufen, sofern die Einberufung **einvernehmlich** durch alle Wohnungseigentümer erfolgt.[18]

dd) Änderungen der Einberufung

Die Befugnis zur Einberufung umfasst als minus auch die Möglichkeit, eine 18 bereits einberufene Versammlung wieder abzusagen bzw. die Eingeladenen umzuladen. Ebenso kann der zur Einberufung Befugte die Tagesordnung ändern bzw. erweitern.[19]

---

[14] OLG Köln ZWE 2000, 488; BayObLG NZM 1998, 634.

[15] OLG Celle MDR 2000, 1428.

[16] OLG Zweibrücken ZWE 2010, 464; LG München I ZMR 2013, 748.

[17] Unverändert aA – allerdings ohne Problembewusstsein – AG Köpenick ZWE 2011, 53.

[18] BGH ZWE 2011, 354.

[19] BGH ZWE 2011, 354.

b) Einzuladende Personen

19 Zur Eigentümerversammlung einzuladen sind diejenigen Personen, denen entweder ein Stimmrecht oder zumindest ein Rede-, Teilnahme- oder Antragsrecht zusteht.[20]

aa) Wohnungseigentümer

20 Zur Eigentümerversammlung sind grundsätzlich sämtliche Wohnungseigentümer einzuladen. Dies gilt auch dann, wenn ein Wohnungseigentümer ggf. von einer Abstimmung gem. § 25 Abs. 5 WEG ausgeschlossen sein sollte, weil er immer noch berechtigt ist, durch seine Redebeiträge auf die Willensbildung innerhalb der Gemeinschaft einzuwirken.[21] Abzustellen ist dabei auf die Eintragung im Grundbuch, sofern sich nicht außerhalb des Grundbuchs eine Eigentumsänderung ergeben haben sollte.

Beispiel

Neben einem rechtsgeschäftlichen Eigentumswechsel gem. §§ 873 Abs. 1, 925 BGB kommt insbesondere noch ein Eigentumserwerb durch Zuschlag in der Zwangsversteigerung gem. § 90 ZVG oder durch Erbfolge gem. § 1922 BGB in Betracht. Lesen Sie bitte insoweit noch einmal § 873 Abs. 1 BGB bis zum Ende.

21 Grundsätzlich sind sämtliche Wohnungseigentümer auch bei einer sog **Mehrhausanlage** zu laden; sog Delegiertenversammlungen sind im Gesetz nicht vorgesehen.[22]

22 Steht ein Wohnungseigentum mehreren Eigentümern in Bruchteilsberechtigung zu, sind sämtliche **Miteigentümer** einzuladen, sofern die Gemeinschaftsordnung für diesen Fall keine Sonderregelung vorsieht (etwa die Vertretung durch einen Eigentümer).[23] Gleiches muss dann auch für Gesamthandsgemeinschaften wie zB Erbengemeinschaften gelten.[24]

bb) Werdende Wohnungseigentümer

23 Neben den „gewöhnlichen" Wohnungseigentümern und dem teilenden Eigentümer hinsichtlich seiner verbleibenden Einheiten sind auch die sog werdenden Wohnungseigentümer zur Eigentümerversammlung einzuladen.[25] Auch nach Invollzugsetzung der Eigentümergemeinschaft durch Umschreibung eines Wohnungseigentums auf einen Erwerber, verbleibt ein werdender Wohnungseigentümer in der Eigentümergemeinschaft, die sich dann für eine Übergangszeit aus werdenden und endgültigen Wohnungseigentümern zusammensetzt.

---

[20] *Hügel/Elzer* § 24 Rn. 2.

[21] OLG Köln NZM 2004, 793; OLG Zweibrücken ZMR 2004, 60; BayObLG NJW 1993, 603.

[22] *Skauradszun* ZWE 2016, 61, 64.

[23] *Drabek* ZWE 2000, 395.

[24] *Skauradszun* ZWE 2016, 61, 64.

[25] BGHZ 193, 219 = NJW 2012, 2650 = ZWE 2012, 369; OLG Hamm ZMR 2007, 712 m. abl. Anm. *Elzer;* OLG Düsseldorf ZMR 2007, 126; OLG Köln NZM 2006, 301 = ZMR 2006, 383.

Wiederholung:

Wiederholen Sie bitte die Ausführungen zum werdenden Wohnungseigentümer im → Kapitel D Rn. 68 ff.

Ein **Zweiterwerber** ist hingegen erst dann zur Eigentümerversammlung einzu- 24 laden, wenn das Wohnungseigentum auf ihn umgeschrieben worden ist, falls ihm nicht im Vorgriff auf den bevorstehenden Eigentumswechsel rechtsgeschäftliche Vertretungsmacht für den Eigentümer eingeräumt worden ist.[26]

cc) Gesetzliche und rechtsgeschäftliche Vertreter

Ist ein Wohnungseigentümer nicht voll geschäftsfähig, so ist sein **gesetzlicher** 25 **Vertreter** zu laden.

Beispiel

Einzuladen sind für einen geschäftsunfähigen oder beschränkt geschäftsfähigen Minderjährigen dessen Eltern (§§ 1626 Abs. 1, 1629 Abs. 1 BGB).
Einzuladen ist für einen volljährigen Betreuten im Rahmen seines Wirkungskreises (ggf. auch) der gerichtlich bestellte Betreuer (§§ 1896, 1902 BGB).

Für **Personenvereinigungen** und **juristische Personen** sind deren jeweilige ge- 26 setzliche Vertreter einzuladen.

Beispiel

Einzuladen sind für eine Gesellschaft bürgerlichen Rechts deren vertretungsberechtigte Gesellschafter (§§ 709 Abs. 1, 714 BGB).
Einzuladen sind für eine offene Handelsgesellschaft bzw. Kommanditgesellschaft deren vertretungsberechtigte Gesellschafter bzw. Komplementäre (§§ 125 bzw. iVm §§ 161, 170 HGB).
Einzuladen sind für eine Gesellschaft mit beschränkter Haftung deren Geschäftsführer (§ 35 Abs. 1 S. 1 GmbHG).
Einzuladen ist für einen Verein oder eine Aktiengesellschaft deren Vorstand (§ 26 BGB bzw. § 78 Abs. 1 S. 1 AktG).

Weiterhin kann ein Wohnungseigentümer gegenüber dem Verwalter einen 27 empfangszuständigen **Ladungsbevollmächtigten** benennen. Dieser ist dann zusätzlich neben dem Wohnungseigentümer einzuladen.[27]

dd) Parteien kraft Amtes

Testamentsvollstrecker (§ 2205, 2211 Abs. 1 BGB) und **Nachlassverwalter** 28 (§§ 1984 Abs. 1 S. 1, 1985 Abs. 1 BGB) üben die Verwaltungs- und Verfügungsbefugnis über das zum Nachlass gehörende Wohnungseigentum alleine aus; sie sind daher als Parteien kraft Amtes anstelle der Erben einzuladen.[28]

Gleiches hat auch für den **Insolvenzverwalter** zu gelten, auf den gem. § 80 InsO 29 das Recht des Wohnungseigentümers übergeht, das zur Insolvenzmasse gehören-

---

[26] *Häublein* ZMR 2004, 723.

[27] Riecke/Schmid/*Riecke* § 24 Rn. 41.

[28] *Hügel/Elzer* § 24 Rn. 8 aE.; insoweit aA Riecke/Schmid/*Riecke* § 24 Rn. 46, der den Testamentsvollstrecker *neben* dem schuldnerischen Erben einladen will.

de Vermögen zu verwalten und darüber zu verfügen.[29] Hat der Insolvenzverwalter allerdings das Wohnungseigentum wirksam freigegeben, scheidet es aus der Insolvenzmasse aus und gelangt wieder in die Verwaltungs- und Verfügungsbefugnis des dann allein zu ladenden Schuldners.[30]

30   Bei einem gerichtlich bestellten **Zwangsverwalter** dürfte zumindest dann neben dem Zwangsverwalter auch der Wohnungseigentümer einzuladen sein, wenn durch die Beschlussfassung auch die – hier fortbestehende – Verfügungsbefugnis des Wohnungseigentümers betroffen sein kann (vgl. § 148 Abs. 2 ZVG).[31]

Beispiel

Der Zwangsverwalter übe das Verwaltungsrecht anstelle des Schuldners aus und sei demzufolge auch alleine einzuladen, soweit ein Beschlussgegenstand die Verwaltung des zwangsverwalteten Wohnungseigentums betrifft, insbesondere wenn eine Kostentragung damit verbunden ist.[32] Der Wohnungseigentümer wird jedoch ebenfalls einzuladen sein, wenn auf der Eigentümerversammlung zB ein Beschluss über die Änderung der Teilungserklärung gefasst werden solle, der nicht zugleich mit einer Kostenbelastung einhergehe.[33] Die sachenrechtliche Verfügungsbefugnis verbleibe nämlich beim Wohnungseigentümer.[34]

Unabhängig von praktischen Umsetzungsschwierigkeiten wird aber wohl richtigerweise darüber hinausgehend eine **generelle „Doppelladung"** von Wohnungseigentümer und Zwangsverwalter zu befürworten sein[35], weil der Zwangsverwalter nicht lediglich an die Stelle des Wohnungseigentümers, sondern insoweit neben diesen tritt, als der Wohnungseigentümer neben dem Zwangsverwalter für dieselben Hausgeldansprüche haftet und nur in Höhe der tatsächlich vom Zwangsverwalter erbrachten Leistungen von seiner Zahlungspflicht frei wird.[36]

ee) Funktionsträger

31   Der amtierende, nicht selbst einladende WEG-Verwalter oder ein Verwaltungsbeirat, der nicht zugleich Wohnungseigentümer ist, sind zur Eigentümerversammlung einzuladen, weil sie ein Teilnahmerecht haben.[37] Dagegen ist der – auch anfechtbar – abberufene WEG-Verwalter nicht einzuladen.[38]

---

[29] Bärmann/*Merle* § 24 Rn. 47; *Skauradszun* ZWE 2016, 61, 64; insoweit aA *Hügel/Elzer* § 24 Rn. 8; die den Insolvenzverwalter *neben* dem schuldnerischen Wohnungseigentümer einladen wollen.

[30] Vgl. zur wirksamen Freigabe BGH NZI 2014, 501; BGH NZI 2007, 173; BGHZ 163, 32 = NJW 2005, 2015 = NZI 2005, 387.

[31] So *Skauradszun* ZWE 2016, 61, 65; aA BayObLGZ 1998, 288 = NZM 1999, 77; KG WE 1990, 206; nur der Zwangsverwalter sei zu laden, weil eine Vermutung bestehe, dass grundsätzlich die Beschlussgegenstände einer Wohnungseigentümerversammlung die Zwangsverwaltung berühren.

[32] Riecke/Schmid/*Riecke* § 25 Rn. 11; *Skauradszun* ZWE 2016, 61, 65.

[33] *Skauradszun* ZWE 2016, 61, 65.

[34] BGH NJW 2009, 1076; LG Bonn Rpfleger 1983, 324.

[35] So auch *Hügel/Elzer* § 24 Rn. 4, die allerdings nicht hinreichend zwischen Insolvenz- und Zwangsverwaltung unterscheiden.

[36] OLG München FGPrax 2007, 20; OLG Zweibrücken FGPrax 2006, 68.

[37] LG Düsseldorf ZWE 2012, 328; *Hügel/Elzer* § 24 Rn. 9.

[38] OLG Zweibrücken ZMR 2004, 63.

ff) Dinglich Berechtigte

Am Wohnungseigentum eingetragene dinglich Berechtigte sind nicht zur Ei- 32
gentümerversammlung einzuladen, selbst wenn sie wirtschaftlich von den Entscheidungen der Eigentümerversammlung betroffen sein könnten. Ihnen bleibt
nur der Ausgleich im Innenverhältnis gegenüber dem Eigentümer, weil diese
Rechte keine (Mit-)Verwaltungsbefugnis einräumen.[39] Diese steht im Verhältnis
zu den übrigen Wohnungseigentümern noch nicht einmal einem Nießbrauchsberechtigten am Wohnungseigentum zu.[40]

gg) Einladungsmangel

Ein trotz versehentlich unterbliebener Einladung in der Eigentümerversamm- 33
lung gefasster Beschluss der Wohnungseigentümer ist nicht nichtig, sondern
lediglich anfechtbar.[41] Die Anfechtung wird allerdings nur dann Erfolg haben,
wenn der angefochtene Beschluss auch auf dem Ladungsmangel beruht.[42]

Teilt ein Wohnungseigentümer seine ladungsfähige Anschrift nicht oder falsch 34
mit und misslingt seine Ladung zu der Eigentümerversammlung aus diesem
Grund ohne Verschulden der Verwaltung, muss er sich die unterbliebene Ladung
als Folge seiner Obliegenheitsverletzung zurechnen lassen; in der Versammlung
gefasste Beschlüsse können dann nicht wegen der unterbliebenen Ladung angefochten werden.[43]

c) Einberufungsfrist

Die Frist zur Einberufung der Eigentümerversammlung soll, sofern nicht ein 35
Fall besonderer Dringlichkeit vorliegt, mindestens zwei Wochen betragen.

Bitte lesen Sie jetzt § 24 Abs. 4 S. 2 WEG!

In Fällen besonderer Dringlichkeit ist die Einberufung auch in kürzerer Frist 36
möglich. Die Unterschreitung der Einberufungsfrist stellt für sich allerdings noch
keinen zwingenden Anfechtungsgrund dar. Der Anfechtende muss vielmehr
darlegen, dass ihm gerade aufgrund dieses Fehlers die Mitwirkung auf der Eigentümerversammlung versagt war.[44]

---

[39] Bärmann/*Merle* § 24 Rn. 79.
[40] BGHZ 150, 109 = NJW 2002, 1647 = ZWE 2002, 260.
[41] BGH NJW 2012, 3571 = ZWE 2012, 429; BGHZ 142, 290 = NJW 1999, 3713 =
ZWE 2000, 29; anders dagegen im Gesellschaftsrecht, vgl. BGH DNotZ 2006, 705 mwN.
[42] OLG Hamm NJW-RR 1997, 523; BayObLG NJW-RR 1991, 531.
[43] BGH ZWE 2013, 368.
[44] LG Frankfurt/O. ZWE 2013, 174; AG Idstein ZMR 2016, 318; a. A. OLG Hamburg
ZMR 2006, 704; LG München I, ZWE 2016, 42, die Anfechtbarkeit eines mit einem
formellen Mangel behafteten Beschlusses ergebe sich bereits daraus, dass sich der Mangel
auf das Ergebnis der Beschlussfassung zumindest ausgewirkt haben könnte. Eine Ungültigerklärung von Beschlüssen scheide in der Regel nur dann aus, wenn feststeht, dass sich
ein Beschlussmangel auf das Abstimmungsergebnis nicht ausgewirkt habe (Kausalitätsvermutung).

d) Form und Inhalt der Einladung

37   Die Einberufung der Eigentümerversammlung kann „in Textform" erfolgen.

📖   Bitte lesen Sie jetzt § 24 Abs. 4 S. 1 WEG!

Ist durch Gesetz **Textform** vorgeschrieben, so muss lediglich eine lesbare Erklärung, in der die Person des Erklärenden genannt ist, auf einem dauerhaften Datenträger abgegeben werden (§ 126b BGB). Damit ist klargestellt, dass die Schriftform des § 126 BGB gerade nicht einzuhalten ist, also die Einladung von dem Einberufenden nicht eigenhändig unterzeichnet sein muss. Somit genügt ein vervielfältigtes Schreiben, sofern es den Absender zweifelsfrei erkennen lässt. Aber auch die Papierform ist nicht zwingend; der Einberufende kann sich auch der elektronischen Übermittlung per e-mail bedienen.[45]

38   Im Hinblick auf § 23 Abs. 2 WEG muss die Einberufung alle wesentlichen Angelegenheiten nennen, die dort verhandelt und beschlossen werden sollen (**Tagesordnung**). Jeder Wohnungseigentümer muss vorab Gelegenheit erhalten, sich darüber informieren zu können, ob und in welchem Umfang Mehrheitsentscheidungen in der Eigentümerversammlung zu erwarten sind, auf die er uU Einfluss nehmen möchte. An die Bezeichnung dürfen allerdings keine übertriebenen Anforderungen gestellt werden. Es genügt eine zumindest schlagwortartige Bezeichnung der Gegenstände, über die Beschlüsse gefasst werden sollen; Einzelheiten sind dafür nicht notwendig.[46] Unter dem Tagesordnungspunkt „Verschiedenes" oder „Sonstiges" können nur Gegenstände untergeordneter Bedeutung erörtert, aber keine Beschlüsse gefasst werden.[47]

e) Zeit und Ort der Eigentümerversammlung

39   Die Wohnungseigentümer haben es primär selbst in der Hand, Vorgaben zu Zeit[48] und Ort[49] der Eigentümerversammlung zu machen. Fehlen entsprechende **Bestimmungen** in der Gemeinschaftsordnung und liegt auch kein diesbezüglicher Beschluss gem. § 21 Abs. 3 WEG vor, obliegt die Auswahl und Festlegung des Versammlungsortes und der Versammlungszeit dem gerichtlich nachprüfbaren **Ermessen** des Einberufenden.[50]

40   Dabei soll die Eigentümerversammlung grundsätzlich an einem **Werktag** zu einer verkehrsüblichen **Tageszeit** stattfinden, zu der sie auch von berufstätigen Wohnungseigentümern besucht werden kann, ohne dass selbst ein ortsansässiger Wohnungseigentümer deshalb Urlaub nehmen müsste.[51] Besonderheiten können einzelfallbezogene Ausnahmen rechtfertigen.[52] Eigentümerversammlungen an

---

[45] Riecke/Schmid/*Riecke* § 24 Rn. 29.
[46] OLG Schleswig ZWE 2007, 51; OLG Düsseldorf ZWE 2001, 499.
[47] OLG Hamm NJW-RR 1993, 468; BayObLG WuM 1990, 321.
[48] Vgl. LG Karlsruhe ZWE 2014, 93.
[49] Vgl. OLG Celle NZM 1998, 822.
[50] BGH ZWE 2011, 354; OLG Köln NZM 2006, 227 jew. für die Auswahl des Versammlungsortes; LG Berlin ZWE 2013, 458 für die Bestimmung der Versammlungszeit.
[51] Vgl. AG Köln ZMR 2004, 546 (werktags ab 17.00 Uhr).
[52] OLG Köln NZM 2005, 20 (werktags 15.00 Uhr bei Versammlung über 5 Stunden mit über 500 Teilnehmern).

einem Sonn- oder Feiertag sind demnach nicht ausgeschlossen, solange nur ein Kirchenbesuch möglich bleibt.[53] Problematisch sind Einberufungen für die Ferienzeit.[54] Eigentümerversammlungen dürfen auch nicht unzumutbar lange andauern (keine „Mondscheinsitzungen").[55]

Die Eigentümerversammlung soll auch dann an einem verkehrsüblichen und **41** zumutbaren **Ort** im Umkreis der Anlage stattfinden[56], wenn die Mehrheit der Eigentümer dort nicht wohnt.[57] Mehrheitsbeschlüsse, die einen anderen Versammlungsort festlegen, sind anfechtbar.[58] In der Praxis ist die Anmietung eines Raumes in einer öffentlichen bzw. kirchlichen Einrichtung oder in einer Gaststätte üblich. Auch die Wohnung eines Miteigentümers kann ggf. ein geeigneter Versammlungsort sein.[59]

f) Verzicht auf Einhaltung

Die Bestimmungen zu Form und Frist der Eigentümerversammlung sind nach- **42** giebiges Recht. Dies ermöglicht einerseits die Festlegung anderer Fristen oder anderer Anforderungen an die Einladung. Andererseits kann der einzelne Wohnungseigentümer aber im Einzelfall auch auf die Einhaltung von Form und Frist bzgl. einer einberufenen Eigentümerversammlung verzichten.

Beispiel

Insbesondere für eine **Vollversammlung** der Wohnungseigentümer kann dies von Bedeutung sein. Erscheinen dort alle Wohnungseigentümer, obwohl die Eigentümerversammlung nicht ordnungsgemäß einberufen wurde, und verhandeln sie rügelos zu einem Beschlussantrag, heilt dies alle Fehler der Einberufung.[60]

3. Erzwingung einer Eigentümerversammlung

a) Einberufung auf Verlangen einer Minderheit

Die Versammlung der Wohnungseigentümer muss von dem Verwalter auch **43** dann einberufen werden, wenn dies schriftlich unter Angabe des Zweckes und der Gründe von mehr als einem Viertel der Wohnungseigentümer verlangt wird.

Bitte lesen Sie jetzt noch einmal § 24 Abs. 2 WEG!

---

[53] OLG Schleswig NJW-RR 1987, 1362 (Einberufung für Karfreitag nachmittags); BayObLGZ 1987, 219 = NJW-RR 1987, 1362; OLG Stuttgart NJW-RR 1986, 315 (Einberufung auf Sonntag 11.00 Uhr).

[54] Großzügig Riecke/Schmid/*Riecke* § 24 Rn. 24 mwN.

[55] AG Starnberg ZMR 2011, 914.

[56] OLG Hamm NZM 2001, 297 (Eigentümerversammlung in einem Wohnwagen des Verwalters).

[57] OLG Köln NZM 2006, 227.

[58] OLG Köln NJW-RR 1991, 725.

[59] AG Oberhausen ZMR 2012, 61 (gehbehinderte Wohnungseigentümerin).

[60] BGH ZWE 2011, 354; LG Hamburg ZWE 2011, 458.

44   Für die Berechnung des Minderheitenquorums soll das gesetzliche Kopfprinzip des § 25 Abs. 2 S. 1 WEG selbst dann maßgeblich sein, wenn mit dem Wert- oder Objektprinzip etwas anderes vereinbart wurde.[61]

Beispiel

Beim gesetzlichen **Kopfprinzip** des § 25 Abs. 2 WEG steht jedem Wohnungseigentümer eine Stimme zu, und zwar unabhängig von der Größe und dem Wert seines Miteigentumsanteils sowie der Anzahl seiner Wohnungseigentumseinheiten in der Anlage.[62] Die Regelung ist im Hinblick auf § 10 Abs. 2 S. 2 WEG abdingbar.[63]
Beim **Wertprinzip** richtet sich die Stimmkraft demgegenüber nach der Größe bzw. Anzahl der Miteigentumsanteile.[64]
Beim **Objektprinzip** richtet sich die Stimmkraft nach der Anzahl der einem Wohnungseigentümer gehörenden Einheiten.[65]

Richtigerweise wird man jedoch das Minderheitenrecht durch Vereinbarung gem. § 10 Abs. 2 S. 2 WEG insoweit für abänderbar zu halten haben, als das Einberufungsverlangen dadurch für die Minderheit erleichtert wird.[66]

45   Der Verwalter hat lediglich zu prüfen, ob das Verlangen *formell* ordnungsgemäß ist. Dazu muss es schriftlich unter Angabe des Zweckes und der Gründe vorliegen und das erforderliche Quorum erreicht sein. Ein *materielles* Prüfungsrecht steht dem Verwalter dagegen nicht zu.[67] Einem ordnungsgemäß gestellten Verlangen nach § 24 Abs. 2 WEG hat der Verwalter in angemessener Zeit nachzukommen; diese ist bei einem Zeitraum von mehr als zweieinhalb Monaten überschritten.[68]

b) Einberufung als Maßnahme ordnungsmäßiger Verwaltung

46   Unabhängig vom Quorum des § 24 Abs. 2 WEG besteht für den einzelnen Wohnungseigentümer noch die Möglichkeit, den Verwalter gem. § 21 Abs. 4 WEG gerichtlich zur Einberufung einer Eigentümerversammlung verpflichten zu lassen, wenn nur deren Durchführung ordnungsmäßiger Verwaltung entspricht.[69] Entsprechendes gilt für die Aufnahme einzelner Tagesordnungspunkte, was nur ein wesensgleiches Minus zur Einberufung darstellt.[70]

47   Darüber hinaus kann auch ein einzelner Wohnungseigentümer gerichtlich zur Einberufung ermächtigt werden (→ Rn. 15 f.).

---

[61]   OLG Hamm NJW 1973, 2300; BayObLGZ 1972, 314 = NJW 1973, 151; Bärmann/*Merle* § 24 Rn. 10; *Häublein* ZMR 2003, 233; aA *Müller* 8. Teil Rn. 12.
[62]   Vgl. BGHZ 49, 250 = NJW 1968, 499.
[63]   BGHZ 191, 245 = NJW 2012, 921 = ZWE 2012, 80; BayObLG ZfIR 2002, 296.
[64]   Vgl. OLG Frankfurt ZWE 2012, 272.
[65]   Vgl. BGHZ 160, 354 = NJW 2004, 3413 = ZWE 2005, 72.
[66]   Zutreffend daher Riecke/Schmid/*Riecke* § 24 Rn. 12: abzustellen sei auf die „Kopfzahl oder eine leichter erreichbare Zahl laut Teilungserklärung".
[67]   BayObLG NJW-RR 2006, 1159.
[68]   BayObLG ZWE 2003, 387.
[69]   *Abramenko* Hdb § 6 Rn. 65.
[70]   OLG Frankfurt ZWE 2009, 43; OLG Saarbrücken ZMR 2004, 533; LG Hamburg ZWE 2013, 135; LG München I ZWE 2012, 144.

4. Teilnahme an der Eigentümerversammlung

a) Grundsätze

Mit der Zugehörigkeit zur Wohnungseigentümergemeinschaft ist **unverzicht-** 48
bar auch das **Recht zur Teilnahme** an der Eigentümerversammlung verbunden.
Selbst bei Vorliegen eines Stimmverbotes haben die Teilnahme-, Rede- und An-
tragsrechte weiter Bestand.[71] Auch kann ein Wohnungseigentümer, der mit der
Zahlung von Hausgeldbeiträgen in Verzug ist, deswegen nicht von der Teilnahme
an der Wohnungseigentümerversammlung ausgeschlossen werden.[72]

Versammlungen der Wohnungseigentümer sind grundsätzlich **nicht öffentlich**; 49
sie sollen von gemeinschaftsfremden Einwirkungen freigehalten werden.[73]

b) Teilnahmeberechtigte Personen

Teilnehmen dürfen an der Eigentümerversammlung nur Wohnungseigentümer 50
und für sie auftretende Personen im Sinne der vorstehenden → Rn. 20 ff. Um eine
„Versammlung der Wohnungseigentümer" iSd § 24 WEG handelt es sich daher
nicht mehr, wenn an der Sitzung auch die Eigentümer eines benachbarten Grundstücks teilnehmen, die mit denen des in Wohnungseigentumsrechte aufgeteilten
Grundstücks lediglich teilweise identisch sind.[74] Andere Personen können auch
nicht durch Mehrheitsbeschluss zur Teilnahme zugelassen werden.[75]

c) Besonderheiten

Besonderheiten können sich im Einzelfall für Bevollmächtigte von Wohnungs- 51
eigentümern und Beiständen ergeben.

aa) Bevollmächtigte

Jeder Wohnungseigentümer hat grundsätzlich das Recht, sich in der Eigen- 52
tümerversammlung durch einen rechtsgeschäftlich bestellten Bevollmächtigten
vertreten zu lassen, soweit nicht das Vertretungsrecht beschränkende Klauseln in
der Gemeinschaftsordnung entgegenstehen.[76] Dem Vertreter kommt dann an
seiner Stelle außer dem Teilnahmerecht regelmäßig auch das Stimmrecht zu. Der
Verkäufer eines Wohnungseigentums kann dabei den **Käufer** (als Zweiterwerber) auch schon vor der Eintragung einer Eigentumsverschaffungsvormerkung
zur Teilnahme und Ausübung des Stimmrechts in der Eigentümerversammlung
ermächtigen[77]; eine diesbezügliche Vermutung dürfte aber abzulehnen sein.[78]

---

[71] OLG München ZWE 2010, 461; BayObLG ZWE 2002, 469.
[72] BGH NJW 2011, 679 = ZWE 2011, 122.
[73] BGHZ 121, 236 = NJW 1993, 1329; BayObLG ZWE 2002, 463.
[74] BayObLG NZM 2001, 141.
[75] AG Bochum ZMR 2009, 230.
[76] BGHZ 121, 236 = NJW 1993, 1329; *Häublein* ZWE 2012, 1.
[77] KG ZWE 2005, 107.
[78] *Hügel/Elzer* § 25 Rn. 13.

Zweifelhaft erscheint weiterhin, ob ein Wohnungseigentümer sich auch durch **mehrere Bevollmächtigte** vertreten lassen kann.[79]

53 In der Praxis finden sich in den Gemeinschaftsordnungen allerdings vielfach sog **Vertreterklauseln.**

Beispiel

Eine typische Formulierung kann etwa folgendermaßen lauten:
„Ein Wohnungseigentümer kann sich nur durch den Verwalter, seinen Ehegatten oder einen anderen Wohnungseigentümer der Gemeinschaft aufgrund schriftlicher Vollmacht vertreten lassen."[80]

Solche das Vertretungsrecht beschränkende Klauseln sind grundsätzlich wirksam; sie betreffen nicht nur die Stimmabgabe, sondern jede aktive Beteiligung.[81] Aus heutiger Sicht erscheint es jedoch fraglich, ob eine solche Regelung in einer Gemeinschaftsordnung es einem Wohnungseigentümer nicht doch erlauben sollte, sich auch durch den Partner einer nichtehelichen **Lebensgemeinschaft** vertreten zu lassen.[82]

54 Im Einzelfall kann es allerdings nach **Treu und Glauben** (§ 242 BGB) gerechtfertigt sein, einen Wohnungseigentümer nicht an einer Vertreterklausel festzuhalten.

Beispiele

– So hat etwa das OLG Karlsruhe unter bestimmten Voraussetzungen die Vertretung eines in den USA lebenden Wohnungseigentümers durch einen Angehörigen eines zur Verschwiegenheit verpflichteten Berufsstandes zugelassen (zB Steuerberater oder Rechtsanwalt).[83]
– In Einzelfällen wurde das Festhalten an einer Vertreterklausel verwehrt, wenn in kleinen Gemeinschaften wegen Zerstrittenheit oder Personalunion Geschwister bevollmächtigt werden sollten.[84]

Hat die Wohnungseigentümergemeinschaft über mehrere Jahre die **Vertretung** eines Wohnungseigentümers in der Eigentümerversammlung **hingenommen,** obwohl diese der Regelung der Gemeinschaftsordnung über eine Beschränkung des zur Vertretung befugten Personenkreises nicht entspricht, so darf die Gemeinschaft ihre bisherige Handhabung nur in einer Weise ändern, die gewährleistet, dass der betroffene Wohnungseigentümer rechtzeitig für seine ordnungsgemäße Vertretung sorgen kann. Andernfalls muss der von dem Wohnungseigentümer bestellte Vertreter nach Treu und Glauben zur Teilnahme an der Versammlung zugelassen werden.[85]

55 Wird bei Verwendung einer **Schriftformklausel** wie im obigen Beispiel auf Verlangen eines Versammlungsteilnehmers das Original der Vollmachtsurkunde nicht vorgelegt, so ist vom Nichtbestand der Vollmacht auszugehen. Eine

---

[79] So aber BGH NJW 2012, 2512 = ZWE 2013, 87 ohne Problematisierung eines unbeschränkten Teilnahmerechts Dritter; krit. insoweit zu Recht *Abramenko* Hdb. § 6 Rn. 73 Fn 231.
[80] Nach BGHZ 121, 236 = NJW 1993, 1329.
[81] BGHZ 121, 236 = NJW 1993, 1329; BGHZ 99, 90 = NJW 1987, 650.
[82] Abl. aber noch BayObLGZ 1996, 297 = NJW-RR 1997, 463.
[83] OLG Karlsruhe FGPrax 2006, 252.
[84] OLG Hamburg ZMR 2007, 477; LG Nürnberg-Fürth NZM 2002, 619 Ls.
[85] OLG Hamm NJW-RR 1997, 846.

gegenteilige Handhabung bedingt die Anfechtbarkeit der gefassten Beschlüsse, falls sich die Stimme auf das Beschlussergebnis ausgewirkt hat. Der Verzicht der anderen Wohnungseigentümer auf die Vorlage der Vollmachtsurkunden in einer früheren Versammlung führt nicht zum Verlust des Rügerechtes in einer späteren Versammlung.[86]

bb) Beistände

Wohnungseigentümer können nach den oben dargestellten Grundsätzen zur Eigentümerversammlung grundsätzlich auch **nicht** in Begleitung zusätzlicher Personen als **Beistand** erscheinen. Selbst zur Verschwiegenheit verpflichtete Personen – wie etwa Rechtsanwälte – werden hiervon erfasst.[87] Dem folgend entspricht auch die Unterbrechung einer Wohnungseigentümerversammlung für ein Mandantengespräch auch nur bei Vorliegen besonderer Umstände ordnungsmäßiger Durchführung der Versammlung.[88] **56**

Ausnahmen kommen lediglich in Betracht, wenn ein berechtigtes Interesse auf Hinzuziehung eines Beraters in der Versammlung besteht, das das Interesse der übrigen Wohnungseigentümer überwiegt.[89] **57**

Beispiel

Zulassungskriterien wären etwa in der Person des betroffenen Wohnungseigentümers liegende Umstände wie hohes Alter, mangelnde Sprachkenntnis[90] oder geistige Gebrechlichkeit, aber auch Umstände, die in der Schwierigkeit der anstehenden Beratungsgegenstände zu sehen sind.[91]

Der Grundsatz der Nichtöffentlichkeit der Wohnungseigentümerversammlung hindert den Verwalter allerdings nicht daran, im **Interesse der Gesamtheit** der Wohnungseigentümer zu bestimmten Tagesordnungspunkten einen Rechtsanwalt als Berater zur Information und Meinungsbildung hinzuzuziehen, solange nicht ein konkreter Interessengegensatz zwischen einem einzelnen Wohnungseigentümer und der Gesamtheit der übrigen Wohnungseigentümer hervorgetreten ist und kein Wohnungseigentümer der Anwesenheit des Dritten widerspricht.[92] **58**

5. Stimmrecht in der Eigentümerversammlung

a) Inhaber des Stimmrechts

aa) Grundsatz

Das Stimmrecht der Wohnungseigentümer gehört untrennbar zum Kernbereich elementarer Mitgliedschaftsrechte.[93] Stimmberechtigt ist daher der jeweilige **59**

---

[86] OLG München NZM 2008, 292.
[87] BayObLG ZWE 2002, 463.
[88] BGH v. 8.7.2016 – V ZR 261/15, NJW 2017, 666.
[89] BGHZ 121, 236 = NJW 1993, 1329.
[90] AG Wiesbaden ZWE 2013, 285.
[91] Vgl. BGHZ 121, 236 = NJW 1993, 1329; BayObLG ZWE 2002, 463.
[92] OLG Köln NJW 2009, 3245; BayObLG NZM 2004, 388.
[93] BGH ZWE 2014, 176; BGH NJW 2011, 679 = ZWE 2011, 122.

Wohnungs- bzw. Teileigentümer. Die Ausführungen bzgl. der einzuladenden Personen (→ Rn. 20 ff.) gelten insoweit entsprechend.

60   Das Gesetz sieht in § 25 Abs. 2 S. 1 WEG als gesetzliches Stimmrechtsprinzip das **Kopfstimmrecht** vor. Diese Regelung ist allerdings gem. § 10 Abs. 2 S. 2 WEG abdingbar und kann durch das **Wert- oder Objektstimmrecht** ersetzt werden.[94]

Wiederholung:

Wiederholen Sie bitte die Ausführungen zum Stimmrecht in → Rn. 44; lesen Sie bitte bei dieser Gelegenheit auch § 25 Abs. 2 S. 1 WEG!

bb) Besonderheiten

61   **(1) Gemeinschaftliches Eigentum.** Steht ein Wohnungseigentum mehreren gemeinschaftlich zu, so können sie das Stimmrecht nur einheitlich ausüben.

Bitte lesen Sie jetzt § 25 Abs. 2 S. 2 WEG!

Die Bestimmung erfasst sowohl Wohnungseigentümer in Bruchteilsberechtigung (§§ 741 ff, 1008 ff. BGB) als auch solche, die gesamthänderisch verbunden sind (zB § 2032 f. BGB); sie müssen sich nach den für die jeweilige Gemeinschaft geltenden Vorschriften im Innenverhältnis abstimmen. Sie können auch einen von ihnen mit der Stimmabgabe bevollmächtigen.

62   Können sich die mehreren Eigentümer über die Ausübung des – einhitlichen – Stimmrechts **nicht einigen**, entfällt das Stimmrecht mit der Folge, dass es sich nicht um eine Stimmenthaltung, sondern um eine ungültige Stimme handelt.[95]

63   Derjenige Miteigentümer, der die Stimme in der Wohnungseigentümerversammlung für das Wohneigentum abgibt, soll regelmäßig als legitimiert gelten, das **Stimmrecht für alle** Mitinhaber des Wohnungseigentums auszuüben. Eine schriftliche Vollmacht soll nur in Zweifelsfällen verlangt werden können.[96] Zumindest **Ehegatten** sollen als Bruchteilseigentümer eines Wohnungseigentums einzeln berechtigt sein, das gemeinschaftliche Stimmrecht ihrer Einheit ohne Vorlage einer Vollmacht wahrzunehmen.[97]

64   **(2) Mehrfachberechtigungen.** Miteigentümern kommt nach dem Kopfprinzip auch dann nur eine Stimme zu, wenn ihnen in der betreffenden Wohnungseigentumsanlage mehrere Einheiten gehören sollten. Solchen Rechtsgemeinschaften steht nach dem Kopfstimmrecht nur dann ein eigenes Stimmrecht zu, wenn die Gemeinschaften nicht personenidentisch sind.[98]

---

[94] BGHZ 191, 245 = NJW 2012, 921 = ZWE 2012, 80.
[95] OLG Düsseldorf FGPrax 2003, 216.
[96] BayObLGZ 1994, 98 = NJW-RR 1994, 1236; LG Köln ZWE 2013, 178.
[97] LG München I ZWE 2012, 99; aA *Hügel/Elzer* § 25 Rn. 11.
[98] OLG Dresden ZMR 2005, 894; OLG Frankfurt ZMR 1997, 156; LG Hamburg ZMR 2008, 827.

Beispiel[99]

WEig. Nr. 1	WEig. Nr. 2	WEig. Nr. 3	Anzahl der Stimmen bei Kopfstimmprinzip
A + B = Miteig. zu je 1/2-Anteil	A + B = Miteig. zu je 1/2-Anteil	A + B = Miteig. zu je 1/2-Anteil	eine Stimme
A + B = Miteig. zu je 1/2-Anteil	A + B = Miteig. zu je 1/2-Anteil	GbR vertr. d. A +B	zwei Stimmen
A + B = Miteig. zu je 1/2-Anteil	A + B = Miteig. zu je 1/2-Anteil	A + B +C = Miteig. zu je 1/3-Anteil	zwei Stimmen
A + B = Miteig. zu je 1/2-Anteil	A + B +C = Miteig. zu je 1/3-Anteil	A + B +D = Miteig. zu je 1/3-Anteil	drei Stimmen

(3) Werdender Wohnungseigentümer. Das Stimmrecht gebührt für „seine" Ein- 65
heit unter Ausschluss des noch im Grundbuch eingetragenen teilenden Bauträgers
allein dem **werdenden Wohnungseigentümer**[100], und zwar unabhängig davon, ob
das Kopf-, das Objekt- oder das Wertstimmrecht gilt. Es widerspräche dem mit
der Anerkennung der werdenden Wohnungseigentümergemeinschaft verfolgten
Zweck, einen frühzeitigen Übergang der Entscheidungsmacht von dem Veräußerer auf die Erwerber zu gewährleisten, wenn der Veräußerer weiterhin an der
Willensbildung der Gemeinschaft beteiligt würde.

(4) Stimmrechtsvollmachten. Eine Vollmacht zur Vertretung in der Eigentümer- 66
versammlung berechtigt den Bevollmächtigten lediglich zur Vertretung im Rahmen von Beschlussfassungen; der Abschluss von Vereinbarungen zur Änderung
der Gemeinschaftsordnung fällt nicht hierunter.[101]

b) Ausschluss des Stimmrechts

aa) Grundsatz

§ 25 Abs. 5 WEG sieht als **Sondervorschrift zu § 181 BGB** kein allgemeines 67
Stimmverbot bei jedweden Interessenkollisionen vor, sondern beschränkt den
Ausschluss des Stimmrechts auf bestimmte, besonders schwerwiegende Fälle.[102]
Die Norm selbst nennt drei Fallgestaltungen; darüber hinaus werden in Literatur
und Rechtsprechung weitere Begrenzungsmöglichkeiten bei der Ausübung des
Stimmrechts diskutiert.[103] Besondere persönliche Näheverhältnisse führen jedoch
nicht zu einem Stimmverbot.[104]

Bitte lesen Sie jetzt § 25 Abs. 5 WEG!

---

[99] In Anlehnung an *Hügel/Elzer* § 25 Rn. 12.
[100] BGHZ 193, 219 = NJW 2012, 2650 = ZWE 2012, 369; OLG Hamm ZMR 2007,
712 m. abl. Anm. *Elzer*; OLG Düsseldorf ZMR 2007, 126; OLG Köln NZM 2006, 301
= ZMR 2006, 383.
[101] OLG Düsseldorf ZWE 2000, 538.
[102] BGH ZWE 2014, 176.
[103] Vgl. BGH v. 13.1.2017 – V ZR 138/16, NZG 2017, 780.
[104] LG Frankfurt/Oder ZWE 2013, 174.

bb) Stimmrechtsausschluss aufgrund Interessenkollision

Ein Wohnungseigentümer ist demnach nicht stimmberechtigt, wenn die Beschlussfassung die Vornahme eines auf die Verwaltung des gemeinschaftlichen Eigentums bezüglichen Rechtsgeschäfts mit ihm oder die Einleitung oder Erledigung eines Rechtsstreits der anderen Wohnungseigentümer gegen ihn betrifft (§ 25 Abs. 5 Var. 1 u. 2 WEG). Die Erfolgsaussichten des beabsichtigten Rechtsstreits sind dabei grundsätzlich nicht zu prüfen.[105] Von dem Stimmrechtsverbot nach § 25 Abs. 5 Var. 2 WEG werden allerdings nur Abstimmungen über Beschlussgegenstände erfasst, die verfahrensrechtliche Maßnahmen betreffen, worunter insbesondere Beschlüsse über die Einleitung des Rechtsstreits, die Art und Weise der Prozessführung und die Frage der verfahrensrechtlichen Beendigung fallen; dass eine Beschlussfassung Auswirkungen auf den Rechtsstreit in materiell-rechtlicher Hinsicht hat oder haben kann, genügt nicht.[106]

68 Sind **Ehegatten** Miteigentümer eines Wohnungseigentums nach Bruchteilen oder in Gütergemeinschaft und ist einer von ihnen gem. § 25 Abs. 5 WEG nicht stimmberechtigt, so wirkt der Ausschluss auch gegen den anderen Ehegatten.[107]

69 Ein Wohnungseigentümer ist jedenfalls dann entsprechend § 25 Abs. 5 Alt. 1 WEG bei der Beschlussfassung über ein **Rechtsgeschäft mit einer** rechtsfähigen (Personen-)**Gesellschaft** nicht stimmberechtigt, wenn er an dieser mehrheitlich beteiligt und deren Geschäftsführer oder geschäftsführender Gesellschafter ist.[108]

70 Der **Verwalter** einer Wohnungseigentumsanlage wird, auch wenn er nicht zugleich Wohnungseigentümer ist, weder durch § 25 Abs. 5 WEG noch durch § 181 BGB gehindert, als Stellvertreter einzelner Wohnungseigentümer an der Beschlussfassung über seine erneute **Bestellung** mitzuwirken. Dies gilt auch dann, wenn mit der Beschlussfassung über die erneute Bestellung zugleich über den Abschluss des Verwaltervertrages abgestimmt wird.[109] Komplementär unterliegt auch eine Beschlussfassung über seine **Abberufung** selbst bei gleichzeitiger Entscheidung über die Beendigung des Verwaltervertrages grundsätzlich keinem Stimmverbot, weil es sich auch insoweit nicht um ein Rechtsgeschäft, sondern um die Wahrnehmung mitgliedschaftlicher Interessen handelt.[110] Etwas anderes muss hingegen für eine **Abberufung des Verwalters aus wichtigem Grunde** gelten; hier ergibt sich der Ausschluss aber bereits nach dem aus §§ 712 Abs. 1, 737 BGB, §§ 117, 127, 140 HGB abzuleitenden Grundsatz, wonach niemand als Richter in eigener Sache tätig sein kann.[111] Ein Wohnungseigentümer, der *zugleich das Verwalteramt* innehat, ist in diesem Fall nicht stimmberechtigt und auch nicht befugt, einen anderen Wohnungseigentümer bei der Stimmabgabe zu vertreten.[112]

Auch ein Verwalter, der *nicht zugleich Wohnungseigentümer* ist, kann einen Wohnungseigentümer dann nicht bei der Stimmabgabe wirksam vertreten, wenn er als Wohnungseigentümer einem Stimmverbot unterläge.[113]

---

[105] BayObLG NZM 1998, 161.
[106] BGHZ 191, 198 = NJW 2012, 72 = ZWE 2012, 32.
[107] BayObLGZ 1992, 288 = NJW-RR 1993, 206.
[108] BGH v. 13.1.2017 – V ZR 138/16.
[109] OLG Schleswig ZWE 2007, 51; OLG Hamm ZWE 2007, 40; OLG Hamburg ZWE 2002, 483.
[110] BGHZ 152, 46 = NJW 2002, 3704 = ZWE 2003, 64.
[111] BGHZ 152, 46 = NJW 2002, 3704 = ZWE 2003, 64.
[112] OLG Düsseldorf ZWE 2001, 557.
[113] OLG Düsseldorf ZWE 2001, 557; *Häublein* ZWE 2012, 312; aA OLG München ZWE 2010, 461.

Ein Wohnungseigentümer unterliegt in analoger Anwendung des § 25 Abs. 5 **71** WEG ebenfalls einem Stimmverbot, wenn er als Kläger einen Rechtsstreit gegen den **Verband Wohnungseigentümergemeinschaft** führt, und die Willensbildung der Gemeinschaft über die zu ergreifenden verfahrensrechtlichen Maßnahmen in Rede steht. Insoweit enthält die – unveränderte – Norm nach „Entdeckung" der Rechtsfähigkeit eine planwidrige Regelungslücke; auch bezwecke der Wortlaut der Vorschrift keine Beschränkung auf Passivverfahren.[114]

Zwar scheidet die **Ungültigerklärung** von Beschlüssen in der Regel aus, wenn **72** feststeht, dass sich ein Beschlussmangel auf das Abstimmungsergebnis nicht ausgewirkt hat; anders verhält es sich jedoch bei einem unberechtigten Ausschluss vom Stimmrecht. Der Entzug des Stimmrechts und der Ausschluss von der Versammlung der Wohnungseigentümer stellt einen schwerwiegenden Eingriff in den Kernbereich elementarer Mitgliedschaftsrechte dar, bei dem es nicht darauf ankommt, ob die gefassten Beschlüsse auch bei einer Mitwirkung des (ausgeschlossenen) Mitgliedes die erforderliche Mehrheit gefunden hätten.[115]

cc) Stimmrechtsausschluss aufgrund Entziehungsurteils

Ein Wohnungseigentümer ist auch nicht stimmberechtigt, wenn er nach § 18 **73** WEG rechtskräftig verurteilt ist (§ 25 Abs. 5 Var. 3 WEG). Der Ausschluss umfasst in diesem Fall sämtliche Beschlussfassungen. Nach dem eindeutigen Wortlaut greift das Stimmrechtsverbot damit nicht schon dann ein, wenn über die Entziehung eines Wohnungseigentums lediglich ein entsprechender Beschluss gefasst worden ist (vgl. § 18 Abs. 3 WEG). Dogmatisch soll es sich im Hinblick auf die jederzeit gegebene Abwendungsmöglichkeit (vgl. § 19 Abs. 2 WEG) wohl eher um ein Ruhen des Stimmrechts handeln.[116]

> **Hinweis:**
>
> Zum wohnungseigentumsrechtlichen Entziehungsverfahren s. ausführlich im → Kapitel L Rn. 93 ff.

dd) Stimmrechtsausschluss aufgrund Majorisierung

Ein im WEG nicht besonders geregelter Stimmrechtsausschluss nach Treu und **74** Glauben (§ 242 BGB) ist auch dann anzunehmen, wenn eine sog Majorisierung vorliegt. Ein **Stimmrechtsmissbrauch** wegen der Gefahr der Majorisierung liegt allerdings nicht bereits dann vor, wenn ein Wohnungseigentümer ein absolutes Stimmenübergewicht hat und mit diesem gegen den Willen der anderen Eigentümer Beschlüsse fasst. Solch eine Konstellation ist insbesondere bei vereinbartem Objekt- oder Wertprinzip denkbar. Es müssen vielmehr weitere Umstände hinzutreten, die die Ausübung des Stimmrechts im konkreten Einzelfall durch den Mehrheitseigentümer als missbräuchlich und gegen die Grundsätze ordnungsgemäßer Verwaltung verstoßend erscheinen lassen.[117]

---

[114] BGH ZWE 2014, 176.

[115] BGH NJW 2011, 679 = ZWE 2011, 122; aA noch OLG München ZWE 2010, 461; OLG Köln NZM 2000, 1017 (Kausalitätsvermutung).

[116] So zumindest Riecke/Schmid/*Riecke* § 25 Rn. 38.

[117] Vgl. BGHZ 152, 46 = NJW 2002, 3704 = ZWE 2003, 64.

Beispiel

Ein Stimmrechtsmissbrauch liegt vor, wenn der Mehrheitseigentümer einer Wohnungseigentümergemeinschaft gegen die Stimmen des Minderheitseigentümers eine im Konzernverbund
mit dem Käufer der Wohnungen des Mehrheitseigentümers stehende Gesellschaft zum
Verwalter bestellen lässt, der sodann über die Zustimmung zur Veräußerung der Wohnungen
nach § 12 Abs. 1 WEG an die andere Konzerngesellschaft zu befinden hat.[118]

ee) Stimmrechtsausschluss aufgrund gegenständlicher Betroffenheit?

75   In der Rechtsprechung vor der WEG-Novelle (2007) wurde eine Ausnahme
vom allgemeinen Stimmrecht eines Wohnungseigentümers gem. § 25 Abs. 2 S. 1
WEG gemacht, wenn von der Beschlussfassung nur eine abgrenzbare Gruppe
von Wohnungseigentümern betroffen wurde (sog „**Blockstimmrecht**"). Wurde
von einzelnen Maßnahmen nur ein bestimmter Teil von Wohnungseigentümern
berührt, wurden also die Interessen der übrigen Miteigentümer hiervon in keiner
Weise betroffen, so sollte das Stimmrecht auch ohne besondere Vereinbarung
auf diejenigen Beteiligten beschränkt sein, die von der Angelegenheit betroffen
waren. Eine solche Beschränkung des Stimmrechts konnte insbesondere bei
sogenannten Mehrhaus-Wohnanlagen in Betracht kommen, wenn über bauliche
Veränderungen, Verwaltungsmaßnahmen oder Gebrauchsregelungen abgestimmt
werden sollte, die sich auf ein Gebäude oder einen bestimmten Gebäudeteil beschränken.[119]

Beispiel

Ein solches Blockstimmrecht wurde schon frühzeitig für den Fall einer Gebrauchsregelung
bzgl. des nur einer „Hausgemeinschaft" dienenden Fahrradkellers bejaht.[120]

76   Richtigerweise wird man die Beschränkung des Stimmrechts auf einen Teil
der Wohnungseigentümer ohne eine entsprechende Vereinbarung abzulehnen
haben[121]; es gibt nämlich kein Betroffenheitsstimmrecht.[122]

77   Fraglich ist, ob nicht selbst im Vereinbarungsfalle eine Abweichung von § 16
Abs. 2 WEG, wonach näher bezeichnete Kosten nur von den Eigentümern eines
bestimmten Gebäudes zu tragen sein sollen, sämtliche Mitglieder der Gesamtgemeinschaft betrifft, wenn diese aufgrund der persönlichen Außenhaftung gem.
§ 10 Abs. 8 WEG gegenüber Dritten haften.[123]

---

[118] LG Frankfurt/Oder ZWE 2015, 369.

[119] OLG München FGPrax 2007, 74; BayObLG ZWE 2000, 268; OLG Schleswig NZM
2000, 385; OLG Köln WE 1998, 190; BayObLGZ 1994, 98 = NJW-RR 1994, 1236.

[120] BayObLGZ 1961, 322 = NJW 1962, 492.

[121] *Häublein* ZWE 2010, 149, 155; *Hügel* NZM 2010, 8, 10; *Hügel/Elzer* Vor §§ 23 ff.
Rn. 70 f.; NKV/*Kümmel* § 25 Rn. 26; *Rüscher* ZWE 2011, 308; *Schultzky* ZMR 2011, 521.

[122] *Ott* MietRB 2009, 208.

[123] In diesem Sinne NKV/*Kümmel* § 25 Rn. 26: Ein genereller Ausschluss vom Stimmrecht dürfte wegen der persönlichen Haftung gegen Treu und Glauben verstoßen; aA
Rüscher ZWE 2011, 308, 312: Der Verwalter ist im Rahmen der Beschlussfassung an-
zuweisen, den Auftrag namens des rechtsfähigen Verbandes erst dann zu erteilen, wenn
die Finanzierung der Maßnahme durch die Mitglieder der betroffenen Untergemeinschaft
sichergestellt ist.

6. Durchführung der Eigentümerversammlung

a) Versammlungsleitung

Den **Vorsitz** in der Wohnungseigentümerversammlung führt gem. § 24 Abs. 5 78
WEG gewöhnlich der Verwalter. Die Wohnungseigentümer können allerdings
eine abweichende Regelung mit Stimmenmehrheit beschließen.

Bitte lesen Sie jetzt § 24 Abs. 5 WEG!

b) Geschäftsordnung

Aus der Befugnis zur Wahl eines Versammlungsleiters folgt, dass die Woh- 79
nungseigentümer erst recht weitere Regelungen zum Ablauf der Versammlung
aufstellen können (**Geschäftsordnung**).[124] Dies betrifft insbesondere die Festlegung von Redelisten und -zeiten sowie Rauchverboten.[125]

c) Ablauf

Der **Ablauf** einer Eigentümerversammlung gestaltet sich dann üblicherweise 80
wie folgt[126]: Der Versammlungsleiter wird nach der Eröffnung der Eigentümerversammlung die Beschlussfähigkeit feststellen und die einzelnen Tagesordnungspunkte aufrufen. In der sich anschließenden Diskussion hat er das Wort
zu erteilen und zu entziehen, bei einer Mehrzahl von Wortmeldungen hat er ggf.
auch eine Rednerliste zu führen. Bei ungebührlichem Verhalten kann er zur Ordnung rufen. Nach mindestens einmaliger Abmahnung kann er einen störenden
Versammlungsteilnehmer des Saales verweisen. Er hat Beschlussanträge entgegenzunehmen, und ggf. nach dem von der Versammlung Gewollten auch selbst
zu formulieren. Auf Bedenken hinsichtlich der Anfechtbarkeit oder Nichtigkeit
einer Beschlussfassung muss er vorab hinweisen. Nach einer Abstimmung hat er
die Stimmen unter Berücksichtigung von Stimmrechtsausschlüssen auszuzählen
und das Beschlussergebnis zu verkünden.

d) Beschlussfähigkeit

Gem. § 25 Abs. 3 WEG ist die Eigentümerversammlung nur beschlussfähig, 81
wenn die erschienenen stimmberechtigten Wohnungseigentümer mehr als die
Hälfte der Miteigentumsanteile, berechnet nach der im Grundbuch eingetragenen
Größe dieser Anteile, vertreten.

Bitte lesen Sie jetzt § 25 Abs. 3 WEG!

---

[124] *Abramenko* Hdb. § 6 Rn. 92; aA LG München ZWE 2011, 48.
[125] Vgl. LG Dortmund ZWE 2014, 127.
[126] In Anlehnung an *Abramenko* Hdb. § 6 Rn. 91.

Weil sich Stimmrechtsausschlüsse für verschiedene Tagesordnungspunkte unterschiedlich auswirken können, muss die Beschlussfähigkeit nicht nur einmal zu Beginn für die gesamte Versammlung, sondern **für jeden** einzelnen **Beschlussgegenstand** getrennt vorliegen.[127] Bei begründeten Zweifeln muss sie erneut überprüft werden.[128]

82 Im Gegensatz zu § 25 Abs. 2 WEG (Kopfprinzip) ist für die Ermittlung der Beschlussfähigkeit also allein die Größe der im Grundbuch eingetragenen Miteigentumsanteile maßgeblich. Wie sich aus dem eindeutigen Wortlaut des § 25 Abs. 3 WEG ergibt, werden für die Feststellung der Beschlussfähigkeit nur die Miteigentumsanteile von erschienenen und stimmberechtigten Wohnungseigentümern berücksichtigt. Erschienen im Sinne dieser Vorschrift sind dabei auch diejenigen Wohnungseigentümer, die in der Eigentümerversammlung ordnungsgemäß vertreten werden.[129] Die Miteigentumsanteile der zwar erschienen, aber nicht stimmberechtigten Wohnungseigentümer bleiben bei der Feststellung der Beschlussfähigkeit unberücksichtigt.[130] Dabei ist nach ganz h.M. für die Berechnung der Hälfte der Miteigentumsanteile auf deren Gesamtzahl abzustellen.

Beispiel

In einer Wohnungseigentümergemeinschaft ergeben die in den Grundbüchern eingetragenen Bruchteile insgesamt 1.000/1.000stel Miteigentumsanteile (MEA). Zur Eigentümerversammlung erscheinen bzw. werden vertreten 700/1.000stel MEA. Von den 700/1.000stel MEA werden aufgrund von Vollmachten 250/1.000stel MEA durch den Verwalter vertreten. Abgestimmt werden soll auch über die Entlastung des Verwalters hinsichtlich des abgelaufenen Wirtschaftsjahres.

Mit den von ihm vertretenen MEAen ist der Verwalter jedoch entsprechend § 25 Abs. 5 WEG von einer Beschlussfassung über seine eigene Entlastung ausgeschlossen.[131] Durch einen Entlastungsbeschluss können nämlich gegen den Entlasteten gerichtete Ansprüche verloren gehen, weil dem Beschluss die Wirkung eines negativen Schuldanerkenntnisses zukommt (vgl. § 397 Abs. 2 BGB).[132] Dies hat zur Folge, dass vorliegend lediglich noch 450/1.000stel MEA, also weniger als die Hälfte der MEA iSd § 25 Abs. 3 erschienen bzw. vertreten sind.

83 Sind allerdings **mehr als die Hälfte** der Miteigentumsanteile vom Stimmrecht **ausgeschlossen,** könnte die Voraussetzung des § 25 Abs. 3 WEG selbst dann niemals eintreten, wenn sämtliche übrigen Wohnungseigentümer zur Versammlung erscheinen.

Beispiel

In einer Wohnungseigentümergemeinschaft ergeben die in den Grundbüchern eingetragenen Bruchteile insgesamt 1.000/1.000stel MEA. Dem teilenden Bauträger stehen nach der Abveräußerung einiger Wohnungen mit 550/1.000stel MEA noch mehr als die Hälfte der MEA zu. Abgestimmt werden soll auch über die Einleitung eines Rechtsstreits gegen den teilenden Bauträger wegen Baumängeln.

---

[127] OLG Zweibrücken ZWE 2002, 283; Riecke/Schmid/*Riecke* § 25 Rn. 43.

[128] OLG Köln ZMR 2003, 607.

[129] BayObLG WE 1994, 304.

[130] BayObLGZ 1992, 288 = NJW-RR 1993, 206; AG Weimar ZWE 2014, 53; NKV/*Kümmel* § 25 Rn. 21; Riecke/Schmid/*Riecke* § 25 Rn. 42f.; aA KG OLGZ 1989, 38 = NJW-RR 1989, 17.

[131] OLG Köln NZM 2007, 334; AG Weimar ZWE 2014, 53.

[132] Vgl. BGHZ 156, 19 = NJW 2003, 3124 = ZWE 2003, 365.

Mit den ihm verbliebenen MEAen ist der teilende Bauträger gem. § 25 Abs. 5 WEG von einer Beschlussfassung ausgeschlossen.[133] Dies hat zur Folge, dass in jedem Fall weniger als die Hälfte aller MEA iSd § 25 Abs. 3 erschienen bzw. vertreten sind.

Die erste Versammlung wäre stets beschlussunfähig, so dass es in einem sol- **84** chen Fall immer der Einberufung einer zweiten – dann beschlussfähigen – Versammlung bedürfte.

Bitte lesen Sie jetzt § 25 Abs. 4 WEG!

Der Umweg über die Einberufung einer zweiten Eigentümerversammlung wäre allerdings eine „reine Förmelei"[134], wenn der Ausschluss objektiv vorhersehbar ist und unabänderlich feststeht.[135] Aus diesem Grund soll nach wohl h.M. § 25 Abs. 3 WEG in einem solchen Fall nicht anwendbar sein mit der Folge, dass bereits die erste Versammlung in Bezug auf deren Beschlussfähigkeit so zu behandeln ist, als ob ihr eine die Beschlussunfähigkeit feststellende Eigentümerversammlung vorausgegangen wäre.[136] Dies würde im letztgenannten Beispiel bereits zur Beschlussfähigkeit führen, wenn auch nur ein Erwerber anwesend wäre. Nach Auffassung der h.M. verlange das Gesetz für die Beschlussfähigkeit einer zweiten Eigentümerversammlung jedoch nicht, dass mindestens die Hälfte der verbliebenen stimmberechtigten Mitglieder vertreten ist (vgl. § 25 Abs. 4 S. 2 WEG).

Demgegenüber will eine im Vordringen befindliche Mindermeinung nach dem **85** Wortlaut und Normzweck der Norm die vom Stimmrecht Ausgeschlossenen nicht nur bei der Ermittlung der erschienenen Wohnungseigentümer, sondern auch bei der Berechnung der Vergleichsgröße unberücksichtigt lassen.[137]

Beispiel (Fortsetzung)

Im letztgenannten Beispiel wäre nach dieser Auffassung die (erste) Eigentümerversammlung nur dann beschlussfähig, wenn die erschienenen bzw. vertretenen Wohnungseigentümer mehr als die Hälfte der MEA aller Stimmberechtigten (450/1.000stel), also mehr als 225/1.000stel MEA aller MEA der gesamten Anlage auf sich vereinigen.

Bei der Regelung des § 25 Abs. 3 WEG handelt es sich um nachgiebiges Recht; **86** sie kann abbedungen werden. Werden unter Verstoß gegen die Norm gleichwohl Beschlüsse gefasst, so sind diese nicht nichtig, sondern lediglich anfechtbar.[138]

---

[133] Vgl, BGH ZWE 2014, 176.
[134] OLG Düsseldorf NZM 1999, 269.
[135] KG ZWE 2004, 277; anders zB bei behebbaren Vollmachtsmängeln.
[136] BayObLG ZfIR 2002, 296; KG ZWE 2002, 364; OLG Düsseldorf NZM 1999, 269; BayObLGZ 1992, 288 = NJW-RR 1993, 206; LG Itzehoe ZMR 2009, 142; *Abramenko* Hdb § 6 Rn. 93; *Bärmann/Merle* § 25 Rn. 109; *Hügel/Elzer* § 25 Rn. 50.
[137] *Häublein* NZM 2004, 534; NKV/*Kümmel* § 25 Rn. 21; Riecke/Schmid/*Riecke* § 25 Rn. 47.
[138] Vgl. BGHZ 152, 46 = NJW 2002, 3704 = ZWE 2003, 64; BayObLG ZfIR 2002, 296; OLG Düsseldorf NJW-RR 1995, 464.

7. Wiederholung der Eigentümerversammlung

87 Ist eine Versammlung nicht beschlussfähig, so beruft der Verwalter eine neue **zweite Versammlung** mit dem gleichen Gegenstand ein (§ 25 Abs. 4 S. 1 WEG). Diese Versammlung ist ohne Rücksicht auf die Höhe der vertretenen Anteile beschlussfähig; hierauf ist bei der Einberufung hinzuweisen (§ 25 Abs. 4 S. 2 WEG). Unterbleibt dieser Hinweis, richtet sich die Beschlussfähigkeit für die zweite Eigentümerversammlung nach der für eine Erstversammlung gem. § 25 Abs. 3 WEG.[139]

88 Nach dem Wortlaut des § 25 Abs. 4 S. 1 WEG kann die zweite Eigentümerversammlung erst einberufen werden, wenn zuvor die Beschlussunfähigkeit der Erstversammlung festgestellt worden ist. Demgemäß ist es grundsätzlich unzulässig, mit der Einberufung der ersten Eigentümerversammlung bereits zur zweiten Versammlung für den Fall einzuladen, dass die erste Versammlung beschlussunfähig sein sollte (sog **Eventualeinberufung**).[140] Den Wohnungseigentümern ist es jedoch unbenommen, von § 25 Abs. 4 WEG abweichende Vereinbarungen zu treffen. In einem solchen Fall könnte dann durchaus bereits mit der Erstversammlung zu einer Zweitversammlung eingeladen werden, die 30 Minuten nach Beendigung der nicht beschlussfähigen Erstversammlung stattfinden soll.[141] Eine beschlussweise Eventualeinberufung ist jedoch mangels Beschlusskompetenz nichtig.[142]

8. Niederschrift über die Eigentümerversammlung

a) Aufnahme einer Niederschrift

aa) Sinn und Zweck

89 Über die in der Versammlung gefassten Beschlüsse ist eine Niederschrift aufzunehmen. Die Niederschrift ist von dem Vorsitzenden und einem Wohnungseigentümer und, falls ein Verwaltungsbeirat bestellt ist, auch von dessen Vorsitzenden oder seinem Vertreter zu unterschreiben.

📖 Bitte lesen Sie jetzt § 24 Abs. 6 WEG!

Die Niederschrift dient dazu, die Inhalte der gefassten Beschlüsse für die Zukunft zu sichern.[143] Zugleich soll Wohnungseigentümern, die an der Versammlung nicht teilgenommen haben, die Möglichkeit zur Information über dort gefasste Beschlüsse gegeben werden.[144]

---

[139] Bärmann/*Merle* § 25 Rn. 115.

[140] OLG Köln NJW-RR 1990, 26.

[141] OLG Köln ZfIR 1999, 687; Bärmann/*Merle* § 25 Rn. 118.

[142] OLG Frankfurt ZWE 2007, 84; LG Mönchengladbach NZM 2003, 245; Bärmann/*Merle* § 25 Rn. 118; Hügel/*Elzer* § 25 Rn. 54; NKV/*Kümmel* § 25 Rn. 23; Riecke/Schmid/*Riecke* § 25 Rn. 51; aA noch KG NZM 2001, 105 und jetzt wiederum AG München ZMR 2014, 248 unter Berufung auf Spielbauer/Then/*Spielbauer* § 25 Rn. 25.

[143] *Becker* ZMR 2006, 489.

[144] LG Hamburg ZMR 2011, 664.

bb) Ersteller der Niederschrift

Aus § 24 Abs. 6 S. 2 WEG ergibt sich lediglich mittelbar, dass in aller Regel 90 der **Vorsitzende der Versammlung** auch die Niederschrift zu erstellen hat.[145] Abweichende Vereinbarungen sind möglich.

cc) Unterschriften

Soweit nichts anderes vereinbart wurde, ist die Niederschrift mindestens von 91 dem Vorsitzenden und einem Wohnungseigentümer zu unterschreiben; ist ein Verwaltungsbeirat bestellt, so ist sie auch von dessen Vorsitzendem oder seinem Vertreter zu unterschreiben (§ 24 Abs. 6 S. 2 WEG). Mit der Unterschriftsleistung übernehmen die in § 24 Abs. 6 S. 2 WEG genannten Personen die Verantwortung für die inhaltliche Richtigkeit und Vollständigkeit der Niederschrift (**„Garantenstellung"**).[146] Die Verantwortung für die Vollständigkeit und Richtigkeit des Protokolls kann aber nur derjenige übernehmen, der in der Versammlung auch **anwesend war**.[147]

In der Praxis ergeben sich immer wieder Probleme, wenn den geleisteten 92 Unterschriften entweder gar **keine oder eine offensichtlich unzutreffende Funktionsbezeichnung** zugeordnet ist.

Beispiele

– Die jeweilige Funktion der unterzeichnenden Person muss feststellbar sein. Bei einem mehrköpfigen Verwaltungsbeirat genügt die der Unterschrift beigefügte Bezeichnung „Verwaltungsbeirat" diesen Anforderungen nicht.[148]
– Die Frage, ob auch ein werdender Wohnungseigentümer als Wohnungseigentümer unterschreiben kann, ist im Hinblick auf den nicht in der Form des § 29 GBO führbaren Nachweis des Besitzübergangs letztlich ungeklärt.[149]

Probleme bereiten auch Unterschriftsleistungen in **Doppelfunktion**.   93

Beispiele

– Der Versammlungsleiter kann nach hier vertretener Auffassung nicht gleichzeitig in seiner Eigenschaft als Beiratsvorsitzender[150] oder als Wohnungseigentümer unterzeichnen.[151]
– Ist der Versammlungsleiter zugleich Beiratsvorsitzender soll die Unterschrift eines weiteren Wohnungseigentümers genügen.[152]

---

[145] AG Kassel ZMR 2004, 711.
[146] BGHZ 148, 335 = NJW 2001, 3339 = ZWE 2001, 530; OLG Hamm ZWE 2013, 215; OLG Hamm ZWE 2011, 417.
[147] OLG Hamm ZWE 2013, 215; OLG München ZWE 2008, 31; OLG Hamm NJW-RR 2008, 1545; *Bärmann/Merle* § 24 Rn. 123; *Demharter* ZWE 2012, 75; *Hogenschurz* WuM 2011,560; a. A. *F. Schmidt* ZMR 2013, 501, 503.
[148] OLG München ZWE 2016, 331.
[149] Vgl. OLG Köln RNotZ 2012, 565 m. insoweit abl. Anm. *Stöhr* = ZMR 2012, 982 m. insoweit zust. Anm. *Schneider*.
[150] A.A. OLG Düsseldorf ZWE 2010, 182.
[151] OLG München ZWE 2008, 31; *Böhringer* DNotZ 2016, 831, 837; *F. Schmidt* ZMR 2013, 501, 507.
[152] LG Lübeck Rpfleger 1991, 309; weitergehend *Demharter* Rpfleger 2010, 499: Ersetzung der Unterschrift des personenidentischen Beiratsvorsitzenden durch die Unterschrift seines Stellvertreters.

– Unterschreibt ein Wohnungseigentümer in seiner Funktion als Beirat, liegt hierin nicht zugleich die erforderliche Unterschrift als Wohnungseigentümer.[153]
– Ist nur der Versammlungsleiter allein (zugleich in Vertretung für abwesende Wohnungseigentümer) anwesend, kann er auch allein das Protokoll unterschreiben.[154]

Im Hinblick auf die mit einer verringerten Zahl von Unterschriften einhergehende Minderung des Beweiswertes sollte dem angestrebten Zweck einer effektiven Gegenkontrolle wie bei einer vereinbarten Protokollierungsklausel durch personenverschiedene Unterschriftsleistungen Rechnung getragen werden.[155]

dd) Inhalt

94   Gem. § 24 Abs. 6 S. 1 WEG ist über die in der Versammlung gefassten Beschlüsse eine Niederschrift aufzunehmen; danach ist der genaue **Wortlaut der Beschlüsse** festzuhalten.[156] Darüber hinaus ergibt sich aus § 21 Abs. 4 WEG die Notwendigkeit zur Protokollierung aller für das **Zustandekommen von Beschlüssen** und ihrer **Wirksamkeit** relevanten Umstände.

95   Unerlässlich sind demnach folgende **Mindestangaben:**[157]

- Ort und Tag der Eigentümerversammlung;
- Beschlussfähigkeit der Eigentümerversammlung;
- Feststellung des Abstimmungsergebnisses;
- Beschlussfeststellung und -verkündung;
- Feststellung des persönlichen Abstimmungsverhaltens bei rechtlicher Relevanz (zB im Rahmen baulicher Veränderungen gem. § 22 Abs. 1 WEG);
- Protokollierung rechtserheblicher Tatsachen (zB Verweigerung der Korrektur einer Jahresabrechnung durch den Verwalter[158]).

96   Sinnvoll kann darüber hinaus die Aufnahme folgender **fakultativer Angaben** in die Niederschrift sein:[159]

- Name der Eigentümergemeinschaft;
- Angaben zur Ladungsfrist;
- Angaben zur Versammlungsdauer;
- Angaben zum Versammlungsleiter;
- Teilnehmer- und Vollmachtsverzeichnis;
- Angaben zu einem Beschlussantrag und den jeweils dafür oder dagegen abgegebenen Stimmen sowie Enthaltungen;
- Angaben zum Ablauf der Versammlung (zB zu Ordnungsmaßnahmen);
- Angaben zum Ausschluss vom Stimmrecht.

---

[153] OLG Düsseldorf ZWE 2010, 182.
[154] KG ZWE 2015, 173; OLG Hamm ZWE 2013, 215; OLG München ZWE 2008, 106; Jennißen/*Schultzky* § 24 Rn. 141.
[155] Vgl. BGH NJW 2012, 2512 = ZWE 2013, 87.
[156] Bärmann/*Merle* § 24 Rn. 121; *Hügel/Elzer* § 24 Rn. 75; Jennißen/*Schultzky* § 24 Rn. 135.
[157] In Anlehnung an Jennißen/*Schultzky* § 24 Rn. 135.
[158] LG Lüneburg ZMR 2007, 894.
[159] In Anlehnung an *Hügel/Elzer* § 24 Rn. 76 und Jennißen/*Schultzky* § 24 Rn. 139.

Die Niederschrift kann grundsätzlich als **Ergebnisprotokoll** erstellt werden.[160] 97
Es ist den Wohnungseigentümern jedoch unbenommen, die Erstellung eines **Ablaufprotokolls** zu vereinbaren.[161]

Soweit im Protokoll auf **Anlagen** verwiesen wird, sind diese als dessen Be- 98
standteil mit der Niederschrift fest zu verbinden.[162] Nimmt ein Beschluss der
Wohnungseigentümer lediglich auf ein Dokument Bezug, das weder Teil des
Beschlusstextes noch des Protokolls ist, so erfordert das Gebot der inhaltlichen
Klarheit und Bestimmtheit, dass das in Bezug genommene Dokument zweifelsfrei
bestimmt ist.[163]

ee) Form der Niederschrift

Es bedarf der Errichtung einer Nieder*schrift*; auch im Hinblick auf die an- 99
zubringenden Unter*schriften* ist somit Schriftform iSd § 126 BGB unerlässlich,
soweit nichts anderes vereinbart ist. Eine digitale Erstellung scheidet damit
grundsätzlich aus.

ff) Erstellungsfrist

Das Gesetz selbst nennt keine **Frist für die Anfertigung** der Niederschrift. 100
Sollen zur Versammlung nicht erschienene Wohnungseigentümer durch die Niederschrift noch für eine evtl. Anfechtung maßgebliche Informationen erhalten
können, so kann die Niederschrift diesen Zweck nur erfüllen, wenn sie vor Ablauf
der Monatsfrist des § 46 Abs. 1 S. 2 WEG erstellt wird. Da den Wohnungseigentümern auch noch eine gewisse Überlegungsfrist zuzubilligen ist, wird überwiegend
angenommen, dass die Niederschrift mindestens eine Woche vor Ablauf der
Klagefrist angefertigt sein muss.[164]

Die nicht rechtzeitige Erstellung der Niederschrift kann im Anfechtungspro- 101
zess einen Wiedereinsetzungsgrund gem. § 46 Abs. 1 S. 3 WEG iVm § 233ff. ZPO
wegen Versäumung der Anfechtungsfrist darstellen[165] und Schadensersatzansprüche gegenüber dem Verwalter auslösen.[166]

gg) Übersendung der Niederschrift

Eine Verpflichtung zur Übersendung der Niederschrift besteht grundsätzlich 102
nicht[167], solange sich nicht aus der Gemeinschaftsordnung bzw. dem Verwaltervertrag oder einer längeren Übung[168] etwas anderes ergibt.

hh) Niederschrift als Wirksamkeitserfordernis für Beschlüsse

Die Wohnungseigentümer können gem. § 10 Abs. 2 S. 2 WEG vereinbaren, dass 103
ein in der Eigentümerversammlung gefasster Beschluss nur dann Gültigkeit haben

---

[160] Riecke/Schmid/*Riecke* § 24 Rn. 71.
[161] Vgl. BayObLG ZMR 2004, 443.
[162] *Hügel/Elzer* § 24 Rn. 75.
[163] BGH ZWE 2016, 325.
[164] BayObLG ZWE 2001, 431; BayObLG NJW-RR 1989, 656; strenger *Hügel/Elzer*
§ 24 Rn. 86 und Jennißen/*Schultzky* § 24 Rn. 143: „unverzüglich" iSd § 121 Abs. 1 S. 1 BGB.
[165] BayObLG ZMR 2003, 435.
[166] Jennißen/*Schultzky* § 24 Rn. 144.
[167] BayObLG NJW-RR 1989, 656.
[168] BayObLG NJW-RR 1989, 656; aA *Hügel/Elzer* § 24 Rn. 95.

soll, wenn er protokolliert und von näher bestimmten Personen unterschrieben worden ist (sog „qualifizierte Protokollierungsklausel").[169] Ein Verstoß gegen diese Wirksamkeitserfordernisse führt allerdings nur zur Anfechtbarkeit der Beschlüsse. Eine fehlende Unterschrift könnte auch noch im Anfechtungsprozess nachgeholt werden.[170]

b) Nachweisführung mittels Niederschrift

aa) Beweiskraft

104 Die Niederschrift ist eine **Privaturkunde** iSd § 416 ZPO.[171]

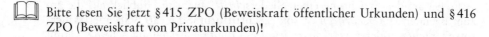 Bitte lesen Sie jetzt § 415 ZPO (Beweiskraft öffentlicher Urkunden) und § 416 ZPO (Beweiskraft von Privaturkunden)!

Ihre Beweiskraft erstreckt sich damit nicht auf die inhaltliche Richtigkeit der protokollierten Beschlüsse; sie beschränkt sich vielmehr auf die Urheberschaft des Verfassers und der Unterzeichnenden.[172] Allerdings kommt der Niederschrift als Privaturkunde die **Vermutung der Richtigkeit und Vollständigkeit** zu.[173] Diese Beweiserleichterung gilt zumindest solange, wie nicht eine der erforderlichen Unterschriften fehlt[174] oder ein Widerspruch zur Beschluss-Sammlung gem. § 24 Abs. 7 WEG die Vermutung aufhebt.[175]

> **Hinweis:**
> Zur Beschluss-Sammlung s. sogleich → Rn. 109 ff.

105 Da die Niederschrift mangels anderslautender Vereinbarung kein konstitutives Merkmal der Beschlussfassung ist (→ Rn. 103), können auch nicht protokollierte Beschlüsse wirksam sein.[176] Im Streitfall ist daher der **Beweis der unrichtigen Protokollierung** nicht ausgeschlossen.[177]

bb) Nachweisführung im Grundbuchverfahren

106 Gegenüber dem Grundbuchgericht kann es aus unterschiedlichen Gründen erforderlich werden, den Nachweis über eine Beschlussfassung der Wohnungseigentümer zu führen.

Beispiele

– Ist als Inhalt des Sondereigentums ein Zustimmungserfordernis gem. § 12 WEG vereinbart, so hat ein zustimmungspflichtiger Verwalter neben der erteilten Zustimmung auch seine

---

[169] BGH NJW 2012, 2512 = ZWE 2013, 87; LG Dortmund ZWE 2014, 43.
[170] OLG München ZWE 2008, 31.
[171] BGHZ 136, 187 = NJW 1997, 2956.
[172] OLG München ZWE 2006, 456.
[173] *Becker* ZWE 2016, 2; *Hügel/Elzer* Vor §§ 43 ff. Rn. 38; Jennißen/*Schultzky* § 24 Rn. 146.
[174] BGHZ 136, 187 = NJW 1997, 2956; *Abramenko* ZMR 2003, 245.
[175] *Hügel/Elzer* Vor §§ 43 ff. Rn. 40; Jennißen/*Schultzky* § 24 Rn. 147.
[176] BayObLG NJW-RR 2005, 456; KG NJW-RR 1991, 530.
[177] AG Landshut ZMR 2008, 498.

Bestellung zum WEG-Verwalter in grundbuchmäßiger Form nachzuweisen (→ Kapitel E Rn. 149 f.).[178]
- Haben die Wohnungseigentümer die **Aufhebung** einer vereinbarten **Veräußerungszustimmung** gem. § 12 Abs. 4 WEG beschlossen, kann die Beschränkung im Grundbuch u.a. dann gelöscht werden, wenn der Beschluss in grundbuchmäßiger Form nachgewiesen wird (→ Kapitel E Rn. 157).[179]
- Haben die Wohnungseigentümer den Verwalter durch Beschluss gem. § 27 Abs. 3 S. 1 Nr. 7 WEG zu einem Immobilienerwerb ermächtigt, so ist dem Grundbuchgericht neben der Bestellung zum Verwalter der **Ermächtigungsbeschluss** in grundbuchmäßiger Form nachzuweisen (→ Kapitel I Rn. 38).[180]

In den genannten Fällen wäre es grundsätzlich erforderlich, den grundbuch- **107** verfahrensrechtlichen Nachweis als eine „andere Voraussetzung der Eintragung" in Form einer öffentlichen Urkunde zu erbringen.

Bitte lesen Sie jetzt § 29 Abs. 1 S. 1 und 2 GBO!

Wegen der damit verbundenen Nachweisschwierigkeiten[181] senkt das Gesetz in § 26 Abs. 3 WEG die Anforderungsschwelle[182], indem es zum Nachweis der Verwaltereigenschaft (u.a. Fall des § 12 Abs. 1 WEG) die Vorlage einer Niederschrift über den Bestellungsbeschluss genügen lässt, bei der die Unterschriften der in § 24 Abs. 6 WEG bezeichneten Personen öffentlich beglaubigt sind.

Bitte lesen Sie jetzt § 26 Abs. 3 WEG!

Seit Inkrafttreten der WEG-Novelle (2007) ordnet § 12 Abs. 4 S. 5 WEG die **108** entsprechende Anwendung von § 26 Abs. 3 WEG auch für den Nachweis der Beschlussfassung über die Aufhebung einer vereinbarten Veräußerungszustimmung an. Spätestens mit dieser Regelung ist zugleich die Analogiefähigkeit der Vorschrift für vergleichbare Sachverhalte anerkannt (u.a. Fall des § 27 Abs. 3 S. 1 Nr. 7 WEG).[183]

Hinweis:

Zum Immobilienerwerb seitens des rechtsfähigen Verbandes Wohnungseigentümergemeinschaft → Kapitel G Rn. 31 ff.

---

[178] Vgl. OLG Düsseldorf ZMR 2003, 956; DNotI-Gutachten DNotI-Report 1997, 57.
[179] Vgl. OLG München ZWE 2011, 418.
[180] OLG München ZWE 2017, 93.
[181] Vgl. schon frühzeitig BayObLGZ 1961, 392 = NJW 1962, 494 Ls.
[182] Eingeführt d. d. Gesetz zur Änderung des Wohnungseigentumsgesetzes und der Verordnung über das Erbbaurecht vom 30.7.1973 (BGBl I S. 910).
[183] OLG München ZWE 2017, 93; OLG Hamm ZWE 2009, 452; *Böhringer* NotBZ 2008, 179, 186; *Heggen* NotBZ 2008, 198, 200; *Hügel* NotBZ 2008, 169, 176; *ders.* ZWE 2008, 240, 242; *Schneider* Rpfleger 2008, 291, 292; *ders.* 2007, 175, 177.

9. Beschluss-Sammlung

a) Inhalt der Beschluss-Sammlung

109   Seit dem Inkrafttreten der WEG-Novelle (2007) zum 1.7.2007 ist gem. § 24 Abs. 7 S. 1 WEG eine Beschluss-Sammlung zu führen.

📖   Bitte lesen Sie jetzt § 24 Abs. 7 WEG!

Die Beschluss-Sammlung ist grundsätzlich von dem Verwalter zu führen.

📖   Bitte lesen Sie jetzt § 24 Abs. 8 WEG!

110   Die Eintragungspflicht erfasst alle gem. § 24 Abs. 7 S. 2 Nr. 1 WEG in der Versammlung der Wohnungseigentümer **verkündeten Beschlüsse** sowie solche, die **im schriftlichen Verfahren** gefasst und verkündet worden sind (§ 27 Abs. 7 S. 2 Nr. 2 WEG). Daneben sind nach § 24 Abs. 7 Satz 2 Nr. 3 WEG auch **gerichtliche Entscheidungen** einzutragen. Möglicher Inhalt der Beschluss-Sammlung sind dabei „Eintragungen, Vermerke und Löschungen", die „unverzüglich" zu erledigen sind (§ 24 Abs. 7 S. 7 WEG).[184]

b) Verhältnis Beschluss-Sammlung – Niederschrift

111   Das **Verhältnis** der **Beschluss-Sammlung zur Niederschrift** ist gesetzlich nicht geregelt. Die zeitlich nachgelagerte Entstehungsgeschichte der Abs. 7 und 8 des § 24 WEG lässt allerdings erkennen, dass der Beschluss-Sammlung eine Grundbuchersatzfunktion zugedacht war.[185] Aus diesem Grunde bestehen beide Erfassungsarten nebeneinander; sie weisen allerdings über gemeinsame Schnittmengen hinaus auch inhaltliche Unterschiede auf. So werden zwar in beiden Dokumentationsmedien Beschlüsse festgehalten, die Beschluss-Sammlung geht jedoch darüber hinaus, indem sie auch schriftliche Beschlüsse und gerichtliche Entscheidungen erfasst. Auf der anderen Seite bleibt der notwendige Inhalt der Beschluss-Sammlung jedoch hinter dem einer Niederschrift zurück, weil insbesondere die Abstimmungsergebnisse dort fehlen. Bei einem Widerspruch von Niederschrift und Beschluss-Sammlung genießt keine der beiden Arten den Vorrang.[186] Für die Eintragung in der Beschluss-Sammlung hat der Verwalter sogar weniger Zeit als für die Anfertigung der Niederschrift.[187] Dagegen liegt ein wichtiger Grund für die Abberufung des Verwalters regelmäßig bereits vor, wenn er die Beschluss-Sammlung nicht ordnungsmäßig führt (§ 26 Abs. 1 S. 4 WEG).

---

[184] Dh ohne schuldhafte Verzögerung, vgl. BT-Drs. 16/887, 34.

[185] Vgl. BT-Drs. 16/887, S. 20f.; s. auch *Schneider* ZMR 2005, 15.

[186] Jennißen/*Schultzky* § 24 Rn. 164.

[187] Zu der von der Rechtsprechung eingeräumten mehrwöchigen Frist für die Erstellung einer Niederschrift s. BayObLG ZWE 2001, 431; BayObLG NJW-RR 1989, 656. Für die Eintragung in die Beschluss-Sammlung ist eine Eintragung mehrere Tage nach der Beschlussfassung in der Regel nicht mehr unverzüglich; BT-Drucks. 16/887, S. 34; s. auch BGH NJW 2012, 1884 = ZWE 2012, 221.

c) Abdingbarkeit

Unklar ist, ob die gesetzlichen Regelungen zur Beschluss-Sammlung in § 24 **112** Abs. 7 u. 8 WEG durch eine Vereinbarung der Wohnungseigentümer gem. § 10 Abs. 2 S. 2 WEG abbedungen werden können. Während einerseits wohl zutreffend auf den nicht zwingenden Charakter der Vorschriften verwiesen wird[188], wird andererseits der Zweck der Beschluss-Sammlung als Grundbuchersatz mit dem damit angestrebten Erwerberschutz betont.[189]

III. Beschlussfassungen der Wohnungseigentümer

1. Grundsätze

Sie haben bereits im Kapitel E einige Grundlagen zur Beschlussfassung durch **113** die Wohnungseigentümer kennengelernt. Im dortigen Zusammenhang diente die Darstellung vorrangig zur **Begriffsklärung** und **Abgrenzung gegenüber der Vereinbarung** als weiterem Regelungsinstrument der Wohnungseigentümer.

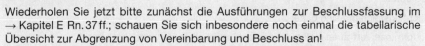

Wiederholung:

Wiederholen Sie jetzt bitte zunächst die Ausführungen zur Beschlussfassung im → Kapitel E Rn. 37 ff.; schauen Sie sich inbesondere noch einmal die tabellarische Übersicht zur Abgrenzung von Vereinbarung und Beschluss an!

Diese Ausführungen wollen wir nun noch ein wenig vertiefen. Die Wohnungseigentümer benötigen also für eine Regelung im Wege einer Beschlussfassung die Zuweisung von **Beschlusskompetenz**. Die Befugnis, eine bestimmte Angelegenheit auf diesem Wege regeln zu können, muss sich damit entweder aus dem Gesetz oder einer entsprechenden Vereinbarung der Wohnungseigentümer ergeben (§ 23 Abs. 1 WEG).

Beispiele

Gesetzliche Beschlusskompetenzen bestehen – vorbehaltlich abweichender Regelungen in der Gemeinschaftsordnung und zT mit zusätzlich qualifizierenden Anforderungen – insbesondere in folgenden Bereichen:

– Angelegenheiten der **Verwaltung** des gemeinschaftlichen Eigentums gem. § 21 Abs. 3–5 WEG sowie Änderung der **Zahlungsmodalitäten** gem. § 21 Abs. 7 WEG;
– Regelungen zum ordnungsmäßigen **Gebrauch** des Gemeinschaftseigentums gem. § 15 Abs. 2 WEG;
– Aufhebung einer **Veräußerungsbeschränkung** gem. § 12 Abs. 4 WEG;
– Änderung des **Kostenverteilungsschlüssels** gem. § 16 Abs. 3 WEG bzw. für bauliche Veränderungen und Modernisierungen gem. § 16 Abs. 4 WEG;
– **Entziehungsverlangen** bei Pflichtverletzungen gem. § 18 Abs. 3 WEG;
– Regelungen zu **baulichen Veränderungen und Modernisierungen** gem. § 22 Abs. 1 u. 2 WEG;

---

[188] *Abramenko* Hdb. § 6 Rn. 183; *Bärmann/Merle* § 24 Rn. 148; *Deckert/Kappus*, NZM 2007, 745, 746; *Müller* Praktische Fragen 8. Teil Rn. 228; *Merle* ZWE 2007, 272.
[189] *Hügel/Elzer* § 24 Rn. 121; *Riecke/Schmid/Riecke* § 24 Rn. 154.

- Bestellung und Abberufung des **Verwalters** gem. § 26 Abs. 1 S. 1 WEG;
- Abstimmungen über den **Wirtschaftsplan,** die **Jahresabrechnung** sowie ggf. die **Rechnungslegung** gem. § 28 Abs. 5 WEG.

Vereinbarte Beschlusskompetenzen können sich aus rechtgeschäftlich begründeten wohnungseigentumsrechtlichen Öffnungsklauseln ergeben.

Wiederholung:

Wiederholen Sie bitte die Ausführungen zur rechtsgeschäftlichen Öffnungsklausel im → Kapitel E Rn. 47 ff.!

2. Anforderungen an eine wirksame Beschlussfassung

a) Regelungswille

114   Eine wirksame Beschlussfassung setzt zunächst voraus, dass in der Eigentümerversammlung eine bestimmte Frage auch mit Wirkung für sämtliche Wohnungseigentümer verbindlich geregelt werden soll.[190]

Beispiele

Nicht ausreichend sind daher

- formlose Vertrauensbekundungen anlässlich eines Verwalterwechsels;[191]
- Probeabstimmungen;[192]
- Diskussionen über ein Thema.[193]

b) Formelle Ordnungsmäßigkeit

115   Im Gegensatz zur gewöhnlichen Bruchteilsgemeinschaft des BGB setzt die Beschlussfassung der Wohnungseigentümer eine formalisierte Eigentümerversammlung voraus. Erforderlich ist demgemäß die Einhaltung bestimmter Mindeststandards:

Zugleich als Wiederholung:

- Ordnungsgemäße Einberufung der Eigentümerversammlung durch eine hierzu befugte Person (→ Rn. 11 ff.);
- Zutreffender Adressatenkreis (→ Rn. 19 ff.);
- Einhaltung der Einberufungsfrist (→ Rn. 35 ff.);
- Bezeichnung des Beschlussgegenstandes zumindest in Textform (→ Rn. 37 ff.);
- Ordnungsgemäßer Versammlungsbedingungen in Bezug auf Zeit und Ort (→ Rn. 39 ff.);
- Nichtöffentlichkeit der Eigentümerversammlung (→ Rn. 48 ff.);
- Beschlussfähigkeit der Eigentümerversammlung (→ Rn. 80 ff.).

---

[190] *Abramenko* Hdb § 6 Rn. 188.
[191] BayObLGZ 2002, 20 = ZWE 2002, 214.
[192] OLG München NJW-RR 2008, 1332; *H. Müller* ZWE 2000, 237, 241.
[193] BGH NJW 2014, 1090 = ZWE 2014, 178.

Ein Verstoß gegen diese formellen Anforderungen führt allerdings nicht gleich- **116** sam automatisch zur Unwirksamkeit eines auf der Eigentümerversammlung gefassten Beschlusses; ein solcher Beschluss ist allenfalls anfechtbar. Die **Ungültigerklärung** eines Beschlusses kommt trotz formeller Mängel bei der Beschlussfassung nicht in Betracht, wenn die Mängel für die Beschlussfassung nicht kausal geworden sind, weil der angefochtene Beschluss auch bei ordnungsgemäßer Einberufung ebenso gefasst worden wäre.[194] Denkbar wäre aber auch eine rügelose Teilnahme aller Wohnungseigentümer (Vollversammlung)[195] oder der Verzicht eines Wohnungseigentümers auf die Rüge eines formellen Fehlers.[196]

c) Materielle Ordnungsmäßigkeit

Die materielle Ordnungsmäßigkeit einer Beschlussfassung soll am Beispiel des **117** in der Praxis überwiegenden Anwendungsbereichs verdeutlicht werden.

aa) Verwaltungshandeln

Gem. § 21 Abs. 3 WEG können die Wohnungseigentümer eine der Beschaf- **118** fenheit des gemeinschaftlichen Eigentums entsprechende ordnungsmäßige Verwaltung durch Stimmenmehrheit beschließen, soweit nicht die Verwaltung des gemeinschaftlichen Eigentums bereits durch Vereinbarung der Wohnungseigentümer geregelt ist.

Bitte lesen Sie jetzt § 21 Abs. 1 u. 3 WEG!

Zur Verwaltung in diesem Sinne gehören alle Maßnahmen, die in tatsächlicher oder rechtlicher Hinsicht auf eine Änderung des bestehenden Zustandes abzielen oder sich als Geschäftsführung zugunsten der Wohnungseigentümer in Bezug auf das gemeinschaftliche Eigentum darstellen.[197]

bb) Grundsätze ordnungsmäßiger Verwaltung

Jeder Wohnungseigentümer kann eine ordnungsmäßige Verwaltung verlangen **119** (§ 21 Abs. 4 WEG). Darunter ist eine Verwaltung zu verstehen, die den Vereinbarungen und Beschlüssen und, soweit solche nicht bestehen, unter Berücksichtigung der Beschaffenheit des gemeinschaftlichen Eigentums dem Interesse der Gesamtheit der Wohnungseigentümer nach billigem Ermessen entspricht (§ 21 Abs. 3 u. 4 WEG). Ob ein Eigentümerbeschluss danach ordnungsmäßiger Verwaltung entspricht, ist im Einzelfall unter Abwägung der für und gegen den Eigentümerbeschluss sprechenden Umstände zu entscheiden, wobei im Vordergrund das Interesse der Gesamtheit der Wohnungseigentümer und nicht nur Einzelner zu stehen hat.[198]

---

[194] BGHZ 150, 109 = NJW 2002, 1647 = ZWE 2002, 260 bzgl. der Wahl des Versammlungsortes und der Nichteinhaltung der Einberufungsfrist; OLG Köln ZMR 2009, 627 bzgl. Wiederholung der Beschlussfassung.

[195] BGH ZWE 2011, 354; LG Hamburg ZWE 2011, 458.

[196] OLG Frankfurt ZWE 2013, 211; eine gleichwohl erhobene Anfechtung wäre rechtsmissbräuchlich.

[197] BGH NJW 1997, 2106; BGHZ 121, 22 = NJW 1993, 727.

[198] BayObLG NJW-RR 2004, 1021; OLG Köln NZM 1998, 870.

120   Eine genauere Eingrenzung des Begriffs ist angesichts der vielfältigen Erscheinungsformen und der unterschiedlichen Größe von Wohnungseigentümergemeinschaften in der Praxis kaum möglich.[199] Im Einzelnen ist die Frage, ob ein Beschluss ordnungsmäßiger Verwaltung entspricht, daher an **Kriterien** wie dem Kosten-Nutzen-Vergleich, der Verkehrsauffassung, der Finanzlage der Gemeinschaft und der wirtschaftlichen Leistungsfähigkeit der Wohnungseigentümer, der Übereinstimmung mit bau- und ordnungsrechtlichen Vorgaben sowie der Eigenart der Anlage zu messen.[200] Bei der Verwaltung des gemeinschaftlichen Eigentums steht den Wohnungseigentümern demgemäß ein **Ermessensspielraum** zu; sie können unter mehreren geeigneten Maßnahmen nach billigem Ermessen auswählen.[201]

cc) Gesetzliche Beispiele ordnungsmäßiger Verwaltung

121   Das Gesetz selbst nennt exemplarisch in § 21 Abs. 5 Nr. 1–6 WEG einige – ausgewählte – Maßnahmen einer ordnungsmäßigen, dem Interesse der Gesamtheit der Wohnungseigentümer entsprechenden Verwaltung, auf die Wohnungseigentümer gem. § 21 Abs. 4 WEG einen Anspruch haben.

📖   Bitte lesen Sie jetzt § 21 Abs. 4 u. 5 Nr. 1–6 WEG!

dd) Durchsetzung des Anspruchs auf ordnungsmäßige Verwaltung

122   Der Anspruch auf ordnungsmäßige Verwaltung beinhaltet auch die Fassung entsprechender Beschlüsse. Der Anspruch hat sich im Hinblick auf deren individuelle Mitwirkungspflicht gegen die übrigen Wohnungseigentümer zu richten, wenn deren Mitwirkung an einer ordnungsmäßigen Verwaltung verlangt wird; eine Klage gegen den Verband scheidet aus.[202] Das Rechtsschutzbedürfnis für eine Verfolgung des Anspruchs im Prozesswege wird jedoch nur nach vorheriger **Befassung der Eigentümerversammlung** gegeben sein[203], wenn deren Beteiligung nicht mit an Sicherheit grenzender Wahrscheinlichkeit ohne Aussicht auf Erfolg wäre.[204]

123   Die **Klage auf einen konkreten Beschluss** würde allerdings voraussetzen, dass nur ein ganz bestimmter Beschluss ordnungsmäßiger Verwaltung entspricht. Andernfalls hätte die Gemeinschaft die Wahl zwischen verschiedenen Möglichkeiten.[205] Für den Kläger bestünde dann aber kein Anspruch auf eine ganz bestimmte Auswahl, so dass seine Klage (zumindest teilweise) abzuweisen wäre. Aus diesem Grunde kann bei einer entsprechenden **Klage auf „irgendeinen Beschluss"** an Stelle der Wohnungseigentümer das Prozessgericht in einem Rechtsstreit gemäß § 43 WEG nach billigem Ermessen entscheiden, soweit sich die

---

[199] Bärmann/*Merle* § 21 Rn. 26 aE.

[200] *Abramenko* Hdb. § 6 Rn. 196; Bärmann/*Merle* § 21 Rn. 27ff.; *Hügel/Elzer* § 21 Rn. 25ff.

[201] BGH NJW 2012, 1724 = ZWE 2012, 268.

[202] BGHZ 202, 375 = NJW 2015, 613 = ZWE 2015, 88; aA noch OLG München NJW 2011, 83 = ZWE 2011, 37.

[203] BGHZ 184, 88 = NJW 2010, 2129 = ZWE 2010, 174.

[204] BGHZ 202, 375 = NJW 2015, 613 = ZWE 2015, 88; OLG Rostock, ZMR 2010, 223 („nutzlose Förmelei").

[205] BGH NJW 2012, 1724 = ZWE 2012, 268.

Maßnahme nicht aus dem Gesetz, einer Vereinbarung oder einem Beschluss der Wohnungseigentümer ergibt.

Bitte lesen Sie jetzt § 21 Abs. 8 WEG!

Beide Klagemöglichkeiten stehen nebeneinander und ergänzen sich.[206]

3. Entstehungsvoraussetzungen für einen Beschluss

a) Antragstellung

Der Abstimmung der Wohnungseigentümerversammlung unterliegt immer **124** nur ein **konkret gestellter Antrag**.[207] Die Wohnungseigentümer haben nur die Möglichkeit mit „ja" oder „nein" zu stimmen oder sich der Stimme zu enthalten. Die Modifizierung eines Antrags ist deshalb schon abstimmungstechnisch ausgeschlossen. Über ein „Minus" gegenüber dem ursprünglich gestellten Antrag können die Wohnungseigentümer nur abstimmen, wenn der Antragsteller durch weitere Anträge oder durch Stellung von Hilfsanträgen auch einen Beschluss im geringeren Umfang erreichen will. Mit der Ablehnung eines Beschlusses ist weder das Gegenteil des Antrags beschlossen noch wird etwas abgelehnt, was nicht ausdrücklich beantragt worden ist.[208]

b) Ort der Beschlussfassung

Soweit nicht (ausnahmsweise) im schriftlichen Verfahren eine Beschlussfassung **125** erfolgen soll (§ 23 Abs. 3 WEG), sieht das Gesetz für Beschlussangelegenheiten nur die Beschlussfassung **in einer Versammlung** der Wohnungseigentümer vor (§ 23 Abs. 1 WEG).

c) Abstimmungsverfahren

Das Abstimmungsverfahren ist im Gesetz nicht geregelt. Die Wohnungseigen- **126** tümer können daher durch Vereinbarung einen bestimmten Abstimmungsmodus vorgeben. Enthält die Gemeinschaftsordnung keine abweichende Regelung, obliegt die Wahl der Abstimmungsmethode dem Versammlungsleiter. Allerdings können die Wohnungseigentümer wiederum per Geschäftsordnungsantrag einen bestimmten Abstimmungsweg beschließen.[209] Grundsätzlich kommen alle zur Mehrheitsfindung geeigneten Methoden in Betracht.

---

[206] *Hügel/Elzer* § 21 Rn. 151.
[207] Vgl. BGH NJW 2014, 1090 = ZWE 2014, 178.
[208] OLG München NJW-RR 2009, 595.
[209] *Müller* Praktische Fragen 8. Teil Rn. 147.

Beispiele

Stimmabgaben sind sowohl mündlich als auch schriftlich wie folgt denkbar:

- Abstimmungen mittels Handzeichen;
- Abstimmungen mittels Akklamation; $Beifall$
- Abstimmungen mittels hochgehobener Stimmkarte;
- namentliche Abstimmungen;
- geheime Abstimmungen mittels Stimmzettel.

d) Stimmenmehrheit

aa) Mehrheitsfindung

127   Für die Annahme eines Beschlussantrages genügt grundsätzlich die **einfache Mehrheit der „Ja-Stimmen"** (vgl. noch einmal die Formulierung in § 21 Abs. 3 und § 25 Abs. 1 S. 1 WEG). Die Stimmenmehrheit liegt dann vor, wenn die abgegebenen „Ja-Stimmen" die „Nein-Stimmen" überwiegen; bei Stimmengleichheit ist ein Beschlussantrag abgelehnt. **Stimmenthaltungen** sind bei der Bestimmung der Mehrheit nicht mitzuzählen.[210] **Nicht abgegebene Stimmen** werden wie Stimmenthaltungen gewertet.[211]

Beispiel[212]

In einer Wohnungseigentümerversammlung soll über den Einsatz eines Miteigentümers als Hauswart abgestimmt werden. Anwesend sind 16 Wohnungseigentümer einschließlich des von der angestrebten Beschlussfassung begünstigten Wohnungseigentümers. Es werden abgegeben:

- 8 „Ja-Stimmen";
- 5 „Nein-Stimmen;
- 1 Stimmenthaltung;
- 2 Wohnungseigentümer äußern sich nicht.

Wertet man die nicht abgegebenen Stimmen wie eine Enthaltung, hätte der Antrag bei 16 anwesenden Wohnungseigentümern mit drei Enthaltungen und fünf „Nein-Stimmen" keine Mehrheit gefunden, wenn die Enthaltungen wie „Nein-Stimmen" zählten. Stimmenthaltungen bekunden jedoch nach dem objektiven Erklärungswert lediglich Unentschiedenheit und dürfen deshalb nicht als ablehnendes Votum gewertet werden. Zählen die Stimmenthaltungen bei der Berechnung der Mehrheit jedoch nicht mit, ist der Antrag in jedem Fall mehrheitlich angenommen, und zwar unabhängig davon, ob der betroffene Wohnungseigentümer im Hinblick auf § 25 Abs. 5 WEG selbst mitstimmen durfte und ob er für den Antrag gestimmt hat.

bb) Bestimmung der Mehrheit

128   Zur Bestimmung der Mehrheit sieht das Gesetz in § 25 Abs. 2 S. 1 WEG zunächst das **Kopfstimmrecht** als Regel vor. Das gesetzliche Stimmrechtsprinzip ist allerdings gem. § 10 Abs. 2 S. 2 WEG abdingbar und kann durch das **Wert- oder Objektstimmrecht** ersetzt werden.[213] Diese Möglichkeit besteht auch dann, wenn über die Bestellung oder Abberufung des Verwalters gem. § 26 Abs. 1 S. 1 WEG[214]

---

[210] BGHZ 106, 179 = NJW 1989, 1090 in Anlehnung an die vereinsrechtliche Mehrheitsberechnung in BGHZ 83, 35 = NJW 1982, 1535.

[211] BGHZ 106, 179 = NJW 1989, 1090.

[212] Nach BGHZ 106, 179 = NJW 1989, 1090.

[213] BGHZ 191, 245 = NJW 2012, 921 = ZWE 2012, 80.

[214] BGHZ 191, 245 = NJW 2012, 921 = ZWE 2012, 80.

oder die veränderte Umlegung von Betriebs- und Verwaltungskosten gem. § 16 Abs. 3 WEG[215] abgestimmt werden soll. Lediglich für die Beschlusskompetenzen nach § 16 Abs. 4 S. 2 WEG und § 22 Abs. 2 S. 1 WEG gilt eine Einschränkung, da dort die Stimmengewichtung nach § 25 Abs. 2 WEG vorgeschrieben und gem. §§ 16 Abs. 5, 22 Abs. 2 Satz 2 WEG zwingend ist.

Wiederholung:

Wiederholen Sie bitte die Ausführungen zum Stimmrecht in → Rn. 44 und → Rn. 59 ff.!

Sofern keine qualifizierte Mehrheit vorgesehen ist, kommt es nicht auf alle, **129** sondern nur auf die anwesenden oder vertretenen Eigentümer an (vgl. § 25 Abs. 3 WEG). Eigentümergemeinschaften können nur einheitlich nach den für ihr jeweiliges Innenverhältnis geltenden Vorschriften abstimmen (vgl. § 25 Abs. 2 S. 2 WEG).[216] Durch die Unterteilung einer Einheit entsteht kein zusätzliches Stimmrecht.[217]

cc) Auszählungsverfahren

Die abgegebenen Stimmen können als „Ja-Stimmen", „Nein-Stimmen" bzw. **130** Enthaltungen positiv aufaddiert werden. In Betracht kommt aber grundsätzlich auch eine Auszählung nach der sog **Subtraktionsmethode.**

Beispiel

In einer Wohnungseigentümerversammlung kann der Versammlungsleiter mangels abweichender Regelung das Ergebnis der Abstimmung auch feststellen, indem er zunächst nur die „Nein-Stimmen" und Enthaltungen abfragt und danach den Rest der Stimmen als „Ja-Stimmen" wertet. Entsprechendes gilt nach Abgabe der „Ja-Stimmen" und Enthaltungen für die Feststellung der „Nein-Stimmen".[218]

Durch die Subtraktionsmethode kann das tatsächliche Abstimmungsergebnis allerdings nur dann hinreichend verlässlich ermittelt werden, wenn für den Zeitpunkt der jeweiligen Abstimmung die Anzahl der anwesenden und vertretenen Wohnungseigentümer und – bei Abweichung vom Kopfprinzip – auch deren Stimmkraft feststeht.[219]

dd) Unwirksamkeit, Anfechtung und Widerruf einer abgegebenen Stimme

Ein wohnungseigentumsrechtlicher Beschluss wird allgemein als ein mehrsei- **131** tiges – bedingungsfeindliches[220] – Rechtsgeschäft eigener Art verstanden (sog **Gesamtakt**), durch den mehrere gleichgerichtete Willenserklärungen der Wohnungseigentümer gebündelt werden.[221] Auf die Einzelstimme finden damit die Regelungen für Willenserklärungen Anwendung.

---

[215] BGH NJW 2015, 3371 = ZWE 2015, 410.
[216] OLG Dresden ZMR 2005, 894; OLG Düsseldorf FGPrax 2003, 216.
[217] BGH NJW 2012, 2434 = ZWE 2012, 271.
[218] BGHZ 152, 63 = NJW 2002, 3629; aA noch OLG Düsseldorf ZWE 2000, 423.
[219] BGHZ 152, 63 = NJW 2002, 3629.
[220] OLG Düsseldorf ZWE 2002, 418.
[221] BGHZ 152, 63 = NJW 2002, 3629; BGHZ 139, 288 = NJW 1998, 3713; BayObLGZ 1977, 226, 231 = NJW 1978, 1387.

132   Im Rahmen einer Beschlussfassung abgegebene Stimmen können daher **unwirksam** sein.

Beispiel

So kann eine wirksame Stimmabgabe an der fehlenden Geschäftsfähigkeit scheitern (§§ 104ff. BGB).[222]

Stimmabgaben können auch nachträglich **angefochten** werden.

Beispiel

In Betracht kommen insbesondere Anfechtungen der Stimmabgabe wegen Irrtums oder Täuschung (§§ 119ff. BGB).[223]

Willensmängel in Bezug auf die Stimmabgabe bewirken jedoch zunächst nur, dass die Stimmabgabe unwirksam ist. Ob in Anbetracht der Ungültigkeit der Stimme dann auch der Beschluss selbst fehlerhaft ist, beurteilt sich unter Einbeziehung des weiteren (Kausalitäts-)Kriteriums, ob nämlich auf der ungültigen Stimmabgabe der Beschluss beruht.[224] Es bedarf daher einer **doppelten Anfechtung** sowohl der Stimmabgabe als auch des möglicherweise darauf beruhenden Beschlusses.

133   Für die Beurteilung einer **Teilnichtigkeit** ist auf § 139 BGB abzustellen, der auf Eigentümerbeschlüsse entsprechend anwendbar ist.[225]

134   Die in der Eigentümerversammlung abgegebene Stimme kann bis zu ihrem Zugang bei dem Versammlungsleiter **widerrufen** werden.[226]

e) Verkündung des Beschlussergebnisses

135   Ein Beschluss kommt nicht bereits mit der bloßen Stimmabgabe zustande. Es bedarf vielmehr zusätzlich noch einer **konstitutiv** wirkenden **Feststellung** und **Verkündung** durch den Versammlungsleiter.[227] Die erforderliche Feststellung und Verkündung des Beschlussergebnisses muss allerdings nicht zwingend in das Versammlungsprotokoll (§ 24 Abs. 6 WEG) aufgenommen werden und kann auch in konkludenter Weise geschehen.[228]

136   Da die Verkündung des Beschlusses Wirksamkeitsvoraussetzung ist, kann ein Beschluss nur mit dem vom Versammlungsleiter festgestellten Ergebnis zustande kommen.[229] Selbst wenn er ein **unzutreffendes Ergebnis** verkündet, bleibt ein solchermaßen verkündeter Beschluss wirksam und kann nur im Wege der Anfechtungsklage nach § 43 Nr. 4 WEG korrigiert werden. Dies hat auch für einen Zählfehler des Versammlungsleiters zu gelten, wenn tatsächlich gar keine Mehrheit für einen Beschlussantrag vorliegt.[230]

---

[222] Vgl. OLG Stuttgart OLGZ 1985, 259 = NJW-RR 1986, 243.

[223] Vgl. *Abramenko* Hdb. § 6 Rn. 219 mwN.

[224] BGHZ 152, 63 = NJW 2002, 3629; BayObLG NJW-RR 2005, 664; OLG Stuttgart OLGZ 1985, 259 = NJW-RR 1986, 243.

[225] BGHZ 139, 288 = NJW 1998, 3713; OLG Hamm ZWE 2006, 228.

[226] BGH NJW 2012, 3372 = ZWE 2012, 496.

[227] BGH NJW 2014, 1090 = ZWE 2014, 178; BGHZ 148, 335 = NJW 2001, 3339 = ZWE 2001, 530; OLG München NJW-RR 2007, 594.

[228] OLG Hamm ZMR 2009, 58.

[229] OLG Düsseldorf ZWE 2002, 418.

[230] BGH NJW 2009, 2132; aA *Hügel/Elzer* Vor §§ 23ff. Rn. 30 „Scheinbeschluss".

Unterbleibt die Feststellung und Verkündung des Abstimmungsergebnisses, so **137** kann gem. § 43 Nr. 4 WEG auf Feststellung und Verkündung durch das Gericht geklagt werden (**Beschlussfeststellungsklage**).[231] Dabei ist umstritten, ob aus Gründen der Prozessökonomie neben der Feststellung und Verkündung zugleich auch die Ordnungsmäßigkeit des Beschlusses Streitgegenstand sein kann.[232]

4. Auslegung eines Beschlusses

Als mehrseitiges Rechtsgeschäft eigener Art erfüllt der Beschluss insoweit **138** die Merkmale eines Rechtsgeschäfts, als sein wesentlicher Bestandteil eine oder mehrere Willenserklärungen sind und er die kollektive und rechtsverbindliche Entscheidung der Gemeinschaft über einen Antrag zum Ausdruck bringt. Beschlüsse sind deshalb grundsätzlich der Auslegung zugänglich. Insbesondere solche Beschlüsse, die als Dauerregelungen auch gegenüber einem Sondernachfolger gelten sollen, wirken jedoch ohne Eintragung in das Grundbuch wie Grundbucherklärungen für und gegen sie (§ 10 Abs. 4 u. 5 WEG). Es besteht daher wie bei der Gemeinschaftsordnung ein Interesse des Rechtsverkehrs, die durch die Beschlussfassung eingetretenen Rechtswirkungen der Beschlussformulierung selbst entnehmen zu können. Beschlüsse sind deshalb „aus sich heraus" – **objektiv und normativ** – auszulegen. Umstände außerhalb des protokollierten Beschlusses dürfen nur herangezogen werden, wenn sie nach den besonderen Verhältnissen des Einzelfalles für jedermann ohne weiteres erkennbar sind, zB weil sie sich aus dem – übrigen – Versammlungsprotokoll ergeben.[233]

5. Nicht- und Negativbeschlüsse

a) Nichtbeschluss

Einem Nichtbeschluss mangelt es bereits an den Mindestvoraussetzungen einer **139** Beschlussfassung. Er vermittelt nur den Anschein eines Beschlusses (**Scheinbeschluss**).

Beispiele

Ein solcher Nichtbeschluss liegt u.a. vor,

- wenn außerhalb einer Eigentümerversammlung nur einige Wohnungseigentümer einen „Beschluss" fassen wollen;[234]
- wenn der Alleineigentümer sämtlicher Miteigentumsanteile „Beschlüsse" (zB über zu leistende Hausgeldzahlungen) fasst, ohne dass bereits eine werdende Gemeinschaft entstanden ist.[235]

---

[231] BGHZ 148, 335 = NJW 2001, 3339 = ZWE 2001, 530.

[232] Befürw. OLG München NJW-RR 2007, 594; LG Hamburg ZMR 2011, 822; *Abramenko* Hdb. § 6 Rn. 225; *Becker* ZWE 2006, 157; abl. *Hügel/Elzer* § 46 Rn. 38.

[233] BGHZ 195, 22 = NJW 2012, 3719 = ZWE 2013, 27 [Kreditaufnahme]; BGHZ 139, 288 = NJW 1998, 3713.[Ruhezeiten-Musikausübung].

[234] OLG Hamm NJW-RR 2008, 250; BayObLG ZWE 2003, 185.

[235] BGHZ 151, 164 = NJW 2002, 3240 = ZWE 2002, 570; OLG München ZMR 2006, 308.

b) Negativbeschluss

140 Demgegenüber hat nach heute vorherrschendem Verständnis die formal einwandfrei zustande gekommene Ablehnung eines Beschlussantrages durch die Wohnungseigentümer ihrerseits Beschlussqualität. Ein solcher **Negativbeschluss** ist kein Nichtbeschluss.[236] Die unterlassene Anfechtung eines ablehnenden Beschlusses entfaltet auch materiell keine Sperrwirkung für inhaltsgleiche Anträge.[237] Ein Rechtsschutzbedürfnis für die Anfechtung eines Negativbeschlusses ist regelmäßig auch ohne Verbindung mit einem auf die Feststellung eines positiven Beschlussergebnisses gerichteten Antrags anzunehmen.[238]

6. Zweitbeschlüsse

a) Inhaltsgleiche Zweitbeschlüsse

141 Den Wohnungseigentümern ist es nicht verwehrt, über eine in der Vergangenheit bereits behandelte Angelegenheit noch einmal einen inhaltlich gleichen Beschluss zu fassen.[239] Ein solcher inhaltsgleicher Zweitbeschluss wird idR auch ordnungsmäßiger Verwaltung entsprechen, wenn der **Erstbeschluss** an einem **formellen Mangel** litt. In diesem Fall wollen die Wohnungseigentümer nämlich eine klare und eindeutige Beschlusslage herbeiführen.[240] Dadurch entfällt mit der Bestandskraft des Zweitbeschlusses zugleich das Rechtsschutzbedürfnis für die Anfechtung des ersten Beschlusses.[241]

142 Ein inhaltsgleicher Zweitbeschluss kann auch dann noch ordnungsmäßiger Verwaltung entsprechen, wenn sich gegenüber dem Erstbeschluss die Sach- oder Rechtslage geändert hat. Fassen allerdings die Wohnungseigentümer einen Zweitbeschluss mit identischem Inhalt, so ist jedenfalls die **grundlose inhaltsgleiche Wiederholung** früherer Eigentümerbeschlüsse, die bereits **aus materiellen Gründen** angefochten worden sind, mit den Grundsätzen ordnungsmäßiger Verwaltung nicht vereinbar, so dass ein solcher Wiederholungsbeschluss schon deshalb nach rechtzeitiger Anfechtung für ungültig zu erklären ist.[242]

Beispiel

Ein Zweitbeschluss ist rechtsmissbräuchlich und widerspricht daher ordnungsmäßiger Verwaltung, wenn er allein in der Hoffnung gefasst wird, bei der dritten oder fünften Wiederholung werde die Minderheit die Anfechtungsfrist versäumen oder aufgrund psychischer oder finanzieller Erschöpfung auf die Anfechtung verzichten.[243]

---

[236] BGHZ 148, 335 = NJW 2001, 3339 = ZWE 2001, 530; aA *Hügel/Elzer* Vor §§ 23 ff. Rn. 52: der Negativbeschluss sei nicht auf die Herbeiführung einer Rechtsfolge gerichtet.
[237] BGHZ 152, 46 = NJW 2002, 3704 = ZWE 2003, 64.
[238] BGH NJW 2012, 1722 = ZWE 2012, 267; BGHZ 184, 88 = NJW 2010, 2129 = ZWE 2010, 174.
[239] BayObLG ZWE 2002, 315.
[240] LG Köln ZWE 2013, 139.
[241] OLG Frankfurt ZWE 2013, 211; LG Düsseldorf ZWE 2012, 44.
[242] KG NJW-RR 1994, 1358; LG Hamburg ZWE 2011, 283.
[243] LG Hamburg ZWE 2011, 283.

b) Abändernde und ergänzende Zweitbeschlüsse

Die Wohnungseigentümer sind grundsätzlich auch nicht gehindert, früher ge- **143** fasste Beschlüsse durch einen neuerlichen Beschluss zu ergänzen oder gar gänzlich abzuändern. Dabei ist unerheblich, aus welchen Gründen die Gemeinschaft eine erneute Beschlussfassung für angebracht hält. Von Bedeutung ist nur, ob der neue Beschluss „aus sich heraus" einwandfrei ist. Dies gilt selbst dann, wenn der frühere Beschluss inzwischen bestandskräftig geworden sein sollte.[244]

Der abändernde Zweitbeschluss muss jedoch nach hM **schutzwürdige Belange** **144** eines Wohnungseigentümers aus Inhalt und Wirkungen des Erstbeschlusses beachten.[245] Insbesondere darf dadurch nicht in bereits erworbene Rechtspositionen eingegriffen werden.

Beispiel

Haben die Wohnungseigentümer in einem (Erst-)Beschluss den ohne ihre Zustimmung vorgenommenen Umbau einer Wohnungseingangstür genehmigt, so ist die zunächst unrechtmäßig vorgenommene bauliche Veränderung als rechtmäßig anzusehen (vgl. § 22 Abs. 1 WEG); sie ist nach Bestandskraft von allen Wohnungseigentümern zu dulden (vgl. § 10 Abs. 5 WEG). Der Entzug einer solchen begünstigenden Rechtsposition stellt einen Nachteil dar und kann deshalb nicht im Wege eines abändernden Zweitbeschlusses erfolgen, soweit nicht ausnahmsweise überwiegende sachliche Gründe für die neue Regelung sprechen.[246]

Nach hM bedeutet dies allerdings nicht, dass durch einen abändernden Beschluss auch etwaige *tatsächliche* Vorteile erhalten bleiben müssen, die ein Wohnungseigentümer nach dem Erstbeschluss gehabt hätte.[247]

7. Einstimmige und allstimmige Beschlüsse

a) Einstimmige Beschlüsse

Ein Beschluss ist **einstimmig**, wenn ihm alle in der Eigentümerversammlung **145** anwesenden und stimmberechtigten Wohnungseigentümer zugestimmt haben.[248] Auch hier sind Enthaltungen nicht zu berücksichtigen.

Beispiel

Bei gesetzlichem Kopfstimmrecht ist ein Beschluss einstimmig zustande gekommen, wenn von insgesamt 10 Wohnungseigentümern zwei für einen Beschlussantrag gestimmt und die übrigen acht sich der Stimme enthalten haben.

---

[244] BGHZ 148, 335 = NJW 2001, 3339 = ZWE 2001, 530; BGHZ 113, 197 = NJW 1991, 979.

[245] BGHZ 113, 197 = NJW 1991, 979; OLG Frankfurt OLGR 2005, 334; OLG Köln NZM 2002, 454; OLG Düsseldorf ZWE 2001, 34; BayObLG ZWE 2002, 360; aA *Hügel/ Elzer* Vor §§ 23ff. Rn. 48.

[246] OLG Frankfurt OLGR 2005, 334; BayObLG ZWE 2002, 360.

[247] OLG Frankfurt OLGR 2005, 334; OLG Düsseldorf ZWE 2000, 368.

[248] Zum unterschiedlichen Sprachgebrauch vgl. OLG Hamm ZWE 2008, 465; *Müller* Praktische Fragen Teil 8 Rn. 129; wie hier *Hügel/Elzer* Vor §§ 23ff. Rn. 55; Jennißen/ *Schultzky* § 23 Rn. 62.

Folgt man der noch h.M. zur Beschlussfähigkeit im Rahmen des § 25 Abs. 3 WEG (→ Rn. 83 ff.), wäre sogar der bei Anwesenheit nur eines Wohnungseigentümers in einer Zweitversammlung gefasste Beschluss einstimmig.

b) Allstimmige Beschlüsse

aa) Voraussetzung und Abgrenzung

146 Ein Beschluss in einer Eigentümerversammlung ist demgegenüber **allstimmig**, wenn sämtliche Wohnungseigentümer anwesend oder vertreten sind und sämtliche Stimmberechtigten einem Beschlussantrag zustimmen.[249]

147 Im Einzelfall kann es zu **Abgrenzungsschwierigkeiten** zwischen allstimmigen Beschlüssen und Vereinbarungen kommen. Die wohl h.M. orientiert sich dabei am Regelungsinhalt und nimmt eine Vereinbarung regelmäßig immer dort an, wo ein Mehrheitsbeschluss nicht wirksam möglich wäre.[250] Dementsprechend liegt nach dieser Ansicht ein Beschluss immer dann vor, wenn innergemeinschaftliche Regelungen einer Mehrheitsentscheidung zugänglich sind.[251]

bb) Schriftliche Beschlussfassung

148 Allstimmigkeit wird vom Gesetz ausnahmsweise für eine **schriftliche Beschlussfassung** gem. § 23 Abs. 3 WEG gefordert. Da die in einer Eigentümerversammlung bestehende Möglichkeit zum Meinungsaustausch im schriftlichen Verfahren entfällt, sollen die Wohnungseigentümer ggf. durch Verweigerung der Teilnahme ein nicht gewünschtes Votum verhindern können.[252]

Bitte lesen Sie jetzt § 23 Abs. 3 WEG!

Für diese Art von Beschlussfassung ist auch die Bezeichnung „**Umlaufverfahren**" gebräuchlich. Sie setzt voraus, dass die Wohnungseigentümer sowohl dem Verfahren als solchem als auch dem eigentlichen Beschluss zustimmen.[253] Dazu muss eine Beschlussfassung unmissverständlich initiiert werden.[254] Die **Initiative** kann von jedem Wohnungseigentümer, dem Verwalter, einem Beirat oder deren jeweiligem Vertreter ausgehen[255]; außenstehende Dritte sind zur Einleitung einer schriftlichen Beschlussfassung allerdings nicht berechtigt.[256]

---

[249] *Deckert* ZMR 2002, 21, 24; *Hügel/Elzer* Vor 23 ff. Rn. 56; Jennißen/*Schultzky* § 23 Rn. 40a.

[250] OLG Hamburg ZMR 2008, 154; OLG Hamm ZMR 2005, 400; BayOblG ZWE 2002, 583; OLG Düsseldorf ZWE 2001, 383; OLG Zweibrücken ZWE 2001, 563; LG Hamburg ZMR 2015, 484; LG Karlsruhe ZMR 2010, 640.

[251] A.A. *Hügel/Elzer* Vor §§ 23 ff. Rn. 57; Jennißen/*Schultzky* § 23 Rn. 42 f.; *Wenzel* NZM 2003, 217.

[252] Vgl. Jennißen/*Schultzky* § 23 Rn. 127.

[253] LG München I ZMR 2015, 799.

[254] BGH NJW 2015, 2425 = ZWE 2015, 280; OLG Celle NJW-RR 2006, 1605.

[255] *Bärmann/Merle* § 23 Rn. 107; Riecke/Schmid/*Drabek* § 23 Rn. 44.

[256] Jennißen/*Schultzky* § 23 Rn. 129; aA *Hügel/Elzer* § 23 Rn. 66; Riecke/Schmid/ *Drabek* § 23 Rn. 45.

Die Beschlussfassung muss **schriftlich iSv § 126 BGB** erfolgen; eine Stimmab- 149
gabe per Fax oder e-mail ist damit ausgeschlossen (arg. § 126 Abs. 3 BGB).[257]

Nach dem eindeutigen Wortlaut des § 23 Abs. 3 WEG müssen zur Wirksamkeit 150
„alle Wohnungseigentümer" ihre Zustimmung erklären. Einem schriftlichen
Beschluss müssen damit auch diejenigen Wohnungseigentümer zustimmen, die
in einer Eigentümerversammlung bei der Beschlussfassung zB wegen § 25 Abs. 5
WEG vom Stimmrecht ausgeschlossen wären.[258]

Wegen der konstitutiven Wirkung kommt auch im schriftlichen Verfahren 151
ein Beschluss erst mit der Feststellung und einer an alle Wohnungseigentümer
gerichteten Mitteilung des Beschlussergebnisses als **Verkündungsersatz** durch
den Initiator zustande.[259]

Beispiel

Der Verwalter könnte als Initiator den Umlaufbeschluss „verkünden",
– indem er mit einem entsprechenden Rundschreiben alle Wohnungseigentümer über die
Beschlussfassung informiert;
– indem er über die Beschlussfassung einen Aushang am Schwarzen Brett der Eigentümergemeinschaft anbringt;
– indem er die Verkündung eines nicht eilbedürftigen Beschlusses bei der nächsten Eigentümerversammlung nachholt.[260]

Umstritten ist lediglich, welche Rechtsfolgen mit der „Verkündung" eines
fehlerhaften Umlaufbeschlusses verbunden sind.

Beispiel

Der Verwalter hat als Initiator einen schriftlichen Beschluss „verkündet", obwohl die erforderliche Allstimmigkeit nicht gegeben ist.

Die Beantwortung dieser Frage hängt maßgeblich davon ab, ob man die Vorschrift des § 23 Abs. 3 WEG wegen des in der Norm zum Ausdruck kommenden
Minderheitenschutzes für zwingendes Recht hält, auf dessen Einhaltung nicht
verzichtet werden kann. In diesem Fall kann im Hinblick auf § 23 Abs. 4 S. 1
WEG ein Mangel des schriftlichen Beschlussverfahrens keine Rechtswirkungen
zeitigen.[261] Selbst die „Verkündung" ist dann nicht in der Lage, einen unvollkom-
menen schriftlichen Beschluss zu vervollständigen; sie geht schlicht ins Leere.
Hält man demgegenüber § 23 Abs. 3 WEG vor dem Hintergrund der sich allgemein in § 10 Abs. 2 S. 2 WEG manifestierenden Privatautonomie der Wohnungseigentümer lediglich für abdingbar, gelangt man nicht zu einem Nichtbeschluss,
sondern statt dessen lediglich zur Anfechtbarkeit.[262]

---

[257] Bärmann/*Merle* § 23 Rn. 108; *R. Breiholdt* ZMR 2010, 168; Jennißen/*Schultzky* § 23
Rn. 139; aA (für Fax) *Hügel/Elzer* § 23 Rn. 64; *Müller* Praktische Fragen Teil 8 Rn. 184.
[258] BayObLG ZWE 2001, 590; Bärmann/*Merle* § 23 Rn. 112; Jennißen/*Schultzky* § 23
Rn. 133; *Müller* Praktische Fragen Teil 8 Rn. 182; Riecke/Schmid/*Drabek* § 23 Rn. 57; aA
Kümmel ZWE 2000, 62.
[259] BGHZ 148, 335 = NJW 2001, 3339 = ZWE 2001, 530.
[260] *Abramenko* Hdb. § 6 Rn. 236; Jennißen/*Schultzky* § 23 Rn. 136.
[261] So etwa OLG Zweibrücken FGPrax 2003, 60; LG München I ZWE 2014, 189;
Deckert ZMR 2008, 585; *Hügel/Elzer* § 23 Rn. 65; Jennißen/*Schultzky* § 23 Rn. 137.
[262] So etwa Bärmann/*Merle* § 23 Rn. 116; *R. Breiholdt* ZMR 2010, 168; *Müller* Praktische Fragen Teil 8 Rn. 179.

8. Fehlerhafte Beschlüsse

a) Grundsatz

152   Der hier maßgebliche § 23 Abs. 4 WEG ist soeben schon angesprochen worden. Danach kennt das Gesetz einerseits nichtige Beschlüsse, die gegen eine Rechtsvorschrift verstoßen, auf deren Einhaltung rechtswirksam nicht verzichtet werden kann (§ 23 Abs. 4 S. 1 WEG). Im Übrigen ist ein Beschluss jedoch gültig, solange er nicht durch rechtskräftiges Urteil für ungültig erklärt ist (§ 23 Abs. 4 S. 2 WEG).

📖   Bitte lesen Sie jetzt § 23 Abs. 4 WEG!

Die Vorschrift setzt denknotwendig voraus, dass überhaupt ein Beschluss zustande gekommen ist. Wegen der sog Nichtbeschlüsse/Scheinbeschlüsse → Rn. 139.

153   Der Gesetzesaufbau macht deutlich, dass **nichtige Beschlüsse** nicht angefochten werden müssen. Lediglich **anfechtbare Beschlüsse** müssen zur Beseitigung der ansonsten bestehenden Bindungswirkung gerichtlich angefochten und für ungültig erklärt werden (vgl. § 46 Abs. 1 S. 1 iVm § 43 Nr. 4 WEG). Anders als bei der gewöhnlichen Bruchteilsgemeinschaft hat der Gesetzgeber hier zur Absicherung der Beschlusswirkungen eine zeitliche Begrenzung der Anfechtungsmöglichkeiten vorgesehen. So erwächst selbst ein anfechtbarer Beschluss in **Bestandskraft**, wenn er nicht innerhalb eines Monats nach der Beschlussfassung angefochten wird (§ 23 Abs. 4 S. 2 iVm § 46 Abs. 1 S. 2 WEG). Wie der Wortlaut erkennen lässt, bindet ein Beschluss bereits unmittelbar mit der Beschlussfassung sämtliche Wohnungseigentümer und nicht erst mit Eintritt der Bestandskraft; eine etwaige Beschlussanfechtungsklage hat keine aufschiebende Wirkung. Solange die Beschlüsse nicht rechtskräftig für ungültig erklärt worden sind, sind sie gültig.[263] Die Bestandskraft erstreckt sich ggf. als Vorfrage auch auf andere Gerichtsverfahren.[264] Die **Bindungswirkung** ist allerdings **sachlich beschränkt** auf den Wegfall der gerichtlichen Anfechtungsmöglichkeit; den Wohnungseigentümern bleibt es dagegen unbenommen, einen sog Zweitbeschluss zu fassen (→ Rn. 141 ff.).

b) Nichtige Beschlüsse

154   Ein nichtiges Rechtsgeschäft lässt die gewollten Rechtswirkungen von Anfang an nicht eintreten. Die Nichtigkeit wirkt grundsätzlich für und gegen alle, bedarf keiner Geltendmachung und ist im gerichtlichen Verfahren von Amts wegen zu berücksichtigen. Sie kann zwar in einem gerichtlichen Verfahren nach Maßgabe der bestehenden Vorschriften ausdrücklich festgestellt werden; eine solche Entscheidung hat aber nur deklaratorische Bedeutung.[265] Nur wenn eine Anfechtungsklage als unbegründet abgewiesen worden ist, kann nach § 48 Abs. 4 WEG nicht mehr geltend gemacht werden, dass ein Beschluss nichtig sei.[266]

---

[263] BGH ZWE 2014, 265 für einen Sonderumlagenbeschluss.
[264] Vgl. BGH ZWE 2011, 403 für einen Beschluss gem. § 28 Abs. 5 WEG.
[265] BGHZ 107, 268 = NJW 1989, 2059 mwN.
[266] BGH ZWE 2011, 403.

Ein Beschluss ist im Sinne von § 23 Abs. 4 S. 1 WEG nur dann nichtig, wenn er **155** gegen eine Rechtsvorschrift verstößt, auf deren Einhaltung rechtswirksam nicht verzichtet werden kann. Solche unabdingbaren Rechtsvorschriften ergeben sich entweder aus den zwingenden Bestimmungen und Grundsätzen des Wohnungseigentumsgesetzes oder aus den Normen des übrigen Privat- oder öffentlichen Rechts.[267]

Beispiele

Zwingende Bestimmungen des WEG sind u.a.:

– Die Bestellung eines Verwalters kann nicht ausgeschlossen werden (§ 20 Abs. 2 WEG).
– Die Bestellung eines Verwalters darf auf höchstens fünf Jahre vorgenommen werden (§ 26 Abs. 1 S. 2 iVm Abs. 1 S. 5 WEG).

Zwingende Grundsätze des WEGs sind:

– Zur Beschlussfassung bedarf es der **Zuweisung von Beschlusskompetenz** durch Gesetz oder Rechtsgeschäft (→ Kapitel E Rn. 37 f.).[268] Aus diesem Grunde ist zB eine Änderung der sachenrechtlichen Grundlagen im Beschlusswege nicht möglich.[269]
– Ein beschlussweiser Eingriff in den **wohnungseigentumsrechtlichen Kernbereich** ist nicht möglich, weil dadurch unentziehbare und unverzichtbare Individualrechte betroffen werden. Aus diesem Grunde kann zB der Betrieb einer Waschmaschine in der Wohnung nicht verboten werden.[270]
– Ein beschlussweiser Eingriff kann nach Auffassung des BGH ebenfalls nicht erfolgen, wenn unentziehbare, aber verzichtbare Individualrechte berührt sind[271] und der betroffene Wohnungseigentümer einer gegen das **Belastungsverbot** verstoßenden Maßnahme nicht zustimmt.[272]

Kein Verstoß gegen ein gesetzliches Verbot:

Ein Beschluss im Rahmen der Jahresabrechnung kann Verbindlichkeiten nur für und gegen die bei Beschlussfassung eingetragenen Wohnungseigentümer begründen, nicht aber hinsichtlich deren Rechtsvorgänger. Andernfalls läge eine unzulässiger Gesamtakt zulasten Dritter vor.[273]

Kein Verstoß gegen die guten Sitten:

Die gem. § 21 Abs. 7 WEG zulässige beschlussweise Festsetzung von Verzugszinsen bei Hausgeldrückständen mit einem Zinssatz von 1 % pro Tag.[274]

Kein Verstoß gegen sonstige Normen:

Die beschlussweise Einführung einer **Erwerberhaftung** für Hausgeldrückstände bei einer Zwangsversteigerung wäre wegen Verstoßes gegen § 56 S. 2 ZVG nichtig.[275]

---

[267] BGH NJW 2012, 3571 = ZWE 2012, 429; BGHZ 107, 268 = NJW 1989, 2059; BayObLGZ 1984, 198 = DNotZ 1985, 416.
[268] BGHZ 145, 158 = NJW 2000, 3500 = ZWE 2000, 518.
[269] OLG München NJW 2010, 1467; BayObLGZ 2002, 267 = NZM 2002, 825.
[270] OLG Frankfurt NJW-RR 2002, 82.
[271] Zur Kritik an dieser Auffassung s. Kapitel E Rn. 58 mwN.
[272] BGH ZWE 2016, 374; BGHZ 202, 346 = NJW 2015, 549 = ZWE 2015, 131; vgl. auch BGH NJW 2012, 1724 = ZWE 2012, 268 zu einem nichtigen Beschluss über sog „tätige Mithilfe" der Wohnungseigentümer.
[273] BGH ZWE 2012, 90.
[274] *Abramenko* Hdb. § 6 Rn. 241.
[275] BGH NJW 2012, 3571 = ZWE 2012, 429.

Hinweis:

Kommen Ihnen diese Prüfungspunkte möglicherweise bekannt vor? Vergleichen Sie doch einmal die Prüfungsaufgaben der Grundbuchgerichte bei der Grundbucheintragung von Vereinbarungen der Wohnungseigentümer als Inhalt des Sondereigentums. Dazu können Sie mehr nachlesen im → Kapitel D Rn. 38.

c) Anfechtbare Beschlüsse

156 Beschlüsse können sowohl **formelle** als auch **materielle Mängel** aufweisen. Solche Beschlüsse bedürfen der fristgebundenen Anfechtung, damit sie im gerichtlichen Verfahren für ungültig erklärt werden (vgl. § 43 Nr. 4 WEG).

Wiederholung:

Wiederholen Sie bitte die Ausführungen zur formell und materiell ordnungsmäßigen Beschlussfassung in → Rn. 115 f. und → Rn. 117 ff.!

d) Unbestimmte Beschlüsse

157 Beschlüsse müssen grundsätzlich bestimmt sein, dh aus sich heraus klar und eindeutig erkennen lassen, was gewollt ist.[276] Die fehlende Bestimmtheit eines Beschlusses kann uU seine Nichtigkeit oder auch nur seine Anfechtbarkeit begründen.

158 Der Inhalt eines Beschlusses begründet seine **Nichtigkeit** nur, wenn auch im Wege der Auslegung (→ Rn. 138) eine vollziehbare Regelung nicht mehr ermittelt werden kann, weil sein Inhalt widersprüchlich („perplex") ist. Demgegenüber ist ein Beschluss grundsätzlich lediglich **anfechtbar**, falls die gebotene Auslegung ergibt, dass eine durchführbare Regelung noch erkennbar ist.[277]

Wiederholungsaufgaben und Vertiefungsfragen

1. Ein Wohnungseigentümer ist gem. § 18 WEG rechtskräftig zur Veräußerung seines Wohnungseigentums verurteilt worden. Ist dieser Wohnungseigentümer in der Eigentümerversammlung bei der Beschlussfassung über folgende Regelungsgegenstände stimmberechtigt:
   a) Beschlussfassung über die neue Hausordnung;
   b) Beschlussfassung über die Jahresabrechnung.
2. In einer Eigentümergemeinschaft gilt das Wertstimmrecht. Für die nächste Eigentümerversammlung steht die Entlastung des Verwalters auf der Tagesordnung. Verwalter ist der Bauträger B, für den noch einige Einheiten in den Wohnungsgrundbüchern eingetragen sind. Da B befürchtet, dass ihm die gewünschte Entlastung wegen Streitereien mit einigen Wohnungskäufern nicht erteilt werden könnte, bevollmächtigt er seinen Freund F, ihn als Eigen-

---

[276] Vgl. *Abramenko* ZfIR 2014, 725.
[277] OLG Düsseldorf NJW-RR 2008, 1467; OLG Hamburg ZMR 2008, 225; LG Karlsruhe ZWE 2016, 92.

tümer bei der nächsten Versammlung zu vertreten und für seine Entlastung zu stimmen. Können die zugunsten des B abgegebenen Stimmen des F bei der Mehrheitsfindung berücksichtigt werden?

3. Kann eine Beschlussfassung einen Wohnungseigentümer binden, der an der maßgeblichen Eigentümerversammlung überhaupt nicht teilgenommen hat?

Kapitel I. Wohnungseigentumsverwalter und Verwaltungsbeirat

Ausgewählte Literatur zum **Wohnungseigentumsverwalter:**

Abramenko, Die Abmahnung des Verwalters vor der Abberufung aus wichtigem Grund, ZWE 2012, 250; *Armbrüster*, Verbände als Verwalter nach dem WEG, NZM 2012, 369; *Armbrüster*, Der Verwalter als Organ der Gemeinschaft und Vertreter der Wohnungseigentümer, ZWE 2006, 470; *Becker*, Verbraucherwiderruf des Verwaltervertrages?, NZM 2016, 249; *Briesemeister*, Bestellung des Wohnungseigentumsverwalters durch einstweilige Verfügung, NZM 2009, 64; *Casser*, Nachwirkende Pflichten des ausgeschiedenen Verwalters, ZWE 2014, 157; *Drasdo*, Die Erstbestellung des Verwalters, ZfIR 2013, 279; *Drasdo*, Die Bestellung des Verwalters in der Gemeinschaftsordnung, RNotZ 2008, 87; *Göhmann*, Der WEG-Verwalter in der notariellen Praxis, RNotZ 2012, 251; *Gottschalg*, Die Haftung von Verwalter und Beirat in der Wohnungseigentümergemeinschaft, 3. Aufl. 2009; *Greiner*, Zum Abschluss des Verwaltervertrags, ZWE 2008, 454; *Hadding*, Die Rechtsstellung des Verwalters zwischen Verband und Wohnungseigentümern, ZWE 2012, 61; *Häublein*, Drittwirkung der Verwalterpflichten, ZWE 2008, 1 (Teil I) u. 80 (Teil II); *Hoeck-Eisenbach*, Fehler bei der Verwalterbestellung und ihre Folgen, MietRB 2015, 317 (Teil I) und 347 (Teil II); *Hogenschurz*, Die Aufgaben des Verwalters bei Vermietung und Verkauf von Eigentumswohnungen, MietRB 2011, 269; *Hügel*, Der Verwalter als Organ des Verbands Wohnungseigentümergemeinschaft und als Vertreter der Wohnungseigentümer, ZMR 2008, 1; *Jacoby*, Verbraucherschutz – Widerrufsrecht bei Verwalterverträgen, ZWE 2016, 68; *Jacoby*, Aufgaben/Befugnisse des Verwalters – § 27 Abs. 1 bis 3 WEG, ZWE 2012, 418; *Jacoby*, Grundfragen des Verwaltervertrages, FS Merle (2010), S. 181; *Jacoby*, Zum Abschluss des Verwaltervertrages, ZWE 2008, 327; *Jennißen/Schmidt*, Der WEG-Verwalter, 2. Aufl. 2010; *Kopp*, Die Rechtsnachfolge bei Verschmelzung einer Verwaltergesellschaft, ZWE 2014, 244; *Merle*, Zur ersten Bestellung des Verwalters nach der Begründung von Wohnungseigentum, ZWE 2007, 233; *Merle*, Bestellung und Abberufung des Verwalters nach § 26 WEG, 1977; *A. Ott*, Ausgewählte Probleme der Verwalterbestellung und des Abschlusses eines Verwaltervertrages, ZWE 2016, 159; *A. Ott*, Anforderungen an die (Wieder-)Bestellung des Verwalters, ZWE 2015, 206; *Sauren*, WEG-Verwalter, 4. Aufl. 2009; *M. J. Schmid*, Gesellschaften als Wohnungseigentumsverwalter, NZG 2012, 134; *Scheuer*, Aufgaben des neuen Verwalters nach Übernahme einer Verwaltung, ZWE 2014, 152; *Suilmann*, Anlage des Verwaltungsvermögens – was ist spekulativ, was ist zulässig?, ZWE 2015, 246; *Vogel*, Haftungsbegrenzungsklauseln im Verwaltervertrag, ZWE 2015, 15; *Zajonz/Nachtwey*, Auswirkungen der Verschmelzung einer GmbH auf ihre Stellung als WEG-Verwalter, ZfIR 2008, 701.

Ausgewählte Literatur zum **Verwaltungsbeirat:**

Abramenko, Die schuldrechtlichen Beziehungen zwischen Verwaltungsbeirat und Wohnungseigentümergemeinschaft nach Anerkennung ihrer Teilrechtsfähigkeit, ZWE 2006, 273; *Armbrüster*, Willensbildung und Beschlussfassung im Verwaltungsbeirat, ZWE 2001, 463; *Armbrüster*, Bestellung der Mitglieder des Verwaltungsbeirats, ZWE 2001, 355; *Drasdo*, Der Verwaltungsbeirat nach dem WEG, 4. Aufl. 2011; *Hogenschurz*, Verwalter und Verwaltungsbeirat, MietRB 2014, 220 (Teil I: Einrichtung eines Verwaltungsbeirats), MietRB 2014, 247 (Teil II: Aufgaben des Verwaltungsbeirats) und MietRB 2014, 279 (Teil III: Haftung und Versicherung des Verwaltungsbeirats); *Kümmel*, Die Mitgliedschaft von Personenvereinigungen im Verwaltungsbeirat, NZM 2003, 303; *Scheuer*, (Mit-)Versicherung des Beirats in der Vermögensschadenhaftpflichtversicherung, ZWE 2012, 115; *M. J. Schmid*, Der Verwaltungsbeirat – Repräsentant der Wohnungseigentümer(gemeinschaft)?, ZWE 2010, 8; *F. Schmidt*, Outsourcing im WEG? Zum Problem von Nichteigentümern im Verwaltungsbeirat, ZWE 2004, 18.

I. Vorbemerkung

1   Im vorhergehenden Kapitel haben Sie bereits die Selbstverwaltung des gemein-schaftlichen Eigentums durch die Wohnungseigentümer kennengelernt. Nun wollen wir uns noch etwas näher mit der Verwaltung durch einen Wohnungsei-gentumsverwalter (Abschn. II) und verwalterlosen Wohnungseigentümergemein-schaften (Abschn. III) beschäftigen. Zum Ende dieses Kapitels finden Sie dann noch einige Ausführungen zum Verwaltungsbeirat (Abschn. IV).

II. Wohnungseigentumsverwalter

1. Grundsätze

a) Bedeutung des Verwalters

2   Die **Verwaltung des gemeinschaftlichen Eigentums** obliegt gem. § 20 Abs. 1 WEG den Wohnungseigentümern nach Maßgabe der §§ 21 bis 25 WEG und dem Verwalter nach Maßgabe der §§ 26 bis 28 WEG. Der Verwalter ist im Wohnungs-eigentumsrecht damit nach der Eigentümerversammlung das zweitwichtigste Organ der Eigentümergemeinschaft.[1] Seine Bestellung kann nach § 20 Abs. 2 WEG nicht ausgeschlossen werden. Vielmehr entspricht die Bestellung eines Verwalters stets ordnungsmäßiger Verwaltung.[2] Folglich hat jeder Wohnungs-eigentümer gem. § 21 Abs. 4 WEG einen einklagbaren Anspruch auf Bestellung einer geeigneten Person zum Verwalter.[3]

3   Bei dieser Gelegenheit soll sogleich einer gelegentlichen Fehlvorstellung entge-gengewirkt werden: Der Verwalter nach dem Wohnungseigentumsgesetz reduziert sich keineswegs auf den in der Praxis verbreiteten Hausverwalter iS eines Haus-meisters, der gewöhnlich für das handwerklich-technische **Facilitymanagement** im Rahmen einer Objektbetreuung zuständig ist. Dies schließt natürlich im Einzelfall nicht aus, dass auch ein WEG-Verwalter einmal selbst Hand anlegen kann. Zu Aufgaben und Befugnissen des Wohnungseigentumsverwalters erfahren Sie mehr ab → Rn. 59 ff.

b) Unterschiedliche Funktionszuordnungen

4   Die Rechtsstellung des Wohnungseigentumsverwalters ist nicht auf die schon angesprochene Organstellung beschränkt. Je nachdem, welche Funktion man betrachtet, lassen sich beim Wohnungseigentumsverwalter insgesamt **drei ver-schiedene Rechtskreise** unterscheiden:

---

[1] BGH 152, 46 = NJW 2002, 3704 = ZWE 2003, 64; Riecke/Schmid/*Abramenko* § 26 Rn. 1.
[2] Bärmann/*Merle/Becker* § 26 Rn. 281; *Hügel/Elzer* § 26 Rn. 70.
[3] BGH NJW 2011, 3025 = ZWE 2011, 356; OLG Düsseldorf NZM 2008, 452.

- Im Rahmen der **organschaftlichen Stellung** übt der Verwalter die Rechte des selbst nicht handlungsfähigen Verbandes Wohnungseigentümergemeinschaft aus und erfüllt dessen Pflichten. Hierfür räumt ihm das Gesetz entsprechende Vertretungsmacht in § 27 Abs. 3 S. 1 Nr. 1 bis 7 WEG ein.

Beispiel

Der Verband Wohnungseigentümergemeinschaft wird im Rahmen der in → Kapitel G angesprochenen Tätigkeiten vom Verwalter als Organ vertreten. Dabei muss sich der Verband die Kenntnis seines organschaftlichen Vertreters in entsprechender Anwendung des § 166 Abs. 1 BGB als eigene zurechnen lassen.[4]

- Daneben kann der Verwalter als **gesetzlicher Vertreter der Wohnungseigentümer** auftreten. Hierfür räumt ihm das Gesetz entsprechende Vertretungsmacht in § 27 Abs. 2 Nr. 1 bis 4 WEG ein.

Beispiel

Die Rechtsverteidigung der übrigen Wohnungseigentümer gegen eine Beschlussanfechtungsklage ist deren eigene Angelegenheit und keine originäre Angelegenheit des Verbandes, weil das Verfahren gem. § 46 Abs. 1 WEG nicht als Verbandsprozess, sondern als Mitgliederprozess ausgestaltet ist. Demgemäß unterstützt der Verwalter die verklagten übrigen Wohnungseigentümer als deren gesetzlicher Vertreter gem. § 27 Abs. 2 Nr. 2 und 4 WEG und nicht als Organ des Verbandes.[5]

- Letztlich handelt der Verwalter bisweilen auch als Träger **eigener,** ihm selbst zugewiesener **Aufgaben.**

Beispiel

Der Anspruch des einzelnen Wohnungseigentümers auf Erstellung der Jahresabrechnung gem. § 28 Abs. 3 WEG richtet sich nicht gegen die rechtsfähige Wohnungseigentümergemeinschaft, sondern gegen den Verwalter persönlich. Dieser erfüllt mit der Erstellung der Abrechnung eine ihm durch das Gesetz auferlegte eigene Verpflichtung; er wird dabei also gerade nicht als Vertreter der Gemeinschaft tätig.[6]

c) Keine Registereintragung des Wohnungseigentumsverwalters

Der Verwalter einer Wohnungseigentumsanlage kann nach derzeitiger Rechts- 5 lage trotz der ihm zukommenden weitreichenden Rechtsstellung nicht in einem öffentlichen Register als Verwalter verlautbart werden. Dahingehende Vorschläge wurden bisher nicht aufgegriffen.[7] Die fehlende Registerpublizität soll dadurch kompensiert werden, dass der Verwalter von den Wohnungseigentümern die Ausstellung einer Vollmachts- und Ermächtigungsurkunde verlangen kann[8], aus der der Umfang seiner Vertretungsmacht ersichtlich ist (§ 27 Abs. 6 WEG).[9]

---

[4] BGH NJW 2014, 1294 = NZM 2014, 355.
[5] BGH NJW 2015, 930 = ZWE 2015, 91 m. Anm. *Becker.*
[6] BGH NJW 2012, 2797 = ZWE 2012, 373; vgl. auch BGH NJW 2016, 3536 = ZfIR 2016, 750 m. Anm. *Abramenko* = ZWE 2016, 422 zur Frage der Titulierung und Zwangsvollstreckung solcher Ansprüche.
[7] Vgl. *Heinemann* MietRB 2014, 188; *Schneider* ZWE 2014, 349 mwN.
[8] BGHZ 200, 195 = NJW 2014, 1587 = ZWE 2014, 181.
[9] Zu den dabei auftretenden Schwierigkeiten s. ausf. Jennißen/*Heinemann* § 27 Rn. 155 ff. und Riecke/Schmid/*Abramenko* § 27 Rn. 87.

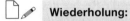

Wiederholung:

Lesen Sie doch bitte noch einmal im → Kapitel H Rn. 106 nach, welche Möglichkeit das WEG dem Verwalter zum Nachweis seiner Verwaltereigenschaft – insbesondere im förmlichen Eintragungsverfahren bei dem Grundbuchgericht – zur Verfügung stellt.

d) Sondereigentumsverwaltung

6 Das Sondereigentum des einzelnen Wohnungseigentümers unterliegt nicht der Verwaltung durch den Wohnungseigentumsverwalter (vgl. § 20 Abs. 1 WEG). Ein Wohnungseigentümer ist jedoch nicht gehindert, den von den Wohnungseigentümern für die Verwaltung des gemeinschaftlichen Eigentums bestellten Verwalter *zusätzlich* auch mit der Verwaltung seines – vermieteten – Wohnungseigentums zu beauftragen.[10] Eine solche **Sondereigentumsverwaltung** gründet sich allerdings auf einer eigenständigen und von der gemeinschaftlichen Verwaltung unabhängigen Rechtsbeziehung allein zwischen dem betreffenden Wohnungseigentümer und dem Verwalter.[11]

2. Person des Wohnungseigentumsverwalters

a) Einheitlichkeit der Verwaltung

7 Aufgaben und Befugnisse eines Wohnungseigentumsverwalters kann nur übernehmen, wer im Rechtsverkehr als natürliche oder juristische Person auch handlungsfähig ist. Dabei geht das Gesetz davon aus, dass die Verwaltung aus Gründen der erforderlichen Klarheit der Verantwortlichkeit nur einer **einzelnen Person** übertragen werden kann (vgl. § 20 Abs. 1 WEG: *„dem* Verwalter").[12]

8 Dies gilt auch dann, wenn eine sog **Mehrhausanlage** zu verwalten ist. Die Verwaltung erstreckt sich immer auf das gesamte gemeinschaftliche Eigentum einer Wohnungseigentumsanlage[13]; die Bestellung von „Teil-Verwaltern" für eine Untergemeinschaft ist nicht möglich.[14]

Wiederholung:

Vergleichen Sie doch bei dieser Gelegenheit einmal die Ausführungen zur – abzulehnenden – Rechtsfähigkeit sog Untergemeinschaften im → Kapitel G Rn. 53 f.

---

[10] Zu den Aufgaben des Verwalters in diesen Fällen s. *Hogenschurz* MietRB 2011, 269.
[11] Vgl. BGH NJW 2003, 1393 = ZWE 2003, 256.
[12] BGHZ 107, 268 = NJW 1989, 2059 mwN.
[13] *Hügel/Elzer* § 26 Rn. 4.
[14] LG Hamburg ZWE 2013, 34; LG Nürnberg-Fürth ZMR 2010, 315; LG Düsseldorf NZM 2010, 288.

b) Natürliche Person

Zum Verwalter kann daher jede **natürliche** und **unbeschränkt geschäftsfähige** 9
Person bestellt werden.[15]

Personenmehrheiten können nur dann wirksam zum Verwalter bestellt wer- 10
den, wenn sie als rechtlich verselbständigte Einheit auch handlungsfähig sind.
Andernfalls ist eine entsprechende Vereinbarung oder ein darauf gerichteter
Beschluss nichtig.[16]

Beispiele

– Die Bestellung von **Eheleuten** zu Wohnungseigentumsverwaltern ist demgemäß nicht
   möglich, solange die Eheleute keine besondere (handels-)rechtliche Verbindung eingehen.[17]
– Auch die Anerkennung der Rechtsfähigkeit der **Gesellschaft bürgerlichen Rechts** führt
   nach hM aufgrund der fehlenden Registerpublizität nicht dazu, dass diese Verwalterin
   nach dem WEG sein kann.[18]

Die Wohnungseigentümer können keinen **„zweiten"** Verwalter neben dem 11
amtierenden bestellen.[19] Auch ein WEG-Beschluss, durch den gleichzeitig ein
Verwalter und sein **Stellvertreter** bestellt werden, kann unter Berücksichtigung von
§ 139 BGB nur hinsichtlich der Bestellung des (Haupt-)Verwalters wirksam sein.[20]

Die Bestellung eines **Miteigentümers** zum Verwalter ist möglich, solange dieser 12
nicht zugleich dem Verwaltungsbeirat angehören soll.[21] Der vom Verwaltungsbeirat zu prüfende Verwalter (vgl. § 29 Abs. 3 WEG) kann nämlich nicht sein
eigener Prüfer sein.

Einzelkaufleute können unter ihrer Firma die Verwaltertätigkeit ausüben.[22] 13

c) Juristische Person und Handelsgesellschaft

Juristische Personen (zB **Aktiengesellschaft, GmbH**[23]) und auch rechtlich ver- 14
selbständigte **Personenhandelsgesellschaften** (**oHG, KG**[24]) können nach allgemeiner Ansicht zum Wohnungseigentumsverwalter bestellt werden. Wenngleich Personenhandelsgesellschaften bereits mit der Ausübung eines vollkaufmännischen
Handelsgewerbes und nicht erst mit ihrer Eintragung in das Handelsregister zu
existieren beginnen (arg. §§ 105 Abs. 2, 161 Abs. 2 HGB), müssen im Hinblick auf
die als nicht verwaltertauglich angesehene Gesellschaft bürgerlichen Rechts die
zum Verwalter bestellten Personengesellschaften im Handelsregister eingetragen
sein (vgl. auch § 105 Abs. 3 HGB).[25]

---

[15] *Hügel/Elzer* § 26 Rn. 32; Riecke/Schmid/*Abramenko* § 26 Rn. 2.
[16] BGH ZWE 2012, 499; BGHZ 107, 268 = NJW 1989, 2059.
[17] BGHZ 107, 268 = NJW 1989, 2059.
[18] BGH NJW 2009, 2449 = ZWE 2009, 303; BGH NJW 2006, 2189 = ZWE 2006,
183; OLG München ZWE 2007, 153; vor Anerkennung der Rechtsfähigkeit bereits BGHZ
107, 268 = NJW 1989, 2059; aA *Armbrüster* NZM 2012, 369; *Schäfer* NJW 2006, 2160.
[19] LG Hamburg ZWE 2013, 292.
[20] KG ZWE 2016, 176.
[21] Vgl. OLG Zweibrücken OLGZ 1983, 438.
[22] Vgl. BayObLG ZWE 2001, 492.
[23] Vgl. BGH NJW 2006, 2189 = ZWE 2006, 183.
[24] Vgl. BGH NJW 2006, 2189 = ZWE 2006, 183; BGHZ 107, 268 = NJW 1989, 2059.
[25] Zutr. Jennißen/*Jennißen* § 26 Rn. 4.

15   Ebenfalls kann eine haftungsbeschränkte **Unternehmergesellschaft** gem. § 5a GmbHG (UG –„Ein-EUR-GmbH") grundsätzlich zur Verwalterin bestellt werden.[26] Allerdings widerspricht deren Bestellung dann ordnungsmäßiger Verwaltung, wenn ein Unternehmen zum Verwalter bestellt wird, das nicht über die dazu notwendigen finanziellen Mittel verfügt und im Haftungsfalle auch keine ausreichenden Sicherheiten (insbes. Versicherungsschutz) stellen kann.[27]

16   Voraussetzung für eine wirksame Verwalterbestellung ist aber in jedem Fall, dass die Gesellschaft zum Zeitpunkt der Bestellung auch existiert. Die Bestellung einer **nicht existenten**, erst später gegründeten GmbH zur Verwalterin ist nichtig.[28]

17   Auch die Bestellung einer **Gesellschaft im Gründungsstadium** (Vorgesellschaft) oder einer noch nicht im Handelsregister eingetragenen Personengesellschaft ist nichtig.[29]

d) Übergang der Verwalterstellung

18   Nach wohl noch h.M. ist das Amt des Wohnungseigentumsverwalters von diesem entsprechend §§ 675, 613, 664 BGB **höchstpersönlich** wahrzunehmen.[30] Zu diesem Themenkomplex vollzieht sich allerdings derzeit eine Änderung des bisherigen Meinungsbildes; die weitere Entwicklung wird hier zu beobachten sein.

19   Eine **Rechtsnachfolge** in das personenbezogene Verwalteramt kann nach dieser Ansicht nicht stattfinden, weil das Vertrauensverhältnis zum Verwalter eine Rechtsnachfolge ohne Mitwirkung der Wohnungseigentümer ausschließt.[31] Aus demselben Grund ist auch eine **rechtsgeschäftliche Übertragung** des Amtes oder eine **Überlassung zur Ausübung** ausgeschlossen; die Wohnungseigentümer müssen sich keine andere Person als Verwalter aufdrängen lassen.[32] Dadurch ist die Einschaltung von Hilfspersonen zur Erfüllung der Verwalterpflichten jedoch nicht ausgeschlossen (sog **Erfüllungsgehilfen** – vgl. § 278 BGB).[33]

20   Bei natürlichen Personen endet die Rechtsstellung demgemäß mit dem Tod des Verwalters; sie geht nicht gem. § 1922 Abs. 1 BGB auf dessen Erben über.[34] Bei juristischen Personen endet die Rechtsstellung grundsätzlich mit dem Erlöschen der Rechtsfähigkeit.[35] Die Personenidentität wird bei juristischen Personen durch einen Wechsel in der Geschäftsführung oder bei Personengesellschaften durch

---

[26] BGH NJW 2012, 3175 = ZWE 2012, 427.

[27] LG Frankfurt/Main ZWE 2014, 277.

[28] OLG Frankfurt ZWE 2008, 481 m. Anm. *Becker*.

[29] *Schmid* NZG 2012, 134.

[30] OLG München ZWE 2014, 169; OLG München ZWE 2008, 343; OLG Köln NZM 2006, 591; OLG Hamm NZM 2004, 744; OLG-Report Köln 2004, 49; BayObLG ZWE 2002, 214; BayObLGZ 1975, 327; aA *Hügel/Elzer* § 26 Rn. 20.

[31] OLG München ZWE 2014, 169; OLG München ZWE 2008, 343; OLG Köln NZM 2006, 591; OLG Hamm NZM 2004, 744; OLG-Report Köln 2004, 49; BayObLG ZWE 2002, 214; BayObLGZ 1975, 327.

[32] BGHZ 200, 221 = NJW 2014, 1447 = ZWE 2014, 216; BayObLG NJW-RR 1997, 1443.

[33] OLG München NZM 2005, 588; KG ZWE 2002, 364; BayObLG NZM 2001, 766.

[34] OLG München ZWE 2008, 343; BayObLGZ 2002, 20 = ZWE 2002, 214.

[35] OLG Düsseldorf OLGZ 1990, 428 = NJW-RR 1990, 1299; BayObLGZ 1990, 173 = WuM 1990, 406.

einen Wechsel der Gesellschafter nicht beeinträchtigt; die formale Rechtspersönlichkeit besteht insoweit jeweils unverändert fort.[36]

Nach Auffassung des BGH gehen allerdings bei der **Verschmelzung** einer zur 21 Verwalterin einer Wohnungseigentumsanlage bestellten **juristischen Person** auf eine andere juristische Person nach dem UmwandlungsG die Organstellung und der Verwaltervertrag im Wege der Gesamtrechtsnachfolge auf den übernehmenden Rechtsträger über. Ein Erlöschen der Rechtsstellung in entsprechender Anwendung von § 673 BGB scheide aus, weil diese Norm durch die im UmwandlungsG enthaltenen Spezialvorschriften verdrängt werde.[37] In Übereinstimmung mit dieser Rechtsprechung wird der Grundsatz der Höchstpersönlichkeit zumindest für juristische Personen und Handelsgesellschaften zunehmend aufgegeben.[38] Ältere Rechtsprechung – insbesondere der Instanzgerichte – bedarf vor diesem Hintergrund einer genauen Prüfung. Ausdrücklich noch offen gelassen hat der BGH allerdings die Frage, ob sich die Gesamtrechtsnachfolge auch bei der Verschmelzung von übertragenden Personenhandelsgesellschaften auf den Verwaltervertrag erstreckt. Ebenso könne dahinstehen, wie sich eine Spaltung – insbesondere die Ausgliederung eines einzelkaufmännischen Unternehmens – auswirkt.[39]

e) Qualifikationsanforderungen

Das Berufsbild eines „Wohnungseigentumsverwalters" ist derzeit (noch) nicht 22 hinreichend klar definiert; das WEG selbst schreibt **keine besonderen Qualifikationsanforderungen** vor.[40] Für die Wohnungseigentümer kann allerdings die Zugehörigkeit des Verwalters zu einem Berufsverband mit selbstverpflichtenden Anforderungen an Mindestqualifikation und Fortbildungsauftrag ein hilfreiches Indiz bei der Auswahl eines geeigneten Kandidaten sein.

Der gewerblich tätige Verwalter muss aktuell lediglich die Aufnahme seiner 23 Tätigkeit dem zuständigen Gewerbeamt anzeigen (§ 14 Abs. 1 GewO). Konkrete Formen hat jedoch inzwischen die **Einführung einer gewerberechtlichen Erlaubnispflicht** für Wohnungseigentumsverwalter angenommen. Künftig müssen danach gewerblich tätige Wohnungseigentumsverwalter als Voraussetzung für die Erteilung einer gewerberechtlichen Erlaubnis einen **Sachkundenachweis** und den Nachweis einer **Berufshaftpflichtversicherung** vorlegen[41]; zudem wird die erforderliche Qualifikation der Mitarbeiter von Wohnungseigentumsverwaltern geregelt (§ 34c GewO-E).[42]

---

[36] BayObLG NJW-RR 1988, 1170 für den Austausch des Komplementärs einer Kommanditgesellschaft.

[37] BGHZ 200, 221 = NJW 2014, 1447 = ZWE 2014, 216.

[38] Vgl. *Armbrüster* NZM 2012, 369; *Becker* FS Merle (2010), S. 51; *Zajonz/Nachtwey* ZfIR 2008, 701.

[39] Weitergehend *Hügel/Elzer* § 26 Rn. 20 u. Rn. 24 ff, die allerdings die Wohnungseigentümer anlässlich von Umwandlungsvorgängen als berechtigt ansehen wollen, den Verwalter aus wichtigem Grund abzustellen und den Vertrag mit ihm fristlos zu kündigen.

[40] Riecke/Schmid/*Abramenko* § 26 Rn. 4.

[41] Entwurf eines Gesetzes zur Einführung einer Berufszulassungsregelung für gewerbliche Immobilienmakler und Verwalter von Wohnungseigentum v. 2.11.2016, BT-Drs. 18/10190.

[42] Vgl. dazu auch *Drasdo* ZfIR 2015, 313.

24 Im Übrigen muss die Bestellung des Verwalters den Grundsätzen ordnungsmäßiger Verwaltung entsprechen (→ Rn. 44). In diesem Zusammenhang wird bereits heute von einigen Instanzgerichten insbesondere für die Verwaltung von größeren Wohnanlagen eine **Ausbildung** im Bereich der Immobilienverwaltung[43] oder **berufliche Vorerfahrung** als Verwalter[44] gefordert. Eine lediglich **nebenberuflich ausgeübte** Verwaltertätigkeit begegnet demgegenüber im Einzelfall Bedenken.[45] Ein wichtiger Grund gegen eine Bestellung soll aber nicht vorliegen, wenn der Verwalter bisher nur Erfahrungen mit der **Verwaltung eigener Immobilien** hat.[46] Ebenfalls widerspricht es nicht ordnungsmäßiger Verwaltung, wenn der bestellte Verwalter seinen **Geschäftssitz** nicht am Ort der Wohnanlage hat.[47]

3. Bestellung und Anstellung des Wohnungseigentumsverwalters

a) Trennungstheorie

25 Wenn Sie den vorhergehenden Abschnitt aufmerksam gelesen haben, wird Ihnen möglicherweise bereits eine feine Differenzierung aufgefallen sein. Wie auch sonst im Verbandsrecht wird nämlich heute auch im Wohnungseigentumsrecht ganz überwiegend zwischen der *Bestellung* des Verwalters einerseits und seiner *Anstellung* mittels Verwaltervertrages andererseits unterschieden (sog **Trennungstheorie**).[48]

26 Auf der einen Seite wird der Verwalter durch seine Bestellung zum **Träger eines privaten Amtes** und rückt in eine Amtsstellung ein.[49] Der Bestellungsbeschluss ist damit auf die unmittelbare Begründung wohnungseigentumsrechtlicher Befugnisse und Pflichten im Verhältnis zu den Wohnungseigentümern (§ 27 Abs. 2 WEG) und dem rechtsfähigen Verband (§ 27 Abs. 3 WEG) gerichtet; er entfaltet nicht nur interne Wirkung.[50]

27 Auf der anderen Seite ist der Abschluss des schuldrechtlichen Verwaltervertrags demgegenüber als ein auf **Geschäftsbesorgung** gerichteter Dienstvertrag iSd §§ 675ff., 611ff. BGB zu qualifizieren, der auch werkvertragliche Elemente beinhaltet.[51] Der Beschluss über den Abschluss des Verwaltervertrages stellt ein Instrument der Willensbildung innerhalb der Eigentümergemeinschaft dar.[52]

---

[43] LG Hamburg ZWE 2012, 288.

[44] LG Düsseldorf ZWE 2014, 87; aA LG Stuttgart NJW 2015, 2897 = ZWE 2016, 97.

[45] LG Hamburg ZWE 2016, 277.

[46] BGH NJW 2012, 2040 = ZWE 2012, 257.

[47] LG Lüneburg ZWE 2014, 278.

[48] BGH NJW 2012, 3175 = ZWE 2012, 427; BGH NJW 1997, 2106; Bärmann/*Merle/ Becker* § 26 Rn. 22ff.; NKV/*Niedenführ* § 26 Rn. 6 unter Aufgabe seiner noch in NZM 2001, 517 vertretenen aA; Riecke/Schmid/*Abramenko* § 26 Rn. 5; aA die sog Vertragstheorie, zuletzt noch OLG Hamburg ZWE 2002, 133 unter Berufung auf BayObLGZ 1974, 305 = NJW 1974, 2136. Vgl. jetzt auch Jennißen/*Jennißen* § 26 Rn. 21aff. ab der 5. Aufl.: „Einheitstheorie".

[49] *Jacoby*, Das private Amt § 14.

[50] Vgl. BGHZ 151, 164 = NJW 2002, 3240 = ZWE 2002, 570.

[51] BGH ZWE 2011, 209; BGHZ 151, 164 = NJW 2002, 3240 = ZWE 2002, 570; BGH NJW 1997, 2106; BGH NJW-RR 1993, 1227.

[52] BGHZ 151, 164 = NJW 2002, 3240 = ZWE 2002, 570.

Die h.M. stellt zur Begründung ihrer Sichtweise maßgeblich auf den Wortlaut **28** der §§ 24, 26, 27 und 28 WEG ab; dort werden nämlich Rechte und Pflichten des Wohnungseigentumsverwalters begründet, ohne die gesetzlichen Verwalterpflichten zugleich vom Abschluss eines Verwaltervertrages abhängig zu machen.[53] Umgekehrt wäre ohne Rückgriff auf die Trennungstheorie auch kaum erklärbar, weshalb es bei der Beendigung der Verwalterstellung unstreitig[54] nur auf den Abberufungsbeschluss ankommen soll.[55]

> **Merke:**
>
> Nach dieser heute vorherrschenden **„Trennungstheorie"** lässt sich die Einsetzung eines Wohnungseigentumsverwalters in zwei Schritten mit unterschiedlichen Wirkungen begreifen. Bestellung und Anstellung können ggf. auch unabhängig voneinander erfolgen.
> Oder prägnant: „Es gibt zum Verwalter bestellte Personen, die nicht angestellt sind, und angestellte ‚Nicht-Verwalter'".[56]

b) Bestellung des Wohnungseigentumsverwalters

aa) Bestellung durch Mehrheitsbeschluss

Über die Bestellung des Verwalters beschließen die Wohnungseigentümer in **29** aller Regel gem. § 26 Abs. 1 S. 1 WEG mit Stimmenmehrheit. Dabei benötigt der zu Bestellende auch bei einer Mehrzahl von Bewerbern nicht nur die relative, sondern die Mehrheit der abgegebenen Stimmen.[57]

Bitte lesen Sie jetzt § 26 Abs. 1 S. 1 WEG!

Die Vorschrift verlangt, dass *die Wohnungseigentümer* über die Bestellung **30** des Verwalters beschließen. Eine **Delegierung** zB auf den Verwaltungsbeirat ist demnach nicht möglich[58], weil sich die Wohnungseigentümer andernfalls eines Kernrechtes begeben würden.[59] Damit ist allerdings nicht ausgeschlossen, dass der Beirat eine Vorauswahl unter mehreren Bewerbern trifft, um die Entscheidung der Eigentümerversammlung vorzubereiten.[60]

Bei der Beschlussfassung über seine Verwalterbestellung kann ein Wohnungs- **31** eigentümer als Kandidat oder als Vertreter eines anderen Wohnungseigentümers mitstimmen; ein **Vertretungsausschluss** besteht insoweit weder gem. § 25 Abs. 5 WEG noch gem. § 181 BGB.[61]

---

[53] BGHZ 151, 164 = NJW 2002, 3240 = ZWE 2002, 570; NKV/*Niedenführ* § 26 Rn. 6 unter Aufgabe seiner noch in NZM 2001, 517 vertretenen aA; *Wenzel* ZWE 2001, 510, 512.

[54] Vgl. nur OLG Düsseldorf ZWE 2007, 458 mwN.

[55] Riecke/Schmid/*Abramenko* § 26 Rn. 6.

[56] *Hügel/Elzer* § 26 Rn. 2.

[57] BayObLGZ 2003, 61 = NZM 2003, 444.

[58] LG Lübeck Rpfleger 1985, 232.

[59] Jennißen/*Jennißen* § 26 Rn. 43.

[60] OLG Düsseldorf ZWE 2002, 185.

[61] OLG Köln NJW-RR 2007, 670; OLG Schleswig ZWE 2007, 51; OLG Hamm ZWE 2007, 40.

Wiederholung:

Schauen Sie doch zu diesem Thema noch einmal in das → Kapitel H Rn. 70.

32   Es liegt auch keine unzulässige **Beschränkung** gem. § 26 Abs. 1 S. 5 WEG vor, wenn bei der Bestellung des Verwalters das gesetzliche Kopfprinzip durch Vereinbarung zugunsten des Objekt- oder des Wertprinzips abbedungen worden ist.[62]

Bitte lesen Sie jetzt § 26 Abs. 1 S. 5 WEG!

33   Der Bestellungsbeschluss entfaltet seine Wirkung allerdings erst mit **Zugang** der Erklärung gegenüber dem betroffenen Verwalter.[63] Darüber hinaus ist noch die – ggf. konkludente – **Annahme des Amtes** durch den Gewählten erforderlich, da niemand gegen seinen Willen zum Verwalter berufen werden kann.[64]

34   Die Bestellung des Verwalters kann nach zutreffender Auffassung sowohl unter einer **aufschiebenden** als auch unter einer **auflösenden Bedingung** erfolgen.[65] Anders als bei einer registergestützten Verlautbarung der Vertretungsmacht (zB eines Vereinsvorstandes[66]) können beim (bisher) nicht eintragungsfähigen Wohnungseigentumsverwalter Gesichtspunkte einer unklaren Publizität zunächst in den Hintergrund treten.

Beispiele

– Die Bestellung eines Wohnungseigentumsverwalters könnte in der Eigentümerversammlung unter der **aufschiebenden Bedingung** erfolgen, dass dieser noch eine Bescheinigung seiner Vermögensschadenhaftpflichtversicherung über die ordnungsmäßige Prämienzahlung beizubringen hat.
– Die Bestellung eines neuen Wohnungseigentumsverwalters könnte unter der **auflösenden Bedingung** der Ungültigerklärung des Abberufungsbeschlusses für den bisherigen Verwalter erfolgen.[67]

Dabei wird allerdings zu bedenken sein, dass die Bestellung unter einer Bedingung die Verwendbarkeit eines Bestellungsbeschlusses als Verwalternachweis im Grundbucheintragungsverfahren beeinträchtigen kann, wenn bspw. der formgerechte Nachweis des Bedingungseintritts gem. § 29 GBO zu führen sein wird.[68]

---

[62] BGHZ 191, 245 = NJW 2012, 921 = ZWE 2012, 80; BGHZ 152, 46 = NJW 2002, 3704 = ZWE 2003, 64.

[63] BGHZ 151, 164 = NJW 2002, 3240 = ZWE 2002, 570.

[64] BayObLG WuM 1997, 396; Bärmann/*Merle/Becker* § 26 Rn. 28 u. 52; *Hügel/Elzer* § 26 Rn. 9; Riecke/Schmid/*Abramenko* § 26 Rn. 9.

[65] Bärmann/*Merle/Becker* § 26 Rn. 55ff.; *Hügel/Elzer* § 26 Rn. 52; *Jennißen/Jennißen* § 26 Rn. 60ff.; Riecke/Schmid/*Abramenko* § 26 Rn. 9; aA KG OLGZ 1976, 268 = ZMR 1977, 347 Ls.; *Müller* Praktische Fragen Teil 9 Rn. 30; *Spielbauer/Then* § 26 Rn. 8.

[66] Zur Bedingungsfeindlichkeit insoweit BayObLGZ 1992, 16 = NJW-RR 1992, 802.

[67] OLG Zweibrücken FGPrax 2003, 62; *Jennißen/Jennißen* § 26 Rn. 61; Riecke/Schmid/ *Abramenko* § 26 Rn. 9; differenzierend demgegenüber Bärmann/*Merle/Becker* § 26 Rn. 57; *Hügel/Elzer* § 26 Rn. 52: ein praktisches Bedürfnis für eine auflösende Bedingung sei im Beispiel nicht erkennbar, da die rechtskräftige Ungültigkeitserklärung des Abberufungsbeschlusses nach dem Grundsatz der Einheitlichkeit ohnehin zum rückwirkenden Wegfall der Verwalterstellung des neu berufenen Verwalters führen müsse.

[68] Aus der – evtl. grundbuchmäßigen – Nichtverwendbarkeit muss jedoch nicht sogleich die Unzulässigkeit einer bedingten Bestellung gefolgert werden.

Wiederholung:

Lesen Sie bitte noch einmal im → Kapitel H Rn. 106 nach, welche Möglichkeit das WEG dem Verwalter zum Nachweis seiner Verwaltereigenschaft zur Verfügung stellt.

bb) Bestellung in der Gemeinschaftsordnung (Teilungserklärung)

Die **Bestellung** des Verwalters kann auch **einseitig** bereits mit Errichtung der 35 Gemeinschaftsordnung anlässlich der Begründung des Wohnungseigentums gem. § 8 WEG erfolgen.[69] Dies entspricht einem praktischen Bedürfnis, weil dann bereits beim Entstehen einer (werdenden) Wohnungseigentümergemeinschaft der Verwalter seine Tätigkeit aufnehmen kann.[70] Dabei kann der aufteilende Grundstückseigentümer entweder einen Dritten oder auch sich selbst zum ersten Verwalter bestellen.[71]

Problematisch ist allerdings die **dogmatische Einordnung** der Verwalterbestel- 36 lung mit der Errichtung der Teilungserklärung. Der teilende Eigentümer kann jedenfalls nach ganz h.M. keine alle Wohnungseigentümer bindenden Beschlüsse nach § 10 Abs. 4, § 23 Abs. 1 WEG fassen, weil eine (werdende) Eigentümergemeinschaft noch nicht vorhanden ist.[72] Aus diesem Grund will eine Auffassung vom **Vereinbarungscharakter** der Erstbestellung ausgehen, so dass diese ohne Weiteres auch gegenüber künftigen Erwerbern von Wohnungseigentum Wirkung entfaltet, wenn sie als Inhalt des Sondereigentums in das Grundbuch eingetragen ist (§ 10 Abs. 3, § 5 Abs. 4 S. 1, § 8 Abs. 2 S. 1 WEG).[73] Diese Ansicht hätte jedoch zur Folge, dass eine Änderung der Verwalterbestellung vor Ablauf der Bestellungsfrist wiederum nur im Vereinbarungswege möglich wäre.[74] Eine andere Auffassung will demgegenüber die Verwalterbestellung zutreffend lediglich als einen **formellen Bestandteil der Gemeinschaftsordnung** verstehen, so dass sie trotz Grundbucheintragung der Gemeinschaftsordnung nicht zum Inhalt des Wohnungseigentums würde.[75] Wenn der teilende Eigentümer schon Vereinbarungen mit Wirkung gegenüber Sondernachfolgern im Eigentum festlegen kann, dann muss ihm erst Recht die Kompetenz zukommen, Entscheidungen in Beschlussangelegenheiten treffen zu können (sog „Entschlüsse"[76]). Wohnungserwerber sind daran gem. § 10 Abs. 4 WEG gebunden, können deren Bindung allerdings jederzeit durch einen anderslautenden Mehrheitsbeschluss wieder beseitigen. Mangels Vereinbarungscharakters kann die Bestellung als Einzelmaßnahme dann nicht

---

[69] BGHZ 151, 164 = NJW 2002, 3240 = ZWE 2002, 570; KG ZWE 2012, 96; OLG Düsseldorf ZWE 2001, 386; aA *Deckert* FS Bub (2007), S. 37, 53; *Drasdo* RNotZ 2008, 87.

[70] BayObLG NJW-RR 1994, 784 zugleich auch zur zeitlichen Begrenzung einer in der Gemeinschaftsordnung dem teilenden Bauträger vorbehaltenen Verwalterbestellung.

[71] Vgl. OLG Düsseldorf ZfIR 1999, 538; BayObLGZ 1974, 305 = NJW 1974, 2136.

[72] OLG Köln ZWE 2008, 242; OLG München FGPrax 2006, 63; OLG Düsseldorf NJW-RR 2005, 1469; BayObLG ZWE 2003, 387 m Anm. *Kümmel*; aA *Becker* FS Seuß (2007), S. 19; *F. Schmidt* ZMR 2009, 725.

[73] KG ZWE 2012, 96 m Anm. *Jacoby*; BayObLGZ 1974, 305 = NJW 1974, 2136.

[74] So aber KG ZWE 2012, 96 m Anm. *Jacoby*, das infolge unterbliebener Eintragung der Vereinbarung im Grundbuch den Nachweis der Zustimmung aller Wohnungserwerber für erforderlich hält.

[75] Bärmann/*Merle/Becker* § 26 Rn. 73; Riecke/Schmid/*Abramenko* § 26 Rn. 8.

[76] Bärmann/*Merle* § 23 Rn. 29; *Wenzel* FS Bub (2007), S. 249, 268.

Inhalt des Sondereigentums werden; sie ist schlicht nicht eintragungsfähig.[77] Die Erstbestellung eines Verwalters ist daher nach Entstehen einer werdenden Eigentümergemeinschaft wie ein einstimmiger schriftlicher Beschluss iSd § 23 Abs. 3 WEG zu behandeln.[78]

cc) Bestellungsdauer

37 Die Bestellung eines Wohnungseigentumsverwalters darf auf höchstens fünf Jahre vorgenommen werden, im Falle der ersten Bestellung nach der Begründung von Wohnungseigentum aber auf höchstens drei Jahre.

Bitte lesen Sie jetzt § 26 Abs. 1 S. 2 WEG!

Die ursprünglich mögliche Verwalterbestellung mit unbeschränkter Dauer wurde 1973 abgeschafft.[79] Die Beschränkung der Erstbestellung auf höchstens drei Jahre wurde 2007 eingeführt[80], um der Gefahr von Interessenkonflikten bei Bauträger-Verwaltern zu begegnen, die in der Praxis häufig entweder sich selbst oder eine ihnen nahestehende Rechtsperson zum ersten Verwalter bestellt haben. Auf diese Weise soll der ansonsten bestehende Gleichlauf der Bestellungsdauer mit der gesetzlichen Verjährungsfrist für Mängelansprüche bei neu errichteten Eigentumswohnungen unterbrochen werden (vgl. § 634a Abs. 1 Nr. 2 BGB).[81] Es erscheint deshalb fraglich, ob § 26 Abs. 1 S. 2 WEG für Eigentumswohnungen in Bestandsbauten dahingehend teleologisch zu reduzieren ist, dass nicht auf die Begründung des *Wohnungseigentums*, sondern auf die erstmalige Begründung der *Wohnungseigentümergemeinschaft* abzustellen ist.[82]

38 Eine Verwalterbestellung, die **über die Höchstdauer** von fünf (drei) Jahren hinausgeht, ist entgegen § 139 BGB nur hinsichtlich des übersteigenden Teils gemäß § 134 BGB nichtig und im Übrigen gültig; denn es ist anzunehmen, dass der Verwalter, der für einen längeren Zeitraum als fünf Jahre bestellt worden ist, wenigstens für den gesetzlich zulässigen Zeitraum von fünf (drei) Jahren bestellt sein soll.[83]

39 Für die **Berechnung** der Bestellungszeit im Rahmen der gesetzlichen Höchstdauer ist grundsätzlich auf den von den Wohnungseigentümern festgelegten Beginn abzustellen.[84] Bei der Begründung von Wohnungseigentum gem. § 8 WEG ist die Entstehung der werdenden Wohnungseigentümergemeinschaft maßgeblich.[85] Dieser Zeitpunkt wird in der Praxis allerdings nur schwer – und im Grundbuchverfahren sicherlich nicht in der notwendigen Form des § 29 Abs. 1 S. 2 GBO – feststellbar sein. Es ist deshalb verständlich, wenn bisweilen im Interesse

---

[77] *F. Schmidt* FS Bub (2007), S. 249, 221, 234ff.; *Wenzel* FS Bub (2007), S. 249, 266ff.

[78] *Bärmann/Merle/Becker* § 26 Rn. 74; *Gottschalg* NZM 2002, 841; *Jacoby* ZWE 2012, 97; *Wenzel* FS Bub (2007), S. 249, 268.

[79] Art. 1 Nr. 5 des Gesetzes zur Änderung des Wohnungseigentumsgesetzes und der Verordnung über das Erbbaurecht v. 30.7.1973 (BGBl. I S. 910).

[80] Art. I Nr. 15a) des Gesetzes zur Änderung des Wohnungseigentumsgesetzes und anderer Gesetze v. 26.3.2007 (BGBl. I S. 370).

[81] Vgl. BT-Drs. 16/3843, S. 26; zu Umgehungsmöglichkeiten s. *Merle* ZWE 2007, 233.

[82] So aber AG Hamburg ZWE 2014, 374 m. krit. Anm. *Ott* für eine erst Jahrzehnte nach der Begründung des Wohnungseigentums in Kraft getretene Eigentümergemeinschaft.

[83] OLG München NJW-RR 2007, 1245.

[84] Vgl. *Jennißen/Jennißen* § 26 Rn. 54.

[85] *Bärmann/Merle/Becker* § 26 Rn. 85; *Ott* ZWE 2014, 376.

der Rechtssicherheit auf die Anlegung der Wohnungsgrundbücher[86] oder die Beurkundung der Teilungserklärung mit entsprechender Annahmeerklärung[87] abgestellt werden soll.

dd) Wiederholte Bestellung des Verwalters

Die Wohnungseigentümer müssen sich nach Ablauf der Bestellungsfrist nicht **40** von einem bewährten Wohnungseigentumsverwalter trennen. Seine wiederholte Bestellung ist daher zulässig; sie bedarf eines erneuten Beschlusses der Wohnungseigentümer, der allerdings erst frühestens ein Jahr vor Ablauf der Bestellungszeit gefasst werden kann. Eine Wiederbestellung kann unter den genannten Voraussetzungen auch mehrfach erfolgen.

Bitte lesen Sie jetzt § 26 Abs. 2 WEG!

Auf diese Weise soll verhindert werden, dass eine erneute Bestellung lange vor Ablauf der Amtsperiode zu einer Verlängerung der (laufenden) fünfjährigen Bestellungszeit und damit zu einer Umgehung des § 26 Abs. 1 Satz 2 WEG führt.[88]

Beispiel

Wenn ein Verwalter im zweiten Jahr seiner fünfjährigen Bestellungszeit mit Wirkung zum Zeitpunkt des Ablaufs dieser Bestellungszeit erneut auf die Dauer von fünf Jahren bestellt wird, ist diese Bestellung nichtig, weil sie gegen zwingendes Recht verstößt.[89]

Allerdings kann die **Verlängerung** der Bestellung des Verwalters auch schon **41** **mehr als ein Jahr vor Ablauf** seiner Amtszeit erfolgen, sofern die neue Amtszeit mit sofortiger Wirkung beschlossen wird, also nicht mehr als fünf Jahre ab Beschlussfassung dauert, weil die Wohnungseigentümer auf diese Weise keinesfalls länger als fünf Jahre nach Beschlussfassung an den Verwalter gebunden werden.[90]

Auch gebräuchliche **Verlängerungsklauseln** müssen sich an diesen Vorgaben **42** messen lassen. Sie sind nur wirksam, wenn sich mit der Verlängerung insgesamt keine fünf Jahre überschreitende Amtszeit ergibt.[91]

Beispiel

Möglich wäre eine Verwalterbestellung für die Dauer von einem Jahr mit der Maßgabe, dass sich die Bestellung automatisch jeweils um ein weiteres Jahr verlängert, sofern nicht zuvor eine Abberufung erfolgt. Die Bestellung endet dann spätestens wie bei einer unbefristeten Bestellung ohne weiteres nach fünf Jahren.[92]

ee) Rückwirkende Bestellung

Ist eine rechtzeitige Wiederbestellung des Verwalters versäumt worden, kann **43** dieser nicht etwa rückwirkend bestellt werden, weil die organschaftliche Stellung

---

[86] LG Bremen Rpfleger 1987, 199; Bärmann/*Merle/Becker* § 26 Rn. 85.
[87] *F. Schmidt* ZMR 2009, 725, 734.
[88] BGH NJW-RR 1995, 780; OLG Zweibrücken ZWE 2005, 111.
[89] OLG Frankfurt OLGR 2006, 46; OLG Zweibrücken ZWE 2005, 111.
[90] BGH NJW-RR 1995, 780; LG Itzehoe ZWE 2012, 145.
[91] BayObLG WE 1996, 314.
[92] OLG Köln WE 1990, 171; vgl. auch OLG Köln WE 1990, 69.

nur für die Zukunft begründet werden kann.[93] Da die Wohnungseigentümer mit der rückwirkenden Bestellung aber in jedem Fall auch diejenige für die Zukunft wünschen, ist ein solcher Beschluss entsprechend § 139 BGB nur teilweise, nämlich hinsichtlich seiner Rückwirkung nichtig.[94] Außerdem ist es den Wohnungseigentümern unbenommen, etwaige vom Scheinverwalter bis zu seiner wirksamen Wiederbestellung vorgenommene Rechtsgeschäfte mit Rückwirkung zu genehmigen und ihm eine Vergütung für seine Tätigkeit zuzubilligen.[95]

ff) Anfechtung der Verwalterbestellung

44   Die Verwalterbestellung kann wie jeder andere Beschluss im Verfahren nach § 43 Nr. 4 WEG für ungültig erklärt werden. Der Beschluss der Wohnungseigentümer über die Bestellung des Verwalters ist dazu am Maßstab einer **ordnungsmäßigen Verwaltung** zu messen. Die Wohnungseigentümer haben nach § 21 Abs. 3 u. 4 WEG nicht nur einen Anspruch darauf, dass die Tätigkeit der Verwaltung diesen Grundsätzen entspricht, sondern auch darauf, dass der Verwalter selbst diesen Anforderungen genügt. Daran fehlt es, wenn ein **wichtiger Grund** gegen die Bestellung spricht. Wann ein solcher wichtiger Grund vorliegt, bestimmt sich in Anlehnung an § 26 Abs. 1 S. 3 WEG nach den für die Abberufung des Verwalters geltenden Grundsätzen.[96] Dabei soll den Wohnungseigentümern ein Beurteilungsspielraum zukommen. Die Bestellung des Verwalters widerspricht den Grundsätzen ordnungsmäßiger Verwaltung deshalb erst, wenn die Wohnungseigentümer ihren Beurteilungsspielraum überschreiten, das heißt, wenn es objektiv nicht mehr vertretbar erscheint, dass sie den Verwalter ungeachtet der gegen ihn sprechenden Umstände bestellen.[97]

Beispiele

- Die zur Anfechtung führenden Umstände können in der fehlenden **persönlichen oder fachlichen Eignung** des Bestellten liegen; so zB bei Verurteilung wegen Untreue, auch wenn sich die Tat gegen eine andere Gemeinschaft richtete[98], oder bei fehlender fachlicher Qualifikation.[99]
- Die Bestellung des Verwalters entspricht grundsätzlich nur dann ordnungsmäßiger Verwaltung, wenn in derselben Eigentümerversammlung, in der die Bestellung erfolgt, auch die **Eckpunkte** des abzuschließenden Verwaltervertrages (Laufzeit und Vergütung) in wesentlichen Umrissen geregelt werden.[100]

---

[93] OLG Hamm DWE 1995, 125 = WE 1996, 33 = ZMR 1995, 498 Ls.; DNotI-Gutachten v. 8.9.2015 Nr. 140932; DNotI-Gutachten DNotI-Report 2006, 62; Riecke/Schmid/*Abramenko* § 26 Rn. 6 aE.

[94] A.A. OLG Brandenburg ZMR 2008, 386: eine rückwirkende Bestellung sei lediglich anfechtbar und könne daher in Bestandskraft erwachsen.

[95] OLG Hamm DWE 1995, 125 = WE 1996, 33 = ZMR 1995, 498 Ls.

[96] BGH NJW 2012, 3175 = ZWE 2012, 427; strenger demgegenüber noch OLG Köln ZMR 2008, 734; KG ZMR 2007, 801; BayObLG ZMR 2005, 561: die Mehrheitsentscheidung könne lediglich bei zwingenden Gründen korrigiert werden, da sich die Mehrheit gerade für den Verwalter ausgesprochen habe.

[97] BGH NJW 2012, 3175 = ZWE 2012, 427; krit. Riecke/Schmid/*Abramenko* § 26 Rn. 12 mwN.

[98] OLG Köln ZMR 2008, 734.

[99] LG Hamburg ZWE 2016, 277: Bestellung der in der Branche komplett unerfahrenen Tochter durch den Mehrheitseigentümer.

[100] BGH NJW 2015, 1378 = ZWE 2015, 215; dazu unter dem Gesichtspunkt der Trennungstheorie abl. Jennißen/*Jennißen* § 26 Rn. 21a; *Ott* ZWE 2015, 206.

– Jedenfalls bei der Erstbestellung eines Verwalters entspricht die Einholung mehrerer **Konkurrenzangebote** und deren Übersendung an die Wohnungseigentümer ordnungsmäßiger Verwaltung, weil nur auf diese Weise Leistungsvergleiche angestellt werden können.[101]

Die bloße Anfechtung des Bestellungsbeschlusses im Verfahren nach § 43 Nr. 4 **45** WEG hat zunächst noch keine Auswirkungen auf die Wirksamkeit der Verwalterbestellung. Trotz Anfechtung bleibt die Bestellung nämlich gem. § 23 Abs. 4 Satz 2 WEG bis zur **rechtskräftigen Ungültigerklärung** wirksam.[102] Dabei kann die gerichtliche Ungültigerklärung seiner Bestellung vom Verwalter genauso angefochten werden wie eine Abberufung durch die Wohnungseigentümer.[103] Erst wenn der Bestellungsbeschluss rechtskräftig für unwirksam erklärt worden ist, führt dies zum Verlust der Verwalterstellung mit rückwirkender Kraft.[104] Das Handeln des Verwalters im Rahmen der laufenden Verwaltung wird durch die Aufhebung des Bestellungsbeschlusses aber nicht unberechtigt, sondern bleibt nach dem Rechtsgedanken von § 47 FamFG (früher: § 32 FGG) wirksam.[105] Entsprechend verhält es sich mit rechtsgeschäftlichen Handlungen des Verwalters gegenüber Dritten. Auch diese bleiben trotz des rückwirkenden Verlustes der Stellung als Verwalter wirksam.

c) Anstellung des Wohnungseigentumsverwalters

aa) Rechtsnatur und Zustandekommen des Verwaltervertrages

Die Anstellung des Wohnungseigentumsverwalters erfolgt mit Abschluss eines **46** Verwaltervertrages. Bei dem Verwaltervertrag handelt es sich um einen schuldrechtlichen Vertrag, der den Verwalter – idR gegen Zahlung eines Entgelts – zur Wahrnehmung des Verwalteramtes verpflichtet. Es handelt sich bei dem Verwaltervertrag um einen auf **Geschäftsbesorgung** gerichteten Dienstvertrag iSd §§ 675ff., 611ff. BGB, der auch werkvertragliche Elemente beinhaltet.[106] Liegt eine unentgeltliche Tätigkeit vor, kommt ein Auftragsverhältnis gem. §§ 662ff. BGB in Betracht.[107]

Der Verwaltervertrag ist ein zweiseitiger Vertrag, der nach dem Sinn und **47** Zweck des § 10 Abs. 6 WEG allein zwischen dem rechtsfähigen **Verband Wohnungseigentümergemeinschaft** auf der einen Seite und dem **Wohnungseigentumsverwalter** auf der anderen Seite geschlossen wird; die Wohnungseigentümer selbst sind also – anders als noch vor der Anerkennung der (Teil-)Rechtsfähigkeit der Wohnungseigentümergemeinschaft – nicht Vertragspartei.[108] Es soll sich jedoch bei dem Verwaltervertrag zumindest auch um einen Vertrag zugunsten

---

[101] BGH NJW 2012, 3175 = ZWE 2012, 427; BGH ZWE 2011, 317; LG Frankfurt NJW 2015, 1397 = ZWE 2015, 267.

[102] KG NJW-RR 2006, 446.

[103] BGH NJW 2007, 2776 = ZWE 2007, 396.

[104] BGH NJW 2007, 2776 = ZWE 2007, 396.

[105] BGH NJW 2007, 2776 = ZWE 2007, 396; BGH NJW 1997, 2106; aA KG ZWE 2010, 87 (Verwalterzustimmung); *Hügel/Elzer* § 26 Rn. 66 mwN, die zwischen Geschäftsführung und Vertretung differenzieren wollen.

[106] BGH ZWE 2011, 209; BGHZ 151, 164 = NJW 2002, 3240 = ZWE 2002, 570; BGH NJW 1997, 2106; BGH NJW-RR 1993, 1227.

[107] BGH NJW 1997, 2106.

[108] BGHZ 200, 221 = NJW 2014, 1447 = ZWE 2014, 216; BGH NJW 2012, 1152 = ZWE 2012, 128; *Bärmann/Merle/Becker* § 26 Rn. 110; *Hügel/Elzer* § 26 Rn. 121; NKV/

der Wohnungseigentümer als Dritte iSd § 328 BGB[109] oder zumindest um einen solchen mit Schutzwirkung gegenüber den Wohnungseigentümern[110] handeln. Auf diesem Wege werden den **am Vertragsschluss nicht unmittelbar beteiligten Wohnungseigentümern** insbesondere eigene Schadensersatzansprüche wegen Pflichtverletzungen aus dem Verwaltervertrag gesichert.

48 Der **Abschluss des Verwaltervertrages** wird sich vielfach durch Beschlussfassung über einen vom anwesenden Verwalter vorgelegten Vertragsentwurf in der Eigentümerversammlung vollziehen.[111] Anders als bei der Bestellung zum Verwalter darf ein Wohnungseigentümer bei der Beschlussfassung über den Abschluss des Verwaltervertrages nicht mitstimmen, weil es sich hier um ein Rechtsgeschäft iSd § 25 Abs. 5 WEG handelt.[112]

Wiederholung:

Schauen Sie doch zu diesem Thema bitte noch einmal in das → Kapitel H Rn. 70.

Wird allerdings über die Bestellung und den Verwaltervertrag zusammen abgestimmt, entfällt diese **Stimmrechtsbeschränkung**, da die Entscheidung über die Verwalterbestellung als mitgliedschaftliches Mitwirkungsrecht vorrangig ist.[113]

49 Kommt der Verwaltervertrag nicht in der Eigentümerversammlung zustande, sind wegen des für den neu bestellten Verwalter nach § 181 BGB bestehenden Vertretungsausschlusses **sämtliche Wohnungseigentümer** zum Abschluss berufen, da nur sie in diesem Stadium für den Verband vertretungsberechtigt sind. Allerdings können die Wohnungseigentümer durch Beschluss mit Stimmenmehrheit einen oder mehrere Wohnungseigentümer (insbesondere den Vorsitzenden oder die Mitglieder des Beirats[114]) zur **Vertretung** beim Abschluss und ggf. zum Aushandeln der Vertragsbedingungen ermächtigen, wenn dabei nähere Eckdaten (wie Laufzeit und Vergütung) des Verwaltervertrags vorgegeben werden.[115]

 Bitte lesen Sie jetzt § 27 Abs. 3 S. 2 u. 3 WEG!

50 Problematisch ist wiederum der Abschluss eines Verwaltervertrages, wenn in der Anlaufphase einer Gemeinschaft bereits der **werdende Verband Wohnungseigentümergemeinschaft** gebunden werden soll. Schließt der teilende Eigentümer den Verwaltervertrag im eigenen Namen, wird er selbst Vertragspartei.[116] Eine anschließend individuell in den jeweiligen Erwerbsverträgen gestaltete Vertrags-

---

Niedenführ § 26 Rn. 36; Riecke/Schmid/*Abramenko* § 26 Rn. 36; aA Jennißen/*Jennißen* § 26 Rn. 81: dreiseitiger Vertrag.

[109] So KG ZWE 2010, 183; OLG München NJW 2007, 227; *Abramenko* ZMR 2006, 6, 9.

[110] So OLG Frankfurt ZWE 2008, 470; OLG Düsseldorf NJW 2007, 161 = ZWE 2007, 92; Bärmann/Merle/Becker § 26 Rn. 111.

[111] Ausf. Bärmann/*Merle/Becker* § 26 Rn. 114ff.

[112] NKV/*Niedenführ* § 26 Rn. 42; Riecke/Schmid/*Abramenko* § 26 Rn. 41a.

[113] BGHZ 152, 46 = NJW 2002, 3704 = ZWE 2003, 64; OLG Hamm ZWE 2007, 40; Riecke/Schmid/*Abramenko* § 26 Rn. 41a; aA Jennißen/*Jennißen* § 26 Rn. 89.

[114] Vgl. OLG München ZWE 2009, 27; KG ZMR 2008, 476.

[115] KG ZMR 2008, 476; OLG Köln NJW-RR 2002, 84; OLG Hamm ZWE 2001, 84; LG Köln ZWE 2013, 412.

[116] OLG Düsseldorf ZfIR 2006, 331 m Anm. *Riecke* = ZWE 2006, 142 m Anm. *Kreuzer.*

übernahme durch die Wohnungskäufer erscheint fehleranfällig und rechtlich nicht gesichert.[117] Will man nicht noch einen Genehmigungsbeschluss[118] in einer zusätzlichen Eigentümerversammlung seitens des werdenden Verbandes für den zunächst **ohne Vertretungsmacht** handelnden Bauträger in Kauf nehmen (vgl. § 177 Abs. 1 BGB), erscheint ein unmittelbarer Vertragsschluss mit Wirkung für und gegen den werdenden Verband nur möglich, wenn auch für den Abschluss eines Verwaltervertrages Gestaltungsmöglichkeiten mit aufschiebenden und auflösenden **Bedingungen** anerkannt werden (vgl. bereits für die Verwalterbestellung Rn. 34 mwN).[119]

Derzeit noch nicht abschließend geklärt ist die Frage, ob dem Verband Woh- **51** nungseigentümergemeinschaft als Vertragspartner des Wohnungseigentumsverwalters nach Vertragsschluss ggf. ein **Widerrufsrecht** gem. §§ 312g Abs. 1, 355 BGB zusteht. Zwar ist die rechtsfähige Wohnungseigentümergemeinschaft nach der Rechtsprechung des BGH dann einem **Verbraucher** gemäß § 13 BGB gleichzustellen, wenn ihr wenigstens ein Verbraucher angehört und sie ein Rechtsgeschäft zu einem Zweck abschließt, der weder einer gewerblichen noch einer selbständigen beruflichen Tätigkeit dient.[120] Der Abschluss eines Verwaltervertrages dient der Verwaltung des gemeinschaftlichen Eigentums der Wohnungseigentümer durch den Verband Wohnungseigentümergemeinschaft, so dass es sich grundsätzlich bei dem Verwaltervertrag auch um einen Verbrauchervertrag iSd § 310 Abs. 3 BGB handelt.[121] Dennoch kann nach hier vertretener Auffassung der Verband den Vertrag nicht nach § 312g Abs. 1 BGB widerrufen[122], weil nach dem Schutzzweck der Norm nur auf die Willensbildung einer natürlichen Person abzustellen ist; die vom BGH vorgenommene Gleichstellung des Verbandes mit einem Verbraucher hat also anwendungsbezogen zu erfolgen. Die hinter dem Verband stehenden Wohnungseigentümer können demgegenüber Mängel der Willensbildung der Gemeinschaft über die Beschlussanfechtungsklage geltend machen. Das wohnungseigentumsrechtliche Anfechtungsrecht geht somit dem Widerrufsrecht des Verbrauchers vor.[123]

bb) Inhalt des Verwaltervertrages

(1) Mindestinhalt. Der Inhalt des Verwaltervertrages ist von den Vertragsparteien **52** unter Berücksichtigung der allgemeinen Grundsätze der §§ 134, 138, 242 BGB privatautonom zu bestimmen.[124] In diesem Rahmen finden sich vielfach Vereinbarungen zu Rechten und Pflichten, die über die gesetzlichen Vorschriften des

---

[117] Vgl. einerseits *Riecke* ZfIR 2006, 334 und andererseits Bärmann/Merle/*Becker* § 26 Rn. 127 sowie Hügel/*Elzer* § 26 Rn. 134.

[118] Der nach Ansicht von Bärmann/*Merle*/*Becker* § 26 Rn. 128 nur ausdrücklich möglich sein soll.

[119] Bärmann/*Merle*/*Becker* § 26 Rn. 131.

[120] BGHZ 204, 325 = NJW 2015, 3228 = ZWE 2015, 322.

[121] *Becker* NZM 2016, 249, 251; *Jacoby* ZWE 2016, 68, 69.

[122] A.A. aber *Jacoby* ZWE 2016, 68 unter Betonung der EU-rechtlichen Vorgaben durch die Verbraucherrechterichtlinie (Richtlinie 2011/83/EU v. 25.10.2011 über die Rechte der Verbraucher pp., ABl. 2011 Nr. L 304, 64) und deren Umsetzung (Gesetz zur Umsetzung der Verbraucherrechterichtlinie, zur Änderung des Verbrauchsgüterkaufrechts und des Gesetzes über die Wohnungsvermittlung v. 20.9.2013 (VerbrRRL-UG), BGBl. I 2013, 3642).

[123] *Becker* NZM 2016, 249; Jennißen/*Jennißen* § 26 Rn. 87; iErg auch *Lehmann-Richter* ZfIR 2015, 445.

[124] *Gottschalg* NZM 2009, 217.

BGB zur Geschäftsbesorgung sowie die in den §§ 27, 28 WEG ohnehin enthaltenen (Mindest-)Aufgaben hinausgehen.

> **Hinweis:**
>
> Wegen der in § 27 WEG enthaltenen Aufgaben und Befugnisse → Rn. 59 ff.; wegen der in § 28 WEG enthaltenen Aufgaben und Befugnisse → Kapitel J.

Vielfach finden sich aber auch überflüssige oder gar unzulässige Absprachen.[125] Als **Mindestinhalt** müssen Regelungen zu den **Vertragsparteien**, der **Vertragsdauer** (Beginn, Ende und Beendigungsmöglichkeiten) sowie zur **Vergütung** (Höhe und Zusammensetzung) aufgenommen werden.[126]

53 **(2) Vertragsdauer.** Fehlen Regelungen zur **Vertragsdauer**, so läuft der Verwaltervertrag idR solange, wie die Bestellung zum Verwalter andauert, wenn nach dem Willen der Vertragschließenden Abberufung und Fortbestehen des Verwaltervertrages in der Weise miteinander verknüpft sind, dass die wirksame Abberufung des Verwalters eine auflösende Bedingung des Verwaltervertrages darstellt.[127] Weiterhin folgt aus § 26 Abs. 1 S. 2 WEG auch eine Begrenzung der Laufzeit des von der Verwalterbestellung zu unterscheidenden Verwaltervertrags auf höchstens fünf Jahre.[128] Bei einer Wiederbestellung des Verwalters soll man im Wege der Auslegung zunächst von der Fortgeltung des Verwaltervertrags ausgehen können.[129]

54 **(3) Verwaltervergütung.** Für den Anspruch auf **Verwaltervergütung** ist nicht die Bestellung zum Verwalter, sondern allein der Verwaltervertrag maßgebend.[130] Ohne Vergütungsvereinbarung gilt gemäß §§ 675, 612 Abs. 1 u. 2 BGB die branchenübliche Vergütung als vereinbart.[131] Schuldner der Vergütung ist der rechtsfähige Verband Wohnungseigentümergemeinschaft als Vertragspartner;[132] die einzelnen Wohnungseigentümer haften allerdings für die Vergütungsansprüche im Rahmen des § 10 Abs. 8 WEG. Üblich ist die Vereinbarung einer monatlichen Fälligkeit.[133] Der Verwalter kann fällige Vergütungsansprüche dem Gemeinschaftskonto entnehmen.[134]

55 In der Praxis wird sich die Vergütung häufig – auch im Innenverhältnis der Wohnungseigentümer gem. § 16 Abs. 3 WEG unter Abänderung der gesetzlichen Verteilungsregel des § 16 Abs. 2 WEG – nach der **Anzahl der verwalteten Einheiten** und seltener nach Wohn- und Nutzflächen oder Miteigentumsanteilen bestimmen.[135] Soweit keine **Pauschalvergütung** für sämtliche Leistungen des

---

[125] Vgl. Jennißen/*Jennißen* § 26 Rn. 94 mwN.

[126] *Hügel/Elzer* § 26 Rn. 136.

[127] OLG München ZWE 2008, 343; OLG Zweibrücken FGPrax 2003, 62.

[128] BGHZ 151, 164 = NJW 2002, 3240 = ZWE 2002, 570.

[129] So zumindest LG Landau ZMR 2012, 295; aA *Hügel/Elzer* § 26 Rn. 124.

[130] BayObLG WuM 1996, 650.

[131] KG ZMR 2004, 459.

[132] OLG Hamm ZWE 2006, 353 m Anm. *Ott.*

[133] Riecke/Schmid/*Abramenko* § 26 Rn. 61.

[134] Vgl. KG NJW-RR 1990, 154; NKV/*Niedenführ* § 26 Rn. 83; bedenklich OLG Hamm ZWE 2008, 182, wonach der ausgeschiedene Verwalter sogar zur Entnahme seiner Vergütung aus der – zweckgebundenen – Instandhaltungsrücklage berechtigt sein soll.

[135] Vgl. BGHZ 171, 335 = NJW 2007, 1869 = ZWE 2007, 295.

Verwalters vereinbart ist[136], wird sich die Berechnung regelmäßig in eine nach den gesetzlichen Aufgaben der §§ 27, 28 WEG[137] und dem Vertrag bestimmte **Grundvergütung** sowie ggf. darüber hinaus für bestimmte Tätigkeiten zu gewährende **Sondervergütungen** aufteilen.[138] Dabei hat der WEG-Verwalter keinen Anspruch auf Sondervergütung für Tätigkeiten, die ihm ohnehin schon kraft Gesetzes zugewiesen sind.[139] Die Vergütung muss sich unter Berücksichtigung des erforderlichen Zeit- und Arbeitsaufwandes in einem angemessenen Rahmen halten, wobei eine Pauschale vereinbart werden kann.[140] **Mehrwertsteuer** kann der Verwalter nur dann zusätzlich zur vereinbarten Vergütung verlangen, wenn dies ausdrücklich vereinbart ist.[141]

Beispiele

– Für die Bemessung der **Grundvergütung** im Rahmen der gesetzlichen Aufgaben spielen Lage und Größe der verwalteten Anlage eine maßgebliche Rolle, weil sich der Aufwand mit zunehmender Anzahl verwalteter Einheiten für den Verwalter reduziert. Im Schnitt liegt die pauschale Grundvergütung für die Verwaltung von Wohnungen derzeit zwischen 16,– EUR und 30,– EUR netto pro Einheit und Monat.[142]
– Typische **Sondervergütungen** werden in der Praxis als angemessen angesehen für
  die Bescheinigung **haushaltsnaher Dienstleistungen** gem. § 35a EStG (10,– EUR bis 25,– EUR pro Bescheinigung);[143]
  die Erteilung einer **Zustimmung gem. § 12 WEG** (175,– EUR bis netto 600,– EUR pro Zustimmung).[144]

(4) Inhaltskontrolle. Der professionell tätige Wohnungseigentumsverwalter wird 56 in aller Regel keine Individualverträge sondern **Formularverträge** iSd § 305ff. BGB verwenden. Diese unterfallen als Verbraucherverträge gem. § 310 Abs. 3 BGB der **AGB-Inhaltskontrolle.**[145]

Hinweis:

Wegen der Verbrauchereigenschaft des Verbandes Wohnungseigentümergemeinschaft s. in diesem Kapitel bereits → Rn. 51.

Die Festlegung der **Laufzeit eines Verwaltervertrages** auf maximal fünf Jahre 57 ist allerdings trotz § 309 Nr. 9 BGB wegen der vorrangigen Sonderregelung in

---

[136] Vgl. BayObLG WuM 1996, 490.

[137] Vgl. OLG Düsseldorf NJW-RR 2003, 302; ähnlich Riecke/Schmid/Abramenko § 26 Rn. 63.

[138] Vgl. BGH NJW 2012, 1152 = ZWE 2012, 128.

[139] LG München I ZMR 2012, 578.

[140] BGHZ 122, 327 = NJW 1993, 1925; BayObLG ZWE 2005, 90; OLG Düsseldorf NJW-RR 2003, 302.

[141] BGH NJW 1982, 1595.

[142] http://ddiv.de/hp766/Verwalterverguetung.htm bezogen auf den Stand Mai 2014; vgl. auch *Hügel/Elzer* § 26 Rn. 158 unter Bezugnahme auf die BSI-Studie 2010: Grundvergütung für große Anlagen max. 25,– EUR (Durchschnitt 16,– EUR), für kleine Anlagen max. 45,– EUR (im Durchschnitt 22,– EUR), alle Beträge brutto; NKV/*Niedenführ* § 26 Rn. 72: Grundvergütung zwischen 15,-- und 35,– EUR pro Wohnung netto; vgl. auch *Haase*, Verwaltervergütungen in Deutschland, DDIV Aktuell, Heft 5/2013, S. 55.

[143] LG Düsseldorf NZM 2008, 453.

[144] OLG Hamm NZM 2001, 49; KG NJW-RR 1989, 975; eine prozentuale Orientierung am Kaufpreis als unverhältnismäßig ablehnend KG NJW-RR 1997, 1231.

[145] OLG Düsseldorf NW 2006, 3645 = ZWE 2006, 396.

§ 26 Abs. 1 S. 2 WEG zulässig. Danach kann grundsätzlich auch in Allgemeinen Geschäftsbedingungen für Verwalterverträge eine Laufzeit von mehr als zwei Jahren (bis zur Höchstgrenze von fünf Jahren) wirksam vereinbart werden.[146]

Weitere Beispiele (unwirksamer Klauseln)

U.a. folgende Klauseln sind als allgemeine Geschäftsbedingungen gem. § 307 BGB wegen unangemessener Benachteiligung **unwirksam**[147]:
- die Befreiung des Wohnungseigentumsverwalters von den Beschränkungen des § 181 BGB (**Selbstkontrahieren**);[148]
- die unbeschränkte Erteilung von **Untervollmachten**;[149]
- die Vereinbarung einer Sondervergütung für bereits gesetzlich zu erbringende Aufgaben (keine **Doppelvergütung**);[150]
- unzulässige **Haftungsbegrenzungsklauseln**.[151]

cc) Anfechtung

58   Wie jeder Eigentümerbeschluss ist auch derjenige über den Verwaltervertrag auf Anfechtung für ungültig zu erklären, wenn er ordnungsmäßiger Verwaltung widerspricht.[152]

Beispiele

Die Grundsätze ordnungsmäßiger Verwaltung sind u.a. nicht beachtet
- bei überhöhten Vergütungen (→ Rn. 54);
- wenn ein vom Verwalter verwendetes Formular der Kontrolle nach §§ 305ff BGB nicht standhält (→ Rn. 56).

In diesen Fällen kommt allerdings **Teilnichtigkeit** gemäß § 139 BGB in Betracht, wenn anzunehmen ist, dass der Vertrag auch ohne den nichtigen Teil geschlossen worden wäre.[153]

4. Aufgaben und Befugnisse des Wohnungseigentumsverwalters

a) Regelungsstruktur

59   Aufgaben und Befugnisse des Wohnungseigentumsverwalters finden sich nicht allein im **Verwaltervertrag**. Bereits die **Gemeinschaftsordnung** kann solche Regelungen beinhalten und auf diese Weise das Verwalteramt ausgestalten.[154]

---

[146] BGHZ 151, 164 = NJW 2002, 3240 = ZWE 2002, 570 noch zur Vorläuferregelung.
[147] Vgl. *Gottschalg* NZM 2009, 217.
[148] OLG München ZWE 2009, 27; OLG Düsseldorf NW 2006, 3645 = ZWE 2006, 396.
[149] OLG München ZWE 2009, 27 mit umfangreicher Kasuistik.
[150] KG ZMR 2008, 476 mit umfangreicher Kasuistik.
[151] Dazu s Bärmann/*Merle*/*Becker* § 26 Rn. 186. Zu Haftungsfragen ausführlich Riecke/Schmid/*Abramenko* § 26 Rn. 51ff. mwN.
[152] OLG Düsseldorf ZWE 2001, 221.
[153] Riecke/Schmid/*Abramenko* § 26 Rn. 41b.
[154] Bärmann/*Merle*/*Becker* § 26 Rn. 190.

Beispiele

In der Praxis finden sich oftmals Erweiterungen der im Gesetz selbst eng gefassten Aufgaben und Befugnisse bei der **Durchsetzung von Ansprüchen** oder bei der **Instandhaltung** des gemeinschaftlichen Eigentums (dazu sogleich mehr).

Grundlegend ergeben sich Aufgaben und Befugnisse des Wohnungseigentumsverwalters zum einen bereits aus den gesetzlichen **Vorschriften des BGB** zur Geschäftsbesorgung.

Beispiele

Dazu gehören etwa **Auskunfts- und Rechenschaftspflichten** gem. §§ 675, 666 BGB[155] und **Herausgabepflichten** gem. §§ 675, 667 BGB.[156]

Weiterhin erfolgen gesetzliche Aufgabenzuweisungen in verschiedenen **Vorschriften des WEG**.

Beispiele

So hat der Wohnungseigentumsverwalter etwa gem. § 24 Abs. 1 und 5 WEG die jährliche **Eigentümerversammlung** einzuberufen und durchzuführen, gem. § 24 Abs. 8 S. 1 WEG die **Beschluss-Sammlung** zu führen sowie gem. § 28 Abs. 1 und 3 WEG den **Wirtschaftsplan** und die **Jahresabrechnung** zu erstellen.

Hinweis:

Wegen der in § 28 WEG enthaltenen Aufgaben und Befugnisse → Kapitel J Rn. 1 ff.

Einen **Schwerpunkt** bilden in diesem Zusammenhang die detaillierten Regelungen des **§ 27 WEG**. Die dort dem Verwalter nach den Absätzen 1 bis 3 zugewiesenen Aufgaben und Befugnisse können selbst durch eine Vereinbarung der Wohnungseigentümer nicht eingeschränkt oder ausgeschlossen werden (§ 27 Abs. 4 WEG). **60**

Bitte lesen Sie jetzt von § 27 Abs. 1, Abs. 2 und Abs. 3 S. 1 WEG **jeweils nur den einleitenden Satz** und sodann noch § 27 Abs. 4 WEG!

Die unterschiedlichen Formulierungen bringen **verschiedene Regelungsmaterien** zum Ausdruck, die auf die Novellierung des WEG (2007)[157] zurückgehen.

So fasst zunächst § 27 Abs. 1 WEG die **Geschäftsführungs**befugnisse des Verwalters im **Innenverhältnis gegenüber den Wohnungseigentümern und dem rechtsfähigen Verband** zusammen. Der dabei vermittelte Eindruck deckungsgleicher Befugnisse des Verwalters gegenüber den Wohnungseigentümern und dem Verband trügt allerdings ebenso wie die Annahme, die Geschäftsführung sei abschließend in § 27 Abs. 1 WEG geregelt.[158] **61**

---

[155] Vgl. BGH NJW 2011, 1137 = ZWE 2011, 212.

[156] Dazu *Casser* ZWE 2014, 157.

[157] Gesetz zur Änderung des Wohnungseigentumsgesetzes und anderer Gesetze v. 26.3.2007 (BGBl. I, S. 370).

[158] Vgl. im Einzelnen Bärmann/*Merle/Becker* § 27 Rn. 1; *Hügel/Elzer* § 27 Rn. 2; Riecke/Schmid/*Abramenko* § 27 Rn. 7 je mwN.

62 Im Unterschied dazu ist die **Vertretungsmacht** des Verwalters im **Außenverhältnis** für die Gesamtheit der **Wohnungseigentümer** mit § 27 Abs. 2 WEG und für den **rechtsfähigen Verband** mit § 27 Abs. 3 WEG in zwei getrennten Absätzen enumerativ geregelt. Dies führt zT zu Doppelungen, die die Lesbarkeit und das Verständnis erschweren. Dem Wohnungseigentumsverwalter kommt nach diesen Absätzen – anders als bspw. dem Geschäftsführer einer GmbH (vgl. § 35 Abs. 1 S. 1 GmbHG) – **keine umfassende Vertretungsmacht** zu; es handelt sich vielmehr um eine ggf. erweiterbare Rahmenregelung.[159]

> **Hinweis:**
>
> Eine Erweiterung der Vertretungsmacht ermöglicht einerseits § 27 Abs. 2 Nr. 3 WEG hinsichtlich der Wohnungseigentümer und § 27 Abs. 3 S. 1 Nr. 7 WEG hinsichtlich des rechtsfähigen Verbandes.

Zur Verdeutlichung dient das folgende

Schaubild:

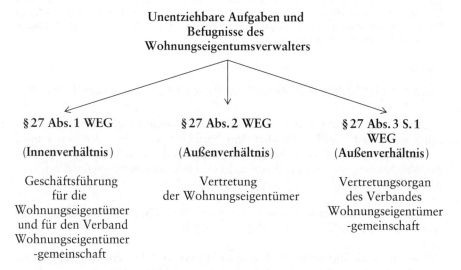

Unentziehbare Aufgaben und Befugnisse des Wohnungseigentumsverwalters		
§ 27 Abs. 1 WEG	**§ 27 Abs. 2 WEG**	**§ 27 Abs. 3 S. 1 WEG**
(Innenverhältnis)	**(Außenverhältnis)**	**(Außenverhältnis)**
Geschäftsführung für die Wohnungseigentümer und für den Verband Wohnungseigentümer -gemeinschaft	Vertretung der Wohnungseigentümer	Vertretungsorgan des Verbandes Wohnungseigentümer -gemeinschaft

63 Allerdings nimmt keine der in § 27 WEG eingeräumten Befugnisse den Wohnungseigentümern ihre Entscheidungsmacht und ihre gemeinschaftliche Geschäftsführungsbefugnis.[160] Die Wohnungseigentümer sind deshalb jenseits von § 27 Abs. 4 WEG im Innenverhältnis nicht gehindert, die Einberufung einer Eigentümerversammlung zu verlangen und dem Verwalter Weisungen zu erteilen.[161] Der Wohnungseigentumsverwalter ist demgemäß ein notwendiges **Vollzugsorgan**.[162]

---

[159] Bärmann/*Merle/Becker* § 27 Rn. 2 mit Hinweis u.a. auf den Referentenentwurf des BMJ v. 22.9.1950, abgedr. PiG 8, 178.

[160] BGH ZWE 2014, 176; BGH NJW 2013, 3098 = ZWE 2013, 368; *Merle* ZWE 2010, 2.

[161] BGH NJW 2013, 3098 = ZWE 2013, 368.

[162] BGHZ 106, 222 = NJW 1989, 1091; LG Hamburg ZWE 2014, 412.

Hinweis: 64

Der Gesetzgeber selbst hat die beschriebene Trennung von Innen- und Außenverhältnis bzgl. des rechtsfähigen Verbandes im Interesse einer handlungsfähigen Organisationsstruktur durch § 27 Abs. 3 Satz 1 Nr. 3 bis 5 WEG weitgehend wieder außer Kraft gesetzt. Für die zunächst nur das Innenverhältnis betreffenden Befugnisse der § 27 Abs. 1 Nr. 2 bis 6 und 8 WEG wird insoweit nämlich auch Vertretungsmacht nach außen erteilt. Im Ergebnis hat der Wohnungseigentumsverwalter also für fast alle seine Befugnisse dem Verband gegenüber auch Vertretungsmacht.[163] Dies rechtfertigt es, eine dem Verwalter eingeräumte Vertretungsmacht in den folgenden Einzelbetrachtungen zur Geschäftsführungsbefugnis sogleich im Kontext zu behandeln.

b) Aufgaben und Befugnisse gem. § 27 Abs. 1 WEG

aa) Durchführung von Beschlüssen (§ 27 Abs. 1 Nr. 1 Var. 1 WEG)

Der Verwalter ist gem. § 27 Abs. 1 Nr. 1 Var. 1 WEG nicht nur gegenüber den 65 Wohnungseigentümern, sondern auch gegenüber dem rechtsfähigen Verband berechtigt und verpflichtet, Beschlüsse der Wohnungseigentümer durchzuführen.

Bitte lesen Sie jetzt § 27 Abs. 1 Nr. 1 WEG!

Die Durchführung hat mangels anderweitiger Vorgaben seitens der Wohnungseigentümer idR **„unverzüglich"** iSv § 121 Abs. 1 S. 1 BGB – also ohne schuldhaftes Zögern – zu erfolgen.[164]

Auch **angefochtene Eigentümerbeschlüsse** sind im Hinblick auf § 23 Abs. 4 S. 2 66 WEG bis zu ihrer Ungültigerklärung durch ein Gericht vom Verwalter zu vollziehen. Das Gesetz misst dem Vollziehungsinteresse der Gemeinschaft grundsätzlich ein höheres Gewicht bei als dem Aussetzungsinteresse der Miteigentümer, die den Beschluss angefochten haben.[165] Für die Durchführung kommt es auch nicht auf die **Bestandskraft** eines Beschlusses an.[166] Solange ein Beschluss nicht erkennbar nichtig[167], nicht aufgehoben und nicht rechtskräftig für ungültig erklärt worden ist, ist er gültig und durchzuführen.[168]

Zur Durchführung beschlossener Maßnahmen benötigt der Verwalter in vielen 67 Fällen eine entsprechende **Vertretungsmacht**.

Beispiel

Die Wohnungseigentümer beschließen die Neuanlegung der Außenanlagen auf dem Grundstück durch ein Gartenbauunternehmen. Zur notwendigen Beauftragung benötigt der Verwalter im Außenverhältnis entsprechende Vertretungsmacht für den Verband Wohnungseigentümergemeinschaft.

---

[163] Riecke/Schmid/*Abramenko* § 27 Rn. 8.
[164] BGH ZWE 2011, 209; BayObLG ZWE 2000, 179; *Hügel/Elzer* § 27 Rn. 9; Jennißen/*Heinemann* § 27 Rn. 9; großzügiger LG Frankfurt/M. ZWE 2010, 279: „zeitnah"; aA Riecke/Schmid/*Abramenko* § 27 Rn. 11; *Schmid* ZMR 2013, 93: Pflicht zur unverzüglichen Umsetzung nur im Ausnahmefall.
[165] LG Frankfurt/M. ZWE 2010, 279.
[166] *Hügel/Elzer* § 27 Rn. 9.
[167] Vgl. BGHZ 131, 347 = NJW 1996, 1216.
[168] BGH ZWE 2014, 265; *Hügel/Elzer* § 27 Rn. 9.

Umstritten ist nun, ob bereits in der Beschlussfassung über eine konkrete Maßnahme idR auch eine **konkludente Bevollmächtigung** zum Abschluss der notwendigen Rechtsgeschäfte gesehen werden kann[169], oder ob im Hinblick auf den Katalog des § 27 Abs. 2 Nr. 1, 2 u. 4 WEG sowie des § 27 Abs. 3 S. 1 WEG eine **ausdrückliche Ermächtigung** zusätzlich gem. § 27 Abs. 2 Nr. 3 WEG bzw. § 27 Abs. 3 S. 1 Nr. 7 WEG erteilt werden muss, die sich aber ggf. im Wege der Auslegung ergeben kann.[170]

68   Nach dem Wortlaut des § 27 Abs. 1 Nr. 1 Var. 1 WEG ist der Verwalter lediglich berechtigt und verpflichtet, Beschlüsse der Wohnungseigentümer durchzuführen. Dies hat dann aber erst recht auch für **Vereinbarungen** der Wohnungseigentümer zu gelten, die der Durchführung bedürfen.[171]

bb) Durchführung der Hausordnung (§ 27 Abs. 1 Nr. 1 Var. 2 WEG)

69   Der Verwalter ist gem. § 27 Abs. 1 Nr. 1 Var. 2 WEG nicht nur gegenüber den Wohnungseigentümern, sondern auch gegenüber dem rechtsfähigen Verband berechtigt und verpflichtet, für die Durchführung der Hausordnung zu sorgen. Die Einhaltung der Hausordnung wird vorwiegend Maßnahmen rein **tatsächlicher Art** erfordern.[172]

Beispiel

In Betracht kommen hier u.a. Hinweise, Aushänge, Ermahnungen, Kehr- und Nutzungspläne.

Darüber hinaus kann der Verwalter jedenfalls dann auch **rechtsgeschäftliche Maßnahmen** ergreifen, wenn die zu befolgende Hausordnung durch Beschluss der Wohnungseigentümer genehmigt wurde. In diesem Fall folgt seine Vertretungsmacht aus § 27 Abs. 1 Nr. 1 iVm § 10 Abs. 5 WEG.[173]

Beispiel

In Betracht kommt die Mahnung gem. § 286 Abs. 1 BGB in Vertretung für die übrigen Wohnungseigentümer zur Erfüllung der einen Wohnungseigentümer aus der Hausordnung treffenden Verpflichtungen (vgl. § 15 Abs. 3 WEG).

cc) Maßnahmen der Instandhaltung und Instandsetzung (§ 27 Abs. 1 Nr. 2, Abs. 3 Satz 1 Nr. 3 WEG)

70   Der Verwalter ist gegenüber den Wohnungseigentümern und gegenüber der Gemeinschaft der Wohnungseigentümer berechtigt und verpflichtet, die für die ordnungsmäßige Instandhaltung und Instandsetzung des gemeinschaftlichen Eigentums erforderlichen Maßnahmen zu treffen.

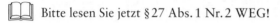 Bitte lesen Sie jetzt § 27 Abs. 1 Nr. 2 WEG!

---

[169] So Jennißen/*Heinemann* § 27 Rn. 8; NKV/*Niedenführ* § 27 Rn. 33; Riecke/Schmid/ *Abramenko* § 27 Rn. 10.

[170] So Bärmann/*Merle/Becker* § 27 Rn. 14; *Hügel/Elzer* § 27 Rn. 13; *Ott* ZWE 2010, 157.

[171] Bärmann/*Merle/Becker* § 27 Rn. 11; *Hügel/Elzer* § 27 Rn. 9.

[172] OLG Saarbrücken NZM 1999, 621.

[173] Bärmann/*Merle/Becker* § 27 Rn. 33.

Der begrifflichen **Unterscheidung** beider Maßnahmen kommt wegen der iden- 71
tischen Rechtsfolgen keine große praktische Bedeutung zu.[174] Instandhaltung
und Instandsetzung sind in der mietrechtlichen Vorschrift des § 555a Abs. 1 BGB
als „Erhaltungsmaßnahmen" legal definiert. Darunter fallen alle Maßnahmen,
die darauf gerichtet sind, den bestehenden Zustand der im gemeinschaftlichen
Eigentum stehenden Einrichtungen und Anlagen zu **erhalten**[175] sowie die **Wiederherstellung** eines früheren Zustandes und die erstmalige **Herstellung** eines
mangelfreien Zustandes.[176]

Nach der gesetzlichen Aufgabenverteilung obliegt die Entscheidung über Maß- 72
nahmen zur Instandhaltung und Instandsetzung des gemeinschaftlichen Eigentums grundsätzlich den Wohnungseigentümern selbst (vgl. § 21 Abs. 3 u. Abs. 5
Nr. 2 WEG). Eine Übertragung dieser Kompetenz auf den Verwalter kann nur
im Wege einer Vereinbarung erfolgen.[177] Dem Wohnungseigentumsverwalter
kommen vor diesem Hintergrund gem. § 27 Abs. 1 Nr. 2 WEG lediglich **Kontroll-,
Informations- und Organisationspflichten** zu.[178]

Beispiele

– **Kontrollpflichten:** Der Verwalter hat u.a. regelmäßig den ordnungsgemäßen Zustand des
  gemeinschaftlichen Eigentums zu kontrollieren.[179]
– **Informations- und Hinweispflichten:** Der Verwalter hat die Wohnungseigentümer über
  einen ihm bekannt gewordenen Instandhaltungs- oder Instandsetzungsbedarf ggf. auch in
  einer außerordentlichen Eigentümerversammlung zu informieren und auf den drohenden
  Ablauf von Gewährleistungspflichten hinzuweisen.[180]
– **Organisationspflichten:** Der Verwalter hat zur Vorbereitung einer Beschlussfassung der
  Wohnungseigentümer über eine Auftragsvergabe eine Bedarfsermittlung anzustellen[181]
  und jenseits der Bagatellgrenze idR drei Vergleichsangebote einzuholen.[182]

Hinweis:

Die Wahrnehmung der **Verkehrssicherungspflichten** obliegt dem Wohnungseigentumsverwalter nicht gem. § 27 Abs. 1 Nr. 2 WEG.[183] Zu Eilmaßnahmen s. sogleich.

Der Verwalter ist weiterhin berechtigt, im Namen der Gemeinschaft der Woh- 73
nungseigentümer und mit Wirkung für und gegen sie die laufenden Maßnahmen
der erforderlichen ordnungsmäßigen Instandhaltung und Instandsetzung gemäß
§ 27 Abs. 1 Nr. 2 WEG zu treffen.

Bitte lesen Sie jetzt § 27 Abs. 3 S. 1 Nr. 3 WEG!

---

[174] BGHZ 141, 224 = NJW 1999, 2108 = ZWE 2000, 23.
[175] BayObLG ZMR 2004, 607; OLG Hamm ZWE 2002, 600.
[176] OLG Hamm ZWE 2009, 261; BayObLG ZWE 2002, 222.
[177] OLG Düsseldorf ZWE 2001, 219: Beschlussfassung der Wohnungseigentümer erst
ab einer bestimmten Auftragssumme; OLG Düsseldorf NJW-RR 1998, 13.
[178] Vgl. Bärmann/*Merle/Becker* § 27 Rn. 45ff; aA OVG Münster ZWE 2011, 166; OVG
Münster NJW 2009, 3528; VG Bayreuth ZWE 2015, 233, die den Wohnungseigentumsverwalter persönlich wegen einer Störung der öffentlichen Sicherheit und Ordnung in
Anspruch nehmen.
[179] LG Hamburg ZWE 2014, 412.
[180] OLG Frankfurt ZWE 2008, 470.
[181] BGH NJW 2012, 1724 = ZWE 2012, 268.
[182] LG Dortmund ZWE 2015, 182; LG Karlsruhe ZWE 2013, 417.
[183] *Hügel/Elzer* § 26 Rn. 36; *Wenzel* ZWE 2009, 57; aA BayVGH NZM 2006, 595.

Auf diese Weise wird auch ohne vorherige Beschlussfassung der Wohnungseigentümer die notwendige **Vertretungsmacht** des Verwalters im Außenverhältnis für Rechtsgeschäfte im Namen des rechtsfähigen Verbandes zur Durchführung von Instandhaltungs- und Instandsetzungsmaßnahmen sichergestellt, solange diese **laufend** und **erforderlich** sind.[184] Dem Verwalter kommt somit keine umfassende Vertretungsmacht zur Durchführung sämtlicher Instandhaltungs- und Instandsetzungsmaßnahmen zu.

Beispiel

Die Vertretungsmacht des Verwalters besteht für Maßnahmen, die aufgrund Abnutzung des gemeinschaftlichen Eigentums in bestimmten Zeitabständen immer wieder erforderlich werden, wie etwa den Ersatz von Verschleißteilen eines Aufzuges[185] oder den Rückschnitt von Gartenhecken[186].
Keine Vertretungsmacht des Verwalters besteht demgegenüber bspw. für Sanierungsmaßnahmen.

Wegen dringender Maßnahmen s. sogleich.

dd) Notgeschäftsführung (§ 27 Abs. 1 Nr. 3, Abs. 3 Satz 1 Nr. 4 WEG)

74 Der Verwalter ist gegenüber den Wohnungseigentümern und gegenüber der Gemeinschaft der Wohnungseigentümer berechtigt und verpflichtet, in dringenden Fällen sonstige zur Erhaltung des gemeinschaftlichen Eigentums erforderliche Maßnahmen zu treffen.

Bitte lesen Sie jetzt § 27 Abs. 1 Nr. 3 WEG!

75 Eine Erhaltungsmaßnahme ist **dringend**, wenn wegen ihrer Eilbedürftigkeit eine vorherige Einberufung einer Wohnungseigentümerversammlung nicht mehr möglich ist. Entscheidend ist, ob die Erhaltung des Gemeinschaftseigentums gefährdet wäre, wenn nicht umgehend gehandelt würde. Dabei ist auch die Größe der Eigentümergemeinschaft zu berücksichtigen.[187]

76 Die Befugnis des Verwalters gem. § 27 Abs. 1 Nr. 3 WEG ergänzt die Befugnis der Wohnungseigentümer gem. § 21 Abs. 2 WEG, wonach jeder Wohnungseigentümer berechtigt ist, ohne Zustimmung der anderen Wohnungseigentümer die Maßnahmen zu treffen, die zur Abwendung eines dem gemeinschaftlichen Eigentum unmittelbar drohenden Schadens notwendig sind. Im Unterschied zu § 21 Abs. 2 WEG normiert § 27 Abs. 1 Nr. 3 WEG jedoch für den Verwalter sogar eine Pflicht hierzu.[188] Die **Befugnisse** der Wohnungseigentümer und des Verwalters bestehen **nebeneinander** und **schließen sich nicht aus.**[189]

77 Der Verwalter besitzt außerdem im Rahmen der Notgeschäftsführung die notwendige **Vertretungsmacht**, um im Namen der rechtsfähigen Gemeinschaft

---

[184] Wegen der Abgrenzungsschwierigkeiten s. im Einzelnen Riecke/Schmid/*Abramenko* § 27 Rn. 20 mwN.
[185] *Häublein* ZWE 2009, 189, 193.
[186] Bärmann/*Merle/Becker* § 27 Rn. 217.
[187] BayObLG NZM 2004, 390; LG Hamburg ZWE 2012, 285.
[188] Riecke/Schmid/*Abramenko* § 27 Rn. 24.
[189] Jennißen/*Heinemann* § 27 Rn. 31.

der Wohnungseigentümer und mit Wirkung für und gegen sie auch im Außenverhältnis Rechtsgeschäfte vorzunehmen.

Bitte lesen Sie jetzt § 27 Abs. 3 S. 1 Nr. 4 WEG!

Die Vertretungsmacht besteht jedoch nur im Rahmen von **Eilmaßnahmen.** Das Notgeschäftsführungsrecht berechtigt den Verwalter nur zu den Maßnahmen, welche die Gefahrenlage beseitigen, jedoch nicht zur Beauftragung solcher Arbeiten, die einer dauerhaften Beseitigung der Schadensursache dienen.[190]

Beispiele

– Reparatur eines Lecks in der im Gemeinschaftseigentum stehenden Gassteigleitung, die der Versorgung des gesamten Hauses dient.[191]
– Bruch oder Verstopfung einer Versorgungs- oder Abwasserleitung.[192]

ee) Anforderung von Lasten- und Kostenbeiträgen (§ 27 Abs. 1 Nr. 4, Abs. 3 S. 1 Nr. 4 WEG)

Der Verwalter ist gegenüber den Wohnungseigentümern und gegenüber der 78 Gemeinschaft der Wohnungseigentümer berechtigt und verpflichtet, Lasten- und Kostenbeiträge, Tilgungsbeträge und Hypothekenzinsen anzufordern, in Empfang zu nehmen und abzuführen, soweit es sich um gemeinschaftliche Angelegenheiten der Wohnungseigentümer handelt.

Bitte lesen Sie jetzt § 27 Abs. 1 Nr. 4 WEG!

Der Ihnen schon bekannte § 27 Abs. 3 S. 1 Nr. 4 WEG räumt dem Wohnungseigentumsverwalter die korrespondierende Vertretungsmacht ein. Diese berechtigt den Verwalter zur Vornahme aller **außergerichtlichen** Tätigkeiten wie etwa Zahlungsaufforderungen und Mahnungen; zur **gerichtlichen** Geltendmachung ist der Verwalter nur befugt, wenn die Wohnungseigentümer ihn gem. § 27 Abs. 3 S. 1 Nr. 7 WEG besonders ermächtigt haben.[193] Die Einziehungsbefugnis schafft für den Verwalter auch keine Befugnis, die genannten Forderungen zu **begründen** oder durch Anerkenntnis oder Verzicht über diese zu **verfügen.**[194] Die Leistung an den Verwalter wirkt schuldbefreiend.[195]

Beispiel

Hauptanwendungsfall dürfte in der Praxis die Einziehung der nach dem Wirtschaftsplan fälligen Hausgeldvorschüsse sein.[196]
Dazu s. ausführlich → Kapitel J Rn. 18 ff.

---

[190] BGH ZWE 2011, 209.
[191] LG Frankfurt/M. ZWE 2016, 275.
[192] OLG Hamm OLGZ 1989, 54 = NJW-RR 1989, 331.
[193] Jennißen/*Heinemann* § 27 Rn. 42; Riecke/Schmid/*Abramenko* § 27 Rn. 27.
[194] Jennißen/*Heinemann* § 27 Rn. 41.
[195] OLG Köln ZMR 2008, 71 (noch zum alten Recht).
[196] BGH ZWE 2016, 272.

79   Vom Anwendungsbereich **nicht** erfasst werden **individuelle Zahlungspflichten** der Wohnungseigentümer wie etwa Grundsteuern[197] oder solche, die durch Einzelgrundpfandrechte am Wohnungseigentum abgesichert sind[198].

ff) Bewirken und Entgegennahme von Zahlungen und Leistungen (§ 27 Abs. 1 Nr. 5, Abs. 3 S. 1 Nr. 4 WEG)

80   Der Verwalter ist gegenüber den Wohnungseigentümern und gegenüber der Gemeinschaft der Wohnungseigentümer berechtigt und verpflichtet, alle Zahlungen und Leistungen zu bewirken und entgegenzunehmen, die mit der laufenden Verwaltung des gemeinschaftlichen Eigentums zusammenhängen.

Bitte lesen Sie jetzt § 27 Abs. 1 Nr. 5 WEG!

Der Ihnen schon bekannte § 27 Abs. 3 S. 1 Nr. 4 WEG räumt dem Wohnungseigentumsverwalter auch insoweit die korrespondierende **Vertretungsmacht** ein. Die Regelung bezweckt die Erleichterung des gemeinschaftlichen Zahlungsverkehrs und der Abwicklung von Leistungen im Verhältnis von Wohnungseigentümergemeinschaften und Dritten.[199] Leistungen an den Verwalter haben deshalb Erfüllungswirkung; im Außenverhältnis darf dieser vorbehaltlich § 27 Abs. 5 S. 2 WEG (!) ohne besondere Ermächtigung über Konten der Gemeinschaft verfügen.

Beispiele

– **Bewirken** von Zahlungen im Zusammenhang mit der laufenden Verwaltung wie etwa Versicherungsbeiträge, Entgelt des Hausmeisters, Beleuchtungskosten, Energieversorgungskosten.[200]
– **Entgegennahme** von Mietzinsen aus der Vermietung gemeinschaftlichen Eigentums.[201]
– **Abnahme** von Werkleistungen gem. § 640 BGB.[202]

81   Die Entgegennahme durch den Wohnungseigentumsverwalter umfasst auch dessen Befugnis, über eingezogene Gelder für den Verband eine (**löschungsfähige**) **Quittung** zu erteilen[203]; er soll jedoch nicht befugt sein, eine **Löschungsbewilligung** zu erteilen, weil dann eine Sicherheit zugunsten der Gemeinschaft aufgegeben würde.[204]

gg) Verwaltung eingenommener Gelder (§ 27 Abs. 1 Nr. 6, Abs. 3 S. 1 Nr. 5 und Abs. 5 WEG)

82   Der Verwalter ist gegenüber den Wohnungseigentümern und gegenüber der Gemeinschaft der Wohnungseigentümer berechtigt und verpflichtet, eingenommene Gelder zu verwalten. Dem Verwalter wird weiterhin Vertretungsmacht

---

[197] Vgl. §§ 93 Abs. 1 S. 1 BewG.
[198] KG NJW 1975, 318.
[199] Jennißen/*Heinemann* § 27 Rn. 43.
[200] LG München I ZWE 2014, 185.
[201] Bärmann/*Merle/Becker* § 27 Rn. 79.
[202] KG OLGZ 1994, 35 = WuM 1993, 306.
[203] BayObLGZ 1995, 103 = MittBayNot 1995, 283.
[204] OLG München ZWE 2011, 180 = MittBayNot 2012, 47 m. zust. Anm. Then; LG Köln ZWE 2011, 289; aA *Böttcher* Rpfleger 2009, 181; *Hügel* DNotZ 2007, 326.

eingeräumt, im Rahmen der Verwaltung der eingenommenen Gelder Konten zugunsten des Verbandes Wohnungseigentümergemeinschaft zu führen.

Bitte lesen Sie jetzt § 27 Abs. 1 Nr. 6 und Abs. 3 S. 1 Nr. 5 WEG!

Die eingenommenen Gelder gehören zum **Verwaltungsvermögen** des rechtsfä- 83 higen Verbandes (vgl. § 10 Abs. 7 S. 3 WEG). Sie können als barer Kassenbestand oder als Kontoguthaben bei einer Bank geführt werden. Die Gelder setzen sich zu einem großen Teil aus den Hausgeldvorschüssen der Wohnungseigentümer gem. § 28 Abs. 2 WEG, den nach § 28 Abs. 1 S. 2 Nr. 2 WEG beschlossenen Sonderumlagen und den Beiträgen zur Instandhaltungsrücklage gem. § 21 Abs. 5 Nr. 4 WEG zusammen.

> **Wiederholung:**
>
> Schauen Sie doch jetzt noch einmal in die Ausführungen zur Rechtsfähigkeit der Wohnungseigentümergemeinschaft im → Kapitel G Rn. 16.

Die eingenommenen Gelder sind nach Maßgabe des § 27 Abs. 5 S. 1 WEG vom 84 eigenen Vermögen des Verwalters getrennt zu halten.

Bitte lesen Sie jetzt § 27 Abs. 5 WEG!

Ein Konto für die dem Verband selbst zustehenden Verwaltungsgelder ist somit zugunsten des rechtsfähigen Verbandes als Forderungsinhaber zu führen („**Fremdkonto**")! Ein (bis 2007 in der Praxis übliches) „offenes Treuhandkonto"[205] auf den Namen des Wohnungseigentumsverwalters ist wegen dessen Pflicht zur **Vermögenssonderung** nicht mehr zulässig und entspricht seit der Entdeckung der Rechtsfähigkeit des Verbandes nicht mehr ordnungsmäßiger Verwaltung![206]
Eine ordnungsmäßige Verwaltung umfasst auch die Anlage der verwalteten 85 Gelder.[207] **Spekulative Anlageformen** oder Zweckbindungen, die mit dem Wesen der Instandhaltungsrücklage unvereinbar sind, widersprechen in aller Regel Grundsätzen ordnungsmäßiger Verwaltung.[208]
Eine Befugnis zur **Kreditaufnahme** bei der Besorgung seiner Geschäfte steht 86 dem Verwalter nach § 27 Abs. 1 WEG nicht zu; hierfür bedarf es vielmehr eines ermächtigenden oder genehmigenden Beschlusses der Wohnungseigentümer.[209]

---

[205] Instruktiv zur seinerzeitigen Rechtslage mwN BGHSt 41, 224 = NJW 1996, 65 = NStZ 1996, 81.
[206] LG Hamburg ZWE 2016, 38; LG Bonn ZMR 2015, 649 m. Anm. *Neumann*; LG Frankfurt/Oder ZWE 2015, 133 m. zahlr. Nachweisen auch zu den Nachteilen eines Treuhandkontos; AG Straußberg ZWE 2009, 183 = ZMR 2009, 563; *Hügel* DNotZ 2005, 753, 761; *Merle* ZWE 2006, 365, 369; NKV/*Niedenführ* § 27 Rn. 55; *Sauren* ZWE 2006, 258, 262; nicht zutreffend daher AG Kassel ZMR 2012, 230.
[207] *Bärmann/Merle/Becker* § 27 Rn. 87; *Jennißen/Heinemann* § 27 Rn. 50.
[208] OLG Düsseldorf WuM 1996, 112 zu einem Bausparvertrag; Riecke/Schmid/*Abramenko* § 27 Rn. 31; i. ü. s. ausf. zu verschiedenen Anlageformen *Suilmann* ZWE 2015, 246.
[209] BGH ZWE 2011, 209; BGH NJW-RR 1993, 1227; zur Beschlusskompetenz vgl. BGHZ 207, 99 = NJW 2015, 3651 = ZWE 2015, 453; BGHZ 195, 22 = NJW 2012, 3719 = ZWE 2013, 27.

Unter das Verbot fällt auch eine Kontoüberziehung und die Inanspruchnahme eines Dispositionskredits.[210]

hh) Unterrichtung über Rechtsstreitigkeiten (§ 27 Abs. 1 Nr. 7 WEG)

87 Der Verwalter ist gegenüber den Wohnungseigentümern und gegenüber der Gemeinschaft der Wohnungseigentümer berechtigt und verpflichtet, die Wohnungseigentümer unverzüglich darüber zu unterrichten, dass ein Rechtsstreit gemäß § 43 WEG anhängig ist.

Bitte lesen Sie jetzt § 27 Abs. 1 Nr. 7 WEG!

88 Nach dem Wortlaut ist der Verwalter berechtigt und verpflichtet, über „anhängige" Rechtsstreitigkeiten zu unterrichten. Der Verwalter kann allerdings die Wohnungseigentümer nur über ihm gem. § 45 Abs. 1 WEG zugestellte Klageschriften, mithin über „rechtshängige" Verfahren unterrichten. Nach der Einfügung von § 43 Nr. 5 WEG erstreckt sich die Pflicht zur Unterrichtung der Wohnungseigentümer auch auf Klagen Dritter gegen den Verband.[211] Von der Informationspflicht wird allerdings dann eine Ausnahme zu machen sein, wenn sich die Klage nur gegen einen oder einzelne Wohnungseigentümer richtet und die rechtlichen Interessen der Miteigentümer erkennbar nicht betroffen sind. Denn dann bedarf es gemäß § 48 Abs. 1 Satz 1 WEG weder der Beiladung der anderen Wohnungseigentümer noch des Verwalters. Er wird über die Rechtshängigkeit derartiger Verfahren also in der Regel keine Kenntnis haben, weshalb er die Wohnungseigentümer hierüber gar nicht informieren kann.[212]

ii) Abgabe von Erklärungen gem. § 21 Abs. 5 Nr. 6 WEG (§ 27 Abs. 1 Nr. 8, Abs. 3 S. 1 Nr. 4 WEG)

89 Der Verwalter ist gegenüber den Wohnungseigentümern und gegenüber der Gemeinschaft der Wohnungseigentümer berechtigt und verpflichtet, die Erklärungen abzugeben, die zur Vornahme der in § 21 Abs. 5 Nr. 6 WEG bezeichneten Maßnahmen erforderlich sind.

Bitte lesen Sie jetzt § 27 Abs. 1 Nr. 8 und § 21 Abs. 5 Nr. 6 WEG!

90 Die für den rechtsfähigen Verband erforderliche Vertretungsmacht zur Herstellung einer Fernsprechteilnehmereinrichtung, einer Rundfunkempfangsanlage oder eines Energieversorgungsanschlusses zugunsten eines Wohnungseigentümers wird dem Verwalter wiederum in dem Ihnen schon bekannten § 27 Abs. 3 S. 1 Nr. 4 WEG eingeräumt. Die praktische Relevanz der Vorschrift ist gering.[213]

---

[210] *Bärmann/Merle/Becker* § 27 Rn. 241; Jennißen/*Heinemann* § 27 Rn. 51.
[211] BT-Drs. 16/887, S. 50 u. BT-Drs. 16/3843, S. 52.
[212] Riecke/Schmid/*Abramenko* § 27 Rn. 34a; aA Jennißen/*Heinemann* § 27 Rn. 55.
[213] *Becker/Ott/Suilmann* Rn. 654.

c) Vertretung der Wohnungseigentümer

aa) Entgegennahme von Willenserklärungen und Zustellungen (§ 27 Abs. 2 Nr. 1 WEG)

Der Verwalter ist berechtigt, im Namen aller Wohnungseigentümer und mit 91
Wirkung für und gegen sie, Willenserklärungen und Zustellungen entgegenzunehmen, soweit sie an alle Wohnungseigentümer in dieser Eigenschaft gerichtet sind.

Bitte lesen Sie jetzt § 27 Abs. 2 Nr. 1 WEG!

Die Vorschrift entspricht wörtlich der Vorgängerregelung in § 27 Abs. 2 Nr. 3 92
WEG aF. Für die Wohnungseigentümer als Adressaten ergeben sich daher keine Änderungen gegenüber der früheren Rechtslage; der Verwalter ist ihr Zustell- und Empfangsvertreter. Spezialregelungen für Zustellungen an den Verwalter als Vertreter der Wohnungseigentümer enthält § 45 WEG.

bb) Abwendung von Rechtsnachteilen (§ 27 Abs. 2 Nr. 2 WEG)

Der Verwalter ist berechtigt, im Namen aller Wohnungseigentümer und mit 93
Wirkung für und gegen sie, Maßnahmen zu treffen, die zur Wahrung einer Frist oder zur Abwendung eines sonstigen Rechtsnachteils erforderlich sind, insbesondere einen gegen die Wohnungseigentümer gerichteten Rechtsstreit gemäß § 43 Nr. 1, Nr. 4 oder Nr. 5 im Erkenntnis- und Vollstreckungsverfahren zu führen.

Bitte lesen Sie jetzt § 27 Abs. 2 Nr. 2 WEG!

§ 27 Abs. 2 Nr. 2 WEG betrifft nach der Anerkennung des rechtsfähigen Ver- 94
bandes Wohnungseigentümergemeinschaft nur noch solche Konstellationen, in denen den Wohnungseigentümern durch Untätigkeit Nachteile drohen. Dies ist innerhalb der Gemeinschaft insbesondere bei Angelegenheiten der Willensbildung, etwa bei Streitigkeiten um Beschlüsse der Fall.[214] Die Vorschrift regelt allein die **Passivvertretung** der Wohnungseigentümer; sie ist lex specialis gegenüber § 79 Abs. 2 ZPO.[215] Zur Erhebung einer Widerklage, zu einem Anerkenntnis oder zum Abschluss eines Vergleichs berechtigt sie nicht.[216] Im Übrigen überträgt § 10 Abs. 6 Satz 3 WEG die Geltendmachung von Ansprüchen aller Wohnungseigentümer dem Verband, so dass der Verwalter im Erkenntnisverfahren auch insoweit für den Verband handeln muss. Noch ungeklärt ist, ob § 27 Abs. 2 S. 2 WEG teleologisch dahingehend zu reduzieren ist, dass eine Prozessvertretung des Verwalters ausscheidet, wenn der Verwalter auch als Zustellungsvertreter gem. § 45 Abs. 1 WEG ausscheidet.[217]

---

[214] LG Karlsruhe ZWE 2013, 176; Riecke/Schmid/*Abramenko* § 27 Rn. 47.

[215] *Elzer* ZMR 2008, 772; *Lehmann-Richter* ZWE 2009, 298.

[216] Bärmann/*Merle/Becker* § 27 Rn. 148; Hügel/*Elzer* § 27 Rn. 83; *Schmid* ZWE 2010, 305; aA bzgl Vergleichsabschluss Riecke/Schmid/*Abramenko* § 27 Rn. 48.

[217] So Hügel/*Elzer* § 27 Rn. 77; *Suilmann* MieRB 2014, 156, 159; aA LG Karlsruhe ZWE 2010, 377.

cc) Geltendmachung von Ansprüchen (§ 27 Abs. 2 Nr. 3 WEG)

95   Der Verwalter ist berechtigt, im Namen aller Wohnungseigentümer und mit Wirkung für und gegen sie, Ansprüche gerichtlich und außergerichtlich geltend zu machen, sofern er hierzu durch Vereinbarung oder Beschluss mit Stimmenmehrheit der Wohnungseigentümer ermächtigt ist.

Bitte lesen Sie jetzt § 27 Abs. 2 Nr. 3 WEG!

96   Für eine Ermächtigung iSd § 27 Abs. 2 Nr. 3 WEG wird idR kein Bedürfnis bestehen, da Ansprüche aller Wohnungseigentümer gemeinschaftliche Ansprüche sind.[218] Diese nimmt aber nach § 10 Abs. 6 S. 3 WEG der rechtsfähige Verband wahr.

dd) Streitwertvereinbarungen (§ 27 Abs. 2 Nr. 4 WEG)

97   Der Verwalter ist berechtigt, im Namen aller Wohnungseigentümer und mit Wirkung für und gegen sie, mit einem Rechtsanwalt wegen eines Rechtsstreits gemäß § 43 Nr. 1, Nr. 4 oder Nr. 5 zu vereinbaren, dass sich die Gebühren nach einem höheren als dem gesetzlichen Streitwert, höchstens nach einem gemäß § 49a Abs. 1 Satz 1 des Gerichtskostengesetzes bestimmten Streitwert bemessen.

Bitte lesen Sie jetzt § 27 Abs. 2 Nr. 4 WEG!

98   Die Vorschrift wurde anlässlich der WEG-Novelle eingeführt, weil zugleich die für die Rechtsanwaltsvergütung maßgebliche Streitwertberechnung gem. § 49a GKG gedeckelt wurde. Danach darf der Streitwert das Fünffache des Interesse des Klägers und der auf seiner Seite Beigetretenen an der Entscheidung nicht überschreiten (§ 49a Abs. 1 S. 2 GKG). Um der Gefahr begegnen zu können, dass sich unter diesen Voraussetzungen für die Passivvertretung der Wohnungseigentümer möglicherweise kein Rechtsanwalt findet, soll der Wohnungseigentumsverwalter ermächtigt sein, eine Streitwertvereinbarung zu treffen. Der vereinbarte Streitwert darf dann jedoch 50 Prozent des Interesses der Parteien und aller Beigeladenen an der Entscheidung nicht übersteigen (§ 49a Abs. 1 S. 1 GKG).

Beispiel[219]

Ist etwa der Beschluss der Wohnungseigentümer aus einer Gemeinschaft mit 100 Eigentümern über eine Sanierungsmaßnahme, die Kosten in Höhe von 100.000 EUR verursacht, von einem Miteigentümer angefochten, auf den durch die Sanierung Kosten in Höhe von 1.000 EUR zukämen, beträgt der Streitwert nach § 49a GKG 5.000,– EUR, nämlich das Fünffache seines Interesses von 1.000,– EUR. Dieser Streitwert würde auch für den Rechtsanwalt gelten, der die übrigen, die Sanierungsmaßnahme bejahenden Miteigentümer vertritt, obwohl deren Interesse an der gerichtlichen Entscheidung 100.000 EUR entspricht. § 27 Abs. 2 Nr. 4 WEG räumt dem Wohnungseigentumsverwalter nun die Möglichkeit ein, im Namen der beklagten Wohnungseigentümer einen Streitwert bis zur Höchstgrenze von 50.000,– EUR zu vereinbaren.

---

[218] *Hügel* ZMR 2008, 1; *Hügel/Elzer* § 27 Rn. 86; Jennißen/*Heinemann* § 27 Rn. 77; Riecke/Schmid/*Abramenko* § 27 Rn. 50.
[219] Nach BT-Drs. 16/887, S. 77.

Selbst im Obsiegensfalle können sich allerdings Probleme mit der Erstattungsfähigkeit der Rechtsanwaltsgebühren auf der Grundlage eines vereinbarten Streitwertes ergeben.[220]

d) Vertretung des Verbandes Wohnungseigentümergemeinschaft

aa) Entgegennahme von Willenserklärungen und Zustellungen (§ 27 Abs. 3 S. 1 Nr. 1 WEG)

Der Verwalter ist berechtigt, im Namen der Gemeinschaft der Wohnungseigen- **99** tümer und mit Wirkung für und gegen sie, Willenserklärungen und Zustellungen entgegenzunehmen.

Bitte lesen Sie jetzt § 27 Abs. 3 S. 1 Nr. 1 WEG!

Die Vorschrift korrespondiert mit der Regelung in § 27 Abs. 2 Nr. 1 WEG für **100** die Passivvertretung der Wohnungseigentümer. Die Notwendigkeit, die Empfangszuständigkeit des Verwalters auch für den Verband zu regeln, ergab sich nach der „Entdeckung" der Rechtsfähigkeit des Verbandes, weil vielfach nunmehr diesem Willenserklärungen und Zustellungen zu übermitteln sind. Der Verwalter ist damit auch Zustellungsvertreter iSd § 170 Abs. 1 ZPO. Nach dem Sinn und Zweck, die Handlungsfähigkeit der Wohnungseigentümergemeinschaft sicherzustellen, liegt der Vorschrift unausgesprochen auch ein Geschäftsführungsrecht und eine Geschäftsführungspflicht zugrunde.[221]

bb) Abwendung von Rechtsnachteilen (§ 27 Abs. 3 S. 1 Nr. 2 WEG)

Der Verwalter ist berechtigt, im Namen der Gemeinschaft der Wohnungseigen- **101** tümer und mit Wirkung für und gegen sie, Maßnahmen zu treffen, die zur Wahrung einer Frist oder zur Abwendung eines sonstigen Rechtsnachteils erforderlich sind, insbesondere einen gegen die Gemeinschaft gerichteten Rechtsstreit gemäß § 43 Nr. 2 oder Nr. 5 im Erkenntnis- und Vollstreckungsverfahren zu führen.

Bitte lesen Sie jetzt § 27 Abs. 3 S. 1 Nr. 2 WEG!

Die Vorschrift korrespondiert mit der Regelung in § 27 Abs. 2 Nr. 2 WEG für **102** die Wohnungseigentümer, hat aber wegen der Rechtsfähigkeit des Verbandes Wohnungseigentümergemeinschaft eine größere Relevanz.[222] Die Maßnahmen müssen erforderlich sein. Der Verwalter darf innerhalb seiner Zuständigkeit keine Maßnahmen ergreifen, die über eine reine Nachteilsabwendung hinausgehen.[223] Die zu wahrenden Fristen betreffen insbesondere Verjährungs- und Rechtsmittelfristen sowie Mängelrügefristen.

Im Passivprozess darf der Verwalter als Prozessvertreter des Verbandes Woh- **103** nungseigentümergemeinschaft einen **Rechtsanwalt** mit der Wahrnehmung der Vertretung beauftragen.[224] In einem Zwangsvollstreckungsverfahren gegen den

[220] Riecke/Schmid/*Abramenko* § 27 Rn. 51.
[221] *Hügel/Elzer* § 27 Rn. 101.
[222] Bärmann/*Merle/Becker* § 27 Rn. 201.
[223] *Becker/Ott/Suilmann* Rn. 659.
[224] Bärmann/*Merle/Becker* § 27 Rn. 208.

rechtsfähigen Verband ist der Verwalter berechtigt und verpflichtet, die **eidesstatt-liche Versicherung** für die Wohnungseigentümergemeinschaft abzugeben. Der Verwalter kann also auch hier von seiner Befugnis nicht nach seinem Belieben Gebrauch machen.[225]

cc) Vertretungsmacht gem. § 27 Abs. 3 S. 1 Nr. 3 bis 5 WEG

104 Insoweit kann auf die Ausführungen zu § 27 Abs. 1 Nr. 2 bis 6 und Nr. 8 WEG verwiesen werden.

dd) Streitwertvereinbarungen (§ 27 Abs. 3 S. 1 Nr. 6 WEG)

105 Der Verwalter ist berechtigt, im Namen der Gemeinschaft der Wohnungsei-gentümer und mit Wirkung für und gegen sie, mit einem Rechtsanwalt wegen eines Rechtsstreits gemäß § 43 Nr. 2 oder Nr. 5 WEG eine Vergütung gemäß § 27 Abs. 2 Nr. 4 WEG zu vereinbaren.

📖 Bitte lesen Sie jetzt § 27 Abs. 3 S. 1 Nr. 6 WEG!

106 Die gesetzliche Vertretungsmacht des Verwalters umfasst auch Klagen Dritter gegen den rechtsfähigen Verband. I.ü. kann auf die Ausführungen zu § 27 Abs. 2 Nr. 4 WEG verwiesen werden (→ Rn. 97 f.)

ee) Vornahme von Rechtsgeschäften und Rechtshandlungen (§ 27 Abs. 3 S. 1 Nr. 7 WEG)

107 Der Verwalter ist berechtigt, im Namen der Gemeinschaft der Wohnungseigen-tümer und mit Wirkung für und gegen sie, sonstige Rechtsgeschäfte und Rechts-handlungen vorzunehmen, soweit er hierzu durch Vereinbarung oder Beschluss der Wohnungseigentümer mit Stimmenmehrheit ermächtigt ist.

📖 Bitte lesen Sie jetzt § 27 Abs. 3 S. 1 Nr. 7 WEG!

108 Im Hinblick auf die lediglich eingeschränkten Vertretungsmöglichkeiten eines Verwalters gem. § 27 Abs. 3 S. 1 Nr. 1 bis 6 WEG für den rechtsfähigen Verband Wohnungseigentümergemeinschaft ermöglicht die Vorschrift eine Erweiterung der gesetzlichen Vertretungsbefugnisse.

Beispiel

Zweckmäßig erscheint insbesondere eine Ermächtigung zur Führung von Aktivprozessen und Durchführung von Zwangsvollstreckungsmaßnahmen für den rechtsfähigen Verband.[226]

Ergibt sich die erweiterte Vertretungsbefugnis auf diese Weise aus § 27 Abs. 3 S. 1 Nr. 7 WEG, macht der Verwalter gleichwohl von seiner **gesetzlichen Vertre-tungsmacht** Gebrauch; denn nach dieser Bestimmung steht dem Verwalter die Vertretungsmacht bereits kraft Gesetzes mit dem Vorliegen einer Vereinbarung oder des Ermächtigungsbeschlusses zu, ohne dass es dazu einer zusätzlichen, an den Verwalter gerichteten Willenserklärung bedarf.[227]

---

[225] BGH ZWE 2012, 127 („Eidesstattliche Versicherung durch WEG-Verwalter").
[226] Vgl. BGH NJW 2012, 2797 = ZWE 2012, 373.
[227] BGHZ 200, 195 = NJW 2014, 1587 = ZWE 2014, 181.

Die Ermächtigung kann entweder im Wege einer Vereinbarung oder durch Be- **109** schluss der Wohnungseigentümer erteilt werden. Erfolgt sie im Vereinbarungswege kann sie wie jede Vereinbarung der Wohnungseigentümer über ihr Verhältnis untereinander zur Erlangung der Erstreckungswirkung gem. § 10 Abs. 3 WEG als **Inhalt des Sondereigentums** in das Grundbuch eingetragen werden. Sie kann auch bereits durch den teilenden Eigentümer in die zukünftige Gemeinschaftsordnung aufgenommen werden und erlangt dann gem. § 5 Abs. 4 S. 1, 8 Abs. 2 S. 2 WEG mit dem Entstehen der Eigentümergemeinschaft Vereinbarungscharakter.[228] Ist eine Ermächtigung auf diese Weise verdinglicht worden, wirkt die erteilte Ermächtigung im Zweifel auch für einen neuen Verwalter.[229]

Wiederholung:

- Eine praktisch relevante Ermächtigung gem. § 27 Abs. 3 S. 1 Nr. 7 WEG haben Sie bereits im Zusammenhang mit dem Grundstückserwerb durch den rechtsfähigen Verband Wohnungseigentümergemeinschaft im → Kapitel G Rn. 38 kennengelernt.
- Folgt man der wohl h.M. könnte auch eine Ermächtigung zur Erteilung von Löschungsbewilligungen sinnvoll sein (→ Rn. 81), wenn es sich um löschungsreife Zwangshypotheken zugunsten des Verbandes handelt.[230]

5. Abberufung und Kündigung des Wohnungseigentumsverwalters

a) Grundsatz

Wie schon bei der Begründung der Rechtsstellung eines Wohnungseigen- **110** tumsverwalters, so ist auch im umgekehrten Fall ihrer Beendigung zwischen der Beendigung der organschaftlichen Stellung einerseits und der Beendigung des Verwaltervertrages andererseits zu unterscheiden. Nach der **Trennungstheorie** besteht insoweit keine zwingende Verknüpfung.

Wiederholung:

Wiederholen Sie bitte noch einmal die Ausführungen zur Trennungstheorie → Rn. 25 ff.

b) Abberufung des Wohnungseigentumsverwalters

aa) Ordentliche Abberufung

Die ordentliche Abberufung eines Wohnungseigentumsverwalters ist jederzeit **111** möglich, wenn keine näheren Bestimmungen zur Amtsdauer getroffen sind.[231] Über die Abberufung beschließen die Wohnungseigentümer wie bei der Bestel-

---

[228] BGH NJW 2012, 2797 = ZWE 2012, 373; LG Frankfurt/M. ZWE 2013, 451; Bärmann/*Merle/Becker* § 27 Rn. 258; *Schneider* ZMR 2010, 218; für analoge Anwendung des § 5 Abs. 4 S. 1 WEG *Hügel/Elzer* § 27 Rn. 129.

[229] OLG Hamm v. 21.12.2016 – 15 W 590/15; Jennißen/*Heinemann* § 27 Rn. 118 aE; *Schneider* ZMR 2010, 218.

[230] Vgl. OLG München ZWE 2011, 180; LG Köln ZWE 2011, 289.

[231] OLG Hamm NZM 1999, 230.

lung gem. § 26 Abs. 1 S. 1 WEG mit Stimmenmehrheit der Wohnungseigentümer. Der Mehrheitsbeschluss über die Abberufung hat zur Folge, dass mit seinem Zugang beim Verwalter dessen organschaftliche Stellung endet, so wie umgekehrt die Bestellung sie begründet hat.[232]

bb) Außerordentliche Abberufung

112 Auch wenn die Möglichkeit zur Abberufung durch Vereinbarung auf bestimmte Gründe beschränkt werden kann[233], so kann eine Abberufung aus wichtigem Grunde nicht ausgeschlossen werden.

📖 Bitte lesen Sie jetzt § 26 Abs. 1 S. 3 WEG!

Ein **wichtiger Grund** zur vorzeitigen Abberufung des Verwalters ist dann gegeben, wenn den Wohnungseigentümern unter Beachtung aller – nicht notwendig vom Verwalter verschuldeter – Umstände nach Treu und Glauben eine weitere Zusammenarbeit nicht mehr zuzumuten ist, insbesondere durch diese Umstände das erforderliche Vertrauensverhältnis zerstört ist.[234]

Beispiel

Gravierende Fehler in der Jahresabrechnung, die unbefugte Vergabe von Aufträgen und der Verstoß gegen das Gebot des § 27 Abs. 5 WEG, eingenommene Gelder der Wohnungseigentümer von seinem Vermögen gesondert zu halten, stellen erhebliche Pflichtverletzungen dar.[235]

113 Mit der nicht ordnungsmäßigen Führung der Beschluss-Sammlung nennt das Gesetz selbst einen regelmäßig anzunehmenden wichtigen Grund für eine Abberufung.

📖 Bitte lesen Sie jetzt § 26 Abs. 1 S. 4 WEG!

Der BGH billigt den Wohnungseigentümern allerdings im Rahmen der Abberufungsentscheidung ein „**Verzeihungsermessen**" zu, wonach der eingeräumte Beurteilungsspielraum erst dann überschritten sei, wenn die Ablehnung der Abberufung aus objektiver Sicht nicht vertretbar erscheint.[236]

114 Ferner würde eine außerordentliche Abberufung ausscheiden, wenn die dem Wohnungseigentumsverwalter erteilte **Entlastung** auch das Fehlverhalten umfasst, auf das die Abberufung gestützt wird bzw. seine in der Zwischenzeit in Kenntnis des Fehlverhaltens erfolgte Wiederbestellung zum Verwalter bestandskräftig geworden ist.[237]

---

[232] BGHZ 151, 164 = NJW 2002, 3240 = ZWE 2002, 570; OLG Düsseldorf ZMR 2004, 691.

[233] OLG Düsseldorf NZM 2005, 828.

[234] BGHZ 151, 164 = NJW 2002, 3240 = ZWE 2002, 570; BayObLG ZMR 2004, 840; OLG Köln ZMR 2004, 296.

[235] Vgl. LG Itzehoe ZMR 2014, 665 (bei Wiederbestellung).

[236] BGH NJW 2012, 1884 = ZWE 2012, 221.

[237] OLG Köln NZM 1998, 959.

cc) Anfechtung der Abberufung

Der Abberufungsbeschluss muss wie jeder andere Beschluss im Verfahren **115** gem. § 43 Nr. 4 WEG angefochten werden, wenn er nicht bestandskräftig werden soll. Dabei steht das **Anfechtungsrecht** nicht nur den Wohnungseigentümern, sondern auch dem betroffenen Wohnungseigentumsverwalter selbst zu.[238] Ist die Anfechtung erfolgreich, bleiben die zwischenzeitlich vom neu bestellten Verwalter vorgenommenen Rechtshandlungen gleichwohl sowohl gegenüber den Wohnungseigentümern als auch im Außenverhältnis gegenüber Dritten nach dem Rechtsgedanken des § 47 FamFG (vormals § 32 FGG aF) wirksam.[239]

c) Beendigung des Verwaltervertrages

aa) Ordentliche Kündigung

Der Verwaltervertrag muss nach der Trennungstheorie selbstständig durch **116** Kündigung beendet werden.[240] Die Kündigung hat unter Beachtung der Fristen gem. § 621 BGB zu erfolgen; in Betracht dürften Nr. 3 bzw. Nr. 4 der Vorschrift kommen.

Ist jedoch die Abberufung aus dem Amt des Wohnungseigentumsverwalters **117** jederzeit möglich, die Beendigung des Verwaltervertrages aber nur zu bestimmten Terminen, so führt die Abberufung zwar zur sofortigen Beendigung der Verwalterstellung, nicht aber zum Verlust der vertraglichen Ansprüche. Der Verwalter muss sich dann aber gemäß § 615 Satz 2 BGB den Wert dessen, was er durch Unterbleiben seiner Leistung erspart, anrechnen lassen.[241]

bb) Kündigung aus wichtigem Grund

In der Praxis wird üblicherweise eine jederzeitige Kündigungsmöglichkeit **118** durch Mindestlaufzeiten im Verwaltervertrag ausgeschlossen sein. In einem solchen Fall kommt dann nur eine Kündigung aus wichtigem Grund in Betracht. Abberufung und Kündigung können aber zur Herstellung eines Gleichlaufs miteinander verknüpft werden, was bei der Berufung auf einen wichtigen Grund sogar regelmäßig anzunehmen sein wird.[242]

Beispiel

Mit der Abberufung aus dem Amt soll zugleich auch die schuldrechtliche Beziehung – und damit auch der Vergütungsanspruch – enden. Dazu bedarf es nicht in jedem Fall einer ausdrücklichen Abrede. Es genügt vielmehr, wenn sich aus der förmlichen oder materiell-rechtlichen Verknüpfung von Verwalterstellung und -vertrag ergibt, dass die Vertragspartner die Bestellung und den Verwaltervertrag als Einheit behandelt wissen wollen.[243]

---

[238] BGHZ 151, 164 = NJW 2002, 3240 = ZWE 2002, 570; BGHZ 106, 113 = NJW 1989, 1087; OLG Düsseldorf NZM 2005, 828.

[239] BGH NJW 1997, 2106.

[240] BGHZ 151, 164 = NJW 2002, 3240 = ZWE 2002, 570; BayObLG NJW-RR 1999, 1390.

[241] OLG Hamburg ZMR 2005, 974; BayObLGZ 1999, 280 = ZWE 2000, 72.

[242] OLG Düsseldorf ZMR 2004, 691; BayObLG NJW-RR 1999, 1390.

[243] OLG Zweibrücken ZMR 2004, 63.

Die Kündigung aus wichtigem Grund muss lediglich binnen **angemessener Frist** erfolgen; § 626 Abs. 2 S. 1 BGB findet insoweit wegen des zuvor notwendigen Eigentümerbeschlusses keine Anwendung.[244]

119 Für die Anfechtung des Eigentümerbeschlusses über die Kündigung seines Verwaltervertrages fehlt dem Wohnungseigentumsverwalter das Rechtsschutzinteresse, weil es sich insoweit nur um eine interne Willensbildung der Wohnungseigentümer handelt. Der Verwalter muss vielmehr im Verfahren nach § 43 Nr. 3 WEG iVm § 256 ZPO die **Feststellung** begehren, dass der Verwaltervertrag durch die Kündigung nicht beendet worden ist.[245]

d) Amtsniederlegung

120 Die Verwalterstellung kann jederzeit und ohne besonderen Grund durch eine Amtsniederlegung des Wohnungseigentumsverwalters beendet werden. Die Niederlegung erfolgt durch einseitige, empfangsbedürftige Willenserklärung, die dem rechtsfähigen Verband Wohnungseigentümergemeinschaft und nicht den einzelnen Wohnungseigentümern zugehen muss.[246] Wenn der Verwalter selbst die Niederlegung seines Amtes erklären will, scheidet er jedoch als Empfänger dieser Erklärung aus. Wegen der Vertretung des Verbandes Wohnungseigentümergemeinschaft in solchen Fällen s. sogleich unter Rn. 123 ff.

e) Pflichten nach Beendigung des Verwaltervertrages

121 Trotz Erlöschens des Vertragsverhältnisses wirken noch einige Pflichten aus dem vormaligen Rechtsverhältnis nach. Auch bereits fällig gewordene Verpflichtungen bestehen fort.

Beispiele

So hat der abberufene Wohnungseigentumsverwalter insbesondere noch die **Jahresabrechnung** zu erstellen, wenn die Pflicht hierzu bereits in seiner Amtszeit fällig wurde.[247] Darüber hinaus bestehen Abwicklungspflichten, die den Wohnungseigentumsverwalter u.a. auch zur Herausgabe des **Verwaltungsvermögens** und erlangter **Unterlagen** gem. §§ 675, 667 BGB verpflichten.[248]

6. Mustervertrag

122 Ein Muster für einen Verwaltervertrag finden Sie im → Anhang VI.

---

[244] OLG Hamburg ZMR 2005, 974; NKV/*Niedenführ* § 26 Rn. 115.
[245] BGHZ 152, 46 = NJW 2002, 3704 = ZWE 2003, 64; BGHZ 151, 164 = NJW 2002, 3240 = ZWE 2002, 570.
[246] LG Karlsruhe ZWE 2013, 180.
[247] OLG Celle ZMR 2005, 718.
[248] Ausf. *Casser* ZWE 2014, 157.

III. Verwalterlose Wohnungseigentümergemeinschaften

1. Notverwaltung

In seiner bis zum 30.6.2007 geltenden Fassung sah § 26 Abs. 3 WEG ausdrück- **123** lich die Bestellung eines **Notverwalters** durch das Gericht vor. Diese Möglichkeit ist nach dem ausdrücklichen Willen des Gesetzgebers ersatzlos entfallen.[249]

Im **Verhältnis der Wohnungseigentümer untereinander** verbleibt es somit bei **124** dem Ihnen schon bekannten Grundsatz, dass jeder Wohnungseigentümer gem. § 21 Abs. 4 WEG einen einklagbaren Anspruch auf Bestellung einer geeigneten Person zum Verwalter hat.[250] Die Bestellung eines Verwalters entspricht nämlich stets ordnungsmäßiger Verwaltung.[251] Das Prozessgericht kann in diesen Fällen gem. § 43 Nr. 1 WEG nach billigem Ermessen den Bestellungsbeschluss der Wohnungseigentümer ersetzen (§ 21 Abs. 8 WEG).[252] Es handelt sich dann bei der gerichtlichen Entscheidung um ein Gestaltungsurteil, das erst zusammen mit dem notwendigen Zugang beim Verwalter und dessen Annahmeerklärung den Bestellungsvorgang abschließt.[253]

In dringenden Fällen kann das Gericht nicht nur den Bestellungsbeschluss **125** ersetzen, sondern im Wege **einstweiliger Verfügung** gem. §§ 935ff. ZPO auch selbst einen Verwalter bestellen. Dazu bedarf es dann allerdings neben dem aus § 21 Abs. 4 WEG herzuleitenden **Verfügungsanspruch** weiterhin eines besonderen **Verfügungsgrundes.** Allein die „Verwalterlosigkeit" einer Wohnungseigentümergemeinschaft reicht dafür nicht aus.[254]

Beispiel

So kann sich etwa ein Verfügungsgrund für eine Regelungsverfügung gem. § 940 ZPO aus dem Erfordernis ergeben, Heizöl bestellen zu müssen.[255]

2. Gesamtvertretung durch die Wohnungseigentümer

Machen die Wohnungseigentümer von ihrem Recht auf Bestellung eines **126** Wohnungseigentumsverwalters keinen Gebrauch, gewährleistet der Gesetzgeber gleichwohl **im Außenverhältnis** eine Vertretung des rechtsfähigen Verbandes gem. § 27 Abs. 3 S. 2 WEG. Fehlt danach ein Verwalter oder ist er zur Vertretung nicht berechtigt, so vertreten **alle Wohnungseigentümer** die Gemeinschaft.

Bitte lesen Sie jetzt § 27 Abs. 3 S. 2 WEG!

---

[249] BT-Drs. 16/887, S. 35 u. 72.

[250] BGH NJW 2011, 3025 = ZWE 2011, 356; OLG Düsseldorf NZM 2008, 452.

[251] OLG Düsseldorf NZM 2008, 452; *Hügel/Elzer* § 26 Rn. 70.

[252] OLG Düsseldorf NZM 2008, 452.

[253] Bärmann/*Merle/Becker* § 26 Rn. 299.

[254] LG Berlin ZMR 2012, 569; Bärmann/*Merle/Becker* § 26 Rn. 299.

[255] LG Stuttgart ZMR 2009, 148.

127 Die Wohnungseigentümer fungieren insoweit einerseits als **Empfangsvertreter.** Sie sind zuständig für die Entgegennahme von Willenserklärungen und Zustellungen an den Verband (vgl. § 27 Abs. 3 Nr. 1 WEG), der andernfalls insbesondere für Vertragspartner nicht erreichbar wäre. Dafür genügt gem. § 170 Abs. 3 ZPO die Zustellung an einen Wohnungseigentümer.[256] Dies hat auch für die Zustellung einer Klage an den Verband zu gelten; die Bestellung eines Ersatzzustellungsbevollmächtigten ist insoweit ausgeschlossen.[257] Bei Rechtsunsicherheit über eine evtl. entfallene Verwalterbestellung genügt es, eine Willenserklärung oder Zustellung sowohl dem Verwalter als auch einem Wohnungseigentümer zugehen zu lassen.

128 Andererseits ermöglicht es § 27 Abs. 3 S. 2 WEG den Wohnungseigentümern, als **Erklärungsvertreter** (nur) für den rechtsfähigen Verband zu handeln. Anders als beim Empfang von Willenserklärungen und Zustellungen müssen aber sämtliche Wohnungseigentümer bei der Abgabe von Erklärungen als Gesamtvertreter des Verbandes zusammenwirken. Fehlt auch nur einer von ihnen, wird der Verband nicht wirksam vertreten. In der Praxis dürfte diese Möglichkeit wohl nur für kleinere Eigentümergemeinschaften umsetzbar sein.

3. Ermächtigung eines Wohnungseigentümers

129 Während Verwaltungsmaßnahmen innerhalb der Gemeinschaft mehrheitlich beschlossen werden können, müssten nach dem bisher Gesagten im Außenverhältnis sämtliche Wohnungseigentümer mitwirken. Diesem Widerspruch hilft § 27 Abs. 3 Satz 3 WEG ab. Danach können die Wohnungseigentümer durch Beschluss mit Stimmenmehrheit einen oder mehrere Wohnungseigentümer zur Vertretung ermächtigen. Somit können die Wohnungseigentümer auch über die einzuräumende Vertretungsmacht mit Mehrheit beschließen, solange sie keinen Nicht-Wohnungseigentümer ermächtigen wollen.

Bitte lesen Sie jetzt § 27 Abs. 3 S. 3 WEG!

Da die Vertretungsmacht auch allgemein für sämtliche Rechtsgeschäfte und Rechtshandlungen eingeräumt werden kann, erscheint im Einzelfall die Abgrenzung gegenüber einer „echten" Verwalterbestellung nicht ganz unproblematisch.[258]

---

[256] AG Wiesloch ZWE 2011, 290; *Hügel/Elzer* § 27 Rn. 143; *Merle* ZWE 2006, 365; Riecke/Schmid/*Abramenko* § 27 Rn. 78.
[257] *Abramenko* ZMR 2016, 847; aA OLG Hamm ZWE 2016, 290, das § 45 Abs. 3 WEG anwenden will.
[258] *Hügel/Elzer* § 27 Rn. 150.

IV. Verwaltungsbeirat

1. Bedeutung des Verwaltungsbeirats

Neben der Wohnungseigentümerversammlung und dem Wohnungseigentums- **130** verwalter ist der Verwaltungsbeirat das dritte im Gesetz vorgesehene **Organ der wohnungseigentumsrechtlichen Selbstverwaltung**[259]; es besitzt allerdings keine eigene Rechtspersönlichkeit.[260] Auch ist der Verwaltungsbeirat kein notwendiges Organ der Wohnungseigentümergemeinschaft; in der Praxis ist er von eher geringerer Relevanz. Die Wohnungseigentümergemeinschaft ist auch ohne Verwaltungsbeirat in vollem Umfang handlungs- und funktionsfähig.

2. Einrichtung eines Verwaltungsbeirats

a) Einrichtungsermessen

Gemäß § 29 Abs. 1 S. 1 WEG können die Wohnungseigentümer durch Stim- **131** menmehrheit die Bestellung eines Verwaltungsbeirats beschließen.

Bitte lesen Sie jetzt § 29 Abs. 1 S. 1 WEG!

Da im Gesetz nichts anderes ausdrücklich bestimmt ist, können die Wohnungseigentümer auch von § 29 Abs. 1 S. 1 WEG abweichende Vereinbarungen treffen (§ 10 Abs. 2 S. 2 WEG); dies kann bei der einseitigen Begründung von Wohnungseigentum auch bereits durch den teilenden Eigentümer erfolgen (§§ 8 Abs. 2, 5 Abs. 4 S. 1, 10 Abs. 3 WEG). Auf diese Weise kann nicht nur die Zusammensetzung des Verwaltungsbeirats geändert, sondern sogar in der Gemeinschaftsordnung seine Bestellung gänzlich ausgeschlossen werden.[261]

Wiederholung:

Schauen Sie zur Frage der Verdinglichung von Verwaltungsregelungen der Wohnungseigentümer doch bitte noch einmal in das → Kapitel E Rn. 162.

b) Zusammensetzung

aa) Mitglieder

In den Verwaltungsbeirat können gem. § 29 Abs. 1 S. 2 WEG grundsätzlich **132** nur **Wohnungseigentümer** gewählt werden. Dazu gehören dann – ungeachtet

---

[259] BGH NJW 2010, 3168 = ZWE 2010, 215; BGHZ 163, 154 = NJW 2005, 2061 = ZWE 2005, 422 sub. III.5c) [Olympiadorf]; *Lehmann-Richter* ZWE 2011, 439; aA *Hügel/ Elzer* § 29 Rn. 4; *Schmid* ZWE 2010, ZWE 2010, 8.
[260] OLG Düsseldorf NZM 1998, 36.
[261] Vgl. BayObLG NJW-RR 1994, 338.

etwaiger Nachweisprobleme im Grundbuchverfahren – wohl auch werdende Wohnungseigentümer.[262]

📖 Bitte lesen Sie jetzt § 29 Abs. 1 S. 2 WEG!

Ein Beschluss über die Bestellung von **Nichteigentümern** zu Mitgliedern des Verwaltungsbeirats entspricht zwar nicht der gesetzlichen Vorgabe; er ist jedoch nur anfechtbar und kann daher mangels Anfechtung in Bestandskraft erwachsen.[263] Allerdings wirft die Bestellung von Nichteigentümern in der Praxis erhebliche Folgeprobleme auf.

Beispiel

Im Hinblick auf anstehende größere bauliche Maßnahmen in der Wohnungseigentumsanlage beschließt die Eigentümerversammlung, den Bruder einer Wohnungseigentümerin zum Verwaltungsbeirat zu bestellen, weil dieser als Architekt über die benötigte Sachkunde verfügt. Das Recht zur Teilnahme an einer Eigentümerversammlung für den solchermaßen Bestellten erscheint fraglich, weil Versammlungen der Wohnungseigentümer nichtöffentlich sind.[264]

133   Nach § 29 Abs. 1 S. 2 WEG besteht der Verwaltungsbeirat aus dem Vorsitzendem und zwei Beisitzern, also insgesamt aus drei Mitgliedern. Die **Zahl der Beiratsmitglieder** ist jedoch ebenfalls dispositiv und kann im Vereinbarungswege oder durch die Gemeinschaftsordnung abgeändert werden. Erfolgt gleichwohl eine Änderung durch nicht legitimierten Mehrheitsbeschluss, ist dieser zwar gesetzeswidrig, er kann jedoch mangels Anfechtung in Bestandskraft erwachsen.[265]

134   Werden weniger als drei Mitglieder zum Verwaltungsbeirat bestellt oder scheidet von den drei Mitgliedern ein Mitglied aus, führt das **Unterschreiten** der gesetzlichen Vorgabe nicht zur Funktionsunfähigkeit des Verwaltungsbeirats.[266] Bis zur Bestellung eines neuen Mitglieds führt der Beirat seine Tätigkeit in verringerter Besetzung fort.[267]

135   Sofern **Personengesellschaften** oder **juristische Personen** Wohnungseigentümer sind, können diese selbst zu Mitgliedern des Verwaltungsbeirats bestellt werden.[268] Eine Gesellschaft bürgerlichen Rechts kann aus den schon für die Verwalterbestellung angeführten Gründen auch nicht Mitglied des Verwaltungsbeirats sein.[269]

136   Der **Wohnungseigentumsverwalter** bzw. der Geschäftsführer oder persönlich haftende Gesellschafter der Verwaltungsgesellschaft kann aber selbst dann nicht

---

[262] *Hügel/Elzer* § 29 Rn. 12; Jennißen/*Hogenschurz* § 29 Rn. 8.

[263] LG Dortmund ZWE 2014, 127; Bärmann/*Merle/Becker* § 29 Rn. 11; aA noch für Nichtigkeit nach früherem Recht KG NJW-RR 1989, 460f.

[264] Bejahend: Jennißen/*Hogenschurz* § 29 Rn differenzierend nach dem Beschlussgegenstand: OLG Hamm FGPrax 2007, 71; AG Idstein ZMR 2016, 318; im Hinblick auf § 24 Abs. 6 S. 2 WEG differenzierend nur für den Beiratsvorsitzenden Bärmann/*Merle/Becker* § 29 Rn. 78; ablehnend:Riecke/Schmid/*Abramenko* § 29 Rn. 31.

[265] BGH NJW 2010, 3168 = ZWE 2010, 215; LG Konstanz NZM 2003, 812.

[266] *Armbrüster* ZWE 2001, 412.

[267] OLG München ZWE 2006, 31; OLG Düsseldorf OLGZ 1991, 37 = NJW-RR 1991, 594.

[268] *Hogenschurz* MieRB 2014, 220; *Hügel/Elzer* § 29 Rn. 13; *Kümmel* NZM 2003, 303; aA nur die gesetzlichen Vertreter können Mitglied sein Riecke/Schmid/*Abramenko* § 29 Rn. 31; *F. Schmidt* ZWE 2011, 297.

[269] Riecke/Schmid/*Abramenko* § 29 Rn. 31; *F. Schmid* ZWE 2011, 297.

dem Verwaltungsbeirat angehören, wenn er Wohnungseigentümer ist. Der zu Kontrollierende kann sich nicht selbst kontrollieren.[270]

bb) Organisation des Verwaltungsbeirats

Nach § 29 Abs. 1 S. 2 WEG besteht der Verwaltungsbeirat aus dem Vorsitzen- **137** dem und zwei Beisitzern. Die Bestimmung des **Vorsitzenden** kann bereits formlos bei der Wahl durch die Wohnungseigentümer, in Ermangelung eines solchen Eigentümerbeschlusses auch durch den Verwaltungsbeirat selbst erfolgen.[271]

In § 29 WEG wird nicht erwähnt, dass auch ein **Stellvertreter** des Vorsitzenden **138** zu bestimmen ist. Gleichwohl geht das Gesetz an anderer Stelle gleich mehrfach von einer solchen Bestimmung aus (vgl. § 24 Abs. 3 und § 24 Abs. 6 S. 2 WEG).

Der Verwaltungsbeirat wird von dem Vorsitzenden nach Bedarf einberufen. **139**

Bitte lesen Sie jetzt § 29 Abs. 4 WEG!

Weitere Bestimmungen für die Einberufung und Entscheidungsfindung des Verwaltungsbeirats enthält das Gesetz nicht. Die Mitglieder des Verwaltungsbeirats können sich daher selbst eine **Geschäftsordnung** geben, sofern nicht die Wohnungseigentümer ihrerseits Vorgaben vereinbart haben.

3. Bestellung und Anstellung des Verwaltungsbeirats

a) Grundsatz

Bei der Wahl des Verwaltungsbeirats ist wie beim Wohnungseigentumsverwal- **140** ter zwischen der durch Bestellung erlangten organschaftlichen Stellung einerseits und den schuldrechtlichen Rechtsbeziehungen andererseits zu unterscheiden. Eine Bestellung bereits in der Teilungserklärung scheidet jedoch aus, weil zu diesem Zeitpunkt die künftig wählbaren Wohnungseigentümer in aller Regel noch nicht bekannt sein werden.

b) Bestellung des Verwaltungsbeirats

Die Bestellung eines Verwaltungsbeirats erfolgt durch Mehrheitsbeschluss der **141** Wohnungseigentümer. Dabei ist der zur Wahl stehende Wohnungseigentümer in eigener Sache ebenfalls stimmberechtigt.[272] Gegen eine „**Blockabstimmung**" über die Bestellung eines Verwaltungsbeirats – also die Wahl des gesamten Beirats in einem Wahlgang – bestehen zumindest dann keine Bedenken, wenn die Einzelabstimmung von keinem Wohnungseigentümer verlangt wird.[273] In besonderen Fällen kann die Auswahl der zu Bestellenden eingeschränkt sein.

---

[270] OLG Zweibrücken OLGZ 1983, 438.
[271] OLG München ZWE 2006, 31; OLG Köln ZWE 2000, 488.
[272] BayObLG WE 1991, 227; *Hügel/Elzer* § 29 Rn. 8; Riecke/Schmid/*Abramenko* § 29 Rn. 5.
[273] OLG Hamburg ZMR 2005, 395; KG NZM 2005, 107.

Beispiel

So kann in der Gemeinschaftordnung einer **Mehrhausanlage** vorgegeben sein, dass bei der Zusammensetzung des Verwaltungsbeirats jedes Haus mit einer Mindestbeteiligung vertreten sein muss.
Denkbar ist auch eine festgelegte Sitzvergabe im Verwaltungsbeirat an bestimmte **Interessenvertreter**.[274]

142   Wie beim Wohnungseigentumsverwalter erlangt der Gewählte erst mit der **Annahme** die organschaftliche Stellung als Mitglied des Verwaltungsbeirats.[275] Mangels anderweitiger Regelungen im Gesetz oder in Vereinbarungen der Wohnungseigentümer bestehen beim Verwaltungsbeirat – anders als beim Wohnungseigentumsverwalter – keine Vorgaben hinsichtlich der **Bestellungsdauer**. Ohne nähere Bestimmung ist der Verwaltungsbeirat daher für unbestimmte Zeit bestellt.[276]

143   Die Wahl des Verwaltungsbeirats ist nach allgemeinen Grundsätzen anfechtbar. Wie bei der Wahl eines Wohnungseigentumsverwalters kann eine gerichtliche **Ungültigerklärung** also dann erfolgen, wenn die Wahl entweder an formellen Mängeln wie etwa einem Einladungsmangel leidet oder wenn die Wahl ordnungsmäßiger Verwaltung widerspricht. Ein Verstoß gegen die Grundsätze ordnungsmäßiger Verwaltung wird grundsätzlich dann anzunehmen sein, wenn ein wichtiger Grund gegen die Bestellung des Gewählten spricht, der eine Zusammenarbeit mit ihm unzumutbar macht.[277] Allerdings sind an das Vorliegen solcher Umstände beim Verwaltungsbeirat strengere Anforderungen zu stellen als beim Wohnungseigentumsverwalter, da dem Verwaltungsbeirat in aller Regel keine eigenen Entscheidungsbefugnisse zukommen.[278] Wird der Bestellungsbeschluss aufgehoben, werden dadurch getroffene Maßnahmen des Verwaltungsbeirats nicht rückwirkend unwirksam. Wie beim Wohnungseigentumsverwalter bleiben diese trotz des Wegfalls der Beiratsstellung nach dem Rechtsgedanken des § 47 FamFG (früher: § 32 FGG) wirksam.[279]

c) Anstellung des Verwaltungsbeirats

144   Auch für den Verwaltungsbeirat fehlen im Gesetz Regelungen zum Anstellungsverhältnis. In aller Regel wird der Verwaltungsbeirat unentgeltlich tätig. In diesem Fall wird ein **Auftragsverhältnis** mit dem rechtsfähigen **Verband als Vertragspartner**[280] gem. §§ 662ff. BGB zustande kommen.[281] Führt der Beirat seine Tätigkeit nicht ehrenamtlich, bestimmt sich das Verhältnis nach den Bestimmungen über Dienstverträge und Geschäftsbesorgung (§§ 675ff., 611ff. BGB).

---

[274] Vgl. OLG Köln NZM 2000, 193 (mindestens ein Vertreter des Studentenwerks).
[275] Riecke/Schmid/*Abramenko* § 29 Rn. 5.
[276] OLG Köln NZM 2000, 193.
[277] BayObLG ZMR 2003, 438.
[278] KG FGPrax 2004, 107; OLG Köln NZM 2000, 193; Riecke/Schmid/*Abramenko* § 29 Rn. 7.
[279] Riecke/Schmid/*Abramenko* § 29 Rn. 8.
[280] Jennißen/*Hogenschurz* § 29 Rn. 15; NKV/*Niedenführ* § 29 Rn. 27.
[281] OLG Düsseldorf NZM 1998, 36.

4. Aufgaben und Befugnisse des Verwaltungsbeirats

a) Unterstützung des Wohnungseigentumsverwalters

Der Verwaltungsbeirat nimmt als Hilfs- und Kontrollorgan lediglich ergän- **145** zende Funktionen war.[282] So **unterstützt** er den **Verwalter** bei der Durchführung seiner Aufgaben.

Bitte lesen Sie jetzt § 29 Abs. 2 WEG!

Daraus ergibt sich, dass der Verwaltungsbeirat nicht verpflichtet ist, die laufende Verwaltungstätigkeit des Verwalters zu überwachen.[283]

Auch kommen dem Verwaltungsbeirat danach – vorbehaltlich einer entspre- **146** chenden Ermächtigung – **keine eigenen Entscheidungsbefugnisse** zu.[284] Insbesondere ist er nicht berechtigt, die Wohnungseigentümer gegenüber dem Verwalter oder Dritten zu vertreten.[285] Da das Gesetz dem Verwaltungsbeirat keine eigenen Entscheidungsbefugnisse einräumt, ist auch die Überprüfung seiner Willensbildung in einem Anfechtungsverfahren nicht vorgesehen.[286]

b) Prüfungsaufgaben

Darüber hinaus kommen dem Verwaltungsbeirat kraft Gesetzes nur punk- **147** tuelle Befugnisse zu. So sollen der **Wirtschaftsplan**, die **Abrechnung** über den Wirtschaftsplan, **Rechnungslegungen** und **Kostenanschläge**, bevor über sie die Wohnungseigentümerversammlung beschließt, vom Verwaltungsbeirat **geprüft** und mit dessen **Stellungnahme** versehen werden.

Bitte lesen Sie jetzt § 29 Abs. 3 WEG!

Die Prüfung bezieht sich zunächst auf die **rechnerische Schlüssigkeit**, also die Übereinstimmung des Saldos aus Einnahmen und Ausgaben mit der Kontenentwicklung, die Vollständigkeit der Einnahmen und Ausgaben, die korrekte Zuordnung der Ausgaben zu den Kostenpositionen, die richtige Anwendung der Verteilungsschlüssel, die Ausweisung der Instandhaltungsrücklage und beim Wirtschaftsplan auf die Plausibilität der Ansätze, insbesondere auf ihre Übereinstimmung mit früheren Wirtschaftsjahren.[287] Für die Prüfung der **sachlichen Richtigkeit** der einzelnen Abrechnungspositionen reicht die stichprobenartige Kontrolle der Belege aus.[288] Darüber hinaus hat der Verwaltungsbeirat im Hinblick auf etwaige Ersatzansprüche gegen den Verwalter auch die **Berechtigung der Ausgaben** zu prüfen.[289]

---

[282] BGH NJW 2010, 3168 = ZWE 2010, 215.
[283] BayObLGZ 1972, 161 = NJW 1972, 1377.
[284] KG FGPrax 2004, 107.
[285] OLG Düsseldorf NJW-RR 1998, 13.
[286] OLG Hamm ZWE 2007, 350.
[287] Vgl. OLG Düsseldorf NZM 1998, 36.
[288] OLG Düsseldorf NZM 1998, 36.
[289] Riecke/Schmid/*Abramenko* § 29 Rn. 18.

148   Zur Erfüllung seiner Prüfungsaufgaben kann der Verwaltungsbeirat vom Verwalter ohne Einschaltung der Eigentümerversammlung Auskünfte und Einsicht in die Verwaltungsunterlagen verlangen. Verweigert der Verwalter die Mitwirkung oder unterlässt bzw. verweigert der Verwaltungsbeirat die Prüfung, führt dies nicht zur Ungültigerklärung der Genehmigung von Wirtschaftsplan und Jahresabrechnung.[290] Die **Nichterfüllung der Prüfungspflicht** kann jedoch Schadensersatzansprüche nach sich ziehen[291] und stellt einen wichtigen Grund für die Abberufung des Beirats dar; sie kann aber gleichwohl nicht mit Zwangsmitteln durchgesetzt werden.[292]

c) Einberufungs- und Unterzeichnungsaufgaben

149   Fehlt ein Verwalter oder weigert er sich pflichtwidrig, die Versammlung der Wohnungseigentümer einzuberufen, so kann die Versammlung auch vom Vorsitzenden des Verwaltungsbeirats oder seinem Vertreter einberufen werden (§ 24 Abs. 3 WEG).

Wiederholung:

Die Möglichkeiten zur Einberufung einer Wohnungseigentümerversammlung kennen Sie bereits aus dem → Kapitel H Rn. 13.

150   Über die Eigentümerversammlung ist eine Niederschrift zu fertigen; sie ist von dem Vorsitzenden und einem Wohnungseigentümer und auch von dem Vorsitzenden des Verwaltungsbeirats oder seinem Vertreter zu unterschreiben (§ 24 Abs. 6 S. 2 WEG).

Wiederholung:

Auch zur Unterzeichnung der Niederschrift erhalten Sie weitere Informationen im → Kapitel H Rn. 91 ff.

d) Erweiterung der Aufgaben und Befugnisse

151   Dem Verwaltungsbeirat können entweder durch die Gemeinschaftsordnung oder durch eine Vereinbarung der Wohnungseigentümer weitergehende Aufgaben und Befugnisse zugewiesen werden.[293]

Beispiel

In der Gemeinschaftsordnung kann bestimmt sein, dass die Veräußerung eines Wohnungseigentums gem. § 12 Abs. 1 WEG zusätzlich der Zustimmung des Verwaltungsbeirats bedarf.[294]

---

[290] KG ZWE 2004, 277; LG Berlin ZWE 2013, 333.
[291] KG ZMR 2004, 458.
[292] KG FGPrax 1997, 173; LG Berlin ZWE 2013, 333.
[293] OLG Celle NJW 2007, 2781; LG Itzehoe ZWE 2015, 137.
[294] Vgl. auch zum entsprechenden grundbuchmäßigen Nachweis OLG Hamm ZWE 2013, 329.

Lediglich unabdingbar den Eigentümern zugewiesene Befugnisse können dem Verwaltungsbeirat nicht übertragen werden.[295]

Beispiel

Über die Bestellung und Abberufung des Wohnungseigentumsverwalters können gem. § 26 Abs. 1 S. 1 WEG allein die Wohnungseigentümer beschließen (§ 26 Abs. 1 S. 5 WEG).

Entsprechendes gilt für die nach § 27 Abs. 4 WEG unentziehbaren Aufgaben des Wohnungseigentumsverwalters.

5. Beendigung der Rechtsstellung eines Verwaltungsbeirats

a) Beendigung des Bestellungsverhältnisses

Das Bestellungsverhältnis eines Verwaltungsbeirats kann aus unterschiedlichen **152** Gründen beendet werden:

aa) Abberufung des Verwaltungsbeirats durch die Wohnungseigentümer

Ein Mitglied des Verwaltungsbeirats kann jederzeit ohne Angabe von Grün- **153** den entsprechend § 671 Abs. 1 BGB nach freiem Ermessen abberufen werden.[296] Die Neuwahl eines Verwaltungsbeirats enthält idR schlüssig die Abberufung des bisherigen Mitglieds.[297]

Möglich ist aber auch eine **Abberufung** des Verwaltungsbeirats **aus wichtigem** **154** **Grund**, wenn zulässigerweise eine bestimmte Amtszeit vereinbart worden ist[298] oder die Möglichkeit der Abberufung auf Fälle beschränkt wurde, in denen ein wichtiger Grund vorliegt.[299]

bb) Amtsniederlegung des Verwaltungsbeirats

Ein Mitglied des Verwaltungsbeirats kann von sich aus das übernommene Amt **155** niederlegen.[300] Die **Niederlegung** ist gegenüber dem Verband Wohnungseigentü- mergemeinschaft zu erklären[301]; sie ist deshalb gem. § 27 Abs. 3 S. 1 Nr. 1 WEG gegenüber dem Wohnungseigentumsverwalter zu erklären.[302]

cc) Ausscheiden des Verwaltungsbeirats aus der Eigentümergemeinschaft

Das Amt des Verwaltungsbeirats endet mit dem **Tod** des Bestellten.[303] Das **156** Amt ist nicht vererblich.

---

[295] BayObLG Rpfleger 1980, 23.
[296] OLG Hamm ZfIR 1999, 451.
[297] OLG München ZMR 2007, 996.
[298] Vgl. OLG München NZM 2007, 132.
[299] OLG Hamm NZM 1999, 227.
[300] KG FGPrax 1997, 173.
[301] Bärmann/*Merle*/*Becker* § 29 Rn. 31; Jennißen/*Hogenschurz* § 29 Rn. 13b; NKV/ *Niedenführ* § 29 Rn. 8.
[302] A.A. – gegenüber den Wohnungseigentümern – *Becker*/*Ott*/*Suilmann* Rn. 791; *Hügel*/*Elzer* § 29 Rn. 21.
[303] Riecke/Schmid/*Abramenko* § 29 Rn. 12.

157   Weiterhin führt auch eine **Veräußerung** des Wohnungseigentums zum Verlust der Rechtsstellung; Mitglied des Verwaltungsbeirats können nämlich grundsätzlich nur Wohnungseigentümer sein (§ 29 Abs. 1 S. 2 WEG). Tritt der Wohnungseigentümer anschließend wieder in die Eigentümergemeinschaft ein, lebt seine Rechtsstellung als Mitglied des Verwaltungsbeirats nicht automatisch wieder auf.[304]

b) Beendigung des Anstellungsverhältnisses

158   Anders als bei einem Wohnungseigentumsverwalter (vgl. Sie bitte → Rn. 116 ff.) wird man jedenfalls bei einem unentgeltlich tätigen Mitglied des Verwaltungsbeirats eine konkludente Verknüpfung von Abberufung und Beendigung der schuldrechtlichen Beziehungen annehmen müssen. Es ist nämlich nicht anzunehmen, dass sich der unentgeltlich tätige Verwaltungsbeirat nach Beendigung seiner organschaftlichen Befugnisse weiterhin – ohne eigenen Vorteil – etwa Auskunftsansprüchen oder gar einer Haftung (zB für die unterlassene Prüfung von Jahresabrechnung und Wirtschaftsplan) aussetzen will.[305] Mit der Abberufung erlöschen folglich auch die Pflichten aus dem Auftragsverhältnis.[306]

Wiederholungsaufgaben und Vertiefungsfragen

1. Erlischt die Rechtsstellung als WEG-Verwalter, wenn über das Vermögen der zur Verwalterin bestellten GmbH das Insolvenzverfahren eröffnet worden ist?
2. Die aus den Wohnungseigentümern A, B, C und D bestehende Wohnungseigentümergemeinschaft „Quartier Latin" hat vertreten durch den Verwalter V einen kostspieligen Renovierungsauftrag bzgl. der Hauseingangstür an den Handwerker H vergeben. Nach Durchführung der Arbeiten wird die ordnungsmäßig erstellte Rechnung nicht beglichen. Die maximale Bestellungsdauer des Verwalters V ist inzwischen abgelaufen; eine Verlängerung oder Neubestellung erfolgte nicht. Gegen wen kann Handwerker H seinen Anspruch erfolgreich geltend machen?
3. Bei einem aus drei Mitgliedern bestehenden Verwaltungsbeirat scheidet ein Mitglied durch Tod aus. Ist der Verwaltungsbeirat noch handlungsfähig?

---

[304] BayObLGZ 1992, 336 = ZMR 1993, 127.
[305] Riecke/Schmid/*Abramenko* § 29 Rn. 14.
[306] Zu Haftungsfragen bzgl. des Verwaltungsbeirats s. ausf. Riecke/Schmid/*Abramenko* § 29 Rn. 23ff. mwN.

Kapitel J. Das Finanzwesen der Wohnungseigentümer

Ausgewählte Literatur zur Ergänzung und Vertiefung:

Abramenko, Die Finanzierung von laufenden Verwaltungskosten aus der Rücklage – wann ist sie pflichtwidrig?, ZWE 2015, 72; *Abramenko,* Beschlussfassung und Beschlussanfechtung in Untergemeinschaften, ZWE 2011, 159; *Armbrüster,* Wirtschaftsplan und Jahresabrechnung in der Mehrhausanlage, ZWE 2011, 110; *Armbrüster,* Die Instandhaltungsrücklage in der Jahresabrechnung, ZWE 2010, 168; *Becker,* Beschluss der Jahresabrechnung – feststellende oder anspruchsbegründende Wirkung?, ZWE 2016, 361; *Becker,* Die Ableitung der Betriebskostenabrechnung aus der Jahresabrechnung, WuM 2013, 73; *Bub,* Beitragsrückstände in der Abrechnung, ZWE 2011, 193; *Casser* Worüber beschließen die Eigentümer: Abrechnungssaldo, Abrechnungsspitze oder Abrechnungssumme?, ZWE 2016, 242; *Casser/Schultheis,* Musterabrechnung für Wohnungseigentümergemeinschaften, ZMR 2011, 85; *Deckert,* Die Abrechnung des Verwalters nach WEG, ZMR 2010, 729; *Deckert,* Die Verteilung der Prozeßkosten in der Jahresabrechnung, ZWE 2009, 63; *Drasdo,* Die innere und äußere Abrechnung der Wohnungseigentümergemeinschaft – das Verhältnis zwischen § 16 II und § 28 III WEG, ZWE 2016, 238; *Drasdo,* Die Abrechnung in der Wohnungseigentümergemeinschaft: Kein Wunder-, aber doch ein schwieriges Werk, NZM 2015, 882; *Drasdo,* Die Pfändung von Wohngeldforderungen in der Jahresabrechnung, ZWE 2011, 251; *Drasdo,* Die Abrechnung der Heizkosten im Wohnungseigentum, NZM 2010, 681; *Drasdo,* Neues zu Darstellung und Behandlung der Instandhaltungsrücklage in der Jahresabrechnung nach BGH, NZM 2010, 243, NZM 2010, 217; *Einsiedler,* Die Sonderumlage: Voraussetzungen, Abrechnung, Eigentümerwechsel, ZMR 2009, 573; *Elzer,* Zinsen in der Jahresabrechnung, ZWE 2011, 112; *Frohne,* Die WEG-Jahresabrechnung unter Berücksichtigung der Grundsätze des BGH, MietRB 2016, 185; *Häublein,* Die Instandhaltungsrücklage in der Jahresabrechnung, ZWE 2011, 1; *Häublein,* Darstellung rücklagenfinanzierter Baumaßnahmen in der Jahresabrechnung, ZMR 2010, 577; *Häublein,* Von „Abrechnungsspitzen" und „Soll-Rücklagen" – Wohnungseigentumsrechtliche Abrechnungsarithmetik im Spiegel der höchstrichterlichen Rechtsprechung, ZWE 2010, 237; *Jacoby,* Unberücksichtigte Beitragszahlungen und berücksichtigte Nachzahlungen in der Abrechnung, ZWE 2011, 61; *Jacoby,* Die Musterabrechnung des VNWI – Ein Beitrag zur Diskussion um die Jahresabrechnung, DWE 2010, 120; *Jennißen,* Pflicht zur Ansammlung einer Instandhaltungsrückstellung, ZWE 2014, 199; *Jennißen,* Die Verwalterabrechnung nach dem Wohnungseigentumsgesetz, 7. Aufl. 2013; *Jennißen,* Heizkosten in der Abrechnung, ZWE 2011, 153; *Jennißen/Kümmel/Schmidt, J.-H.,* Einzel- und Gesamtabrechnung in der Wohnungseigentümergemeinschaft, ZMR 2012, 758; *Lang, G. E.,* Keine neue „Jahrhundertentscheidung" zur Jahresabrechnung nach § 28 WEG, ZMR 2014, 769; *Lehmann-Richter,* Zur Zulässigkeit von Sonderrücklagen im Wohnungseigentumsrecht, ZWE 2014, 105; *Müller, H.,* Mehrjährige Sanierung – Wirtschaftsplan und Jahresabrechnung, ZWE 2011, 200; *Niedenführ,* Vermögensstatus in der Abrechnung, ZWE 2011, 65; *Rüscher,* Besonderheiten der Vermögensverwaltung in Mehrhausanlagen, ZWE 2015, 237; *Sauren,* Der Bundesgerichtshof und das Rechnungswesen – Zugleich der Nachweis für einen verbindlichen Vermögensstatus, ZMR 2015, 341; *Schmid,* Heizkostenabrechnung nach dem Abflussprinzip, CuR 2011, 153; *Schultheis,* Die Erläuterung der Differenz zwischen der ausgewiesenen Instandhaltungsrückstellung und dem verfügbaren Geldvermögen – eine Alternative zum Vermögensstatus?, ZWE 2016, 247; *Schultzky,* Das Verhältnis von von Wirtschaftsplan, Sonderumlage und Jahresabrechnung – Dogmatische Einordnung und praktische Bedeutung, ZMR 2008, 757; *Schultzky,* Beitragsrückstände aus Vorjahren in der Abrechnung, ZWE 2011, 12; *Spielbauer,* Heizkosten in der Jahresabrechnung, ZWE 2013, 237; *Spielbauer,* Abrechnungsspitze und Jahreseinzelabrechnung, ZWE 2011, 149; *Wilhelmy,* Die Instandhaltungsrücklage in der Jahresabrechnung, ZWE 2010, 210.

I. Vorbemerkung

1 Bitte erschrecken Sie nicht angesichts der Vielzahl der zu diesem Thema gegebenen Literaturempfehlungen! Sie werden diese Vorschläge erst für eine vertiefende Beschäftigung mit der Materie benötigen. Damit können Sie dann auch sämtlichen Irrungen und Wirrungen gerichtlicher und literarischer Abrechnungsfinessen nachspüren. Sie werden sicherlich schnell erkennen, dass Ihrem Forscherdrang dabei kaum Grenzen gesetzt sind. Aufgabe dieses Kapitels muss es demgegenüber sein, erst einmal die Nomenklatur zu entwickeln, damit Sie überhaupt mitreden können. Und da mir durchaus das altrömische Credo „iudex non calculat"[1] bekannt ist, verspreche ich, die nachfolgenden Ausführungen einigermaßen lesbar, nachvollziehbar – und vor allem – zahlenfrei halten zu wollen.

II. Grundsätze

1. Sinn und Zweck

2 § 16 Abs. 2 WEG regelt in Anlehnung an § 748 BGB die Verpflichtung eines jeden Wohnungseigentümers gegenüber den anderen Wohnungseigentümern, die Lasten des gemeinschaftlichen Eigentums sowie die Kosten der Instandhaltung, Instandsetzung, sonstigen Verwaltung und eines gemeinschaftlichen Gebrauchs des gemeinschaftlichen Eigentums nach dem Verhältnis seines Anteils (§ 16 Abs. 1 S. 2 WEG) zu tragen. Die Vorschrift begründet damit die **abstrakte Beitragspflicht** der Wohnungseigentümer.[2]

 Bitte lesen Sie jetzt § 16 Abs. 2 WEG!

Die Kostentragungspflicht der Wohnungseigentümer wäre damit wie für die Teilhaber einer nicht auf Dauer angelegten Bruchteilsgemeinschaft gem. §§ 1008, 741 ff. BGB grundsätzlich anlassbezogen geregelt. Dies ermöglichte einer Wohnungseigentümergemeinschaft jedoch kein langfristig angelegtes Wirtschaften unabhängig vom aktuellen Finanzbedarf.[3] Der Bedarf an finanzieller Ausstattung der Gemeinschaft soll deshalb nicht erst bei Durchführung einer uU kostenintensiven Maßnahme – wie etwa bei Instandsetzungen – abgerufen werden. Aus diesem Grunde soll durch die Aufstellung eines Wirtschaftsplanes und die Bildung einer Instandhaltungsrücklage eine am voraussichtlichen Bedarf orientierte **Vorausfinanzierung** sichergestellt werden. Vor diesem Hintergrund begründen die entsprechenden Beschlussfassungen erst die **konkreten Zahlungspflichten** der Wohnungseigentümer.

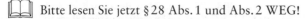 Bitte lesen Sie jetzt § 28 Abs. 1 und Abs. 2 WEG!

---

[1] Für die Nichtlateiner: „Der Richter rechnet nicht."; bisweilen auch etwas spöttisch übersetzt mit: „Richter können nicht rechnen".

[2] Bärmann/*Becker* § 28 Rn. 4.

[3] Riecke/Schmid/*Abramenko* § 28 Rn. 1.

2. Abdingbarkeit

Auch wenn es nach dieser Zielsetzung kaum zweckmäßig erscheinen dürfte, **3** so könnten die Regelungen des § 28 WEG durch Vereinbarung abbedungen werden.[4]

Beispiel:

Die Wohnungseigentümer könnten das Wirtschaftsjahr abweichend von § 28 Abs. 1 S. 1 WEG für die Zeit vom 1.4. eines jeden Jahres bis zum 31.3. des Folgejahres festlegen.

Eine weitere Möglichkeit zur mehrheitlichen Änderung eröffnet seit der WEG-Novelle (2007) § 21 Abs. 7 WEG. Danach können die Wohnungseigentümer die Regelung der Art und Weise von Zahlungen, der Fälligkeit und der Folgen des Verzugs sowie der Kosten für eine besondere Nutzung des gemeinschaftlichen Eigentums oder für einen besonderen Verwaltungsaufwand mit Stimmenmehrheit beschließen.

Bitte lesen Sie jetzt § 21 Abs. 7 WEG!

3. Untergemeinschaften

Insbesondere in Mehrhausanlagen ist es bisweilen zweckmäßig, im Verhältnis **4** der Wohnungseigentümer untereinander gem. § 10 Abs. 2 S. 2 WEG Untergemeinschaften mit eigener Verwaltungszuständigkeit und selbständiger Beschlussfassungskompetenz ihrer Mitglieder zu errichten.

Wiederholung:

Wiederholen Sie jetzt bitte aus dem → Kapitel G die Rn. 53 f. zur Untergemeinschaft.

Zulässig sind danach u.a. auch von § 21 Abs. 1 und Abs. 3, § 23 Abs. 1, § 28 Abs. 5 WEG abweichende Stimmrechtsregelungen für die Beschlüsse über Wirtschaftspläne, nach denen allein die Mitglieder der jeweiligen Untergemeinschaft anstelle aller Wohnungseigentümer über die auf das jeweilige Haus entfallenden Kostenpositionen zu entscheiden haben. Ist in der Gemeinschaftsordnung ausdrücklich bestimmt, dass die Kosten und Lasten für die Untergemeinschaften nicht nur getrennt zu ermitteln und abzurechnen sind, sondern für jede Untergemeinschaft – soweit rechtlich zulässig – selbständig verwaltet werden sollen, hat der Verwalter **hausbezogene Wirtschaftspläne** aufzustellen und den Untergemeinschaften zur Beschlussfassung vorzulegen.[5] Allerdings machen diese Unterwirtschaftspläne nicht das auf die Gesamtgemeinschaft bezogene Rechenwerk entbehrlich.[6]

---

[4] OLG Hamm ZMR 2008, 228; BayObLG NJW-RR 2006, 20, 22.
[5] BGH ZWE 2012, 494; BayObLG, ZWE 2001, 269.
[6] LG München I ZWE 2015, 140.

III. Wirtschaftsplan

1. Aufstellung des Wirtschaftsplans

5   Gem. § 28 Abs. 1 S. 1 WEG ist der Verwalter verpflichtet, einen Wirtschaftsplan aufzustellen. Dieser Wirtschaftsplan ist wie ein **Haushaltsplan** am voraussichtlichen Finanzbedarf der Gemeinschaft orientiert.[7]

6   Über den vom Verwalter aufgestellten Wirtschaftsplan beschließen die Wohnungseigentümer durch Stimmenmehrheit (§ 28 Abs. 5 WEG).

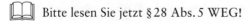 Bitte lesen Sie jetzt § 28 Abs. 5 WEG!

Jeder Wohnungseigentümer hat gem. § 21 Abs. 5 Nr. 5 WEG einen Anspruch
auf eine solche Beschlussfassung, der ggf. nach § 43 Nr. 1 WEG im Klagewege
verfolgt werden kann. Die **Verurteilung** des Verwalters zur Erstellung eines
Wirtschaftsplans für ein Kalenderjahr ist allerdings dann nicht mehr als vertretbare Handlung gem. § 887 ZPO zu vollstrecken, wenn dieses Kalenderjahr zum
Zeitpunkt der Zwangsvollstreckung abgelaufen ist; der vollstreckbare Anspruch
ist dann nämlich durch **Zeitablauf** erloschen.[8] Ein Wirtschaftsplan, den der
teilende Grundstückseigentümer im Wege eines sog „Ein-Mann-Beschlusses"
vor Eintragung einer Auflassungsvormerkung und vor Besitzübergang auf einen
Erwerber verabschiedet, ist allerdings nach Entstehen der Wohnungseigentümergemeinschaft nicht geeignet, Hausgeldforderungen zu begründen.[9]

> **Wiederholung:**
>
> Wiederholen Sie jetzt bitte aus dem → Kapitel D die Rn. 68 ff. zum „werdenden Woh
> nungseigentümer".

7   Wenn nichts anderes vereinbart wurde, entspricht der **Planungszeitraum** jeweils dem Kalenderjahr. Dies hat grundsätzlich zur Folge, dass mit dem Ende
des Wirtschaftsjahres zugleich auch die Verpflichtung der Wohnungseigentümer
gem. § 28 Abs. 2 WEG zur Zahlung entsprechender Hausgeldvorschüsse endet.[10]
Zur Vermeidung einer Finanzierungslücke bedarf es daher einer Beschlussfassung
der Wohnungseigentümer über die Fortgeltung des bisherigen (eigentlich ausgelaufenen) Wirtschaftsplanes bis zur Beschlussfassung über einen an dessen Stelle
tretenden neuen Wirtschaftsplan.[11] Eine solche **Fortgeltungsklausel** kann nach
allerdings bestrittener Auffassung im Hinblick auf § 21 Abs. 7 WEG auch generell
für alle zukünftigen Wirtschaftspläne beschlossen werden.[12]

---

[7] OLG Brandenburg ZMR 2008, 386.

[8] BGH NJW 2016, 3536 = ZfIR 2016, 750 m. Anm. *Abramenko* = ZWE 2016, 422.

[9] OLG Köln ZWE 2008, 242 m. Anm. *F. Schmidt*; OLG München FGPrax 2006, 63;
aA Bärmann/*Becker* § 28 Rn. 56.

[10] OLG Düsseldorf NZM 2008, 251.

[11] KG ZWE 2002, 413: Der Beschluss einer Fortgeltungsklausel „folgt einem Gebot
wirtschaftlicher Vernunft.".

[12] *Abramenko* ZWE 2012, 386; Riecke/Schmid/*Abramenko* § 28 Rn. 9a; aA LG Itzehoe
ZWE 2014, 133 m. zust. Anm. *Merle*; jetzt auch Bärmann/*Becker* § 28 Rn. 39: Vereinbarung erforderlich.

2. Inhalt des Wirtschaftsplans

a) Grundsätze

Das Gesetz enthält in § 28 Abs. 1 S. 2 WEG drei Vorgaben über die Aufstellung **8** eines Wirtschaftsplans. Danach hat der Wirtschaftsplan zu enthalten:

- die voraussichtlichen Einnahmen und Ausgaben bei der Verwaltung des gemeinschaftlichen Eigentums (§ 28 Abs. 1 S. 2 Nr. 1 WEG).
  Es handelt sich insoweit um eine Darstellung der gesamten Einnahmen und Ausgaben für die Wohnungseigentumsanlage. Hierfür bedarf es der Aufstellung eines **Gesamtwirtschaftsplanes**.
- die anteilmäßige Verpflichtung der Wohnungseigentümer zur Lasten- und Kostentragung (§ 28 Abs. 1 S. 2 Nr. 2 WEG).
  Es handelt sich insoweit um eine objektbezogene Darstellung, die die anteilmäßige Verpflichtung für jeden Wohnungseigentümer betragsmäßig festlegt. Hierfür bedarf es der Aufstellung von **Einzelwirtschaftsplänen**.
- die Beitragsleistung der Wohnungseigentümer zu der in § 21 Abs. 5 Nr. 4 WEG vorgesehenen Instandhaltungsrückstellung.
  Es handelt sich um die betragsmäßige Festlegung der vom jeweiligen Wohnungseigentümer aufzubringenden Leistungen zur **Instandhaltungsrücklage**.

Weitergehende Vorgaben über die konkrete Ausgestaltung des Wirtschaftspla- **9** nes enthält das Gesetz nicht. Da die rechtsfähige Wohnungseigentümergemeinschaft kein Kaufmann iSd § 1 HGB ist, finden die handelsrechtlichen Vorschriften über die Aufstellung von Bilanzen sowie Gewinn- und Verlustrechnungen keine Anwendung.[13] Der Wirtschaftsplan kann daher – mit Blick auf die zu erstellende Abrechnung – als reine **Einnahmen- und Ausgabenrechnung** aufgebaut werden.[14]

Hinweis:

Wir bekommen es hier mit Begriffen zur Gewinnermittlung aus der Buchhaltung und dem Steuerrecht zu tun. Zu den handelsrechtlichen Vorgaben s. insbes. § 242 HGB; zu den steuerrechtlichen Vorgaben s. insbes. § 4 EStG. Als Beispiel für eine Einnahmen- und Ausgabenrechnung (vgl. auch § 4 Abs. 3 S. 1 EStG) s. auch das Muster für eine Jahresabrechnung im → Anhang VII.

---

b) Gesamtwirtschaftsplan

Die Einnahmen- und Ausgabenpositionen sind in übersichtlicher und nach- **10** prüfbarer Weise darzustellen[15]; der Wirtschaftsplan soll sowohl nach seiner äußeren Gestaltung als auch nach seinem Inhalt für den durchschnittlichen Wohnungseigentümer ohne juristische und buchhalterische Vorkenntnisse nachvollziehbar sein.[16] Im Rahmen ordnungsmäßiger Verwaltung ist es durchaus ange-

---

[13] BGH ZWE 2013, 367; Bärmann/*Becker* § 28 Rn. 18.
[14] Vgl. BGH NJW 2014, 145 = ZWE 2014, 36; Riecke/Schmid/*Abramenko* § 28 Rn. 10.
[15] BGH ZWE 2013, 367.
[16] Riecke/Schmid/*Abramenko* § 28 Rn. 10.

zeigt, die voraussichtlichen Einnahmen und Ausgaben in einer großzügigen Weise so zu schätzen[17], dass Nachforderungen möglichst vermieden werden können.

aa) Einnahmen

11 In den Wirtschaftsplan ist eine Forderung grundsätzlich nur aufzunehmen, wenn mit ihrer Erfüllung während des Wirtschaftsjahres gerechnet werden kann.[18]

Beispiele:

Zu den typischen Einnahmepositionen in einem Wirtschaftsplan gehören:

- Beitragsleistungen der Wohnungseigentümer (**Hausgeldzahlungen**);[19]
- **Zinseinnahmen** zB aus der Instandhaltungsrücklage;[20]
- **Mieteinnahmen** aus der Vermietung gemeinschaftlichen Eigentums;[21]
- Darlehensbeträge aus **Kreditaufnahme**;[22]
- Zahlungen in die **Instandhaltungsrücklage** (§ 28 Abs. 1 S. 2 Nr. 3 WEG).[23]

bb) Ausgaben

12 Die Ausgaben bestehen in der Hauptsache aus der Begleichung der in § 16 Abs. 2 WEG genannten Lasten und Kosten des gemeinschaftlichen Eigentums.[24] Bei der **Schätzung** der Ausgaben kommt der Gemeinschaft ein weiter, gerichtlich nicht überprüfbarer **Ermessensspielraum** zu. Ein Wirtschaftsplan verstößt nur dann gegen die Grundsätze ordnungsmäßiger Verwaltung, wenn er zu wesentlich überhöhten Wohngeldforderungen oder zu erheblichen Nachzahlungspflichten führt.[25]

Beispiele:

Zu den typischen Ausgabepositionen in einem Wirtschaftsplan gehören:

- Kosten der **Instandhaltung** und **Instandsetzung** (vgl. § 21 Abs. 5 Nr. 2 WEG);
- Kosten der **Verwaltung** (u.a. Verwaltervergütung);
- Gemeinschaftsbezogene **Versicherungsprämien** (vgl. § 21 Abs. 5 Nr. 3 WEG);
- Gemeinschaftliche **Bewirtschaftungskosten** (Strom, Wasser, Heizung);
- Uneinbringliche **Beitragsrückstände**;[26]
- zu erwartende **Prozesskosten** für Beschlussanfechtungsklagen.[27]

---

[17] BayObLG WuM 1994, 295.

[18] BayObLGZ 1999, 177 = NJW-RR 2000, 17; BayObLGZ 1986, 263.

[19] BayObLGZ 1986, 263. Nach Auffassung des BGH soll es nicht erforderlich sein, die Hausgeldvorschüsse ausdrücklich als Einnahmen aufzuführen; BGH ZWE 2013, 367.

[20] OLG Köln ZMR 2008, 818; *Elzer* ZWE 2011, 112.

[21] AG Passau ZWE 2015, 53.

[22] Riecke/Schmid/*Abramenko* § 28 Rn. 11 aE; zur insoweit bestehenden Beschlusskompetenz der Wohnungseigentümer vgl. BGHZ 207, 99 = NJW 2015, 3651 = ZWE 2015, 453; BGHZ 195, 22 = NJW 2012, 3719 = ZWE 2012, 27.

[23] BGH NJW 2010, 2127 = ZWE 2010, 170; Buchungen auf einem Sonderkonto führen nicht zu einem Mittelabfluss.

[24] Bärmann/*Becker* § 28 Rn. 26.

[25] BayObLGZ 1999, 177 = NJW-RR 2000, 17; BayObLG NJW-RR 1998, 1624.

[26] BGH ZWE 2013, 367.

[27] BGH NJW 2015, 930 = ZWE 2015, 91 m. Anm. *Becker*.

c) Einzelwirtschaftspläne

Aus dem Wirtschaftsplan muss sich auch die anteilige Verpflichtung der 13
Wohnungseigentümer zur Lasten- und Kostentragung ergeben, die die jeweiligen Einzelwirtschaftspläne ausweisen. Die Einzelpositionen werden aus der
Gesamtsumme der Belastungen nach dem sich jeweils aus § 16 WEG oder einer
entsprechenden Vereinbarung ergebenden Verteilungsschlüssel auf die Wohnungseigentümer umgelegt. Andere Umstände sind unbeachtlich; insbesondere
kommt es nicht darauf an, ob ein Wohnungseigentümer eine bestimmte Einrichtung auch tatsächlich nutzt.

Beispiel:

So müssen sich an den Betriebskosten einer Aufzugsanlage mangels abweichender Regelungen in der Gemeinschaftsordnung auch diejenigen Wohnungseigentümer beteiligen, die den
Aufzug nicht benötigen, weil ihre Wohnung bspw. im Erdgeschoss gelegen ist.[28]

Der Einzelwirtschaftsplan gehört zu den unverzichtbaren Bestandteilen des 14
Wirtschaftsplans. Die Genehmigung eines Wirtschaftsplans ohne Einzelwirtschaftsplan ist auf Antrag für ungültig zu erklären. Das **Fehlen des Einzelwirt-
schaftsplans** begründet deshalb die Anfechtbarkeit eines Genehmigungsbeschlus-
ses.[29]

3. Rechtswirkung des beschlossenen Wirtschaftsplans

Die eigentliche Bedeutung des Wirtschaftsplans liegt darin, dass er die Belas- 15
tung der Wohnungseigentümer mit Vorschüssen nach § 28 Abs. 2 WEG verbindlich regelt und deren **Zahlungsverpflichtung** überhaupt erst entstehen lässt.[30]
Nicht die Entstehung der Lasten und Kosten, sondern die Beschlussfassung über
den Wirtschaftsplan gem. § 28 Abs. 5 WEG begründet somit die Verpflichtung
zur Zahlung von konkreten Vorschüssen.[31] Diese Vorschusszahlungen bilden
das zentrale Finanzierungsinstrument der Wohnungseigentümergemeinschaft.[32]
Gläubiger des Zahlungsanspruchs ist der rechtsfähige Verband Wohnungsei- 16
gentümergemeinschaft (§ 10 Abs. 7 S. 3 WEG).[33] **Schuldner** sind die jeweiligen
Wohnungseigentümer. Dabei ist mit der h.M. maßgeblich auf die Eigentümerstellung zum Zeitpunkt der Fälligkeit der Hausgeldzahlungen abzustellen; diese
sog **Fälligkeitstheorie** gilt entsprechend bei angeordneter Zwangsverwaltung oder

---

[28] OLG Düsseldorf NJW-RR 1986, 95; vgl. auch OLG Hamm ZWE 2000, 424 zu
Müllgebühren in einer Ferienwohnungsanlage.
[29] BGHZ 163, 154 = NJW 2005, 2061 = ZWE 2005, 422 [„Olympiadorf"].
[30] BGH ZWE 2013, 367; BGHZ 163, 154 =.154 = NJW 2005, 2061 = ZWE 2005, 422
[„Olympiadorf"]; BGHZ 111, 148 = NJW 1990, 2386.
[31] BGHZ 131, 228 = NJW 1996, 725; BayObLG NJW-RR 2006, 20.
[32] BGH NJW 2012, 2797 = ZWE 2012, 373.
[33] BGH v. 10.02.2017 – VZR 166/16, zit. juris. Auch wenn § 16 Abs. 2 WEG unverändert „den Wohnungseigentümer ... den anderen Wohnungseigentümern gegenüber
verpflichtet" sieht, besteht seit der Novelle 2007 Einigkeit darüber, dass Anspruchsinhaber
richtigerweise der rechtsfähige Verband ist; vgl. bereits BGHZ 163, 154 = NJW 2005,
2061 = ZWE 2005, 422 [„Olympiadorf"]; Bärmann/*Becker* § 16 Rn. 22; *Wenzel* ZWE
2006, 462.

Insolvenz eines Wohnungseigentümers.[34] Auch der werdende Wohnungseigentümer[35] und der Inhaber eines isolierten Miteigentumsanteils[36] unterliegen den Regeln des WEG; sie sind deshalb ebenso zur anteiligen Kostentragung verpflichtet.

Wiederholung:

Wiederholen Sie bitte insoweit → Kapitel D Rn. 68 ff. zum „werdenden Wohnungseigentümer" und → Rn. 31 ff. zum isolierten Miteigentumsanteil.

17   Eine **Mithaftung des Erwerbers** für persönliche Hausgeldschulden seines Sonderrechtsvorgängers kann jedoch bereits in der Gemeinschaftsordnung vorgesehen sein. Nur in diesem Fall kann der Verband sowohl auf den früheren als auch auf den neuen Eigentümer zurückgreifen.[37] Allerdings ist eine solche Regelung gem. § 56 S. 2 ZVG nichtig, wenn sie gegenüber dem Ersteher in einer Zwangsversteigerung vorgesehen sein sollte.[38]

Hinweis:

Wegen der vom BGH – nach hier vertretener Auffassung zu Unrecht – abgelehnten dinglichen Haftung des betroffenen Wohnungseigentums s. ausf. im → Kapitel M Rn. 19.

18   **Fällig** werden die Vorschusszahlungen ohne eine besondere Regelung erst durch Abruf der Gelder seitens des Verwalters (§ 28 Abs. 2 WEG). § 21 Abs. 7 WEG erlaubt den Wohnungseigentümern allerdings nunmehr auch anderweitige Regelungen, die mit Mehrheit beschlossen werden können. In der Praxis üblich sind in diesem Zusammenhang u.a. sog **Vorfälligkeitsklauseln,** wonach die gesamte Leistung fällig wird, wenn ein Wohnungseigentümer mit seinen Vorschussleistungen in Verzug gerät.[39]

Beispiel:

Das Hausgeld ist monatlich im Voraus fällig. Kommt der Wohnungseigentümer mit drei Monatsraten in Zahlungsverzug, wird der gesamte Jahreshausgeldbetrag in einer Summe fällig.[40]

---

[34] BGHZ 142, 290 = NJW 1999, 3713 = ZWE 2000, 29; BGHZ 107, 285 = NJW 1989, 2697; BGHZ 104, 197 = NJW 1988, 1910; OLG Köln FGPrax 2008, 55; OLG München NZM 2007, 452 = ZWE 2007, 356; OLG Hamm NJW-RR 1996, 911; *Drasdo* ZWE 2006, 68, 71 ff. mwN); aA die sog „Aufteilungstheorie", wonach die jweiligen Leistungen mit den dadurch verursachten Kosten auf die Zeit der jeweiligen Eigentümerstellung aufzuteilen sein sollen: *Jennißen* Verwalterabrechnung Rn. 804 ff.; *Wenzel* ZWE 2005, 277, 282; dem zumindest zeitweise zuneigend auch die Rechtsprechung des IX. Zivilsenates BGHZ 179, 336 = NJW 2009, 1674 und BGHZ 150, 305 = NZI 2002, 425.

[35] BGH ZfIR 2016, 237 = ZWE 2016, 169; BGH NJW 2015, 2877 = ZfIR 2015, 765 = ZMR 2015, 878 = ZWE 2015, 406; BGHZ 193, 219 = NJW 2012, 2650 = ZfIR 2012, 603 = ZMR 2012, 711 = ZWE 2012, 369; BGHZ 177, 53 = DNotZ 2008, 930 = NJW 2008, 2639 = ZMR 2008, 805 = ZWE 2008, 378.

[36] OLG Hamm NZM 2007, 448.

[37] BGH NJW 1994, 2950; KG NJW-RR 2003, 443; OLG Düsseldorf NJW-RR 1997, 906.

[38] BGHZ 99, 358 = NJW 1987, 1638; KG NJW-RR 2002, 1524; OLG Hamm NJW-RR 1996, 911.

[39] Vgl. LG München I ZWE 2013, 224.

[40] In Anlehnung an *Jennißen* Rn. 502.

Gebräuchlich sind aber auch sog **Verfallklauseln,** die den gesamten Vorschuss- 19
betrag bereits zum Beginn des Wirtschaftsjahres fällig stellen und dem einzelnen
Wohnungseigentümer zugleich die Gesamtleistung mit der Maßgabe dilatorischer
Teilzahlungen stunden.[41]

Beispiel:

Das kalenderjährlich zu zahlende Hausgeld ist insgesamt sofort zum Jahresbeginn fällig. Den
Wohnungseigentümern wird nachgelassen, das Jahreshausgeld in zwölf gleichen Monatsraten zu zahlen. Kommt ein Wohnungseigentümer mit zwei Monatsraten in Zahlungsverzug, so
verfällt das Recht auf Ratenzahlung.[42]

4. Abänderung des Wirtschaftsplans

a) Gerichtliche Anfechtung

Der Beschluss über den Wirtschaftsplan kann aufgrund einer Anfechtungskla- 20
ge für ungültig erklärt werden (§§ 43 Nr. 4, 46 WEG). Wird der Plan insgesamt
für ungültig erklärt, entfallen sämtliche Zahlungspflichten der Wohnungseigentümer, sofern nicht ein früherer Plan fortgilt oder ein anderer vom Gericht festgesetzt wird.[43] Für eine solche Klage besteht selbst dann noch ein **Rechtsschutzinteresse,** wenn das betreffende Wirtschaftsjahr inzwischen abgelaufen sein sollte[44]
oder die Jahresabrechnung bereits beschlossen sein sollte[45]. Der Wirtschaftsplan
kann nämlich auch nach Bestandskraft der Jahresabrechnung insbesondere hinsichtlich der begründeten Vorschussverpflichtung noch Wirkungen entfalten.[46]

Inhaltlich können mit *Abramenko*[47] im Wesentlichen vier unterschiedliche 21
Rechtsschutzziele für eine Anfechtung formuliert werden:
- Beseitigung einer zu hohen Einzelbelastung.
  Ursache ist hier häufig die Verwendung falscher Verteilungsschlüssel.[48]
- Anfechtung von Einzelpositionen des Gesamtwirtschaftsplans.
  Der Sache nach handelt es sich um eine Teilanfechtung, die zum vollständigen
  Wegfall einzelner Positionen führen kann.
- Beseitigung von Liquiditätslücken.
  Zu geringe Ansätze im Plan bedürfen der Vorlage eines eigenen Planes oder des
  nach einer Aufhebung fortdauernden bisherigen Wirtschaftsplanes.[49]
- Ergänzung des Wirtschaftsplans um weitere Positionen.

---

[41] BGHZ 156, 279 = NJW 2003, 3550 = ZWE 2004, 77 (noch zum alten Recht); LG
Köln ZWE 2014, 414.

[42] In Anlehnung an *Jennißen* Rn. 501.

[43] OLG Hamburg ZMR 2008, 149.

[44] BayObLGZ 1974, 172 = NJW 1974, 1910; OLG Hamm OLGZ 1971, 96 = Rpfleger
1970, 400.

[45] BayObLG NJW-RR 1998, 1624; LG Hamburg ZMR 2011, 996; Bärmann/*Becker*
§ 28 Rn. 51; aA OLG Hamburg ZMR 2007, 550; OLG Stuttgart OLGZ 1990, 175 = ZMR
1990, 69.

[46] KG NJW-RR 1986, 644; Bärmann/*Becker* § 28 Rn. 51.

[47] Riecke/Schmid/*Abramenko* § 28 Rn. 27ff.

[48] Vgl. zB OLG Brandenburg ZMR 2008, 386.

[49] Vgl. LG Hamburg ZMR 2011, 996.

b) Abänderung durch Sonderumlage

22 Waren die Ansätze des Wirtschaftsplans unrichtig, wurden sie durch neue Tatsachen überholt oder kann der Plan aus anderen Gründen nicht durchgeführt werden, können die Wohnungseigentümer anstelle eines neuen Wirtschaftsplans auch eine **zusätzliche Sonderumlage** beschließen.[50] Den erforderlichen Umlagebetrag können die Wohnungseigentümer großzügig bemessen.[51]

23 Auch insoweit wird nach der Fälligkeitstheorie verfahren. Die Sonderumlage ist deshalb grundsätzlich von demjenigen zu entrichten, der bei Fälligkeit Wohnungseigentümer ist.[52] Wird die Sonderumlage erst nach ihrem Beschluss fällig, ist sie vom Eigentümer zum Zeitpunkt der beschlossenen Fälligkeit zu entrichten.[53] Die Sonderumlage wird grundsätzlich mit der Beschlussfassung fällig[54], sofern dabei nichts Abweichendes bestimmt worden wird.

IV. Jahresabrechnung

1. Aufstellung der Jahresabrechnung

24 Gem. § 28 Abs. 3 WEG hat der Verwalter nach Ablauf des Kalenderjahres eine Abrechnung aufzustellen. Der Sache nach handelt es sich dabei um eine **Abrechnung über den Wirtschaftsplan** (vgl. § 29 Abs. 3 WEG). Somit werden in der Jahresabrechnung die im Wirtschaftsplan nur geschätzten Einnahmen und Ausgaben jetzt exakt abgerechnet.[55] Auch über die Abrechnung des Verwalters beschließen die Wohnungseigentümer durch Stimmenmehrheit (§ 28 Abs. 5 WEG).

📖 Bitte lesen Sie jetzt § 28 Abs. 3 und § 29 Abs. 3 WEG!

25 Die Jahresabrechnung muss stets für die gesamte Liegenschaft aufgestellt werden;[56] auch bei **Mehrhausanlagen** kommt eine auf einzelne Häuser beschränkte Abrechnung nicht in Betracht.[57]

26 Da die Jahresabrechnung die Einnahmen und Ausgaben sowie die Vorschusszahlungen aus dem Wirtschaftsplan abrechnen soll, entspricht die **Abrechnungsperiode** grundsätzlich dem Wirtschaftsjahr, also mangels anderslautender Vereinbarung somit dem Kalenderjahr (§ 28 Abs. 1 S. 1 u. Abs. 3 WEG). Die Abrechnung einzelner Quartale ist unzulässig, auch wenn sich die Wohnungseigentümer hieraus eine Abrechnung erstellen könnten.[58]

---

[50] BGH NJW 2014, 2197 = ZWE 2014, 261; BGH ZWE 2012, 125.
[51] BGH ZWE 2012, 125; BGHZ 108, 44 = NJW 1989, 3018.
[52] OLG Hamburg ZWE 2002, 424; OLG Hamm NJW-RR 1996, 912; KG OLGZ 1994, 141 = NJW-RR 1994, 83.
[53] OLG Düsseldorf NJW-RR 2002, 302.
[54] OLG Stuttgart NJW-RR 1989, 654.
[55] BayObLG NJW-RR 1989, 841.
[56] Riecke/Schmid/*Abramenko* § 28 Rn. 60.
[57] BayObLGZ 1994, 98 = NJW-RR 1994, 1236.
[58] OLG Düsseldorf NJW-RR 2007, 594.

Die Jahresabrechnung ist bei kleineren Gemeinschaften mit geregelter Buch- 27 führung regelmäßig in den ersten drei Monaten des neuen Wirtschaftsjahres[59], spätestens jedoch sechs Monate nach dessen Beginn **fällig**.[60] Der noch ausstehende Eingang bezifferter Rechnungen für im abgelaufenen Wirtschaftsjahr erbrachte Leistungen rechtfertigt keine Verzögerung, weil der Auszahlungsbetrag erst im Folgejahr fällig wird.[61]

Die Wohnungseigentümer haben gegen den Verwalter einen **Anspruch** auf 28 Aufstellung der Jahresabrechnung im Rahmen ordnungsmäßiger Verwaltung (§ 21 Abs. 4 WEG).[62] Nach Fälligkeit der Abrechnung muss der Verwalter allerdings erst noch durch Mahnung in **Verzug** gesetzt werden, bevor ein Schadensersatzanspruch wegen verspäteter Vorlage der Abrechnung gem. § 286 BGB in Betracht kommt.[63]

Die Jahresabrechnung ist von dem Verwalter aufzustellen, in dessen Amtszeit 29 diese Verpflichtung fällig wurde.[64] Bei einem **Verwalterwechsel** geht die entstandene Verpflichtung nicht auf den neuen Verwalter über.[65] Scheidet der alte Verwalter zum Jahresende mit Ablauf des 31.12. aus, muss demgemäß der neue Verwalter die erst im Folgejahr fällige Verpflichtung erfüllen.[66]

Erfüllt der Verwalter die ihm zumindest aus dem Geschäftsbesorgungsver- 30 hältnis gem. §§ 675, 666 BGB obliegende Verpflichtung zur Aufstellung der Jahresabrechnung nicht, kann er gem. § 43 Nr. 3 WEG auf Erfüllung in Anspruch genommen werden. Die Verurteilung des Verwalters zur Erstellung einer Jahresabrechnung nach § 28 Abs. 3 WEG für Kalenderjahre, in denen er die Verwaltung geführt hat, ist als Verurteilung zur Vornahme einer nicht vertretbaren Handlung gemäß § 888 Abs. 1 Satz 1 ZPO durch Androhung von Zwangsmitteln und nicht als Verurteilung zur Vornahme einer vertretbaren Handlung gemäß § 887 Abs. 1 ZPO im Wege der Ersatzvornahme zu **vollstrecken**.[67] Die Jahresabrechnung enthält nämlich die (ggf. durch eidesstattliche Versicherung zu erhärtende) Erklärung des Verwalters, die bei seiner Verwaltung des gemeinschaftlichen Eigentums angefallenen Einnahmen und Ausgaben nach bestem Wissen vollständig angegeben zu haben. Dies setzt besondere Kenntnisse voraus, die nur der Verwalter haben kann.

---

[59] OLG Zweibrücken, ZMR 2007, 887; BayObLG NJW-RR 1990, 659.
[60] Riecke/Schmid/*Abramenko* § 28 Rn. 61.
[61] OLG Karlsruhe NZM 1998, 768.
[62] BGH NJW 1985, 912.
[63] OLG Düsseldorf ZMR 2007, 287.
[64] OLG Zweibrücken ZMR 2007, 887; Riecke/Schmid/*Abramenko* § 28 Rn. 62; aA Bärmann/*Becker* § 28 Rn. 110. *Scheuer* ZWE 2014, 152, 156: es sei maßgeblich auf die Verwalterstellung am 1.1. des Folgejahres abzustellen.
[65] OLG Zweibrücken ZMR 2007, 887; OLG Celle ZMR 2005, 718; BayObLG NJW-RR 2003, 517; OLG Hamm NJW-RR 1993, 847; KG NJW-RR 1993, 529.
[66] OLG Düsseldorf NJW-RR 1999, 1029. BayObLG NJW-RR 1995, 530; OLG Hamm NJW-RR 1993, 847; OLG Köln NJW-RR 1986, 98.
[67] BGH NJW 2016, 3536 = ZfIR 2016, 750 m. Anm. *Abramenko* = ZWE 2016, 422; aA noch Bärmann/*Becker* § 28 Rn. 113; Riecke/Schmid/*Abramenko* § 28 Rn. 64 mit dem praktischen Hinweis, zur Vermeidung einer aufwändigen Zwangsvollstreckung lieber gleich den neuen Verwalter mit der Erstellung der Jahresabrechnung gegen Zahlung einer Sondervergütung zu beauftragen, wobei diese dann ggf. beim Vorverwalter wieder beigetrieben werden könne.

31   Die Eigentümerversammlung kann auch den ausgeschiedenen Verwalter noch mit Mehrheitsbeschluss zur **Rechnungslegung** nach § 28 Abs. 4 WEG verpflichten, die dann die Grundlage für die Weiterführung der Buchhaltung bildet.[68]

📖 Bitte lesen Sie jetzt § 28 Abs. 4 WEG!

32 **Hinweis:**

Das Verlangen nach (außerordentlicher) **Rechnungslegung** ermöglicht den Wohnungseigentümern jederzeit die ebenfalls über § 43 Nr. 4 WEG gerichtlich durchsetzbare Kontrolle der Geschäftsführung des Verwalters. Im Hinblick auf diese Zweckbestimmung genügt eine Einnahmen- Ausgaben-Rechnung auf den Zeitpunkt des Ausscheidens.[69] Da es nicht um die Festlegung von Zahlungspflichten geht, bedarf es keiner Einzelabrechnungen.[70] Die Jahresabrechnung unterscheidet sich damit von der Rechnungslegung im Wesentlichen nur darin, dass die Jahresabrechnung vom Verwalter nach Ablauf eines Kalenderjahres aufzustellen ist, während die Rechnungslegung jederzeit von den Wohnungseigentümern durch Mehrheitsbeschluss vom Verwalter verlangt werden kann.[71] Dann muss aber auch eine evtl. **Zwangsvollstreckung** wie bei einer Jahresabrechnung als nicht vertretbare Handlung gem. § 888 ZPO erfolgen.[72]

2. Inhalt der Jahresabrechnung

a) Grundsätze

33   Die inhaltlichen Anforderungen an die Jahresabrechnung sind gesetzlich nicht näher geregelt. Lediglich §§ 259, 666 BGB lassen sich für die **Rechenschaftspflicht** des Verwalters heranziehen.[73] Die hierzu in der Rechtsprechung entwickelten Einzelheiten orientieren sich am Zweck der Jahresabrechnung, den Wohnungseigentümern eine geordnete und übersichtliche, in sich verständliche und inhaltlich korrekte Übersicht über die in ihrer Liegenschaft insgesamt angefallenen Einnahmen und Ausgaben und die von jedem Einzelnen zu tragenden Kosten zu geben, ohne dass sie eines Buchprüfers oder eines sonstigen Sachverständigen bedürfen.[74]

---

[68] OLG Zweibrücken FGPrax 2007, 263.
[69] Markant Riecke/Schmid/*Abramenko* § 28 Rn. 127: „Abgebrochene Jahresabrechnung".
[70] KG OLGZ 1981, 304 = MDR 1981, 407; Riecke/Schmid/*Abramenko* § 28 Rn. 127.
[71] BGH NJW 2016, 3536 = ZfIR 2016, 750 m. Anm. *Abramenko* = ZWE 2016, 422.
[72] BGH NJW 2016, 3536 = ZfIR 2016, 750 m. Anm. *Abramenko* = ZWE 2016, 422; BayObLGZ 2002, 115 = NJW-RR 2002, 1381; OLG Köln WuM 1998, 375; KG NJW 1972, 2093; Bärmann/*Becker* § 28 Rn. 188; aA noch OLG Düsseldorf NZM 1999, 842; *Jennißen* Rn. 951; Riecke/Schmid/*Abramenko* § 28 Rn. 130.
[73] OLG Saarbrücken NJW-RR 2006, 732; KG NJW-RR 1994, 85;.
[74] BGH NJW 2014, 145 = ZWE 2014, 36; BGH NJW 2010, 2127 = ZWE 2010, 170. BayObLG NJW-RR 1989, 1164; KG NJW-RR 1987, 80; Bärmann/*Becker* § 28 Rn. 114; Riecke/Schmid/*Abramenko* § 28 Rn. 66.

Danach muss eine Jahresabrechnung mindestens enthalten:[75]   **34**

- eine **Gesamtabrechnung** aller tatsächlichen Einnahmen und Ausgaben der Wohnungseigentümergemeinschaft im betreffenden Rechnungsjahr;
- eine objektbezogene **Einzelabrechnung** für jedes Wohnungseigentum unter Angabe des Verteilungsschlüssels;
- eine Darstellung der Entwicklung der **Instandhaltungsrücklage**;
- die Angabe der Anfangs- und Endbestände der für die Wohnungseigentümer geführten **Bankkonten**.

Eine Jahresabrechnung ohne Gesamtabrechnung, die nur aus Einzelabrech-   **35**
nungen besteht, ist anfechtbar.[76] Demgegenüber soll das **Fehlen** von Einzelabrechnungen im Anfechtungsfall nicht zur Ungültigerklärung der Jahresabrechnung führen; hier soll zur „Rettung" der unangegriffenen Gesamtabrechnung lediglich ein Ergänzungsanspruch bestehen.[77] Allerdings können etwaige Nachzahlungsverpflichtungen der Wohnungseigentümer ohne Einzelabrechnungen nicht fällig werden.[78]
In die Abrechnung dürfen nur **tatsächliche Einnahmen und Ausgaben** in dem betreffenden Abrechnungsjahr aufgenommen werden. Forderungen und Verbindlichkeiten dürfen ebenso wenig erscheinen wie Zahlungen, die im Vorjahr eingegangen sind oder im nächsten Jahr erwartet werden. Die Mitteilung derartiger Umstände mag zur Kontrolle der Kontenstände und der Vermögenslage sinnvoll und teilweise sogar notwendig sein; sie sind aber kein Bestandteil der von den Wohnungseigentümern zu beschließenden Jahresabrechnung. Die Jahresabrechnung ist keine Gewinn- und Verlustrechnung und keine Bilanz, sondern eine **Einnahmen- und Ausgabenrechnung**, die die tatsächlichen Beträge einander gegenüberzustellen hat.[79] Aus diesem Grunde sind auch **Rechnungsabgrenzungen** grundsätzlich nicht vorzunehmen (zu einer Ausnahme → Rn. 44 ff.).[80] Entsprechende **Belege** sind vorzulegen.[81]

Hinweis: **36**

Rechnungsabgrenzungsposten gehen auf die bilanziellen Vorschriften der §§ 250, 252 Abs. 1 Nr. 5 HGB für Vollkaufleute zurück. Sie dienen der für Wohnungseigentümergemeinschaften nicht zielführenden Gewinnermittlung. Danach sind die in der laufenden oder folgenden Abrechnungsperiode anfallenden Einnahmen bzw. Ausgaben auszusondern, soweit sie anteilig der folgenden bzw. vorangegangenen Abrechnungsperiode zuzuordnen sind.

---

[75] Vgl. auch Bärmann/*Becker* § 28 Rn. 100 ff.; *Jennißen* Rn. 519 je mwN.
[76] LG Konstanz ZMR 2008, 328.
[77] LG München I ZMR 2001, 64.
[78] OLG Brandenburg ZMR 2008, 390.
[79] BGH NJW 2014, 145 = ZWE 2014, 36; BGH NJW 2012, 1434 = ZWE 2012, 216; OLG Saarbrücken NJW-RR 2006, 732; OLG Hamm ZWE 2001, 446; OLG Düsseldorf ZWE 2001, 114; BayObLG ZWE 2000, 135; OLG Karlsruhe NZM 1998, 768; BayObLGZ 1993, 185 = NJW-RR 1993, 1166; aA *Happ* ZMR 2011, 617; *Jennißen* Rn. 519.
[80] BGH NJW 2012, 1434 = ZWE 2012, 216.
[81] OLG Saarbrücken NJW-RR 2006, 732; OLG Hamm NJW-RR 1993, 846; aA Riecke/Schmid/*Abramenko* § 28 Rn. 66 aE.

Beispiel:

Der Verband Wohnungseigentümergemeinschaft erzielt monatliche Einkünfte aus der Vermietung von 10 Pkw-Stellplätzen i.H.v. je 50,– EUR. Der gewerbliche Mieter zahlt die Miete insgesamt mit 1.500,– EUR für drei Monate im Voraus am 1.12. des Jahres. Im Rahmen einer Bilanz müssten hier die Einkünfte des Verbandes für das Folgejahr i.H.v. 1.000,– EUR abgegrenzt werden, weil auch die Gegenleistung insoweit erst im Januar bzw. Februar des nächsten Jahres erbracht wird.

b) Gesamtabrechnung

aa) Einnahmen

37 Hier werden primär die aufgrund des beschlossenen Wirtschaftsplans von den Wohnungseigentümern geleisteten **Beitragsvorschüsse** gem. § 28 Abs. 2 WEG zu berücksichtigen sein. Da die Vorschüsse bereits nach dem Wirtschaftsplan sowohl anteilige Beiträge zu den laufenden Bewirtschaftungskosten gem. § 28 Abs. 1 S. 2 Nr. 2 WEG als auch solche zur Instandhaltungsrücklage gem. § 28 Abs. 1 S. 2 Nr. 3 WEG umfassten, empfiehlt sich ihre getrennte Ausweisung auch für die Jahresabrechnung.[82] Teilzahlungen sind trotz einer abweichenden Bestimmung nicht auf eine bestimmte Kostenart, sondern anteilig auf alle Positionen anzurechnen.[83] Die Jahresabrechnung darf dabei aber nur die im Abrechnungsjahr jeweils tatsächlich erfolgten Zuflüsse ohne Rücksicht auf deren Rechtsgrund ausweisen.

Beispiel:

Ein Wohnungseigentümer hat **Nachzahlungen** zu leisten, wenn und soweit die von ihm erbrachten Vorschüsse die verursachten Kosten nicht decken. Umgekehrt steht ihm wegen **Überzahlungen** ein Guthaben zu. Diese Ansprüche wurden jeweils bereits im Vorjahr begründet. Da die tatsächlichen Ausgleichszahlungen aber erst im Folgejahr nach Genehmigung der Jahresabrechnung erfolgen können, sind sie auch erst in der Abrechnung für dieses Folgejahr aufzuführen.[84]

38 Auch bei dem Ansatz von **Versicherungsleistungen** ist nach dieser Vorgabe zu verfahren, wenn der Schaden erst im Folgejahr liquidiert wird.[85]

39 Auf der Einnahmenseite werden ggf. auch gutgeschriebene **Zinseinkünfte** zu berücksichtigen sein.[86]

40 Auch Einkünfte aus der **Vermietung** des gemeinschaftlichen Eigentums (wie etwa eines Pkw-Stellplatzes[87]) oder gemeinschaftlicher Einrichtungen (wie etwa Münzwaschmaschinen[88]) gehören hierher.

bb) Ausgaben

41 In der Jahresabrechnung sind alle Ausgaben aufzunehmen, die tatsächlich im Abrechnungsjahr für die Lasten und Kosten des gemeinschaftlichen Eigentums i.S.d. § 16 Abs. 2 WEG aufgewendet wurden. Dazu gehören u.a.:

---

[82] BGH NJW 2010, 2127 = ZWE 2010, 170.
[83] LG Köln ZMR 2012, 663.
[84] Vgl. OLG Saarbrücken NJW-RR 2006, 732; BayObLG NJW-RR 2000, 605.
[85] Vgl. BayObLG NZM 1999, 133; BayObLGZ 1993, 185 = NJW-RR 1993, 1166.
[86] Ausf. *Elzer* ZWE 2011, 112.
[87] Vgl. BGH NJW-RR 2013, 335.
[88] Vgl. LG Lübeck ZMR 2011, 747.

Beispiel:

- Ausgaben für die ggf. aufzuschlüsselnde **Verwaltervergütung**.[89]
- Begleichung von **Handwerkerrechnungen** nach den o.g. Grundsätzen im Jahr der Zahlung.[90]
- Ausgaben, die der Verwalter **unberechtigterweise** aus Mitteln der Gemeinschaft getätigt hat[91]; hierzu gehören auch Kosten einzelner Wohnungseigentümer wie etwa Kosten für Reparaturen im Sondereigentum[92] oder Beträge, die nicht der Verwaltung des gemeinschaftlichen Eigentums dienen, sondern zB dem betreuten Wohnen.[93]
- **Rechtsverfolgungskosten** aus sog Binnenstreitigkeiten.[94]

Nicht als Ausgaben dürfen demgegenüber gebucht werden: 42

Beispiel:

- Zahlungen der Wohnungseigentümer auf die **Instandhaltungsrücklage**. Solche Zahlungen sind vielmehr bei der Entwicklung der Instandhaltungsrücklage als Einnahmen darzustellen (s. auch → Rn. 97). [95]
- Zahlungen auf Kostenbeträge **vor Entstehen** der (werdenden) Wohnungseigentümergemeinschaft.[96]

Eine **Besonderheit** gilt für die Abrechnung von **Heiz- und Warmwasserkosten.**   43
Zunächst sind die Vorschriften der HeizkostenV[97] zwingend auf Wohnungseigentum anzuwenden[98] und zwar unabhängig davon, ob durch Vereinbarung oder Beschluss der Wohnungseigentümer abweichende Bestimmungen über die Verteilung der Kosten der Versorgung mit Wärme und Warmwasser getroffen worden sind (§ 3 S. 1 HeizkostenV). Nach § 6 Abs. 1 HeizkostenV sind die Kosten der Versorgung mit Wärme und Warmwasser auf der Grundlage der Verbrauchserfassung nach Maßgabe der §§ 7 bis 9 auf die einzelnen Nutzer zu verteilen. Die §§ 3 und 6 HeizkostenV verpflichten damit die Wohnungseigentümer zu einer **verbrauchsabhängigen Abrechnung** nach Maßgabe der HeizkostenV. Dies passt nicht zu den vorstehend entwickelten Grundsätzen einer reinen Einnahmen- und Ausgabenrechnung.

Beispiel:

Wird etwa für eine Ölheizung im Oktober des Jahres in großem Umfang Heizmaterial angeschafft, so wird das Öl auch in den Folgejahren verbraucht, ohne dass es nach den oben entwickelten Grundsätzen zu einer weiteren Ausgabe kommen wird. Der tatsächliche Mittelabfluss findet nur im Jahr des Einkaufs statt; das Konto der Gemeinschaft wird demgegenüber in den Folgejahren durch den Verbrauch nicht mehr belastet.

---

[89] LG Karlsruhe ZMR 2008, 2013, 469.
[90] BayObLGZ 1993, 185 = NJW-RR 1993, 1166.
[91] BGH ZWE 2011, 256; OLG Hamm ZMR 2008, 60; BayObLGZ 2003, 318 = NJW-RR 2004, 1090.
[92] BayObLGZ 1992, 210 = NJW-RR 1992, 1431.
[93] OLG München ZMR 2006, 949; Riecke/Schmid/*Abramenko* § 28 Rn. 69.
[94] Bärmann/*Becker* § 28 Rn. 120; zur weiteren Behandlung dieser Kosten vgl. BGHZ 171, 335 = NJW 2007, 1869 = ZWE 2007, 295.
[95] BGH NJW 2010, 2127 = ZWE 2010, 170.
[96] Vgl. KG NJW-RR 1992, 1168.
[97] Verordnung über die verbrauchsabhängige Abrechnung der Heiz- und Warmwasserkosten v. 5.10.2009 (BGBl. I S. 3250).
[98] BGH NJW 2012, 1434 = ZWE 2012, 216; OLG Hamburg ZMR 2007, 210; LG Lübeck ZMR 2011, 747.

44   Die Rechtsprechung hat sich deshalb in der Vergangenheit (ausnahmsweise!) damit geholfen, die betraglichen Differenzen zwischen den Anschaffungs- und Verbrauchskosten durch **Rechnungsabgrenzungsposten** auszugleichen.[99]

> **Wiederholung:**
>
> Schauen Sie bitte zur Begriffsklärung schnell noch einmal bei → Rn. 36 nach.

45   Dem ist der BGH jedoch ausdrücklich entgegengetreten, indem er für die Gesamtabrechnung unverändert am Einnahmen- und Ausgabenprinzip festhalten will.[100] Die HeizkostenV erfordere keine Abweichung, da die dort vorgeschriebene verbrauchsabhängige Verteilung lediglich die Einzelabrechnungen betreffe. Den Vorgaben der HeizkostenV sei deshalb Genüge getan, wenn zwar nicht in der Gesamtabrechnung, wohl aber in den Einzelabrechnungen eine verbrauchsabhängige Abrechnung vorgenommen werde. Dass sich insoweit ausnahmsweise die Einzelabrechnung nicht unmittelbar aus der Gesamtabrechnung herleite, sei hinzunehmen, sofern nur die in der Einzelabrechnung enthaltene Abweichung deutlich ersichtlich und mit einer verständlichen Erläuterung versehen sei. Entscheidend sei allein, dass die Darstellung verständlich und nachvollziehbar ist.[101]

46   Der Lösungsansatz des BGH führt dann allerdings dazu, dass in der Gesamtabrechnung die tatsächlichen Ausgaben für Heizöl im Abrechnungsjahr zunächst nach dem allgemeinen, in § 16 Abs. 2 WEG bestimmten oder nach einem ansonsten vereinbarten Kostenverteilungsschlüssel zu verteilen sind. Im Folgejahr entstünde dadurch aber wegen der Vorgaben der HeizkostenV die Notwendigkeit, die dann erst verbrauchten Kosten nochmals auf die Wohnungseigentümer zu verteilen. Eine Doppelbelastung lässt sich jedoch nur vermeiden, wenn im Folgejahr die nicht verbrauchten Vorschüsse als fiktive Einnahme abgegrenzt werden.[102]

cc) Abrechnung von Sonderumlagen

47   Soweit eine Sonderumlage als nachträgliche Erhöhung des Hausgelds zur Begleichung der Schulden der Gemeinschaft die Liquidität wiederherstellen sollte, müssen die auf sie geleisteten Beträge wie das gezahlte Hausgeld in die nächste Jahresabrechnung eingestellt werden. Ein Anspruch auf gesonderte Abrechnung einer solchen allgemeinen **Liquiditätsumlage** besteht nicht.[103]

---

[99] So u.a. BayObLG NJW-RR 2003, 1666; OLG Hamm ZWE 2001, 446; BayObLG ZWE 2000, 407; BayObLGZ 1993, 185 = NJW-RR 1993, 1166.

[100] BGH NJW 2012, 1434 = ZWE 2012, 216.

[101] BGH NJW 2012, 1434 = ZWE 2012, 216; LG Berlin ZMR 2012, 803; AG Hamburg-Blankenese ZMR 2012, 909; zuvor bereits *Drasdo* NZM 2010, 681; *Häublein* ZWE 2010, 237, 245; krit. demgegenüber *Jennißen* Rn. 659: „Die Entscheidung des BGH steckt voller unüberbrückbarer Widersprüche"; *Jennißen/Kümmel/Schmidt, J.-H.* ZMR 2012, 758.

[102] So auch Bärmann/*Becker* § 28 Rn. 126; *Häublein* ZWE 2010, 237, 245; *Rüscher* ZfIR 2012, 435, 437. Jew. mit Abrechnungsbeispiel *Spielbauer* ZWE 2013, 237 und *Wilhelmy* ZMR 2013, 246. Dies führt *Jennißen* Rn. 660 zu der Aussage, „der BGH erteilt Abgrenzungen eine Absage und nimmt sie dann selbst vor, (...) will sie aber so nicht bezeichnen." .

[103] KG ZMR 2005, 309; *Einsiedler* ZMR 2009, 563.

Anders verhält es sich mit Sonderumlagen, die der Finanzierung **mehrjähriger** **48** **Instandsetzungsmaßnahmen** dienen sollen. Deren Abrechnung muss sich damit zwangsläufig über mehrere Abrechnungszeiträume erstrecken.

Beispiel:

Die Wohnungseigentümer planen die Sanierung der insgesamt 20 Balkone über einen Zeitraum von zwei Jahren.

Hier wird vorgeschlagen, aufgrund der besonderen Zweckbestimmung der Gelder eine **Sonderrücklage** zu bilden, die neben der allgemeinen Instandhaltungsrücklage gesondert auszuweisen ist (dazu → Rn. 58 f.).[104] Diese Rücklage wird erst dann aufgelöst, wenn die Maßnahmen vollständig abgerechnet sind.

dd) Inkongruenz mit mietrechtlichen Vorgaben

Bei **vermieteten Eigentumswohnungen** kommt es zu Divergenzen in den woh- **49** nungseigentums- und mietrechtlichen Abrechnungen, so dass die **wohnungseigentumsrechtliche Jahresabrechnung** nicht ohne Weiteres der für einen Mieter zu erstellenden **Betriebskostenabrechnung** zugrunde gelegt werden kann.

Bereits der jeweils verwendete **Betriebskostenbegriff** unterscheidet sich (vgl. für **50** das Wohnungseigentumsrecht § 16 Abs. 2 WEG, für das Mietrecht §§ 535 Abs. 1 S. 3, 556 Abs. 1 BGB). Darüber hinaus folgt die jeweilige Abrechnung unterschiedlichen **Abrechnungsprinzipien** (wohnungseigentumsrechtliche Jahresabrechnung nach dem Zu- und Abflussprinzip, mietrechtliche Betriebskostenabrechnung nach dem Leistungsprinzip). Auch der **Umlageschlüssel** (wohnungseigentumsrechtlich grds. nach dem Miteigentumsanteil, mietrechtlich grds. nach der Wohnfläche) sowie der **Abrechnungszeitraum** unterscheiden sich ggf. (wohnungseigentumsrechtlich grds. das Kalenderjahr, mietrechtlich lediglich jährlich, nicht zwingend kalenderjährlich).[105]

Die Praxis versucht hier mit abweichenden **Vereinbarungen im Mietvertrag** in **51** der Weise Abhilfe zu schaffen, dass entweder lediglich das Abflussprinzip vereinbart oder gar der Mieter vollständig an die jeweilige wohnungseigentumsrechtliche Jahresabrechnung gebunden wird. Über die Zulässigkeit einer solchen (ggf. auch dynamisch für die Zukunft wirkenden) Verweisung besteht jedoch keine Einigkeit.[106]

Konsens besteht jedoch darüber, dass der **WEG-Verwalter** ohne eine besondere **52** – vergütungsgeneigte – Vereinbarung **nicht verpflichtet** ist, für eine vermietete Eigentumswohnung eine Einzeljahresabrechnung zu erstellen, die unverändert als wirksame Betriebskostenabrechnung gegenüber dem Mieter verwendet werden kann.[107]

c) Einzelabrechnungen

Die Jahresabrechnung muss neben der Gesamtabrechnung auch Einzelab- **53** rechnungen enthalten. Die Einzelabrechnungen sind für jedes eingetragene Woh-

---

[104] H. Müller ZWE 2011, 200 mit Beispielrechnungen.

[105] Vgl. ausf. *Nüßlein* Die Divergenzen zwischen Wohnungseigentums- und Mietrecht, PiG 76.

[106] Befürw. *Abramenko* ZMR 1999, 676; abl. *Nüßlein* Divergenzen S. 94 f.

[107] BayObLG WuM 2005, 480; BayObLG ZfIR 1998, 545; *Emmerich* ZWE 2012, 245.

nungs- bzw. Teileigentum allein **objektbezogen** und ohne Rücksicht auf identische Eigentumsverhältnisse zu erstellen.[108] In den Einzelabrechnungen sind die **Kostenpositionen** auf die Wohnungseigentümer **umzulegen**. Maßgeblich hierfür ist der jeweils einschlägige **Verteilungsschlüssel**, wie er sich aus einer Vereinbarung, einem Beschluss nach § 16 Abs. 3[109], Abs. 4 WEG, aus § 16 Abs. 2 WEG oder einer gerichtlichen Entscheidung ergibt.[110]

54 Die Einzelabrechnungen sind aus der Gesamtabrechnung abzuleiten.[111] Dazu müssen die in der Gesamtabrechnung genannten Kostenarten mit denen der Einzelabrechnungen übereinstimmen.[112] Dem auf diese Weise ermittelten Kostenanteil eines Wohnungseigentümers sind dessen Zahlungen auf das Hausgeld und auf Sonderumlagen sowie seine Anteile an sonstigen gemeinschaftlichen Einnahmen gegenüberzustellen, so dass sich ein **Saldo** ergibt, der entweder eine Zahlungsverpflichtung oder ein Guthaben des betreffenden Wohnungseigentümers ausweist.[113]

55 Wird der Beschluss über die Jahresabrechnung gem. § 28 Abs. 5 WEG bestandskräftig, wird zugleich auch die Auflistung der gezahlten Hausgeldvorschüsse selbst dann bestandskräftig, wenn einzelne **Zahlungen nicht berücksichtigt** worden sind.[114]

56 Besteht ein **Ersatzanspruch gegen einen Wohnungseigentümer** wegen zunächst aus Mitteln der Gemeinschaft verauslagter Kosten (→ Rn. 41), ist die unmittelbare Einzelbelastung eines Wohnungseigentümers nur gerechtfertigt, wenn der Anspruch tituliert ist oder sonst feststeht, etwa weil er von dem betreffenden Wohnungseigentümer anerkannt worden ist.[115] Die Einzelabrechnung ist nämlich nach ihren Rechtswirkungen und ihrer Funktion für die Gemeinschaft nicht geeignet, das Bestehen von Erstattungs- oder Schadensersatzansprüchen gegen einzelne Miteigentümer zu klären.[116]

57 **Beitragsrückstände** aus früheren Abrechnungszeiträumen sind nicht Bestandteil der Jahresabrechnung.[117] Es handelt sich lediglich um Forderungen der Gemeinschaft, über die die Wohnungseigentümer im Rahmen der Jahresabrechnung mangels Beschlusskompetenz auch nicht noch einmal beschließen können.[118]

d) Instandhaltungsrücklage

58 Die Instandhaltungsrücklage ist **zweckgebunden**. Ihr Guthaben darf nicht zum Ausgleich anderer Verbindlichkeiten verwendet werden. Eine Vermischung der für die Instandhaltung bestimmten Gelder mit den für die Begleichung der

---

[108] BGHZ 131, 228 = NJW 1996, 725; AG Hamburg-St. Georg ZWE 2014, 289.

[109] Ein genereller Verteilungsschlüssel gem. § 16 Abs. 3 WEG kann nicht erst mit der Jahresabrechnung mehrheitlich geändert werden; BGH NJW 2010, 2654.

[110] BGH ZWE 2011, 256.

[111] OLG Düsseldorf ZWE 2007, 452.

[112] OLG Düsseldorf NJW-RR 2007, 594.

[113] BayObLG ZWE 2001, 492; BayObLG WuM 1994, 230; BayObLG NJW-RR 1990, 1107.

[114] BGH ZWE 2012, 90; Riecke/Schmid/*Abramenko* § 28 Rn. 78; aA OLG München ZWE 2012, 497; *Jacoby* ZWE 2011, 61.

[115] BGH ZWE 2011, 256.

[116] OLG Hamm ZMR 2008, 60.

[117] BayObLG ZWE 2001, 375.

[118] BGH ZWE 2012, 261; *Schultzky* ZWE 2011, 12.

laufenden Verbindlichkeiten gezahlten Hausgeldern zieht eine unübersichtliche Finanzlage nach sich. Der Verwalter hat die Instandhaltungsrücklage deshalb vom sonstigen Hausgeldkonto getrennt zu halten.[119] Ohne einen Mehrheitsbeschluss der Wohnungseigentümer ist der Verwalter allein auch dann nicht berechtigt, die Instandhaltungsrückstellung zur Deckung von Liquiditätslücken heranzuziehen[120], wenn dadurch Schuldzinsen vermieden werden.[121]

Eine Abrechnung umfasst auch die Entwicklung der Instandhaltungsrück- **59** lage. Die Darstellung der Instandhaltungsrücklage als Teil des Vermögens der Wohnungseigentümergemeinschaft soll es den Wohnungseigentümern ermöglichen, die Vermögenslage ihrer Gemeinschaft erkennen zu können und die Jahresabrechnung auf Plausibilität überprüfen zu können. Dazu ist es jedoch erforderlich, dass die Instandhaltungsrücklage die tatsächlich vorhandenen Gelder, also die „Ist-Werte" ausweist.[122] In der Darstellung der Entwicklung der Instandhaltungsrücklage, die in die Abrechnung aufzunehmen ist, sind deshalb die tatsächlichen Zahlungen der Wohnungseigentümer auf die Rücklage wie die Vorschüsse auf das Hausgeld als **Einnahmen** darzustellen und zusätzlich auch die geschuldeten Zahlungen anzugeben. Tatsächliche und geschuldete Zahlungen der Wohnungseigentümer auf die Instandhaltungsrücklage sind in der Jahresgesamt- und -einzelabrechnung weder als Ausgabe noch als sonstige Kosten zu buchen.[123] Interne Umbuchungen haben vielmehr zu unterbleiben.

e) Kontostand und Vermögensstatus

aa) Kontostand

Eine vollständige Jahresabrechnung muss zwingend den Stand und die Ent- **60** wicklung der gemeinschaftlichen Konten, insbesondere der Konten für die Instandhaltungsrücklage und für die laufende Verwaltung (Girokonto), enthalten.[124] Werden die tatsächlichen Einnahmen und Ausgaben in der Abrechnungsperiode nämlich vollständig in die Abrechnung aufgenommen, so stimmt deren Differenz mit der Differenz der Anfangs- und Endbestände der Bankkonten (und ggfs. der Barkasse) überein, über die diese Umsätze getätigt wurden.

> **Hinweis:**
> Vergleichen Sie daraufhin einmal das Zahlenwerk der im → Anhang VII abgedruckten Abrechnung.

Die Angaben zu den Konten sind daher erforderlich, um die **rechnerische Schlüssigkeit** der Gesamt- und Einzelabrechnungen darzulegen. Diese sogenannte **Kontenabstimmung** indiziert dann die rechnerische Richtigkeit der Gesamtabrechnung.[125]

---

[119] LG Berlin ZWE 2014, 460.
[120] OLG Saarbrücken NJW-RR 2006, 731; OLG Saarbrücken NJW-RR 2000, 87.
[121] BayObLG NJW-RR 1995, 530.
[122] BGH ZWE 2010, 170; OLG Saarbrücken NJW-RR 2006, 731.
[123] BGH ZWE 2010, 170.
[124] KG ZMR 2008, 67; OLG Hamm ZWE 2001, 446; OLG Düsseldorf ZWE 2001, 114; BayObLG ZWE 2000, 135.
[125] KG ZMR 2008, 67; OLG Hamm ZWE 2001, 446.

61   Fehlt es an dieser Übereinstimmung zwischen dem Saldo der Konten und dem Saldo von Einnahmen und Ausgaben, ist die vorgelegte Beschlussvorlage zur Jahresabrechnung rechnerisch unschlüssig und ihre Genehmigung unabhängig von einem etwaigen Ergänzungsanspruch auf rechtzeitige Anfechtung **insgesamt** für **ungültig** zu erklären. Es handelt sich nicht um einen isolierten Fehler einzelner Positionen, sondern um einen gravierenden Mangel des gesamten Rechenwerks.[126]

bb) Vermögensstatus

62   In einem Vermögensstatus werden über die Bankkontenentwicklung hinaus in einer Art **Vermögensübersicht** auch Forderungen und Verbindlichkeiten der Eigentümergemeinschaft zum Ende der Abrechnungsperiode erfasst.[127]

Beispiel:

Man kann den wohnungseigentumsrechtlichen Vermögensstatus mit folgender Gleichung beschreiben[128]:

        Geldbestände
    +   offene Forderungen
    ./. Verbindlichkeiten
    =   Vermögen der Gemeinschaft.

Wenngleich ein solcher Vermögensstatus zur Information der Wohnungseigentümer durchaus sinnvoll sein kann[129], ist er nicht Gegenstand der Jahresabrechnung.[130] Ist der Vermögensstatus aber kein Bestandteil der Jahresabrechnung, so kann ihn auch die Beschlussfassung hierüber nicht umfassen.

3. Rechtswirkung der beschlossenen Jahresabrechnung

a) Gegenstand der Beschlussfassung

63   Nachdem ein ggf. gewählter Verwaltungsbeirat die Vorlage des Verwalters auf sachliche und rechnerische Richtigkeit geprüft[131] und mit seiner Stellungnahme versehen hat (§ 29 Abs. 3 WEG), haben die Wohnungseigentümer über die Jahresabrechnung gem. § 28 Abs. 5 WEG mit Stimmenmehrheit zu beschließen. Die Beschlussfassung muss sowohl die **Gesamtabrechnung** als auch die **Einzelabrechnungen** umfassen, weil beide Abrechnungswerke in einem untrennbaren Zusammenhang stehen. Im Zweifel kann davon ausgegangen werden, dass über

---

[126] OLG Düsseldorf ZfIR 1999, 380.; LG München I ZWE 2012, 140 m. Anm. *Becker*; LG Hamburg ZWE 2011, *Jennißen* Rn. 620; 129; Riecke/Schmid/*Abramenko* § 28 Rn. 80; aA jew. noch zum alten Recht OLG Schleswig ZWE 2008, 42; BayObLG NJW-RR 2004, 1602; BayObLG ZMR 2004, 50.

[127] *Jennißen* Rn. 624.

[128] *Niedenführ* ZWE 2011, 65f.

[129] Bärmann/Seuß/*Wanderer* Rn C1632; *Deckert* ZMR 2010, 729; *Häublein* ZWE 2010, 237; *Niedenführ* ZWE 2011, 65.

[130] BGH NJW 2014, 145 = ZWE 2014, 36; *Niedenführ* ZWE 2011, 65; aA zwingend erforderlich: *Drasdo* ZWE 2016, 238, 241; *Drasdo* NZM 2010, 217, 223; *Jennißen* ZMR 2010, 302, 304; *von Rechenberg* ZWE 2011, 69; *Sauren* ZMR 2015, 341, 345.

[131] Zum Umfang der Prüfungspflicht vgl. OLG Düsseldorf NZM 1998, 36.

beide beschlossen worden ist, wenn den Wohnungseigentümern die Gesamt- und Einzelabrechnungen zur Beschlussfassung vorgelegen haben.[132]

Wie schon beim Wirtschaftsplan macht auch die Beschlussfassung über die Jahresabrechnung diese erst verbindlich und bildet die Voraussetzung für das Entstehen einer evtl. **Zahlungsverpflichtung** des einzelnen Wohnungseigentümers.[133] **64**

b) Verhältnis Wirtschaftsplan – Jahresabrechnung

In diesem Zusammenhang ist es notwendig, die unterschiedlichen Zahlungspflichten nach dem Wirtschaftsplan und der Jahresabrechnung gegeneinander abzugrenzen: **65**

> **Merke:**
>
> Der Beschluss über die Jahresabrechnung ändert die bestehenden Zahlungspflichten aus dem Wirtschaftsplan nicht. Soweit Vorschussbeträge noch nicht gezahlt sind, kommt dem **Beschluss über die Jahresabrechnung** lediglich eine **bestätigende und rechtsverstärkende Wirkung** zu![134]

Die Wohnungseigentümer bezwecken nämlich grundsätzlich **keine** Schuldumschaffung im Sinne einer **Novation**, dh Aufhebung des Beschlusses über den Wirtschaftsplan und vollständige Ersetzung durch den Beschluss über die Jahresabrechnung.[135] Dies widerspräche ihrem Interesse an dem Erhalt der etwaigen für die Vorschussforderung bestehenden Sicherungs- und Vorzugsrechte und der wegen Verzugs entstandenen Schadensersatzansprüche.[136] Außerdem verlöre die Gemeinschaft im Falle der Novation, dh einer Aufhebung des Beschlusses über den Wirtschaftsplan und dessen vollständiger Ersetzung durch den Beschluss über die Jahresabrechnung, bei einem zwischenzeitlichen Eigentümerwechsel den gegen den Voreigentümer bestehenden Anspruch auf Zahlung rückständiger Vorschüsse, weil dieser nach seinem Ausscheiden aus der Gemeinschaft durch einen später gefassten Beschluss nicht gebunden werden kann.[137] Aus der bestätigenden und rechtsverstärkenden Wirkung, die der Beschluss über die Jahresabrechnung hinsichtlich offener Vorschussforderungen hat, folgt aber auch **kein zusätzlicher Schuldgrund** in Form eines Schuldanerkenntnisses oder eines Abrechnungsvertrages entsprechend § 782 BGB. Die verstärkende Wirkung des Beschlusses über die Jahresabrechnung besteht vielmehr lediglich darin, dass der Korrekturvorbehalt, unter dem die Vorschusszahlungen stehen, entfällt.[138] Der Verband behält insoweit also grundsätzlich all die Rechte, die er aus dem Wirtschaftsplan

---

[132] OLG Brandenburg ZMR 2008, 386.

[133] BGHZ 131, 228 = NJW 1996, 725; BGH NJW 1994, 2950.

[134] BGH NJW 2014, 2197 = ZWE 2014, 261; BGH NJW 2012, 2797 = ZWE 2012, 373; BGH NJW 2012, 2796 = ZWE 2012, 260; BGHZ 131, 228 = NJW 1996, 725.

[135] BayObLGZ 2003, 318 = NJW-RR 04, 1090; OLG Düsseldorf NJW-RR 2000, 1180 = ZWE 2000, 190; OLG Köln NJW-RR 1997, 1102; so aber noch BayObLG NJW-RR 1988, 1170; BayObLG NJW-RR 87, 1162.

[136] BGHZ 131, 228 = NJW 1996, 725; OLG Brandenburg ZMR 2008, 386.

[137] BGH NJW 2012, 2797 = ZWE 2012, 373.

[138] BGH NJW 2012, 2797 = ZWE 2012, 373; NKV/*Niedenführ* § 28 Rn. 189; *Jacoby* ZWE 2011, 61, 63; *Schultzky* ZMR 2008, 757, 759; aA Verdoppelung: BGH NJW 1994,

ableiten kann.[139] Deshalb bleibt auch die rechtskräftige Ungültigerklärung der Jahresabrechnung ohne Einfluss auf die Beitreibung aus dem Wirtschaftsplan.[140]

☞ **Merke:**

66 Einen **neuen** (originären) **Anspruchsgrund** begründet der Beschluss über die Jahresabrechnung nur hinsichtlich des Betrages aus der Einzelabrechnung, der die nach dem Wirtschaftsplan beschlossenen Soll-Vorschüsse gem. § 28 Abs. 2 WEG übersteigt![141]
Diese Differenz wird allgemein als sog „**Abrechnungsspitze**" bezeichnet.[142]

Neuerdings wird sogar in Frage gestellt, ob die Abrechnungsspitze überhaupt Gegenstand der Beschlussfassung über die Jahresabrechnung sein könne[143] oder ob nicht vielmehr dem Beschluss hierüber lediglich eine feststellende Wirkung zukomme.[144]

67 Existiert überhaupt **kein Wirtschaftsplan** oder wird er für ungültig erklärt, so umfasst die Abrechnungsspitze allerdings die gesamten Kosten.[145]

68 Die **Forderungen aufgrund des Wirtschaftsplans** werden allerdings der Höhe nach durch das Ergebnis einer nachfolgenden Jahresabrechnung **begrenzt**.[146]

Beispiel:

Ergibt sich aus der Jahresabrechnung für eine Einheit ein geringerer Schuldsaldo, so begrenzt dieser Abrechnungsbetrag den Anspruch der Gemeinschaft auf Zahlung von Hausgeldvorschüssen nach dem Wirtschaftsplan gem. § 28 Abs. 2 WEG. Sind zum Zeitpunkt der Beschlussfassung über die Jahresabrechnung also noch Vorschussbeträge für die Abrechnungsperiode rückständig, können diese nur noch bis zur Höhe des Abrechnungsbetrages geltend gemacht werden.

c) Gläubiger und Schuldner

69 **Gläubiger** eines Nachzahlungsanspruchs (bzw. Schuldner eines Abrechnungsguthabens) ist der rechtsfähige Verband Wohnungseigentümergemeinschaft (§ 10 Abs. 7 S. 3 WEG).[147] **Schuldner** eines Nachzahlungsanspruchs (bzw. Gläubiger eines Abrechnungsguthabens) sind die jeweiligen Wohnungseigentümer; insoweit gilt die – widerlegbare – Vermutung des § 891 BGB. Die Zahlungspflichten treffen

---

1866 = ZMR 1994, 256 (aufgegeben); OLG Hamm ZWE 2009, 216; OLG Dresden ZMR 2006, 543; BayObLGZ 2004, 146 = NZM 2004, 711.

[139] BGHZ 131, 228 = NJW 1996, 725; BayObLG NJW-RR 2001, 659.

[140] OLG Düsseldorf NJW-RR 1997, 1235.

[141] BGH NJW 2012, 2797 = ZWE 2012, 373; BGH NJW 2010, 2127 = ZWE 2010, 170; BGHZ 142, 290 = NJW 1999, 3713 = ZWE 2000, 29; BGHZ 131, 228 = NJW 1996, 725.

[142] Vgl. nur BGH ZWE 2012, 90.

[143] So aber OLG Düsseldorf ZWE 2001, 77; LG Dortmund ZWE 2014, 365; *Armbrüster* ZWE 2005, 267, 271f.; *Casser/Schultheis* ZMR 2011, 757, 760; *Jacoby* ZWE 2011, 61, 64; *Schultzky* ZMR 2008, 757, 760.

[144] *Becker* ZWE 2016, 361; *Casser* ZWE 2016, 242, 245.

[145] OLG Hamm ZWE 2009, 216.

[146] OLG Zweibrücken ZWE 2002, 542; BayObLG NJW-RR 2001, 659; BayObLG ZWE 2000, 470.

[147] BGH v. 10.02.2017 – VZR 166/16, zit. juris.; OLG München NZM 2006, 704.

gleichermaßen einen **werdenden Wohnungseigentümer**[148] und den Inhaber eines **isolierten Miteigentumsanteils**.[149]

Mit der von der hM vertretenen **Fälligkeitstheorie** ist wiederum auf die Ei- 70 gentümerstellung zum Zeitpunkt der Fälligkeit abzustellen. Im Zweifel wird von der **sofortigen Fälligkeit** der Ansprüche auf Nachzahlung bzw. Erstattung von Guthaben auszugehen sein[150], wenn die Wohnungseigentümer keine anderweitigen Regelungen gem. § 21 Abs. 7 WEG beschlossen haben.

Bei einem **Eigentumswechsel** führt dies dazu, dass allein der Erwerber Schuld- 71 ner der Abrechnungsspitze[151] und Gläubiger eines Guthabens[152] sein kann. Es findet weder eine quotenmäßige, zeitanteilige noch eine Art gesamtschuldnerische Aufteilung zwischen Veräußerer und Erwerber statt. Im Gegenteil wäre eine Verpflichtung des aus der Eigentümergemeinschaft ausgeschiedenen Voreigentümers ein unzulässiger Gesamtakt zu Lasten eines Dritten.[153] Umgekehrt kann der Erwerber mangels Beschlusskompetenz auch nicht wirksam mit Verbindlichkeiten seines Rechtsvorgängers belastet werden.[154] Hat deshalb der Voreigentümer seine bis zum Eigentumswechsel bestehenden Beitragspflichten nicht vollständig erfüllt, so bleibt er allein aufgrund des beschlossenen Wirtschaftsplans unverändert zur Nachzahlung der Vorschüsse in voller Höhe verpflichtet, da seine Zahlungspflichten durch das Abrechnungsergebnis nicht berührt werden.[155]

Eine **Mithaftung des Erwerbers** für persönliche Hausgeldschulden seines 72 Sonderrechtsvorgängers kann jedoch in der Gemeinschaftsordnung vorgesehen sein.[156] Allerdings ist eine solche Regelung gem. § 56 S. 2 ZVG nichtig, wenn sie gegenüber dem Ersteher in einem Zwangsversteigerungsverfahren gelten soll.[157]

Die vorstehenden Grundsätze finden auch bei der **Zwangsversteigerung** ei- 73 ner Eigentumswohnung Anwendung, wenn der nach dem Eigentumserwerb gefasste Beschluss über die fehlerhaft in die Jahresabrechnung einbezogenen Rückstände des Voreigentümers bestandskräftig geworden sein sollte[158]; für eine nichtige Regelung besteht keine Beschlusskompetenz. Auch bei angeordneter **Zwangsverwaltung** eines Wohnungseigentums ist die Fälligkeitstheorie der Abrechnung zugrunde zu legen. Dies führt dazu, dass ein Zwangsverwalter – unabhängig von der fortbestehenden Eigentümerhaftung[159] – für alle laufen-

---

[148] BGHZ 193, 219 = NJW 2012, 2650 = ZfIR 2012, 603 = ZMR 2012, 711 = ZWE 2012, 369; BGHZ 177, 53 = DNotZ 2008, 930 = NJW 2008, 2639 = ZMR 2008, 805 = ZWE 2008, 378; vgl. zum Begriff auch BGH ZfIR 2016, 237 = ZWE 2016, 169; BGH NJW 2015, 2877 = ZfIR 2015, 765 = ZMR 2015, 878 = ZWE 2015, 406.
[149] OLG Hamm NZM 2007, 448.
[150] Riecke/Schmid/*Abramenko* § 28 Rn. 87a.
[151] BGH ZWE 2012, 90; dies gilt sogar, wenn die Adressierung des Beschlusses auf Wunsch des aktuell eingetragenen Wohnungseigentümers bewusst an den Voreigentümer erfolgte.
[152] OLG Hamm ZMR 2008, 228; LG Frankfurt/Oder ZWE 2012, 433.
[153] BGH ZWE 2012, 90.
[154] BGH NJW 2012, 2796 = ZWE 2012, 260.
[155] BGHZ 131, 228 = NJW 1996, 725.
[156] BGH NJW 1994, 2950; KG NJW-RR 2003, 443; OLG Düsseldorf NJW-RR 1997, 906.
[157] BGHZ 99, 358 = NJW 1987, 1638; KG NJW-RR 2002, 1524; OLG Hamm NJW-RR 1996, 911.
[158] BGHZ 142, 290 = NJW 1999, 3713 = ZWE 2000, 29;.
[159] OLG Köln NZI 2008, 377; OLG München FGPrax 2007, 20.

den Hausgeldbeiträge haftet, die nach Anordnung der Zwangsverwaltung fällig geworden sind.[160]

> **Hinweis:**
>
> Zum näheren Umfang der Zahlungspflicht eines Zwangsverwalters insbesondere hinsichtlich der Abrechnungsspitze und etwaiger Sonderumlagen s. ausführlich im → Kapitel M Rn. 32 ff.

74   Auch die **insolvenzrechtliche** Abgrenzung folgt mehrheitlich der Fälligkeitstheorie.[161]

> **Hinweis:**
>
> Wegen der Einzelheiten und der notwendigen Abgrenzung von Insolvenz- und Masseverbindlichkeiten s. ausführlich im → Kapitel M Rn. 45 ff.

75   Ein Eigentumswechsel muss sich bekanntlich nicht immer rechtsgeschäftlich vollziehen. In der Praxis tritt ein neuer Eigentümer häufig im Wege der **Erbfolge** in die Wohnungseigentümergemeinschaft ein. Da es sich insoweit um eine Gesamtrechtsnachfolge gem. § 1922 Abs. 1 BGB handelt, vollzieht sich der Rechtserwerb außerhalb des Grundbuchs (vgl. § 873 Abs. 1 letzter Hs. BGB).

> **Hinweis:**
>
> In diesem Zusammenhang wird sich insbesondere bei einem dürftigen Nachlass die Frage stellen, ob der Erbe in jedem Fall für die Hausgeldverbindlichkeiten des Erblassers aufzukommen hat (vgl. § 1967 Abs. 1 BGB) oder ob und ggf. unter welchen Voraussetzungen er seine Haftung uU auf den geerbten Nachlass beschränken kann.

Lesen Sie dazu bitte zunächst § 1975 BGB, bevor Sie einen Blick in die einschlägige BGH-Rechtsprechung werfen.[162]

4. Abänderung der beschlossenen Jahresabrechnung

a) Anfechtung

76   Haben die Wohnungseigentümer gem. § 28 Abs. 5 WEG die Jahresabrechnung beschlossen, kann dieser Beschluss binnen eines Monats angefochten werden (§§ 43 Nr. 4, 46 Abs. 1 WEG). Nach Ablauf der Frist wird der unangefochtene Abrechnungsbeschluss grundsätzlich bestandskräftig. Die fristgerecht erhobene Anfechtungsklage kann zu einer **vollständigen** oder nur **teilweisen Ungültigerklärung** der Jahresabrechnung führen.

---

[160] BGHZ 182, 361 = NJW 2010, 1003 = ZWE 2010, 81.
[161] Vgl. BGHZ 156, 279 = NJW 2003, 3550 = ZMR 2003, 943 = ZWE 2004, 77.
[162] BGH NJW 2013, 3446 = ZWE 2013, 372.

Beispiel:

Die Jahresabrechnung ist **insgesamt** für ungültig zu erklären:

- Die Abrechnung ist rechnerisch nicht schlüssig, weil der Saldo der Einnahmen und Ausgaben nicht mit der Kontenentwicklung übereinstimmt.[163]
- Es fehlt die Darstellung der Einnahmen in der Jahresabrechnung.[164]

Die Jahresabrechnung ist lediglich **teilweise** für ungültig zu erklären:

- Der der Abrechnung zugrunde gelegte Kostenverteilungsschlüssel ist fehlerhaft.[165]
- Der Fehler ist begrenzbar auf die unberechtigte Sonderbelastung eines Wohnungseigentümers; auch in diesem Fall bleibt die Gesamtabrechnung unberührt.[166]

b) Ergänzungsanspruch

Darüber hinaus soll im Einzelfall ein Anspruch auf ergänzende Beschlussfas- 77 sung bestehen, wenn wesentliche Abrechnungsbestandteile zwar nicht fehlerhaft sind, aber gänzlich fehlen.[167] Da die Geltendmachung in diesem Fall nicht zu einer Ungültigerklärung des Abrechnungsbeschlusses führt, muss sie auch nicht innerhalb der Monatsfrist des § 46 Abs. 1 S. 2 WEG erfolgen.[168]

Beispiel:

Ein Wohnungseigentümer soll lediglich einen Ergänzungsanspruch hinsichtlich der noch nicht beschlossenen Einzelabrechnungen haben.[169]

c) Zweitbeschluss

Ist der Abrechnungsbeschluss bestandskräftig geworden, kann eine Änderung 78 ggf. noch über einen Zweitbeschluss erreicht werden. Dies setzt allerdings voraus, dass die Gründe bei der ersten Beschlussfassung noch nicht berücksichtigt werden konnten.[170]

Beispiel:

So kann ein Anspruch auf Neuberechnung der Heizkosten gem. § 242 BGB bestehen, wenn die beschlossene Jahresabrechnung auf einem erst nach Eintritt der Bestandskraft erkannten Fehler der Messeinrichtung beruht.[171]

---

[163] OLG Düsseldorf ZMR 2006, 145; OLG Hamm ZWE 2001, 446.
[164] LG Berlin ZWE 2014, 222; LG Frankfurt/M. ZWE 2014, 137.
[165] BGHZ 171, 335 = NJW 2007, 1869 = ZWE 2007, 398.
[166] KG NJW-RR 2006, 383.
[167] OLG Köln NJW-RR 2006, 19; BayObLG ZWE 2000, 135; vgl. demgegenüber aber LG Berlin ZWE 2014, 222; LG Frankfurt/M. ZWE 2014, 137; krit. auch Riecke/Schmid/ *Abramenko* § 28 Rn. 103.
[168] KG FGPrax 1997, 182.
[169] OLG München ZWE 2009, 27.
[170] BayObLG NJW-RR 1994, 658.
[171] OLG Düsseldorf NZM 2007, 525.

d) Nichtigkeit

79   Ausnahmsweise wird ein Abrechnungsbeschluss nichtig sein, wenn er gegen eine Rechtsvorschrift verstößt, auf deren Einhaltung rechtswirksam nicht verzichtet werden kann (vgl. § 23 Abs. 4 S. 1 WEG). Dies wird insbesondere dann der Fall sein, wenn überhaupt keine Beschlusskompetenz gem. § 28 Abs. 5 WEG besteht. Die Nichtigkeit wirkt dann für und gegen alle, bedarf keiner Geltendmachung und ist in jedem gerichtlichen Verfahren von Amts wegen zu berücksichtigen.[172]

Beispiel:

– Die Abrechnung enthält Verbindlichkeiten aus der Zeit vor Entstehung der werdenden Wohnungseigentümergemeinschaft.[173]
– Die Abrechnung begründet Beitragsverpflichtungen zulasten eines ausgeschiedenen Wohnungseigentümers.[174]
– Die Abrechnung begründet Beitragsverpflichtungen des aktuellen Wohnungseigentümers für Rückstände des Voreigentümers.[175]

V. Musterabrechnung

80   Ein Muster für eine Jahresabrechnung finden Sie im → Anhang VII.

📖 **Wiederholungsaufgaben und Vertiefungsfragen**

1. Was ist eine „Abrechnungsspitze"?
2. Was versteht man im Zusammenhang mit wohnungseigentumsrechtlichen Hausgeldzahlungen unter der sog „Fälligkeitstheorie"?
3. In den → Rn. 18 und 19 haben Sie Vorfälligkeitsregelungen und Verfallklauseln kennengelernt.
   Bitte überlegen Sie jetzt einmal, welche Konsequenzen mit einer *Vorfälligkeitsregelung* verknüpft sein werden, wenn bspw. nach Eintritt der Gesamtfälligkeit ein Zwangsverwaltungsverfahren angeordnet wird.
   Überlegen Sie bitte weiterhin, welche Konsequenzen mit einer *Verfallklausel* verknüpft sein werden, wenn bspw. nach Verfall des Ratenzahlungsrechts ein Käufer das Wohnungseigentum rechtsgeschäftlich erwirbt.

---

[172] BGH ZWE 2011, 403.
[173] KG NJW-RR 1992, 1168.
[174] BGH ZWE 2012, 90.
[175] BGH NJW 2012, 2796 = ZWE 2012, 260.

Kapitel K. Bauliche Veränderungen und Modernisierungen

Ausgewählte Literatur zur Ergänzung und Vertiefung:

Abramenko, Die Zustimmung des Verwalters zu baulichen Veränderungen, ZMR 2013, 241; *Abramenko*, Die Wirkung von Beschlüssen über bauliche Veränderungen, ZMR 2009, 97; *Armbrüster*, Die Wirkung von Beschlüssen über bauliche Veränderungen, ZMR 2009, 252; *R. Breiholdt*, MietRÄndG und bauliche Modernisierungsmaßnahmen – § 22 WEG, ZWE 2014, 297; *Hogenschurz*, Zur Errichtung einer für Rollatoren geeigneten Rampe zum Hauseingang, ZWE 2015, 22; *Hogenschurz*, Der Eigentümerbeschluss als Voraussetzung von baulichen Veränderungen gemäß § 22 Abs. 1 WEG, ZfIR 2014, 368; *Lehmann-Richter*, Bauliche Veränderungen – Vorschlag einer Reform von § 22 Abs. 1 und Abs. 2 WEG, ZMR 2016, 845; *Lüke*, Die Mitwirkung der Wohnungseigentümer an baulichen Veränderungen nach § 22 Abs. 1 und 2 WEG, ZfIR 2009, 225; *Niedenführ*, Bauliche Veränderungen gem. § 22 Abs. 1 WEG und Beschlüsse über Maßnahmen der Modernisierung und Anpassung an den Stand der Technik gem. § 22 Abs. 2 WEG, ZWE 2012, 476; *J.-H. Schmidt*, Beschlusszwang bei baulichen Veränderungen gem. § 22 I WEG?, ZWE 2013, 399; *J.-H. Schmidt*, Bauliche Maßnahmen: „Umswitchen" von § 22 Abs. 2 auf Abs. 1 WEG – Haftungsgefahren für Verwalter, ZWE 2010, 310; *Sommer*, Rechtssichere Gestaltung baulicher Veränderungen einzelner Eigentümer, ZWE 2016, 154; *Tank*, Die bauliche Veränderung i.S.v. § 22 Abs. 1 WEG und die Verteilung der dazu gehörigen Kosten im Wohnungseigentumsrecht, MietRB 2015, 156;

I. Vorbemerkungen

1. Regelungssystematik

Nach der Ihnen bis jetzt bekannten Regelungssystematik steht die **Verwaltung** 1 **des gemeinschaftlichen Eigentums** den Wohnungseigentümern gemeinschaftlich zu, soweit nicht nach dem WEG oder durch Vereinbarung der Wohnungseigentümer etwas anderes bestimmt ist (§ 21 Abs. 1 WEG). Von diesem Grundsatz wird abgewichen, wenn die Wohnungseigentümer eine der Beschaffenheit des gemeinschaftlichen Eigentums entsprechende **ordnungsmäßige Verwaltung** durch Stimmenmehrheit beschließen (§ 21 Abs. 3 WEG). Zu einer ordnungsmäßigen, dem Interesse der Gesamtheit der Wohnungseigentümer entsprechenden Verwaltung gehört insbesondere die ordnungsmäßige **Instandhaltung und Instandsetzung** des gemeinschaftlichen Eigentums (§ 21 Abs. 5 Nr. 2 WEG).

Bitte lesen Sie jetzt noch einmal § 21 Abs. 1, Abs. 3 und Abs. 5 Nr. 2 WEG!

§ 22 Abs. 1 WEG ermöglicht nun außer den hier nicht interessierenden beson- 2 deren Aufwendungen **bauliche Veränderungen**, die über eine ordnungsmäßige Instandhaltung oder Instandsetzung des gemeinschaftlichen Eigentums hinausgehen. Solche baulichen Veränderungen können allerdings nur beschlossen oder verlangt werden, wenn jeder Wohnungseigentümer zustimmt, dessen Rechte durch die Maßnahmen über das in § 14 Nr. 1 WEG bestimmte Maß hinaus beeinträchtigt werden.

📖 Bitte lesen Sie jetzt § 22 Abs. 1 WEG!

3   Es fällt auf, dass im Unterschied zu den Ihnen bisher bekannten Beschlussregelungen damit für bauliche Veränderungen **keine feststehende Stimmenmehrheit** vorgesehen ist. ISd § 22 Abs. 1 WEG betroffenen Wohnungseigentümern wird auf diese Weise eine Art „Vetorecht" selbst für den Fall eingeräumt, dass sie sich in der Minderheit befinden sollten. Andererseits wollte der Gesetzgeber (notwendige) bauliche Veränderungen angesichts der insbesondere in größeren Wohnanlagen schwierig zu erlangenden Allstimmigkeit nicht von vornherein automatisch der Gesamtzuständigkeit aller Wohnungseigentümer gem. § 21 Abs. 1 WEG unterwerfen; **§ 22 Abs. 1 WEG modifiziert** deshalb insoweit den **Einstimmigkeitsgrundsatz.**[1]

2. Praktische Bedeutung

4   § 22 Abs. 1 WEG unterscheidet nicht nach dem Veranlasser der Maßnahme. So ermöglicht die Vorschrift sowohl bauliche Veränderungen im Interesse der Gemeinschaft als auch eigennützige bauliche Veränderungen im Sinne eines Wohnungseigentümers am gemeinschaftlichen Eigentum. Dazu wird mit § 16 Abs. 6 WEG sogar von der gesetzlichen Kostentragungspflicht gem. § 16 Abs. 2 WEG abgewichen. Entsprechend groß ist die praktische Bedeutung der wohnungseigentumsrechtlichen Regelungen zu baulichen Veränderungen. Fehlt allerdings nur eine dafür erforderliche Zustimmung, ist auf Verlangen eines übergangenen Wohnungseigentümers die bauliche Veränderung wieder zu beseitigen („Rückbau"). Sie können sich sicherlich vorstellen, dass dies in einer Vielzahl von Fällen einen Anlass für eine gerichtliche Auseinandersetzung darstellt.[2]

5   Wir werden in der Folge zunächst die baulichen Veränderungen näher betrachten (Abschnitt II), bevor wir uns mit der Modernisierung noch einem Sonderfall der baulichen Veränderung zuwenden (Abschnitt III).

II. Bauliche Veränderungen

1. Begriff der baulichen Veränderung

a) Merkmale baulicher Veränderungen

6   Eine bauliche Veränderung liegt vor, wenn es sich um eine

- nach Begründung einer Wohnungseigentümergemeinschaft vorgenommene,
- auf Dauer angelegte,
- gegenständliche Umgestaltung
- des gemeinschaftlichen Eigentums

---

[1] BT-Drs. 16/887, S. 28.
[2] Vgl. nur BGH NJW 2014, 1090 = ZWE 2014, 178; BGH NJW 2011, 2660 = ZWE 2011, 319.

• außerhalb der Grenzen einer ordnungsmäßigen Instandhaltung und Instandsetzung handelt.[3] Fehlt nur eines dieser Elemente, liegt keine bauliche Veränderung im Sinne von § 22 Abs. 1 WEG vor. Zu den Merkmalen im Einzelnen:

b) Maßnahmen nach Begründung der Wohnungseigentümergemeinschaft

Eine bauliche Veränderung im Sinne von § 22 Abs. 1 WEG kann erst nach 7 Begründung der Wohnungseigentümergemeinschaft in Betracht kommen. Dazu ist das Entstehen einer „werdenden Eigentümergemeinschaft" durch Eintragung einer Auflassungsvormerkung und Übertragung des Besitzes auf den ersten Erwerber ausreichend.[4]

> **Wiederholung:**
>
> Wiederholen Sie bitte noch einmal die Ausführungen zum werdenden Wohnungseigentümer im → Kapitel D Rn. 68 ff.

Hat der gem. § 8 WEG teilende Eigentümer vor diesem Zeitpunkt einen Zu- 8 stand geschaffen, der von der Teilungserklärung abweicht, handelt es sich folglich nicht um eine bauliche Veränderung.[5] U.U. besteht aber ein Anspruch auf erstmalige Herstellung eines den Plänen entsprechenden Zustandes.[6]

c) Auf Dauer angelegte Maßnahmen

Eine bauliche Veränderung liegt nur vor, wenn die Maßnahme auf Dauer ange- 9 legt ist. Dies erfordert nach allerdings bestrittener Auffassung nicht zwangsläufig eine feste Verbindung mit dem Grundstück bzw. mit dem Gebäude. So kann bereits das bloße Aufstellen (schwerer) Gegenstände, die alleine aufgrund der Schwerkraft mit dem Boden verbunden sind, eine bauliche Veränderung darstellen, wenn diese Gegenstände ihrer Bestimmung nach dauerhaft dort verbleiben sollen.[7]

Beispiele

– Aufbau von Schränken auf dem Balkon;[8]
– Aufstellen von Parabolantennen;[9]
– Auslegen großer Findlingssteine auf einer Rasenfläche.[10]

Demgegenüber ist das kurzfristige Ab- oder Aufstellen von Gegenständen keine bauliche Veränderung. Bei daraus resultierenden Störungen kann ein nach § 14 Nr. 1 WEG unzulässiger **Gebrauch** vorliegen.

---

[3] Vgl. Bärmann/*Merle* § 22 Rn. 7.
[4] OLG Frankfurt OLGZ 1993, 299 = ZMR 1993, 125; BayObLGZ 1987, 78 = NJW-RR 1987, 717; BayObLG NJW-RR 1986, 954.
[5] BGH NJW 2015, 2027 = ZWE 2015, 180; OLG Zweibrücken ZWE 2002, 378.
[6] Vgl. BGHZ 208, 29 = NJW 2016, 473 = ZWE 2016, 79.
[7] A.A. *Hügel/Elzer* § 22 Rn. 17, die allein auf einen Substanzeingriff abstellen wollen.
[8] OLG Köln ZMR 2000, 58.
[9] OLG Köln NJW-RR 2005, 530; aA LG Hamburg ZMR 2010, 61.
[10] AG Oberhausen ZWE 2014, 291.

Beispiel

Aufstellen von Biertischen, Bänken und Schirmen zum Freiausschank.[11]

10   Diese von der hM vertretene Auffassung geht somit nicht nur bei **Substanz-eingriffen**, sondern auch dann von einer baulichen Veränderung aus, wenn die bauliche Maßnahme eine **erhebliche optische Veränderung** der Wohnungseigentumsanlage zur Folge hat.[12] Sie vermeidet damit in der Praxis zufällig erscheinende Ergebnisse mit unterschiedlichen Rechtsfolgen.

Beispiel[13]

Die sichtbare Anbringung einer Parabolantenne am Balkon wäre eine **bauliche Veränderung** gem. § 22 Abs. 1 WEG, wenn die Parabolantenne mit Dübeln in der Balkonbrüstung festgeschraubt wird, andererseits aber nur ein an § 14 Nr. 1 WEG zu messender **Gebrauch** des Gemeinschaftseigentums, wenn sie am Balkongitter mit Rohrschellen festgeklemmt würde.

d) Gegenständliche Umgestaltung

11   Der Eingriff muss zu einer Umgestaltung des gemeinschaftlichen Eigentums führen.

Beispiele

- Dauerhaftes Anbringen eines Katzennetzes;[14]
- Dauerhaftes Anbringen einer Werbetafel;[15]
- Neuanstrich in anderer Farbe;[16]
- Errichtung eines Zaunes.[17]

12   Im Rahmen der **Gartenpflege** kann es wegen der gegenständlichen Umgestaltung bisweilen zu Abgrenzungsschwierigkeiten kommen. Dabei ist die übliche Pflege wie der Heckenrückschnitt oder die Beseitigung umsturzgefährdeter Bäume trotz erkennbaren Substanzeingriffs keine bauliche Veränderung, sondern nur eine Maßnahme der Instandhaltung. Erst wenn die Beschaffenheit des Gartens insgesamt geändert wird, liegt eine Umgestaltung und damit eine bauliche Veränderung vor.

Beispiele

- Errichtung einer neuen Terrasse[18]
- Fällen von Bäumen, die das Gesamtbild der Wohnungseigentumsanlage prägen;[19]
- Umwandlung einer Spielwiese in einen Parkplatz,[20]

---

11 BayObLG NJW-RR 2002, 949.
12 Ebenso BGHZ 196, 45 = NJW 2013, 1439 = ZWE 2013, 172.
13 Nach Jennißen/*Hogenschurz* § 22 Rn. 1b.
14 OLG Zweibrücken NZM 1998, 376.
15 LG Karlsruhe ZWE 2012, 103.
16 OLG Hamburg ZMR 2005, 394; LG München I ZWE 2013, 226.
17 BayObLG NJW-RR 1991, 1362.
18 BGHZ 191, 198 = NJW 2012, 72 = ZWE 2012, 32; BayObLGZ 1975, 201 = Rpfleger 1975, 367, .
19 OLG Schleswig WuM 2007, 587; OLG Düsseldorf NZM 2003, 980; LG Berlin ZWE 2016, 467.
20 LG Hamburg ZMR 2011, 161.

e) Betroffenes Gemeinschaftseigentum

Die bauliche Veränderung muss das gemeinschaftliche Eigentum betreffen. **13**
Bloße Umbauten im Sondereigentum sind keine baulichen Veränderungen, solange sie den optischen Eindruck der Anlage nicht beeinträchtigen.[21]

Wiederholung:

Wiederholen Sie bitte noch einmal die Ausführungen zum Gegenstand des Sondereigentums im → Kapitel C Rn. 19 ff.
Dazu gehören etwa Tapeten, nichttragende Zwischenwände, der Bodenbelag und die Innentüren.

Besteht am gemeinschaftlichen Eigentum ein **Sondernutzungsrecht**, benötigt **14**
auch der Sondernutzungsberechtigte eine gem. § 22 Abs. 1 WEG erforderliche Zustimmung für eine bauliche Veränderung.[22] Eine nach dieser Norm erforderliche Zustimmung ist in der Zuweisung des Sondernutzungsrechts nur enthalten, soweit bauliche Veränderungen Eingang in die Beschreibung des Sondernutzungsrechts gefunden haben oder wenn sie nach dem Inhalt des jeweiligen Sondernutzungsrechts üblicherweise vorgenommen werden und der Wohnungseigentumsanlage dadurch kein anderes Gepräge verleihen.[23]

f) Keine Instandhaltung und Instandsetzung

aa) Abgrenzung baulicher Veränderungen gegenüber Maßnahmen der Instandhaltung und Instandsetzung

Eine bauliche Veränderung liegt nur vor, wenn sich die Umgestaltung des ge- **15**
meinschaftlichen Eigentums nicht schon als eine Maßnahme ordnungsmäßiger Instandhaltung oder Instandsetzung gem. § 21 Abs. 3 iVm § 21 Abs. 5 Nr. 2 WEG darstellt.

Wiederholung:

Wiederholen Sie deshalb bitte noch einmal die Ausführungen zur Instandhaltung und Instandsetzung des gemeinschaftlichen Eigentums im → Kapitel I Rn. 71.

Eine Maßnahme, die als ordnungsmäßige Instandhaltung oder Instandsetzung anzusehen ist, kann nicht zugleich eine bauliche Veränderung iSd § 22 Abs. 1 WEG sein.[24] Maßgebliches **Abgrenzungskriterium** ist somit für bauliche Veränderungen das Überschreiten der Grenze der Ordnungsmäßigkeit.[25]

---

[21] BayObLG ZMR 1996, 46.

[22] BGH NJW 2014, 1090 = ZWE 2014, 178 .

[23] BGH NJW 2014, 1090 = ZWE 2014, 178; BGH ZWE 2012, 377; BGH NJW 2012, 676 = ZWE 2012, 175.

[24] Bärmann/*Merle* § 22 Rn. 16.

[25] *Becker/Ott/Suilmann* Rn. 394.

Beispiel

So kann etwa der Austausch von Versorgungsleitungen erhebliche bauliche Maßnahmen zur Folge haben. Gleichwohl liegt aber keine bauliche Veränderung iSd § 22 Abs. 1 WEG vor, solange sich diese Maßnahmen lediglich im Rahmen einer ordnungsmäßigen Instandsetzung und Instandhaltung halten. Dabei ist maßgeblich auf die Erhaltung des bestehenden bzw. die Wiederherstellung eines früher vorhanden gewesenen ordnungsmäßigen Zustandes abzustellen.[26]

bb) Abgrenzung baulicher Veränderungen gegenüber Maßnahmen der modernisierenden Instandsetzung

16   Unter den Begriff der ordnungsmäßigen Instandsetzung sind nach dem Willen des Gesetzgebers ausdrücklich auch **Maßnahmen der modernisierenden Instandsetzung** zu subsumieren, die bereits vor der WEG-Novelle (2007) von der Rechtsprechung als solche anerkannt waren und unverändert mit einfacher Mehrheit gem. § 21 Abs. 3 WEG beschlossen werden können.[27]

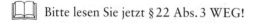 Bitte lesen Sie jetzt § 22 Abs. 3 WEG!

Auf diese Weise soll bei bestehendem Erneuerungsbedarf nicht lediglich der frühere Zustand mangelfrei reproduziert werden können; im Interesse der Werterhaltung der Wohnungseigentumsanlage soll vielmehr ein zeitgemäßer technischer Standard ermöglicht werden, der sich auch wirtschaftlich als sinnvoll erweist.

Beispiele

Maßnahmen **modernisierender Instandsetzung** können sein:
– der Austausch sanierungsbedürftiger Holzfenster durch Kunststofffenster, die den Anforderungen der Energieeinsparverordnung genügen;[28]
– der Austausch einer nicht mehr funktionsfähigen, veralteten und unwirtschaftlichen Öl- durch eine Gasheizung.[29]

Ob eine solche modernisierende Instandsetzung oder eine bauliche Veränderung vorliegt, richtet sich danach, wofür sich ein vernünftiger, wirtschaftlich denkender Hauseigentümer an Stelle der Wohnungseigentümer entscheiden würde.[30] Für die **Abgrenzung** kommt es damit unter Aufstellung einer Kosten-Nutzen-Analyse sowie unter Berücksichtigung aller Umstände im Einzelfall darauf an, ob der wirtschaftliche Aufwand für eine technische Neuerung in einem vertretbaren Verhältnis zum Erfolg steht und sich in absehbarer Zeit[31] bezogen auf die Lebensdauer der Maßnahme amortisiert.[32] Den Wohnungseigentümern kommt hier bei der Auswahl zwischen mehreren denkbaren und gleichermaßen Erfolg versprechenden Maßnahmen ein Ermessensspielraum zu.[33]

---

[26] Vgl. OLG Düsseldorf NZM 1999, 267.
[27] Vgl. OLG Hamm FGPrax 2007, 69; BayObLG FGPrax 2005, 108.
[28] BayObLG BayObLGR 2005, 266.
[29] LG Köln ZWE 2010, 278.
[30] BayObLG ZMR 2004, 442; LG Köln ZWE 2010, 278.
[31] In aller Regel etwa 10 Jahre; vgl. BGHZ 196, 45 = NJW 2013, 1439 = ZWE 2013, 172; BayObLG FGPrax 2005, 108; KG FGPrax 1996, 95.
[32] LG Köln ZWE 2010, 278.
[33] OLG Düsseldorf NZM 2002, 704.

!!**Beachten Sie bitte,** Sie müssen hier sprachlich ganz besonders auf der Hut sein!!

Maßnahmen **modernisierender Instandsetzung** unterscheiden sich von einer **Modernisierung** iSd § 22 Abs. 2 WEG dadurch, dass durch die erstgenannte Maßnahme vorhandene Einrichtungen *wegen bereits notwendiger oder absehbarer Reparaturen* technisch auf einen aktuellen Stand oder durch eine wirtschaftlich sinnvollere Lösung ersetzt werden.[34]

Hinweis:

Zu Modernisierungsmaßnahmen iSd § 22 Abs. 2 WEG lesen Sie noch mehr ab → Rn. 45.

cc) Abgrenzung baulicher Veränderungen gegenüber erstmaliger Herstellung

Eine ordnungsmäßige Instandhaltung und Instandsetzung gem. §§ 21 Abs. 3,   17
21 Abs. 5 Nr. 2 WEG umfasst ebenfalls die erstmalige Herstellung des gemeinschaftlichen Eigentums im vorgesehenen Zustand.[35] Der Anspruch auf erstmalige Herstellung eines der Teilungserklärung und den Aufteilungsplänen entsprechenden Zustands umfasst darüber hinaus grundsätzlich auch die Beseitigung eines planwidrigen baulichen Zustandes, wenn ein Gebäude bereits planwidrig erstellt wurde.[36]

Beispiele

– Zur erstmaligen plangerechten Herstellung des gemeinschaftlichen Eigentums gehört auch eine bisher unterbliebene Errichtung vorgesehener Pkw-Stellplätze.[37]
– Die Beseitigung eines planwidrig hergestellten baulichen Zustandes beruht in der Praxis häufig auf einer vom Aufteilungsplan abweichenden Herstellung des Gebäudes durch versetzt oder gar nicht gebaute Trennwände.[38]

Auch die erstmalige plangerechte Herrichtung stellt somit keine bauliche Veränderung im Sinne des § 22 Abs. 1 WEG dar.

---

[34] LG Hamburg ZMR 2009, 314.
[35] BGH NJW 2015, 2027 = ZWE 2015, 180; BGHZ 172, 42 = NJW 2007, 1952 = ZWE 2007, 300.
[36] BGHZ 208, 29 = NJW 2016, 473 = ZWE 2016, 79.
[37] Vgl. BGH NJW 2016, 2181 = ZWE 2016, 329.
[38] Vgl. BGHZ 208, 29 = NJW 2016, 473 = ZWE 2016, 79.

Schaubild:

	Bauliche Maßnahmen am Gemeinschaftseigentum	
	←————————→	
Gegenstand der Maßnahme:	Bauliche Veränderungen (§ 22 Abs. 1 WEG)	Ordnungsmäßige Instandhaltung und Instandsetzung (§ 21 Abs. 3, Abs. 5 Nr. 2 WEG)
	Unterfall: Modernisierung (§ 22 Abs. 2 WEG)	Unterfälle: – Modernisierende Instandsetzung (§ 22 Abs. 3 iVm § 21 Abs. 3, Abs. 5 Nr. 2 WEG) – Erstmalige plangerechte Herstellung
Erforderliche Willensbildung	Beschlussfassung mit einfacher Stimmenmehrheit (§ 21 Abs. 3 WEG)[39] sowie Zustimmung aller beeinträchtigten Wohnungseigentümer (§ 22 Abs. 1 WEG) bzw. doppelt qualifizierte Beschlussfassung (§ 22 Abs. 2 WEG)	Beschlussfassung mit einfacher Stimmenmehrheit (§ 21 Abs. 3 WEG)

2. Beschlusserfordernis

a) Notwendigkeit einer Beschlussfassung

18 § 22 Abs. 1 WEG räumt den Wohnungseigentümern unter den genannten Voraussetzungen eine Beschlusskompetenz für bauliche Veränderungen ein. Nach wohl überwiegend vertretener Auffassung folgt daraus – wie bei allen übrigen Maßnahmen am gemeinschaftlichen Eigentum – auch insoweit eine **Be-**

---

[39] Dazu s. sogleich die weiteren Ausführungen.

schlussnotwendigkeit, sofern die Maßnahmen nicht bereits durch Vereinbarung legitimiert sind.[40] Sofern also keine Entscheidung im schriftlichen Verfahren herbeigeführt werden soll, reicht für einen positiven Beschluss über eine bauliche Veränderung die Stimmenmehrheit der in der Eigentümerversammlung erschienenen Wohnungseigentümer einschließlich der Zustimmung sämtlicher durch die Maßnahme beeinträchtigten Wohnungseigentümer. Nicht ausreichend ist nach diesem Verständnis allein die Zustimmung der beeinträchtigten Wohnungseigentümer, wenn diese nicht zugleich die Mehrheit in der Versammlung bilden.[41] Beschliessen die Wohnungseigentümer über eine bauliche Veränderung, die einem Wohnungseigentümer überwiegend oder gar ausschließlich zu Gute kommt, ist dieser grundsätzlich nicht von seinem **Stimmrecht** ausgeschlossen.[42]

Anknüpfend an die frühere Rechtslage vor der WEG-Novelle (2007) soll **19** demgegenüber nach einer Mindermeinung nur die Zustimmung derjenigen Wohnungseigentümer erforderlich sein, die durch die Maßnahme iSd § 22 Abs. 1 WEG beeinträchtigt werden. Wäre danach also überhaupt kein Wohnungseigentümer erheblich beeinträchtigt, bedürfte es auch keines förmlichen Zustimmungsbeschlusses.[43] Dieser Ansatz würde jedoch entgegen den gesetzgeberischen Vorstellungen[44] dazu führen, dass eine bauliche Veränderung, die keinen Eigentümer beeinträchtigt, ohne jede Anhörung und Genehmigung durchgeführt werden könnte.

b) Inhaltliche Bestimmtheit

Die angestrebte bauliche Veränderung muss im Beschlussantrag möglichst genau bezeichnet werden, damit sie dem **Bestimmtheitsgrundsatz** genügt. Dies kann **20** unter Bezugnahme auf amtliche Pläne oder, falls diese nicht erforderlich sein sollten, auch Unterlagen eines Bauhandwerkers o. ä. geschehen, die möglichst als Anlage der Niederschrift beigefügt werden sollten. Zur Konkretisierung der getroffenen Regelung kann aber auch auf ein außerhalb des Protokolls befindliches Dokument Bezug genommen werden, wenn dieses zweifelsfrei bestimmt ist.[45]

Andernfalls riskiert der Umbauwillige mangels Bestimmtheit zumindest die **21** **Anfechtbarkeit** der Genehmigung, solange eine durchführbare Regelung noch erkennbar ist.[46] Ist überhaupt nicht mehr ersichtlich, an welchem Ort welche Veränderung in welchem Umfang erfolgen darf, ist die Zustimmung sogar **nichtig**.[47]

---

[40] LG Hamburg ZWE 2013, 418; LG Berlin ZWE 2011, 181; LG München I ZWE 2010, 98; Bärmann/*Merle* § 22 Rn. 122ff., *Becker/Ott/Suilmann* Rn. 395; *Hügel/Elzer* § 22 Rn. 22ff., 29; *Kümmel* ZMR 2007, 932; *Merle* ZWE 2007, 374; NKV/*Vandenhouten* § 22 Rn. 6.

[41] Bärmann/*Merle* § 22 Rn. 139.

[42] BayObLGZ 2003, 254 = FGPrax 2003, 261.

[43] LG Itzehoe ZMR 2010, 640 („genehmigungsfrei"); *Armbrüster* ZWE 2008, 61; *Häublein* NZM 2007, 752; *Jennißen/Hogenschurz* § 22 Rn. 12a; *J.-H. Schmidt* ZWE 2013, 399.

[44] Vgl. BT-Drs. 16/887, S. 28.

[45] BGH ZWE 2016, 325.

[46] OLG München ZMR 2006, 230; OLG Düsseldorf NZM 2005, 791; BayObLGZ 2005, 308 = NZM 2005, 107; LG Hamburg ZMR 2013, 63.

[47] OLG Hamm ZMR 2005, 306; OLG Hamburg ZMR 2001, 725.

c) Fehlende Stimmenmehrheiten

22   Liegt zwar die Zustimmung aller beeinträchtigten Wohnungseigentümer vor, wird gleichwohl aber die Mehrheit in der Eigentümerversammlung nicht erreicht, besteht gegenüber den die Zustimmung verweigernden nicht beeinträchtigten Miteigentümern ein Anspruch auf Erteilung der Zustimmung, der ggf. klageweise durchgesetzt werden muss (vgl. § 22 Abs. 1 S. 1 WEG: „können … verlangt werden").[48]

23   Wird zwar die Mehrheit in der Eigentümerversammlung erreicht, haben aber der baulichen Veränderung nicht alle beeinträchtigten Wohnungseigentümer zugestimmt, so kommt nach hM im Verkündungsfall gleichwohl ein wirksamer Beschluss zustande, der allerdings nicht ordnungsmäßig ist.[49] Da das Merkmal der Ordnungsmäßigkeit aber nicht kompetenzbegründend ist[50], kann ein nicht ordnungsgemäß zustande gekommener Beschluss jedoch in Bestandskraft erwachsen, wenn er nicht rechtzeitig angefochten wird. Der Beschluss bindet in diesem Fall auch die übergangenen beeinträchtigten Wohnungseigentümer.[51]

3. Zustimmung beeinträchtigter Wohnungseigentümer

a) Zustimmungserklärung

aa) Zustimmungserteilung

24   Beschlussfassungen über bauliche Veränderungen bedürfen der Zustimmung aller Wohnungseigentümer, deren Rechte durch die Maßnahmen über das in § 14 Nr. 1 WEG bestimmte Maß hinaus beeinträchtigt werden (§ 22 Abs. 1 S. 1 WEG). Dabei ist höchstrichterlich ungeklärt, auf welche Art und Weise die Zustimmungserteilung zu erfolgen hat.[52]

25   Infolge des hier vertretenen Ansatzes wird man mit der jetzt wohl überwiegenden Auffassung davon auszugehen haben, dass die notwendige **Zustimmung** eines Wohnungseigentümers **nur noch im Rahmen eines Beschlussverfahrens** durch positive Stimmabgabe zu einem Beschluss über die baulichen Veränderungen erteilt werden kann.[53] Eine – früher mögliche – formlose Erteilung auch außerhalb einer Eigentümerversammlung scheidet danach aus.[54] Zwar ist der Mindermeinung ein für die tägliche Verwaltungspraxis unkompliziertes Handling zu konzedieren, weil die Zustimmung „irgendwie" eingeholt werden könn-

---

[48] Bärmann/*Merle* § 22 Rn. 140; *Hügel/Elzer* § 22 Rn. 28.

[49] BT-Drs. 16/887, S. 28f.; LG Stuttgart ZWE 2014, 190; NKV/*Vandenhouten* § 22 Rn. 5 aE.

[50] BGHZ 145, 158 = NJW 2000, 3500 = ZWE 2000, 518.

[51] BGH NJW 2012, 603 = ZWE 2012, 86; Bärmann/*Merle* § 22 Rn. 143: Jennißen/ *Hogenschurz* § 22 Rn. 17a; Riecke/Schmid/*Drabek* § 22 Rn. 24; aA *Elzer* ZWE 2007, 165: keine wirksame Beschlussfassung ohne Mitwirkung der Beeinträchtigten.

[52] Erneut offen gelassen in BGH NJW 2014, 1090 = ZWE 2014, 178.

[53] LG Hamburg ZWE 2013, 418; LG Berlin ZWE 2011, 181; LG München I ZWE 2010, 98; Bärmann/*Merle* § 22 Rn. 122ff., *Hügel/Elzer* § 22 Rn. 22ff., 29; *Kümmel* ZMR 2007, 932; *Merle* ZWE 2007, 374; NKV/*Vandenhouten* § 22 Rn. 146.

[54] A.A. *Armbrüster* ZWE 2008, 61; *Häublein* NZM 2007, 752; Jennißen/*Hogenschurz* § 22 Rn. 12a; *J.-H. Schmidt* ZWE 2013, 399.

te.[55] Jedoch vermag allein die Beschlussfassung über eine bauliche Veränderung die notwendige Bindung eines Sondernachfolgers über § 10 Abs. 4 S. 1 WEG zu begründen.[56] Auf die früher für eine mutmaßliche Bindung des Sondernachfolgers angestellte Überlegung, ob mit der baulichen Veränderung im Zeitpunkt der Sondernachfolge bereits begonnen war, kommt es deshalb nicht mehr an.[57]

Wird in der Teilungserklärung dem **Verwalter** die Zustimmung zu baulichen 26 Veränderungen übertragen, so handelt es sich bei der Verwalterzustimmung im Regelfall lediglich um ein vorgeschaltetes Erfordernis, das eigenmächtiges Handeln eines Wohnungseigentümers verhindern soll. Durch eine Verwalterzustimmung wird das gesetzliche Zustimmungserfordernis eines eventuell nachteilig betroffenen Wohnungseigentümers aber nicht ersetzt.[58]

bb) Inhaltliche Bestimmtheit

Wie schon die Beschlussfassung selbst, so muss sich auch eine gem. § 22 Abs. 1 27 WEG erteilte Zustimmungserklärung auf eine konkrete bauliche Maßnahme beziehen und dem **Bestimmtheitsgrundsatz** genügen.[59] Eine **Blankettzustimmung,** bei der zwar die geplante Maßnahme, aber nicht deren genaue Lage, Größe oder sonstige Beschaffenheit festgelegt wird, widerspricht ordnungsmäßiger Verwaltung.[60] Eine Zustimmung kann allerdings an Bedingungen und Auflagen geknüpft werden.[61]

Beispiel

In der Praxis wird häufig die Zustimmung eines beeinträchtigten Wohnungseigentümers von einer entsprechenden Kostenfreistellung durch den Bauwilligen für die Vornahme, Unterhaltung und den evtl. Rückbau der baulichen Veränderung abhängig gemacht.

b) Beeinträchtigung eines Wohnungseigentümers

aa) Grundsätze

Ein Wohnungseigentümer ist immer dann in seinen Rechten beeinträchtigt, 28 wenn ihm durch die bauliche Veränderung ein über das bei einem geordneten Zusammenleben unvermeidliche Maß hinausgehender **Nachteil** erwächst. Nachteil ist dabei jede nicht ganz unerhebliche Beeinträchtigung. Sie muss konkret und objektiv sein; entscheidend ist, ob sich nach der Verkehrsanschauung ein Wohnungseigentümer in der entsprechenden Lage verständlicherweise beeinträchtigt fühlen kann.[62] Es muss also eine Rechtsbeeinträchtigung vorliegen, die nicht bloß

---

[55] So *Hügel/Elzer* § 22 Rn. 31.

[56] Zutreffend *Hügel/Elzer* § 22 Rn. 39; aA noch zum früheren Recht: BayObLG NJW-RR 2003, 952; OLG Hamm NJW-RR 1996, 971.

[57] A.A. noch zum früheren Recht: KG ZMR 2005, 75; OLG Düsseldorf NZM 1998, 79; OLG Hamm NJW-RR 1991, 910.

[58] OLG Frankfurt ZWE 2006, 409 Ls.; OLG Düsseldorf ZMR 2004, 146.

[59] OLG Düsseldorf NZM 2006, 702.

[60] OLG Düsseldorf ZWE 2002, 88; aA OLG Zweibrücken ZWE 2000, 95; OLG Karlsruhe NJW-RR 1998, 1468.

[61] BayObLG NZM 1998, 1014.

[62] BGHZ 196, 45 = NJW 2013, 1439 = ZWE 2013, 172; BGH NJW 2012, 2725 = ZWE 2012, 319; zum früheren Recht: BGHZ 116, 392 = NJW 1992, 978; BGHZ 73, 196 = NJW 1979, 817.

völlig belanglosen oder bagatellartigen Charakter hat.[63] Die Schwelle für die Annahme einer Beeinträchtigung ist entsprechend dem Charakter des § 22 Abs. 1 WEG als Ausnahmeregelung gering anzusetzen.[64] Das Angebot einer finanziellen Kompensation durch den bauwilligen Wohnungseigentümer beseitigt einen bestehenden Nachteil nicht, sondern stellt lediglich ein Mittel dar, die Miteigentümer zur Zustimmung zu bewegen.[65]

29   Erst wenn ein solcher Nachteil überhaupt gegeben ist, stellt sich die nachgelagerte Frage, ob dieser dann auch das bei einem geordneten Zusammenleben der Wohnungseigentümer **unvermeidliche Maß überschreitet**. Dabei gibt § 14 WEG Raum für eine ggf. mehrere betroffene Grundrechte berücksichtigende Auslegung. Bei sich gegenüberstehenden Grundrechten der Wohnungseigentümer ist eine fallbezogene Abwägung der beiderseits grundrechtlich geschützten Interessen erforderlich.[66]

Beispiele

– Macht ein behinderter Wohnungseigentümer einen Anspruch auf Einbau eines Personenaufzuges im gemeinschaftlichen Treppenhaus geltend, ist neben seinem Eigentumsrecht vor allem Art. 3 Abs. 3 S. 2 GG zu beachten, wonach niemand wegen seiner **Behinderung** benachteiligt werden darf. Dem steht auf Seiten der widersprechenden Wohnungseigentümer deren durch die Duldung einer solchen Anlage berührtes Eigentumsrecht gem. Art. 14 Abs. 1 GG gegenüber.[67]
– Macht ein Wohnungseigentümer einen Anspruch auf Errichtung einer Satellitenempfangsanlage geltend, ist neben seinem Eigentumsrecht vor allem das ihm zustehende Grundrecht auf **Informationsfreiheit** (Art. 5 Abs. 1 S. 1 Hs. 2 GG) zu beachten. Dem steht auf Seiten der widersprechenden Wohnungseigentümer deren durch die Duldung einer solchen Anlage berührtes Eigentumsrecht (Art. 14 Abs. 1 S. 1 GG) gegenüber.[68]

30   Gleichwohl besteht grundsätzlich kein Anspruch auf Zustimmung zu einer baulichen Veränderung (zur Ausnahme → Rn. 22).[69] Soweit jedoch durch eine bauliche Veränderung die übrigen Wohnungseigentümer nicht über das unvermeidliche Maß hinaus beeinträchtigt werden, besteht gegen diese ein **Anspruch auf Duldung** der baulichen Maßnahme.[70]

bb) Exemplarische Fallgruppen

31   Die Frage, ob Wohnungseigentümer durch bauliche Veränderungen in ihren Rechten über das in § 14 Nr. 1 WEG bestimmte Maß hinaus beeinträchtigt werden, lässt sich grundsätzlich nur anhand des konkret zu würdigenden Einzelfalles beantworten. Gleichwohl haben sich in der Praxis einige typische Fallgruppen herausgebildet, bei denen oftmals mit nachteiligen Beeinträchtigungen zu rechnen sein wird:

---

[63] OLG Düsseldorf NJW-RR 1994, 277; Jennißen/*Hogenschurz* § 22 Rn. 30.
[64] BVerfG NZM 2005, 182.
[65] BGH NJW 2014, 1090 = ZWE 2014, 178.
[66] BVerfG NZM 2005, 182; BVerfG NJW 1995, 1665; BGHZ 157, 322 = NJW 2004, 937 = ZWE 2004, 352; OLG München NJW-RR 2008, 1332.
[67] BGH v. 13.1.2017 – V ZR 96/16.
[68] Vgl. BGHZ 157, 322 = NJW 2004, 937 = ZWE 2004, 352.
[69] BayObLG NZM 1998, 1014.
[70] OLG München NJW-RR 2008, 1332.

- **Veränderungen des optischen Gesamteindrucks**   **32**

Nach der Zahl der veröffentlichten Gerichtsentscheidungen zu urteilen, dürfte diese Gruppe den in der Praxis wohl häufigsten Anwendungsfall darstellen.

Beispiele

- Anbau einer fest installierten Parabolantenne.[71]
- Anbau von Markisen.[72]
- Anbringung eines Außenrolladens an einem Balkonfenster-Türelement nebst Kasten.[73]
- Anbringung eines Sonnensegels auf der Dachterrasse.[74]

Veränderungen am äußeren Erscheinungsbild einer Wohnungseigentumsanlage werden in der Praxis fast immer als Beeinträchtigungen des optischen Gesamteindrucks angesehen. Deshalb ist in der Regel die Zustimmung aller Wohnungseigentümer erforderlich.[75] Bauliche Veränderungen, die den Gesamteindruck optisch nicht beeinträchtigen oder sogar verbessern, sind demgegenüber selten.

Beispiele

- Einbau eines nahezu gleich großen Dachflächenfensters anstelle eines Dachlukenfensters.[76]
- Erhöhung der Durchgangshöhe nach Verlegung einer neuen Wasserleitung.[77]
- Einbau einer Terrassentür (Dreh-Kipptür) als Ersatz für ein Fenster, wenn dadurch eine zwischenzeitlich verloren gegangene Symmetrie teilweise wieder herstellt werden kann.[78]

Für die Beurteilung kommt es nicht auf den Standort des Betrachters an.[79] Es genügt, dass die Veränderung generell von außen sichtbar ist, gleichgültig, ob sie von der Strasse, dem Garten oder einer anderen Wohnung wahrnehmbar ist. Eine Beeinträchtigung ist nur dann nicht gegeben, wenn sie aus keiner Perspektive, weder von außen, noch vom Grundstück noch aus einer Wohnung sichtbar ist oder doch nur aus ganz ungewöhnlicher Perspektive, wie etwa aus der Luft.[80]

- **Eingriffe in die Substanz des Gebäudes, insbesondere dessen Statik**   **33**

Eine nachteilige Beeinträchtigung isd § 22 Abs. 1 WEG wird idR auch dann anzunehmen sein, wenn es zu erheblichen Eingriffen in die Gebäudesubstanz kommt, die Sicherungsmaßnahmen erforderlich machen[81] oder zumindest negative Auswirkungen auf das Gemeinschaftseigentum nicht auszuschließen sind.[82]

---

[71] BGH NJW 2010, 438 = ZWE 2010, 29.
[72] LG Düsseldorf ZWE 2015, 412.
[73] LG Hamburg ZWE 2013, 137.
[74] LG Karlsruhe ZWE 2015, 45.
[75] Vgl. BGH NJW 2010, 438 = ZWE 2010, 29; BGHZ 116, 392 = NJW 1992, 978.
[76] Vgl. BGHZ 116, 392 = NJW 1992, 978.
[77] LG Itzehoe, ZMR 2010, 640.
[78] OLG Hamburg ZMR 2005, 392.
[79] OLG Celle ZMR 2004, 363.
[80] LG Frankfurt/M. ZWE 2014, 327.
[81] BGHZ 146, 241 = NJW 2001, 1212 = ZWE 2001, 314.
[82] BGHZ 1919, 198 = NJW 2012, 72 = ZWE 2012, 32.

Beispiel

Durchbruch einer tragenden Wand mit Beeinträchtigung der Statik zum Zwecke des Einbaus einer Verbindungstür.[83]

Die Zustimmung eines Wohnungseigentümers ist auch dann erforderlich, wenn die bauliche Veränderung zu **Schäden an** dessen **Sondereigentum** führt oder zumindest die Gefahr solcher Schäden begründet.[84]

- **Erhöhter Erhaltungsaufwand durch bauliche Veränderungen**
  Eine bauliche Veränderung kann einen Nachteil der übrigen Wohnungseigentümer durch erhöhten Wartungs- und Reparaturaufwand begründen, der gem. § 21 Abs. 5 Nr. 2 WEG allen Wohnungseigentümern obliegt.

Beispiel

Erschwernisse der Fassadensanierung mit damit verbundenem gesteigertem Kostenaufwand durch Anbringung einer Terrassenüberdachung an der gemeinschaftlichen Außenwand.[85]

- **Intensivere Nutzung bzw. Nutzungsausschluss anderer Wohnungseigentümer durch bauliche Veränderungen**
  Ein weiterer Nachteil wird idR mit der Möglichkeit einer intensiveren Nutzung des gemeinschaftlichen Eigentums verbunden sein.[86]

Beispiel

Der Ausbau von Nebenräumen wird in aller Regel zu deren stärkerer Frequentierung und Auslastung führen, als dies zuvor noch für Abstellkammern, Keller o.ä. galt. Die verstärkte Nutzung führt jedoch auch zu einer verstärkten Abnutzung des gemeinschaftlichen Eigentums.[87]

Insbesondere bei der Gartengestaltung sind Beeinträchtigungen dadurch möglich, dass durch bauliche Veränderungen den übrigen Wohnungseigentümern bestimmte bisher mögliche Nutzungen sogar gänzlich entzogen werden.

Beispiel

- Plattierung einer bisher als Spielrasen genutzten Fläche vor dem (dann Terrassen-) Ausgang der Erdgeschosswohnung.
- Vereitelung eines ungehinderten Zugangs in den Gartenbereich durch Aufstellung sog Baumsperren.[88]
- Gleiches gilt für die Einbeziehung von gemeinschaftlichen Fluren oder Treppenpodesten in eine Wohnung (sog „Einhausung").[89]

- **Entstehung oder Verstärkung von Immissionen durch bauliche Veränderungen**
  Einen Nachteil iSv § 22 Abs. 1 WEG stellt auch die Entstehung oder Verstärkung von Immissionen infolge einer baulichen Veränderung dar. Für die Beurteilung, welche Stoffe nachteilig iSd § 14 Nr. 1 WEG sind, soll auch für

---

[83] Vgl. BGHZ 146, 241 = NJW 2001, 1212 = ZWE 2001, 314.
[84] BayObLGZ 1990, 120 = WuM 1990, 608.
[85] BGH NJW 2014, 1090 = ZWE 2014, 178.
[86] BayObLG NZM 2003, 242; OLG Karlsruhe NZM 1999, 36.
[87] BayObLGZ 2001, 196 = NJW 2002, 71 = ZWE 2001, 480.
[88] BayObLG ZMR 2004, 127.
[89] Vgl. OLG München ZWE 2014, 257.

Wohnungseigentümer auf die in § 906 Abs. 1 S. 2 BGB genannten immissionsrechtlichen Grenz- und Richtwerte zurückgegriffen werden können.[90]

Beispiel

– Nachteilige bauliche Veränderung durch Verlegung eines Sammelplatzes für Müll oder Altglas, wenn ein Miteigentümer hierdurch stärker als zuvor mit Geruchs- oder Lärmimmissionen belastet wird.[91]
– Belästigung durch Rauch nach Errichtung eines Außenkamins.[92]
– Geänderte Ausleuchtung nach der Installation von Bewegungsmeldern.[93]

Zu dieser Gruppe sind auch die sog negativen Immissionen zu rechnen.

Beispiel

Der Entzug von Licht oder Luft sowie die Beeinträchtigung des Fernsehempfangs durch den Anbau eines Balkons kann eine nachteilige bauliche Veränderung darstellen.

Keinen Nachteil iSd § 22 Abs. 1 WEG begründen grundsätzlich die für eine 34 bauliche Veränderung aufzuwendenden **Kosten**. Jeder Wohnungseigentümer kann sich einer Kostenbelastung nämlich dadurch entziehen, dass er der Maßnahme nicht zustimmt; zu seinen Gunsten greift dann die gesetzliche Regelung des § 16 Abs. 6 S. 1 Hs. 2 WEG ein.[94] Dazu siehe sogleich mehr.

4. Kosten der baulichen Veränderung

a) Gesetzliche Kostentragungsregelung

Ein Wohnungseigentümer, der einer Maßnahme nach § 22 Abs. 1 WEG nicht 35 zugestimmt hat, ist nicht berechtigt, einen Anteil an Nutzungen, die auf einer solchen Maßnahme beruhen, zu beanspruchen; er ist demgemäß auch nicht verpflichtet, Kosten, die durch eine solche Maßnahme verursacht sind, zu tragen.

Bitte lesen Sie jetzt § 16 Abs. 6 S. 1 WEG!

Diese **gesetzliche Kostentragungsregel** differenziert nicht danach, ob die Zustimmung auch erforderlich war;[95] sie erfasst auch Folgekosten der Baumaßnahme.[96]

b) Rechtsgeschäftliche Kostentragungsregelung

Der gesetzliche Umlageschlüssel kann allerdings durch Vereinbarung oder 36 Beschluss der Wohnungseigentümer gem. § 16 Abs. 4 WEG **rechtsgeschäftlich geändert** werden.

[90] *Hügel/Elzer* § 22 Rn. 48; aA BGH NJW 2014, 1233 = ZWE 2014, 124.
[91] BayObLG ZWE 2002, 213; einschr. *Hügel/Elzer* § 22 Rn. 47.
[92] OLG Köln ZWE 2000, 592; LG Karlsruhe ZWE 2012, 183.
[93] AG Tempelhof-Kreuzberg ZMR 2010, 651.
[94] BGHZ 196, 45 = NJW 2013, 1439 = ZWE 2013, 172.
[95] BGH NJW 2012, 603 = ZWE 2012, 86.
[96] BGHZ 116, 392 = NJW 1992, 978.

Bitte lesen Sie jetzt § 16 Abs. 6 S. 2 und § 16 Abs. 4 WEG!

Ein solcher abändernder Beschluss bedarf allerdings einer Mehrheit von drei Viertel aller stimmberechtigten (nicht nur der anwesenden!) Wohnungseigentümer im Sinne des § 25 Abs. 2 WEG und mehr als der Hälfte aller Miteigentumsanteile (doppelt qualifizierte Mehrheit). Dabei können die Kosten nur solchen Wohnungseigentümern auferlegt werden, die auch einen Gebrauchsvorteil oder zumindest eine Möglichkeit dazu haben („...wenn der abweichende Maßstab dem Gebrauch oder der Möglichkeit des Gebrauchs durch die Wohnungseigentümer Rechnung trägt").

37   Da der Beschluss über die bauliche Veränderung selbst nur der einfachen Mehrheit bedarf, sind trotz eines für die Beteiligten einheitlich erscheinenden Lebenssachverhaltes[97] unterschiedliche Mehrheitserfordernisse zu beachten. Dies kann im Einzelfall zu dem unbefriedigenden Ergebnis führen, dass bei einer einheitlichen Abstimmung über eine bauliche Maßnahme samt deren Finanzierung uU die einfache Mehrheit nach § 22 Abs. 1 WEG, nicht aber die qualifizierte nach § 16 Abs. 4 Satz 2 WEG erreicht wird. Damit wäre dann zwar die Durchführung der baulichen Maßnahme genehmigt, die vom allgemeinen Kostenschlüssel abweichende Kostentragung aber nicht. In der Praxis lässt sich diese Gefahr wohl nur dadurch ausschließen, dass der Verwalter die Wohnungseigentümer vorab über die **unterschiedlichen Mehrheitserfordernisse** aufklärt und zuerst über die Kostenverteilung für eine mögliche bauliche Veränderung abstimmen lässt. Kommt die erforderliche Mehrheit nicht zustande, können sich die Wohnungseigentümer hierauf einstellen und die bauliche Veränderung ebenfalls ablehnen bzw. nur unter dem Vorbehalt einer Kostenübernahme genehmigen.[98] In jedem Fall muss der Verwalter das Stimmverhalten der Wohnungseigentümer dokumentieren, wenn über bauliche Veränderungen abgestimmt wird.[99]

5. Ansprüche gegen unzulässige bauliche Veränderungen

38   Ansprüche der übrigen Wohnungseigentümer gegen unzulässige bauliche Veränderungen sind ausgeschlossen, wenn diese noch nachträglich genehmigt worden sind.[100]

39   Sind bauliche Veränderungen nicht durch Vereinbarung oder Beschluss der Wohnungseigentümer legitimiert und werden diese somit eigenmächtig vorgenommen, so sind sie rechtswidrig. Die Wohnungseigentümer, deren Zustimmungsvorbehalt gem. § 22 Abs. 1 WEG dabei übergangen wurde, haben demzufolge Unterlassungs- und Beseitigungsansprüche gem. § 1004 Abs. 1 BGB iVm § 22 Abs. 1 WEG. Fehlt es allerdings an einer über das in § 14 Nr. 1 WEG bestimmte Maß hinausgehenden Beeinträchtigung, so besteht ein Anspruch auf Zustimmung zu der baulichen Änderung, der einem Beseitigungsbegehren der Übergangenen wiederum einredeweise entgegengehalten werden könnte.[101]

---

[97] Vgl. BT-Drs. 16/887, S. 23.
[98] *Abramenko* Das neue WEG § 4 Rn. 14f.
[99] AG München ZMR 2011, 172.
[100] OLG Düsseldorf NZM 2005, 791; LG Stuttgart ZWE 2014, 372.
[101] BGH ZWE 2012, 83.

a) Unterlassungsanspruch

Sofern die bauliche Veränderung noch nicht vollständig durchgeführt ist, **40** wird die Geltendmachung des Unterlassungsanspruchs gem. § 1004 Abs. 1 Satz 2 BGB in Betracht kommen. Dabei dürfte die Hauptsache zweckmäßigerweise mit einem Antrag auf Baustopp im Wege der einstweiligen Verfügung nach §§ 935ff. ZPO verbunden werden, da der Unterlassungsanspruch andernfalls im Hinblick auf den Abschluss der baulichen Maßnahmen während des noch andauernden Prozesses leerlaufen könnte.[102]

b) Beseitigungsanspruch

aa) Aktivlegitimation

Grundsätzlich steht jedem einzelnen Wohnungseigentümer ohne Vorbefassung **41** der Eigentümerversammlung ein Individualanspruch auf Beseitigung der baulichen Veränderung durch sog **Rückbau** zu.[103] Eine gemeinschaftliche Rechtsverfolgung kommt nur dann in Betracht, wenn die Gemeinschaft die Rechtsausübung durch Vereinbarung oder Mehrheitsbeschluss an sich gezogen hat. Insoweit besteht lediglich eine **gekorene Ausübungsbefugnis** des Verbandes Wohnungseigentümergemeinschaft im Sinne von § 10 Abs. 6 S. 3 Hs. 2 WEG.[104]

> **Wiederholung:**
>
> Wiederholen Sie jetzt bitte noch einmal die Ausführungen zur **Ausübungs- und Wahrnehmungsbefugnis des Verbandes Wohnungseigentümergemeinschaft** im → Kapitel G Rn. 40 ff.

bb) Passivlegitimation

Der Beseitigungsanspruch richtet sich gegen den im Zeitpunkt der Baumaß- **42** nahme im Grundbuch eingetragenen rechtswidrig bauenden Wohnungseigentümer als **Handlungsstörer**.[105] Dieser ist verpflichtet, auf seine Kosten den früheren Zustand wieder herzustellen („Rückbau"). Die Auswahl unter mehreren geeigneten Beseitigungsmaßnahmen muss dabei grundsätzlich dem Störer überlassen bleiben.[106]

> **Wiederholung:**
>
> Wiederholen Sie bei dieser Gelegenheit noch einmal die Grundsätze des eigentumsrechtlichen Abwehranspruchs gem. § 1004 BGB.

---

[102] Vgl. LG Dessau-Roßlau ZMR 2008, 324.

[103] Vgl. BGH NJW 2014, 1090 = ZWE 2014, 178.

[104] BGH NJW 2015, 2027 = ZWE 2015, 180; BGH NJW 2014, 1090 = ZWE 2014, 178; BGH NJW 2011, 1351 = ZWE 2011, 123.

[105] KG ZWE 2007, 352; OLG Hamburg ZMR 2006, 377; OLG Düsseldorf FGPrax 2006, 203; OLG Celle ZMR 2004, 689.

[106] BGH NJW-RR 1996, 659.

Handlungsstörer ist danach, wer die Eigentumsbeeinträchtigung durch sein Verhalten, dh durch positives Tun oder pflichtwidriges Unterlassen, adäquat verursacht hat.[107]

43 Mangels einer gesetzlichen Überleitung geht die Haftung allerdings nicht auf einen Sonderrechtsnachfolger im Wohnungseigentum über.[108] In einem Veräußerungsfall, der keine Gesamtrechtsnachfolge darstellt[109], kommt aber nach einem Eigentumswechsel die Inanspruchnahme des Wohnungserwerbers als **Zustandsstörer** in Betracht.

Wiederholung:

Zustandsstörer ist, wer zwar die Beeinträchtigung nicht selbst verursacht hat, durch dessen maßgebenden Willen aber der eigentumsbeeinträchtigende Zustand aufrechterhalten wird, von dessen Willen also die Beseitigung dieses Zustands abhängt. Das setzt voraus, dass der Inanspruchgenommene die Quelle der Störung beherrscht, also die Möglichkeit zu deren Beseitigung hat, und ihm die Beeinträchtigung zurechenbar ist.[110]

Der Zustandsstörer haftet zumindest auf (passive) Duldung der Beseitigung durch die Gemeinschaft[111]; er kann nach der neueren BGH-Rechtsprechung sogar zur (aktiven) Beseitigung der Störung verpflichtet sein, wenn ihm die Störung zurechenbar ist.[112]

cc) Verjährung

44 Ansprüche aus eingetragenen Rechten unterliegen nicht der Verjährung (§ 902 Abs. 1 S. 1 BGB); diese Vorschrift ist jedoch nach ihrem Sinn und Zweck auf die Abwehransprüche des § 1004 BGB nicht anwendbar.[113] Der Anspruch auf Unterlassung und Beseitigung verjährt daher nach Ablauf von drei Jahren (§ 195 BGB). Die Frist beginnt mit Ablauf des Jahres, in dem der Anspruch entsteht und der Gläubiger von ihr und der Person des Störers Kenntnis erlangt oder ohne grobe Fahrlässigkeit erlangen konnte (§ 199 Abs. 1 bzw. Abs. 5 BGB).[114] Die Verjährung des Anspruchs aus § 1004 BGB hat lediglich zur Folge, dass der Grundstückseigentümer die Störung auf eigene Kosten beseitigen muss.[115]

---

[107] BGH NJW 2007, 432; BGH ZfIR 2001, 69; BGHZ 144, 200 = NJW 2000, 2901 = ZfIR 2000, 977 auch zur mittelbaren Störereigenschaft.
[108] KG ZWE 2007, 352; OLG Hamburg ZMR 2006, 377; OLG Düsseldorf FGPrax 2006, 203; OLG Celle ZMR 2004, 689.
[109] Zur Erbfolge gem. § 1922 BGB s. OLG Celle ZMR 2004, 689.
[110] BGH NJW 2015, 2027 = ZWE 2015, 180; BGH NJW 2007, 432; BGH ZfIR 2001, 69.
[111] KG ZWE 2007, 352.
[112] BGH NZM 2010, 365.
[113] BGH NJW 2011, 1068.
[114] Vgl. OLG Hamm NZM 2009, 624.
[115] BGH NJW 2011, 1068.

III. Modernisierung

1. Sinn und Zweck der Regelung

Maßnahmen gemäß § 22 Abs. 2 S. 1 WEG, die der Modernisierung entspre- **45** chend § 555b Nr. 1 bis 5 BGB oder der Anpassung des gemeinschaftlichen Eigentums an den Stand der Technik dienen, die Eigenart der Wohnanlage nicht ändern und keinen Wohnungseigentümer gegenüber anderen unbillig beeinträchtigen, können abweichend von § 22 Abs. 1 WEG durch eine Mehrheit von drei Viertel aller stimmberechtigten Wohnungseigentümer im Sinne des § 25 Abs. 2 WEG und mehr als der Hälfte aller Miteigentumsanteile beschlossen werden.

Bitte lesen Sie jetzt § 22 Abs. 2 WEG!

Die Vorschrift wurde durch das WEGÄndG (2007) eingeführt und sollte **46** eine bis dahin bestehende **Regelungslücke** schließen. Das Ihnen bisher bekannte rechtliche Instrumentarium reichte nämlich nicht aus, um einer „Versteinerung" der Wohnungseigentumsanlagen mit dem damit einhergehenden Wertverlust entgegenzuwirken.[116] So wird eine modernisierende Instandsetzung nur solange zulässig sein, wie eine Einrichtung bereits vorhanden ist und diese darüber hinaus Instandsetzungsbedarf aufweist oder ein solcher zumindest absehbar ist.

Beispiel

Die Neugestaltung einer Fahrstuhlkabine kann sich als modernisierende Instandsetzung darstellen, wenn der zuvor bereits installierte Fahrstuhl alters- und störungsbedingt gegen einen uU auch technisch verbesserten ausgetauscht wird.[117]

Bauliche Veränderungen, die über eine solche (modernisierende) Instandsetzung hinausgehen, können jedoch nicht mit einfacher Stimmenmehrheit beschlossen werden; sie bedürfen der Zustimmung aller gem. §§ 22 Abs. 1, 14 Nr. 1 WEG beeinträchtigten Wohnungseigentümer.

Beispiel

Der Einbau eines Fahrstuhls stellt sich als bauliche Veränderung dar, wenn in der Anlage bisher noch gar kein Fahrstuhl installiert war, dessen Einbau aber angesichts des zunehmenden Lebensalters der Bewohner durchaus zweckmäßig erscheint.

Diese Anforderungen kommen faktisch einem Allstimmigkeitserfordernis gleich, da die Nachrüstung einer Wohnungseigentumsanlage mit neuen Anlagen und Einrichtungen beinahe in jedem Einzelfall mit Nachteilen wie etwa dem Verlust nutzbaren Raumes oder zumindest einer optischen Beeinträchtigung verbunden sein wird. Praktisch drohen damit auch objektiv sinnvolle Modernisierungen am Widerstand oder Desinteresse einzelner Wohnungseigentümer zu scheitern.[118] Das mit der **Erweiterung der Beschlusskompetenz** nach § 22 Abs. 2 WEG verfolg-

---

[116] BT-Drs. 16/887, S. 29.
[117] Vgl. LG Hamburg ZMR 2009, 314.
[118] BT-Drs. 16/887, S. 29.

te gesetzgeberische Anliegen besteht deshalb darin, den Wohnungseigentümern – unabhängig von dem Bestehen eines Reparaturbedarfs – die Befugnis einzuräumen, mit qualifizierter Mehrheit einer Verkehrswertminderung durch Anpassung der Wohnungsanlage an die „Erfordernisse der Zeit" entgegenzuwirken.[119]

47   Aus diesen Überlegungen lässt sich zugleich folgende **Prüfungsreihenfolge** ableiten:

> 1. Sanierungsarbeiten, die sich nicht auf die Erhaltung oder Wiederherstellung des bestehenden Zustands beschränken, können eine **modernisierende Instandsetzung** im Sinne von § 22 Abs. 3 iVm § 21 Abs. 5 Nr. 2 WEG sein.
> 2. Ist das nicht der Fall, sind die Voraussetzungen einer **Modernisierungsmaßnahme** gemäß § 22 Abs. 2 WEG zu prüfen.
> 3. Nur wenn beide Vorschriften nicht eingreifen, handelt es sich um eine **bauliche Maßnahme im Sinne von § 22 Abs. 1 WEG.**[120]

2. Modernisierung oder Anpassung an den Stand der Technik

a) Modernisierung

48   Zur Definition greift das Gesetz auf die mietrechtlichen Regelungen des § 555b Nr. 1 bis 5 BGB zurück.[121] Danach sind Modernisierungsmaßnahmen solche baulichen Veränderungen, durch die

- nachhaltig End- oder Primärenergie eingespart oder der Wasserverbrauch reduziert wird oder das Klima nachhaltig geschützt wird;
- der Gebrauchswert der Mietsache nachhaltig erhöht wird;
- die allgemeinen Wohnverhältnisse auf Dauer verbessert werden.

49   Die Maßnahmen müssen der Modernisierung „dienen". Das Wort „dienen" bedeutet dabei, dass eine Maßnahme sinnvoll und nicht etwa geboten sein muss. Bei der Beurteilung ist auf den Maßstab eines vernünftigen, wirtschaftlich denkenden und sinnvollen Neuerungen gegenüber aufgeschlossenen Hauseigentümers abzustellen.[122] Sog. Luxussanierungen[123] sind demgemäß von § 22 Abs. 2 WEG nicht erfasst.[124] Auf die Durchführung von Modernisierungsmaßnahmen hat der einzelne Wohnungseigentümer jedoch keinen einklagbaren Anspruch.[125]

---

[119] BGH NJW 2013, 1439 = ZWE 2013, 172; BGH NJW 2011, 1221.
[120] BGH NJW 2013, 1439 = ZWE 2013, 172.
[121] Eingefügt durch das Gesetz über die energetische Modernisierung von vermietetem Wohnraum und über die vereinfachte Durchsetzung von Räumungstiteln (MietRÄndG) v. 11.3.2013 (BGBl I S. 434); zuvor erstreckte sich der Verweis in § 22 Abs. 2 WEG auf § 559 Abs. 1 BGB aF.
[122] BT-Drs. 16/887, S. 30.
[123] Zum Begriff s. BGH NJW 2005, 2995: „Besonders aufwendige Maßnahmen, die zu unzumutbaren Mieten führen können".
[124] MüKoBGB/*Engelhardt* § 22 Rn. 50 WEG; aA *Hügel/Elzer* § 22 Rn. 69.
[125] LG München I ZWE 2015, 139.

Beispiele

Energetische Modernisierung:
Umstellung von einer Ofen- auf eine Gasetagenheizung.[126]
Erhöhung des Gebrauchswertes:
Einbau eines Fahrstuhls.[127]
Verbesserung der Wohnverhältnisse:
Anbau eines Balkons.[128]

Der mietrechtliche und der wohnungseigentumsrechtliche Modernisierungs- **50** begriff decken sich allerdings nicht in allen Punkten, so dass die Verweisung im Lichte der wohnungseigentumsrechtlichen Terminologie zu verstehen ist.

Beispiele

– §22 Abs. 2 WEG bezieht sich lediglich auf Modernisierungsmaßnahmen am gemeinschaftlichen Eigentum, während §555b BGB auch den Bereich des Sondereigentums erfasst. Dementsprechend erfolgt die rechtliche Einordnung für den Einbau von Kaltwasserzählern im Mietrecht als Modernisierungsmaßnahme[129], im Wohnungseigentumsrecht als gem. §21 Abs. 3 WEG zulässige, das Sondereigentum betreffende bauliche Maßnahme.[130]
– Maßnahmen zur erstmaligen Herstellung des planmäßigen Zustandes werden unterschiedlich eingeordnet. So wird zB die Erlangung einer ausreichenden Wärmedämmung im Mietrecht als Modernisierungsmaßnahme gem. §555b BGB angesehen, deren Kosten auf den Mieter umgelegt werden können[131], während die erstmalige planmäßige Herstellung im Wohnungseigentumsrecht eine mehrheitlich zu beschließende Maßnahme der ordnungsmäßigen Instandhaltung und Instandsetzung darstellt.[132]

Wegen weiterer Einzelheiten kann auf die einschlägige mietrechtliche Literatur verwiesen werden. Wegen der technischen Begriffe (End-, Primärenergie u.a.) s. den Beitrag von *Breiholdt*.[133]

b) Anpassung an den Stand der Technik

Gem. §22 Abs. 2 S. 1 WEG soll auch die Anpassung des gemeinschaftlichen **51** Eigentums an den Stand der Technik die Durchführung baulicher Maßnahmen erlauben. Damit sollen solche Verbesserungen ermöglicht werden, die im Mietrecht nur den Vermieter, nicht aber immer den Mieter treffen.[134] Ein Beispiel dafür nennt die Gesetzesbegründung nicht.

---

[126] Vgl. BGH NJW 2012, 2954.
[127] Vgl. BGH v. 13.1.2017 – V ZR 96/16.
[128] Vgl. LG Lüneburg ZMR 2011, 830.
[129] BGH NJW 2011, 3514.
[130] BGHZ 156, 192 = NJW 2003, 3476 = ZWE 2004, 66.
[131] Vgl. §559 BGB.
[132] BayObLG ZWE 2002, 589; BayObLG NJW-RR 1986, 954.
[133] *R. Breiholdt* ZWE 2014, 297.
[134] BT-Drs. 16/887, S. 30.

3. Ausschlussgründe

a) Keine Änderung der Eigenart der Wohnanlage

52 Die Modernisierung kann nicht gem. § 22 Abs. 2 WEG beschlossen werden, wenn die beabsichtigte Maßnahme die Eigenart der Wohnanlage verändern würde. In diesem Fall verbleibt es dann bei dem Grundtatbestand des § 22 Abs. 1 WEG als bauliche Veränderung.

Beispiel

Die Errichtung eines neuen Kinderspielplatzes stellt sich als bauliche Veränderung dar, die grundsätzlich nur mit Zustimmung aller betroffenen Wohnungseigentümer iSd § 22 Abs. 1 WEG beschlossen werden kann. Eine Einordnung als Modernisierungsmaßnahme gem. § 22 Abs. 2 WEG wäre grundsätzlich gem. § 555b Nr. 5 BGB denkbar. Eine Beschlusskompetenz mit doppelt qualifizierter Mehrheit ist jedoch u.a. ausgeschlossen, wenn die Maßnahme im Widerspruch zur spezifischen Eigenart der Wohnanlage als – kinderloser – Seniorenresidenz steht.[135]

b) Keine unbillige Beeinträchtigung

53 Eine Maßnahme gem. § 22 Abs. 2 WEG darf darüber hinaus keinen Wohnungseigentümer gegenüber den anderen unbillig beeinträchtigen. Ob dies der Fall ist, ist nach objektiven und subjektiven Gesichtspunkten unter Berücksichtigung aller Umstände des Einzelfalles zu ermitteln.[136] Während im Anwendungsbereich des § 22 Abs. 1 WEG bereits jede nicht ganz unerhebliche Beeinträchtigung das Zustimmungserfordernis auslöst, stellt demgegenüber § 22 Abs. 2 WEG mit dem Ausschluss einer unbilligen Beeinträchtigung erhöhte Anforderungen, die zwangsläufig mit Modernisierungen verbundene Beeinträchtigungen nicht ausreichend erscheinen lassen.[137] Unbillig sein können nur darüber hinausgehende Nachteile, die bei wertender Betrachtung und in Abwägung mit den mit der Modernisierung verfolgten Vorteilen einem verständigen Wohnungseigentümer zumutbarerweise nicht abverlangt werden dürfen. Davon abgesehen sind nach § 22 Abs. 2 S. 1 WEG nur solche Maßnahmen von Bedeutung, durch die **einem oder mehreren Wohnungseigentümern größere Nachteile zugemutet werden als den anderen**; unbillig sind sie, wenn sie zu einer treuwidrigen Ungleichbehandlung der Wohnungseigentümer führen.[138]

Beispiel

Ein solches Sonderopfer stellt der Anbau eines Außenfahrstuhlschachtes unmittelbar vor dem Wohnzimmerfenster eines Wohnungseigentümers dar.[139]

Auch die mit einer Modernisierung verbundene Kostenlast kann bei einer wirtschaftlichen Überforderung eines Wohnungseigentümers bzw. wenn er wegen

---

[135] Abramenko *Das neue WEG* § 4 Rn. 41; Bärmann/*Merle* § 22 Rn. 353a; NKV/Vandenhouten § 22 Rn. 176.
[136] BR-Drs. 16/3843, S. 30.
[137] LG Düsseldorf ZMR 2012, 805.
[138] LG Düsseldorf ZMR 2012, 805.
[139] AG Ahrensburg ZWE 2015, 38.

der Kosten zum Verkauf seines Wohnungseigentums gezwungen wäre, eine nach § 22 Abs. 2 Satz 1 WEG beachtliche Beeinträchtigung begründen.[140]

4. Kostentragung

Die Wohnungseigentümer können mit doppelt qualifizierter Mehrheit nach 54 § 16 Abs. 4 WEG einen von der gesetzlichen Verteilung abweichenden Verteilungsschlüssel beschließen, sofern dieser dem Gebrauch bzw. der Möglichkeit des Gebrauchs Rechnung trägt. Anders als noch für bauliche Veränderungen gem. § 22 Abs. 1 WEG ergeben sich insoweit keine unterschiedlichen Mehrheitserfordernisse. Ohne eine solche Beschlussfassung verbleibt es für die Kosten und Folgekosten einer Modernisierung bei dem allgemeinen Kostenverteilungsschlüssel bzw. § 16 Abs. 2 WEG.

5. Beschlussfassung

Modernisierungsmaßnahmen bedürfen gem. § 22 Abs. 2 WEG einer **doppelt** 55 **qualifizierten Mehrheit**. Notwendig ist für eine Beschlussfassung danach

- zum Einen eine Mehrheit von drei Viertel aller stimmberechtigten Wohnungseigentümer im Sinne des § 25 Abs. 2 WEG und
- zum Anderen mehr als der Hälfte aller Miteigentumsanteile.

Für die Berechnung der 3/4-Mehrheit gilt somit das Kopfstimmrecht; das Quorum stellt maßgeblich auf alle stimmberechtigten, nicht lediglich auf die anwesenden (!!) Wohnungseigentümer ab.

Die genannten Anforderungen können **nicht** zuungunsten der Wohnungseigen- 56 tümer durch Vereinbarung **eingeschränkt oder ausgeschlossen** werden.

Bitte lesen Sie jetzt § 22 Abs. 2 S. 2 WEG!

Demgegenüber kann die Teilungserklärung eine Kompetenzerweiterung wie etwa einen Verzicht auf eine qualifizierte Mehrheit oder eine sonstige Reduzierung der gesetzlichen Anforderungen vorsehen, weil hierdurch die Befugnis der Wohnungseigentümer erweitert wird.[141]

Wird die vorgeschriebene doppelt qualifizierte Mehrheit gem. § 22 Abs. 2 WEG 57 nicht erreicht, kann nach h.M. gleichwohl ein Beschluss nach § 22 Abs. 1 WEG zustande kommen. Bauliche Maßnahmen gem. § 22 Abs. 2 WEG sind nämlich immer auch solche gem. § 22 Abs. 1 WEG, so dass die danach erforderliche Mehrheit durchaus erreicht sein kann, wenn alle beeinträchtigten Wohnungseigentümer zugestimmt haben.[142] Umstritten ist dabei allerdings, ob ein „**Umswitchen**" während desselben Abstimmungsvorgangs[143] oder nur nach vorheriger Verkündung

---

[140] BT-Drs. 16/887, S. 31.

[141] LG Dessau-Roßlau ZMR 2008, 324.

[142] Bärmann/*Merle* § 22 Rn. 361; NKV/*Vandenhouten* § 22 Rn. 181; *J.-H. Schmidt* ZWE 2010, 310; aA *Abramenko* Das neue WEG § 4 Rn. 37.

[143] So wohl Bärmann/*Merle* § 22 Rn. 361.

eines Negativbeschlusses mit entsprechendem Hinweis möglich ist.[144] Jedenfalls dürften sich entsprechend zu protokollierende Hinweise zur haftungsrechtlichen Absicherung des Verwalters im Anfechtungsfall dringend empfehlen.[145]

📖 Wiederholungsaufgaben und Vertiefungsfragen

1. Beschreiben Sie den Unterschied zwischen einer „modernisierenden Instandsetzung" und einer „Modernisierung" iSd § 22 Abs. 1 WEG.
2. Ordnen Sie den nachträglichen Einbau eines Treppenliftes in die Ihnen jetzt bekannte Palette baulicher Maßnahmen ein. Könnte der allein von dem Einbau profitierende Wohnungseigentümer W bei der maßgeblichen Abstimmung in der Eigentümerversammlung mitstimmen?

---

[144] So NKV/*Vandenhouten* § 22 Rn. 181; *J.-H. Schmidt* ZWE 2010, 310.
[145] Vgl. *J.-H. Schmidt* ZWE 2010, 310.

Kapitel L. Prozessuale und andere Besonderheiten

Ausgewählte Literatur zur Ergänzung und Vertiefung **im Prozessrecht:**

Abramenko, Der Ersatzzustellungsbevollmächtigte für die Wohnungseigentümergemeinschaft, ZMR 2016, 847; *Abramenko,* Die Auswechselung des Anfechtungsbeklagten nach Ablauf der Monatsfrist gem. § 46 Abs. 1 Satz 2 WEG, ZMR 2010, 161; *Briesemeister,* Das Rechtsmittelverfahren in Wohnungseigentumssachen, ZWE 2007, 77; *Dötsch,* Wohnungseigentümer und Verwalter im Prozess, NZM 2015, 473; *Drasdo,* Die Rechtsmittel in wohnungseigentumsrechtlichen Verfahren, NJW-Spezial 2013, 673; *Drasdo,* Pflicht des Verwalters zur Herausgabe einer aktuellen Eigentümerliste – Missverständnisse in der Verwalterpraxis, NZM 2009, 724; *Elzer,* Der richtige Klageantrag im WEG-Recht, MietRB 2011, 299; *Hogenschurz,* Die zentrale Berufungs- und Beschwerdezuständigkeit in Wohnungseigentumssachen, NJW 2015, 1990; *Hogenschurz,* Die Kostenentscheidung gegen den Verwalter gemäß § 49 Abs. 2 WEG in der Rechtsprechung, ZfIR 2015, 599; *Lehmann-Richter,* Die Wirkung rechtskräftiger Urteile in Verfahren nach § 43 WEG gegenüber Dritten, ZWE 2014, 385; *Schlecht/Skauradszun,* Die Behandlung nicht beigetretener Beigeladener im Wohnungseigentumsrecht, NZM 2013, 57; *Suilmann,* Das gerichtliche Verfahren in WEG-Sachen – Die Rechtslage in Deutschland, PiG 93, 81; *Suilmann,* Das Beschlussmängelverfahren im Wohnungseigentumsrecht, 1998.

Ausgewählte Literatur zur Ergänzung und Vertiefung **im Entziehungsverfahren:**

Abramenko, Die Abmahnung im Entziehungsverfahren, ZMR 2012, 73; *Schmid, M. J.,* Die Entziehung des Wohnungseigentums, ZfIR 2013, 129.

I. Prozessuale Besonderheiten in Wohnungseigentumssachen

1. Vorbemerkungen

Mit der WEG-Novelle (2007) wurden Rechtsstreitigkeiten in Wohnungseigen- **1** tumsangelegenheiten dem Anwendungsbereich der freiwilligen Gerichtsbarkeit (seinerzeit: FGG) entzogen und den Verfahrensregeln der Zivilprozessordnung (ZPO) unterstellt.[1] Damit gelten jetzt auch in WEG-Verfahren die Partei-, Verhandlungs- und Dispositionsmaxime und nicht mehr der Amtsermittlungsgrundsatz. Allgemeine zivilprozessuale Vorkenntnisse sind daher für die folgenden Ausführungen sicherlich von Vorteil.

Das WEG-Verfahren macht im Hinblick auf die Vielzahl der beteiligten **2** Wohnungseigentümer und die Existenz eines rechtsfähigen Verbandes in einigen Punkten allerdings besondere verfahrensrechtliche Lösungen erforderlich. Die nachfolgende Darstellung wird sich deshalb auf diese typischen wohnungseigentumsrechtlichen Besonderheiten des Prozessrechts konzentrieren.

---

[1] Art. 1 Nr. 19 des Gesetzes zur Änderung des Wohnungseigentumsgesetzes und anderer Gesetze v. 26.3.2007 (BGBl. I S. 370).

2. Die Rechtsstellung des Verbandes Wohnungseigentümergemeinschaft

a) Rechtsfähigkeit

3   Die rechtsfähige Gemeinschaft der Wohnungseigentümer kann im Rahmen der gesamten Verwaltung des gemeinschaftlichen Eigentums gegenüber Dritten und Wohnungseigentümern selbst Rechte erwerben und Pflichten eingehen (§ 10 Abs. 6 S. 1 WEG).

b) Parteifähigkeit

4   Parteifähig ist, wer rechtsfähig ist (§ 50 Abs. 1 ZPO). Wie § 10 Abs. 6 S. 5 WEG klarstellt, ist der (im Rahmen der gesamten Verwaltung) rechtsfähige Verband Wohnungseigentümergemeinschaft also auch parteifähig.

5   Im WEG-Prozess tritt damit neben die Wohnungseigentümer, den Wohnungseigentumsverwalter und außenstehenden Dritten der Verband als weitere denkbare Partei.

c) Prozessfähigkeit

6   Der Verband Wohnungseigentümergemeinschaft ist prozessunfähig iSd §§ 51 Abs. 1, 52 ZPO. Er wird allerdings prozesshandlungsfähig durch seinen gesetzlichen Vertreter. Gesetzlicher Vertreter des rechtsfähigen Verbandes ist in **Passivprozessen** der Wohnungseigentumsverwalter (§ 27 Abs. 3 S. 1 Nr. 2 WEG). Zur Führung eines **Aktivprozesses** benötigt der Verwalter allerdings eine entsprechende Ermächtigung gem. § 27 Abs. 3 S. 1 Nr. 7 WEG).

Wiederholung:

Wiederholen Sie bitte noch einmal die Ausführungen zum Vertretungsrecht des Wohnungseigentumsverwalters im → Kapitel I Rn. 108 ff.

d) Prozessführungsbefugnis

7   Prozessführungsbefugt ist, wer ein behauptetes Recht als eigenes in Anspruch nimmt bzw. gegen wen eine Rechtspflicht als eigene geltend gemacht wird oder wem kraft Gesetzes, kraft Hoheitsakts oder kraft besonderen Verwaltungs- und Verfügungsrechts die Befugnis zur Verfolgung fremder Rechte zusteht.[2] Die Geltendmachung fremder Rechte im eigenen Namen wird als **Prozessstandschaft** bezeichnet.[3]

8   Der rechtsfähige Verband Wohnungseigentümergemeinschaft übt gem. § 10 Abs. 6 S. 3 WEG die gemeinschaftsbezogenen Rechte der Wohnungseigentümer aus und nimmt die gemeinschaftsbezogenen Pflichten der Wohnungseigentümer

---

[2] *Lüke* ZZP 76 (1963), 1, 19; Musielak/*Weth* § 51 Rn. 16.
[3] Zöller/*Vollkommer* Vor § 50 Rn. 20.

wahr, ebenso sonstige Rechte und Pflichten der Wohnungseigentümer, soweit diese gemeinschaftlich geltend gemacht werden können oder zu erfüllen sind. Es handelt sich hierbei um eine **gesetzliche Prozessstandschaft** des Verbandes.[4]

3. Besondere Zulässigkeitsvoraussetzungen

a) Schlichtungsverfahren

Nach § 15a EGZPO kann durch Landesgesetz bestimmt werden, dass in den dort geregelten Fällen die Erhebung der Klage erst zulässig ist, nachdem von einer durch die zuständige Landesjustizverwaltung eingerichteten oder anerkannten Gütestelle versucht worden ist, die Streitigkeit einvernehmlich beizulegen.[5] Ist ein solches **obligatorisches Güteverfahren** vorgeschrieben, so muss der Einigungsversuch der Klageerhebung vorausgehen. Er kann nicht nach der Klageerhebung nachgeholt werden. Eine ohne den Einigungsversuch erhobene Klage ist als unzulässig abzuweisen.[6] **9**

§ 15a EGZPO gilt nach Überführung der streitigen Wohnungseigentumssachen in die ZPO nunmehr grundsätzlich auch für WEG-Verfahren. In Betracht kommen hier aber wohl vornehmlich **Hausgeldklagen**; Anfechtungsklagen sind dagegen vom Anwendungsbereich ausgenommen, da sie fristgebunden sind (vgl. § 15a Abs. 2 Nr. 1 EGZPO). Ein vorheriges Güteverfahren ist außerdem entbehrlich, wenn ein Anspruch im **Mahnverfahren** geltend gemacht worden ist (§ 15a Abs. 2 Nr. 5 EGZPO. **10**

b) Schiedsvereinbarungen

Die Wohnungseigentümer können im Wege der Vereinbarung regeln, dass näher bestimmte Streitigkeiten allein der Entscheidung durch ein Schiedsgericht unterworfen sein sollen (§ 1029ff. ZPO). Wird trotz einer wirksamen Schiedsvereinbarung ein staatliches Gericht angerufen, ist die Klage unzulässig (§ 1032 ZPO).[7] **11**

4. Rechtsschutzbedürfnis in Wohnungseigentumssachen

Eine Klage ist nur zulässig, wenn für sie auch ein Rechtsschutzbedürfnis besteht. **Rechtsschutzbedürfnis** ist das berechtigte Interesse eines Klägers an der Inanspruchnahme eines Zivilgerichts. Für eine WEG-Klage ist grundsätzlich ein Rechtsschutzbedürfnis vorhanden, dh ein anerkennenswertes Interesse an einer Entscheidung des Rechtsstreits durch das WEG-Gericht.[8] **12**

---

[4] BGHZ 203, 327 = NJW 2015, 1020 = ZWE 2015, 122; BGH NJW 2011, 1351 = ZWE 2011, 123.

[5] BGH NZM 2009, 628.

[6] BGHZ 161, 145 = NJW 2005, 437.

[7] Für Streitigkeiten in Wohnungseigentumssachen s. „Deutsches Ständiges Schiedsgericht für Wohnungseigentum" mit Sitz in Bonn: http://www.schiedsgericht-wohnungseigentum.eu/.

[8] *Elzer* ZfIR 2011, 570.

13   In Wohnungseigentumssachen besteht ein Rechtsschutzbedürfnis jedoch grundsätzlich nur nach einer entsprechenden **Vorbefassung** der Eigentümerversammlung. Die vorherige Befassung der Eigentümerversammlung mit dem Antrag, den der Wohnungseigentümer gerichtlich durchsetzen will, ist **Zulässigkeitsvoraussetzung**. Denn primär zuständig für die Beschlussfassung ist die Versammlung der Wohnungseigentümer (§ 21 Abs. 1 und 3, § 23 Abs. 1 WEG). Das Rechtsschutzinteresse an einer gleichwohl ohne Vorbefassung erhobenen Klage fehlt ausnahmsweise nur dann nicht, wenn mit an Sicherheit grenzender Wahrscheinlichkeit davon ausgegangen werden kann, dass der Antrag in der Eigentümerversammlung nicht die erforderliche Mehrheit finden wird, so dass die Befassung der Versammlung eine **unnötige Förmelei** wäre.[9]

14   Mit dieser Einschränkung besteht ein Rechtschutzbedürfnis grundsätzlich sogar für eine Klage gegen einen **bereits vollzogenen Beschluss** der Wohnungseigentümer[10] und auch dann, wenn der Kläger dem angegriffenen Beschluss zuvor **selbst zugestimmt** hat.[11]

5. Zuständigkeiten

a) Sachliche Zuständigkeit in WEG-Verfahren

15   Die Zuständigkeit der **Amtsgerichte** umfasst in bürgerlichen Rechtsstreitigkeiten ohne Rücksicht auf den Wert des Streitgegenstandes Streitigkeiten nach **§ 43 Nr. 1 bis 4 (sog „Binnenstreitigkeiten")** und **Nr. 6 WEG** (§ 23 Nr. 2 lit c) GVG). Diese Zuständigkeit ist **ausschließlich** (§ 23 Nr. 2 lit c) Hs. 2 GVG); die Wohnungseigentümer können eine abweichende Zuständigkeit weder vereinbaren (§ 40 Abs. 2 S. 1 Nr. 2 ZPO) noch durch rügeloses Verhandeln begründen (§ 40 Abs. 2 S. 2 ZPO).

16   Für Streitigkeiten nach **§ 43 Nr. 5 WEG (sog „Außenstreitigkeiten")** richtet sich die sachliche Zuständigkeit nach den allgemeinen Vorschriften. Gem. § 23 Nr. 1 GVG sind daher die Amtsgerichte für Streitigkeiten zuständig über Ansprüche, deren Gegenstand an Geld oder Geldeswert die Summe von 5.000,– EUR nicht übersteigt. Übersteigt der Streitwert 5.000,– EUR sind die Landgerichte zuständig (§ 71 Abs. 1 GVG). Die sachliche Zuständigkeit nach § 43 Nr. 5 WEG ist keine ausschließliche.

b) Örtliche Zuständigkeit in WEG-Verfahren

17   Das Gericht, in dessen Bezirk das Grundstück liegt, ist örtlich zuständig für alle Wohnungseigentumssachen des § 43 WEG – und damit auch die der Nr. 5! Die Zuständigkeit ist eine **ausschließliche** (§ 43 S. 1 WEG); die Wohnungseigentümer können eine abweichende Zuständigkeit weder vereinbaren (§ 40 Abs. 2 S. 1 Nr. 2 ZPO) noch durch rügeloses Verhandeln begründen (§ 40 Abs. 2 S. 2 ZPO).

---

[9] BGHZ 202, 375 = NJW 2015, 613 = ZWE 2015, 88; BGH ZWE 2012, 325; BGH 184, 88 = NJW 2010, 2129 = ZWE 2010, 174.
[10] BGH NJW 2011, 2660 = ZWE 2011, 319; zur Ausnahme s. BGH ZWE 2012, 334.
[11] BGH NJW 2012, 2578 = ZWE 2012, 363; OLG München NZM 2007, 522; OLG Karlsruhe ZMR 2003, 290.

Der Gesetzgeber bündelt damit die sonst uU an verschiedenen Wohnsitzen der Beteiligten zu führenden Prozesse und konzentriert die Verfahren bei dem Gericht im **Bezirk der Wohnanlage.**

Bitte lesen Sie jetzt § 43 WEG!

c) Funktionelle Zuständigkeit in WEG-Verfahren

Bei den Amtsgerichten werden traditionell sog **Wohnungseigentumsgerichte** 18 gebildet. Dadurch sollte schon unter der Herrschaft des FGG die Gefahr sich widersprechender oder unzutreffender Entscheidungen verringert und darüber hinaus sichergestellt werden, dass mit spezieller Sachkunde ausgestattete Wohnungseigentumsgerichte bei allen gemeinschaftsbezogenen Verfahrensgegenständen entscheiden.[12] Der Begriff wird zwar mehrfach auch vom BGH noch nach der WEG-Novelle verwendet[13], die Einrichtung solcher Wohnungseigentumsgerichte ist aber im Gesetz selbst nicht vorgesehen. Anders als bei den im Gesetz ausdrücklich als „Familiengericht" bestimmten besonderen Spruchkörpern mit speziellem Anforderungsprofil (vgl. § 23b GVG), handelt es sich bei den Abteilungen für Wohnungseigentumssachen lediglich um – zwar sinnvolle – aber nicht vorgeschriebene Abteilungen innerhalb der zivilgerichtlichen Spruchkörperorganisation.[14] Infolgedessen ist auch die Verweisung an eine WEG-Abteilung eines Amtsgerichts nicht möglich; insoweit handelt es sich um eine gerichtsinterne Frage der Geschäftsverteilung.[15] § 17a GVG ist dementsprechend nicht anwendbar.[16]

6. Wohnungseigentumsverfahren gem. § 43 WEG

Die Bündelung von speziellen Wohnungseigentumsverfahren in § 43 WEG ist 19 ersichtlich von dem gesetzgeberischen **Leitgedanken** getragen, die Gefahr sich widersprechender oder unzutreffender Entscheidungen gering zu halten und darüber hinaus sicherzustellen, dass mit spezieller Sachkunde ausgestattete Wohnungseigentumsgerichte bei allen gemeinschaftsbezogenen Verfahrensgegenständen entscheiden.[17] Im Vordergrund soll also nicht die Person der Streitenden stehen[18]; den Resonanzbogen bildet vielmehr sachbezogen das wohnungseigentumsrechtliche „Grundverhältnis". Angesichts dessen ist § 43 WEG weit auszulegen.[19]

a) Streitigkeiten unter Wohnungseigentümern (§ 43 Nr. 1 WEG)

Die Zuständigkeit gem. § 43 Nr. 1 WEG besteht für Streitigkeiten über die 20 sich aus der Gemeinschaft der Wohnungseigentümer und aus der Verwaltung des

---

[12] BGH NJW 2009, 1282.
[13] Vgl. nur BGH ZWE 2011, 173; BGH NJW 2009, 1282.
[14] OLG München NJW-RR 2008, 1466.
[15] OLG Karlsruhe ZMR 2014, 232.
[16] *Hügel/Elzer* § 43 Rn. 47.
[17] BGH NJW 2009, 1282.
[18] Vgl. BGH NZM 2012, 732.
[19] BGH NJW 2009, 1282.

gemeinschaftlichen Eigentums ergebenden Rechte und Pflichten der Wohnungseigentümer untereinander.

21 Auch § 43 Nr. 1 WEG ist nach seinem gegenstandsbezogenen Sinn und Zweck
weit auszulegen.[20] Die Vorschrift erfasst neben einem bereits aus der Gemeinschaft ausgeschiedenen Wohnungseigentümer[21] auch einen werdenden Wohnungseigentümer und den werdenden Verband[22], nicht aber einen sog Bucheigentümer[23], dessen Rechtserwerb nicht wirksam vollzogen wurde.

Beispiele

Dem Anwendungsbereich des § 43 Nr. 1 WEG unterfallen u.a.

- Streitigkeiten über Bestehen, Inhalt, Umfang und Beeinträchtigung von Sondernutzungsrechten.[24]
- Streitigkeiten zwischen Bruchteilssondereigentümern über die Benutzung der Stellplätze
  in einer Doppelstockgarage, und zwar unabhängig von der Rechtsgrundlage der Benutzungsregelung (§ 745 Abs. 2 BGB bzw § 15 Abs. 1 WEG).[25]
- Streitigkeiten über die Geltendmachung des Zustimmungsanspruchs eines Wohnungseigentümers nach § 12 WEG gegen die übrigen Wohnungseigentümer. Dies gilt auch dann,
  wenn ein Gläubiger den Anspruch auf Zustimmung selbständig ausübt.[26]
- Streitigkeiten über den Anspruch auf Änderung der Gemeinschaftsordnung gem. § 10
  Abs. 2 S. 3 WEG.[27]
- Streitigkeiten über die Zulässigkeit baulicher Veränderungen am Gemeinschaftseigentum.[28]

22 Indessen unterfallen **nicht** alle Streitigkeiten zwischen Wohnungseigentümern
dem Anwendungsbereich des § 43 Nr. 1 WEG.

Beispiele

Dem Anwendungsbereich des § 43 Nr. 1 WEG unterfallen **nicht**

- Streitigkeiten über die sachenrechtlichen Grundlagen der Wohnungseigentümergemeinschaft (Gegenstand, Inhalt und Umfang des Sondereigentums und Ansprüche daraus).[29]
- Streitigkeiten über Ansprüche aus der Zeit vor Entstehen einer Gemeinschaft der Wohnungseigentümer.[30]
- Streitigkeiten zwischen einem Wohnungseigentümer und seinem Sondernachfolger aus
  dem Kaufvertrag.[31]

---

[20] BGH ZWE 2014, 101; BGH NJW 2009, 1282; zur Abgrenzung gegenüber einer
familiengerichtlichen Streitigkeit s. BGH NJW 2016, 503.

[21] BGH ZWE 2012, 334.

[22] BGH ZWE 2016, 169.

[23] BGH NJW 2012, 3232 = ZWE 2012, 499.

[24] BGH NJW 2011, 384; aA OLG Zweibrücken ZWE 2002, 330 für Aufhebung eines
Sondernutzungsrechts.

[25] BGH ZWE 2014, 211.

[26] BGH ZWE 2014, 140.

[27] BGH ZWE 2016, 374.

[28] BayObLGZ 1975, 177.

[29] BGH NJW 2015, 3171; BGH ZWE 2014, 139; BGHZ 130, 159 = NJW 1995, 2851.

[30] BayObLG NJW-RR 1991, 1358.

[31] BGHZ 62, 388 = NJW 1974, 1552.

b) Streitigkeiten zwischen der rechtsfähigen Gemeinschaft und Wohnungseigentümern (§ 43 Nr. 2 WEG)

Die Zuständigkeit gem. § 43 Nr. 2 WEG besteht für Streitigkeiten über die **23** Rechte und Pflichten zwischen der rechtsfähigen Gemeinschaft der Wohnungseigentümer und Wohnungseigentümern.

Beispiele

Dem Anwendungsbereich des § 43 Nr. 2 WEG unterfallen u.a.

– Streitigkeiten über die Zahlung von wohnungseigentumsrechtlichen Hausgeldrückstän-den.[32] Darunter fallen auch Streitigkeiten über die in § 128 HGB angeordnete persönliche Haftung des Gesellschafters einer Wohnungseigentümerin für Beitragsrückstände.[33]
– Streitigkeiten über die Rückzahlung zuviel bezahlter Hausgelder.[34]
– Streitigkeiten über Ansprüche der Wohnungseigentümer auf Beseitigung baulicher Ver-änderungen, die die rechtsfähige Gemeinschaft gegen einzelne Wohnungseigentümer in Prozessstandschaft geltend macht (§ 10 Abs. 6 S. 3 Hs. 2 WEG).[35]

Indessen unterfallen folgende Streitigkeiten **nicht** dem Anwendungsbereich **24** des § 43 Nr. 2 WEG:

Beispiel

– Streitigkeiten mit Fremdnutzern wie zB einem Nießbraucher anstelle des Eigentümers.[36]

c) Streitigkeiten mit dem Wohnungseigentumsverwalter (§ 43 Nr. 3 WEG)

Die Zuständigkeit gem. § 43 Nr. 3 WEG besteht für Streitigkeiten über die **25** Rechte und Pflichten des Verwalters bei der Verwaltung des gemeinschaftlichen Eigentums. Dabei ist es unerheblich, ob sich die Rechte und Pflichten aus dem Amt des Verwalters oder aus dem Verwaltervertrag ergeben.[37] Ebenso macht es keinen Unterschied, ob die Ansprüche einzelnen Wohnungseigentümern oder dem rechtsfähigen Verband zustehen.[38] Auch eine auf die Verletzung von Verwalterpflichten gestützte Klage gegen einen ehemaligen Verwalter fällt unter § 43 Nr. 3 WEG.[39] Der Wohnungseigentumsverwalter muss bei den Verfahren nicht zwingend auf der Beklagtenseite stehen; er kann auch als Kläger auftreten.[40]

Beispiele

Dem Anwendungsbereich des § 43 Nr. 3 WEG unterfallen u.a.

– Streitigkeiten über Schadensersatzansprüche der Wohnungseigentümergemeinschaft gegen den Verwalter.[41]

---

[32] BGH ZWE 2010, 265.
[33] BGH ZWE 2016, 189.
[34] OLG München NZM 2006, 704.
[35] Vgl. BGH NJW 2015, 2027 = ZWE 2015, 180; BGH NJW 2014, 1090 = ZWE 2014, 178; BGH NJW 2011, 1351 = ZWE 2011, 123.
[36] BGH NJW 2015, 2968 = ZWE 2015, 376.
[37] *Hügel/Elzer* § 43 Rn. 19.
[38] *Bärmann/Roth* § 43 Rn. 85.
[39] BGH ZWE 2011, 405; BGH ZWE 2011, 173.
[40] Vgl. BGH ZWE 2011, 361 zur Rückgabe von Verwaltungsunterlagen.
[41] BGH ZWE 2011, 173.

- Streitigkeiten über den Vergütungsanspruch des (ehemaligen) Verwalters.[42]
- Streitigkeiten über Einsichtsgewährung des Verwaltungsbeirats in Verwaltungsunterlagen.[43]
- Streitigkeiten über die ordnungsmäßige Verwaltung des gemeinschaftlichen Eigentums durch den Wohnungseigentumsverwalter.[44]

Indessen unterfallen folgende Streitigkeiten **nicht** dem Anwendungsbereich des § 43 Nr. 3 WEG:

Beispiel

Streitigkeiten über Beschlüsse der Wohnungseigentümer zur Bestellung und Abberufung des Wohnungseigentumsverwalters; sie gehören als Anfechtungsklagen in den Anwendungsbereich des § 43 Nr. 4 WEG.[45]

d) Streitigkeiten über die Gültigkeit von Beschlüssen (§ 43 Nr. 4 WEG)

26   Die Zuständigkeit gem. § 43 Nr. 4 WEG besteht für sämtliche Streitigkeiten über die Gültigkeit von Beschlüssen der Wohnungseigentümer. Dies betrifft primär die fristgebundenen Beschlussanfechtungsklagen eines Wohnungseigentümers oder des Verwalters gem. § 46 Abs. 1 WEG, die auf Ungültigerklärung des angefochtenen Beschlusses gerichtet sind (sog **Beschlussmängelklagen**).

27   Darüber hinaus fallen unter Nr. 4 aber auch Klagen auf positive **Feststellung** der Gültigkeit oder Auslegung von Beschlüssen. Auch die **Beschlussersetzungsklage** gem. § 21 Abs. 8 WEG fällt unter diese Vorschrift.[46]

> **Hinweis:**
>
> Zu den verschiedenen Klagearten und insbesondere der Beschlussmängelklage s. sogleich unter → Rn. 49 ff.

e) Klagen Dritter (§ 43 Nr. 5 WEG)

28   Die Zuständigkeit gem. § 43 Nr. 5 WEG besteht für Klagen Dritter, die sich gegen die Gemeinschaft der Wohnungseigentümer oder gegen Wohnungseigentümer richten und sich auf das gemeinschaftliche Eigentum, seine Verwaltung oder das Sondereigentum beziehen. Damit wird § 29b ZPO aF in das WEG integriert. Die Vorschrift ist wiederum weit zu verstehen. Sie bezieht sich deshalb sowohl auf vertragliche als auch gesetzliche Schuldverhältnisse.[47]

29   **Dritter** iSd Vorschrift sind grundsätzlich nicht (werdende bzw. ausgeschiedene[48]) Wohnungseigentümer und (frühere) Wohnungseigentumsverwalter oder an deren Stelle tretende Rechtsnachfolger oder Parteien kraft Amtes. Etwas anderes

---

[42] BGHZ 78, 57 = NJW 1980, 2466.

[43] OLG München ZMR 2008, 657.

[44] Bärmann/*Roth* § 43 Rn. 93; *Hügel/Elzer* § 43 Rn. 24 je mit zahlreichen Nachw. zu Einzelfällen.

[45] BGHZ 151, 164 = NJW 2002, 3240 = ZWE 2002, 570.

[46] Riecke/Schmid/*Abramenko* § 43 Rn. 21a; aA Bärmann/*Roth* § 43 Rn. 99.

[47] Bärmann/*Roth* § 43 Rn. 107.

[48] So zumindest BT-Drs. 16/3843, S. 27.

gilt nur dann, wenn die Genannten eine Rechtsstellung wie ein Dritter einnehmen (zB ein Wohnungseigentümer Werkleistungen erbringt).[49]

Beispiele

Dritter iSd § 43 Nr. 5 WEG sind u.a.:

- Versorgungsunternehmen, Handwerker und Lieferanten.
- Eigentümer eines Nachbargrundstücks.[50]
- Rechtsinhaber eines auf dem aufgeteilten Grundstück lastenden dinglichen Rechts (zB Grunddienstbarkeit).[51]

Die Vorschrift erfasst neben dem gemeinschaftlichen Eigentum und dessen 30 Verwaltung zur Vermeidung von Abgrenzungsschwierigkeiten auch das Sondereigentum und dessen Verwaltung.[52]

Beispiele

Dritter iSd § 43 Nr. 5 WEG sind deshalb u.a.:

- Direktversorger eines Wohnungseigentümers (zB Strom).[53]
- Sondereigentumsverwalter, die ihre Vergütungsansprüche gegen einen Wohnungseigentümer geltend machen.[54]
- Wohnungskäufer wegen des Auflassungsanspruchs gegen den veräußernden Wohnungseigentümer.[55]

f) Mahnverfahren (§ 43 Nr. 6 WEG)

Die Zuständigkeit gem. § 43 Nr. 6 WEG besteht auch für Mahnverfahren, 31 wenn die Gemeinschaft der Wohnungseigentümer Antragstellerin ist. Die sonst für Mahnsachen begründete ausschließliche Zuständigkeit des Amtsgerichts, bei dem der Antragsteller seinen allgemeinen Gerichtsstand hat (§ 689 Abs. 2 ZPO), ist vorliegend ausgeschlossen (§ 43 Nr. 6 S. 2 WEG), weil der Verband keinen „Sitz" hat. Die etwaige Zuständigkeit eines zentralen Mahngerichts gem. § 689 Abs. 3 ZPO bleibt dagegen unberührt.

7. Klageerhebung in Wohnungseigentumssachen

a) Allgemeine Voraussetzungen

Die Erhebung einer Klage erfolgt durch Zustellung einer Klageschrift (§ 253 32 Abs. 1 ZPO). Die Klageschrift muss auch in Wohnungseigentumssachen den Anforderungen des § 253 ZPO genügen.

---

[49] Bärmann/*Roth* § 43 Rn. 104.

[50] Vgl. BGH NZM 2012, 435.

[51] Bärmann/*Roth* § 43 Rn. 105.

[52] Zur mißverständlichen Formulierung der Vorschrift s. Bärmann/*Roth* § 43 Rn. 106 mwN.

[53] *Becker/Ott/Suilmann* Rn. 841.

[54] *Hügel/Elzer* § 43 Rn. 35.

[55] Bärmann/*Roth* § 43 Rn. 109 unter Hinweis auf die Gesetzesbegründung zur Vorläufernorm.

Bitte lesen Sie jetzt § 253 ZPO!

b) Besonderheiten bei der Klageschrift in Wohnungseigentumssachen

aa) Bezeichnung der Wohnungseigentümergemeinschaft

33 Ist der rechtsfähige Verband Wohnungseigentümergemeinschaft Partei, so muss die Gemeinschaft die Bezeichnung „Wohnungseigentümergemeinschaft" gefolgt von der bestimmten Angabe des gemeinschaftlichen Grundstücks führen (§ 10 Abs. 6 S. 4 WEG). Zugleich ist der Vertreter samt ladungsfähiger Anschrift zu bezeichnen.

Wiederholung:

Wiederholen Sie jetzt bitte noch einmal die Ausführungen zur ausreichenden Bezeichnung des rechtsfähigen Verbandes Wohnungseigentümergemeinschaft im → Kapitel G Rn. 39 ff.

bb) Bezeichnung der Wohnungseigentümer

34 In einer Klageschrift gegen alle übrigen Wohnungseigentümer (zB wegen einer Beschlussanfechtung) wären gem. § 253 ZPO eigentlich sämtliche beklagten Wohnungseigentümer unter Angabe ihrer jeweiligen ladungsfähigen Anschrift anzugeben. § 44 Abs. 1 S. 1 WEG lässt statt dessen zunächst für ihre nähere Bezeichnung in der Klageschrift die bestimmte Angabe des gemeinschaftlichen Grundstücks genügen. Eine solche **Sammelbezeichnung** ist allerdings nur zulässig, wenn dann in der Klageschrift außerdem der Verwalter und der gemäß § 45 Abs. 2 S. 1 WEG bestellte Ersatzzustellungsvertreter (dazu → Rn. 40) bezeichnet sind. Die erforderliche Klagezustellung kann dann wirksam an sie erfolgen (vgl. § 45 Abs. 1 bzw. Abs. 2 WEG). Andernfalls wäre nämlich eine – fristgerechte (vgl. § 46 Abs. 1 S. 2 WEG) – Zustellung der Klage durch das Gericht nicht möglich.

Bitte lesen Sie jetzt § 44 Abs. 1 und § 45 Abs. 1 u. 2 WEG!

Fehlen sowohl ein Verwalter als auch ein Ersatzzustellungsvertreter, so kann unter Angabe der Sammelbezeichnung nicht geklagt werden.[56]

35 Die Sammelbezeichnung ermöglicht jedoch nur eine erleichterte Klageerhebung zum Zwecke der Fristwahrung. Die **namentliche Bezeichnung** der Wohnungseigentümer unter Angabe der ladungsfähigen Anschriften hat spätestens bis zum Schluss der mündlichen Verhandlung zu erfolgen (§ 44 Abs. 1 S. 2 WEG).[57] Spätestens dann muss nämlich klar sein, gegen wen sich eine evtl. Zwangsvollstreckung richten und wem gegenüber die Bindungswirkung des § 10 Abs. 4 S. 1 WEG eintreten soll.[58]

36 In der Praxis wird oftmals angeregt, dem Wohnungseigentumsverwalter zumindest in entsprechender Anwendung von § 142 Abs. 1 ZPO aufzugeben, eine

---

[56] Jennißen/*Suilmann* § 44 Rn. 8; Riecke/Schmid/*Abramenko* § 44 Rn. 5.

[57] BGH ZWE 2011, 450; BGH NJW 2011, 3237 = ZWE 2011, 328.

[58] Riecke/Schmid/*Abramenko* § 44 Rn. 6 mwN.

Eigentümerliste vorzulegen. Eine entsprechende gerichtliche Anordnung wäre nach Fristablauf ggf. mit Ordnungsmitteln durchzusetzen.[59]

Nach dem Wortlaut des § 44 Abs. 1 S. 1 WEG ist eine Sammelbezeichnung auch 37 ausreichend, wenn die Klage durch alle Wohnungseigentümer mit Ausnahme des beklagten erhoben wird. In diesen Fällen wird es sich jedoch in aller Regel um Fälle einer Prozessstandschaft gem. § 10 Abs. 6 S. 3 WEG handeln, in denen dann der rechtsfähige Verband als Partei auftritt.[60]

c) Besonderheiten bei der Zustellung der Klageschrift in Wohnungseigentumssachen

aa) Wohnungseigentumsverwalter als Zustellungsvertreter

Ist ein Wohnungseigentumsverwalter bestellt und im Klagefall nicht von der 38 Vertretung ausgeschlossen, so ist er berechtigt, sowohl im Namen aller **Wohnungseigentümer** (§§ 27 Abs. 2 Nr. 1, 45 Abs. 1 WEG) als auch im Namen des rechtsfähigen **Verbandes** (§ 27 Abs. 3 Satz 1 Nr. 1 WEG) Zustellungen entgegenzunehmen.

bb) Verband ohne Zustellungsvertreter

Fehlt ein Verwalter oder ist er zur Vertretung nicht berechtigt, so vertreten 39 alle Wohnungseigentümer die **rechtsfähige Gemeinschaft** (§ 27 Abs. 3 S. 2 WEG). In diesem Fall genügt es, wenn die Klage einem Wohnungseigentümer zugestellt wird (§ 170 Abs. 3 ZPO).

c) Wohnungseigentümer ohne Zustellungsvertreter

Der Verwalter ist grundsätzlich Zustellungsvertreter der Wohnungseigentümer, wenn diese Beklagte oder gemäß § 48 Abs. 1 Satz 1 WEG beizuladen sind, es sei denn, dass er als Gegner der Wohnungseigentümer an dem Verfahren beteiligt ist oder aufgrund des Streitgegenstandes die Gefahr besteht, der Verwalter werde die Wohnungseigentümer nicht sachgerecht unterrichten (§ 45 Abs. 1 WEG). Dafür reicht allerdings eine theoretische Interessenkollision nicht aus; es müssen vielmehr in der Sache begründete Umstände ersichtlich sein, die die **konkrete Gefahr** einer nicht sachgerechten Information der Wohnungseigentümer rechtfertigen.[61]

Ist der Verwalter als Zustellungsvertreter der Wohnungseigentümer ausge- 40 schlossen, haben diese durch Beschluss mit Stimmenmehrheit einen **Ersatzzustellungsvertreter** sowie dessen Vertreter zu bestellen (§ 45 Abs. 2 S. 1 WEG); die Zustellung an einen Wohnungseigentümer mit Wirkung für alle anderen scheidet hier mangels Vertretungsverhältnis aus. Der Ersatzzustellungsvertreter tritt in die dem Verwalter als Zustellungsvertreter der Wohnungseigentümer zustehenden Aufgaben und Befugnisse ein, sofern das Gericht die Zustellung an ihn anordnet (§ 45 Abs. 2 S. 2 WEG). Die Bestellung des Ersatzzustellungsvertreters und seines Vertreters hat gem. § 45 Abs. 2 S. 1 WEG **vorsorglich** und unabhängig von einem

---

[59] BGH NJW 2013, 1003 = ZWE 2013, 96.
[60] *Becker/Ott/Suilmann* Rn. 852.
[61] BGH NJW 2012, 240 = ZWE 2012, 257.

Rechtsstreit zu erfolgen. Soweit ein Wohnungseigentumsverwalter nicht (mehr) bestellt sein sollte, findet die Vorschrift entsprechende Anwendung.[62]

41   Haben die Wohnungseigentümer keinen Ersatzzustellungsvertreter bestellt oder ist die Zustellung etwa wegen Interessenkollision nicht ausführbar, kann das **Gericht** einen Ersatzzustellungsvertreter bestellen (§ 45 Abs. 3 WEG).[63]

8. Beiladung

a) Sinn und Zweck

42   Mit der Überführung der Wohnungseigentumssachen in die ZPO sind diese Verfahren ebenfalls dem Zwei-Parteien-Grundsatz der ZPO unterworfen worden. Damit wirkt auch ein rechtskräftiges Urteil zunächst allein für und gegen die Parteien und die Personen, die nach dem Eintritt der Rechtshängigkeit Rechts- oder Besitznachfolger der Parteien geworden sind.

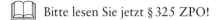 Bitte lesen Sie jetzt § 325 ZPO!

43   Eine strikte Anwendung des Zwei-Parteien-Grundsatzes auf Wohnungseigentumssachen wäre allerdings problematisch, weil Entscheidungen im Verfahren nach § 43 WEG die Rechte der Wohnungseigentümer bzw. des Verwalters oftmals auch dann berühren können, wenn sie nicht selbst klagen oder verklagt werden.

Beispiel[64]

Ein Wohnungseigentümer wird von einem Miteigentümer auf Beseitigung einer baulichen Veränderung wegen der Beeinträchtigung des optischen Gesamteindrucks in Anspruch genommen (§ 1004 Abs. 1 BGB). Eine solche Beeinträchtigung wird allerdings die übrigen nicht am Verfahren beteiligten Wohnungseigentümer gleichermaßen betreffen, so dass selbst im Fall der Klageabweisung der bauende Wohnungseigentümer sich weiterer Klagen der übrigen Wohnungseigentümer – möglicherweise sogar mit anderem Ausgang – ausgesetzt sehen könnte.

Der Gemeinschaftsbezug lässt daher eine Erstreckung auch auf andere Wohnungseigentümer bzw. den Verwalter sinnvoll erscheinen, soweit diese nicht ohnehin schon als Verfahrensbeteiligte der Klagewirkung unterworfen sind. § 48 Abs. 3 WEG lässt daher über die in § 325 ZPO angeordneten Wirkungen hinaus das rechtskräftige Urteil auch für und gegen alle beigeladenen Wohnungseigentümer und ihre Rechtsnachfolger sowie den beigeladenen Verwalter wirken. Die Beiladung sichert damit durch **Rechtskrafterstreckung** die Rechtssicherheit und den Rechtsfrieden in einer Wohnungseigentümergemeinschaft.[65]

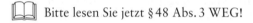 Bitte lesen Sie jetzt § 48 Abs. 3 WEG!

---

[62] Riecke/Schmid/*Abramenko* § 45 Rn. 6.
[63] Zum Ersatzzustellungsvertreter s. ausführlich Riecke/Schmid/*Abramenko* § 45 Rn. 7ff.
[64] In Anlehnung an BT-Drs. 16/887, S. 74.
[65] *Becker/Ott/Suilmann* Rn. 861.

b) Durchführung der Beiladung

Eine Erstreckung der Rechtskraft ist allerdings nur möglich, wenn die weiteren **44** nicht am Prozess Beteiligten zuvor am Verfahren teilnehmen und sich äußern konnten. Dazu ist ihnen rechtliches Gehör zu gewähren.[66] Aus diesem Grunde sind die übrigen Wohnungseigentümer beizuladen, wenn sich die Klage eines Wohnungseigentümers, der in einem Rechtsstreit gemäß § 43 Nr. 1 oder Nr. 3 WEG einen ihm allein zustehenden Anspruch geltend macht, nur gegen einen oder einzelne Wohnungseigentümer oder nur gegen den Verwalter richtet, es sei denn, dass ihre rechtlichen Interessen erkennbar nicht betroffen sind (§ 48 Abs. 1 S. 1 WEG). Die Beiladung erfolgt durch Zustellung der Klageschrift (§ 48 Abs. 2 S. 1 WEG.

Beispiel

Streiten zwei Wohnungseigentümer über die gemeinsame Grenze ihrer benachbarten Sondernutzungsrechtsflächen, so ist eine Beiladung der übrigen Wohnungseigentümer entbehrlich.[67] Deren rechtliche Interessen sind nicht betroffen, da sie ohnehin vom Mitgebrauch der Sondernutzungsflächen ausgeschlossen sind.[68]

Soweit in einem Rechtsstreit gemäß § 43 Nr. 3 oder Nr. 4 WEG der Verwalter **45** nicht Partei ist, ist er ebenfalls beizuladen (§ 48 Abs. 1 S. 2 WEG). Eine Zustellung an ihn als Zustellungsvertreter der Wohnungseigentümer ersetzt die Beiladung allerdings nicht.[69]

Bitte lesen Sie jetzt § 48 Abs. 1 u. 2 WEG!

Fehlt es an einer wirksamen Zustellung an einen Beizuladenden, findet keine **46** Rechtskrafterstreckung gem. § 48 Abs. 3 WEG statt.[70]

c) Beitritt des Beigeladenen

Die Beiladung als solche verschafft dem betroffenen Wohnungseigentümer **47** noch nicht die Stellung eines Prozessbeteiligten.[71] Die Beigeladenen können jedoch der einen oder anderen Partei zu deren Unterstützung beitreten (§ 48 Abs. 2 S. 2 WEG). Solange kein **Beitritt** erfolgt, wird der Prozess allerdings entsprechend § 74 Abs. 2 ZPO ohne Rücksicht auf die Beigeladenen fortgesetzt.[72]

Durch den Beitritt erlangt der Beigeladene die Rechtsstellung als **streitgenös-** **48** **sischer Nebenintervenient** der Hauptpartei, der er beigetreten ist (§ 69 ZPO).[73] Damit stehen dem Beigetretenen alle Rechte der Hauptpartei zu.

---

[66] Vgl. BT-Drs. 16/887, S. 74.
[67] *Becker/Ott/Suilmann* Rn. 862.
[68] Vgl. BayObLG MittBayNot 1992, 266.
[69] BGH NJW 2011, 2660 = ZWE 2011, 319; BGH NJW 2010, 2132.
[70] Zur Bindung des „vergessenen" Wohnungseigentümers vgl. BT-Drs. 16/887, S. 75.
[71] Bärmann/*Roth* § 48 Rn. 31; aA *Schlecht/Skauradszun* NZM 2013, 57.
[72] LG Stuttgart ZWE 2013, 143; aA *Schlecht/Skauradszun* NZM 2013, 57.
[73] Bärmann/*Roth* § 48 Rn. 47; *Dötsch* ZMR 2011, 779; Jennißen/*Suilmann* § 48 Rn. 26; jetzt auch Riecke/Schmid/*Abramenko* § 48 Rn. 4.

9. Klagearten in Wohnungseigentumssachen

49 Im Zivilprozess werden gewöhnlich drei verschiedene Klagearten unterschieden[74]:

- die bei Weitem überwiegenden **Leistungsklagen,**
- in besonders zugelassenen Fällen die **Gestaltungsklagen** und
- subsidiär die **Feststellungsklagen.**

50 Im Wohnungseigentumsrecht hat der Gesetzgeber in zwei Bereichen ausdrücklich Gestaltungsklagen zugelassen. Zur Verdeutlichung dieser wohnungseigentumsrechtlichen Besonderheiten soll zunächst das nachfolgende Schaubild dienen.

Schaubild:

Klagearten in Wohnungseigentumssachen				
Klageart	Leistungsklage	Feststellungs-klage	Gestaltungsklage	
			Beschlussmängel-klage	Beschlussersetzungs-klage
Klageinhalt	– positives Tun (auch Abgabe einer Willens-erkl.) – Unterlassen – Dulden (vgl. §§ 194 Abs. 1, 241 Abs. 1 BGB)	– Bestehen oder – Nichtbestehen eines Rechts-verhältnisses (positive oder negative FeststK, vgl.§ § 256 Abs. 1 ZPO)	– Beschluss-anfechtung – Feststellung Beschluss-nichtigkeit (vgl. § 46 WEG)	Ermessens-entscheidung des Gerichts für eine erforderliche Maßnahme (vgl. § 21 Abs. 4, Abs. 8 WEG)
WE-Beispiel	– Klage auf Zahlung rückständigen Hausgeldes – Klage auf Unterlassen störenden Lärms – Klage auf Duldung des Betretens eines SEig.	– Klage auf Feststellung des Bestehens eines Verwalter-vertrages – Klage auf Feststellung des Nichtbe-stehens einer Verwalter-pflicht	– Klage auf Ungültigerklärung eines Beschlusses (auch Feststellung der Beschluss-(un)gültigkeit – Klage auf Feststellung der Beschluss-nichtigkeit	– Klage auf Bestellung eines WE-Verwalters – Klage auf Abberufung eines WE-Verwalters
Urteils-wirkung	inter partes	inter partes	inter omnes	inter omnes
Zwangsvoll-streckung	Gem. §§ 704 ff. ZPO	./.	./.	./.

---

[74] Vgl. allgemein *Klappstein* JA 2012, 606; *Süß* AL 2011, 246.

Hinweise:

– Zur Beschlussersetzungsklage → Kapitel H Rn. 122 f.
– Zur Beschlussmängelklage s. sogleich.

10. Beschlussmängelklage

Eine Reihe von Besonderheiten gelten für die sog Beschlussmängelklage des 51
§ 43 Nr. 4 WEG.

a) Begriff

Der Begriff einer Beschlussmängelklage ist im Gesetz selbst nicht geregelt; er 52
hat inzwischen aber Eingang in die höchstrichterliche Rechtsprechung gefunden.[75] Die **Beschlussmängelklage** richtet sich gegen die Gültigkeit eines Beschlusses der Wohnungseigentümer (§ 43 Nr. 4 WEG). Das Gesetz kennt danach nur
eine Art der Klage.

b) Beschlussmängel: Nichtigkeit und Anfechtbarkeit

Beschlüsse können gem. § 23 Abs. 4 WEG jedoch aus zwei Gründen fehler- 53
haft sein. Das Gesetz unterscheidet einerseits nichtige Beschlüsse, die gegen eine
Rechtsvorschrift verstoßen, auf deren Einhaltung rechtswirksam nicht verzichtet
werden kann (§ 23 Abs. 4 S. 1 WEG). Im Übrigen ist ein Beschluss jedoch gültig,
solange er nicht auf entsprechende Anfechtung hin durch rechtskräftiges Urteil
für ungültig erklärt ist (§ 23 Abs. 4 S. 2 WEG).

Wiederholung:

Wiederholen Sie jetzt bitte noch einmal die grundsätzlichen Ausführungen zur **Anfechtbarkeit** und **Nichtigkeit** wohnungseigentumsrechtlicher Beschlüsse im → Kapitel H Rn. 152 ff.

Die Nichtigkeit eines Beschlusses kann zwar auf eine **Nichtigkeitsklage** hin 54
ausdrücklich festgestellt werden. Eine solche Entscheidung hat aber nur deklaratorische Bedeutung, weil ein Gericht die Nichtigkeit ohnehin von Amts wegen
zu berücksichtigen hat.[76] Die Geltendmachung der Nichtigkeit ist daher nicht
fristgebunden und kann somit jederzeit, also auch noch nach Ablauf der gesetzlichen Anfechtungsfrist des § 46 Abs. 1 S. 2 WEG erfolgen. Demgegenüber muss
eine **Anfechtungsklage** gegen einen formell oder materiell fehlerhaften Beschluss
der Wohnungseigentümer fristgebunden erhoben werden, um den Eintritt der
Bestandskraft zu verhindern.

---

[75] Vgl. BGHZ 202, 346 = NJW 2015, 549 = ZWE 2015, 131; BGH NJW 2013, 2271
= ZWE 2013, 360.
[76] BGH NJW 2013, 65 = ZWE 2013, 49; BGH NJW 2012, 2578 = ZWE 2012, 363;
BGHZ 107, 268 = NJW 1989, 2059 mwN.

55   Werden **Anfechtungs- und Nichtigkeitsgründe** auf denselben Lebenssachverhalt gestützt, betreffen sie aber keine unterschiedlichen Streitgegenstände. Rechtsschutzziel ist nämlich in beiden Fällen die umfassende Herbeiführung einer unter jedem rechtlichen Gesichtspunkt verbindlichen **Klärung der Gültigkeit** des zur Überprüfung gestellten Eigentümerbeschlusses.[77] Im Ergebnis kann damit ein bereits nichtiger Beschluss gleichwohl noch angefochten werden.

56   Wegen der **Identität des Streitgegenstandes** handelt es sich rechtsdogmatisch um eine einzige, inhaltlich identische Beschlussmängelklage.[78] Auch die Auswirkungen der Rechtskraft sind dieselben, gleichgültig, ob die Ungültigkeit des in Rede stehenden Beschlusses (deklaratorisch) festgestellt oder (konstitutiv) durch Urteil ausgesprochen wird (vgl. auch § 48 Abs. 4 WEG). Mit dem Eintritt der Rechtskraft steht in beiden Fällen fest, ob der Beschluss Rechtswirkungen entfaltet oder nicht.[79] Eine rechtskräftige Entscheidung entfaltet daher in beiden Fällen rechtsgestaltende Wirkung für und gegen jedermann („inter omnes"); es handelt sich daher der Sache nach auch dann um ein **Gestaltungsurteil**, wenn lediglich die Nichtigkeit festgestellt wird.[80] Ein besonderes Feststellungsinteresse ist – anders als in § 256 ZPO vorausgesetzt – dafür nicht erforderlich.[81]

c) Verfahrensverbindung

57   In der Konsequenz dieser Sichtweise liegt eine zwingende Verbindung mehrerer Prozesse gem. § 43 Nr. 4 WEG wegen desselben Beschlussgegenstandes; es darf nicht zu inhaltlich divergierenden Entscheidungen kommen, wenn mehrere Anfechtungs- und/oder Nichtigkeitsklagen erhoben werden.

📖   Bitte lesen Sie jetzt § 47 WEG!

Zwei gegen denselben Beschluss der Wohnungseigentümer gerichtete Anfechtungsklagen müssen daher zwingend – gegebenenfalls auch noch in der Berufungsinstanz oder instanzenübergreifend – zur gemeinsamen Verhandlung und Entscheidung verbunden werden. Unterbleibt die Verbindung, so kann jeder Kläger auch in dem Parallelverfahren Rechtsmittel gegen ein die Klage abweisendes Urteil einlegen; wird die Entscheidung in einem der Verfahren rechtskräftig, hat dies die Unzulässigkeit der zweiten Klage zur Folge.[82]

58   Die Verbindung bewirkt, dass die Kläger der vorher selbständigen Prozesse als Streitgenossen anzusehen sind (§ 47 S. 2 WEG). Auf diese Weise scheiden die jeweiligen Kläger als Beklagte in den jeweils anderen Verfahren aus. Erheben sämtliche Wohnungseigentümer fristgerecht Beschlussmängelklagen, hat die notwendige Verfahrensverbindung demnach zur Folge, dass formell kein Beklagter mehr vorhanden ist.[83] Die Lösung kann in diesem Fall jedoch nicht in einem

---

[77] BGHZ 182, 307 = NJW 2009, 3655 = ZWE 2010, 53; *Dötsch* ZMR 2008, 433; noch zum alten Recht: BGHZ 156, 279 = NJW 2003, 3550 = ZWE 2004, 77; *Suilmann* ZWE 2001, 402, 404.

[78] Bärmann/*Roth* § 46 Rn. 6; *Suilmann*, Beschlussmängelverfahren S. 41 ff.

[79] Vgl. BGHZ 182, 307 = NJW 2009, 3655 = ZWE 2010, 53.

[80] Bärmann/*Roth* Vor §§ 43 ff. Rn. 37, 40; *Lehmann-Richter* ZWE 2014, 385, 386.

[81] Bärmann/*Roth* § 46 Rn. 5.

[82] BGH NJW 2013, 65 = ZWE 2013, 49.

[83] AG Bingen NJW 2009, 84 = NZM 2009, 167.

Erlöschen der Prozessrechtsverhältnisse durch Konfusion gesehen werden[84]; das Verfahren ist vielmehr ohne eine Beklagtenpartei fortzuführen.[85]

d) Parteien einer Beschlussmängelklage

aa) Kläger

Das Gesetz räumt in § 46 Abs. 1 S. 1 WEG einem oder mehreren Wohnungsei- 59 gentümern die notwendige **Anfechtungsbefugnis** zur gerichtlichen Erklärung der Ungültigkeit eines Beschlusses der Wohnungseigentümer ein. Über den Wortlaut des § 46 Abs. 1 S. 1 WEG (und seiner Überschrift) hinaus gilt die Regelung nicht nur für Beschlussanfechtungsklagen, sondern auch für Nichtigkeitsklagen.[86]

Bitte lesen Sie jetzt § 46 Abs. 1 S. 1 WEG!

Wohnungseigentümer ist in aller Regel, wer als Eigentümer im Grundbuch eingetragen ist.[87] Scheidet ein Wohnungseigentümer durch Veräußerung seines Wohnungseigentums nach Klageerhebung aus der Gemeinschaft aus, kann der Rechtsstreit gem. § 265 ZPO gleichwohl fortgesetzt werden.[88] Auch einem **Miteigentümer** gebührt ein eigenes Anfechtungsrecht.[89] Neben einem Wohnungseigentümer sind weiterhin auch **werdende Wohnungseigentümer** anfechtungsberechtigt, nicht aber **Zweiterwerber**.[90] An die Stelle eines Wohnungseigentümers können im Rahmen der jeweiligen Verwaltungsbefugnis als **Parteien kraft Amtes** Insolvenzverwalter[91], Testamentsvollstrecker, Zwangsverwalter[92] oder Nachlassverwalter treten.

§ 46 Abs. 1 S. 1 WEG begründet weiterhin eine Klagebefugnis des **Wohnungsei-** 60 **gentumsverwalters**, deren Umfang wegen des unklaren materiellen Anfechtungsrechts[93] jedoch im einzelnen umstritten ist.[94] In jedem Fall ist ein Wohnungseigentumsverwalter als befugt anzusehen, den Beschluss über seine Abberufung anzufechten.[95] Entsprechendes gilt auch für die Überprüfung einer gerichtlichen Entscheidung, mit der die Verwalterbestellung für ungültig erklärt wird.[96] Der Wohnungseigentumsverwalter kann allerdings mit einer erfolgreichen Anfechtungsklage gegen seine Abberufung die frühere organschaftliche Rechtsstellung nicht wiedererlangen; ihm verbleiben allenfalls Vergütungsansprüche.

---

[84] So aber AG Bingen NJW 2009, 84 = NZM 2009, 167; *Bonifacio* ZMR 2007, 592, 594.

[85] *Hügel/Elzer* § 46 Rn. 63; *Niedenführ* FS Merle (2010), S. 263, 265; zu anderen Lösungsansätzen s. *Abramenko* ZMR 2008, 689 und Jennißen/*Suilmann* § 46 Rn. 143d.

[86] Vgl. BT-Drs. 16/887, S. 75.

[87] Vgl. BGH NJW 2012, 3232 = ZWE 2012, 499 auch zu einem Bucheigentümer.

[88] LG Hamburg ZMR 2011, 585.

[89] BGH ZWE 2012, 359.

[90] LG Rostock ZWE 2014, 382.

[91] LG Düsseldorf ZWE 2012, 337.

[92] LG Berlin ZMR 2009, 474.

[93] Zum „altruistischen Anfechtungsrecht" vgl. ausf. Jennißen/*Suilmann* § 46 Rn. 49a; Riecke/Schmid/*Abramenko* § 46 Rn. 3.

[94] Vgl. etwa LG Itzehoe NZM 2012, 207; LG Nürnberg-Fürth ZMR 2009, 483.

[95] LG Hamburg ZWE 2014, 367; zum früheren Recht bereits: BGHZ 151, 164 = NJW 2002, 3240 = ZWE 2002, 570; OLG Hamburg ZWE 2010, 423.

[96] BGH NJW 2007, 2776 = ZWE 2007, 396.

61   Der rechtsfähige **Verband Wohnungseigentümergemeinschaft** ist selbst dann nicht anfechtungsbefugt, wenn er Eigentümer einer Wohnungseinheit in der von ihm selbst verwalteten Anlage ist.[97]

bb) Beklagte

62   Erfolgt die Anfechtung durch einen oder mehrere Wohnungseigentümer, ist die Klage gegen **die übrigen Wohnungseigentümer** zu richten. Die Klage des Wohnungseigentumsverwalters ist gegen **sämtliche Wohnungseigentümer** zu richten (§ 46 Abs. 1 S. 1 WEG).

63   Eine lediglich gegen **einige Wohnungseigentümer** erhobene Anfechtungsklage ist unzulässig.[98] Eine Beschlussmängelklage ist ausnahmslos auch dann gegen die übrigen Mitglieder der Wohnungseigentümergemeinschaft als notwendige Streitgenossen zu richten, wenn der Beschluss einer **Untergemeinschaft** mit eigener Beschlusskompetenz angefochten wird.[99] Zu verklagen sind nicht nur die Wohnungseigentümer, die für den angefochtenen Beschluss gestimmt haben, sondern auch die, die gegen ihn gestimmt oder sich enthalten haben.[100] Eine Anfechtungsklage muss auch gegenüber einem **werdenden Wohnungseigentümer** erhoben werden; hat der Kläger die Anfechtungsklage ausdrücklich nur gegen die eingetragenen Wohnungseigentümer gerichtet, so ist sie unzulässig.[101]

64   Das Anfechtungsverfahren ist nicht als Verbandsprozess ausgestaltet worden; der rechtsfähige **Verband Wohnungseigentümergemeinschaft** ist deshalb nicht passivlegitimiert.[102]

65   Wird in der Klageschrift „die Wohnungseigentümergemeinschaft x-Straße" als Beklagte genannt, ist unter Berücksichtigung der gesamten Klageschrift im Wege der **Auslegung** zu prüfen, ob nicht tatsächlich die übrigen Wohnungseigentümer gemeint sein sollten.[103] Ist die Parteibezeichnung allerdings eindeutig, scheidet eine Auslegung ebenso aus[104] wie eine Klageänderung nach Ablauf der Anfechtungsfrist.[105] Nach der Rechtsprechung des V. Zivilsenats des BGH soll allerdings der Anfechtungskläger, der zunächst den rechtsfähigen Verband Wohnungseigentümergemeinschaft verklagt hat, den Beklagten noch bis zur letzten mündlichen Verhandlung auswechseln können.[106]

---

[97] Bärmann/*Roth* § 46 Rn. 49; *Häublein* FS Seuß (2007), S. 125, 136ff.; *Hügel/Elzer* § 46 Rn. 57; aA *Abramenko* ZWE 2010, 193, 202.

[98] BGH NJW 2012, 1224 = ZWE 2012, 88; LG München I ZWE 2011, 277.

[99] BGH ZWE 2012, 494; BGH GuT 2012, 172; BGH ZWE 2012, 223.

[100] BGH NJW 2009, 2135 = ZWE 2009, 306.

[101] AG Wiesbaden ZWE 2014, 59.

[102] LG Darmstadt ZMR 2008, 736.

[103] OLG Karlsruhe NJW 2008, 2857; LG Hamburg ZMR 2010, 64; LG Düsseldorf ZMR 2009, 67; LG Düsseldorf NZM 2008, 813.

[104] LG Darmstadt ZMR 2008, 736; LG Itzehoe ZMR 2009, 479; LG Köln ZMR 2009, 633. Zum umgekehrten Fall der Klage gegen die Wohnungseigentümer anstelle des Verbandes s. OLG Düsseldorf NZM 2009, 665.

[105] LG Düsseldorf ZMR 2010, 632; LG Berlin NZM 2009, 442.

[106] BGH NJW 2011, 2050 = ZWE 2011, 176; BGH NJW 2010, 3376 = ZWE 2010, 455; BGH NJW 2010, 2132; BGH NJW 2010, 446 = ZWE 2010, 33; dagegen leidenschaftlich *Abramenko* ZMR 2010, 161.

e) Klageerhebungs- und -begründungsfristen

aa) Gemeinsame Grundsätze

Die Anfechtungsklage muss innerhalb eines Monats nach der Beschlussfassung **66** erhoben und innerhalb zweier Monate nach der Beschlussfassung begründet werden.

Bitte lesen Sie jetzt § 46 Abs. 1 S. 2 WEG!

Bei den Fristen zur Erhebung und Begründung der Klage nach § 46 Abs. 1 S. 2 **67** WEG handelt es sich nicht um besondere Sachurteilsvoraussetzungen der wohnungseigentumsrechtlichen Anfechtungsklage, sondern um **Ausschlussfristen des materiellen Rechts**.[107] Ihre Nichteinhaltung führt somit nicht zur Unzulässigkeit, sondern zur **Unbegründetheit** der Anfechtungsklage. Mangels entsprechender Regelung im Gesetz können diese Fristen vom Gericht nicht verlängert werden.[108]

Bei einer **Mehrheit von Klägern** soll die Versäumung der Frist durch einzelne **68** von ihnen zur Klageabweisung als unbegründet führen. Dies soll auch dann der Fall sein, wenn andere Wohnungseigentümer diese Frist mit ihrer Klage eingehalten haben. Ihre rechtzeitige Klageerhebung soll nicht zugunsten der verspäteten Klage wirken.[109]

bb) Anfechtungsfrist

Die Anfechtungsklage muss innerhalb eines Monats nach der Beschlussfas- **69** sung erhoben werden (§ 46 Abs. 1 S. 2 WEG). Die Monatsfrist beginnt also mit dem auf den Tag der Beschlussfassung folgenden Tag (§ 187 Abs. 1 BGB). Wird die Beschlussfassung nicht im schriftlichen Verfahren herbeigeführt, ist der Tag der Wohnungseigentümerversammlung maßgeblich. Dabei ist unerheblich, ob der Anfechtende an der Versammlung selbst teilgenommen hat oder ihm eine Versammlungsniederschrift zugegangen ist.[110]

Beispiel

Für die **Fristberechnung** gelten die allgemeinen Regeln der §§ 222 ZPO, 186ff. BGB.
Hat somit die Eigentümerversammlung am Dienstag, den 14.3.2017 stattgefunden, ist für die Berechnung ein in den Lauf des Tages fallendes Ereignis (= Beschlussfassung) maßgeblich. Die Frist beginnt demnach gem. § 187 Abs. 1 BGB mit dem Folgetag zu laufen. Sie endet gem. § 188 Abs. 2 Hs. 1 BGB mit dem Ablauf desjenigen Tages des nächsten Monats, welcher durch seine Zahl dem Tag entspricht, in den das Ereignis (= Beschlussfassung) fällt. Das wäre eigentlich (Kar)Freitag, der 14.4.2017 um 24.00 h.
Fällt der letzte Tag der Frist jedoch auf einen Sonntag, einen staatlich anerkannten Feiertag oder einen Sonnabend, so tritt an die Stelle eines solchen Tages der nächste Werktag (§ 193 BGB). Vorliegend endet die Frist wegen des Osterwochenendes also erst am Dienstag, 18.4.2017 um 24.00 h.

---

[107] BGH ZWE 2015, 143; BGHZ 179, 230 = NJW 2009, 999.
[108] BGHZ 182, 307 = NJW 2009, 3655.
[109] BGH NJW 2009, 2132; aA zu Recht im Hinblick auf die andernfalls eintretende Präklusionswirkung der § 10 Abs. 4, § 48 Abs. 3 u. 4 WEG Bärmann/*Roth* § 46 Rn. 134; *Hügel/Elzer* § 46 Rn. 76.
[110] BGHZ 179, 230 = NJW 2009, 999.

Hinweis:

Der Gesetzgeber hat die Einhaltung einer **Monatsfrist** und nicht einer **4-Wochen-Frist** angeordnet (vgl. demgegenüber zB § 622 Abs. 1 BGB)! Der Sachverhalt eignet sich sehr gut, um diesen Unterschied zu verdeutlichen:
Für den Fristbeginn würde sich zunächst keine Änderung ergeben (Ereignis am Dienstag, 14.3.2017; Fristbeginn somit am 15.3.2017). Die Frist würde jedoch bei einer vierwöchigen Dauer gem. § 188 Abs. 2 Hs. 1 BGB mit dem Ablauf desjenigen Tages der letzten Woche enden, welcher durch seine Benennung (= Dienstag) dem Tag entspricht, in den das Ereignis (= Beschlussfassung) fällt. Fristende wäre danach also am Dienstag 11.4.2017 um 24.00 h.
Vergleichen Sie nun die gefundenen Ergebnisse; es ergibt sich aufgrund der Feiertagsregelung für das Beispiel ein Unterschied von einer ganzen Woche!

Merke: 4 Wochen sind kein Monat!

70   Die einmonatige Anfechtungsfrist wird durch **Erhebung der Klage**, also durch deren Zustellung (§ 253 Abs. 1 ZPO) gewahrt. Wird die Klage am letzten Tag der Anfechtungsfrist eingereicht, kann die notwendige Zustellung nicht mehr innerhalb der Frist erfolgen. Die rechtzeitige Einreichung der Klageschrift genügt deshalb nur dann, wenn die Zustellung zumindest „demnächst" erfolgt (§ 167 ZPO).[111] Bei der Frage, ob eine Klagzustellung „demnächst" im Sinne von § 167 ZPO erfolgt, sind Verzögerungen im Zustellungsverfahren, die durch eine **fehlerhafte Sachbehandlung des Gerichts** verursacht sind, dem Kläger grundsätzlich nicht zuzurechnen. Hat er alle von ihm geforderten Mitwirkungshandlungen für eine ordnungsgemäße Klagzustellung erbracht, insbesondere den Gerichtskostenvorschuss eingezahlt, so sind er und sein Prozessbevollmächtigter im Weiteren nicht mehr gehalten, das gerichtliche Vorgehen zu kontrollieren und durch Nachfragen auf die beschleunigte Zustellung hinzuwirken.[112] Geht es demgegenüber um **von der klagenden Partei zu vertretende Zustellungsverzögerungen**, ist das Merkmal „demnächst" nur erfüllt, wenn sich die Verzögerung in einem hinnehmbaren Rahmen hält. Mit Blick auf den nach § 12 Abs. 1 GKG zu leistenden Gerichtskostenvorschuss ist das nur zu bejahen, wenn dieser nach seiner Anforderung innerhalb eines Zeitraumes eingezahlt wird, der sich um zwei Wochen bewegt oder nur geringfügig darüber liegt.[113] Auch wird der Kläger gehalten sein, innerhalb einer angemessenen Frist beim Gericht nachzufragen, falls die Vorschussanforderung ausbleibt.

cc) Klagebegründungsfrist

71   Die Anfechtungsklage muss innerhalb zweier Monate nach der Beschlussfassung begründet werden (§ 46 Abs. 1 S. 2 WEG). Bei dieser Frist handelt es sich **nicht** um eine Anschlussfrist, die erst nach dem Ablauf der Einlegungsfrist beginnt (vgl. etwa § 317 StPO). Für die **Berechnung** gelten daher die oben dargestellten Grundsätze entsprechend.

---

[111] BGHZ 179, 230 = NJW 2009, 999.
[112] BGH ZWE 2011, 218; BGHZ 168, 306 = NJW 2006, 3206.
[113] BGH ZMR 2012, 643; BGH NZM 2012, 351; BGHZ 179, 230 = NJW 2009, 999; BGH NJW 2000, 2282; BGH NJW 1986, 1347; LG Nürnberg-Fürth NJW 2009, 374.

Beispiel

Lassen Sie uns bei vorstehendem Beispiel bleiben:
Hat die Eigentümerversammlung am Dienstag, den 14.3.2017 stattgefunden, ist für die Berechnung der Klagebegründungsfrist wiederum ein in den Lauf des Tages fallendes Ereignis (= Beschlussfassung) maßgeblich. Die Frist beginnt demnach gem. § 187 Abs. 1 BGB mit dem Folgetag zu laufen. Sie endet gem. § 188 Abs. 2 Hs. 1 BGB mit dem Ablauf desjenigen Tages des übernächsten Monats, welcher durch seine Zahl dem Tag entspricht, in den das Ereignis (= Beschlussfassung) fällt. Das wäre eigentlich Sonntag, der 14.5.2017 um 24.00 h. Gem. § 222 ZPO, § 193 BGB endet die Frist erst am Montag, 15.5.2017 um 24.00 h.
Eine typische **Fehlerquelle** bei der Berechnung der Klagebegründungsfrist ist nun die – fehlerhafte – Anknüpfung an den Ablauf der Anfechtungsfrist.[114]

Zur Fristwahrung muss in der Begründung der konkrete Lebenssachverhalt, **72** auf den sich die Anfechtung stützt, mindestens seinem wesentlichen Kern nach dargelegt werden.[115] Es genügt nicht, wenn sich der Anfechtungsgrund nur aus den Anlagen ergibt.[116] Die Begründung muss auf den individuellen Fall zugeschnitten sein; pauschales Vorbringen in der Weise, dass der angegriffene Beschluss ordnungsmäßiger Verwaltung widerspricht, wahrt die Frist nicht.[117] Ein Nachschieben weiterer Anfechtungsgründe ist ausgeschlossen.[118]

f) Entscheidung

Das Gericht erklärt (konstitutiv) durch **Gestaltungsurteil** den angefochtenen **73** Beschluss für ungültig bzw. stellt seine Ungültigkeit fest, wenn die Beschlussmängelklage zulässig und begründet ist. Ist der Beschluss nichtig, stellt es dessen Nichtigkeit (deklaratorisch) fest. Da es sich bei Ungültigerklärung und Nichtigkeitsfeststellung um denselben Streitgegenstand handelt, kann das Gericht auf den Klageantrag auf Ungültigerklärung auch die Nichtigkeit eines Beschlusses feststellen. Jenseits des § 21 Abs. 4 WEG ist das Gericht aber nicht befugt, im Verfahren nach § 43 Nr. 4 WEG selbst gestaltend oder ändernd in Beschlüsse der Wohnungseigentümer einzugreifen oder gar einen anderen Beschluss an die Stelle des angefochtenen zu setzen.[119] Wird durch das Urteil eine Anfechtungsklage als unbegründet abgewiesen, so kann wegen der vom Prozessgericht zugleich vorzunehmenden Nichtigkeitsprüfung folglich nicht mehr geltend gemacht werden, der Beschluss sei nichtig (§ 48 Abs. 4 WEG).

Das rechtskräftige Urteil wirkt für und gegen alle beigeladenen Wohnungs- **74** eigentümer und ihre Rechtsnachfolger sowie den beigeladenen Verwalter (§ 48 Abs. 3 WEG). Wegen dieser Wirkung kann die gerichtliche Entscheidung nur einheitlich erfolgen.[120] **Teilversäumnisurteile** oder **Teilanerkenntnisurteile** gegen einzelne Wohnungseigentümer sind daher nicht möglich.[121]

---

[114] Vgl. BGH v. 16.2.2017 – V ZB 137/16.

[115] BGHZ 179, 230 = NJW 2009, 999; LG Düsseldorf ZMR 2011, 987.

[116] BGH NJW 2011, 2202 = ZWE 2011, 323; BGHZ 179, 230 = NJW 2009, 999.

[117] BGH NJW 2009, 2132; LG Hamburg ZWE 2011, 131; LG Lüneburg, ZMR 2009, 636; LG Nürnberg-Fürth ZMR 2009, 317.

[118] BGH NJW 2011, 2202 = ZWE 2011, 323; BGHZ 179, 230 = NJW 2009, 999; aA *Elzer* NJW 2009, 2098.

[119] OLG Hamburg ZMR 2008, 151.

[120] Tlw. aA BGH NJW 2009, 2132, wenn eine Klageabweisung bzgl. eines säumigen Wohnungseigentümers trotz erfolgreicher Klage eines anderen Wohnungseigentümers bzgl. desselben Beschlussgegenstandes für möglich gehalten wird. Vgl. bereits → Rn. 68.

[121] *Becker/Ott/Suilmann* Rn. 891.

75 Ist ein Teil eines Beschlusses anfechtbar oder nichtig, so ist er nach der Regel des § 139 BGB grundsätzlich insgesamt für ungültig zu erklären, wenn der unbeanstandet gebliebene Teil allein sinnvollerweise keinen Bestand haben kann und nicht anzunehmen ist, dass ihn die Wohnungseigentümer so beschlossen hätten.[122] Ausnahmsweise kann aber auch eine **Teilungültigerklärung** in Betracht kommen.[123]

Beispiel

Eine teilweise Ungültigkeit kommt insbesondere bei Beschlussfassungen im Bereich der Jahresabrechnung gem. § 28 Abs. 5 WEG in Betracht. Ist die Jahresabrechnung nämlich nur in einzelnen Punkten fehlerhaft, kann sich die Ungültigerklärung auf rechnerisch selbständige und abgrenzbare Teile der Jahresabrechnung – etwa den fehlerhaften Verteilungsschlüssel – beschränken.[124] Vgl. dazu auch im → Kapitel J Rn. 76.

76 Gem. § 23 Abs. 4 S. 2 WEG hat die Beschlussmängelklage keine aufschiebende Wirkung. Der anfechtende Wohnungseigentümer muss daher ggf. im Wege einer **einstweiligen Verfügung** versuchen, den andernfalls vom Wohnungseigentumsverwalter zu bewirkenden Vollzug eines ausführungsbedürftigen Beschlusses zu verhindern. Eine solche Regelungsverfügung gem. §§ 935, 940 ZPO ist zulässig, sofern sie zur Abwendung wesentlicher Nachteile oder zur Verhinderung drohender Gewalt oder aus anderen Gründen nötig erscheint. Die einstweilige Verfügung kann allerdings die Hauptsacheentscheidung noch nicht vorwegnehmen.

11. Kostentragung und -erstattung

a) Kostentragung

77 Die Kostentragungspflicht richtet sich für sämtliche WEG-Verfahren nach §§ 91 ff. ZPO. Danach hat **grundsätzlich** die **unterlegene Partei** die notwendigen Kosten des Verfahrens zu tragen. Eine gerichtliche Ermessensentscheidung kommt nur ausnahmsweise in Betracht, wenn das Gericht auch in der Hauptsache nach billigem Ermessen entscheidet (§ 49 Abs. 1 WEG).

78 Abweichend von diesem Grundsatz können aber dem **Wohnungseigentumsverwalter** Prozesskosten auferlegt werden, soweit die Tätigkeit des Gerichts durch ihn veranlasst wurde und ihn ein grobes Verschulden trifft. Dies ist selbst dann möglich, wenn er nicht Partei des Rechtsstreits ist (§ 49 Abs. 2 WEG). Unter einem grobem Verschulden im Sinne von § 49 Abs. 2 WEG sind Vorsatz oder zumindest grobe Fahrlässigkeit zu verstehen. Letztere setzt voraus, dass der Handelnde die erforderliche Sorgfalt nach den gesamten Umständen in ungewöhnlich grobem Maße verletzt und dasjenige nicht beachtet hat, was jedem hätte einleuchten und sich aufdrängen müssen. Es muss sich um eine auch subjektiv schlechthin unentschuldbare Pflichtverletzung handeln, wobei generell an einen erfahrenen Berufsverwalter bei der Ausübung seiner Tätigkeit höhere Anforderungen zu

---

[122] BGH NJW 2012, 2648 = ZWE 2012, 371.
[123] OLG Köln ZMR 2008, 70.
[124] BGH NJW 2012, 2648 = ZWE 2012, 371; BGHZ 171, 335 = NJW 2007, 1869 = ZWE 2007, 398.

stellen sind als an einen nicht professionell tätigen Verwalter aus der Reihe der Wohnungseigentümer.[125]

Beispiele

U.a. in folgenden Fällen hat die Rechtsprechung dem Wohnungseigentumsverwalter gem. § 49 Abs. 2 WEG Prozesskosten (tlw.) auferlegt:

- Fehlerhafte Erstellung der Jahresabrechnung.[126]
- Inhaltlich ungenaue Formulierung von Beschlussanträgen.[127]
- Fehlerhafte Einladung zur Eigentümerversammlung.[128]
- Fehlerhafte Verkündung von Beschlüssen.[129]
- Einreichung einer Hausgeldklage durch den Wohnungseigentumsverwalter trotz unterbliebener Neubestellung.[130]
- Einreichung einer Klage durch den Wohnungseigentumsverwalter trotz fehlender Ermächtigung.[131]
- Ungenügende Trennung der Instandhaltungsrücklage von den laufenden Hausgeldern.[132]

Mit der Verurteilung des Wohnungseigentumsverwalters in die Kosten des Verfahrens soll ein Folgeverfahren wegen eines materiell gem. § 280 BGB möglichen Rückgriffs der in die Kosten verurteilten Partei auf den Verwalter vermieden werden, der den Erstprozess durch pflichtwidriges und schuldhaftes Verhalten veranlasst hat. Folglich setzt eine Kostenentscheidung nach § 49 Abs. 2 WEG das Bestehen eines gegen den Verwalter gerichteten materiell-rechtlichen **Schadensersatzanspruchs** des unterlegenen Wohnungseigentümers wegen der (grob verschuldeten) Verletzung von Pflichten bei der Verwaltung voraus. Im Hinblick auf die Voraussetzungen des Schadensersatzanspruchs ist dem Gericht ein Ermessen nicht eingeräumt.[133]

79 Die Kosten eines Rechtsstreits setzen sich zusammen aus den **Gerichtskosten** (Gebühren und Auslagen) sowie den **außergerichtlichen Kosten** der Parteien (insbesondere Rechtsanwaltsvergütungen). Gerichtsgebühren werden nach dem Gerichtskostengesetz (GKG), Rechtsanwaltsgebühren nach dem Rechtsanwaltsvergütungsgesetz (RVG) berechnet; beide bestimmen sich nach dem vom Gericht festgesetzten Streitwert (für Gerichtsgebühren: §§ 3 Abs. 2, 34, 49a GKG iVm den jeweiligen KV-Nrn. Anlage 1; für Rechtsanwaltsgebühren: §§ 2, 13, 23 Abs. 1 S. 1 RVG iVm den jeweiligen VV-Nrn. Anlage 1).

b) Kostenerstattung

80 Jede Partei kann im Rahmen des gerichtlichen **Kostenfestsetzungsverfahrens** gem. §§ 103ff. ZPO ihren Erstattungsanspruch geltend machen. Erstattungsfähig

---

[125] BGH ZWE 2017, 55.
[126] LG München I ZWE 2016, 181; LG Stuttgart ZWE 2016, 50; LG Dessau-Roßlau ZMR 2010, 471.
[127] LG Dessau-Roßlau ZMR 2010, 471; AG Velbert ZMR 2009, 565; AG Strausberg, ZMR 2009, 563 = ZWE 2009, 183 m. Anm. *Sommer.*
[128] LG Düsseldorf ZWE 2015, 190.
[129] LG Bamberg ZWE 2015, 378.
[130] LG Hamburg NZM 2009, 708.
[131] OLG Düsseldorf NZM 2007, 46.
[132] LG Berlin ZWE 2014, 460.
[133] BGH ZWE 2017, 55.

sind allerdings nur die Kosten des Rechtsstreits, soweit sie zur zweckentsprechenden Rechtsverfolgung oder Rechtsverteidigung notwendig waren (§ 91 Abs. 1 S. 1 ZPO). Dazu gehören insbesondere auch die gesetzlichen Gebühren und Auslagen des Rechtsanwalts der obsiegenden Partei (§ 91 Abs. 2 S. 1 ZPO).

81   Besonders bei Beschlussmängelklagen gem. § 43 Nr. 4 WEG könnte es deshalb zu einem unkalkulierbaren Kostenrisiko kommen, wenn sich die verklagten Wohnungseigentümer jeweils individuell durch mehrere Rechtsanwälte vertreten lassen.[134] § 50 WEG begrenzt in diesem Fall die Erstattungsfähigkeit der zur zweckentsprechenden Rechtsverfolgung oder Rechtsverteidigung notwendigen Kosten auf die Kosten *eines* bevollmächtigten Rechtsanwalts, wenn nicht aus Gründen, die mit dem Gegenstand des Rechtsstreits zusammenhängen, eine Vertretung durch mehrere bevollmächtigte Rechtsanwälte geboten war. Bei einer nicht gebotenen **Mehrfachmandatierung** von Anwälten ist dann vorrangig der vom Verwalter aufgrund seiner gesetzlichen Befugnis gem. § 27 Abs. 2 Nr. 2 WEG mandatierte Rechtsanwalt vom unterlegenen Gegner zu bezahlen[135]; der weitere Anwalt erhält lediglich die evtl. noch nicht ausgeschöpfte Mehrvertretungsgebühr vom Gegner erstattet.[136]

82   Lassen sich umgekehrt mehrere Wohnungseigentümer bei der Einreichung separater Anfechtungsklagen jeweils anwaltlich vertreten, soll § 50 WEG den Kostenerstattungsanspruch einer Mehrzahl obsiegender Anfechtungskläger nicht beschränken.[137]

12. Rechtsmittel

83   Auch das Rechtsmittelsystem in Wohnungseigentumssachen weist einige – haftungsträchtige – Besonderheiten auf. Für Urteile ist dabei zwischen den sog Binnenstreitigkeiten des § 43 Nr. 1 bis 4 und Nr. 6 WEG einerseits sowie den Außenstreitigkeiten des § 43 Nr. 5 WEG andererseits zu unterscheiden.

a) Berufung

84   Gegen die im ersten Rechtszug erlassenen Endurteile ist die **Berufung statthaft** (§ 511 Abs. 1 ZPO). Die Berufung ist **zulässig** (§ 511 Abs. 2 ZPO), wenn
- der Wert des Beschwerdegegenstandes 600 EUR übersteigt oder
- das Gericht des ersten Rechtszuges die Berufung im Urteil zugelassen hat.

Das Gericht des ersten Rechtszuges lässt die Berufung zu, wenn die Rechtssache grundsätzliche Bedeutung hat oder die Fortbildung des Rechts oder die Sicherung einer einheitlichen Rechtsprechung eine Entscheidung des Berufungsgerichts erfordert und die Partei durch das Urteil mit nicht mehr als 600 EUR beschwert ist (§ 511 Abs. 4 ZPO).

85   **Streitwert** und **Beschwerdewert** sind dabei voneinander zu unterscheiden und stimmen nicht notwendigerweise überein. Maßgebend für den Beschwerdewert

---

[134] Vgl. BGH NJW 2011, 3165 = ZWE 2011, 399.
[135] BGH NJW 2009, 3168 = ZWE 2009, 393.
[136] OLG Hamburg ZWE 2015, 339.
[137] BGH ZWE 2010, 360; LG Berlin ZWE 2011, 455.

des § 511 Abs. 2 Nr. 1 ZPO ist das Interesse des Berufungsklägers an der Abänderung des angefochtenen Urteils, das unter wirtschaftlichen Gesichtspunkten zu bewerten ist. Dabei ist allein auf die Person des Rechtsmittelführers, seine Beschwer und sein Änderungsinteresse abzustellen. Das für den Beschwerdewert maßgebliche Änderungsinteresse ist auch in wohnungseigentumsrechtlichen Verfahren aus der Person des Rechtsmittelführers zu beurteilen und erhöht sich nicht dadurch, dass die Entscheidung für die anderen Beteiligten bindend ist und sich der Streitwert gemäß § 49a Abs. 1 S. 1 GKG auch nach deren Interesse richtet.[138]

Beispiel

Eine Klägerin ist Wohnungseigentümerin mit einem Miteigentumsanteil von 127/10.000stel. In der Eigentümerversammlung lehnte die Mehrheit der Eigentümer ihren Antrag ab, den Beschluss zu fassen, Schadensersatzansprüche von 11.091,45 EUR gegen den Wohnungseigentumsverwalter geltend zu machen. Die hiergegen erhobene Anfechtungsklage der Klägerin hat das Amtsgericht abgewiesen. Das Landgericht hat die Berufung als unzulässig verworfen. Der Wert des Beschwerdegegenstandes (= finanzielles Interesse der Klägerin) beträgt lediglich (11.091, 45 x 127 : 10.000 =) 140,86 EUR.[139]

Die **Berufung** muss **innerhalb eines Monats** seit Zustellung des in vollständiger Form abgefassten Urteils beim Berufungsgericht eingelegt werden (§§ 517, 519 ZPO). Die Frist für die **Berufungsbegründung** beträgt **zwei Monate** und beginnt mit der Zustellung des in vollständiger Form abgefassten Urteils (§ 520 Abs. 2 S. 1 ZPO). Für die Fristberechnung gelten die unter → Rn. 69 aufgezeigten Grundsätze entsprechend. 86

aa) Binnenstreitigkeiten (§ 43 Nr. 1 bis 4 u. Nr. 6 WEG)

In **Binnenstreitigkeiten** nach § 43 Nr. 1 bis 4 und Nr. 6 WEG ist grundsätzlich 87
das für den Sitz des Oberlandesgerichts zuständige Landgericht **Berufungsgericht** für den Bezirk des Oberlandesgerichts, in dem das erstinstanzlich zuständige Amtsgericht seinen Sitz hat (§ 72 Abs. 2 S. 1 GVG). Aufgrund der in § 72 Abs. 2 S. 2 GVG enthaltenen Ermächtigung sind jedoch hiervon in einigen Bundesländern **abweichende Bestimmungen** erfolgt!![140] Ob die in § 72 Abs. 2 GVG vorgesehene **Zuständigkeitskonzentration** eintritt, richtet sich allein danach, ob es sich um eine Streitigkeit iSv § 43 Nr. 1 bis 4 oder Nr. 6 WEG handelt; dagegen ist es unerheblich, wenn in erster Instanz nicht der nach dem Geschäftsverteilungsplan für diese Streitigkeiten zuständige Amtsrichter entschieden hat.[141]

Die Anrufung eines unzuständigen Landgerichts wahrt die Berufungsfrist nur, 88
wenn die Frage, ob eine Streitigkeit nach § 43 Nr. 1 bis 4 und Nr. 6 WEG vorliegt, für bestimmte Fallgruppen noch nicht höchstrichterlich geklärt ist und man über deren Beantwortung mit guten Gründen unterschiedlicher Auffassung sein kann; andernfalls muss die Berufung binnen Monatsfrist an das nach § 72 Abs. 2 GVG zuständige LG weitergeleitet werden.[142] Wird die Berufungsfrist durch **Einlegung bei einem unzuständigen Landgericht** versäumt, kann dem anwaltlich vertretenen

---

[138] BGH ZWE 2017, 233; BGH ZWE 2012, 224.
[139] Nach BGH ZWE 2012, 224.
[140] Eine Gesamtübersicht zu den zentralen Berufungsgerichten findet sich bei *Hogenschurz* NJW 2015, 1990, 1991.
[141] BGH NJW-RR 2016, 255.
[142] BGH NJW 2014, 1879 = ZWE 2014, 211; BGH NZM 2012, 732; BGH ZWE 2010, 265.

Wohnungseigentümer grundsätzlich keine Wiedereinsetzung in den vorigen Stand gewährt werden.[143]

bb) Außenstreitigkeiten (§ 43 Nr. 5 WEG)

89   In den **Außenstreitigkeiten** nach § 43 Nr. 5 WEG richtet sich die Zuständigkeit nach den allgemeinen streitwertbezogenen Grundsätzen. War danach erstinstanzlich die Zuständigkeit des Amtsgerichts gegeben, ist für die Entscheidung über die Berufung das Landgericht zuständig (§§ 23 Nr. 1, 72 Abs. 1 S. 1 GVG). War im Hinblick auf die Streitwerthöhe bereits erstinstanzlich das Landgericht zuständig (§ 71 Abs. 1 GVG), so entscheidet über die Berufung das Oberlandesgericht (§ 119 Abs. 1 Nr. 2 GVG).

b) Revision

90   Grundsätzlich ist gegen die in der Berufungsinstanz erlassenen Endurteile die **Revision statthaft** (§ 542 Abs. 1 ZPO). Die Revision ist **zulässig** (§ 543 Abs. 1 ZPO), wenn sie

- das Berufungsgericht in dem Urteil oder
- das Revisionsgericht auf Beschwerde gegen die Nichtzulassung

zugelassen hat.

Die Revision ist zuzulassen, wenn die Rechtssache grundsätzliche Bedeutung hat oder die Fortbildung des Rechts oder die Sicherung einer einheitlichen Rechtsprechung eine Entscheidung des Revisionsgerichts erfordert (§ 543 Abs. 2 ZPO).

91   Die **Revision** muss **innerhalb eines Monats** seit Zustellung des in vollständiger Form abgefassten Berufungsurteils beim Revisionsgericht eingelegt werden (§§ 548, 549 ZPO). Die Frist für die **Revisionsbegründung** beträgt **zwei Monate** und beginnt mit der Zustellung des in vollständiger Form abgefassten Urteils (§ 551 Abs. 2 S. 2 u. 3 ZPO). Für die Fristberechnung gelten die unter → Rn. 69 aufgezeigten Grundsätze entsprechend. Als Revisionsgericht ist in allen Fällen der Bundesgerichtshof zuständig (§ 133 GVG).

92   Gegen die Nichtzulassung der Revision durch das Berufungsgericht kann **Nichtzulassungsbeschwerde** nach Maßgabe des § 544 ZPO eingelegt werden. Die Beschwerde gegen die Nichtzulassung der Revision durch das Berufungsgericht ist allerdings bis zum 30.6.2018 nur zulässig, wenn der Wert der mit der Revision geltend zu machenden Beschwer 20.000,– EUR übersteigt; dies gilt nicht, wenn das Berufungsgericht die Berufung verworfen hat (§ 26 Nr. 8 EGZPO). Der vormalige Ausschluss der Nichtzulassungsbeschwerde für Binnenstreitigkeiten gem. § 62 Abs. 2 WEG ist mit Ablauf des 31.12.2015 entfallen.

---

[143] BGH NZM 2016, 446; BGH NJW 2014, 2503; BGH ZMR 2010, 774; s. aber auch BGH v. 9.3.2017 – V ZB 18/16 ZWE 2017, 293 für einen unverschuldeten Rechtsirrtum infolge fehlerhafter Rechtsmittelbelehrung.

II. Entziehung des Wohnungseigentums

1. Sinn und Zweck

Hat ein Wohnungseigentümer sich einer so schweren Verletzung der ihm ge- 93
genüber anderen Wohnungseigentümern obliegenden Verpflichtungen schuldig
gemacht, dass diesen die Fortsetzung der Gemeinschaft mit ihm nicht mehr
zugemutet werden kann, so **können** die anderen Wohnungseigentümer von ihm
die **Veräußerung** seines Wohnungseigentums **verlangen**.

Bitte lesen Sie jetzt § 18 Abs. 1 WEG!

Dieses **Entziehungsrecht** stellt das Pendant zur Unauflöslichkeit der Wohnungseigentümergemeinschaft gem. § 11 WEG dar. Die Vorschrift enthält eine
gesetzliche Inhaltsbestimmung des Wohnungseigentums und ermöglicht als ulti-
ma ratio zur Wiederherstellung des Gemeinschaftsfriedens die Entfernung eines
Miteigentümers aus der Gemeinschaft.[144]

2. Entziehungsvoraussetzungen

a) Regelbeispiele

Die Voraussetzungen eines Entziehungsanspruchs liegen **insbesondere** vor, 94
wenn der Wohnungseigentümer trotz Abmahnung wiederholt **gröblich gegen die
ihm nach § 14 WEG obliegenden Pflichten verstößt** (§ 18 Abs. 2 Nr. 1 WEG) oder
wenn er sich mit der **Erfüllung seiner Verpflichtungen zur Lasten- und Kostentragung** gem. § 16 Abs. 2 WEG in Höhe eines Betrages, der drei vom Hundert des
Einheitswertes seines Wohnungseigentums übersteigt, **länger als drei Monate in
Verzug** befindet (§ 18 Abs. 2 Nr. 2 WEG).

Bitte lesen Sie jetzt § 18 Abs. 2 WEG!

Beispiele (für § 18 Abs. 2 Nr. 1 WEG):   95

- Notwendige Arbeiten am Gemeinschaftseigentum können aufgrund des Verhaltens eines
  Wohnungseigentümers über Jahre hinweg nicht durchgeführt werden ("Messie-Syn-
  drom").[145]
- Der Ersteher einer Eigentumswohnung verletzt seinerseits die Pflicht aus § 14 Nr. 1 WEG,
  wenn er die Nutzung durch den früheren Wohnungseigentümer, dem das Wohnungseigentum nach § 18 Abs. 2 Nr. 1 WEG entzogen worden ist, nicht beendet, sondern ihm den
  Besitz weiterhin überlässt; die anderen Wohnungseigentümer können verlangen, dass er
  dem früheren Wohnungseigentümer den Besitz entzieht.[146]

---

[144] Zur Verfassungsmäßigkeit s. BVerfG FGPrax 1998, 90; BVerfG NJW 1994, 241.
[145] LG Hamburg ZWE 2017, 34.
[146] BGH NZM 2017, 37.

96 Eine Entziehung gem. § 18 Abs. 2 Nr. 1 WEG setzt voraus, dass der störende Wohnungseigentümer trotz Abmahnung wiederholt gröblich gegen die ihm nach § 14 WEG obliegenden Pflichten verstößt. Dies erfordert nach h.M. mindestens **drei gleichartige Verstöße** gegen § 14 WEG – einen vor der Abmahnung, zwei („wiederholt") danach.[147] Da § 18 Abs. 2 Nr. 1 WEG jedoch keine Sperrwirkung entfaltet[148], genügen auch weniger als drei Verstöße, wenn die Voraussetzungen des § 18 Abs. 1 WEG vorliegen.

97 Die Entziehungsmöglichkeit gem. § 18 Abs. 2 Nr. 2 WEG tritt gegenüber der mit der WEG-Novelle (2007) geschaffenen Möglichkeit zur privilegierten Geltendmachung von Hausgeldansprüchen im Rahmen eines Zwangsversteigerungsverfahrens in den Hintergrund und kann vernachlässigt werden.[149]

> **Hinweis:**
>
> Zur privilegierten Geltendmachung von Hausgeldansprüchen lesen Sie mehr im → Kapitel M Rn. 13 ff.

b) Generalklausel

98 Sofern keine Pflichtverletzung nach § 18 Abs. 2 WEG vorliegt, ist zu prüfen, ob die allgemeinen Voraussetzungen des § 18 Abs. 1 WEG erfüllt sind. Hierunter fallen zunächst **persönliche Verfehlungen** gegen alle oder einzelne Miteigentümer.

Beispiele:

– Fortgesetzte Nutzung einer Wohnung durch den Eigentümer als Bordell.[150]
– Lautstarkes Beschimpfen anderer Miteigentümer als Mörder oder Vergewaltiger.[151]
– Tätlichkeiten und schwere Beleidigungen gegenüber anderen Wohnungseigentümern, deren Angehörigen oder dem Hausmeister.[152]
– Benutzung des Wohnzimmers als Toilette und Verunreinigung mit Fäkalien.[153]

Auch wenn die Voraussetzungen des § 18 Abs. 2 Nr. 2 WEG nicht erfüllt sind, kann ein unregelmäßiges **Zahlungsverhalten** gleichwohl die Entziehung des Wohnungseigentums gem. § 18 Abs. 1 WEG rechtfertigen.

Beispiel:

Fortlaufend unpünktliche Erfüllung von Hausgeld- und anderen Zahlungsansprüchen der Gemeinschaft der Wohnungseigentümer, wenn dadurch die ordnungsgemäße Verwaltung nachhaltig beeinträchtigt wird.[154]

---

[147] BGHZ 170, 369 = NJW 2007, 1353 = ZWE 2007, 193; Bärmann/*Suilmann* § 18 Rn. 12; NKV/*Vandenhouten* § 18 Rn. 17; Riecke/Schmid/*Riecke* § 18 Rn. 33; aA Jennißen/ *Heinemann* § 18 Rn. 20: zwei Verstöße ausreichend.

[148] BGHZ 170, 369 = NJW 2007, 1353 = ZWE 2007, 193.

[149] Für Abschaffung deshalb Jennißen/*Heinemann* § 18 Rn. 5.

[150] Vgl. OLG Düsseldorf NJW-RR 1997, 13 mit Hinweis auf die nicht veröffentlichte Entscheidung v. 18.12.1991 – 3 Wx 476/91.

[151] AG Tübingen ZMR 2011, 919.

[152] AG Dachau ZMR 2006, 319.

[153] AG Erlangen ZMR 2004, 539.

[154] BGHZ 170, 369 = NJW 2007, 1353 = ZWE 2007, 193.

Art. 14 GG und der darin verankerte Schutz des Eigentums stehen einer 99 Entziehung von Wohnungseigentum zwar nicht entgegen, doch kommt sie nur bei Vorliegen enger Voraussetzungen in Betracht. Sie darf nur als **letztes Mittel** gegen einen gemeinschaftsschädigenden Wohnungseigentümer eingesetzt werden. Die Wohnungseigentümergemeinschaft hat daher zunächst alle ihr zumutbaren Möglichkeiten zur Unterbindung des störenden Verhaltens auszuschöpfen.[155]

Beispiel:

In Betracht kommen etwa eine vorherige Unterlassungsklage[156] oder bei Zahlungsverzug gem. § 18 Abs. 2 Nr. 2 WEG eine vorherige Zahlungsklage, die dann eine privilegierte Zwangs- vollstreckung gem. § 10 Abs. 1 Nr. 2 ZVG ermöglichen würde.[157]

Entgegen der missverständlichen Formulierung in § 18 Abs. 1 Satz 1 WEG, 100 wonach sich der betroffene Miteigentümer der Verletzung seiner Verpflichtungen „schuldig gemacht" haben muss, wird für eine Entziehung **kein schuldhaftes Verhalten** vorausgesetzt.[158] Andernfalls könnten nämlich krankhaft bedingt schuldunfähige Mitglieder der Eigentümergemeinschaft trotz unzumutbarer Stö- rungen nicht aus der Gemeinschaft ausgeschlossen werden. Allerdings stellt dann die Einordnung des Fehlverhaltens seitens eines psychisch Kranken besondere Anforderungen an die Schwere der Pflichtverletzung.[159]

c) Abmahnung

In den Fällen des § 18 Abs. 1 und Abs. 2 Nr. 1 WEG ist grundsätzlich eine **vor-** 101 **herige Abmahnung** erforderlich[160]; im Fall des § 18 Abs. 2 Nr. 2 WEG kann der säumige Wohnungseigentümer demgegenüber das Entziehungsverfahren jederzeit durch rechtzeitige Zahlung abwenden (vgl. § 19 Abs. 2 WEG).

Die Abmahnung soll dem betreffenden Wohnungseigentümer sein als Entzie- 102 hungsgrund beanstandetes Fehlverhalten nachhaltig vor Augen führen, verbun- den mit der Aufforderung, dieses Verhalten zur Vermeidung eines Entziehungs- beschlusses aufzugeben oder zu ändern.[161] Sie muss deshalb das beanstandete Verhalten konkret bezeichnen.[162] Die Abmahnung selbst ist eine formfreie rechts- geschäftsähnliche Erklärung, die einen Beschluss der Wohnungseigentümer nicht unbedingt voraussetzt und auch durch den Verwalter oder einzelne Wohnungs- eigentümer ausgesprochen werden kann.[163]

---

[155] LG Berlin ZWE 2010, 217.

[156] Vgl. LG Berlin ZWE 2010, 217; LG Aachen ZMR 1993, 233.

[157] Jennißen/*Heinemann* unter Hinweis auf BT-Drs. 16/887, S. 45.

[158] LG Hamburg ZMR 2016, 487; LG Tübingen NJW-RR 1995, 650; Jennißen/*Heinemann* § 18 Rn ; NKV/*Vandenhouten* § 18 Rn. 15; Riecke/Schmid/*Riecke* § 18 Rn. 20; *Schmid* ZfIR 2013, 129, 131.

[159] Vgl. BVerfG NJW 1994, 241.

[160] BGHZ 190, 236 = NJW 2011, 3026 = ZWE 2011, 359; BGHZ 170, 369 = NJW 2007, 1353 = ZWE 2007, 193.

[161] BGHZ 190, 236 = NJW 2011, 3026 = ZWE 2011, 359.

[162] BayObLGZ 1985, 171 = ZMR 1985, 275; LG Berlin ZWE 2010, 217.

[163] BGHZ 190, 236 = NJW 2011, 3026 = ZWE 2011, 359.

3. Vorgerichtliches Verfahren

103   Liegen die Voraussetzungen für eine Entziehung vor, beschließen zunächst die Wohnungseigentümer über das Veräußerungsverlangen (§ 18 Abs. 3 WEG). Der **Beschluss** bedarf einer Mehrheit von mehr als der Hälfte der stimmberechtigten Wohnungseigentümer (§ 18 Abs. 3 S. 2 WEG). Demnach kommt es also nicht nur auf die Mehrheit in der Versammlung, sondern aller Wohnungseigentümer an. Zudem bedeutet das **Kopfstimmrecht** gem. §§ 18 Abs. 3 S. 2, 25 Abs. 2 WEG, dass jeder Wohnungseigentümer unabhängig von der Größe seines Miteigentumsanteils und der Zahl seiner Wohnungseigentume nur eine Stimme hat.[164] Dies gilt selbst dann, wenn in der Gemeinschaftsordnung das Stimmrecht nach Köpfen abbedungen sein sollte.[165] Der von der Beschlussfassung Betroffene ist dabei nach § 25 Abs. 5 WEG selbst nicht stimmberechtigt.[166] Einer vorherigen Beschlussfassung nach § 18 Abs. 3 WEG als Voraussetzung eines Anspruchs auf Veräußerung des Wohnungseigentums bedarf es bei einer nur aus **zwei Mitgliedern** bestehenden Wohnungseigentümergemeinschaft nicht; an die Stelle des Beschlusses tritt nach § 18 Abs. 1 S. 2 WEG die Klage des anderen Wohnungseigentümers gegen den Störer auf Veräußerung.[167]

104   Der Entziehungsbeschluss muss das **Veräußerungsverlangen eindeutig** erkennen lassen; anders als noch bei der Abmahnung genügt die bloße Androhung einer Sanktion nicht, ebensowenig die Rüge eines bestimmten Verhaltens.[168]

105   Mit dem Beschluss nach § 18 Abs. 3 WEG wird der betroffene Wohnungseigentümer zur Veräußerung seines Wohnungseigentums aufgefordert. Der Beschluss hat jedoch nicht selbst die Entziehung zur Folge; er ist lediglich **Voraussetzung für die Erhebung einer Klage** nach § 19 Abs. 1 WEG.[169]

106   Der Entziehungsbeschluss kann im Wege der **Anfechtung** lediglich in formeller Hinsicht überprüft werden (u.a. vorherige Abmahnung[170], ordnungsmäßige Ladung, Abstimmung und Verkündung); die Überprüfung der materiellen Berechtigung kann nicht im Verfahren nach § 43 Nr. 4 WEG erfolgen, sondern muss dem gerichtlichen Verfahren der Entziehungsklage vorbehalten bleiben.[171]

4. Gerichtliche Geltendmachung des Entziehungsanspruchs

107   Kommt der Störer einem entsprechenden Beschluss nicht freiwillig nach, ist der Entziehungsanspruch durch Klage (sog **Abmeierungsklage**[172]) bei dem für Wohnungseigentumssachen ausschließlich zuständigen Amtsgericht geltend zu machen (§ 43 Nr. 1 bzw. Nr. 2 WEG).[173]

---

[164] OLG Rostock NZM 2009, 489; Jennißen/*Heinemann* § 18 Rn. 34; Riecke/Schmid/*Riecke* § 18 Rn. 41.
[165] BayObLGZ 1999, 177 = NJW-RR 2000, 17.
[166] BayObLG NZM 1998, 161.
[167] BGH ZWE 2010, 179.
[168] Riecke/Schmid/*Riecke* § 18 Rn. 47.
[169] OLG Hamburg ZMR 2003, 596.
[170] BGHZ 190, 236 = NJW 2011, 3026 = ZWE 2011, 359.
[171] BGHZ 190, 236 = NJW 2011, 3026 = ZWE 2011, 359; OLG Hamburg ZMR 2003, 596; BayObLGZ 1999, 66 = NJW-RR 1999, 887.
[172] Zum Begriff s. Riecke/Schmid/*Riecke* § 18 Rn. 41.
[173] BGH ZWE 2014, 139.

Beispiel:

Der Klageantrag lautet:
Der Beklagte wird verurteilt, sein (näher bezeichnetes) Wohnungseigentum zu veräußern.[174]

Die Ausübung des Entziehungsrechts steht der **rechtsfähigen Gemeinschaft** der **108** Wohnungseigentümer in geborener Prozessstandschaft zu, soweit es sich nicht um eine Gemeinschaft handelt, die nur aus zwei Wohnungseigentümern besteht (§ 18 Abs. 1 S. 2 WEG).

Wiederholung:

Wiederholen Sie jetzt bitte aus dem → Kapitel G die Rn. 46.

Das Entziehungsurteil ersetzt – anders als im früheren Recht – keine Willenser- **109** klärungen des störenden Wohnungseigentümers gem. § 894 S. 1 ZPO.[175] Ebenfalls werden auch andere Erklärungen wie die eines Erstehers oder eines gem. § 12 WEG Zustimmungsberechtigten nicht ersetzt.[176] Gem. § 704 Abs. 1 ZPO kann das Entziehungsurteil auch lediglich vorläufig vollstreckbar sein.[177]

5. Durchsetzung des Entziehungsanspruchs

Eine sich nach Urteilsverkündung evtl. anschließende zwangsweise Entziehung berechtigt zur Zwangsvollstreckung entsprechend den Vorschriften des Ersten Abschnitts des Gesetzes über die Zwangsversteigerung und die Zwangs- verwaltung (§ 19 Abs. 1 S. 1 WEG). Mit dem **Zuschlag** verliert der Störer zwar sein Eigentum, das Wohnungseigentum als solches bleibt jedoch bestehen und wird dem Ersteher als neuem Eigentümer zugeschlagen (§ 90 Abs. 1 ZVG, §§ 864 Abs. 2, 869 ZPO).

Allerdings verpflichtet ein Entziehungsurteil nach § 18 Abs. 1 WEG den ver- **110** urteilten Wohnungseigentümer **lediglich** zum Ausscheiden aus der Gemeinschaft durch **Veräußerung** des Wohnungseigentums. Es gibt der Wohnungseigentü- mergemeinschaft dagegen keinen Anspruch auf Räumung und Herausgabe der Wohnung.[178] Dieser steht vielmehr allein dem Ersteher des Wohnungseigentums zu, wobei der Zuschlagsbeschluss nach § 93 ZVG als Vollstreckungstitel dient.[179]

Hinweis:

Zu den zwangsvollstreckungsrechtlichen Wirkungen können Sie sogleich im → Ka- pitel M Rn. 1 ff. mehr erfahren.

---

[174] Vgl. *Elzer* MietRB 2011, 299.
[175] Jennißen/*Heinemann* § 19 Rn. 25; Riecke/Schmid/*Riecke* § 19 Rn. 2 f.; aA *Hügel/ Elzer* § 19 Rn. 6; Timme/*Hogenschurz* § 19 Rn. 1.
[176] Riecke/Schmid/*Riecke* § 19 Rn. 5.
[177] LG Rostock NJW-Spezial 2013, 387.
[178] BGH NZM 2017, 37; KG ZWE 2016, 21; Jennißen/*Heinemann* § 18 Rn. 3.
[179] BGH NZM 2017, 37.

📖 **Wiederholungsaufgaben und Vertiefungsfragen**

Liegt Ihrer Meinung nach jeweils eine Streitigkeit im Sinne von § 43 WEG vor,

a) wenn ein Wohnungseigentümer von einem anderen Wohnungseigentümer auf Unterlassung bzw. auf Widerruf von Äußerungen in Anspruch genommen wird, die er in der Wohnungseigentümerversammlung getätigt hat?

b) wenn der Verband Wohnungseigentümergemeinschaft rückständige Hausgeldansprüche gegenüber den ehemaligen Gesellschaftern der als Wohnungseigentümerin im Grundbuch eingetragenen Gesellschaft bürgerlichen Rechts geltend macht?

c) wenn ein Ehegatte gegenüber dem anderen Ehegatten als Wohnungseigentümer einen Anspruch auf Ausgleich einer ehebezogenen Zuwendung geltend macht, die er in der Herstellung seiner Eigentumswohnung begründet sieht?

d) wenn der Verband Wohnungseigentümergemeinschaft vertreten durch den entsprechend ermächtigten Verwalter gegen die im Grundbuch eingetragenen Nießbrauchsberechtigten an einer Eigentumswohnung auf Gewährung des Zutritts zum Balkon zwecks Durchführung von Sanierungsmaßnahmen in entsprechender Anwendung von § 14 Nr. 4 WEG klagt?

e) wenn in einer nur aus zwei Einheiten bestehenden Wohnungseigentumsanlage Wohnungseigentümer A das Entziehungsverfahren gem. § 18 WEG gegen Wohnungseigentümer B betreiben will?

Kapitel M. Zwangsvollstreckung und Versorgungssperre

Ausgewählte Literatur zur Ergänzung und Vertiefung:

a) Empfohlene Literatur zu den *Grundlagen der Zwangsvollstreckung*:

Brox/Walker, Zwangsvollstreckungsrecht, 10. Aufl. 2014;
Damm, Zwangsvollstreckung für Anfänger, 11. Aufl. 2014:
Keller, Allgemeines Zwangsvollstreckungsrecht, 2. Aufl. 2016.

b) Empfohlene Literatur zu den *Grundlagen der Immobiliarvollstreckung*:

Eickmann/Böttcher, Zwangsversteigerungs- und Zwangsverwaltungsrecht, 3. Aufl. 2013;
Hock/Klein/Hilbert/Deimann, Immobiliarvollstreckung, 5. Aufl. 2011.

c) Ausgewählte *zwangsvollstreckungsrechtliche Literatur mit wohnungseigentumsrechtlichem Bezug* zur Ergänzung und Vertiefung:

Alff, Beitragsforderungen bei Zwangsvollstreckung in Wohnungseigentum, ZWE 2010, 105; *Becker*, Beitragsforderungen in der Insolvenz des Wohnungseigentümers, ZWE 2013, 6; *Becker*, Die dingliche Haftung für Hausgeldansprüche nach freihändiger Veräußerung durch den Insolvenzverwalter, ZMR 2012, 930; *Cranshaw*, Durchsetzung von Ansprüchen der Eigentümergemeinschaft nach dem WEG gegen Wohnungs- und Teileigentümer in Individualvollstreckung und Insolvenz; ZfIR 2015, 461; *Dötsch* Durchsetzung von Hausgeldansprüchen – Zwangsvollstreckung, ZWE 2015, 157; *Drasdo*, § 10 I Nr. 2 ZVG – Flopp einer mit vielen Hoffnungen verbundenen Gesetzesnovelle, ZWE 2012, 406; *Fabis*, Zwangsversteigerungsprivileg bei Wohngeldrückständen contra Auflassungsvormerkung – ein Risikofaktor für Kaufverträge über Wohnungseigentum, ZfIR 2010, 354; *Jennißen/Kemm* Die Hausgeldverpflichtung der Wohnungseigentümer – gesichert durch eine dingliche Last?, NZM 2012, 630; *Kessler*, Wohngeldrückstände als Gefahr für die Eigentumsvormerkung, NJW 2009, 121; *Reymann*, Zur Rangklasse einer Auflassungsvormerkung in der Zwangsversteigerung und zum Vorrang von Ansprüchen der Wohnungseigentümergemeinschaft, die die Zwangsversteigerung wegen Hausgeldrückständen betreibt, ZIP 2014, 1899; *Schneider*, Ausgewählte Besonderheiten bei der Zwangsvollstreckung des wohnungseigentumsrechtlichen Entziehungsurteils, NZM 2014, 498; *Schneider*, Zur dinglichen Wirkung persönlicher Hausgeldansprüche, ZWE 2014, 61; *Schneider*, Hausgeldansprüche in der Insolvenz eines Wohnungseigentümers, ZMR 2012, 749; *Schneider*, Umfang des Vollstreckungsvorrechts nach § 10 Abs. 1 Nr. 2 ZVG, ZWE 2011, 341; *Schneider*, Zwangsvollstreckung von Beitragsforderungen gegen den werdenden Wohnungseigentümer, ZWE 2010, 341; *Schneider*, Der dingliche Charakter von Hausgeldansprüchen gemäß § 10 Abs. 1 Nr. 2 ZVG; ZMR 2009, 165; *Schuschke*, Die Zwangsvollstreckung in Sondernutzungsrechte, NZM 1999, 830; *Sinz/Hiebert*, § 10 Abs. 1 Nr. 2 ZVG – Absonderungsrecht der Wohnungseigentümergemeinschaft ohne Beschlagnahme?, ZInsO 2012, 205; *Suilmann*, Bevorrechtigte Ansprüche gem. § 10 Abs. 1 Nr. 2 ZVG und das Verhältnis zu Auflassungsvormerkungen, NotBZ 2010, 365; *Weber*, Das Rangklassenprivileg der Wohnungseigentümergemeinschaft – Herausforderung für Rechtsdogmatik und Vertragsgestaltung, DNotZ 2014, 738.

d) Ausgewählte Literatur zur *Versorgungssperre* im Wohnungseigentumsrecht:

Bonifacio, Einzelaspekte der Versorgungssperre im Wohnungseigentumsrecht, ZMR 2012, 330; *Gaier*, Versorgungssperre bei Beitragsrückständen des vermietenden Wohnungseigentümers, ZWE 2004, 109; *Suilmann*, Versorgungssperren gegen den Mieter von Wohnungseigentum, ZWE 2012, 111.

I. Vorbemerkung

1   Im → Kapitel J (Finanzwesen) haben Sie erfahren, unter welchen Voraussetzungen wohnungseigentumsrechtliche Hausgeldansprüche überhaupt entstehen können. Im → Kapitel L (Prozessrechtliche Besonderheiten) wurde Ihnen das Verfahrensrecht zur Titulierung dargestellt. Nun fehlen uns noch Überlegungen zur Realisierung von Hausgeldansprüchen, wobei uns hier primär die **objektbezogenen Möglichkeiten** interessieren werden.

2   Die Durchsetzung von Hausgeldansprüchen kann sowohl in **gerichtlichen Verfahren** durch Maßnahmen der Einzelzwangsvollstreckung in das Wohnungseigentum (Abschnitt II) und/oder im Rahmen eines Insolvenzverfahrens über das gesamte Vermögen eines Wohnungseigentümers betrieben werden (Abschnitt III). Darüber hinaus hat sich in der Praxis als bedeutsame Möglichkeit zur **außergerichtlichen Durchsetzung** die sog Versorgungssperre etabliert (Abschnitt IV). Diesen Möglichkeiten soll im Folgenden detaillierter nachgegangen werden.

II. Einzelzwangsvollstreckung

1. Grundsätze

a) Maßnahmen der Einzelzwangsvollstreckung

3   Gem. § 866 Abs. 1 ZPO erfolgt die Zwangsvollstreckung in ein Grundstück durch Eintragung einer Sicherungshypothek für die Forderung, durch Zwangsversteigerung und durch Zwangsverwaltung.

Diese **drei Vollstreckungsmöglichkeiten** unterscheiden sich durch ihre unterschiedliche Wirkungstiefe. Während die Eintragung einer Sicherungshypothek in das Grundbuch lediglich zu einer Rangwahrung, aber noch nicht zur unmittelbaren Befriedigung des Gläubigers führt, bewirkt die Zwangsverwaltung zwar schon eine Befriedigung, allerdings nur aus den (vorhandenen) Nutzungen des Grundstücks, das jedoch unverändert im Eigentum des Vollstreckungsschuldners verbleibt. Am Weitestgehenden wird durch die Zwangsversteigerung die Substanz des schuldnerischen Eigentums im Wege einer hoheitlichen Eigentumszuordnung an den meistbietenden Ersteher verwertet. Das Surrogat der Immobilie (= das bare Meistgebot) steht dann in diesem Verfahren zur Befriedigung aller dinglich gesicherten Gläubiger zur Verfügung.

Schaubild:

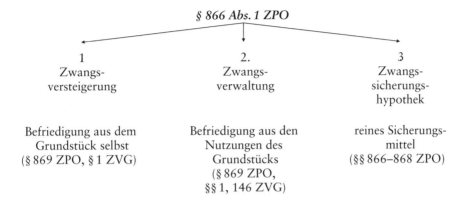

Arten der Zwangsvollstreckung in das unbewegliche Vermögen

§ 866 Abs. 1 ZPO

1 Zwangsversteigerung	2. Zwangsverwaltung	3 Zwangssicherungshypothek
Befriedigung aus dem Grundstück selbst (§ 869 ZPO, § 1 ZVG)	Befriedigung aus den Nutzungen des Grundstücks (§ 869 ZPO, §§ 1, 146 ZVG)	reines Sicherungsmittel (§§ 866–868 ZPO)

Der betreibende Gläubiger kann dabei verlangen, dass eine der drei genannten Maßregeln allein oder neben den übrigen ausgeführt werden soll (§ 866 Abs. 2 ZPO).

Beispiel:

Ein Gläubiger könnte sich zunächst durch Eintragung einer Sicherungshypothek die nächst freie Rangstelle im Grundbuch sichern, um zu einem späteren Zeitpunkt die Zwangsversteigerung zu betreiben. Da der Umfang der Beschlagnahme in diesem Fall nicht die Mieten des Vollstreckungsobjekts erfasst (vgl. §§ 148 Abs. 1, 21 Abs. 2 ZVG), ist es sinnvoll, insoweit bis zur Beendigung der Zwangsversteigerung auch noch eine Zwangsverwaltung des Grundstücks zu beantragen.

b) Wohnungseigentum als Gegenstand der Zwangsvollstreckung

(Nur) diese drei Möglichkeiten bestehen auch für die Einzelzwangsvollstreckung in ein Wohnungseigentum. **Gegenstand der Immobiliarvollstreckung** sind nämlich nicht nur (ganze) Grundstücke (§ 864 Abs. 1 ZPO), sondern auch Bruchteile eines Grundstücks, wenn der Bruchteil in dem Anteil eines Miteigentümers besteht oder wenn sich der Anspruch des Gläubigers auf ein Recht gründet, mit dem der Bruchteil als solcher belastet ist (§ 864 Abs. 2 ZPO). Da Wohnungseigentum sich sachenrechtlich als Sonderform des Miteigentums darstellt (→ Kapitel A Rn. 34 ff.), ermöglicht hier § 864 Abs. 2 ZPO die Immobiliarvollstreckung in die einzelne Raumeinheit wie bei einem Grundstück.[1] **4**

Bitte lesen Sie jetzt § 864 und § 866 ZPO!

Bei der weiteren Lektüre sollten Sie im Hinterkopf haben, dass neben dem **5** Wohnungseigentum als solchem die Beschlagnahme im Wege der Immobiliar-

---

[1] *Böttcher* ZVG Einl. Rn. 23. Zur – relativ unwirksamen – Begründung von Wohnungseigentum nach bereits erfolgter Beschlagnahme des ungeteilten Grundstücks im Zwangsversteigerungsverfahren s. BGH ZWE 2012, 270.

vollstreckung – wenn auch in unterschiedlichem Umfang – noch die weiteren Gegenstände des sog **Hypothekenhaftungsverbandes** umfasst (vgl. §§ 20 Abs. 2, 21 ZVG sowie §§ 146 Abs. 1, 148 Abs. 1 ZVG).

Wiederholung:

Schauen Sie wegen der Einzelheiten des Hypothekenhaftungsverbandes bitte noch einmal in das → Kapitel F Rn. 35.

c) Grundsätze der Zwangsvollstreckung

6   Für die Zwangsvollstreckung in ein einzelnes Wohnungseigentum gelten daher zunächst dieselben **Grundsätze** wie für die Zwangsvollstreckung in (ungeteilte) Grundstücke. Es müssen also neben den allgemeinen Prozessvoraussetzungen insbesondere vorliegen:

- **Allgemeine Voraussetzungen der Zwangsvollstreckung**
  - Vollstreckungstitel (§ 704, § 794 ZPO),
  - Vollstreckungsklausel (§ 724ff. ZPO);
  - Zustellung (§ 750 ZPO);
  - Parteiidentität (§ 750 Abs. 1 ZPO).

- **Besondere Voraussetzungen der Zwangsvollstreckung**
  - Eintritt eines bestimmten Kalendertages (§ 751 Abs. 1 ZPO);
  - Nachweis einer dem Gläubiger obliegenden Sicherheitsleistung (§ 751 Abs. 2 ZPO)[2];
  - Nachweis der Befriedigung oder des Annahmeverzuges bei Zug-um-Zug-Leistungen (§ 765 ZPO);
  - Ablauf von Wartefristen (zB § 798 ZPO).

- **Keine Vollstreckungshindernisse**
  - Einstellung oder Beschränkung der Zwangsvollstreckung (§§ 775, 776 ZPO);
  - Eröffnung eines Insolvenzverfahrens (§ 89 Abs. 1 InsO);
  - Kein (zulässiger) beschränkender Vollstreckungsvertrag (§§ 241, 311 BGB);
  - Kein sonstiges gesetzliches Vollstreckungshindernis (zB §§ 778, 929 Abs. 2 ZPO).

Für die jeweils gewählte Art der Zwangsvollstreckung können sich dann zusätzliche (ganz) besondere Voraussetzungen ergeben.

Hinweis:

Die Verfahrensvoraussetzungen müssen sich allein schon aus Platzgründen auf eine Wiedergabe der wesentlichen Grundlagen beschränken. Bei entsprechendem Interesse an einer detaillierten Darstellung vollstreckungsrechtlicher Voraussetzungen und Wirkungsweisen sollte zur Vertiefung auf die eingangs genannte einschlägige Literatur zurückgegriffen werden.

---

[2] Wegen der ohne Sicherheitsleistung möglichen Sicherungsvollstreckung durch Eintragung einer Sicherungshypothek in das Grundbuch s. § 720a ZPO; wegen des insoweit zu beachtenden Zustellungserfordernisses s. § 750 Abs. 3 ZPO.

2. Zwangsversteigerung

a) Grundsätze

aa) Regelungssystematik

Der Gesetzgeber hat das Zwangsversteigerungsverfahren nicht in der ZPO, 7 sondern in einem eigenen Gesetz über die Zwangsversteigerung und die Zwangsverwaltung geregelt. Systematisch stellt sich dieses ZVG als „Verlängerung" der ZPO dar (vgl. § 869 ZPO), so dass grundsätzlich die Bestimmungen der ZPO Anwendung finden, soweit das ZVG keine Sonderregelungen enthält.

bb) Stellung des Gläubigers

Ein Gläubiger kann in einem Zwangsversteigerungsverfahren unterschiedliche 8 Rechtsstellungen einnehmen. So kann der Gläubiger einerseits das Verfahren selbst aktiv **betreiben**, indem er entweder einen Antrag auf Anordnung der Zwangsversteigerung oder einen Beitrittsantrag zu einem bereits laufenden Versteigerungsverfahren stellt.

Bitte lesen Sie jetzt die §§ 15, 16 und § 27 ZVG!

Der Beschluss über die Anordnung des Verfahrens bzw. den Beitritt zum einem laufenden Verfahren gilt dann zugunsten des betreibenden Gläubigers als **Beschlagnahme** der Immobilie.

Bitte lesen Sie jetzt die §§ 20 Abs. 1 ZVG!

Andererseits kann sich ein Gläubiger aber auch darauf beschränken, seine 9 (dinglich gesicherten) Ansprüche lediglich in einem bereits von dritter Seite betriebenen Verfahren **anzumelden**.

Bitte lesen Sie jetzt § 45 Abs. 1 ZVG!

Der **Unterschied** zwischen einem aktiven Betreiben des Verfahrens und einem 10 bloßen Anmelden von Ansprüchen zeigt sich an verschiedenen Stellen.

Beispiele:

– Der das Versteigerungsverfahren betreibende Gläubiger ist der „Herr des Verfahrens". Er entscheidet demgemäß allein über eine **Einstellung** oder **Aufhebung** „seines Verfahrens". Eine Mitwirkung oder gar Zustimmung des lediglich anmeldenden Gläubigers ist dabei nicht vorgesehen. Die fehlende Möglichkeit einer Einflussnahme kann im Einzelfall nach längerer Verfahrensdauer sogar zu einem Rangverlust des Anmeldegläubigers führen, wenn dessen Ansprüche nach einer Verfahrensaufhebung des betreibenden Gläubigers inzwischen „veraltet" sind (vgl. § 13 ZVG).
– Kommt es zu einer gegen die Beschlagnahme verstoßenden Verfügung des Schuldners, kommt nur dem betreibenden Gläubiger das mit der Beschlagnahme bewirkte **Veräußerungsverbot** zugute (vgl. § 23 ZVG).
– Ein die Zwangsversteigerung betreibender Gläubiger kann weiterhin wegen der von ihm ausgehenden Verlustgefahr für nachrangig Berechtigte von diesen „abgelöst" werden (vgl. §§ 268 Abs. 1, 1150 BGB). Ein lediglich anmeldender Gläubiger begründet dagegen keine

Verlustgefahr; er wird demzufolge auch nicht vorzeitig **abgelöst** werden und muss mit seiner Befriedigung bis zum Abschluss des Verfahrens warten.

cc) Art des Anspruchs

11 Der Gläubiger hat bereits im Antrag zu erklären[3], ob er wegen sog „**persönlicher**" und/oder „**dinglicher**" Ansprüche das Verfahren betreiben will. Der Gläubiger kann nämlich entweder aus einem Zahlungstitel in das gesamte Vermögen des Schuldners („persönlich") – also sowohl in das Mobiliarvermögen als auch in das Immobiliarvermögen – vollstrecken. Demgegenüber berechtigt ein Duldungstitel gem. § 1147 BGB lediglich („dinglich") zur Zwangsvollstreckung in das mit einem Pfandrecht (zB einer Hypothek gem. § 1113 BGB oder Grundschuld gem. § 1191 BGB) belastete Objekt. Der Unterschied in der Art des verfolgten Anspruchs ist für den weiteren Gang des Verfahrens von entscheidender Bedeutung. Der Gesetzgeber hat nämlich den verschiedenen Anspruchsarten eine unterschiedliche Rangklasse im Rahmen des § 10 Abs. 1 ZVG zugeordnet.

Beispiel:

Aus den unterschiedlichen Rangklassen ergeben sich Auswirkungen für die Erstellung des sog geringsten Gebotes (vgl. §§ 44, 45 Abs. 1 ZVG) und für die Erlösverteilung (§§ 109 Abs. 2, 114 ZVG). Dem bestbetreibenden Gläubiger vorgehende Rechte bleiben grundsätzlich bestehen (vgl. § 52 Abs. 1 ZVG).

dd) Rangklassen

12 Im Einzelnen hat der Gesetzgeber folgende **Rangklassen** bestimmt, wobei ein Recht auf Befriedigung aus dem Versteigerungsobjekt für die Ansprüche einer nachfolgenden Rangklasse erst dann besteht, wenn die Ansprüche der jeweils vorgehenden Rangklasse(n) gedeckt sind (§ 10 Abs. 1 ZVG).

Rangklasse „0":	**Verfahrenskosten** (§ 109 ZVG). (Ohne Anordnungs-bzw. Beitrittskosten und Zuschlagskosten)
Rangklasse 1:	**Zwangverwaltungsvorschüsse** (§ 10 Abs. 1 Nr. 1 ZVG).
Rangklasse 1a:	Die zur Insolvenzmasse gehörenden Ansprüche auf Ersatz der **Feststellungskosten** bzgl. der beweglichen Gegenstände, auf die sich die Versteigerung bezieht, mit pauschal 4 % des für diese Gegenstände festgesetzten Verkehrswertes (§ 10 Abs. 1 Nr. 1a ZVG).
Rangklasse 2:	(Zeitlich begrenzte) Ansprüche des Verbandes Wohnungseigentümergemeinschaft auf Zahlung der Beiträge zu den Lasten und Kosten des gemeinschaftlichen Eigentums oder des Sondereigentums, die nach § 16 Abs. 2, § 28 Abs. 2 und 5 des Wohnungseigentumsgesetzes geschuldet werden, einschließlich der Vorschüsse und Rückstellungen sowie der Rückgriffsansprüche einzelner Wohnungseigentümer (sog **Hausgeldansprüche**, § 10 Abs. 1 Nr. 2 ZVG).
Rangklasse 3:	(Zeitlich begrenzte) Ansprüche aus **Öffentlichen Lasten**, für die das Versteigerungsobjekt *dinglich* haftet wie zB Grundsteuern, Erschließungskosten und Flurbereinigungsbeiträge (§ 10 Abs. 1 Nr. 3 ZVG).

---

[3] BGH NJW 2008, 1956 = ZMR 2008, 724; *Alff/Hintzen* Rpfleger 2008, 165, 168; *Böttcher* §§ 15, 16 Rn. 117; *Schneider* ZfIR 2008, 161, 163.

Rangklasse 4:	(Zeitlich begrenzte) Ansprüche aus **dinglichen Rechten** (§ 10 Abs. 1 Nr. 4 ZVG).
Rangklasse 5:	(Zeitlich unbegrenzte) Ansprüche der **persönlich betreibenden Gläubiger**, soweit diese nicht bereits in einer höheren Rangklasse berücksichtigt werden (§ 10 Abs. 1 Nr. 5 ZVG).
Rangklasse 6:	Ansprüche aus dinglichen Rechten, die *nach* der Beschlagnahme eingetragen sind (**relativ unwirksame Rechte**; § 10 Abs. 1 Nr. 6 ZVG)
Rangklasse 7:	**Ältere Rückstände öffentlicher Lasten** der Rangklasse 3, soweit ihretwegen nicht das Verfahren betrieben wird (§ 10 Abs. 1 Nr. 7 ZVG).
Rangklasse 8:	**Ältere Rückstände dinglicher Rechte** der Rangklasse 4, soweit ihretwegen nicht das Verfahren betrieben wird (§ 10 Abs. 1 Nr. 8 ZVG).
Rangklasse „9":	**Verspätet angemeldete Ansprüche** (§§ 37 Nr. 4, 110 ZVG).

b) Besonderheiten bei der Zwangsversteigerung wegen Hausgeldansprüchen

aa) Gegenstand des Hausgeldprivilegs

13 Die vorstehende Rangklassensystematik findet zunächst ebenso Anwendung auf ein zu versteigerndes Wohnungseigentum. **Zusätzlich** hat der Gesetzgeber mit der WEG-Novelle 2007[4] den Wohnungseigentümergemeinschaften ein begrenztes Vorrecht eingeräumt, um zukünftige Hausgeldausfälle in Zwangsversteigerungsverfahren zumindest zu reduzieren. Dieses sog **Hausgeldprivileg** ist anstelle der früheren und überkommenen „Litlohnansprüche" nunmehr vor den Ansprüchen der Grundpfandrechtsgläubiger (Rangklasse 4) in der Rangklasse 2 eingeordnet.

14 Den Vorrang der Rangklasse 2 in der Zwangsversteigerung eines Wohnungseigentums genießen „die daraus fälligen Ansprüche auf Zahlung der Beiträge zu den Lasten und Kosten des gemeinschaftlichen Eigentums oder des Sondereigentums, die nach § 16 Abs. 2, § 28 Abs. 2 und 5 des Wohnungseigentumsgesetzes geschuldet werden, einschließlich der Vorschüsse und Rückstellungen sowie der Rückgriffsansprüche einzelner Wohnungseigentümer".

Bitte lesen Sie jetzt § 10 Abs. 1 Nr. 2 ZVG!

Die auf diese Weise definierten wohnungseigentumsrechtlichen **Hausgeldansprüche** können sich im Einzelnen wie folgt zusammensetzen[5]:

- Ansprüche aus einem Einzelwirtschaftsplan gem. § 28 Abs. 2 WEG (Hausgeldvorschüsse und Rückstellungen);

---

[4] Art. 2 des Gesetzes zur Änderung des Wohnungseigentumsgesetzes und anderer Gesetze v. 26.3.2007 (BGBl. I S. 370).
[5] *Alff* ZWE 2010, 105; *Schneider* ZWE 2011, 341.

- Ansprüche aus dem Negativsaldo einer Jahresabrechnung gem. § 28 Abs. 5 WEG („Abrechnungsspitze");
- Ansprüche aus einem Sonderumlagenbeschluss gem. § 16 Abs. 2 WEG;
- Erstattungsansprüche für Kosten eines Sondereigentums, die über die Gemeinschaft abgerechnet werden;[6]
- Nebenleistungen – insbesondere Zinsen (vgl. § 246 BGB) und Verzugszinsen (vgl. § 288 BGB);
- Rückgriffsansprüche einzelner Wohnungseigentümer[7];
- Kosten der die Befriedigung aus dem Wohnungseigentum bezweckenden Rechtsverfolgung gem. § 10 Abs. 2 ZVG.

bb) Umfang des Hausgeldprivilegs

15   Die genannten Ansprüche sind in mehrfacher Hinsicht begrenzt:

- **Objektmäßige Begrenzung**
  Die genannten Ansprüche können nur hinsichtlich der jeweiligen die Zahlungspflicht verursachenden Wohnungseigentumseinheit bevorrechtigt geltend gemacht werden („daraus").

Beispiel:

Gehören dem Schuldner mehrere Wohnungseigentumseinheiten, so kann das Vorrecht in der Rangklasse 2 nur bei der die Schuld verursachenden Wohnungseinheit, nicht aber „über kreuz" oder kumulativ geltend gemacht werden. Problematisch kann dies insbesondere dann werden, wenn für ein Wohnungseigentum und einen rechtlich selbständigen Pkw-Stellplatz in der Tiefgarage nur gemeinsam abgerechnet wird.

16 • **Zeitliche Begrenzung**
  Das Vollstreckungsvorrecht erfasst die laufenden und die rückständigen Beträge aus dem Jahr der Beschlagnahme und den letzten zwei Jahren (§ 10 Abs. 1 Nr. 2 S. 2 ZVG).
  Laufende Beträge wiederkehrender Leistungen sind danach der letzte vor der Beschlagnahme fällig gewordene Betrag sowie die später fällig werdenden Beträge (§ 13 Abs. 1 S. 1 ZVG). Die nicht von § 13 Abs. 1 S. 1 ZVG erfassten älteren Beträge sind **Rückstände** (§ 13 Abs. 1 S. 2 ZVG). Anders als bei den öffentlichen Lasten (§ 10 Abs. 1 Nr. 3 ZVG) und den dinglichen Rechten (§ 10 Abs. 1 Nr. 4 ZVG) erfasst der Vorrang des § 10 Abs. 1 Nr. 2 ZVG damit weitergehend auch die rückständigen Beträge aus dem gesamten Jahr der Beschlagnahme und den letzten zwei davor liegenden Kalenderjahren.[8]

Beispiel:

Die Anordnung der Zwangsversteigerung erfolgt durch Beschlagnahme (vgl. § 22 Abs. 1 ZVG) im Laufe des Jahres 2016. Erfasst werden vom Vorrang die säumigen Hausgeldbeträge aus den Kalenderjahren 2014, 2015 und 2016 bis zur Zuschlagserteilung.[9]

---

[6] Vgl. BT-Drs. 16/887 S. 44; zB Kaltwasserkosten eines Sondereigentums.

[7] Vgl. BT-Drs. 16/887 S. 44; den Rückgriffsansprüchen einzelner Wohnungseigentümer soll hier nicht weiter nachgegangen werden.

[8] Die Ausdehnung der Hausgeldansprüche auf ganze Kalenderjahre sollte im Hinblick auf § 28 Abs. 1 S. 1 WEG die Abrechnungspraxis der WEG-Gemeinschaften erleichtern; vgl. BT-Drs. 16/887 S. 45.

[9] Umstritten ist, ob in diesem Fall auch eine erst in der Jahresabrechung 2014 beschlossene und damit begründete Abrechnungsspitze für Ansprüche aus dem Kalenderjahr

- **Betragsmäßige Begrenzung** 17
  Das Vollstreckungsvorrecht einschließlich aller Nebenleistungen ist begrenzt auf Beträge in Höhe von **nicht mehr als 5 vom Hundert** des nach § 74a Abs. 5 ZVG festgesetzten Wertes (§ 10 Abs. 1 Nr. 2 S. 3 ZVG). Dieser **Verkehrswert** wird gem. § 74a Abs. 5 ZVG in der Regel erst nach Anhörung eines Sachverständigen vom Vollstreckungsgericht festgesetzt. Will der Verband Wohnungseigentümergemeinschaft selbst die Zwangsversteigerung aus der Rangklasse 2 betreiben, müssen die rückständigen Hausgeldansprüche **zusätzlich 3 % des steuerlichen Einheitswertes übersteigen** (§ 10 Abs. 3 S. 1 ZVG).

- **Zahlenmäßige Begrenzung** 18
  Für den Vorrang der Hausgeldansprüche muss in demselben Verfahren der **Grundsatz der Einmaligkeit** gelten, weil andernfalls die durch § 10 Abs. 1 Nr. 2 S. 3 ZVG normierte Obergrenze über 5 % hinaus ausgedehnt würde. Erfolgt also eine vollständige Ablösung der vorrangig geltend gemachten Hausgeldansprüche in einem Zwangsversteigerungsverfahren, kann der Verband Wohnungseigentümergemeinschaft zu einem späteren Zeitpunkt dem fortdauernden Versteigerungsverfahren mit zwischenzeitlich titulierten weiteren Hausgeldansprüchen nicht erneut im Vorrang des § 10 Abs. 1 Nr. 2 ZVG beitreten, wenn dieser bereits zuvor durch die abgelösten Beträge erschöpft worden ist.[10]

Beispiel:

Betreibt der Verband Wohnungseigentümergemeinschaft die Zwangsversteigerung aus der Rangklasse 2 des § 10 Abs. 1 ZVG, so ist insbesondere jeder nachrangige Grundpfandrechtsgläubiger in der Rangklasse 4 mit seinem eingetragenen Recht untergangsgefährdet. Weil er also Gefahr läuft, durch die Zwangsvollstreckung sein Recht an dem Vollstreckungsgegenstand zu verlieren, ist der Grundpfandrechtsgläubiger berechtigt, den betreibenden Verband zu befriedigen (§ 268 Abs. 1 S. 1 iVm § 1150 BGB). Anders als bei Zahlungen seitens des Vollstreckungsschuldners[11] geht bei einer solchen Ablösung die bevorrechtigte Forderung des Verbandes kraft Gesetzes gem. § 268 Abs. 3 S. 1 BGB mit allen Nebenrechten auf den Ablösenden über und verschafft ihm die Rechtsstellung des Abgelösten. Dazu gehört im Umfang der Ablösung auch das Einrücken in die Rangklasse 2 des § 10 Abs. 1 ZVG (vgl. §§ 401, 412 BGB); die wiederholte Ausübung des Vorrechts ist damit nach einer Ablösung durch den ablösenden Gläubiger in diesem Verfahren „blockiert".

Desweiteren soll dem Hausgeldprivileg des § 10 Abs. 1 Nr. 2 ZVG nach Auffas- 19
sung des V. Zivilsenats des BGH **keine dingliche Wirkung** zukommen.[12]

2013 Berücksichtigung finden kann; **dagegen** unter Berufung auf BT-Drs. 16/887, S. 45: *Alff* ZWE 2010, 105, 107; *Bärmann/Becker* § 16 Rn. 190; *Stöber* § 10 Rn. 4.5; **dafür** mit Wortlautargument: *Abramenko* Das neue WEG § 8 Rn. 21; N/K/V/*Kümmel* Anhang zu § 16 Rn. 155; *Schneider* ZWE 2011, 341, 342; **offen** gelassen von BGH NJW 2011, 3098 = ZMR 2012, 788 = ZWE 2013, 43.

[10] BGH ZWE 2010, 367; BGH NJW 2010, 3169 = ZMR 2010, 383.

[11] Der Verband kann mangels einer Legalzession wie im Fall § 268 Abs. 3 S. 1 BGB nach einer schuldnerischen Zahlung die insoweit vakant gewordene Rangposition im Vorrang der Rangklasse 2 des § 10 Abs. 1 ZVG bis zur Obergrenze wieder „aufladen"; BGH ZfIR 2012, 755 m. Anm. *Keller* = ZMR 2012, 798 = ZWE 2012, 437; *Schneider* ZMR 2010, 340; aA LG Berlin ZMR 2012, 720 m. abl. Anm. *Schneider*.

[12] BGHZ 198, 216 = NJW 2013, 3515 = ZfIR 2013, 806 = ZMR 2014, 80 = ZWE 2013, 466.

Wenn diese Rechtsansicht zutreffend ist[13], könnte ein Wohnungseigentum durch rechtzeitige Veräußerung mit der Folge „enthaftet" werden, dass der die Hausgeldansprüche erst verursachende Gegenstand nicht mehr als Vollstreckungsobjekt des Hausgeldschuldners zur Verfügung steht. Der Verband Wohnungseigentümergemeinschaft könnte allerdings im Veräußerungsfall auch den Erwerber nicht auf Duldung der Zwangsvollstreckung in Anspruch nehmen, weil die Hausgeldansprüche in diesem Fall nicht an dem übertragenen Wohnungseigentum „klebten". Ein bereits vor der Veräußerung erwirkter Zahlungstitel gegen den dann nur persönlich haftenden Veräußerer könnte nicht auf den Erwerber des Wohnungseigentums als Rechtsnachfolger gem. § 727 ZPO umgeschrieben werden.

Noch einschneidender zeigten sich die Auswirkungen im Anlaufstadium einer werdenden Wohnungseigentümergemeinschaft (→ Kapitel D Rn. 68). Hier bestünde nach derzeitiger Rechtslage gar ein Vollstreckungsnotstand, weil eine Zwangsvollstreckung in das Wohnungseigentum völlig unmöglich wäre.[14] Der werdende Wohnungseigentümer ist zwar alleiniger Hausgeldschuldner[15], aber (noch) nicht eingetragener Wohnungseigentümer (vgl. § 17 Abs. 1 ZVG); der teilende Bauträger haftet andererseits dinglich nicht für die Hausgeldschulden des Erwerbers.

Für den Verband Wohnungseigentümergemeinschaft hat ein Verwertungsvorrecht ohne dingliche Wirkung damit nur geringen Wert.[16]

cc) Besonderheiten bei der privilegierten Anmeldung von Hausgeldansprüchen

20   Auch der Verband Wohnungseigentümergemeinschaft kann seine gem. § 10 Abs. 1 Nr. 2 ZVG bevorrechtigten Ansprüche zu einem von einem anderen Gläubiger betriebenen Zwangsversteigerungsverfahren lediglich anmelden (→ Rn. 8 ff.). Zur Anmeldung ist ausnahmsweise ein **Vollstreckungstitel nicht erforderlich (!!)**. Insoweit genügt es, wenn die Ansprüche durch die Niederschrift der Beschlüsse der Wohnungseigentümer einschließlich ihrer Anlagen oder in sonst geeigneter Weise glaubhaft gemacht werden

Bitte lesen Sie jetzt § 45 Abs. 3 ZVG!

Bei einer Anmeldung können die rückständigen Hausgeldansprüche selbst dann Berücksichtigung finden, wenn sie 3 % des steuerlichen Einheitswertes noch nicht übersteigen.[17]

21   Der Gesetzgeber überlässt einem Gläubiger die **Wahl**, ob er wegen seiner rückständigen Ansprüche selbst das Verfahren **betreiben** oder diese lediglich **anmelden** möchte; beide Möglichkeiten stehen gleichberechtigt nebeneinander. Durch die Ablehnung des dinglichen Rechtscharakters für wohnungseigentumsrechtliche Hausgeldansprüche (→ Rn. 19) kann es jedoch nun im Versteigerungsverfahren zu Rechtsverlusten für den Verband Wohnungseigentümergemeinschaft kommen, die ein eigenes Betreiben ratsam erscheinen lassen.

---

[13] Abl. *Becker* ZfIR 2013, 809; *Schneider* ZWE 2014, 61.
[14] Vom BGH in Rn. 15 der vorgenannten Entscheidung mwN eingeräumt.
[15] BGHZ 193, 219 = NJW 2012, 2650 = ZWE 2012, 369.
[16] Bärmann/*Becker* § 16 Rn. 187a.
[17] § 10 Abs. 3 S. 1 ZVG bezieht sich nur auf das eigene Betreiben durch den Verband, da andernfalls Wertungswidersprüche zu § 18 Abs. 2 Nr. 2 WEG auftreten würden.

Beispiel:[18]

Wurde die Zwangsversteigerung zugunsten eines Grundpfandrechtsgläubigers angeordnet, bewirkt die Beschlagnahme der Immobilie ein Veräußerungsverbot zugunsten des betreibenden Gläubigers (§§ 22 Abs. 1, 23 Abs. 1 S. 1 ZVG). Eine gegen das Veräußerungsverbot verstoßende Verfügung des Eigentümers ist dem betreibenden Gläubiger gegenüber unwirksam (§ 23 Abs. 1 S. 1 ZVG, §§ 135, 136 BGB). Ob eine beschlagnahmewidrige Verfügung gegenüber dem betreibenden Gläubiger unwirksam ist oder nicht, hängt damit allein von dessen Zustimmung ab.[19] Der lediglich anmeldende Verband hat hierauf keinen Einfluss. Verneint man nun mit dem BGH[20] eine dingliche Wirkung des Vorrechts, kann mangels eigener Beschlagnahme eine privilegierte Anmeldung der Hausgeldrückstände zugunsten des Verbandes nur so lange wirken, wie auch der persönliche Hausgeldschuldner noch Eigentümer des zur Versteigerung gebrachten Wohnungseigentums ist. Der rangschlechtere Grundpfandrechtsgläubiger könnte nach dieser Ansicht also das Schicksal des Hausgeldprivilegs bestimmen.

c) Besonderheiten bei der Zwangsversteigerung wegen wohnungseigentumsrechtlicher Entziehungsansprüche

Im → Kapitel L Rn. 99 ff. haben Sie das wohnungseigentumsrechtliche Entzie- **22** hungsverfahren kennengelernt. Die Vollstreckung eines solchen Entziehungsurteils erfolgt nach der WEG-Novelle 2007 ausschließlich im Wege eines gerichtlichen Zwangsversteigerungsverfahrens nach dem ZVG.

Bitte lesen Sie jetzt § 19 Abs. 1 S. 1 WEG!

Danach hat die Anwendung der ZVG-Normen „entsprechend" zu erfolgen. Wie dies konkret umgesetzt werden soll, bleibt mangels gesetzlicher Vorgaben und mangels systemkonformer Aussagen im Gesetzgebungsverfahren unklar.

Beispiel:

Nach Auffassung des BMJ hat die Vollstreckung eines Entziehungsurteils in der Rangklasse 5 des § 10 Abs. 1 ZVG zu erfolgen.[21] § 10 Abs. 1 ZVG regelt allerdings die Rangordnung der Rechte auf Befriedigung aus einem Wohnungseigentum zur Verwirklichung eines **Geldanspruchs**. Der ausgeurteilte **Entziehungsanspruch** stellt demgegenüber kein solches geldwertes Befriedigungsrecht dar und kollidiert aus diesem Grunde mit dem zwangsversteigerungsrechtlichen Deckungsgrundsatz (vgl. § 44 ZVG).

Der wohnungseigentumsrechtliche Entziehungsanspruch kann deshalb nach hier vertretener Auffassung nicht in die Rangklasse 5 eingeordnet werden; er steht vielmehr außerhalb der Rangordnung des § 10 Abs. 1 ZVG.[22]

Die **Ausübung** dieses Rechts steht der rechtsfähigen Gemeinschaft der Woh- **23** nungseigentümer zu, soweit es sich nicht um eine Gemeinschaft handelt, die nur

---

[18] In Anlehnung an ZWE 2014, 61, 68 f.
[19] Vgl. BGH ZMR 2012, 638 = ZWE 2012, 270.
[20] BGHZ 198, 216 = NJW 2013, 3515 = ZfIR 2013, 806 = ZMR 2014, 80 = ZWE 2013, 466.
[21] RegE BT-Drs 16/887 S. 26 f.
[22] Dassler u.a./*Rellermeyer* § 10 Rn. 71; HdbFAWEG/*Schneider* Kapitel 33 Rn. 458; Hk-ZV/*Sievers* § 10 ZVG Rn. 56; Löhnig/*Stenzel* § 19 WEG Rn. 5; ähnlich Bärmann/Seuß/*Bonifacio* Teil F Rn. 421; Jennißen/*Heinemann* § 19 Rn. 29: „rangloses Recht"; aA Bärmann/*Suilmann* § 19 Rn. 15; *Schmidberger* ZMR 2012, 168.

aus zwei Wohnungseigentümern besteht (§ 19 Abs. 1 S. 2 WEG). Bei der Ausübung können sich zahlreiche Besonderheiten ergeben.[23]

Wiederholung:

Wir haben es hier mit einem Fall der geborenen Ausübungsbefugnis gem. § 10 Abs. 6 S. 3 Hs. 1 Var. 1 WEG zu tun. Wiederholen Sie bitte im → Kapitel G die Rn. 46.

3. Zwangsverwaltung

a) Grundsätze

aa) Regelungssystematik

24   Der Gesetzgeber hat das Zwangsverwaltungsverfahren nicht in der ZPO, sondern zusammen mit dem Zwangsversteigerungsverfahren in einem eigenen Gesetz geregelt. Systematisch stellt sich dieses ZVG als „Verlängerung" der ZPO dar (vgl. § 869 ZPO), so dass grundsätzlich die Bestimmungen der ZPO Anwendung finden, soweit das ZVG keine Sonderregelungen enthält.

25   Auf das Verfahren finden mit einigen Abweichungen grundsätzlich die Vorschriften über die Anordnung der Zwangsversteigerung entsprechende Anwendung (§ 146 Abs. 1 ZVG). Gleichwohl sind das **Zwangsversteigerungsverfahren** und das **Zwangsverwaltungsverfahren** bzgl. desselben Objektes voneinander **unabhängig**, so dass auch die Beteiligten des einen Verfahrens nicht automatisch Beteiligte des anderen Verfahrens sind.[24]

bb) Verfahrensziel

26   Durch die Anordnung einer Zwangsverwaltung wird dem Schuldner die Verwaltung und Benutzung des Grundstücks entzogen (§ 148 Abs. 2 ZVG). Die Verwaltungsbefugnis steht nur noch dem gerichtlich bestellten **Zwangsverwalter** zu.

Bitte lesen Sie jetzt die §§ 150 und 152 ZVG!

Die Befriedigung des Gläubigers soll in diesem Verfahren allein durch die vom Zwangsverwalter generierten Einnahmen aus der beschlagnahmten Immobilie erfolgen.

cc) Stellung des Gläubigers

27   Auch in einem Zwangsverwaltungsverfahren kann ein Gläubiger unterschiedliche Rechtsstellungen einnehmen, indem er einerseits selbst durch Anordnung bzw. Beitritt im Beschlagnahmeweg das Verfahren aktiv **betreibt** oder indem er seine (dinglich gesicherten) Ansprüche lediglich in einem bereits von dritter Seite betriebenen Verfahren **anmeldet**.

28   Der **Unterschied** zwischen einem aktiven Betreiben der Zwangsverwaltung und einem bloßen Anmelden von Ansprüchen zeigt sich insbesondere im berücksich-

---

[23] S. im Einzeln die Zusammenstellung in NZM 2014, 498 mwN.
[24] *Stöber* § 9 Rn. 3.37.

tigungsfähigen Umfang der Gläubigeransprüche. So werden bei der Verteilung der erzielten Überschüsse **in der zweiten, dritten und vierten Rangklasse** lediglich Ansprüche auf **laufende wiederkehrende Leistungen** berücksichtigt.

Bitte lesen Sie jetzt § 155 Abs. 2 S. 2 ZVG!

Will ein Gläubiger also außer den laufend wiederkehrenden Leistungen auch seine bereits aufgelaufenen **Rückstände** über die Zwangsverwaltung erhalten, muss er das Verfahren **in der Rangklasse 5** betreiben.

Beispiel:

Ein Grundpfandrechtsgläubiger kann während der Zwangsverwaltung seine laufend (zukünftig) fällig werdenden Zinsleistungen in der Rangklasse 4 zur Berücksichtigung anmelden. Will er jedoch auch das Kapital des Grundpfandrechts berücksichtigt wissen, so muss er die Zwangsverwaltung in der Rangklasse 5 aktiv betreiben (zu den Rangklassen in der Zwangsverwaltung s. sogleich).

dd) Rangklassen

Über die allgemeine Verweisung in § 146 Abs. 1 ZVG greift das Zwangsver- **29** waltungsverfahren zunächst auf die Rangklassensystematik des § 10 Abs. 1 ZVG zurück. Auch hier besteht ein Recht auf Befriedigung für die Ansprüche einer nachfolgenden Rangklasse erst dann, wenn die Ansprüche der jeweils vorgehenden Rangklasse(n) gedeckt sind. Allerdings muss die Verteilung der erzielten Einkünfte dem Umstand Rechnung tragen, dass ein Zwangsverwaltungsverfahren grundsätzlich als Dauerverfahren konzipiert ist. Deshalb müssen auch allgemeine Ausgaben für das Grundstück in gleicher Weise berücksichtigt werden wie der Grundstückseigentümer im Rahmen seiner Verwaltungsbefugnis ordnungsmäßige Ausgaben ebenfalls zu tätigen hätte.

Bitte lesen Sie jetzt § 155 Abs. 1 und 2 ZVG!

Daraus ergibt sich für das Zwangsverwaltungsverfahren folgendes **modifizier- 30 tes Rangklassensystem:**

Zunächst werden den Einkünften die „**Ausgaben der Verwaltung**" sowie die „**Kosten des Verfahrens**" vorab entnommen (§ 155 Abs. 1 ZVG).

Anschließend erfolgt die Verteilung des **Erlösüberschusses** nach folgender Rangfolge (§ 155 Abs. 2 ZVG):

Rangklasse 1:	**Zwangsverwaltungsvorschüsse** Anschaffungskosten für Düngemittel, Saatgut oder Futtermittel sowie Kredite für deren Anschaffung
Rangklasse 2:	*Laufende* wohnungseigentumsrechtliche **Hausgeldansprüche** (gem § 156 Abs. 1 ZVG vorab ohne Teilungsplan zu begleichen)
Rangklasse 3:	*Laufende* wiederkehrende **öffentliche Lasten** (gem § 156 Abs. 1 ZVG vorab ohne Teilungsplan zu begleichen)
Rangklasse 4:	*Laufende* wiederkehrende Leistungen der im Grundbuch **eingetragenen Rechte** (Abt. II und Abt. III)

Rangklasse 5:	Alle **sonstigen Ansprüche** betreibender – auch persönlicher – Gläubiger, soweit noch nicht vorstehend berücksichtigt. In dieser Rangklasse hat sich – wie in der Zwangsversteigerung – die Rangfolge nach dem Beschlagnahmezeitpunkt und nicht nach dem zugrundeliegenden Anspruch zu richten.[25]

31   Der Zwangsverwalter ist berechtigt, die **laufenden Beträge** der **öffentlichen Lasten** (Rk 3) und die **laufenden Beträge** der wohnungseigentumsrechtlichen **Hausgeldansprüche** einschließlich der Vorschüsse und Rückstellungen sowie der Rückgriffsansprüche einzelner Wohnungseigentümer (Rk 2) **ohne weiteres Verfahren** zu berichtigen. Erst wenn zu erwarten ist, dass über die genannten Ansprüche hinaus auch auf andere Ansprüche Zahlungen geleistet werden können, wird ein Verteilungstermin bestimmt. In dem Termin wird dann der gerichtliche **Teilungsplan** für die gesamte Dauer des Verfahrens aufgestellt.

   Bitte lesen Sie jetzt § 156 ZVG!

b) Besonderheiten bei der Zwangsverwaltung wegen Hausgeldansprüchen

aa) Einordnung laufender Hausgeldansprüche

32   Durch die Einfügung des § 156 Abs. 1 S. 2 ZVG anlässlich der WEG-Novelle 2007 war zweifelhaft geworden, ob die laufenden Hausgeldansprüche – unverändert – als Ausgaben der Verwaltung[26] oder nunmehr nur noch als rangklassengebundene Ansprüche[27] vom Zwangsverwalter zu berücksichtigen sind. Die Beantwortung der Frage ist von großer Bedeutung, weil die Möglichkeit einer Vorschussanforderung bei einer notleidenden Zwangsverwaltungsmasse nur für Ausgaben der Verwaltung, nicht aber zur Befriedigung von Rangklassenforderungen besteht (vgl. § 161 Abs. 3 ZVG).

33   Nach Auffassung des BGH können die *laufenden* Ansprüche auf Zahlung der Beiträge zu den Lasten und Kosten des gemeinschaftlichen Eigentums oder des Sondereigentums (einschließlich der Vorschüsse und Rückstellungen) jedoch unverändert gem. § 16 Abs. 2, § 28 Abs. 2 u. 5 WEG als Ausgaben der Verwaltung Berücksichtigung finden.[28] Die in § 156 Abs. 1 Satz 1 u. 2 genannten Ansprüche (laufende öffentliche Lasten und laufende Hausgelder) werden nach dieser Entscheidung nunmehr aus der Überschussverteilung des § 155 Abs. 2 ZVG iVm § 10 Abs. 1 ZVG herausgenommen und als Aufwendungen i.S.d. § 155 Abs. 1 behandelt; die gesetzliche Neuregelung des § 156 Abs. 1 S. 2 ZVG (Vorabentnahme der

---

[25] Böttcher/*Keller* § 155 Rn. 37; Dassler u.a./*Engels* § 155 Rn. 74; *Haarmeyer/Wutzke/Förster/Hintzen* § 155 Rn. 24; *Stöber* § 155 Rn. 7.2; **aA** Steiner/*Hagemann* § 155 Rn. 90; Korintenberg/*Wenz* § 155 Rn. 4.

[26] So LG Köln NJW 2009, 599; LG Düsseldorf Rpfleger 2009, 583 = ZMR 2009, 713; Bärmann/*Becker* § 16 Rn. 176; *Hügel/Elzer* Das neue WEG-Recht § 15 Rn. 44; *Schädlich* ZfIR 2009, 265.

[27] So LG Leipzig Rpfleger 2009, 337; AG Schöneberg ZMR 2009, 157; AG Duisburg NZM 2008, 937; Dassler u.a./*Engels* § 156 Rn. 10; *Keller* ZfIR 2009, 385; *Mayer* Rpfl-Stud 2006, 71; *Schneider* NZM 2008; 919; *Stöber* ZVG-Handbuch 8. Aufl. Rn. 637a; *Wedekind* ZfIR 2007, 704, 705f.

[28] BGHZ 182, 361 = NJW 2010, 1003 = ZWE 2010, 81.

Hausgelder ohne Teilungsplan) ist danach allerdings überflüssig und läuft in der Praxis leer.[29]

bb) Umfang der Hausgeldansprüche als Ausgaben der Verwaltung

Auch nach dem vorgenannten Beschluss des BGH bleibt unentschieden, ob **34** **einmalig** zu zahlende **Sonderumlagen** und **Abrechnungsspitzen** nun ebenfalls wieder – wie vor der Gesetzesänderung[30] – als Ausgaben der Verwaltung zu behandeln sein sollen. Die Entscheidung verhält sich lediglich über **laufende Hausgeldzahlungen.** Hierzu sollen allerdings nach inzwischen wohl überwiegender Auffassung auch Sonderumlagen und Abrechnungsspitzen jedenfalls dann zu zählen sein, wenn die die Zahlungspflicht auslösende Beschlussfassung in die Zeit der Zwangsverwaltung fällt.[31]

Bei **Sonderumlagen** wird man die hM wohl nur so verstehen können, dass **35** beschlossene Sonderumlagen zum Zwecke der Finanzierung von notwendigen Instandhaltungsmaßnahmen zu den Ausgaben der Zwangsverwaltung gezählt werden sollen, nicht aber solche zum Zwecke der Ausfalldeckung infolge der Säumnis des Vollstreckungsschuldners.[32] Die Problematik kann durch die Wohnungseigentümer allerdings dadurch entschärft werden, dass sie anstelle einer einmaligen Sonderumlage ein erhöhtes, laufend zu zahlendes Hausgeld beschließen.

4. Eintragung einer Sicherungshypothek für die Forderung des Gläubigers

a) Entstehen

Da diese Sicherungshypothek nicht rechtsgeschäftlich (vgl. § 1184ff. BGB), **36** sondern im Wege der Zwangsvollstreckung zur Entstehung gebracht wird, hat sich insoweit der Begriff **Zwangshypothek** eingebürgert. Es handelt sich somit um ein Grundpfandrecht, dessen Eintragung durch Antragstellung und Nachweis der Vollstreckungsvoraussetzungen beim zuständigen Grundbuchgericht herbeigeführt werden kann; mit der Eintragung entsteht dann die Hypothek (§ 867 Abs. 1 ZPO). Der Zwangshypothek kommt dieselbe dingliche und rangwahrende Wirkung zu wie einer rechtsgeschäftlich bestellten Hypothek.

Außer den oben genannten Voraussetzungen der Zwangsvollstreckung sind **37** **zusätzlich zwei weitere** besondere **Voraussetzungen** zu beachten:

- **Mindestbetrag:**
  Eine Zwangshypothek darf nur für einen Betrag von mehr als 750,– EUR eingetragen werden; Zinsen bleiben dabei unberücksichtigt, soweit sie als Nebenforderung geltend gemacht sind. Auf Grund mehrerer demselben Gläubiger

---

[29] Zur Kritik vgl. *Schneider* ZWE 2010, 77.

[30] Vgl. OLG München ZfIR 2007, 647 m. Anm. *Bergsdorf* = ZWE 2007, 356 m. Anm. *F. Schmidt* zur Abrechnungsspitze.

[31] *Alff/Hintzen* Rpfleger 2008, 165, 173; Bärmann/*Becker* § 16 Rn. 204; Dassler u.a./ *Engels* § 156 Rn. 11.3; *Stöber* § 156 Rn. 3.4; zu Recht krit. Böttcher/*Keller* § 155 Rn. 10b f.; *Schneider* ZWE 2010, 77.

[32] Dassler u.a./*Engels* § 152 Rn. 214ff.

zustehender Schuldtitel kann eine einheitliche Sicherungshypothek eingetragen werden (§ 866 Abs. 3 ZPO).

- **Verteilung bei mehreren Objekten:**
  Sollen mehrere Vollstreckungsobjekte des Schuldners mit der Zwangshypothek belastet werden, so ist der Betrag der Forderung auf die einzelnen Objekte zu verteilen. Die Größe der Teile bestimmt der Gläubiger; jeder Teil darf wiederum nur für einen Betrag von mehr als 750,– EUR eingetragen werden (§ 867 Abs. 2 ZPO).

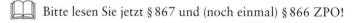 Bitte lesen Sie jetzt § 867 und (noch einmal) § 866 ZPO!

b) Durchsetzung

38 Will der Gläubiger seine titulierte Forderung im Wege der Zwangsversteigerung realisieren, stehen ihm nach Eintragung der Zwangshypothek in das Wohnungsgrundbuch zwei Wege zur Verfügung:

- Der Gläubiger kann die Zwangsversteigerung des Wohnungseigentums aus dem eingetragenen Recht in der **Rangklasse 4** des § 10 Abs. 1 ZVG betreiben. Dazu bedarf er keines besonderen Duldungstitels gem. § 1147 BGB, weil insoweit ausnahmsweise der vollstreckbare Titel genügt, auf dem die Eintragung vermerkt ist (§ 867 Abs. 3 ZPO). Diese Erleichterung ist allerdings auf das Betreiben der Zwangsversteigerung beschränkt. Für andere Maßnahmen einer dinglichen Zwangsvollstreckung benötigt der durch Eintragung einer Zwangshypothek gesicherte Gläubiger gleichwohl unverändert einen dinglichen Titel.[33] Auch nach einer rechtsgeschäftlichen Veräußerung des Wohnungseigentums ist im Hinblick auf § 17 Abs. 1 ZVG ein dinglicher Duldungstitel gegen den Erwerber erforderlich, um aus dem eingetragenen Recht in das Wohnungseigentum vollstrecken zu können.[34]
- Der Gläubiger kann die Zwangsversteigerung des Wohnungseigentums auch wegen des titulierten persönlichen Zahlungsanspruchs in der **Rangklasse 5** des § 10 Abs. 1 ZVG betreiben.
  In diesem Fall bliebe dann seine vor der Beschlagnahme eingetragene Zwangshypothek im geringsten Gebot bestehen.[35]

c) Besonderheiten bei Hausgeldansprüchen

39 Die Eintragung einer Zwangshypothek wegen wohnungseigentumsrechtlicher Hausgeldansprüche i.S.d. § 16 Abs. 2, § 28 Abs. 2 u. 5 WEG ist auch dann noch möglich, wenn die Ansprüche bereits in der **Rangklasse 2** des § 10 Abs. 1 ZVG privilegiert sein können. Das Rechtsschutzinteresse für eine solche Eintragung ist durch die Einführung des Hausgeldprivilegs nicht entfallen.[36] In diesem Fall bedarf es auch nicht der Eintragung einer Zwangshypothek, die durch den Wegfall

---

[33] BGH NJW 2008, 1599 = ZMR 2008, 610.
[34] *Stöber* ZVG Einl. Rn. 69.1 mwN.
[35] RGZ 76, 116, 120.
[36] OLG Stuttgart ZWE 2011, 88; LG Düsseldorf NJW 2008, 3150 = ZMR 2008, 819 m. Anm. *Schneider*.

des Vorrechts nach § 10 Abs. 1 Nr. 2 ZVG aufschiebend bedingt ist[37], wenngleich eine solche Eintragung selbstverständlich möglich ist.[38]

Dem rechtsfähigen Verband Wohnungseigentümergemeinschaft als Gläubiger **40** stehen damit bis zu **drei Möglichkeiten** zur Verfügung, um titulierte **Hausgeldforderungen** zu realisieren:

- Der rechtsfähige Verband kann die Zwangsversteigerung des Wohnungseigentums wegen des ihm gebührenden Vorrechts in der **Rangklasse 2** des § 10 Abs. 1 ZVG betreiben bzw. seine Ansprüche insoweit zu einem von dritter Seite betriebenen Verfahren anmelden.
- Der rechtsfähige Verband kann die Zwangsversteigerung des Wohnungseigentums aus einer eingetragenen Zwangshypothek in der **Rangklasse 4** des § 10 Abs. 1 ZVG betreiben bzw. seine Ansprüche insoweit zu einem von dritter Seite betriebenen Verfahren anmelden.
- Der rechtsfähige Verband kann die Zwangsversteigerung des Wohnungseigentums auch wegen des titulierten persönlichen Zahlungsanspruchs in der **Rangklasse 5** des § 10 Abs. 1 ZVG betreiben.

Da die Ansprüche in der Rangklasse 2 u.a. betraglich gedeckt sind (→ Rn. 17), wird ein Gläubiger regelmäßig die Zwangsversteigerung auch auf eine der beiden anderen Rangklassen stützen müssen.

Merke:

Wohnungseigentum unterliegt als echtes Eigentum[39] der Immobiliarzwangsvollstreckung. Die Zwangsvollstreckung in das einzelne Wohnungseigentum erfolgt grundsätzlich wie bei einem gewöhnlichen Grundstück. Infolge der mit der WEG-Novelle 2007 eingeführten Rangklasse 2 für wohnungseigentumsrechtliche Hausgeldansprüche ergeben sich eine Reihe von Besonderheiten bei der vollstreckungsweisen Durchsetzung dieser Ansprüche.

III. Gesamtzwangsvollstreckung

1. Grundsätze

Durch die **Eröffnung des Insolvenzverfahrens** geht das Recht des Schuldners, **41** das zur Insolvenzmasse gehörende Vermögen zu verwalten und über es zu verfügen, auf den Insolvenzverwalter über.

Bitte lesen Sie jetzt § 80 Abs. 1 InsO!

---

[37] OLG Dresden ZWE 2011, 365; OLG Frankfurt ZWE 2011, 89; *Demharter* § 54 Rn. 12; *Schneider* ZfIR 2008, 161; *Wilsch* BeckOK-GBO Sonderbereich Zwangssicherungshypothek Rn. 114 a.E.; iE ebenso LG Düsseldorf NJW 2008, 3150 = ZMR 2008, 819; aA *Zeiser* Rpfleger 2008, 58.

[38] BGH ZfIR 2011, 802 m. Anm. *Zeiser* = ZWE 2011, 401 m. Anm. *Schneider*.

[39] BGHZ 49, 250 = NJW 1968, 499; OLG München NJW 2010, 1467 = ZMR 2010, 706.

Zur **Insolvenzmasse** zählt auch das dem Schuldner gehörende Wohnungseigentum, weil das Insolvenzverfahren das **gesamte Vermögen** erfasst, das dem Schuldner zur Zeit der Eröffnung des Verfahrens gehört und das er während des Verfahrens erlangt.

📖 Bitte lesen Sie jetzt § 35 Abs. 1 InsO!

Es handelt sich deshalb im Gegensatz zu den in Abschnitt I genannten Einzelzwangsvollstreckungsverfahren um ein Verfahren der Gesamtzwangsvollstreckung, für das besondere Regeln gelten (müssen).

2. Eröffnung des InsO-Verfahrens als Zäsur

42   Für einen Gläubiger ist ausschlaggebend, welche Vollstreckungsmöglichkeiten das Gesetz ihm einräumt. Dafür ist maßgeblich auf die **Fälligkeit** seiner zu vollstreckenden Ansprüche abzustellen.

a) Insolvenzgläubiger

43   Die Insolvenzmasse dient zur Befriedigung der persönlichen Gläubiger, die einen zur Zeit der Eröffnung des Insolvenzverfahrens begründeten Vermögensanspruch gegen den Schuldner haben. Für einzelne Insolvenzgläubiger hat der Gesetzgeber zur Vermeidung eines Gläubigerwettlaufs ein Vollstreckungsverbot angeordnet.

📖 Bitte lesen Sie jetzt § 38 und § 89 Abs. 1 InsO!

b) Massegläubiger

44   Masseverbindlichkeiten sind u.a. solche Verbindlichkeiten, die durch Handlungen des Insolvenzverwalters oder in anderer Weise durch die Verwaltung, Verwertung und Verteilung der Insolvenzmasse begründet werden, ohne zu den Kosten des Insolvenzverfahrens zu gehören

📖 Bitte lesen Sie jetzt § 55 Abs. 1 Nr. 1 InsO!

3. Wohnungseigentumsrechtliche Hausgeldansprüche in der Insolvenz des Wohnungseigentümers

a) Der Verband Wohnungseigentümergemeinschaft als Insolvenzgläubiger

45   Auch die insolvenzrechtliche Abgrenzung der sich aus § 16 Abs. 2, § 28 Abs. 5 WEG ergebenden Zahlungsansprüche zugunsten des Verbandes Wohnungseigentümergemeinschaft richtet sich allein nach deren Fälligkeit.[40] Soweit **Hausgeldzahlungen** *vor* **Eröffnung** des Insolvenzverfahrens über das Vermögen eines

---

[40] Vgl. BGHZ 156, 279 = NJW 2003, 3550 = ZMR 2003, 943 = ZWE 2004, 77.

Wohnungseigentümers fällig werden, handelt es sich daher grundsätzlich um gewöhnliche Insolvenzforderungen gem. § 38 InsO.[41]

Allerdings gewährt § 49 InsO denjenigen Gläubigern, denen ein Recht auf Be- **46** friedigung aus der Immobilie zusteht, ein **Recht zur abgesonderten Befriedigung** nach Maßgabe des Gesetzes über die Zwangsversteigerung und die Zwangsverwaltung.

Bitte lesen Sie jetzt § 49 InsO!

Solchermaßen (dinglich) Berechtigte können ihre Verwertungsrechte demnach privilegiert außerhalb des Insolvenzverfahrens realisieren. Dazu gehören zum Einen Ansprüche des Verbandes Wohnungseigentümergemeinschaft, soweit dessen Hausgeldrückstände durch Eintragung einer **Zwangshypothek** in das Grundbuch rechtzeitig[42] dinglich gesichert worden sind.

In der Insolvenz eines Wohnungseigentümers ist der Verband Wohnungseigentü- **47** mergemeinschaft aber darüber hinaus auch wegen der nach § 10 Abs. 1 Nr. 2 ZVG **bevorrechtigten,** vor der Insolvenzeröffnung fällig gewordenen **Hausgeldansprüche** ohne die Notwendigkeit einer vorherigen Beschlagnahme des Wohnungseigentums absonderungsberechtigt.[43] Die Wohnungseigentümergemeinschaft kann deshalb auch nach Eröffnung des Insolvenzverfahrens die Hausgeldforderungen gemäß § 10 Abs. 1 Nr. 2 ZVG in einem – durch einen anderen absonderungsberechtigten Gläubiger, den Insolvenzverwalter oder durch sie selbst wegen eines anderen zur Absonderung berechtigenden Anspruchs betriebenen – Zwangsversteigerungsverfahren anmelden, ohne dass insoweit ein (Zahlungs-) Titel erforderlich ist. Damit kann sich der Verband über das ansonsten bestehende Vollstreckungsverbot gem. § 89 Abs. 1 InsO wie ein dinglich gesicherter Gläubiger hinwegsetzen und sich wegen des Hausgeldprivilegs außerhalb des Insolvenzverfahrens befriedigen.

Zur abgesonderten Befriedigung wegen der bevorrechtigten Hausgeldansprüche **48** benötigt der Verband Wohnungseigentümergemeinschaft einen **Duldungstitel** gegen den Insolvenzverwalter, wenn er das Versteigerungsverfahren betreiben will. Hat der Verband bereits vor der Insolvenzeröffnung einen (Zahlungs-)Titel gegen den Schuldner erwirkt, so kann er diesen nunmehr gem. § 727 Abs. 1 ZPO in einen Duldungstitel gegen den Insolvenzverwalter umschreiben lassen.[44] Hat der Verband gegen den säumigen Wohnungseigentümer vor der Insolvenzeröffnung noch keinen Zahlungstitel erlangt, kann er den das Absonderungsrecht bestreitenden Insolvenzverwalter mit der Pfandklage auf Duldung der Zwangsversteigerung analog § 1147 BGB in die Eigentumswohnung in Anspruch nehmen.[45] Nach Auffassung des IX. Zivilsenats des BGH[46] ist dafür erforderlich, dass der konkrete Umfang des Vorrechts betragsmäßig tituliert und nicht lediglich abstrakt festgestellt wird.[47]

---

[41] BGHZ 150, 305 = NZI 2002, 425 = ZMR 2002, 929; BGH NJW 1994, 1866 =ZMR 1994, 256; OLG Stuttgart ZMR 2003, 57; BayObLG NZM 1999, 74 = ZMR 1999, 119.
[42] Zur sog „Rückschlagsperre" s. § 88 InsO.
[43] BGH NJW NJW 2011, 3098 = ZMR 2012, 788 = ZWE 2013, 43.
[44] Bärmann/*Becker* § 16 Rn. 214.
[45] BGH NJW NJW 2011, 3098 = ZMR 2012, 788 = ZWE 2013, 43.
[46] BGH NJW NJW 2011, 3098 = ZMR 2012, 788 = ZWE 2013, 43; ebenso *Brückner* ZNotP 2013, 326, 332.
[47] Im Hinblick auf den sich erst im Zwangsversteigerungsverfahren konkretisierenden Vorrangsbereich aA LG Berlin ZWE 2011, 97; Bärmann/*Becker* § 16 Rn. 217a; Bärmann/ Seuß/*Bergerhoff* F Rn. 894a; *Schneider* ZWE 2014, 61, 66.

b) Der Verband Wohnungseigentümergemeinschaft als Massegläubiger

49   Soweit die **Hausgeldzahlungen** erst *nach* Eröffnung des Insolvenzverfahrens über das Vermögen eines Wohnungseigentümers fällig werden, sind sie als Masseschulden[48] vom Insolvenzverwalter gem. §§ 53, 55 Abs. 1 Nr. 1 Fall 2 InsO aus der Insolvenzmasse vorweg zu entrichten. Zu den Masseverbindlichkeiten gehören danach die aufgrund eines beschlossenen Wirtschaftsplans geschuldeten, jedoch erst nach der Insolvenzverfahrenseröffnung fällig gewordenen **Hausgeldvorschüsse**.[49] Ist der insolvente Wohnungseigentümer seiner Verpflichtung zur Zahlung von Hausgeldvorschüssen nicht nachgekommen, so sind die zur Zeit der Verfahrenseröffnung bestehenden Rückstände allerdings Insolvenzforderungen nach § 38 InsO. Dabei ist es unerheblich, wenn die Jahresabrechnung gem. § 28 Abs. 3 WEG erst nach Eröffnung des Insolvenzverfahrens beschlossen wird, weil diesem Beschluss hinsichtlich der nach dem Wirtschaftsplan zu leistenden Vorschüsse lediglich bestätigende und keine novierende Wirkung zukommt.[50] Eine durch Vorschusszahlung nicht gedeckte **Abrechnungsspitze** entsteht dagegen erst mit dem Beschluss der Wohnungseigentümer über die Jahresabrechnung. Ist die Abrechnungsspitze erst nach Eröffnung des Insolvenzverfahrens beschlossen worden, handelt es sich somit um eine Masseverbindlichkeit.[51] Auch eine nach Insolvenzeröffnung beschlossene **Sonderumlage** stellt eine anteilig zu erfüllende Masseverbindlichkeit i.S.d. § 55 Abs. 1 Nr. 1 Fall 2 InsO dar, weil durch einen solchen Beschluss erstmals konkrete Verbindlichkeiten der Wohnungseigentümer begründet werden.[52]

50   Allerdings soll die Wohnungseigentümergemeinschaft nach Eröffnung des Insolvenzverfahrens keine Rechte an Gegenständen der Insolvenzmasse erwerben können, auch wenn keine Verfügung des Schuldners und keine Zwangsvollstreckung für einen Insolvenzgläubiger zugrunde liegt. § 91 InsO soll es deshalb ausschließen, dass die rechtsfähige Wohnungseigentümergemeinschaft für die erst nach Eröffnung des Insolvenzverfahrens fällig gewordenen Hausgeldforderungen gemäß § 10 Abs. 1 Nr. 2 ZVG ein Recht auf Befriedigung aus dem Grundstück habe, sie mithin aus der Rangklasse 2 des § 10 Abs. 1 ZVG in dem dort geregelten Umfang in die Eigentumswohnung vollstrecken könne. Damit **entfällt** nach Auffassung des IX. Zivilsenats des BGH ein **Absonderungsrecht** für Hausgeldansprüche, die erst nach Insolvenzeröffnung fällig werden.[53]

51   Die stattdessen vom BGH – notfalls nach entsprechender Zahlungsklage in Rangklasse 5 – in Aussicht gestellte Begleichung der während der Dauer des Insol-

---

[48] BGHZ 152, 136 = NJW 2002, 3709 = ZMR 2002, 941; BGHZ 108, 44 = NJW 1989, 3018 = Rpfleger 1989, 472; OLG Köln NZI 2008, 377 = ZMR 2008, 988; KG NZM 2001, 238 = ZMR 2001, 60; BayObLG NZM 1999, 74 = ZMR 1999, 119.

[49] Insoweit aA *Mayer* ZfIR 2012, 86, 87.

[50] Ständige Rechtspr. BGH NJW 2012, 2797 = ZWE 2012, 375; BGH NJW 2010, 2127 = ZWE 2010, 170; BGHZ 142, 290 = NJW 1999, 3713 = ZWE 2000, 29; BGHZ 131, 228 = NJW 1996, 725 = ZMR 1996, 215; BGH NJW 1994, 1866 = ZMR 1994, 256.

[51] BGH NJW NJW 2011, 3098 = ZMR 2012, 788 = ZWE 2013, 43; BGHZ 131, 228 = NJW 1996, 725 = ZMR 1996, 215; *Drasdo* NZI 2005, 489; aA noch BGHZ 150, 305 = NZI 2002, 425 („Fälligkeitstheorie" vs. „Aufteilungstheorie").

[52] BGHZ 108, 44 = NJW 1989, 3018.

[53] So BGH NJW NJW 2011, 3098 = ZMR 2012, 788 = ZWE 2013, 43 und ihm folgend Dassler u.a./*Rellermeyer* § 10 Rn. 87; aA LG Berlin ZMR 2010, 142 = ZWE 2010, 228; Bärmann/*Becker* § 16 Rn. 216; *Schneider* ZMR 2012, 749, 757.

venzverfahrens auflaufenden Hausgeldforderungen durch den Insolvenzverwalter aus der Masse ist demgegenüber keineswegs gesichert. In der Praxis wird es wohl vielmehr regelmäßig zu einem **Ausfall des Verbandes** kommen.

Die Gründe dafür sind sowohl in verzögerten oder gar gänzlich ausbleibenden Zahlungen seitens des Insolvenzverwalters[54], aber auch in der de facto zur Unversteigerbarkeit aus der Rangklasse 5 führenden Belastungssituation[55] des insolvenzbefangenen Wohnungseigentums zu sehen. Hinzu kommt, dass nach Anzeige der Masseunzulänglichkeit gem. § 208 InsO die rechtsfähige Wohnungseigentümergemeinschaft die Hausgeldforderungen, die nach Insolvenzeröffnung, aber vor Anzeige der Masseunzulänglichkeit entstanden sind (sog Altmasseverbindlichkeiten), mangels Rechtsschutzinteresse weder mit der Zahlungsklage verfolgen, noch wegen solcher bereits titulierten Ansprüche in die Masse vollstrecken kann (§§ 209 Abs. 1 Nr. 3, 210. InsO).[56] Nach Insolvenzeröffnung entstandene Hausgeldforderungen werden daher nach der Rechtsprechung des IX. Senats in der Praxis für den Verband Wohnungseigentümergemeinschaft wohl oftmals verloren sein.

c) Die Rechtsstellung des Verbandes Wohnungseigentümergemeinschaft bei der freihändigen Verwertung des Wohnungseigentums

aa) Keine dingliche Haftung des Erwerbers

Die Verwertung des zur Insolvenzmasse gehörenden Vermögens kann durch den Insolvenzverwalter auch im Wege einer freihändigen Veräußerung des Wohnungseigentums erfolgen (vgl. §§ 159, 160 Abs. 2 Nr. 1 InsO). Veräußert der Insolvenzverwalter das Wohnungseigentum freihändig, so macht es nach Auffassung des BGH keinen Unterschied, ob das Eigentum freihändig von dem Insolvenzverwalter oder außerhalb von Insolvenz und Zwangsversteigerung erworben wird. In keiner der Fallgruppen soll das Vorrecht eine dingliche Haftung begründen, so dass ein Erwerber für Hausgeldrückstände seines Voreigentümers nicht haftet. Der Erwerber eines Wohnungseigentums aus der Insolvenzmasse muss daher keine Zwangsvollstreckung in das Wohnungseigentum wegen rückständiger Hausgeldforderungen seines Rechtsvorgängers seitens des Verbandes dulden.[57]

bb) Schicksal des Absonderungsrechts im Veräußerungsfalle

Wird das Wohnungseigentum durch den Insolvenzverwalter freihändig veräußert, scheidet es nach wirksamer Übertragung aus der Insolvenzmasse aus. Das Absonderungsrecht des Verbandes Wohnungseigentümergemeinschaft gem.

52

53

---

[54] Vgl. den der Entscheidung des OLG Düsseldorf NZM 2007, 47 = ZInsO 2007, 154 = ZMR 2007, 204 zugrunde liegenden Sachverhalt. Dort hatte der Insolvenzverwalter das Wohnungseigentum über einen Zeitraum von viereinhalb Jahren genutzt, ohne die Freigabe zu erklären oder Hausgelder zu bezahlen.

[55] *Mayer* ZfIR 2012, 86, 87: Bei Versteigerung aus dem Nachrang wird das geringste Gebot gem. §§ 44, 52 Abs. 1 ZVG bereits regelmäßig den Verkehrswert erreichen oder gar überschreiten.

[56] BGH Urt. v. 21.7.2011 – IX ZR 120/10 – Rn. 7; BGHZ 154, 358 = NJW 2003, 2454 = ZInsO 2003, 465; OLG Düsseldorf NZM 2007, 47 = ZInsO 2007, 154 = ZMR 2007, 204.

[57] BGHZ 198, 216 = NJW 2013, 3515 = ZfIR 2013, 806 = ZMR 2014, 80 = ZWE 2013, 466.

§ 49 InsO für säumige Hausgeldansprüche des Gemeinschuldners aus der Zeit vor Eröffnung des Insolvenzverfahrens (→ Rn. 47) muss in diesem Fall nach Auffassung des BGH am übertragenen Wohnungseigentum erlöschen, da der Erwerber insoweit nicht haften soll.[58] Das Absonderungsrecht setzt sich allerdings am erzielten Veräußerungserlös als Surrogat fort, so dass dieser im Umfang des Vorrechts an den Verband auszukehren sein wird.[59] Ein solches **Ersatzabsonderungsrecht** wird jedoch für den Verband nur dann erfolgversprechend sein, wenn die freihändige Veräußerung nicht auf einer vom Insolvenzverwalter gem. § 106 Abs. 1 S. 1 InsO zu erfüllenden unentgeltlichen Rückübertragungsverpflichtung beruht.

d) Die Rechtsstellung des Verbandes Wohnungseigentümergemeinschaft nach der Freigabe des Wohnungseigentums

54 Der Insolvenzverwalter ist grundsätzlich auch befugt, einzelne Gegenstände aus der Insolvenzmasse freizugeben (arg. § 32 Abs. 3 InsO). Die Freigabe bewirkt das **Erlöschen des Insolvenzbeschlags**. Mit der Freigabe des Wohnungseigentums erlangt der Insolvenzschuldner seine Verwaltungs- und Verfügungsbefugnis gegenstandsbezogen wieder zurück.[60] Das Wohnungseigentum gehört dann zum insolvenzfreien Vermögen[61], in das allerdings für die Dauer des Insolvenzverfahrens gewöhnliche Insolvenzgläubiger nicht vollstrecken können (§ 89 Abs. 1 InsO).[62]

55 Soweit der Insolvenzverwalter *nach* Eröffnung des Insolvenzverfahrens die Nutzungen der Immobilie zur Masse gezogen hat, richten sich die dadurch entstandenen (persönlichen) Hausgeldforderungen ebenfalls gegen die gesamte Masse. Eine bereits gegen die Masse titulierte Hausgeldforderung besteht unverändert als **Masseforderung** gegen die (Rest-)Insolvenzmasse. Gegen die Insolvenzmasse gerichtete Zahlungsverpflichtungen können sich nach diesem Verständnis nicht an dem freigegebenen Wohnungseigentum fortsetzen.[63] Verfügt der Verband Wohnungseigentümergemeinschaft also nicht noch über titulierte absonderungsberechtigte Hausgeldansprüche aus der Zeit *vor* Insolvenzeröffnung, ist er nach einer Freigabe des Wohnungseigentums auf eine Titulierung der ab diesem Zeitpunkt erneut im Vorrangsbereich anfallenden Hausgeldbeträge als sog Neugläubiger angewiesen. Eine Titulierung wegen des neuerlichen Absonderungsrechts scheitert auch nicht am Vollstreckungsverbot des § 89 Abs. 1 InsO.[64] Die fehlende Anerkennung des dinglichen Charakters von Hausgeldforderungen verschafft also der rechtsfähigen Eigentümergemeinschaft nach der Freigabe **keine sofortige Zugriffsmöglichkeit** auf das Wohnungseigentum. Der Befreiung der Insolvenzmasse von den Lasten des Wohnungseigentums einerseits steht damit zunächst für die Dauer des notwendigen Erkenntnisverfahrens äquivalent ein

---

[58] Allerdings offen gelassen von BGHZ 198, 216 = NJW 2013, 3515 = ZfIR 2013, 806 = ZMR 2014, 80 = ZWE 2013, 466 (V. Zivilsenat).

[59] So zumindest BGH NZI 2010, 482 und BGH NZI 2010, 399 (jew. IX. Zivilsenat).

[60] BGHZ 163, 32 = NJW 2005, 2015 = NZI 2005, 387; BGH NJW 1994, 1866 = ZMR 1994, 256.

[61] *OLG Hamm* Rpfleger 1971, 109; MüKo InsO/*Breuer* InsO § 89 Rn. 18.

[62] BGH NZI 2009, 382 = ZfIR 2009, 482 = ZInsO 2009, 830.

[63] So schon zur früheren Rechtslage LG Kassel ZIP 2007, 2370 unter Betonung des persönlichen Forderungscharakters.

[64] BGH NZI 2009, 382 = ZfIR 2009, 482 = ZInsO 2009, 830.

Zuwachs der Belastung bei der Eigentümergemeinschaft durch den insolventen Wohnungseigentümer andererseits gegenüber.

Hinzu kommt, dass trotz Titulierungsbemühungen eine **Durchsetzung** der weiterhin entstandenen Hausgeldansprüche für den Verband als Neugläubiger **ungewiss** ist. Der wieder verfügungsbefugte Wohnungseigentümer kann nämlich das freigegebene Wohnungseigentum ohne Mitwirkung des Verbandes Wohnungseigentümergemeinschaft jederzeit rechtsgeschäftlich veräußern. Nach Übertragung des Wohnungseigentums hat aber die rechtsfähige Eigentümergemeinschaft für die nach Freigabe entstandenen Hausgeldforderungen das Recht auf Zahlung gegen den wirtschaftlich wohl potenteren Erwerber ebenso verloren wie jegliche Zugriffsmöglichkeit auf das die Forderung verursachende Wohnungseigentum. Die Vorrangsregelung des § 10 Abs. 1 Nr. 2 ZVG wird auf diese Weise unterlaufen. **56**

IV. Außergerichtliche Durchsetzung rückständiger Hausgeldforderungen

1. Versorgungssperre gegen Wohnungseigentümer

a) Rechtsgrundlage

Neben den „klassischen" Möglichkeiten einer gerichtlichen Zwangsvollstreckung besteht in der Praxis eine der bedeutsamsten Handlungsoptionen für Wohnungseigentümerverbände darin, unter Berufung auf ein **Zurückbehaltungsrecht** die weitere Belieferung eines säumigen Sondereigentümers mit von der Gemeinschaft zunächst vorfinanzierten Leistungen wie etwa Wasser oder Heizwärme zu unterbinden. Die Ausübung des Zurückbehaltungsrechtes stellt damit für die Gemeinschaft sowohl ein Druckmittel zur Steigerung der Zahlungsbereitschaft als auch ein Sicherungsmittel zur Vermeidung weiterer einseitiger durch ausbleibende Hausgeldbeiträge nicht gedeckte Leistungen dar. Ihre Rechtsgrundlage findet eine solche Verfahrensweise in § 273 BGB. **57**

Bitte lesen Sie jetzt § 273 BGB!

Danach sind die übrigen Mitglieder der rechtsfähigen Gemeinschaft grundsätzlich berechtigt, den Säumigen vom weiteren Leistungsbezug auszuschließen, wenn ein Mitglied der Gemeinschaft seinen Pflichten nicht nachkommt.[65] Die für das Zurückbehaltungsrecht notwendige **Wechselbezüglichkeit** der zurückgehaltenen Leistung mit der Verpflichtung, zu deren Durchsetzung das Zurückbehaltungsrecht ausgeübt wird, folgt aus der für alle Mitglieder der Gemeinschaft bestehenden Berechtigung zur Teilhabe an den gemeinschaftlichen Leistungen und der damit korrespondierenden Pflicht zur Erfüllung der jedem Mitglied der Gemeinschaft gegenüber allen anderen Mitgliedern bestehenden Verpflichtungen.[66]

---

[65] BGH NJW 2005, 2622 = ZWE 2005, 438; OVG Berlin-Brandenburg ZWE 2013, 234 m. Anm. *Lehmann-Richter*; OLG Dresden ZMR 2008, 140; OLG Frankfurt ZWE 2006, 450 m. Anm. *B. Müller*; BayObLG NZM 2004, 556; KG ZWE 2002, 182; OLG Hamm OLGZ 1994, 269 = WE 1994, 84; OLG Celle OLGZ 1991, 50 = NJW-RR 1991, 1118.

[66] BGH NJW 2005, 2622 = ZWE 2005, 438; *Gaier* ZWE 2004, 109, 112.

58   Erfolgt die Versorgung aufgrund **direkter vertraglicher Beziehungen** mit dem Versorgungsunternehmen (üblich zB bei der Belieferung mit Strom), wird idR insoweit auch unmittelbar mit dem betreffenden Wohnungseigentümer abgerechnet. Hier fehlt es daher im Verhältnis zur Wohnungseigentümergemeinschaft an der von § 273 BGB vorausgesetzten Wechselbezüglichkeit der Leistungen. Diese ist auch nicht deshalb gegeben, weil auch das Zurverfügungstellen der Versorgungsleitungen eine zurückbehaltungsfähige Leistung sei.[67] Vielmehr stehen die Versorgungsleitungen – sofern sie nicht im Sondereigentum stehen – im gemeinschaftlichen Miteigentum aller Wohnungseigentümer (§ 5 Abs. 1 u. 2 WEG); sie gehören damit nicht dem Verband Wohnungseigentümergemeinschaft, dem insoweit auch keine gesetzliche Verwaltungskompetenz mit der Berechtigung zum Nutzungsentzug gem. § 13 Abs. 2 WEG zukommt.[68]

b) Voraussetzungen

59   Die Ausübung des Zurückbehaltungsrechts bedarf einer vorherigen **Beschlussfassung** der Wohnungseigentümer[69]; diese kann auch generell für die Zukunft erfolgen.[70] Sie ist aber nur Voraussetzung der Versorgungssperre und ersetzt damit selbst nach Eintritt der Bestandskraft nicht die eigenen Feststellungen des Tatrichters, der das Vorliegen der Voraussetzungen selbständig prüfen muss.[71]

60   Eine **Titulierung** der Rückstände ist allerdings **nicht erforderlich**.[72] Jedoch müssen die Ansprüche des Verbandes fällig sein und zweifelsfrei bestehen.[73]

61   Eine Versorgungssperre setzt weiterhin **erhebliche Rückstände** voraus; ein Zahlungsrückstand von sechs Monaten wird dafür allgemein als ausreichend angesehen.[74]

62   Eine Versorgungssperre darf **nicht unverhältnismäßig** sein.[75] Im Einzelfall kann dies zB bei einer Gesundheitsgefährdung der Fall sein. Es ist allerdings nicht angezeigt, die Durchführung einer Versorgungssperre deshalb zu unterlassen, weil die Voraussetzungen für ein – weit belastenderes – Entziehungsverfahren gem. § 18 f. WEG vorliegen.[76]

---

[67] So aber OLG Frankfurt ZWE 2006, 450; LG München I ZWE 2011, 186; *Bärmann/Becker* § 28 Rn. 84.

[68] Zutr. NKV/*Niedenführ* § 28 Rn. 228; Riecke/Schmid/*Abramenko* § 28 Rn. 49; *Suilmann* ZWE 2012, 111, 113; aA Bärmann/*Becker* § 28 Rn. 84.

[69] BGH NJW 2005, 2622 = ZWE 2005, 438.

[70] KG NJW-RR 2006, 446.

[71] OLG München ZWE 2005, 332.

[72] Abramenko/*Wolicki* § 11 Rn. 47; Riecke/Schmid/*Abramenko* § 28 Rn. 49; aA *Jennißen* Rn. 1111.

[73] OLG Frankfurt ZWE 2006, 450 m. Anm. *B. Müller;* OLG München ZWE 2005, 332.

[74] BGH NJW 2005, 2622 = ZWE 2005, 438; OVG Berlin-Brandenburg ZWE 2013, 234 m. Anm. *Lehmann-Richter;* OLG Dresden ZMR 2008, 140; OLG Frankfurt ZWE 2006, 450 m. Anm. *B. Müller;* krit. *Bonifacio* ZMR 2012, 330.

[75] OLG München ZWE 2005, 332; *Gaier* ZWE 2004, 109, 115.

[76] OLG Dresden ZMR 2008, 140.

Wiederholung:

Vielleicht möchten Sie bei dieser Gelegenheit noch einmal die Ausführungen zum wohnungseigentumsrechtlichen Entziehungsverfahren im → Kapitel L Rn. 93 ff. nachlesen?

Ferner muss der Versorgungssperre (nicht dem Beschluss!) eine **Abmahnung** 63 vorausgehen, sofern nicht um deren Vollzug prozessiert wird.[77]

Die Versorgungssperre kann nicht dadurch abgewendet werden, dass **Teilzah-** 64 **lungen** auf einzelne Positionen wie Wasser- oder Wärmelieferung zur Vermeidung ihres Vollzugs erfolgen, da es sich bei verbrauchsabhängigen und verbrauchsunabhängigen Kosten um eine einheitliche Schuld handelt und die Unterpositionen keine eigenständigen Verbindlichkeiten darstellen.[78]

c) Durchsetzung der Versorgungssperre

Der säumige Wohnungseigentümer hat nach § 14 Nr. 4 WEG das Betreten 65 seiner Wohnung zur Anbringung von Absperrvorrichtungen zu dulden, wenn die Unterbrechung nur dort vollzogen werden kann.[79] Deren Einbau macht auch nicht etwa als bauliche Veränderung die Zustimmung des säumigen Eigentümers erforderlich; dieser hat den Einbau vielmehr nach § 22 Abs. 1 Satz 2 WEG zu dulden.[80] Verweigert der säumige Wohnungseigentümer gleichwohl den Zutritt, muss der Verband ihn auf Duldung des Zutritts zur Anbringung der Sperre verklagen.[81]

2. Versorgungssperre bei besonderen Nutzungsverhältnissen

a) Dingliches Wohn(ungs)recht

Das Zurückbehaltungsrecht darf auch dann ausgeübt werden, wenn die Woh- 66 nung aufgrund eines dinglichen **Wohnrechts** gem. § 1090 BGB genutzt wird, weil das dingliche Wohnrecht vom Eigentumsrecht abgeleitet ist und der Wohnberechtigte deshalb nicht mehr Rechte haben kann als der Eigentümer.[82] Gleiches wird dann auch für einen **Wohnungsberechtigten** iSd § 1093 BGB und im Hinblick auf § 1047 BGB erst recht für einen **Nießbraucher** zu gelten haben.

b) Zwangsverwaltung

Ist für ein Wohnungseigentum die Zwangsverwaltung angeordnet, so sind dem 67 selbstnutzenden Wohnungseigentümer unter den Voraussetzungen des § 149 ZVG die für seinen Hausstand unentbehrlichen Räume zu belassen.

---

[77] BGH NJW 2005, 2622 = ZWE 2005, 438; LG München I, ZMR 2011, 326.
[78] OLG Dresden ZMR 2008, 140; KG NJW-RR 2006, 446.
[79] BGH NJW 2005, 2622 = ZWE 2005, 438; OLG Frankfurt ZWE 2006, 450 m. Anm. *B. Müller*; OLG München ZWE 2005, 332.
[80] BayObLG NJW-RR 2004, 1382 ; KG ZWE 2001, 497.
[81] Abramenko/*Wolicki* § 11 Rn. 47.
[82] KG Grundeigentum 2010, 483.

Bitte lesen Sie jetzt § 149 ZVG!

Der Wohnungseigentümer hat zwar für die Überlassung der Wohnräume keine Miete oder Nutzungsentschädigung zu zahlen, wohl aber zumindest in Höhe der von ihm verursachten Verbrauchskosten das laufende Hausgeld.[83] Unterlässt der Wohnungseigentümer diese Zahlungen, könne dem Schuldner von dem Vollstreckungsgericht allerdings nicht deshalb nach § 149 Abs. 2 ZVG die Räumung aufgegeben werden. Durch die Nichtzahlung der Hausgelder trete keine Gefährdung des Grundstücks oder der Zwangsverwaltung ein; vielmehr sei insoweit der betreibende Gläubiger vorschusspflichtig.[84]

68 § 149 ZVG steht jedoch einer Versorgungssperre seitens des Verbandes Wohnungseigentümergemeinschaft nicht entgegen. Die Vorschrift regelt nämlich nur das Verhältnis zum die Zwangsverwaltung betreibenden Gläubiger, nicht aber das Verhältnis der Wohnungseigentümer untereinander. Diese Beziehungen unterliegen jedoch anderen Regeln.[85]

c) Mieter

69 Eine Versorgungssperre kommt auch bei vermietetem Wohnungs- oder Teileigentum in Betracht. Es ist nämlich nicht begründbar, weshalb dem Mieter, dem nur ein vom Eigentümer abgeleitetes Nutzungsrecht zukommt, weitergehende Rechte zugesprochen werden sollten, als diesem selbst.[86] Hierfür soll der Mieter allerdings nicht den Zugang zu seiner Wohnung dulden müssen.[87]

70 Soweit die Absperrvorrichtungen außerhalb der vermieteten Wohnung angebracht werden können, handelt es sich nicht um verbotene Eigenmacht iSd §§ 858, 862 BGB.[88] Besitzschutzansprüche des Mieters bestehen gegenüber der rechtsfähigen Gemeinschaft damit ebenso wenig wie gegenüber Versorgungsunternehmen. Er kann die Versorgungssperre jedoch dadurch vermeiden, dass er zukünftig die Bewirtschaftungskosten unmittelbar an die Wohnungseigentümergemeinschaft zahlt.[89]

Puh – dieses Kapitel ist sicherlich eines der schwereren für Sie gewesen. Jetzt nur noch einige abschließende

---

[83] LG Duisburg Rpfleger 2008, 323 (allerdings kein Vorschuss); Böttcher/*Keller* § 149 Rn. 7a; Dassler/*Engels* § 149 Rn. 12.5; *Stöber* § 149 Rn. 2.9 lit. b).

[84] BGH ZWE 2008, 247; krit. Böttcher/*Keller* § 149 Rn. 7a; Dassler/*Engels* § 149 Rn. 12.5.

[85] OLG Dresden ZMR 2008, 140.

[86] KG ZWE 2001, 497; *Jennißen* Rn. 1113; Riecke/Schmid/*Abramenko* § 28 Rn. 50; aA OLG Köln ZWE 2000, 543.

[87] KG NJW-RR 2006, 658; Abramenko/*Wolicki* § 11 Rn. 51; Bärmann/*Becker* § 28 Rn. 87; NKV/*Niedenführ* § 28 Rn. 233; weitergehend Riecke/Schmid/*Elzer-Abramenko* § 16 Rn. 251.

[88] BGHZ 180, 300 = NJW 2009, 1947 = ZfIR 2009, 501.

[89] Bärmann/*Becker* § 28 Rn. 88; NKV/*Niedenführ* § 28 Rn. 233.

Wiederholungsaufgaben und Vertiefungsfragen

1. Unter welchen Gesichtspunkten macht die Eintragung einer Zwangshypothek für wohnungseigentumsrechtliche Hausgeldansprüche dennoch Sinn, obwohl sie primär nicht zur Tilgung der Rückstände führt?
2. Wie bestimmt sich in der Zwangsversteigerung das Verhältnis zwischen – nach Auffassung des BGH lediglich persönlich wirkenden – wohnungseigentumsrechtlichen Hausgeldansprüchen einerseits und einer bereits seit vielen Jahren im Grundbuch eingetragenen Vormerkung zur Sicherung des schuldrechtlichen Anspruchs auf Rückübertragung des Eigentums an die schenkenden Eltern?
3. Ist die Zwangsverwaltung eines vom Schuldner selbst bewohnten Wohnungseigentums aus der Sicht eines Gläubigers überhaupt sinnvoll?

Kapitel N. Beendigung des Wohnungseigentums

Ausgewählte Literatur zur Ergänzung und Vertiefung:

DNotI-Gutachten, Vereinigung aller Wohnungseigentumsrechte in einer Hand; Aufhebung von Wohnungseigentum; Auswirkungen auf einzelne Grundpfandrechte eines Eigentümers mehrerer Einheiten, DNotI-Report 2008, 27; *Röll*, Die Aufhebung von Wohnungseigentum an Doppelhäusern, DNotZ 2000, 749; *Schmid*, Auflösung der Wohnungseigentümergemeinschaft und Abriss des Gebäudes, ZfIR 2011, 809.

I. Abgrenzung

In diesem letzten Kapitel wollen wir uns abschließend noch mit der Beendigung des Wohnungseigentums befassen. Gemeint sind damit diejenigen Fallgestaltungen, die einen vollständigen rechtlichen Fortfall aller Wohnungs- und Teileigentumseinheiten eines aufgeteilten Grundstücks bewirken. Dazu ist es zunächst erforderlich, solche Tatbestände abzugrenzen, die auf den ersten Blick gewisse Ähnlichkeiten aufweisen, bei genauerer Betrachtung aber nicht zu einem Untergang des Wohnungseigentums führen. **1**

1. Keine Beendigungstatbestände

a) Gegenstandslosigkeit des Sondereigentums

Die **völlige Zerstörung** des in Wohnungseigentumsrechte aufgeteilten Gebäudes führt zur Gegenstandslosigkeit des Sondereigentums (vgl. § 9 Abs. 1 Nr. 2 WEG). Eine völlige Zerstörung kann dann angenommen werden, wenn zwar uU noch Teile des Gebäudes erhalten sind, nach wirtschaftlicher Betrachtungsweise jedoch ein Wiederaufbau kostspieliger wäre als ein Abriss mit anschließender Neuerrichtung.[1] Der nachträgliche **Wegfall der Sondereigentumssubstanz** führt jedoch nicht ohne Weiteres auch zu einer Änderung der sachenrechtlichen Eigentumsverhältnisse durch Erlöschen der Sondereigentumsrechte und zur Beendigung der Wohnungseigentümergemeinschaft. Es wird vielmehr rein tatsächlich nur ein Zustand wie vor oder bei der abschnittsweisen Errichtung eines Gebäudes geschaffen.[2] **2**

> **Wiederholung:**
>
> Wiederholen Sie jetzt bitte aus dem → Kapitel D Rn. 84 ff. zum „Anwartschaftsrecht" in der Begründungsphase.

---

[1] Bärmann/*Armbrüster* § 9 Rn. 13.
[2] Bärmann/*Suilmann* § 11 Rn. 21; *Hügel/Elzer* § 9 Rn. 4.

3 Ein Wiederaufbau könnte daher das „Anwartschaftsrecht" eines Wohnungseigentümers durchaus wieder zum Vollrecht erstarken lassen. Ob es zu einem Wiederaufbau kommt, hängt aber maßgeblich davon ab, ob hierzu eine entsprechende Verpflichtung der Wohnungseigentümer vereinbart worden ist oder eine solche unter den Voraussetzungen des § 22 Abs. 4 WEG beschlossen werden kann. Die Wohnungseigentumsrechte bleiben dann unverändert solange bestehen, bis sie mit Abschluss des Wiederaufbaus ihre jeweilige Substanz zurückerlangen. Erst wenn gem. § 22 Abs. 4 WEG **keine Verpflichtung zum Wiederaufbau** besteht und auch eine entsprechende Vereinbarung nicht getroffen worden ist, kann die Auflösung der Gemeinschaft gem. § 11 Abs. 1 S. 3 WEG verlangt werden (dazu → Rn. 12).

📖 Bitte lesen Sie jetzt § 22 Abs. 4, § 11 Abs. 1 und § 9 WEG!

b) Verzicht auf ein Wohnungseigentum

4 Bei einem ungeteilten Grundstück kann das Eigentum an dem Grundstück dadurch aufgegeben werden, dass der Eigentümer den Verzicht dem Grundbuchgericht gegenüber erklärt und der Verzicht in das Grundbuch eingetragen wird (§ 928 Abs. 1 BGB). Diese Möglichkeit besteht im Hinblick auf die gemeinschaftsrechtlichen Bindungen der Eigentümer für einen gewöhnlichen Miteigentumsanteil an einem Grundstück nicht.[3] Da auch Wohnungseigentum durch die untrennbare Verbindung des Miteigentumsanteils mit dem zugeordneten Sondereigentum gem. § 6 Abs. 1 WEG letztlich ein besonders ausgestaltetes Miteigentum darstellt, erscheint es nur konsequent, wenn auch das Eigentum an einer Wohnungs- oder Teileigentumseinheit nicht durch einseitigen Verzicht des Eigentümers aufgegeben werden kann.[4] Auf diese Weise wird sichergestellt, dass die besonderen gemeinschaftsrechtlichen Bindungen auch beim Wohnungseigentum erhalten bleiben, ohne dass ein Miteigentümer sich einseitig durch Teilaufhebung der Gemeinschaft dem gesetzlich bestehenden Schuldverhältnis entziehen kann. In besonderen Fällen ist der verzichtswillige Wohnungseigentümer allerdings nicht auf Dauer an die Eigentümergemeinschaft gebunden. So kann insbesondere bei wirtschaftlich wertlosem Wohnungseigentum („Schrottimmobilie") oder letztlich nicht nutzbarem Sondereigentum (auch bei sog isolierten Miteigentumsanteilen[5]) nach Treu und Glauben (§ 242 BGB) in Verbindung mit den aus dem Gemeinschaftsverhältnis resultierenden Pflichten die (ggf. teilweise) Aufhebung der Gemeinschaft verlangt werden.[6]

---

[3] BGHZ 172, 209 = DNotZ 2007, 840 = NJW 2007, 2254; BGHZ 115, 1 = DNotZ 1992, 359 = NJW 1991, 2488.

[4] BGHZ 172, 338 = DNotZ 2007, 845 = NJW 2007, 2547; aA *Kanzleiter* NJW 1996, 905.

[5] Prägnant OLG München ZWE 2009, 39: sämtliche Miteigentumsanteile sind substanzlos.

[6] BGHZ 172, 338 = DNotZ 2007, 845 = NJW 2007, 2547; Bärmann/*Armbrüster* § 11 Rn. 24; Riecke/Schmid/*Elzer-Schneider* § 11 Rn. 19.

c) Entziehung eines Wohnungseigentums

Hat ein Wohnungseigentümer sich einer so schweren Verletzung der ihm ge- 5 genüber anderen Wohnungseigentümern obliegenden Verpflichtungen schuldig gemacht, dass diesen die Fortsetzung der Gemeinschaft mit ihm nicht mehr zugemutet werden kann, so können die anderen Wohnungseigentümer von ihm die Veräußerung seines Wohnungseigentums verlangen (§ 18 Abs. 1 S. 1 WEG).

Wiederholung:

Wiederholen Sie jetzt bitte zu den Voraussetzungen und zum Ablauf eines Entziehungsverfahrens aus dem → Kapitel L die Rn. 93 ff.

Kommt es zur zwangsweisen Entziehung des Wohnungseigentums, so erfolgt 6 die Zwangsvollstreckung entsprechend den Vorschriften des Ersten Abschnitts des Gesetzes über die Zwangsversteigerung und die Zwangsverwaltung (§ 19 Abs. 1 S. 1 WEG). Mit dem Zuschlag verliert der Störer zwar sein Eigentum, das Wohnungseigentum als solches bleibt jedoch bestehen und wird dem Ersteher als neuem Eigentümer zugeschlagen (§ 90 Abs. 1 ZVG, §§ 864 Abs. 2, 869 ZPO).

Wiederholung:

Wiederholen Sie jetzt bitte zur Zwangsvollstreckung aus dem → Kapitel M Rn. 22 ff.

d) Aufhebung einer Wohnungseigentumseinheit

Die Aufhebung eines einzelnen Wohnungs- oder Teileigentums kann sich durch 7 Neuzuordnung allein des Sondereigentums zu einer anderen Einheit oder durch Umwandlung des Sondereigentums in gemeinschaftliches Eigentum vollziehen.

Wiederholung:

Wiederholen Sie jetzt bitte aus dem → Kapitel F Rn. 99 und Rn. 119 zur Neuzuordnung und Umwandlung des Sondereigentums.

In beiden Fällen macht die Aufhebung jedoch eine **Übertragung des** verblei- 8 benden **Miteigentumsanteils** auf einige oder sämtliche übrigen Wohnungseigentümer unter Mitwirkung der dinglich Berechtigten erforderlich, weil ein isolierter (substanzloser) Miteigentumsanteil rechtsgeschäftlich nicht begründet werden kann.[7] Diese Übertragung vollzieht sich nicht durch eine anteilige Anwachsung des verbleibenden Miteigentumsanteils bei den übrigen Einheiten, sondern im Wege der Auflassung unter Mitwirkung aller beteiligten Parteien gem. §§ 873, 925 BGB.[8] Je nach Zuordnung der Miteigentumsanteile kann sich dadurch ein Anpassungsbedarf hinsichtlich der Gemeinschaftsordnung ergeben.[9] Das in

---

[7] BGHZ 109, 179 = NJW 1990, 447; OLG München NZM 2010, 749 = ZWE 2010, 459.

[8] Bärmann/*Armbrüster* § 4 Rn. 44; Riecke/Schmid/*Schneider* § 4 Rn. 9.

[9] Bärmann/*Armbrüster* § 4 Rn. 44.

Wohnungs- und Teileigentumsrechte aufgeteilte Grundstück ändert sich in seiner Rechtsstruktur dadurch jedoch nicht.

e) Erwerb durch den Verband Wohnungseigentümergemeinschaft

9   Ebenfalls nicht zur Aufhebung des Sondereigentums führt die Übertragung einer Wohnungseigentumseinheit auf die Wohnungseigentümergemeinschaft als Verband. Da der Verband im Rahmen der gesamten Verwaltung Träger von Rechten und Pflichten sein kann (vgl. § 10 Abs. 6 S. 1 WEG), kann er auch (ggf. wie jeder andere Wohnungseigentümer) einen Miteigentumsanteil verbunden mit Sondereigentum erwerben.[10] Der Rechtserwerb hat sich allerdings in den Grenzen des § 10 Abs. 7 S. 4 WEG zu halten, da es keine vollständige „Insichmitgliedschaft" des Verbandes geben kann.

Wiederholung:

Wiederholen Sie jetzt bitte aus dem → Kapitel G Rn. 33 ff. zum Eigentumserwerb durch den Verband Wohnungseigentümergemeinschaft.

2. Beendigungstatbestände

a) Beendigung durch Aufhebung aller Sondereigentumsrechte

10   Demgegenüber führt die vertragliche **Aufhebung sämtlicher Sondereigentumsrechte** gem. § 4 Abs. 1 WEG zur Schließung der Wohnungs- und Teileigentumsgrundbücher (§ 9 Abs. 1 Nr. 1 WEG). Erforderlich ist hierfür die Einigung sämtlicher Wohnungs- und Teileigentümer in der für die Auflassung vorgeschriebenen Form und die Eintragung in das Grundbuch (§ 4 Abs. 1, Abs. 2 S. 1 WEG). Die Einigung ist bedingungs- und befristungsfeindlich (§ 4 Abs. 2 S. 2 WEG). Eine entsprechende Verpflichtung bedarf gem. § 4 Abs. 3 der notariellen Beurkundung (§ 311b Abs. 1 BGB). Im Ergebnis handelt es sich um den der vertraglichen Einräumung des Sondereigentums gem. § 3 WEG entgegengesetzten Vorgang.

11   Aus diesem Grunde besteht auch hier der schon für die vertragliche Begründung des Sondereigentums beschriebene Meinungsstreit, ob **verfahrensrechtlich** die Vorlage entsprechender Eintragungsbewilligungen genügen kann[11] oder der Nachweis einer wirksamen Einigung[12] zu führen ist (→ Kapitel D Rn. 59). Die Eintragung der Aufhebung in die Wohnungsgrundbücher erfolgt auf einen gewöhnlichen Antrag gem. § 13 Abs. 1 GBO[13]; die nachfolgende Schließung der

---

[10] OLG München ZWE 2016, 256; OLG Frankfurt MietRB 2015, 210; OLG Hamm ZWE 2010, 270; OLG Hamm NJW 2010, 1464 = ZWE 2009, 452; OLG Celle DNotZ 2008, 616 = NJW 2008, 1537.
[11] *Demharter* Anh zu § 3 Rn. 101; Riecke/Schmid/*Schneider* § 9 Rn. 4; Weitnauer/ *Briesemeister* § 4 Rn. 5.
[12] Bärmann/*Armbrüster* § 4 Rn. 21f.; MüKoBGB/*Commichau* § 4 Rn. 5; *Schöner/Stöber* Rn. 2995; Staudinger/*Rapp* § 4 Rn. 4.
[13] AA Bärmann/*Armbrüster* § 9 Rn. 31, der – wohl versehentlich – für den bloßen Antrag ebenfalls die Form des § 20 GBO fordert.

Wohnungs- und Teileigentumsgrundbücher vollzieht sich sodann von Amts wegen.

b) Beendigung durch Gegenstandslosigkeit des Sondereigentums

Besteht keine Verpflichtung zum Wiederaufbau gem. § 22 Abs. 4 WEG und **12** auch keine entsprechende Vereinbarung, so kann die Auflösung der Gemeinschaft für den Fall völliger oder teilweiser Zerstörung des Gebäudes gem. § 11 Abs. 1 S. 3 WEG vereinbart werden. Auch ohne eine dahingehende Vereinbarung aller Wohnungseigentümer kann ggf. ein Anspruch auf Mitwirkung bei der Aufhebung der Gemeinschaft aus §§ 242, 313 BGB iVm dem die Eigentümer verbindenden Gemeinschaftsverhältnis bestehen.[14] Für diesen Fall wird den Wohnungseigentümern bei völliger Zerstörung des Gebäudes gem. § 9 Abs. 1 Nr. 2 WEG anstelle der sonst erforderlichen vertraglichen Aufhebung (→ Rn. 10) die einfachere und uU kostengünstigere Möglichkeit der bloßen einvernehmlichen Antragstellung beim Grundbuchgericht zur Schließung der Wohnungsgrundbücher eingeräumt.

Nicht zu einer Gegenstandslosigkeit und damit auch zu keinem Erlöschen der **13** Sondereigentumsrechte können also die bloße anfängliche Nichterrichtung des Gebäudes[15] oder ein Abweichen der tatsächlichen Bauausführung[16] von dem im Grundbuch zugrunde gelegten Aufteilungsplan führen.

Verfahrensrechtlich ist der Antrag von sämtlichen Wohnungseigentümern zu **14** stellen; er bedarf als sog gemischter Antrag der Form der § 29 Abs. 1, § 30 GBO, also mindestens der notariellen Beglaubigung, weil er auch die sachlich-rechtliche Erklärung beinhaltet.[17] Ihm ist eine Bescheinigung der Baubehörde zum Nachweis der völligen Zerstörung des Gebäudes beizufügen. Die Bescheinigung dient lediglich der Feststellung der tatsächlichen Situation, nicht aber der Ermittlung einer evtl. Wiederaufbaupflicht.[18] Damit dient sie wie eine Abgeschlossenheitsbescheinigung der Erleichterung der grundbuchgerichtlichen Prüfung und braucht gem. § 29 Abs. 1 S. 2 GBO dann nicht beigebracht zu werden, wenn dem Grundbuchgericht die völlige Zerstörung ohnehin offenkundig ist.[19]

c) Beendigung durch Vereinigung sämtlicher Wohnungseigentumsrechte in einer Person

Die bloße Vereinigung sämtlicher Wohnungseigentumsrechte in der Hand ein **15** und derselben Person oder Personenmehrheit führt noch nicht ohne Weiteres auch zur Beendigung des Wohnungseigentums.[20] Es bedarf vielmehr noch eines entsprechenden Antrags, der wegen seines sachlich-rechtlichen Inhalts mindestens

---

[14] BayObLGZ 2001, 328 = ZWE 2001, 121.

[15] Bärmann/*Armbrüster* § 9 Rn. 17; Riecke/Schmid/*Schneider* § 9 Rn 9; Staudinger/*Rapp* § 9 Rn. 6.

[16] OLG Düsseldorf DNotZ 1970, 42; Weitnauer/*Briesemeister* § 9 Rn. 4.

[17] Bärmann/*Armbrüster* § 9 Rn. 32; *Demharter* Anh zu § 3 Rn. 105; Riecke/Schmid/*Schneider* § 9 Rn. 7.

[18] Jetzt ebenso Bärmann/*Armbrüster* § 9 Rn. 14.

[19] Erman/*Grziwotz* § 9 Rn. 2; Jennißen/*Krause* § 9 Rn. 5; aA Bärmann/*Armbrüster* § 9 Rn. 15; NKV/*Vandenhouten* § 9 Rn. 3.

[20] Bärmann/*Armbrüster* § 9 Rn. 20.

unterschriftsbeglaubigt sein muss (§ 29 Abs. 1 S. 1, § 30 GBO).[21] Der Antragsteller muss allerdings **Eigentümer sämtlicher Miteigentumsanteile** (verbunden mit Sondereigentum oder auch substanzlos) sein (§ 9 Abs. 1 Nr. 3 WEG). Bei einer Personenmehrheit muss daher in den Grundbüchern sämtlicher Einheiten dasselbe Gemeinschaftsverhältnis gem. § 47 GBO eingetragen sein.

16   Die Beendigung des Wohnungseigentums auf Antrag des in sämtlichen Grundbüchern eingetragenen Alleineigentümers entspricht damit spiegelbildlich der Teilungserklärung gem. § 8 WEG. Auf welche Weise und wann der Eigentümer das Alleineigentum erlangt hat (rechtsgeschäftlich, durch Erbfolge oder durch Zuschlag in der Zwangsversteigerung, einzeln oder en bloc), spielt keine Rolle.[22] § 9 Abs. 1 Nr. 3 WEG ist daher der adäquate Weg zur Rückgängigmachung einer Vorratsteilung des teilenden Alleineigentümers.[23]

II. Eintritt und Rechtswirkungen der Beendigung

1. Zeitpunkt des Erlöschens der Sondereigentumsrechte

17   Für die Beendigung des Wohnungseigentums ist im Falle des § 9 Abs. 1 Nr. 1 WEG die Grundbucheintragung der Aufhebung aller Sondereigentumsrechte konstitutiv. In den beiden anderen Fällen des § 9 Abs. 1 Nr. 2 u. 3 WEG bewirkt erst die Anlegung des Grundbuchs für das Grundstück den Untergang der Sondereigentumsrechte (vgl. § 9 Abs. 3 2. Hs. WEG). Der Schließung der Wohnungs- und Teileigentumsgrundbücher kommt demnach keine eigenständige Rechtswirkung zu.[24]

2. Grundstückseigentum

18   Infolge des Erlöschens sämtlicher Sondereigentumsrechte entsteht entweder im Fall des § 9 Abs. 1 Nr. 3 WEG **Alleineigentum oder** ansonsten eine **gewöhnliche Bruchteilsgemeinschaft** am Grundstück (§§ 741ff., § 1008 BGB).[25] Die Miteigentumsanteile entsprechen den früheren Anteilsverhältnissen der mehreren Wohnungseigentümer. Soweit ein Wohnungseigentümer zuvor mehrere Einheiten innehatte, können die früher selbständigen Miteigentumsanteile in der Hand eines Miteigentümers nach der Beendigung der Sondereigentumsrechte nur als einheitlicher Bruchteil fortbestehen.[26]

---

[21] Bärmann/*Armbrüster* § 9 Rn. 24; Riecke/Schmid/*Schneider* § 9 Rn. 14.
[22] Bärmann/*Armbrüster* § 9 Rn. 19; Staudinger/*Rapp* § 9 Rn. 8.
[23] OLG Düsseldorf ZWE 2001, 386.
[24] Bärmann/*Armbrüster* § 9 Rn. 36.
[25] OLG Schleswig NJW-RR 1991, 848.
[26] Bärmann/*Armbrüster* § 9 Rn. 38; Staudinger/*Rapp* § 9 Rn. 14.

3. Beendigung der wohnungseigentumsrechtlichen Sonderbeziehung

Sämtliche **Rechtsbeziehungen** der vormaligen Wohnungseigentümergemein- 19 schaft entfallen ersatzlos.[27] Auch **Sondernutzungsrechte** können sich damit nicht automatisch als Benutzungsregelungen am Grundstück fortsetzen[28]; es bedarf ggf. der Neubestellung inhaltsgleicher Regelungen am Grundstück gem. §§ 747, 1010 BGB.[29]

Im Hinblick auf die ausdrückliche Anordnung in § 10 Abs. 7 S. 4 WEG geht das 20 Verwaltungsvermögen mit der Vereinigung sämtlicher Wohnungseigentumsrechte in einer Person auf den (Allein-)Eigentümer des Grundstücks über. Der „**Verband Wohnungseigentümergemeinschaft**" ist damit beendet.

Wiederholung:

Wiederholen Sie jetzt bitte aus dem → Kapitel G Rn. 34 zum Erlöschen des Verbandes Wohnungseigentümergemeinschaft.

Nichts anderes kann nach dem Sinn und Zweck der Regelung gelten, wenn gem. § 9 Abs. 1 Nr. 1 oder 2 WEG eine gewöhnliche Bruchteilsgemeinschaft entsteht.[30] Auch in diesen Fällen ist für einen Fortbestand des Verbandes kein Raum mehr.

4. Dingliche Rechte

Mit der Beendigung der Wohnungseigentumsrechte setzen sich bestehende 21 **Belastungen des Grundstücks** (zB Grunddienstbarkeiten) **oder sämtlicher Miteigentumsanteile** als Belastungen des Gesamtgrundstücks fort und sind in die Abt II und Abt. III des neu angelegten Grundstücksgrundbuches zu übernehmen.[31] Einer Mitwirkung der dinglich Berechtigten bedarf es in diesem Fall nicht, da sich die Rechte inhaltsgleich am ungeteilten Grundstück fortsetzen.[32]

Für **Belastungen der einzelnen Wohnungseigentumseinheiten** gilt zunächst 22 nichts anderes, soweit sich eingetragene Rechte an einem Miteigentumsanteil fortsetzen können (vgl. für Grundpfandrechte §§ 1114, 1192 Abs. 1, 1200 Abs. 1 BGB;[33] für Reallasten § 1106 BGB; für Vorkaufsrechte § 1095 BGB; für Nieß-

---

[27] AG Bremerhaven NZM 2011, 632 = ZWE 2011, 54.

[28] Staudinger/*Rapp* § 9 Rn. 11f.

[29] *Hügel/Elzer* § 9 Rn. 3.

[30] AG Bremerhaven NZM 2011, 632 = ZWE 2011, 54; Bärmann/*Armbrüster* § 9 Rn. 38; Riecke/Schmid/*Schneider* § 9 Rn. 15a.

[31] OLG Frankfurt DNotZ 2000, 778; OLG Schleswig NJW-RR 1991, 848 = Rpfleger 1991, 150.

[32] Vgl. den umgekehrten Fall bei der Aufteilung; dazu OLG Frankfurt FGPrax 1997, 139 = Rpfleger 1997, 374.

[33] Auch für Grundpfandrechte besteht keine Notwendigkeit zur Erstreckung und Rangregulierung in Bezug auf die übrigen Miteigentumsanteile; Riecke/Schmid/*Schneider* § 9 Rn. 23; DNotI-Gutachten DNotI-Report 2008, 27; aA Bärmann/*Armbrüster* § 9 Rn. 42; MüKoBGB/*Commichau* § 9 Rn. 12; Staudinger/*Rapp* § 9 Rn. 14. Schief auch OLG

brauchsrechte § 1066 BGB). Allerdings ist wegen der inhaltlichen Veränderung des jetzt vom Sondereigentum befreiten Miteigentumsanteils die **Zustimmung** dieser **dinglich (Einzel-)Berechtigten** in der grundbuchmäßigen Form des § 29 GBO erforderlich (§ 9 Abs. 2 WEG, §§ 877, 876 BGB).[34] Kann ein eingetragenes Recht seiner Art nach nicht an einem gewöhnlichen Miteigentumsanteil bestehen (Grunddienstbarkeit; beschränkte persönliche Dienstbarkeit), würde es mangels Erstreckung auf das ganze Grundstück untergehen.[35] In diesem Fall bewirkt die Zustimmung des Berechtigten also die Löschung seines Rechts.[36]

23   Zu einer **Erstreckung** bedarf es der Bewilligungen der übrigen Miteigentümer[37] in der Form des § 29 GBO; für die Annahme einer von selbst eintretenden „Rückverlegung"[38] auf das gesamte Grundstück fehlt die gesetzliche Grundlage. Infolge einer Erstreckung können durchaus unterschiedliche Rangverhältnisse für dasselbe Recht an den vormaligen Miteigentumsanteilen entstehen („schiefer Rang").[39]

III. Grundbuchmäßige Behandlung

1. Gemeinsame Eintragungsvoraussetzungen

24   Soweit an der Aufhebung bzw. Löschung des Sondereigentums beschränkt Geschäftsfähige beteiligt sein sollten (Minderjährige, Betreute), so ist wie im umgekehrten Fall der Begründung auch zur Aufhebung eine **familiengerichtliche/ betreuungsgerichtliche Genehmigung** erforderlich.

25   In der Regel dürfte auch bei einer vertraglichen Aufhebung des Sondereigentums im Hinblick auf eine entsprechende Anwendung des § 7 GrEstG keine steuerliche **Unbedenklichkeitsbescheinigung** vorzulegen sein.[40]

2. Grundbucheintragungen

26   Die bisherigen **Wohnungsgrundbücher** werden **geschlossen;** zu diesem Zweck sind sämtliche Seiten der Wohnungsgrundbücher rot zu durchkreuzen und entsprechende Schließungsvermerke in der Blattaufschrift anzubringen (§ 1 WGV, § 36 GBV).

27   Für das **Grundstück** wird wieder ein **Grundbuchblatt** nach den allgemeinen Vorschriften **angelegt** (§ 9 Abs. 3 1. Hs WEG).

Schleswig NJW-RR 1991, 848 = Rpfleger 1991, 150 m. abl. Anm. *Meyer-Stolte*, das die Zusammenfassung zu Einheitsgrundpfandrechten nicht zutreffend beschreibt.

[34] OLG Frankfurt NJW-RR 1990, 1042; OLG Zweibrücken Rpfleger 1986, 93.

[35] *Schöner/Stöber* Rn. 2996; Staudinger/*Rapp* § 9 Rn. 15.

[36] Riecke/Schmid/*Schneider* § 9 Rn. 20.

[37] Bärmann/*Armbrüster* § 9 Rn. 43; Riecke/Schmid/*Schneider* § 9 Rn. 21; Staudinger/ *Rapp* § 9 Rn. 15.

[38] So insbes. Weitnauer/*Briesemeister* § 9 Rn. 6.

[39] Riecke/Schmid/*Schneider* § 9 Rn. 22.

[40] Vgl. *Gottwald/Schiffner* MittBayNot 2006, 125, 127; Schreiben des Bayerischen Staatsministeriums der Finanzen v. 19-09-2005, MittBayNot 2006, 179.

IV. Sonderfall: Umwandlung von Wohnungseigentum an Doppel- oder Reihenhäusern im Wege der Realteilung

Die Beendigung sämtlicher Wohnungseigentumsrechte gem. § 9 Abs. 1 WEG **28** kann mit einer angestrebten **Realteilung** des vormals in Wohnungseigentumsrechte aufgeteilten Grundstücks zusammenfallen. Als typisch erweist sich in der Praxis die **Umwandlung von Wohnungseigentum an Doppel- oder Reihenhäusern**, die nach Abschluss der Veränderungen als normales Eigentum an einer realen Teilfläche zugunsten eines früheren Miteigentümers verselbständigt sein sollen. Wegen der notwendigen Grundstücksteilung, der Berücksichtigung der dinglichen Rechte an den jeweiligen Wohnungseigentumseinheiten und der Aufhebung des Wohnungseigentums sind hierfür zahlreiche Einzelschritte erforderlich; insoweit kann wegen des Ablaufs auf Checklisten in der einschlägigen Literatur verwiesen werden.[41]

Wiederholungsaufgaben und Vertiefungsfragen

1. Zu welchem Zeitpunkt erlischt der Verband Wohnungseigentümergemeinschaft, wenn sämtliche Wohnungseigentümer einvernehmlich das Sondereigentum gem. § 9 Abs. 1 Nr. 1 WEG aufheben?
2. Nach einer Entscheidung des BGH ist ein Verzicht auf ein einzelnes Wohnungseigentumsrecht wegen der besonderen gemeinschaftsrechtlichen Bindungen nicht möglich (→ Rn. 4).
   Kommt ggf. ein gleichzeitiger Verzicht sämtlicher Wohnungseigentümer in Betracht?

---

[41] Vgl. Beck'sches Formularbuch Wohnungseigentumsrecht (Hrsg. Müller) Form. E I 4 Anm. 6; Münchener Vertragshandbuch/*F. Schmidt* Bd. 6 VIII. 5 Anm. 16; *Röll* DNotZ 2000, 749.

Kapitel O. Wohnungs- und Teilerbbaurechte sowie Dauerwohn- und Dauernutzungsrechte

Ausgewählte Literatur zur Ergänzung und Vertiefung:

Wohnungs- und Teilerbbaurechte

Demharter, Zur Begründung von Wohnungserbbaurechten an einem Gesamterbbaurecht, DNotZ 1986, 457; *DNotI-Gutachten,* Erbbaurecht an in Wohnungseigentum aufgeteiltem Grundstück, DNotI-Report 1998, 13; *Fröhler,* Risiken bei Zwangsversteigerungen wegen Hausgeldrückständen in Wohnungs- und Teilerbbaurechten, notar 2011, 221; *Rethmeier,* Rechtsfragen des Wohnungserbbaurechts, MittRhNotK 1993, 145; *Schneider,* Das neue WEG – Handlungsbedarf für Erbbaurechtsausgeber, ZfIR 2007, 168.

Dauerwohn- und -nutzungsrechte

Dammertz, Wohnungsrecht und Dauerwohnrecht, MittRhNotK 1970, 73; *Drasdo,* Die Besonderheiten von in Form des Wohnungseigentums organisierten Time-sharing-Objekten, FS Merle, 2000, 129; *Hilmes/Krüger,* Das Schattendasein des Dauernutzungsrechts, ZfIR 2009, 184; *Lehmann,* Dauerwohn- und Dauernutzungsrechte nach dem WEG, RNotZ 2011, 1; *Lotter,* Aktuelle Fragen des Dauerwohnrechts, MittBayNot 1999, 354; *Schubert,* Neues bei den Teilzeit-Wohnrechten (Timesharing), NZM 2007, 665; *Spiegelberger,* Der aktuelle Anwendungsbereich des Dauerwohn- und Dauernutzungsrechts, FS Bärmann/Weitnauer, 1990, 647; *Spiegelberger,* Der Anwendungsbereich des Dauernutzungsrechtes, FS Merle, 2000, 301.

I. Wohnungs- und Teilerbbaurechte

1. Das Erbbaurecht als Rechtsgrundlage

Ein Erbbaurecht ist legal definiert als das veräußerliche und vererbliche Recht, **1** auf oder unter der Oberfläche des Grundstücks ein Bauwerk zu haben.

Bitte lesen Sie jetzt § 1 Abs. 1 ErbbauRG!

Unter einem **Bauwerk** wird allgemein eine unbewegliche, durch Verwendung **2** von Arbeit und bodenfremdem Material in Verbindung mit dem Erdboden hergestellte Sache verstanden.[1] Hierunter fallen Gebäude und andere Bauwerke[2]; der Bauwerksbegriff geht damit weiter als der des **Gebäudes.**[3]

Der sachenrechtliche „Kniff" besteht nun darin, die rechtliche Verbindung des **3** Bauwerks mit dem Grundstück als dessen wesentlicher Bestandteil gem. §§ 93, 94 Abs. 1 BGB zu lösen. Statt dessen fingiert der Gesetzgeber die Zuordnung des Bauwerks nicht mehr zu einer Sache, sondern zu einem Recht, indem das

---

[1] RGZ 56, 43; BGHZ 117, 19 = NJW 1992, 1681; 57, 60 = NJW 1971, 2219; Ingenstau/Hustedt/*Hustedt* § 1 Rn. 78; *v. Oefele/Winkler/Schlögel* Rn. 2.7 je mwN.

[2] BGHZ 117, 19 = NJW 1992, 1681.

[3] BGHZ 57, 60 = NJW 1971, 2219.

auf Grund des Erbbaurechts errichtete Bauwerk als wesentlicher Bestandteil des Erbbaurechts gilt (§ 12 Abs. 1 S. 1 ErbbauRG). Das gleiche gilt für ein Bauwerk, das bei der Bestellung des Erbbaurechts schon vorhanden ist (§ 12 Abs. 1 S. 2 ErbbauRG). Die Haftung des Bauwerks für die Belastungen des Grundstücks erlischt mit der Eintragung des Erbbaurechts im Grundbuch (§ 12 Abs. 1 S. 3 ErbbauRG). Auch Bestandteile werden eindeutig zugeordnet und können entweder nur solche des Erbbaurechts oder des Grundstücks sein. Damit **durchbricht** die Begründung eines Erbbaurechts ebenfalls den bekannten **Akzessionsgrundsatz** des BGB.

4   Es handelt sich also bei einem Erbbaurecht zunächst um ein dingliches Recht („Ein Grundstück kann in der Weise belastet werden, dass demjenigen, zu dessen Gunsten die *Belastung* erfolgt …"), auf das jedoch zugleich die sich auf Grundstücke beziehenden Vorschriften mit Ausnahme der §§ 925, 927 und 928 BGB sowie die Vorschriften über Ansprüche aus dem Eigentum entsprechende Anwendung finden (§ 11 Abs. 1 ErbbauRG). Wegen dieses Doppelcharakters wird das Erbbaurecht auch als **„grundstücksgleiches Rechts"** bezeichnet[4], das selbstverständlich auch mehreren Berechtigten in Bruchteilsgemeinschaft zustehen kann.

2. Wohnungs- und Teilerbbaurechte

5   Damit besteht aber ein vergleichbares Interesse an der rechtlichen Aufteilung eines Erbbaurechts wie auch bei einem gewöhnlichen Grundstück, sofern beiden nur ein **Gebäude** als Bestandteil zugeordnet ist (vgl. die Regelungen in den §§ 1, 3, 5 und 8 WEG).

Wiederholung:

Wiederholen Sie bei dieser Gelegenheit bitte noch einmal den wohnungseigentumsrechtlichen Gebäudebegriff in → Kapitel B Rn. 1.

6   § 30 WEG überträgt infolge dessen die Regelungen des § 1 Abs. 2 und Abs. 3 WEG zum Wohnungseigentum auf das Erbbaurecht. An die Stelle des Miteigentumsanteils am Grundstück tritt jedoch der Mitberechtigungsanteil am Erbbaurecht. Ein **Wohnungserbbaurecht** ist demgemäß das Sondereigentum an einer bestimmten Wohnung in einem aufgrund des Erbbaurechts errichteten oder noch zu errichtenden Gebäude in Verbindung mit dem Bruchteil an dem gemeinschaftlichen Erbbaurecht, zu dem es gehört. Ein **Teilerbbaurecht** ist das Sondereigentum an nicht zu Wohnzwecken dienenden bestimmten Räumen in einem aufgrund des Erbbaurechts errichteten oder noch zu errichtenden Gebäude in Verbindung mit dem Bruchteil an dem gemeinschaftlichen Erbbaurecht, zu dem es gehört. Gemäß § 30 Abs. 3 S. 2 WEG findet auch § 1 Abs. 6 WEG entsprechende Anwendung, so dass die Vorschriften über das Wohnungserbbaurecht entsprechend auf das Teilerbbaurecht anzuwenden sind.

  Bitte lesen Sie jetzt § 30 WEG!

---

[4] Vgl. nur BGH NJW-RR 2006, 188 = NZI 2006, 97 mwN.

Aus der Sicht der Berechtigten ermöglicht die Begründung von Wohnungs- und Teilerbbaurechten damit insbesondere in den kostenintensiven Ballungsräumen den Erwerb von rechtlich eigenständigen und verkehrsfähigen Einheiten zu Wohn- bzw. zu gewerblichen Zwecken, ohne zugleich den Kaufpreis für den ansonsten nach § 1 Abs. 2 und 3 iVm Abs. 5 WEG notwendigen Grundstücksanteil aufbringen zu müssen.[5] 7

3. Begründungsarten

a) Vertragliche Einräumung des Sondereigentums

Die Begründung von Wohnungserbbaurechten vollzieht sich gem. § 30 entsprechend den Begründungsmöglichkeiten für Wohnungseigentum bei einem Grundstück. Danach kann anstelle eines gewöhnlichen Grundstücks auch ein Erbbaurecht in der Weise aufgeteilt werden, dass die bereits **bestehenden Bruchteile** mehrerer Mitberechtigter an dem Erbbaurecht in der Weise **beschränkt** werden, dass jedem der Mitberechtigten das Sondereigentum an einer bestimmten Wohnung (Wohnungserbbaurecht) oder an nicht zu Wohnzwecken dienenden bestimmten Räumen (Teilerbbaurecht) in einem aufgrund des Erbbaurechts bereits errichteten oder noch zu errichtenden Gebäude eingeräumt wird (§ 30 Abs. 1 WEG). Streitig ist insoweit, ob die gem. §§ 30 Abs. 3 S. 2, 4 Abs. 2 WEG erforderliche **dingliche Einigung** über die vertragliche Einräumung des Sondereigentums der Auflassungsform bedarf.[6] 8

Verfahrensrechtlich genügt nach der hier vertretenen Auffassung eine Eintragungsbewilligung (§ 19 GBO) aller Mitberechtigten in der Form des § 29 Abs. 1 S. 1 GBO; § 20 findet keine Anwendung.[7] 9

Die **Verpflichtung** zur vertraglichen Begründung von Wohnungs- und Teilerbbaurechten bedarf gem. §§ 30 Abs. 3 S. 2, 4 Abs. 3, § 311b Abs. 1 BGB der notariellen Beurkundung. 10

b) Aufteilung des Erbbaurechts

Ebenso wie bei einem gewöhnlichen Grundstück ist auch eine **Vorratsteilung** des Erbbaurechts durch den Erbbauberechtigten in entsprechender Anwendung des § 8 WEG möglich (§ 30 Abs. 2 WEG). Dabei werden durch **materiell-rechtlich einseitige Erklärung** gegenüber dem Grundbuchgericht Anteile am Erbbaurecht in der Weise gebildet, dass das Erbbaurecht in Bruchteile aufgeteilt und jeder Anteil mit dem Sondereigentum an einer bestimmten Wohnung (Wohnungserbbaurecht) oder an bestimmten nicht zu Wohnzwecken dienenden Räumen (Teilerbbaurecht) in einem aufgrund des Erbbaurecht errichteten oder noch zu errichtenden Gebäude verbunden wird. 11

---

[5] Bärmann/*Schneider* § 30 Rn. 2.

[6] So zumindest Bamberger/Roth/*Hügel* § 30 Rn. 2; *v. Oefele/Winkler/Schlögel* Rn. 3.108; *Schöner/Stöber* Rn. 2998; Timme/*Munzig* § 30 Rn. 22; diff. Bärmann/*Schneider* § 30 Rn. 8f.

[7] Bärmann/*Schneider* § 30 Rn. 9.

12   Verfahrensrechtlich ist für die Eintragungsbewilligung (§ 19 GBO) wegen § 29
      Abs. 1 S. 1 GBO zumindest die Unterschriftsbeglaubigung erforderlich, wobei
      sich eine notarielle Beurkundung wegen der damit verbundenen Bezugnahme-
      möglichkeit (vgl. § 13a BeurkG) beim Abschluss nachfolgender Kaufverträge als
      sinnvoll erweisen kann.[8]

4. Grundbuchmäßige Behandlung

a) Buchungssituation vor der Begründung von Wohnungs- und Teilerbbaurechten

13   Bei der Begründung eines Erbbaurechts wird bei der Eintragung in das Grund-
      stücksgrundbuch von Amts wegen mit dem Erbbaugrundbuch ein besonderes
      Grundbuchblatt für das Erbbaurecht angelegt (§ 14 Abs. 1 S. 1 ErbbauRG). Da-
      neben existiert weiterhin das Grundbuch für das mit dem Erbbaurecht belastete
      Grundstück.

b) Folgen der Begründung von Wohnungs- und Teilerbbaurechten

14   Bei der Begründung von Wohnungs- und Teilerbbaurechten wird von Amts
      wegen für jeden Erbbaurechtsanteil ein **besonderes Grundbuchblatt** angelegt
      (Wohnungserbbaugrundbuch bzw. Teilerbbaugrundbuch; § 30 Abs. 3 S. 1). Diese
      sind dann die Erbbaugrundbücher i.S.d. § 14 ErbbauRG.[9]

Abbildung – (Verkürztes) Eintragungsbeispiel:

Amtsgericht Duisburg   **Grundbuch von Duisburg**   **Blatt 10500**

Bestandsverzeichnis

Laufende Nummer der Grundstücke	Bisherige laufende Nummer der Grundstücke	Bezeichnung der Grundstücke und der mit dem Eigentum verbundenen Rechte				Größe		
		Gemarkung (Vermessungsbezirk)	Karte Flur / Flurstück	Liegenschaftsbuch	Wirtschaftsart und Lage			
		a	b	c/d	e	ha	a	m²
1	2	3				4		
1		187/10.000stel Anteil an dem Erbbaurecht, das im Grundbuch von Duisburg Blatt 4567 als Belastung des im Bestandsverzeichnis unter der lfd. Nr. 1 verzeichneten Grundstücks						
		Duisburg	1 / 101		Gebäude- und Freifläche, Kardinal-Galen-Straße 124		02	34

---

[8] Bärmann/*Schneider* § 30 Rn. 14.
[9] Ingenstau/Hustedt/*Bardenhewer* § 14 Rn. 16.

in Abteilung II Nr. 1 für die Dauer von 99 Jahren seit dem Tage der Eintragung, dem 21. Mai 2000, eingetragen ist.

Zur Veräußerung und Belastung mit Grundpfandrechten, Reallasten und Dauerwohnrechten ist die Zustimmung der Grundstückseigentümerin erforderlich.

Grundstückseigentümerin: Stadt Duisburg

Unter Bezugnahme auf die Bewilligung vom 14. Mai 2000 (Notar Dr. Helmut Genau in Duisburg – UR-Nr. 550/00) bei Anlegung dieses Wohnungserbbaugrundbuchs hier vermerkt am 22. Mai 2000.

Mit dem Anteil an dem Erbbaurecht ist das Sondereigentum an der im Aufteilungsplan vom 24. März 2000 mit Nr. 1 bezeichneten Wohnung im Erdgeschoß links mit einem Kellerraum im Kellergeschoß verbunden.

Für jeden Erbbaurechtsanteil ist ein besonderes Grundbuch angelegt (Nr. 10 500 bis Nr. 10 574). Der hier eingetragene Anteil ist durch die zu den anderen Anteilen gehörenden Sondereigentumsrechte beschränkt.

Zur Veräußerung ist die Zustimmung des Verwalters erforderlich.

Es sind Sondernutzungsrechte begründet hinsichtlich der hinter dem Haus gelegenen insgesamt 15 Pkw-Einstellplätze (StP 1 bis StP 15). Dem jeweiligen Wohnungserbbauberechtigten der Einheit Nr. 1 steht das Sondernutzungsrecht an dem Pkw-Einstellplatz StP 1 zu.

Wegen Gegenstand und Inhalt des Sondereigentums wird Bezug genommen auf die Bewilligung vom 15. Mai 2000
(Notar Dr. Helmut Genau in Duisburg – UR-Nr. 555/00).

Der Erbbaurechtsanteil ist von Blatt 10 499 hierher übertragen, eingetragen am 22. Mai 2000.

In entsprechender Anwendung der §§ 7 Abs. 1 S. 3, 30 Abs. 3 S. 2 WEG ist das **15** bisherige **Erbbaugrundbuch** für das ungeteilte Erbbaurecht (§ 14 ErbbauRG) von Amts wegen zu schließen, soweit dort nicht ausnahmsweise noch andere Eintragungen vorhanden sein sollten.[10]

Neben den neu anzulegenden Wohnungs- und Teilerbbaugrundbüchern bleibt **16** das für das **Grundstück** angelegte Grundbuch bestehen. Damit bleibt zugleich die für das Erbbaurecht bedeutsame Rangstelle erhalten (§ 10 Abs. 1 S. 1 ErbbauRG). Im Grundstücksgrundbuch ist allerdings bei dem dort in Abt. II als Belastung eingetragenen Erbbaurecht die Begründung der Wohnungserbbaurechte zu vermerken.

---

[10] Bärmann/*Schneider* § 30 Rn. 32.

Abbildung – Schematische Wiedergabe der grundbuchmäßigen Behandlung:

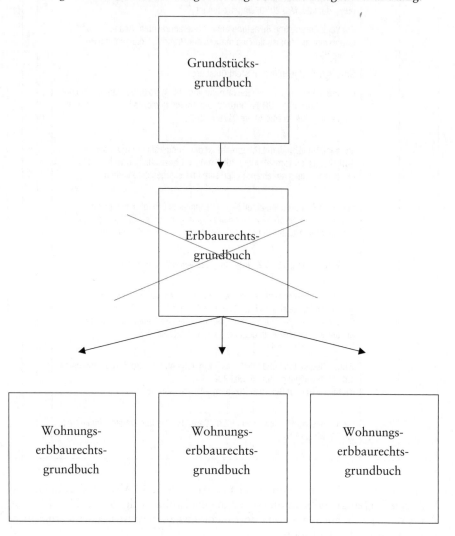

5. Unterschiedliche Rechtskreise

17   Rechtlich verbindet die Begründung von Wohnungs- und Teilerbbaurechten (§ 30 Abs. 1 und 2 WEG) zwei **unterschiedliche Rechtskreise.** Während sich auf der einen Seite die Rechtsbeziehungen zwischen dem Grundstückseigentümer und den Erbbauberechtigten primär nach erbbaurechtlichen Regelungen richten, gestalten sich die Rechtsverhältnisse zwischen den Wohnungs- und Teilerbbauberechtigten untereinander nach den bekannten WEG-rechtlichen Vorschriften (§ 30 Abs. 3 S. 2 WEG). Wegen Einzelheiten kann daher auf die jeweiligen Ausführungen verwiesen werden.

Da die erbbaurechtlichen Regelungen erst die notwendigen Voraussetzun- 18
gen für die nachfolgende Aufteilung des Erbbaurechts schaffen, müssen die
WEG-rechtlichen Vorschriften darauf entsprechend abgestimmt werden.[11] Die
Begründung von Wohnungs- und Teilerbbaurechten vermag daher die vorgefun-
denen erbbaurechtlichen Regelungen nicht zu ändern. Da lediglich eine interne
Unterteilung des bisher ungeteilten Erbbaurechts erfolgt, beschränkt sich deren
Bedeutung auf das Rechtsverhältnis der Wohnungserbbauberechtigten untereinander[12]; dadurch können jedoch die **Rechtsbefugnisse des Grundstückseigentü-
mers weder erweitert noch eingeschränkt** werden.[13]

Hinweis: 19

Bei der Veräußerung eines Wohnungserbbaurechts kann es deshalb zu einem **doppelten Zustimmungserfordernis** kommen:[14]
Mit der Begründung der Wohnungserbbaurechte setzt sich ein zuvor für das ungeteilte Erbbaurecht gem. § 5 Abs. 1 ErbbauRG vereinbarter **Zustimmungsvorbehalt** an sämtlichen neu gebildeten Einheiten fort.[15] Ist eine solche Vereinbarung
getroffen, so ist sowohl die Verfügung des Wohnungserbbauberechtigten als auch
das Verpflichtungsgeschäft unwirksam, solange nicht der Grundstückseigentümer
die erforderliche Zustimmung erteilt hat (§ 6 Abs. 1 ErbbauRG). Die Zustimmung ist
gegenüber dem Grundbuchgericht in der Form des § 29 Abs. 1 GBO nachzuweisen
(§ 15 ErbbauRG).[16]
Neben einem erbbaurechtlichen Zustimmungsvorbehalt kann zusätzlich auch eine
wohnungseigentumsrechtliche Veräußerungsbeschränkung gem. §§ 30 Abs. 3
S. 1, 12 Abs. 1 WEG vereinbart worden sein. Ist eine solche Vereinbarung getroffen,
ist sowohl die Veräußerung des Wohnungseigentums als auch das Verpflichtungsgeschäft unwirksam, solange nicht die erforderliche Zustimmung erteilt ist (§§ 30 Abs. 3
S. 2, 12 Abs. 3 S. 1). Auch hier ist der Nachweis gegenüber dem Grundbuchgericht in
der Form des § 29 Abs. 1 GBO zu erbringen.[17]
Sind beide **Zustimmungserfordernisse nebeneinander** vereinbart, wird die Veräußerung allerdings erst mit Vorliegen beider Zustimmungen wirksam.[18]

II. Dauerwohn- und Dauernutzungsrechte

1. Die gesetzliche Konzeption

Bereits der offizielle Titel des Gesetzes lautet „Gesetz über das Wohnungsei- 20
gentum und das Dauerwohnrecht".[19] Der gesamte II. Teil des Gesetzes ist dem
Dauerwohnrecht gewidmet. Wenngleich Bezeichnung und Gliederung des Ge-

---

[11] Ingenstau/Hustedt/*Hustedt* § 1 Rn. 109; *v. Oefele/Winkler/Schlögel* Rn. 3.100.
[12] OLG Hamm ZWE 2013, 404.
[13] Bärmann/*Schneider* § 30 Rn. 41; *Rethmeier* MittRhNotK 1993, 145, 146.
[14] Einzelheiten bei Bärmann/Schneider § 30 Rn. 94ff.
[15] OLG Schleswig ZfIR 2000, 875; BayObLGZ 1989, 354 = MittBayNot 1989, 315.
[16] BayObLGZ 2001, 132 = FGPrax 2001, 174 (für eine Zustimmung gem. § 5 Abs. 2
ErbbauRG).
[17] OLG Hamm ZWE 2013, 215; OLG Frankfurt ZWE 2011, 337.
[18] Bauer/v. Oefele/*Maaß* AT VI Rn. 275; *v. Oefele/Winkler/Schlögel* Rn. 3.124.
[19] G v. 15.3.1951 (BGBl I S. 175).

setzes eine dem Wohnungseigentum vergleichbare Stellung suggerieren, konnte das Dauerwohnrecht in der Praxis nicht annähernd die Bedeutung erlangen, die dem Wohnungseigentum inzwischen zukommt. Das Rechtsinstitut führt bis auf einige Versuche im Rahmen von Time-sharing-Modellen ein **Schattendasein**; aktuell veröffentlichte – wenige – Gerichtsentscheidungen weisen in der Regel auf Rechtsbegründungen in der Anfangsphase nach Inkrafttreten des Gesetzes hin.

2. Dauerwohn- und Dauernutzungsrechte

21   Gem. § 31 Abs. 1 WEG kann ein Grundstück in der Weise belastet werden, dass derjenige, zu dessen Gunsten die Belastung erfolgt, berechtigt ist, unter Ausschluss des Eigentümers eine bestimmte Wohnung in einem auf dem Grundstück errichteten oder zu errichtenden Gebäude zu bewohnen oder in anderer Weise zu nutzen (**Dauerwohnrecht**). Das Dauerwohnrecht kann auf einen außerhalb des Gebäudes liegenden Teil des Grundstücks erstreckt werden, sofern die Wohnung wirtschaftlich die Hauptsache bleibt.

Die Belastung kann gem. § 31 Abs. 2 WEG auch in der Weise belastet erfolgen, dass der Berechtigte unter Ausschluss des Eigentümers nicht zu Wohnzwecken dienende bestimmte Räume in einem auf dem Grundstück errichteten oder zu errichtenden Gebäude nutzen darf (**Dauernutzungsrecht**). Für das Dauernutzungsrecht gelten die Vorschriften über das Dauerwohnrecht entsprechend (§ 31 Abs. 3 WEG).

Bitte lesen Sie jetzt § 31 WEG!

22   Ein Dauerwohnrecht kann nicht an einer einzelnen Wohnung eines **ungeteilten Grundstücks** bestellt werden.[20] Allerdings ist die Belastung eines **Wohnungseigentums** mit einem Dauerwohnrecht und diejenige eines **Teileigentums** mit einem Dauernutzungsrecht möglich.[21] Das Dauerwohn- oder Dauernutzungsrecht kann auch an einem **Erbbaurecht** bestellt werden (§ 42 Abs. 1 WEG). Dies muss dann auch für die Belastung eines **Wohnungs- oder Teilerbbaurechts** gelten.[22]

3. Begründung eines Dauerwohnrechts

23   Das Dauerwohnrecht entsteht **materiell-rechtlich** als Grundstücksbelastung wie jedes dingliche Recht durch Einigung und Eintragung gem. § 873 Abs. 1 2. Var. BGB. Besondere Formvorschriften existieren hierfür nicht. Allerdings soll ein Dauerwohnrecht nur bestellt werden, wenn die Wohnung in sich abgeschlossen ist (§ 32 Abs. 1 WEG).

24   **Verfahrensrechtlich** vollzieht sich der Rechtserwerb nach dem formellen Konsensprinzip. Es ist somit neben der entsprechenden Antragstellung die Eintragungsbewilligung sämtlicher Eigentümer gem. § 19 GBO in der Form des § 29

---

[20] Bärmann/*Schneider* § 31 Rn. 21.
[21] BayObLG NJW 1957, 1840.
[22] BGH Rpfleger 1979, 58 Ls.

Abs. 1 S. 1 GBO erforderlich.[23] Wie schon beim Wohnungseigentum ist auch für die Eintragung eines Dauerwohnrechts die Vorlage eines Aufteilungsplans mit entsprechender Abgeschlossenheitsbescheinigung erforderlich (§ 32 Abs. 2 S. 2 WEG).

4. Grundbuchmäßige Behandlung

Dauerwohn- und Dauernutzungsrechte werden im Grundbuch des belasteten **25** Grundstücks in der II. Abteilung eingetragen (§ 10 Abs. 1 lit. a) GBV); sie nehmen somit am Rangsystem der dinglichen Rechte teil (vgl. § 879 Abs. 1 BGB).

5. Abgrenzung

Das Dauerwohnrecht unterscheidet sich von dem Wohnrecht gem. § 1090 **26** Abs. 1 BGB und dem Wohnungsrecht unter Ausschluss des Eigentümers gem. § 1093 BGB, indem es **veräußerlich und vererblich** ausgestaltet ist (§ 33 Abs. 1 S. 1 WEG). Die beschränkten persönlichen Dienstbarkeiten des BGB erlöschen demgegenüber mit dem Tod des Berechtigten (§§ 1090 Abs. 2, 1061 BGB).

Ein Dauerwohnrecht kann nicht unter einer Bedingung bestellt werden (§ 33 **27** Abs. 1 S. 2 WEG); gleichwohl wird eine Beschränkung des Dauerwohnrechts **auf** die **Lebenszeit** des Berechtigten inzwischen überwiegend als zulässig angesehen.[24]

Die Bestellung eines Dauerwohnrechts erlaubt es, in den Grenzen des § 33 **28** Abs. 4 WEG dort näher beschriebene vertragliche **Vereinbarungen** zum **Inhalt** des dinglichen Rechts zu machen. Wegen weiterer Einzelheiten sei auf die einschlägige Literatur verwiesen.

SIE HABEN ES GESCHAFFT !!!

Ich hoffe, die Lektüre hat Ihnen trotz aller Beschwerlichkeiten auch einige juristische Lichtblicke verschafft. Bestimmt werden Sie bald Gelegenheit erhalten, Ihr neu erworbenes Wissen anzuwenden und weiter zu vertiefen. Ich wünsche Ihnen viel Freude bei der weiteren Beschäftigung mit dem Wohnungseigentumsrecht!

---

[23] Zu weiteren Anforderungen s. Bärmann/*Schneider* § 31 Rn. 42ff.
[24] OLG Celle ZWE 2014, 207; OLG Hamm ZWE 2012, 39.

Kapitel P. Lösungshinweise zu den Wiederholungsaufgaben und Vertiefungsfragen

Kapitel A (Historie)

Frage 1:
  Beschreiben Sie den wesentlichen Unterschied zwischen echtem Stockwerkseigentum und Wohnungseigentum.

Lösungshinweis:
  Der Stockwerkseigentümer musste nicht unbedingt zugleich auch Grundstückseigentümer sein. Es fehlte weiterhin an einer eindeutigen Abgrenzung der Eigentumsbereiche. Demgegenüber hält das WEG grundsätzlich am Akzessionsgrundsatz fest und lässt Alleineigentum nur zu, wenn der Alleineigentümer zugleich auch Miteigentümer des Grundstücks ist.

Frage 2:
  Worin besteht der hauptsächliche Unterschied zwischen einer Bruchteilsgemeinschaft und einer Gemeinschaft zur gesamten Hand?

Lösungshinweis:
  Der Hauptunterschied ist in den Verfügungsmöglichkeiten der jeweiligen Mitberechtigten zu sehen. Während bei der Bruchteilsgemeinschaft an einem Grundstück jeder Miteigentümer über seinen ideellen Anteil frei verfügen kann (vgl. § 747 S. 1 BGB), kann ein Gesamthandseigentümer über seinen Anteil an der einzelnen Sache nicht allein verfügen (vgl. §§ 719 Abs. 1, 1419 Abs. 1, 2033 Abs. 2 BGB). Allenfalls kann er über seinen Anteil am gesamten Sondervermögen verfügen (§ 2033 Abs. 1 BGB); hieran können aber keine beschränkten dinglichen Rechte bestellt werden.

Frage 3:
  Inwiefern handelt es sich bei Wohnungseigentum um „zusammengesetztes Eigentum"?

Lösungshinweis:
  Wohnungseigentum besteht zum einen aus einem Miteigentumsanteil am Grundstück und den damit verbundenen Gebäuden als gemeinschaftlichem Eigentum. Innerhalb eines Gebäudes erhält der einzelne Miteigentümer aber einen räumlich abgegrenzten Bereich zu Alleineigentum zugewiesen. Wohnungseigentum ist also aus Miteigentum (am Gemeinschaftseigentum) und Alleineigentum (an näher abgegrenzten Räumlichkeiten) zusammengesetzt.

Kapitel B (Terminologie)

Frage 1:
Wodurch unterscheidet sich Wohnungseigentum von Teileigentum?

Lösungshinweis:
Die rechtliche Konstruktion aus einem Miteigentumsanteil am gemeinschaftlichen Eigentum verbunden mit einer „Insel" Alleineigentum ist bei beiden identisch. Der Unterschied besteht lediglich in der Zweckbestimmung, die die spätere Nutzung weniger störanfällig gestalten will.

Frage 2:
Könnte man nach dem zuvor entwickelten Verständnis von Wohnungs- und Teileigentum auf eine nähere Bestimmung des Raumeigentums nicht auch gänzlich verzichten, um die spätere Nutzung offen zu halten?

Lösungshinweis:
Dies ist in der Tat möglich. Die Festlegung einer Zweckbestimmung ist nach Auffassung des Kammergerichts[1] entbehrlich. Die unterbliebene Festlegung der Nutzungsmöglichkeit vermeidet ggf. erforderliche Zustimmungen anderer Miteigentümer und dinglich Berechtigter bei einer späteren Umwandlung von Wohnungs- in Teileigentum und umgekehrt.

Kapitel C (Gegenstand des Eigentums)

Frage 1:
Können Mülltonnen im Gemeinschaftseigentum stehen? Begründen Sie Ihre Rechtsansicht.

Lösungshinweis:
Nach hier vertretener Auffassung können Mülltonnen nicht im Gemeinschaftseigentum der Wohnungseigentümer stehen, weil es insoweit an der notwendigen Bestandteilseigenschaft fehlt.[2] Davon abgesehen werden sie oftmals kommunales Dritteigentum und deshalb schon von § 1 Abs. 5 WEG erfasst sein.

Frage 2:
Steht die von einem Wohnungseigentümer angeschaffte und in seinem Wohnzimmer aufgestellte Wohnlandschaft (bestehend aus einem überdimensionierten Sofa und mehreren Sesseln) in dessen Sondereigentum?

Lösungshinweis:
Nein, es handelt sich um sonderrechtsfähige Einrichtungsgegenstände. Es fehlt insoweit an der notwendigen Bestandteilseigenschaft der Möbel.[3]

---

[1] KG MittBayNot 2008, 209 („Gewerbewohnung").
[2] Wie hier *Hügel/Elzer* § 5 Rn. 18; a.A. allerdings Jennißen/*Grziwotz* § 5 Rn. 93: Gemeinschaftseigentum
[3] Ebenso *Hügel/Elzer* § 5 Rn. 8.

Kapitel D (Begründung)

Frage 1:
Können in einem Wohnungsgrundbuch auch zwei Eigentumswohnungen gebucht sein?

Lösungshinweis:
§ 7 Abs. 1 S. 1 WEG bestimmt, dass für jeden Miteigentumsanteil von Amts wegen ein besonderes Grundbuchblatt angelegt wird. Bereits daraus ergibt sich, dass in demselben Wohnungsgrundbuch zwei Wohnungen gebucht sein können, wenn sie demselben (einheitlichen) Miteigentumsanteil zugeordnet sind. Diese Zuordnung kann sowohl originär bei Begründung des Wohnungseigentums als auch nachträglich zB anlässlich einer Vereinigung zweier Wohnungseigentumsrechte erfolgen.[4]

Frage 2:
Kann an einem Altbau Wohnungseigentum begründet werden, wenn sich dort die Toiletten jeweils für zwei Wohnungen gemeinschaftlich auf der Halbetage befinden?

Lösungshinweis:
Nach § 3 Abs. 2 S. 1 WEG soll Sondereigentum nur eingeräumt werden, wenn die Wohnungen oder sonstigen Räume in sich abgeschlossen sind. Dadurch soll gewährleistet sein, dass jeder Sondereigentumsbereich von dem anderer Wohnungseigentümer und vom gemeinschaftlichen Eigentum fest abgegrenzt ist, wobei zu einer Wohnung auch eine bestimmte Ausstattung gehört. Nach Nr. 5 lit. a) der Allgemeinen Verwaltungsvorschrift für die Ausstellung von Bescheinigungen gemäß § 7 Abs. 4 Nr. 2 und § 32 Abs. 2 Nr. 2 des Wohnungseigentumsgesetzes vom 19.3.1974 (BAnz. Nr. 58 vom 23.3.1974) muss das notwendige WC innerhalb der Wohnung liegen.[5] Wohnungen ohne integriertes WC sind danach nicht abgeschlossen (vgl. Anhang III), so dass ohne Umbaumaßnahmen kein Wohnungseigentum begründet werden kann.[6]
Denkbar wäre allerdings die Begründung von Teileigentum unter Einräumung eines gemeinschaftlichen (Sonder-)Nutzungsrechts an den Sanitäreinrichtungen.[7] Das Erfordernis eines innerhalb der Wohnung gelegenen WCs gilt nämlich nicht sinngemäß für ein Teileigentum (Nr. 5 lit. b) aaO).[8]

Frage 3:
Kann ein einmal zur Grundakte eingereichter Aufteilungsplan mit Abgeschlossenheitsbescheinigung nach einer Zurückweisung des Teilungsantrags gem. § 8 WEG zu einem späteren Zeitpunkt für einen neuerlich gestellten Antrag wieder verwendet werden? Wie lang darf dieser Zeitraum ggf. sein?

---

[4] Vgl. OLG Düsseldorf v. 30.11.2015 – 3 Wx 272/15; Lemke/*Schneider* Immobilienrecht § 5 GBO Rn. 29 mwN.
[5] OLG Nürnberg ZWE 2012, 317.
[6] Ebenso LG Duisburg v. 30.7.1998 – 24 T 189/98 n.v. für ein sog Zechenhaus.
[7] MüKoBGB/*Commichau* § 3 WEG Rn. 77.
[8] OLG Düsseldorf ZfIR 1997, 760.

Lösungshinweis:

Für eine einmal nach § 7 Abs. 4 S. 1 Nr. 2 WEG erteilte Bescheinigung gibt es kein Verfalldatum und auch keine Beschränkung auf eine einmalige Verwendung, solange die Angaben des zugrundeliegenden Aufteilungsplans mit den aktuellen Verhältnissen übereinstimmen. Mit Rücksicht auf die übliche Gebrauchsdauer von Immobilien (80 bis 100 Jahre) kann ohne weitere Anhaltspunkte allein nach einem Zeitablauf von rd. 14 Jahren jedenfalls nicht davon ausgegangen werden, dass sich an der Raumsituation und den Ausstattungsverhältnissen etwas geändert hat.[9]

Kapitel E (Gesetzlicher und rechtsgeschäftlicher Inhalt des Eigentums)

Frage 1:

Könnte ein Sondernutzungsrecht auch in der Weise begründet werden, dass dem jeweiligen Eigentümer eines näher beschriebenen und abgeschlossenen Teileigentums an einem Kellerraum das Sondernutzungsrecht an einer im Obergeschoss gelegenen, näher beschriebenen Wohnung zugeordnet wird?

Lösungshinweis:

Nach allgemeiner Auffassung können Sondernutzungsrechte sowohl an Flächen und Räumen als auch an Gebäudeteilen, Anlagen und Einrichtungen des gemeinschaftlichen Eigentums bestellt werden. Wenn also nur die Kellerräume in Sondereigentum überführt werden (weil möglicherweise nur insoweit die erforderliche Abgeschlossenheit bescheinigt wird), könnten an den im Gemeinschaftseigentum verbleibenden Wohnungen zumindest Sondernutzungsrechte begründet werden. Die Begründung von Teileigentum an Kellerräumen und deren Verbindung mit dem Sondernutzungsrecht an einer Wohnung wird deshalb ganz überwiegend als sog „Kellermodell" für zulässig gehalten.[10] Eine Umgehung des § 5 WEG ist damit nicht verbunden.[11]

Wenn Sie diese Gestaltungsvariante interessieren sollte, können Sie weitere Informationen zu den historischen Hintergründen für das Aufkommen des „Kellermodells" bei *Pause*[12] finden.

Frage 2:

Könnte eine Veräußerungsbeschränkung gem. § 12 WEG auch für die Übertragung von Sondernutzungsrechten vereinbart werden?

Lösungshinweis:

Nach allgemeiner Ansicht kann der Anwendungsbereich des § 12 WEG dahingehend erweitert werden, dass auch für die rechtsgeschäftliche Übertragung von Sondernutzungsrechten eine Veräußerungszustimmung gem. § 12 WEG er-

---

[9] OLG Schleswig RNotZ 2012, 335.
[10] OLG Hamm NJW-RR 1993, 1233; BayObLGZ 1991, 375 = NJW 1992, 700 = Rpfleger 1992, 154 m. Anm. *Eckardt*; *Schneider* Rpfleger 1991, 499.
[11] A.A. LG Braunschweig Rpfleger 1991, 201; *Häublein* Sondernutzungsrechte, S. 100, 106.
[12] Instruktiv *Pause* NJW 1990, 3178.

forderlich sein soll.[13] Voraussetzung ist allerdings, dass die Vereinbarung wegen des Ausnahmecharakters ausdrücklich und eindeutig erfolgt.[14]

Kapitel F (Verfügungen)

Frage 1:

Kann gegen einen im Wohnungsgrundbuch eingetragenen Eigentumswechsel ein Amtswiderspruch gem. § 53 Abs. 1 S. 1 GBO eingetragen werden, wenn anlässlich der Eigentumsumschreibung versehentlich die notwendige Veräußerungszustimmung des WEG-Verwalters gem. § 12 WEG nicht vorgelegen hat?

Lösungshinweis:

Ein Amtswiderspruch gem. § 53 Abs. 1 S. 1 GBO könnte auf entsprechende Anregung in das Grundbuch eingetragen werden, wenn das Grundbuch durch die Eintragung des Eigentumswechsels unrichtig geworden wäre und diese Unrichtigkeit durch eine Verletzung gesetzlicher Bestimmungen seitens des Grundbuchgerichts entstanden wäre. Weiterhin müsste die Gefahr eines gutgläubigen Erwerbs bestehen.

Das Grundbuch ist unrichtig, wenn materielle und formelle Rechtslage auseinanderfallen. Formell ist der neue Eigentümer im Grundbuch verlautbart, materiell-rechtlich ist der Eigentumserwerb jedoch wegen der fehlenden, aber notwendigen Verwalterzustimmung gem. § 12 WEG noch nicht abgeschlossen. Der Eigentumserwerb ohne die erforderliche Zustimmung ist nämlich schwebend unwirksam.[15] Damit ist das Grundbuch unrichtig.

Diese Unrichtigkeit beruht auch auf einer Verletzung des § 12 WEG seitens des Grundbuchgerichts, weil die eingetragene Veräußerungsbeschränkung von Amts wegen zu beachten ist.[16]

Die Gefahr eines gutgläubigen Erwerbs vom Eingetragenen gem. § 892 Abs. 1 BGB liegt auf der Hand.

Es ist deshalb die Eintragung eines Amtswiderspruchs gem. § 53 Abs. 1 S. 1 GBO gegen die Eintragung des Erwerbers als neuen Eigentümer veranlasst, sofern nicht die erforderliche Zustimmung inzwischen vorliegt.

Frage 2:

Können Sie mindestens zwei gravierende Auswirkungen benennen, die sich aus der unterschiedlichen rechtlichen Einordnung einer Umwidmung von Wohnungs- in Teileigentum ergeben?

Lösungshinweis:

Die Unterschiede zwischen beiden Auffassungen wirken sich in zwei zentralen und für die Praxis sehr bedeutsamen Punkten aus:

Zum einen vermag die wohl hM eine in der Teilungserklärung vorweggenommene Ermächtigung zur Vornahme von Änderungen des Gebrauchszwecks

---

[13] BGHZ 73,149 = NJW 1979, 548.
[14] Riecke/Schmid/*Schneider* § 12 Rn. 47.
[15] BGH NJW 2012, 3232 = ZWE 2012, 499.
[16] OLG Hamm ZWE 2013, 215; OLG Frankfurt ZWE 2011, 337.

als zulässigen Inhalt des Sondereigentums und mit einer den Sondernachfolger bindenden Wirkung gem. § 10 Abs. 3 S. 2 WEG in das Grundbuch einzutragen.[17] Auf diese Weise kann also das an sich bestehende Mitwirkungserfordernis der übrigen Wohnungseigentümer an einer späteren Änderung durch eine Regelung in der Gemeinschaftsordnung abbedungen werden. Demgegenüber kann die Verdinglichung einer Änderungsermächtigung nicht in Betracht kommen, wenn man in der Änderung eine solche des sachenrechtlichen Begründungsakts sehen will.[18]

Zum anderen entfällt zur Eintragung der Änderung des Gebrauchszwecks im Grundbuch nach der Novelle (2007) die früher erforderliche Mitwirkung von Grundpfandrechtsgläubigern und Reallastberechtigten als Einzelberechtigte,[19] weil es sich nach h.M. um eine inhaltliche Änderung der Gemeinschaftsordnung handelt, der die Genannten gem. § 5 Abs. 4 S. 2 WEG nun nicht mehr zustimmen müssen.[20] Die Gesetzesänderung betrifft aber ausschließlich inhaltliche Änderungen gem. § 5 Abs. 4 WEG. Hält man stattdessen die Umwandlung von Wohnungs- in Teileigentum für eine Änderung des sachenrechtlichen Begründungsakts, muss es deshalb uneingeschränkt bei der gem. §§ 876, 877 BGB, § 19 GBO für solche Änderungen (§ 4 WEG) nach wie vor notwendigen Zustimmung aller dinglich Berechtigten in der Form des § 29 GBO verbleiben, soweit sie durch die Eintragung betroffen werden können.[21]

Kapitel G (Verband)

Frage 1:
Wie stellen sich die Eigentumsverhältnisse dar, wenn der Wohnungseigentumsverwalter aufgrund entsprechender Beschlussfassung der Wohnungseigentümer einen Apfelbaum mit Mitteln des rechtsfähigen Verbandes für diesen erwirbt und den Baum sodann auf dem in Wohnungseigentumsrechte aufgeteilten Grundstück einpflanzt?

Lösungshinweis:
Der Eigentumserwerb erfolgt zunächst gem. § 929 BGB für den vom Wohnungseigentumsverwalter vertretenen rechtsfähigen Verband. Mit dem Einpflanzen des Baumes wird dieser zum Bestandteil des Grundstücks. Die Rechtsfolge des § 94 Abs 1 S. 2 BGB tritt jedoch unabhängig davon ein, wer den Baum eingepflanzt hat.[22] Das Grundstück gehört allen Wohnungseigentümern als

---

[17] OLG München ZWE 2014, 121; BayObLG NZM 2000, 668; BayObLG DNotZ 1998, 379 = Rpfleger 1998, 19.

[18] *Ott* ZfIR 2005, 129, 132; vgl. BGH NJW 2003, 2165; BayObLG DNotZ 1999, 665.

[19] Inhaber von dinglichen Rechten am ganzen Grundstück bzw. an sämtlichen Miteigentumsanteilen sind ohnehin von einer Änderung nicht betroffen; vgl. OLG Frankfurt Rpfleger 1996, 340; *Demharter* Anh zu § 3 Rn. 79.

[20] OLG München ZWE 2014, 164; KG ZWE 2011, 84;Bärmann/*Armbrüster* § 1 Rn. 31; *Demharter* Anh zu § 3 Rn. 79; Riecke/Schmid/*Schneider* § 1 Rn. 46.

[21] Inkonsequent *Erman/Grziwotz* § 1 Rn. 9, der zwar einerseits die Umwandlung von Wohnungs- in Teileigentum für eine inhaltliche Änderung des Sondereigentums hält, andererseits aber gleichwohl am bisherigen Zustimmungserfordernis entgegen dem Wortlaut des Gesetzes festhalten will.

[22] Staudinger/*Jickeli/Stieper* (2012) § 94 Rn. 18.

Bruchteilsberechtigten. Mit dem Einpflanzen ist daher gem. § 1 Abs. 5 WEG ein Eigentumswechsel zugunsten der Bruchteilsgemeinschaft verbunden.

Vergleichbar ist der Fall eines Eigentumswechsels durch Einbau vormals selbständiger beweglicher Gegenstände und deren Verbindung mit dem Gebäude gem. §§ 93, 94 BGB zu einem wesentlichen Bestandteil.[23]

Frage 2:

Kann aus einem gegen die Wohnungseigentümer in ihrer Gesamtheit gerichteten Zahlungstitel in das Verbandsvermögen vollstreckt werden?

Lösungshinweis:

Nein, es handelt sich um zwei verschiedene Rechtssubjekte. Selbst wenn nach aktueller Rechtslage gem. § 10 Abs. 6 u. 7 WEG materiell-rechtlich der rechtsfähige Verband wahrnehmungsbefugt wäre, scheidet eine Titelberichtigung durch Umschreibung nach § 139 ZPO aus, weil kein Fall einer offenkundigen Unrichtigkeit vorliegt.[24] Durch eine Berichtigung des Rubrums darf sich die Identität einer Partei nämlich nicht verändern.[25]

Kapitel H (Eigentümerversammlung und Beschlussfassung)

Frage 1:

Ein Wohnungseigentümer ist gem. § 18 WEG rechtskräftig zur Veräußerung seines Wohnungseigentums verurteilt worden. Ist dieser Wohnungseigentümer in der Eigentümerversammlung bei der Beschlussfassung über folgende Regelungsgegenstände stimmberechtigt:

a) Beschlussfassung über die neue Hausordnung;
b) Beschlussfassung über die Jahresabrechnung.

Lösungshinweis:

Der rechtskräftig gem. § 18 WEG verurteilte Wohnungseigentümer ist gem. § 25 Abs. 5 Var. 3 WEG von sämtlichen Beschlussfassungen ausgeschlossen. Auf den Beschlussgegenstand kommt es daher nicht an.

Frage 2:

In einer Eigentümergemeinschaft gilt das Wertstimmrecht. Für die nächste Eigentümerversammlung steht die Entlastung des Verwalters auf der Tagesordnung. Verwalter ist der Bauträger B, für den noch einige Einheiten in den Wohnungsgrundbüchern eingetragen sind. Da B befürchtet, dass ihm die gewünschte Entlastung wegen Streitereien mit einigen Wohnungskäufern nicht erteilt werden könnte, bevollmächtigt er seinen Freund F, ihn als Eigentümer bei der nächsten Versammlung zu vertreten und für seine Entlastung zu stimmen. Können die zugunsten des B abgegebenen Stimmen des F bei der Mehrheitsfindung berücksichtigt werden?

---

[23] *H. Müller* ZWE 2012, 472.
[24] BGH NJW 2007, 518 = ZMR 2007, 286.
[25] BGH BGHReport 2003, 1168.

Lösungshinweis:

Der Verwalter ist entsprechend § 25 Abs. 5 WEG von einer Beschlussfassung über seine eigene Entlastung ausgeschlossen.[26] Durch einen Entlastungsbeschluss können nämlich gegen den Entlasteten gerichtete Ansprüche verloren gehen, weil dem Beschluss die Wirkung eines negativen Schuldanerkenntnisses zukommt (vgl. § 397 Abs. 2 BGB).[27] Dann kann B sich aber auch nicht bei der entsprechenden Abstimmung durch F vertreten lassen. Liegen nämlich die Voraussetzungen eines Stimmverbots vor, so kann der betroffene Wohnungseigentümer auch keine andere Person zur Ausübung seines Stimmrechts bevollmächtigten, da er keine Rechtsmacht zur Ausübung übertragen kann, die ihm selbst nicht zusteht.[28]

Frage 3:

Kann eine Beschlussfassung einen Wohnungseigentümer binden, der an der maßgeblichen Eigentümerversammlung überhaupt nicht teilgenommen hat?

Lösungshinweis:

Eine Beschlussfassung in der Eigentümerversammlung wirkt gegenüber allen an- und abwesenden Wohnungseigentümern (§ 10 Abs. 5 WEG).

Kapitel I (Wohnungseigentumsverwalter und Verwaltungsbeirat)

Frage 1:

Erlischt die Rechtsstellung als WEG-Verwalter, wenn über das Vermögen der zur Verwalterin bestellten GmbH das Insolvenzverfahren eröffnet worden ist?

Lösungshinweis:

Durch die Eröffnung des Insolvenzverfahrens geht das Recht des Schuldners, das zur Insolvenzmasse gehörende Vermögen zu verwalten und über es zu verfügen, auf den Insolvenzverwalter über (§ 80 Abs. 1 InsO).

Eine vom Schuldner erteilte Vollmacht, die sich auf das zur Insolvenzmasse gehörende Vermögen bezieht, erlischt grundsätzlich durch die Eröffnung des Insolvenzverfahrens (§ 117 Abs. 1 InsO).

Fällt jedoch nicht der Vollmachtgeber, sondern der Bevollmächtigte in Insolvenz, so besteht die Vollmacht grundsätzlich fort (vgl. auch den Rechtsgedanken des § 165 BGB). Die Eröffnung des Insolvenzverfahrens kann allerdings bei der sog kausalen Vollmacht Grund für eine das Erlöschen der Vollmacht bewirkende Kündigung des Grundverhältnisses sein.[29] Erfolgt keine Kündigung, übt der gerichtlich bestellte Insolvenzverwalter die Aufgaben als Wohnungseigentumsverwalter aus.[30]

---

[26] OLG Köln NZM 2007, 334; AG Weimar ZWE 2014, 53.

[27] Vgl. BGHZ 156, 19 = NJW 2003, 3124 = ZWE 2003, 365.

[28] BGH ZWE 2014, 176.

[29] Erman/*Maier-Reimer* § 168 Rn. 12; MünchKomm/*Schramm* § 168 Rn. 16; NK-BGB/*Ackermann* § 168 Rn. 28; Palandt/*Ellenberger* § 168 Rn. 3; PWW/*Frensch* § 168 Rn. 5; Soergel/*Leptien* § 168 Rn. 9; Staudinger/*Schilken* § 168 Rn. 22.

[30] Vgl. LG Mainz ZWE 2011, 462.

Frage 2:

Die aus den Wohnungseigentümern A, B, C und D bestehende Wohnungseigentümergemeinschaft „Quartier Latin" hat vertreten durch den Verwalter V einen kostspieligen Renovierungsauftrag bzgl. der Hauseingangstür an den Handwerker H vergeben. Nach Durchführung der Arbeiten wird die ordnungsmäßig erstellte Rechnung nicht beglichen. Die maximale Bestellungsdauer des Verwalters V ist inzwischen abgelaufen; eine Verlängerung oder Neubestellung erfolgte nicht. Gegen wen kann Handwerker H seinen Anspruch erfolgreich geltend machen?

Lösungshinweis:

Bei der Hauseingangstür handelt es sich um gemeinschaftliches Eigentum der Wohnungseigentümer.[31] Jeder Wohnungseigentümer kann eine ordnungsmäßige Instandhaltung und Instandsetzung des gemeinschaftlichen Eigentums verlangen (§ 21 Abs. 5 Nr. 2 WEG). Zur Durchführung bedienen sich die Wohnungseigentümer des rechtsfähigen Verbandes Wohnungseigentümergemeinschaft, der im Rahmen der Verwaltung des gemeinschaftlichen Eigentums auch entsprechende (Zahlungs-)Pflichten eingehen kann (§ 10 Abs. 6 u. 7 WEG). Der Verband wird dabei wirksam vertreten durch den ordnungsmäßig bestellten Wohnungseigentumsverwalter (§ 27 Abs. 1 Nr. 2 iVm Abs. 3 Nr. 3 WEG).

Die Geltendmachung der Zahlungsansprüche muss daher gegenüber dem Verband Wohnungseigentümergemeinschaft erfolgen. Mahnung und Klageschrift müssen danach dem Verband zugehen. Für die Entgegennahme von Willenserklärungen und Zustellungen an den rechtsfähigen Verband ist der Wohnungseigentumsverwalter zuständig (§ 27 Abs. 3 Nr. 1 WEG). Besteht aktuell keine Verwalterbestellung, so gewährleistet der Gesetzgeber im Außenverhältnis eine Vertretung des rechtsfähigen Verbandes gem. § 27 Abs. 3 S. 2 WEG. Fehlt danach ein Verwalter, so vertreten grds. alle Wohnungseigentümer die Gemeinschaft. Sie sind zuständig für die Entgegennahme von Willenserklärungen und Zustellungen an den Verband, der andernfalls für Vertragspartner nicht mehr erreichbar wäre. Dafür genügt gem. § 170 Abs. 3 ZPO die Zustellung an einen Wohnungseigentümer.[32] Dies hat auch für die Zustellung einer Klage an den Verband zu gelten.

Frage 3:

Bei einem aus drei Mitgliedern bestehenden Verwaltungsbeirat scheidet ein Mitglied durch Tod aus. Ist der Verwaltungsbeirat noch handlungsfähig?

Lösungshinweis:

Bis zur Bestellung eines neuen Mitglieds führt der Beirat seine Tätigkeit in verringerter Besetzung fort.[33]

---

[31] Vgl. OVG Münster ZWE 2011, 166 mwN.

[32] AG Wiesloch ZWE 2011, 290; *Hügel/Elzer* § 27 Rn. 143; *Merle* ZWE 2006, 365; Riecke/Schmid/*Abramenko* § 27 Rn. 78.

[33] OLG München ZWE 2006, 31; OLG Düsseldorf OLGZ 1991, 37 = NJW-RR 1991, 594.

Kapitel J (Finanzwesen)

Frage 1:
Was ist eine „Abrechnungsspitze"?

Lösungshinweis:
Eine „Abrechnungsspitze" kann sich im Rahmen der Jahresabrechnung ergeben. Der Begriff beschreibt den Differenzbetrag aus der Einzelabrechnung eines Wohnungseigentümers, der die von ihm nach dem beschlossenen Wirtschaftsplan zu zahlenden Soll-Vorschüsse gem. § 28 Abs. 2 WEG übersteigt![34] Es handelt sich also **nicht** um die Differenz von tatsächlich erbrachten und nach der Jahresabrechnung zu erbringenden Hausgeldzahlungen!

Frage 2:
Was versteht man im Zusammenhang mit wohnungseigentumsrechtlichen Hausgeldzahlungen unter der sog „Fälligkeitstheorie"?

Lösungshinweis:
Nach der in Rechtsprechung und Literatur überwiegend vertretenen Fälligkeitstheorie haftet ein Wohnungseigentümer grundsätzlich nur für solche Hausgeldverbindlichkeiten, die nach seiner Eintragung als Eigentümer im Grundbuch fällig geworden sind. Dies sind insbesondere die nach dem Eigentumswechsel fälligen Vorschussbeträge gem. § 28 Abs. 2 WEG und die Abrechnungsspitze. Eine automatische Erwerberhaftung für Verbindlichkeiten des Voreigentümers ist im Gesetz nicht vorgesehen. Demgegenüber will die Aufteilungstheorie eine zeitanteilige Kostenverteilung erreichen, indem erst nach einem Eigentumswechsel fällig werdende Nachzahlungsansprüche für die Zeit vor dem Eigentumswechsel noch dem Alteigentümer belastet werden.

Frage 3:
In den Rn. 18 und 19 haben Sie Vorfälligkeitsregelungen und Verfallklauseln kennengelernt.
Bitte überlegen Sie jetzt einmal, welche Konsequenzen mit einer *Vorfälligkeitsregelung* verknüpft sein werden, wenn bspw. nach Eintritt der Gesamtfälligkeit ein Zwangsverwaltungsverfahren angeordnet wird und der bestellte Zwangsverwalter gem. § 156 Abs. 1 S. 2 ZVG eigentlich verpflichtet ist, die laufenden Hausgeldbeträge zu entrichten.[35]
Überlegen Sie bitte weiterhin, welche Konsequenzen mit einer *Verfallklausel* verknüpft sein werden, wenn bspw. nach Verfall des Ratenzahlungsrechts ein Käufer das Wohnungseigentum rechtsgeschäftlich erwirbt.

Lösungshinweis:
Bei einer vereinbarten *Vorfälligkeitsregelung* würde der Eintritt der Gesamtfälligkeit vor Anordnung der Zwangsverwaltung dazu führen, dass der bestellte Zwangsverwalter für das laufende Wirtschaftsjahr keine Vorschusszahlungen mehr an die Gemeinschaft erbringen müsste. Der Zwangsverwalter ist nämlich

---

[34] Vgl. zB BGH ZWE 2012, 90.
[35] Vgl. BGHZ 182, 361 = NJW 2010, 1003, = ZWE 2010, 81 m. Bespr. *Schneider*, 77.

nur verpflichtet, die im Rahmen seiner Tätigkeiten nach der Anordnung des Verfahrens laufend fällig werdenden Ausgaben zu tätigen (vgl. § 156 Abs. 1 S. 2 ZVG); für Rückstände haftet er nicht. Die Vorfälligkeitsregelung kann sich daher für den Fall einer später angeordneten Zwangsverwaltung sogar als nachteilig erweisen, wenn der Schuldner seinen Zahlungspflichten nicht nachkommt und der – eigentlich zahlungssichere –Zwangsverwalter nicht zahlungspflichtig ist.

Soweit eine *Verfallklausel* vereinbart ist, tritt die Fälligkeit für die einzelnen Vorschussbeträge bereits zu Beginn des Abrechnungszeitraums ein. Ein rechtsgeschäftlicher Erwerber des Wohnungseigentums wäre daher für die Hausgelder nicht zahlungspflichtig; ein Ausgleich könnte allenfalls im Innenverhältnis gefunden werden. Scheidet der säumige Eigentümer gar durch – vorhersehbaren – Zuschlag in der Zwangsversteigerung aus der Gemeinschaft aus, könnte die Verfallklausel sogar zum Totalverlust für die Eigentümergemeinschaft führen.

In beiden Fällen kann sich damit die aus Sicht der Eigentümergemeinschaft eigentlich als vernünftig anzusehende Klausel nachteilig auswirken. Zwar könnte gegen den säumigen Wohnungseigentümer im Verzugsfall sofort der Gesamtbetrag der Hausgelder geltend gemacht werden; deren Durchsetzung ist jedoch ungewiss, weil der neu in die Gemeinschaft eintretende Nachfolger (Zwangsverwalter/Wohnungseigentümer) nicht haftet. Um die Fälligkeitswirkung auf den säumigen Wohnungseigentümer zu beschränken und für den Nachfolger quasi ein Wiederaufleben der Beitragspflicht vorsehen zu können, wird daher folgende Regelung vorgeschlagen:

> „Den Eigentümern wird die Zahlung des Hausgeldes in zwölf gleichen jew. zum … zahlbaren Monatsraten nachgelassen. Befindet sich ein Eigentümer mit 2 Hausgeldraten im Verzug, so wird das gesamte Jahreshausgeld fällig. Scheidet der Eigentümer während des Wirtschaftsjahres aus der Gemeinschaft aus, lebt die monatliche Zahlungsverpflichtung für den Rechtsnachfolger wieder auf; der ausgeschiedene Eigentümer ist für diesen Fall verpflichtet, die Hausgelder bis zum Monat seines Ausscheidens zu zahlen. Die monatliche Zahlungspflicht lebt auch dann wieder auf, wenn während des Wirtschaftsjahres das Zwangsverwaltungs- oder Insolvenzverfahren eröffnet wird.“[36]

Kapitel K (Bauliche Veränderungen und Modernisierungen)

Frage 1:
Beschreiben Sie den Unterschied zwischen einer „modernisierenden Instandsetzung" und einer „Modernisierung" iSd § 22 Abs. 1 WEG.

Lösungshinweis:
Eine modernisierende Instandsetzung erfordert einen bereits bestehenden oder zumindest unmittelbar drohenden Instandsetzungsbedarf. Sanierungsarbeiten, die sich nicht auf die bloße Erhaltung oder Wiederherstellung des vormals bestehenden Zustands beschränken, können dann eine modernisierende Instandsetzung iSv § 22 Abs. 3 iVm § 21 Abs. 5 Nr. 2 WEG sein.[37]

---

[36] Formulierungsbeispiel nach *Häublein* ZWE 2004, 48, 52.
[37] Vgl. BGH NJW 2013, 1439 = ZWE 2013, 172.

Demgegenüber besteht das mit der Erweiterung der Beschlusskompetenz nach § 22 Abs. 2 WEG verfolgte gesetzgeberische Anliegen darin, den Wohnungseigentümern – unabhängig von dem Bestehen eines Reparaturbedarfs – die Befugnis einzuräumen, mit qualifizierter Mehrheit einer Verkehrswertminderung durch Anpassung der Wohnungsanlage an die „Erfordernisse der Zeit" entgegenzuwirken.[38]

Frage 2:

Ordnen Sie den nachträglichen Einbau eines Treppenliftes in die Ihnen jetzt bekannte Palette baulicher Maßnahmen ein. Könnte der allein von dem Einbau profitierende Wohnungseigentümer W bei der maßgeblichen Abstimmung in der Eigentümerversammlung mitstimmen?

Lösungshinweis:

Der nachträgliche Einbau des Treppenlifts stellt eine bauliche Veränderung gem. § 22 Abs. 1 WEG dar. Es handelt sich dabei weder um eine Instandhaltung durch Erhaltung des ursprünglich ordnungsgemäßen Zustands noch um eine modernisierende Instandsetzung in Form des Ersatzes einer veralteten durch eine neue, technisch bessere Anlage.[39]

Nach § 25 Abs. 5 WEG ist ein Wohnungseigentümer unter anderem nicht stimmberechtigt, wenn die Beschlussfassung die Vornahme eines auf die Verwaltung des gemeinschaftlichen Eigentums bezüglichen Rechtsgeschäfts mit ihm betrifft. Als ein Rechtsgeschäft in der besonderen Form des Gesamtakts, durch den mehrere gleichgerichtete Willenserklärungen gebündelt werden, lässt sich bereits jede Beschlussfassung der Wohnungseigentümer ansehen.[40] Jedoch soll das Stimmverbot des § 25 Abs. 5 WEG als Ausnahmevorschrift nur bestimmte Fälle der Interessenkollision erfassen, den Wohnungseigentümer aber nicht schlechthin daran hindern, an Entscheidungen über die Verwaltung des gemeinschaftlichen Eigentums mitzuwirken. Da das Stimmrecht des Wohnungseigentümers ein wesentliches Mittel zur Mitgestaltung der Gemeinschaftsangelegenheiten ist, darf es auch nur ausnahmsweise unter eng begrenzten Voraussetzungen eingeschränkt werden.[41] Erfasst werden soll zunächst, aber nicht ausschließlich, der Konflikt, der dadurch entsteht, dass die Gemeinschaft dem betroffenen Wohnungseigentümer in einer rechtlichen Sonderbeziehung gegenübersteht. Maßgeblich ist letzten Endes, ob der Schwerpunkt der Angelegenheit in der Verfolgung privater Sonderinteressen oder in der Wahrnehmung mitgliedschaftlicher Rechte liegt. Die Grenzen zwischen ordnungsmäßiger Instandhaltung und Instandsetzung als Verwaltungsmaßnahme (§ 21 Abs. 5 Nr. 2 WEG) einerseits und baulichen Veränderungen (§ 22 Abs. 1 WEG) andererseits sind oftmals fließend.[42] Beschlussfassungen hierzu betreffen das Mitwirkungsrecht jedes Wohnungseigentümers, unabhängig davon, ob dieser an der das Gemeinschaftseigentum berührenden Maßnahme ein besonderes Interesse hat. Ein erhebliches privates Interesse ist vielmehr für einen Wohnungseigentümer geradezu typisch, wenn er einen auf eine bauliche Maßnahme gerichteten Antrag stellt, die ihm vorteilhaft ist. Dem

---

[38] BGH NJW 2013, 1439 = ZWE 2013, 172; BGH NJW 2011, 1221.

[39] LG Hamburg NZM 2001, 767.

[40] BGHZ 152, 46 = NJW 2002, 3704 = ZWE 2003, 64.

[41] BGHZ 152, 46 = NJW 2002, 3704 = ZWE 2003, 64 mwN.

[42] Vgl. BGHZ 145, 158 = NJW 2000, 3500.

steht aber nicht zwangsläufig entgegen, auch die Interessen der Gemeinschaft im Blick zu haben. Einen Wohnungseigentümer von der Beschlussfassung von vornherein nach § 25 Abs. 5 WEG auszuschließen, würde diesen in seinem Mitgliedschaftsrecht ohne zwingende Notwendigkeit unverhältnismäßig einschränken. Missbrauchsfälle lassen sich durch den Grundsatz von Treu und Glauben und die Möglichkeit der Beschlussanfechtung verhindern.[43]

Kapitel L (Prozessrechtliche u.a. Besonderheiten)

Frage:
Liegt Ihrer Meinung nach jeweils eine Streitigkeit im Sinne von § 43 WEG vor,

a) wenn ein Wohnungseigentümer von einem anderen Wohnungseigentümer auf Unterlassung bzw. auf Widerruf von Äußerungen in Anspruch genommen wird, die er in der Wohnungseigentümerversammlung getätigt hat?

b) wenn der Verband Wohnungseigentümergemeinschaft rückständige Hausgeldansprüche gegenüber den ehemaligen Gesellschaftern der als Wohnungseigentümerin im Grundbuch eingetragenen Gesellschaft bürgerlichen Rechts geltend macht?

c) wenn ein Ehegatte gegenüber dem anderen Ehegatten als Wohnungseigentümer einen Anspruch auf Ausgleich einer ehebezogenen Zuwendung geltend macht, die er in der Herstellung seiner Eigentumswohnung begründet sieht?

d) wenn der Verband Wohnungseigentümergemeinschaft vertreten durch den entsprechend ermächtigten Verwalter gegen die im Grundbuch eingetragenen Nießbrauchsberechtigten an einer Eigentumswohnung auf Gewährung des Zutritts zum Balkon zwecks Durchführung von Sanierungsmaßnahmen in entsprechender Anwendung von § 14 Nr. 4 WEG klagt?

e) wenn in einer nur aus zwei Einheiten bestehenden Wohnungseigentumsanlage Wohnungseigentümer A das Entziehungsverfahren gem. § 18 WEG gegen Wohnungseigentümer B betreiben will?

Lösungshinweis:
§ 43 WEG ist gegenstands- und nicht personenbezogen zu verstehen; die Norm ist weit auszulegen.

a) Wird ein Wohnungseigentümer von einem anderen Wohnungseigentümer auf Unterlassung bzw. auf Widerruf von Äußerungen in Anspruch genommen, die er in der Wohnungseigentümerversammlung getätigt hat, liegt eine Streitigkeit im Sinne von § 43 Nr. 1 WEG vor, es sei denn, ein Zusammenhang mit dem Gemeinschaftsverhältnis der Wohnungseigentümer ist offensichtlich nicht gegeben.[44]

b) Streitigkeiten über die in § 128 HGB (analog) angeordnete persönliche Haftung des Gesellschafters einer Wohnungseigentümerin für Beitragsrückstände sind als Wohnungseigentumssache im Sinne von § 43 Nr. 2 WEG anzusehen.[45]

c) Zu den sonstigen Familiensachen gehören gem. § 266 Abs. 1 Nr. 3 FamFG auch Verfahren, die Ansprüche zwischen ehemals miteinander verheirateten

---

[43] BayObLGZ 2003, 254 = FGPrax 2003, 261; a.A. noch BayObLGZ 1974, 269.
[44] BGH ZWE 2017, 101.
[45] BGH ZWE 2016, 189.

Personen betreffen, sofern nicht das Verfahren das Wohnungseigentumsrecht betrifft. Zweck der Regelung ist es, die Familiengerichte nicht mit Verfahren zu befassen, für deren Bearbeitung spezielle Kenntnisse in den in § 266 FamFG genannten Rechtsgebieten erforderlich sind. Es liegt also nicht schon dann ein Verfahren vor, das das Wohnungseigentum betrifft, wenn sich in einer Rechtsstreitigkeit lediglich Eheleute als Wohnungseigentümer gegenüberstehen. Hinzukommen muss, dass das Verfahren spezielle Kenntnisse des Wohnungseigentumsrechts verlangt. Dies wäre bei einer Streitigkeit nach § 43 WEG der Fall. Ein Anspruch auf Ausgleich einer ehebezogenen Zuwendung ist aber nicht gemeinschaftsbezogen, sondern ehebezogen. Er betrifft nicht das Wohnungseigentumsrecht, sondern lediglich das Wohnungseigentum als Gegenstand einer behaupteten ehebedingten Zuwendung.[46]

d) Klagen gegen Fremdnutzer von Wohnungseigentum fallen nicht unter § 43 Nr. 1 u. 2 WEG. Diese stehen als Dritte weder zur Wohnungseigentümergemeinschaft noch zu den Wohnungseigentümern in einer Rechtsbeziehung, die den notwendigen gemeinschaftsbezogenen Gehalt aufweist.[47]

e) Rechtsstreitigkeiten zwischen Wohnungseigentümern wegen Entziehung des Wohnungseigentums sind auch dann Wohnungseigentumssachen gemäß § 43 Nr. 1 bzw. Nr. 2 WEG, wenn die Gemeinschaft nur aus zwei Wohnungseigentümern besteht.[48]

Kapitel M (Zwangsvollstreckung)

Frage 1:

Unter welchen Gesichtspunkten macht die Eintragung einer Zwangshypothek für wohnungseigentumsrechtliche Hausgeldansprüche gleichwohl Sinn, obwohl sie nicht primär zur Tilgung der Rückstände führt?

Lösungshinweis:

Die Grundbucheintragung der Zwangshypothek gewährt dem Verband Wohnungseigentümergemeinschaft zunächst gegenüber einem ungesicherten Gläubiger einen Befriedigungsanspruch in der Rangklasse 4 des § 10 Abs. 1 ZVG. Dadurch erwirbt der Gläubiger in einer etwaigen Zwangsversteigerung die Rechtsstellung eines Verfahrensbeteiligten, soweit das Recht vor dem Versteigerungsvermerk in das Grundbuch eingetragen wird (vgl. § 9 Nr. 1 ZVG). Durch Eintragung einer Zwangshypothek steht dem Verband weiterhin ein gesetzlicher Anspruch auf Löschung vorrangiger oder gleichrangiger Eigentümergrundpfandrechte zu (§ 1179a BGB), der dem Gläubiger einer persönlichen Forderung nicht zukommt.

Für den Fall eines Rettungsverkaufes sichert die Zwangshypothek im Zuge der Lastenfreistellung dem eingetragenen Gläubiger Mitwirkungsrechte, die zumindest eine teilweise Realisierung seiner Forderung möglich erscheinen lassen. Soll die Veräußerung durch den Insolvenzverwalter freihändig im Rahmen eines

---

[46] Vgl. BGH NJW 2016, 503.
[47] BGH NJW 2015, 2968 = ZWE 2015, 376.
[48] BGH ZWE 2014, 139.

eröffneten Insolvenzverfahrens erfolgen, ist in der Praxis mittlerweile die Zahlung einer sog „Lästigkeitsprämie" anerkannt.[49]

Frage 2:

Wie bestimmt sich in der Zwangsversteigerung das Verhältnis zwischen – nach Auffassung des BGH lediglich persönlich wirkenden – wohnungseigentumsrechtlichen Hausgeldansprüchen einerseits und einer bereits seit vielen Jahren im Grundbuch eingetragenen Vormerkung zur Sicherung des schuldrechtlichen Anspruchs auf Rückübertragung des Eigentums an die schenkenden Eltern andererseits?

Lösungshinweis:

Auf den ersten Blick scheinen hier zwei schuldrechtlich wirkende Ansprüche zu konkurrieren. Legt man die Auffassung des BGH zugrunde, so könnte die Anordnung der Zwangsversteigerung wegen säumiger Hausgeldansprüche im – begrenzten – Vorrang des § 10 Abs. 1 Nr. 2 ZVG mit der nachfolgenden Zuschlagserteilung eine dem älteren Vormerkungsberechtigten gegenüber relativ unwirksame Verfügung darstellen (vgl. § 883 Abs. 2 S. 2 BGB). Andererseits sind die bevorrechtigten Hausgeldansprüche in der – vorrangigen – Rangklasse 2 eingeordnet, während die Rückübertragungsvormerkung nach überwiegender Ansicht der Rangklasse 4 zugeordnet wird.

Der BGH hat in einer lesenswerten Entscheidung (!) – trotz Verneinung des dinglichen Charakters – durch die vollstreckungsrechtliche Einordnung der privilegierten Hausgeldansprüche in der Rangklasse 2 diesen gegenüber einer Auflassungsvormerkung stets den Vorrang zuerkannt. Die (Rück-)Erwerbsvormerkung ist aus diesem Grunde nicht im geringsten Gebot zu berücksichtigen und erlischt mit dem Zuschlag; erwirbt der Vormerkungsberechtigte nach der Beschlagnahme das Eigentum, ist das Verfahren fortzusetzen und nicht gemäß § 28 Abs. 1 S. 1 ZVG einzustellen.[50]

Frage 3:

Ist die Zwangsverwaltung eines vom Schuldner selbst bewohnten Wohnungseigentums aus der Sicht eines Gläubigers überhaupt sinnvoll?

Lösungshinweis:

Die Zwangsverwaltung kann dann sinnvoll sein, wenn das Objekt andererseits zu verwahrlosen droht oder der Schuldner eine für seine Zwecke zu große Wohnung nutzt und sein Wohnrecht über die Zwangsverwaltung auf die unentbehrlichen Räumlichkeiten zurückgeführt werden soll (vgl. § 149 Abs. 1 ZVG). Die Anordnung einer Zwangsverwaltung kann wegen des damit verbundenen Entzugs der Verwaltung (vgl. § 148 Abs. 2 ZVG) auch vor dem Abschluss schuldnerseitiger Mietverträge schützen, die die Immobilie nur schwer verwertbar machen (vgl. § 57f. ZVG). Andererseits werden die Aufwendungen eines betreibenden Gläubigers im Fall selbstgenutzten Wohnungseigentums keine vom Schuldner zu erstattenden **notwendigen Kosten der Zwangsvollstreckung** i.S.d. § 788 ZPO darstellen, wenn deren Zweck nach den konkreten Umständen nicht darin besteht, die Befriedigung der titulierten Forderung zu erreichen.[51]

---

[49] BGH NZI 2014, 450 = ZfIR 2014, 528 = ZInsO 2014, 1009.

[50] BGHZ 201, 157 = NJW 2014, 2445 = ZfIR 2014, 654 m. Anm. *Schneider* = ZIP 2014, 1895 m. Anm. *Reymann* = ZWE 2014, 378 m. Anm. *Ertle*.

[51] BGH NJW 2005, 2460.

Kapitel N (Beendigung)

Frage 1:
Zu welchem Zeitpunkt erlischt der Verband Wohnungseigentümergemeinschaft, wenn sämtliche Wohnungseigentümer einvernehmlich das Sondereigentum gem. § 9 Abs. 1 Nr. 1 WEG aufheben?

Lösungshinweis:
Dieser Fall ist in § 10 Abs. 7 S. 4 WEG ausdrücklich nicht geregelt. Da die Sondereigentumsrechte aber sämtlich mit Eintragung der vertraglichen Aufhebung in
das Grundbuch erlöschen (vgl. § 9 Abs. 3 2. Hs WEG) und damit das Wohnungseigentum aufhört zu existieren, besteht mit diesem Zeitpunkt kein Bedürfnis
mehr für einen Verband Wohnungseigentümergemeinschaft. Auf die Schließung
der Wohnungsgrundbücher oder die Anlegung des Grundstücksgrundbuchs
kommt es daher nicht an.

Frage 2
Nach der Rechtsprechung des BGH ist ein Verzicht auf ein einzelnes Woh-
nungseigentumsrecht wegen der besonderen gemeinschaftsrechtlichen Bindungen
nicht möglich.
Kommt ggf. ein gleichzeitiger Verzicht sämtlicher Wohnungseigentümer in
Betracht?

Lösungshinweis:
Ein Verzicht sämtlicher Wohnungseigentümer auf das Eigentum gem. § 928
Abs. 1 BGB soll nach Auffassung des BGH möglich sein. Denn in diesem Fall
werde zugleich das ganze Eigentum an dem Grundstück aufgegeben. Die rechtliche Situation sei dieselbe wie bei dem Verzicht auf das Alleineigentum nach
§ 928 Abs. 1 BGB.[52]
Allerdings kann auch ein solcher Gesamtverzicht nicht automatisch zum Untergang der Wohnungseigentumsrechte mit anschließender Herrenlosigkeit des
ungeteilten Grundstücks führen. Ohne deren Zustimmung darf nämlich nicht in
bestehende dingliche Rechte Dritter am Wohnungseigentum eingegriffen werden
(vgl. § 9 Abs. 2 WEG). Man wird sich den Ablauf demnach in zwei Schritten
vorzustellen haben. Zunächst muss eine gewöhnliche Aufhebung sämtlicher
Wohnungseigentümer im Vertragswege mit etwaig notwendiger Zustimmung
von Drittberechtigten erfolgen; anschließend können die (dann gewöhnlichen)
Miteigentümer den Gesamtverzicht in das inzwischen angelegte Grundstücksgrundbuch eintragen lassen.[53]

---

[52] BGHZ 172, 338 = DNotZ 2007, 845 = NJW 2007, 2547.
[53] Anders wohl Bärmann/*Suilmann* § 11 Rn. 8ff., der allerdings auf die Rechtspositionen
dinglich Berechtigter in diesem Zusammenhang nicht eingeht.

Anhang I

Gesetz über das Wohnungseigentum und das Dauerwohnrecht
(Wohnungseigentumsgesetz – WEG)
v. 15.3.1951 (BGBl. I S. 175, 209) – zuletzt geändert durch G v. 5.12.2014
(BGBl. I S. 1962)

Vom Abdruck des Gesetzestextes wurde aus Platzgründen abgesehen.
Der jeweils aktuelle Gesetzestext kann unter www.beck-online.beck.de abgerufen
werden.

Anhang II

Verordnung über die Anlegung und Führung der Wohnungs- und Teileigentumsgrundbücher (Wohnungsgrundbuchverfügung – WGV) idF v. 24.1.1995 (BGBl. I S. 134)

§ 1 [Geltung der Vorschriften der Grundbuchverfügung]

Für die gemäß § 7 Abs. 1, § 8 Abs. 2 des Wohnungseigentumsgesetzes vom 15. März 1951 (Bundesgesetzbl. I S. 175) für jeden Miteigentumsanteil anzulegenden besonderen Grundbuchblätter (Wohnungs- und Teileigentumsgrundbücher) sowie für die gemäß § 30 Abs. 3 des Wohnungseigentumsgesetzes anzulegenden Wohnungs- und Teilerbbaugrundbücher gelten die Vorschriften der Grundbuchverfügung entsprechend, soweit sich nicht aus den §§ 2 bis 5, 8 und 9 etwas anderes ergibt.

§ 2 [Bezeichnung des Grundbuchblattes]

[1]In der Aufschrift ist unter die Blattnummer in Klammern das Wort „Wohnungsgrundbuch" oder „Teileigentumsgrundbuch" zu setzen, je nachdem, ob sich das Sondereigentum auf eine Wohnung oder auf nicht zu Wohnzwecken dienende Räume bezieht. [2]Ist mit dem Miteigentumsanteil Sondereigentum sowohl an einer Wohnung als auch an nicht zu Wohnzwecken dienenden Räume verbunden und überwiegt nicht einer dieser Zwecke offensichtlich, so ist das Grundbuchblatt als „Wohnungs- und Teileigentumsgrundbuch" zu bezeichnen.

§ 3 [Eintragung im Bestandsverzeichnis]

(1) Im Bestandsverzeichnis sind in dem durch die Spalte 3 gebildeten Raum einzutragen:

a) der in einem zahlenmäßigen Bruchteil ausgedrückte Miteigentumsanteil an dem Grundstück;
b) die Bezeichnung des Grundstücks nach den allgemeinen Vorschriften; besteht das Grundstück aus mehreren Teilen, die in dem maßgebenden amtlichen Verzeichnis (§ 2 Abs. 2 der Grundbuchordnung) als selbständige Teile eingetragen sind, so ist bei der Bezeichnung des Grundstücks in geeigneter Weise zum Ausdruck zu bringen, daß die Teile ein Grundstück bilden;
c) das mit dem Miteigentumsanteil verbundene Sondereigentum an bestimmten Räumen und die Beschränkung des Miteigentums durch die Einräumung der zu den anderen Miteigentumsanteilen gehörenden Sondereigentumsrechte; dabei sind die Grundbuchblätter der übrigen Miteigentumsanteile anzugeben.

(2) Wegen des Gegenstandes und des Inhalts des Sondereigentums kann auf die Eintragsbewilligung Bezug genommen werden (§ 7 Abs. 3 des Wohnungseigentumsgesetzes); vereinbarte Veräußerungsbeschränkungen (§ 12 des Wohnungseigentumsgesetzes) sind jedoch ausdrücklich einzutragen.

(3) ¹In Spalte 1 ist die laufende Nummer der Eintragung einzutragen. ²In Spalte 2 ist die bisherige laufende Nummer des Miteigentumsanteils anzugeben, aus dem der Miteigentumsanteil durch Vereinigung oder Teilung entstanden ist.

(4) In Spalte 4 ist die Größe des im Miteigentum stehenden Grundstücks nach den allgemeinen Vorschriften einzutragen.

(5) ¹In den Spalten 6 und 8 sind die Übertragung des Miteigentumsanteils auf das Blatt sowie die Veränderungen, die sich auf den Bestand des Grundstücks, die Größe des Miteigentumsanteils oder den Gegenstand oder den Inhalt des Sondereigentums beziehen, einzutragen. ²Der Vermerk über die Übertragung des Miteigentumsanteils auf das Blatt kann jedoch statt in Spalte 6 auch in die Eintragung in Spalte 3 aufgenommen werden.

(6) Verliert durch die Eintragung einer Veränderung nach ihrem aus dem Grundbuch ersichtlichen Inhalt eine frühere Eintragung ganz oder teilweise ihre Bedeutung, so ist sie insoweit rot zu unterstreichen.

(7) ¹Vermerke über Rechte, die dem jeweiligen Eigentümer des Grundstücks zustehen, sind in den Spalten 1, 3 und 4 des Bestandsverzeichnisses sämtlicher für Miteigentumsanteile an dem herrschenden Grundstück angelegten Wohnungs- und Teileigentumsgrundbücher einzutragen. ²Hierauf ist in dem in Spalte 6 einzutragenden Vermerk hinzuweisen.

§ 4 [Belastung des gesamten Grundstücks]

(1) ¹Rechte, die ihrer Natur nach nicht an dem Wohnungseigentum als solchem bestehen können (wie zB Wegerechte), sind in Spalte 3 der zweiten Abteilung in der Weise einzutragen, daß die Belastung des ganzen Grundstücks erkennbar ist. ²Die Belastung ist in sämtlichen für Miteigentumsanteile an dem belasteten Grundstück angelegten Wohnungs- und Teileigentumsgrundbüchern einzutragen, wobei jeweils auf die übrigen Eintragungen zu verweisen ist.

(2) Absatz 1 gilt entsprechend für Verfügungsbeschränkungen, die sich auf das Grundstück als Ganzes beziehen.

§ 5 [Kennzeichnung des belasteten Grundstücks]

Bei der Bildung von Hypotheken-, Grundschuld- und Rentenschuldbriefen ist kenntlich zu machen, daß der belastete Gegenstand ein Wohnungseigentum (Teileigentum) ist.

§ 6 [Anlegung besonderer Grundbuchblätter]

¹Sind gemäß § 7 Abs. 1 oder § 8 Abs. 2 des Wohnungseigentumsgesetzes für die Miteigentumsanteile besondere Grundbuchblätter anzulegen, so werden die Miteigentumsanteile in den Spalten 7 und 8 des Bestandsverzeichnisses des Grundbuchblattes des Grundstücks abgeschrieben. ²Die Schließung des Grundbuchblatts gemäß § 7 Abs. 1 Satz 3 des Wohnungseigentumsgesetzes unterbleibt, wenn auf dem Grundbuchblatt von der Abschreibung nicht betroffene Grundstücke eingetragen sind.

§ 7 *(aufgehoben)*

§ 8 [Entsprechende Geltung]

Die Vorschriften der §§ 2 bis 6 gelten für Wohnungs- und Teilerbbaugrundbücher entsprechend.

§ 9 [Muster]

[1]Die nähere Einrichtung der Wohnungs- und Teileigentumsgrundbücher sowie
der Wohnungs- und Teilerbbaugrundbücher ergibt sich aus den als Anlagen 1
und 3 beigefügten Mustern. [2]Für den Inhalt eines Hypothekenbriefs bei der Aufteilung des Eigentums am belasteten Grundstück in Wohnungseigentumsrechte
nach § 8 des Wohnungseigentumsgesetzes dient die Anlage 4 als Muster. [3]Die in
den Anlagen befindlichen Probeeintragungen sind als Beispiele nicht Teil dieser
Verfügung.

§ 10 [Ergänzende Vorschriften]

(1) Die Befugnis der zuständigen Landesbehörden, zur Anpassung an landesrechtliche Besonderheiten ergänzende Vorschriften zu treffen, wird durch diese
Verfügung nicht berührt.

(2) [1]Soweit auf die Vorschriften der Grundbuchverfügung verwiesen wird und
deren Bestimmungen nach den für die Überleitung der Grundbuchverfügung
bestimmten Maßgaben nicht anzuwenden sind, treten an die Stelle der in bezug
genommenen Vorschriften der Grundbuchverfügung die entsprechenden anzu-
wendenden Regelungen über die Einrichtung und Führung der Grundbücher. [2]Die
in § 3 vorgesehenen Angaben sind in diesem Falle in die entsprechenden Spalten
für den Bestand einzutragen.

(3) Ist eine Aufschrift mit Blattnummer nicht vorhanden, ist die in § 2 erwähnte
Bezeichnung an vergleichbarer Stelle im Kopf der ersten Seite des Grundbuchblatts anzubringen.

(4) Wurde von der Anlegung besonderer Grundbuchblätter abgesehen, sollen
diese bei der nächsten Eintragung, die das Wohnungseigentum betrifft, spätestens
jedoch bei der Anlegung des Datenbankgrundbuchs angelegt werden.

§ 11 *(Inkrafttreten)*

Hinweis zu den Anlagen

Vom Abdruck der Anlagen zu § 11 wurde abgesehen.

Anhang III

Vorbemerkung:

§ 59 WEG aF lautete:

„Das Bundesministerium für Verkehr, Bau- und Wohnungswesen erläßt im Einvernehmen mit dem Bundesministerium der Justiz Richtlinien für die Baubehörden über die Bescheinigung gemäß § 7 Abs. 4 Nr. 2, § 32 Abs. 2 Nr. 2.“

§ 59 WEG wurde durch Art. 1 Nr. 20 des WEGÄndG v. 26.3.2007 (BGBl. I S. 370) mWv 1.7.2007 aufgehoben. Die Aufhebung war eine Folge des Beschlusses des BVerfG v. 2.3.1999 (BVerfGE 100, 249) und hatte keine Auswirkungen auf die Allgemeine Verwaltungsvorschrift für die Ausstellung von Bescheinigungen gem. § 7 Abs. 4 Nr. 2 und § 32 Abs. 2 Nr. 2 des Wohnungseigentumsgesetzes vom 19.3.1974 (BAnz 1974 Nr. 58); vgl. auch § 7 Abs. 4 S. 4 und § 32 Abs. 2 S. 5 WEG.

Allgemeine Verwaltungsvorschrift für die Ausstellung von Bescheinigungen gem. § 7 Abs. 4 Nr. 2 und § 32 Abs. 2 Nr. 2 des Wohnungseigentumsgesetzes vom 19.3.1974 (BAnz Nr. 58 v. 23.3.1974) – AVV

Auf Grund des Artikels 84 Abs. 2 des Grundgesetzes werden mit Zustimmung des Bundesrates folgende Richtlinien für die Baubehörden über die Bescheinigung gemäß § 7 Abs. 4 Nr. 2 bzw. § 32 Abs. 2 Nr. 2 des Wohnungseigentumsgesetzes vom 15. März 1951 (Bundesgesetzbl. I S. 175, 209), zuletzt geändert durch das Gesetz zur Änderung des Wohnungseigentumsgesetzes und der Verordnung über das Erbbaurecht vom 30. Juli 1973 (Bundesgesetzbl. I S. 910), erlassen:

1. Die Bescheinigung darüber, daß eine Wohnung oder nicht zu Wohnzwecken dienende Räume in sich abgeschlossen im Sinne des § 3 Abs. 2 bzw. des § 32 Abs. 1 des Wohnungseigentumsgesetzes sind, wird auf Antrag des Grundstückseigentümers oder Erbbauberechtigten durch die Bauaufsichtsbehörde erteilt, die für die bauaufsichtliche Erlaubnis (Baugenehmigung) und die bauaufsichtlichen Abnahmen zuständig ist, soweit die zuständige oberste Landesbehörde nicht etwas anderes bestimmt.

2. Dem Antrag ist eine Bauzelchnung in zweifacher Ausfertigung im Maßstabe mindestens 1:100 beizufügen; sie muß bei bestehenden Gebäuden eine Baubestandszeichnung sein und bei zu errichtenden Gebäuden den bauaufsichtlichen (baupolizeilichen) Vorschriften entsprechen.

3. Aus der Bauzeichnung müssen die Wohnungen, auf die sich das Wohnungseigentum, Wohnungserbbaurecht oder Dauerwohnrecht beziehen soll, oder die nicht zu Wohnzwecken dienenden Räume, auf die sich das Teileigentum, Teilerbbaurecht oder Dauernutzungsrecht beziehen soll, ersichtlich sein. Dabei sind alle zu demselben Wohnungseigentum, Teileigentum, Wohnungserbbaurecht, Teilerbbaurecht, Dauerwohnrecht oder Dauernutzungsrecht gehörenden Einzelräume in der Bauzeichnung mit der jeweils gleichen Nummer zu kennzeichnen.

4. Eine Wohnung ist die Summe der Räume, welche die Führung eines Haushaltes ermöglichen; dazu gehören stets eine Küche oder ein Raum mit Kochgelegenheit sowie Wasserversorgung, Ausguß und WC. Die Eigenschaft als Wohnung geht nicht dadurch verloren, daß einzelne Räume vorübergehend oder dauernd zu beruflichen oder gewerblichen Zwecken benutzt werden.

Räume, die zwar zu Wohnzwecken bestimmt sind, aber die genannten Voraussetzungen nicht erfüllen, können nicht als Wohnung im Sinne der oben angeführten Vorschriften angesehen werden.

Der Unterschied zwischen „Wohnungen" und „nicht zu Wohnzwecken dienenden Räumen" ergibt sich aus der Zweckbestimmung der Räume. Nicht zu Wohnzwecken dienende Räume sind zB Läden, Werkstatträume, sonstige gewerbliche Räume, Praxisräume, Garagen und dergleichen.

5. Aus der Bauzeichnung muß weiter ersichtlich sein, daß die „Wohnungen" oder „die nicht zu Wohnzwecken dienenden Räume" in sich abgeschlossen sind.

a) Abgeschlossene Wohnungen sind solche Wohnungen, die baulich vollkommen von fremden Wohnungen und Räumen abgeschlossen sind, zB durch Wände und Decken, die den Anforderungen der Bauaufsichtsbehörden (Baupolizei) an Wohnungstrennwände und Wohnungstrenndecken entsprechen und einen eigenen abschließbaren Zugang unmittelbar vom Freien, von einem Treppenhaus oder einem Vorraum haben. Zu abgeschlossenen Wohnungen können zusätzliche Räume außerhalb des Wohnungsabschlusses gehören. Wasserversorgung, Ausguß und WC müssen innerhalb der Wohnung liegen.

Zusätzliche Räume, die außerhalb des Wohnungsabschlusses liegen, müssen verschließbar sein.

b) Bei „nicht zu Wohnzwecken dienenden Räumen" gelten diese Erfordernisse sinngemäß.

6. Bei Garagenstellplätzen muß sich im Falle des § 3 Abs. 2 Satz 2 des Wohnungseigentumsgesetzes aus der Bauzeichnung, gegebenenfalls durch zusätzliche Beschriftung ergänzt, ergeben, wie die Flächen der Garagenstellplätze durch dauerhafte Markierungen ersichtlich sind. Als dauerhafte Markierungen kommen in Betracht

a) Wände aus Stein oder Metall,

b) festverankerte Geländer oder Begrenzungseinrichtungen aus Stein oder Metall,

c) festverankerte Begrenzungsschwellen aus Stein oder Metall,

d) in den Fußboden eingelassene Markierungssteine,

e) andere Maßnahmen, die den Maßnahmen nach den Buchstaben a bis d zumindest gleichzusetzen sind.

7. Bei Vorliegen der Voraussetzungen der Nummern 1 bis 6 ist die Bescheinigung nach dem Muster der Anlage zu erteilen. Die Bescheinigung ist mit Unterschrift sowie Siegel oder Stempel zu versehen. Mit der Bescheinigung ist eine als Aufteilungsplan bezeichnete und mit Unterschrift sowie mit Siegel oder Stempel versehene Ausfertigung der Bauzeichnung zu erteilen. Die Zusammengehörigkeit von Bescheinigung und Aufteilungsplan ist durch Verbindung beider mittels Schnur und Siegel oder durch übereinstimmende Aktenbezeichnung ersichtlich zu machen.

8. Die Bescheinigung gemäß Nummer 7 ist bei zu errichtenden Gebäuden nicht zu erteilen, wenn die Voraussetzungen für eine bauaufsichtliche Genehmigung des Bauvorhabens nach Maßgabe der eingereichten Bauzeichnungen nicht gegeben sind.

Die Richtlinien treten am ersten Tage des auf die Veröffentlichung folgenden Monats in Kraft. Die Richtlinien des Bundesministers für Wohnungsbau vom 3. August 1951 für die Ausstellung von Bescheinigungen gemäß § 7 Abs. 4 Nr. 2 und § 32 Abs. 2 Nr. 2 des Wohnungseigentumsgesetzes (Bundesanzeiger Nr. 152 vom 9. August 1951) treten gleichzeitig außer Kraft.

Anhang IV

Begründung von Wohnungseigentum durch vertragliche Einräumung von Sondereigentum gem. § 3 WEG[1]

– Notarielle Eingangsformel –

§ 1 Grundbuchstand

(1) Im Grundbuch des Amtsgerichts ... für ... Band ... Blatt ... ist das Grundstück der Gemarkung ... Flurstück-Nr. ... zu ... eingetragen.

(2) Je zur Hälfte sind die beiden Erschienenen, Herr ... und Frau ..., als Eigentümer des vorstehenden Grundbesitzes im Grundbuch eingetragen.

(3) Das Grundstück ist wie folgt belastet:

Abt II: Lastenfrei

Abt III: Buchgrundschuld zu ... EUR für die ... Bank

Auf dem Grundstück befindet sich ein Haus mit jeweils einer Wohnung im Erdgeschoss und im Obergeschoss sowie einer Garage und einem oberirdischen Stellplatz im Freien.

§ 2 Einräumung von Sondereigentum

(1) Die Abgeschlossenheit des Wohnhauses und der jeweiligen Wohnungen und der Garagen ist bescheinigt. Die entsprechenden genehmigten Aufteilungspläne samt Abgeschlossenheitsbescheinigung vom ... liegen vor und bilden die Anlage 1 zur Eintragungsbewilligung gem. § 7 Abs. 4 WEG. Sie sind dieser Urkunde als Bestandteil beigefügt, auf sie wird verwiesen.

(2) Das Miteigentum der Grundstückseigentümer an dem in § 1 näher beschriebenen Grundstück wird durch diesen Vertrag in der Weise beschränkt, dass jedem der Miteigentümer das Sondereigentum an bestimmten zu Wohnzwecken oder nicht zu Wohnzwecken dienenden Räumen des bereits auf dem in § 1 Abs. 1 dieser Urkunde näher bezeichneten Grundstücks errichteten Wohnhauses nebst Garage eingeräumt wird. Demgemäß soll künftig

a) ein Miteigentumsanteil zu 500/1000, verbunden mit dem Sondereigentum an der gesamten Wohnung im Erdgeschoss samt dem Keller und der Garage, die im Aufteilungsplan jeweils mit der Nr. 1 bezeichnet sind, mit einer Wohnfläche von ca. ... m² der Erschienenen zugeordnet werden und

b) ein Miteigentumsanteil zu 500/1000, verbunden mit dem Sondereigentum an der gesamten Wohnung im 1. Obergeschoss einschließlich Dachraum, die im

---

[1] Mit freundlicher Erlaubnis in Anlehnung an Beck'sche-Online-Formulare Vertrag, 40 edit. 2017, 27.1 (Stand: 01.03.2017).

Aufteilungsplan jeweils mit der Nr. 2 bezeichnet sind, mit einer Wohnfläche von ca. ... m² dem Erschienenen zugeordnet werden.

Über die vorstehenden Rechtsänderungen und die Einräumung von Sondereigentum gem. § 3 WEG sind sich die Vertragsteile einig.

§ 3 Gemeinschaftsordnung

Für das Verhältnis der Wohnungs- und Teileigentümer untereinander gelten die Bestimmungen der §§ 10 bis 29 WEG, soweit nachstehend keine Änderungen und Ergänzungen vereinbart werden:

(1) Art und Weise der Nutzung: Das gesamte Gebäude dient ausschließlich Wohnzwecken. Eine gewerbliche oder freiberufliche Tätigkeit darf nur mit Zustimmung aller Wohnungseigentümer ausgeübt werden.

(2) Sondernutzungsrechte: An dem gemeinschaftlichen Eigentum bestehen folgende Sondernutzungsrechte gem. § 15 WEG:

a) Dem jeweiligen Eigentümer des Wohnungseigentums mit der Nr. 1 im Aufteilungsplan wird unter Ausschluss aller übrigen Eigentümer das Sondernutzungsrecht an der Grundstücksteilfläche zugewiesen, die in dem dieser Urkunde als Anlage 2 und Bestandteil beigefügten Lageplan rot umrandet eingezeichnet ist.

b) Dem jeweiligen Eigentümer des Wohnungseigentums mit der Nr. 2 im Aufteilungsplan wird unter Ausschluss aller übrigen Eigentümer das Sondernutzungsrecht an der Grundstücksteilfläche zugewiesen, die in dem dieser Urkunde als Anlage 2 und Bestandteil beigefügten Lageplan gelb umrandet eingezeichnet ist.

c) Dem jeweiligen Eigentümer des Wohnungseigentums mit der Nr. 2 wird unter Ausschluss aller übrigen Eigentümer das Sondernutzungsrecht an der Grundstücksteilfläche zugewiesen, die in dem dieser Urkunde als Anlage 2 und Bestandteil beigefügten Lageplan grün umrandet eingezeichnet ist.

An allen Sondernutzungsrechten haben die Sondernutzungsberechtigten das alleinige Nutzungsrecht und die alleinige Unterhalts-, Instandhaltungs- und Instandsetzungspflicht. Die rot und gelb umrandeten Sondernutzungsflächen sind als Gartenfläche zu nutzen, die den einheitlichen Charakter des Gesamtgrundstücks bewahren sollen. Der Garten ist ordentlich zu pflegen. Die Errichtung von Gartenhäusern oder Geräteschuppen bis zu einem Gesamtinhalt von 25 m³ ist ohne Zustimmung des anderen Wohnungseigentümers zulässig.

Die grüne Sondernutzungsrechtsfläche darf ausschließlich zum Abstellen von Kraftfahrzeugen benutzt werden. Das Eindringen von Öl oder Benzin in das Grundstück ist durch entsprechende Befestigung des Bodens durch den Sondernutzungsberechtigten zu verhindern.

(3) Zur Veräußerung eines Sondereigentums ist die Zustimmung aller Miteigentümer erforderlich, ausgenommen die Veräußerung an mit Miteigentümern in gerader Linie verwandte Personen. Zustimmungen können nur aus wichtigem Grund versagt werden.

(4) Kosten und Lasten: Die Kosten und Lasten der Gemeinschaft einschließlich Verwaltungskosten tragen die Eigentümer im Verhältnis ihrer Miteigentumsanteile. Ausgenommen sind folgende Kosten und Lasten:

a) Jeder Eigentümer trägt die auf ihn bzw. sein Sondereigentum fallenden Kosten allein, die ausscheidbar mit besonderen Messvorrichtungen ermittelt werden können;

b) die Kosten für Heizung und Warmwasser werden mit 70 % nach dem Verbrauch, im Übrigen nach der beheizbaren Fläche umgelegt.

c) Die Wohnungseigentümer können jederzeit schriftlich einen anderen Verteilungsschlüssel beschließen.

(5) Eigentümerversammlung:

a) Auf das Erfordernis einer jährlichen Eigentümerversammlung wird verzichtet. Beschlüsse sind jedoch schriftlich zu fassen, sie bedürfen der Unterschrift beider Eigentümer.

b) In der Eigentümerversammlung kann sich ein Eigentümer nur durch einen anderen Miteigentümer oder durch einen im Haus wohnenden Angehörigen vertreten lassen. Die Vollmacht muss schriftlich erteilt werden.

(6) Wirtschaftsplan: Ein beschlossener Wirtschaftsplan bleibt bis zum Beschluss über einen neuen Wirtschaftsplan in Kraft.

§ 4 Grundbuchanträge

Die Vertragsteile bewilligen und beantragen hiermit, in das Grundbuch einzutragen:

(1) die Rechtsänderung und die Aufteilung in Wohnungs- und Teileigentum gemäß § 2 dieser Urkunde;

(2) die Bestimmungen der Gemeinschaftsordnung gem. § 3 dieser Urkunde als Inhalt des Sondereigentums.

§ 5 Kosten

Die Kosten dieser Urkunde und des grundbuchamtlichen Vollzugs tragen die Vertragsteile entsprechend ihrer Miteigentumsanteile.

Von der Urkunde erhält jeder Vertragsteil eine Ausfertigung, das Grundbuchamt eine beglaubigte Abschrift.

Der Plan wurde zur Durchsicht vorgelegt.

§ 6 Steuern

Durch die Umwandlung von Miteigentum in Wohnungs- und Teileigentum ist von keinem Vertragsteil eine Gegenleistung zu erbringen. Gem. § 7 GrEStG wird die Nichterhebung der Grunderwerbsteuer zu diesem Vertrag beansprucht.

– Notarielle Schlussformel–

Anhang V

Mustertext

Begründung von Wohnungseigentum durch einseitige Teilungserklärung gem. § 8 WEG (mit Instandhaltungspflichten für Sondernutzungsberechtigte)[1]

– Notarielle Eingangsformel –

I. Begründung von Wohnungs- und Teileigentum

§ 1 Grundbuchstand

Die ... GmbH mit dem Sitz in ... ist Eigentümerin des im Grundbuch des Amtsgerichts ... von ..., Band ..., Blatt ..., lfd Nr...., Flurstück ..., in ..., Straße, Gebäude- und Freifläche zu ... ha.

Im Grundbuch sind folgende Belastungen eingetragen:

Abt II: ...

Abt III: ...

Die vorbezeichnete Eigentümerin beabsichtigt, auf dem vorbezeichneten Grundstück (nachfolgend WEG-Grundstück) insgesamt ... Wohnungen samt Gemeinschaftseinrichtung und eine Tiefgaragenanlage mit insgesamt ... Pkw-Stellplätzen zu schaffen.

§ 2 Teilungserklärung

Die Grundstückseigentümerin teilt hiermit das vorstehend in § 1 bezeichnete WEG-Grundstück gemäß § 8 WEG in der Weise in Miteigentumsanteile auf, dass mit jedem Anteil das Sondereigentum an einer bestimmten Wohnung oder an bestimmten nicht zu Wohnzwecken dienenden Räumen in den auf dem Grundstück noch zu errichtenden Gebäuden verbunden ist.

Die Aufteilung für die so entstehende Wohnungseigentümergemeinschaft „X und Y" wird wie folgt vorgenommen:

1. ... Miteigentumsanteil .../1000

verbunden mit dem Sondereigentum an sämtlichen Räumen der Wohnung samt Kellerabteil Nr.1 lt. Aufteilungsplan,

2. ... Miteigentumsanteil von .../1000

verbunden mit dem Sondereigentum an sämtlichen Räumen der Wohnung samt Kellerabteil Nr.2 lt. Aufteilungsplan,

[entsprechend nach konkreter Gegebenheit weiterzuführen].

---

[1] Mit freundlicher Erlaubnis entnommen aus Beck'sche-Online-Formulare Vertrag, 40. edit. 2017, 27.2.1 (Stand: 01.03.2017).

3. Miteigentumsanteil von .../1000

verbunden mit dem Sondereigentum an dem TG-Stellplatz Nr. ... lt. Aufteilungsplan

[entsprechend nach konkreter Gegebenheit weiterzuführen].

Die Abgeschlossenheitsbescheinigung des Landratsamtes ... ist dieser Urkunde in der Anlage beigefügt. Die bestätigten Aufteilungspläne lagen im Original vor. Auf die Beifügung zu dieser Urkunde verzichtete die Eigentümerin nach entsprechender Belehrung durch den Notar.

§ 3 Sondernutzungsrechte

Die Grundstückseigentümerin bildet folgende Sondernutzungsrechte: Dem jeweiligen Eigentümer der nachfolgend bezeichneten Wohnungseigentums- bzw Teileigentumseinheiten steht das ausschließliche Nutzungsrecht an folgenden Tiefgaragenstellplätzen zu:

zur Wohnung Nr. 1 laut Aufteilungsplan – der Tiefgaragen-Stellplatz Nr. 1,

zum Teileigentum Nr. 2 laut Aufteilungsplan – der Tiefgaragen-Stellplatz Nr. 2 laut Aufteilungsplan

[entsprechend nach konkreter Gegebenheit weiterführen].

§ 4 Aufstellung Gemeinschaftsordnung

Die Grundstückseigentümerin trifft zusammen mit vorstehender Einräumung von Wohnungs- und Sondereigentum eine Gemeinschaftsordnung nach Maßgabe von Abschnitt II. dieser Urkunde.

§ 5 Grundbuchanträge

Es wird bewilligt und beantragt, die Aufteilung und die Gemeinschaftsordnung als Inhalt des Sondereigentums in das Grundbuch einzutragen.

II. Gemeinschaftsordnung

Für das Verhältnis der Wohnungs- und Teileigentümer untereinander gelten die Bestimmungen der §§ 10 bis 29 WEG mit den folgenden Änderungen und Ergänzungen, die für das Teileigentum in gleicher Weise wie für das Wohnungseigentum gelten.

§ 1 Veräußerung des Wohnungseigentums

Das Wohnungseigentum kann ohne Zustimmung des Verwalters veräußert werden.

Der Veräußerer kann die Auszahlung seines Anteils an der Instandhaltungsrücklage und an dem sonstigen Verwaltungsvermögen nicht verlangen. Seine Ansprüche gehen auf den Erwerber über.

§ 2 Benutzung des Sondereigentums

Jeder Wohnungseigentümer darf mit seinem Sondereigentum nach Belieben verfahren, soweit nicht das Gesetz, die Gemeinschaftsordnung oder Rechte Dritter entgegenstehen.

In den Wohnungen dürfen gewerbliche oder sonstige berufliche Tätigkeiten ausgeübt werden, wenn und soweit mit diesen Tätigkeiten keine Einwirkungen auf das gemeinschaftliche Eigentum oder auf fremdes Sondereigentum verbunden sind, die über das in einem Wohnhaus zulässige Maß hinausgehen.

§ 3 Benutzung des gemeinschaftlichen Eigentums

Jeder Wohnungseigentümer ist zum bestimmungsgemäßen Mitgebrauch des gemeinschaftlichen Eigentums berechtigt, soweit nicht einzelne Wohnungseigentümer zur ausschließlichen Benutzung berechtigt sind.

Für die Rechte und Pflichten der Sondernutzungsberechtigten gelten die Bestimmungen über das Sondereigentum entsprechend, soweit diese Gemeinschaftsordnung keine besonderen Bestimmungen enthält.

§ 4 Pflichten der Wohnungseigentümer

Die Wohnungseigentümer dürfen von ihrem Sondereigentum und dem gemeinschaftlichen Eigentum nur in solcher Weise Gebrauch machen, dass dadurch keinem anderen Wohnungseigentümer Nachteile erwachsen, die über das bei einem geordneten Zusammenleben unvermeidliche Maß hinausgehen.

Die Wohnungseigentümer sind zur ordnungsgemäßen Instandsetzung der Gegenstände ihres Sondereigentums und ihrer Sondernutzung verpflichtet.

Die Wohnungseigentümer sind verpflichtet, die zur Instandhaltung oder Instandsetzung des gemeinschaftlichen Eigentums erforderliche Benutzung ihres Sondereigentums zu gestatten. Ein hierdurch entstehender Schaden ist ihnen von der Gemeinschaft zu erstatten.

Die Wohnungseigentümer haften dafür, dass die Bestimmungen der Gemeinschafts- und Hausordnung von allen Personen beachtet werden, denen sie die Benutzung oder Mitbenutzung des Sondereigentums unmittelbar oder mittelbar überlassen haben. Sie haften auch für vorsätzliche oder fahrlässige Beschädigungen des gemeinschaftlichen Eigentums durch diese Personen. Die Haftung besteht nur insoweit nicht, als die Gemeinschaft zum Abschluss von Versicherungen verpflichtet oder der Schaden durch Versicherungen gedeckt ist.

§ 5 Lasten und Kosten

Die Lasten des gemeinschaftlichen Eigentums, die Kosten seiner Instandhaltung und Verwaltung und die Kosten der Benutzung der gemeinschaftlichen Einrichtungen haben die Eigentümer im Verhältnis ihrer Miteigentumsanteile zu tragen.

Die Gemeinschaft hat die Lasten und Kosten nach dem Grund ihrer Entstehung oder der Art ihrer Berechnung aufzuteilen, wenn und soweit der Anteil der einzelnen Wohnungseigentümer durch Verbrauchszähler oder in sonstiger Weise einfach und zuverlässig ermittelt werden kann. Die Heizkosten sind gemäß den

Bestimmungen der Heizkostenverordnung vom 23.2.1981 (BGBl I 261) aufzuteilen.

Die Wohnungseigentümer sind verpflichtet, Rücklagen für die Instandhaltung
und Instandsetzung des gemeinschaftlichen Eigentums anzusammeln. Die Eigentümerversammlung entscheidet über die Höhe, die Anlage und die Verwendung
der Rücklagen. Die Verwendung zu einem anderen Zweck oder die Rückzahlung
an die Wohnungseigentümer kann nur mit Dreiviertelmehrheit der abgegebenen
Stimmen beschlossen werden.

§ 6 Wirtschaftsplan und Vorauszahlungen

Der Verwalter hat für jedes Wirtschaftsjahr im Voraus einen Wirtschaftsplan
aufzustellen. Der von der Eigentümerversammlung beschlossene Wirtschaftsplan
gilt solange, bis ein neuer Wirtschaftsplan beschlossen ist.

Die Wohnungseigentümer haben auf die im genehmigten Wirtschaftsplan ausgewiesenen Lasten und Kosten monatliche Vorauszahlungen zu leisten. Die Eigentümerversammlung kann in Einzelfällen eine andere Art der Vorauszahlung
beschließen.

Die Wohnungseigentümer haben rückständige Vorauszahlungen mit dem Zinssatz zu verzinsen, der von dem Kreditinstitut, das die Verwaltungskonten führt,
für Kontokorrentkredite verlangt wird. Die Geltendmachung eines höheren Ver-
zugsschadens soll durch diese Bestimmung nicht ausgeschlossen werden.

Der Verwalter hat nach Ablauf eins Wirtschaftsjahres unverzüglich eine Jahresabrechnung zu erstellen und die Abrechnung mit den einzelnen Wohnungseigentümern durchzuführen. Die Wohnungseigentümer haben die in der Jahresabrechnung ausgewiesenen Rückstände innerhalb einer Woche nach Bekanntgabe
auszugleichen. Der Verwalter hat etwaige Überzahlungen unverzüglich den Wohnungseigentümern zurückzuerstatten, wenn nicht die Eigentümerversammlung
eine andere Verwendung der überzahlten Beträge beschlossen hat.

§ 7 Versicherungen

Die Gemeinschaft ist verpflichtet, folgende Versicherungen abzuschließen:

a) Versicherungen gegen Inanspruchnahme aus der gesetzlichen Haftpflicht,

b) Gebäudebrandversicherung zum Neuwert,

c) Versicherungen gegen Sturm- und Wasserschäden.

Die Eigentümerversammlung kann den Abschluss weiterer Versicherungen beschließen.

§ 8 Wiederaufbauverpflichtung

Für den Fall der ganzen oder teilweisen Zerstörung eines Gebäudes gilt Folgendes:

1. Das zerstörte Gebäude ist wiederaufzubauen, wenn der Schaden durch Versicherungen oder in sonstiger Weise voll gedeckt ist.

2. Der Wiederaufbau kann mit Dreiviertelmehrheit aller Wohnungseigentümer
und aller Miteigentumsanteile beschlossen werden, falls das Gebäude weniger als

zur Hälfte seines Wertes zerstört ist, auch wenn der Schaden durch Versicherungen oder in sonstiger Weise nicht voll gedeckt ist.

§ 9 Beschlüsse der Eigentümergemeinschaft, Wohnungseigentümerversammlung

Für die Beschlüsse der Eigentümergemeinschaft gelten die Bestimmungen der §§ 23 bis 25 WEG, soweit diese Gemeinschaftsordnung keine abweichenden oder ergänzenden Bestimmungen enthält.

Die für einen Beschluss erforderliche Mehrheit berechnet sich nach der Zahl der abgegebenen Stimmen, soweit das Gesetz oder die Gemeinschaftsordnung keine abweichenden Bestimmungen enthält.

Die Wohnungseigentümer sind berechtigt, sich durch einen Bevollmächtigten vertreten zu lassen. Die Vollmacht bedarf der Schriftform.

Das Stimmrecht bemisst sich nach dem Verhältnis der Miteigentumsanteile.

Die neu zu errichtenden Sondereigentumseinheiten sind frühestens ab ihrer Lasten- und Kostentragungspflicht gemäß vorstehend § 5 stimmberechtigt. Die Wohnungseigentümerversammlung ist in jedem Falle beschlussfähig, auch wenn weniger als die Hälfte der Miteigentumsanteile vertreten sind. Hierauf ist nach Einladung besonders hinzuweisen.

§ 10 Sondernutzungsrechte

Es werden folgende Sondernutzungsrechte gemäß § 15 WEG begründet:

Jeder Wohnungs- und/oder Teileigentümer ist verpflichtet, die seinem Sondereigentum unterliegenden, sowie ihm zur ausschließlichen Nutzung zugewiesenen Gebäudeteile einschließlich deren Bestandteile sowie das Zubehör ordnungsgemäß instand zu halten und instand zu setzen, sowie die hierfür anfallenden Lasten und die Kosten der sonstigen Verwaltung allein zu tragen. Er hat Schäden auf seine Kosten zu beseitigen. Die Verpflichtungen gelten auch für die zur Sondernutzung zugewiesenen Grundstücksflächen.

[Nach konkreten Gegebenheiten zu ergänzen.]

§ 11 Um-, An-, Ausbau und Aufstockungen

Die ... GmbH als derzeitiger Alleineigentümer ist berechtigt, alle im Rahmen der erteilten Baugenehmigung bis zum Abschluss der Gesamtbaumaßnahme innerhalb des Bebauungsplangebietes Nr. ... der Gemarkung ... erforderlichen und notwendigen Um-, An-, Ausbaumaßnahmen, sowie Aufstockungen durchzuführen. Sie hat die dabei unmittelbar oder mittelbar verursachten Kosten zu tragen und etwaigen anderen künftigen Eigentümern bzw der Gemeinschaft den durch die Baumaßnahme verursachten Schaden mit Ausnahme eines eventuell entstehenden Mietausfalls oder einer Mietminderung zu ersetzen.

§ 12 Verwalterbestellung

Zum ersten Verwalter der Wohnanlage auf die Dauer von drei Jahren ab Vollzug der Teilungserklärung im Grundbuch wird bestellt ... in ... Straße, ...

§ 13 Allgemeine Bestimmungen

Die Gemeinschaftsordnung kann vorbehaltlich der zwingenden gesetzlichen Bestimmungen mit Dreiviertelmehrheit aller Wohnungseigentümer und aller Miteigentumsanteile abgeändert werden.

Sondernutzungsrechte können aber nur mit Zustimmung aller Wohnungseigentümer begründet werden. Zur Änderung oder Aufhebung von Sondernutzungsrechten ist die Zustimmung der Berechtigten erforderlich.

III. Sonstiges

§ 1 Vollmacht

Die Eigentümerin bevollmächtigt die Notariatsangestellten ..., alle dienstansässig ..., ..., jede für sich allein und unter Ausschluss jeglicher Haftungsansprüche gegen die Bevollmächtigten, Änderungen dieser Teilungserklärung – auch etwaiger Nachtragsurkunden hierzu – hinsichtlich aller ihrer einzelnen Teile einschließlich der Anlagen zu notariellem Protokoll zu geben, die Bewilligung zu ändern und Anträge zu stellen, die zu § ... dieser Urkunde bestellten Grunddienstbarkeiten abzuändern, zu ergänzen oder weitere Grunddienstbarkeiten zu bestellen, insoweit dies zur Herstellung oder zur Behebung von Beanstandungen des Grundbuchamtes erforderlich ist, weitere Baulasten zu bestellen sowie Pfandverteilungs-, Pfandhaftungserklärungen, Rangrücktritte etc zu erklären und entgegenzunehmen sowie die Abgeschlossenheitsbescheinigung und -pläne in Bezug zu nehmen sowie die Teilungserklärung insofern zu ändern, als es bei Vorliegen der Abgeschlossenheitsbescheinigung offensichtlich erforderlich ist, um die Teilung im Grundbuch zu vollziehen. Von dieser Vollmacht darf nur vor dem beurkundenden Notar Gebrauch gemacht werden.

§ 2 Kosten

Die Kosten dieser Urkunde und ihres grundbuchamtlichen Vollzugs trägt die Eigentümerin des Grundstücks.

§ 3 Abschriften

Von dieser Urkunde erhalten

eine beglaubigte Abschrift:

– der Grundstückseigentümer: für jedes Wohnungseigentum eine und zwei weitere

eine einfache Abschrift:

– das Finanzamt – Bewertungsstelle –,

– ggf die im Grundbuch eingetragenen Gläubiger,

eine Ausfertigung:

– das Grundbuchamt

– Notarielle Schlussformel –

Anhang VI

Muster für einen Verwaltervertrag[1]

Vom Abdruck der im Verwaltervertrag genannten Anlagen wurde abgesehen.

Zum Widerrufsrecht für Verbraucher → Kapitel I, Rn. 51 mwN.

Zur Verwaltervollmacht → Kapitel I, Rn. 5 mwN.

---

[1] An dieser Stelle gilt mein besonderer Dank für die freundliche Unterstützung dem Verband nordrhein-westfälischer Immobilienverwalter (VNWI).

WEG-Verwaltervertrag

VERBAND DER
NORDRHEIN-WESTFÄLISCHEN
IMMOBILIENVERWALTER E.V.

zwischen der Wohnungseigentümergemeinschaft

(vollständige postalische Bezeichnung)

– nachstehend Eigentümergemeinschaft genannt –

und

Name/Firmenname

Straße, Hausnummer

PLZ, Ort

Telefonnummer

Telefaxnummer

E-Mail-Adresse

– nachstehend Verwalter genannt –

§ 1 Vertragslaufzeit

Erläuterung:

Wohnungseigentumsrechtlich ist zwischen der Verwalterbestellung und dem Verwaltervertrag zu unterscheiden. Dies ist Eigentümergemeinschaften oft nicht bewusst und führt zu Unklarheiten. Dieser Vertrag synchronisiert die Laufzeit des Verwaltervertrags mit der Verwalterbestellung – transparent und fair.

1.1 Die Bestellung des Verwalters erfolgte gemäß Beschluss der Eigentümerversammlung vom _____ für den Zeitraum vom _____ bis _____ .
Der Verwalter erklärt hiermit die Annahme der Bestellung.

1.2 Der Verwaltervertrag wird für die Dauer des Bestellungszeitraumes gemäß Ziff. 1 geschlossen. Er endet, ohne dass es einer Kündigung bedarf, mit Ablauf dieser Bestellung.

1.3 Im Falle einer wiederholten Bestellung gilt dieser Verwaltervertrag für den weiteren Bestellungszeitraum fort, soweit die Parteien keine Änderungen vereinbaren.

1.4 Das Recht der Eigentümergemeinschaft, bei Vorliegen eines wichtigen Grundes die vorzeitige Abberufung des Verwalters und die außerordentliche Kündigung dieses Verwaltervertrags vorzunehmen, bleibt unberührt.

§ 2 Grundlagen der Verwaltertätigkeit

Erläuterung:

Das Wohnungseigentumsgesetz enthält in § 27 eine umfassende Regelung der „Aufgaben und Befugnisse des Verwalters". Im Interesse der Handlungsfähigkeit der Eigentümergemeinschaft werden dem Verwalter durch diesen Vertrag einzelne darüber hinausgehende Befugnisse eingeräumt, für die sonst erst gesondert ein Beschluss herbeigeführt werden müsste. Diese sind mit einem * gekennzeichnet – transparent und fair.

2.1 Die Aufgaben und Befugnisse des Verwalters ergeben sich aus
• den Vorschriften des Wohnungseigentumsgesetzes (WEG), insbesondere aus § 27 WEG, und des Bürgerlichen Gesetzbuches (BGB)
• den Vorgaben der Teilungserklärung und Gemeinschaftsordnung
• den Vereinbarungen und gültigen Beschlüssen der Wohnungseigentümer
• diesem Verwaltervertrag.

2.2 Der Verwalter hat seine Tätigkeit nach bestem Wissen und Können mit der Sorgfalt eines ordentlichen Immobilienkaufmanns auszuüben. Er hat nach pflichtgemäßem Ermessen die Interessen der Eigentümergemeinschaft wahrzunehmen und grundsätzlich im Einvernehmen mit dem Verwaltungsbeirat zu handeln.

2.3 Der Verwalter ist ermächtigt, rückständige Hausgelder und Kostenerstattungsansprüche im Namen der Eigentümergemeinschaft gegenüber einzelnen Eigentümern außergerichtlich und gerichtlich unter Einschaltung eines Rechtsanwalts beizutreiben*. Über die Anhängigkeit solcher Verfahren informiert der Verwalter im Jahresbericht. Diese Ermächtigung umfasst auch die Abgabe von Erklärungen zur Einleitung und Beendigung von Zwangsvollstreckungsmaßnahmen sowie deren Aufhebung und Löschung*. Zur Anstrengung sonstiger Aktiv-Prozesse bedarf es der Zustimmung durch den Verwaltungsbeirat, sofern die Angelegenheit aus Termin- und Fristgründen keinen Aufschub bis zur nächsten Eigentümerversammlung und einer entsprechenden Mehrheitsbeschlussfassung duldet*.

§ 3 Grundleistungen und allgemeine Befugnisse des Verwalters

Erläuterung:
Die Durchführung einer ordnungsgemäßen Verwaltung setzt eine umfangreiche Tätigkeit des Verwalters voraus. Nachfolgend werden diese Leistungen, zu denen der Verwalter verpflichtet ist, beschrieben – transparent und fair.

3.1 Durchführung der Eigentümerversammlung:

Der Verwalter führt die jährliche (ordentliche) Eigentümerversammlung durch. Hierzu gehört:

- Formulierung und Versand der Einladung nebst Tagesordnung
- Organisation der Eigentümerversammlung
  - Erstellen der Anwesenheitsliste, Einlasskontrolle, Überprüfung der Vollmachten und der Beschlussfähigkeit
  - Übernahme des Versammlungsvorsitzes, soweit die Wohnungseigentümergemeinschaft nichts anderes beschließt
- Führung der Beschluss-Sammlung
- Erstellung der Niederschrift der Eigentümerversammlung, Einholung der Unterschriften der Mitunterzeichner und Versand an alle Eigentümer

3.2 Kaufmännische Betreuung:

Der Verwalter führt den Zahlungsverkehr der Eigentümergemeinschaft. Hierzu gehört:

- Einrichtung und Führung der Bankkonten im Namen der Eigentümergemeinschaft
- Sachliche und rechnerische Prüfung der Eingangsrechnungen
- Fristgerechte Bewirkung von Zahlungen, soweit möglich unter Ausnutzung von Skonto
- Kontrolle und Abrechnung von Hausmeister- und Sonderkassen (z.B. für gemeinschaftliche Wascheinrichtungen)
- Überwachung des Zahlungseingangs der einzelnen Eigentümer und sonstiger Schuldner der Eigentümergemeinschaft
- Mündelsichere und zinsgünstige Anlage der Instandhaltungsrückstellung und sonstiger Liquiditätsüberschüsse; der Verwalter ist berechtigt, zur Zwischenfinanzierung von Liquiditätsengpässen durch die Eigentümergemeinschaft festzulegende Teilbeträge der Instandhaltungsrückstellung bzw. der hierfür bestimmten Beitragsleistungen zu verwenden*

3.3 Wirtschaftsplan / Jahresabrechnung:

- Aufstellung eines Gesamt- und Einzelwirtschaftsplanes gemäß § 28 Abs. 1 WEG für jeden Abrechnungszeitraum und dessen Versand an alle Eigentümer
- Abruf der sich aus dem jeweiligen Wirtschaftsplan ergebenden Hausgeldbeträge
- Erstellung einer ordnungsgemäßen, den gesetzlichen Vorschriften und den Vorgaben der Gemeinschaftsordnung entsprechenden Gesamt- und Einzelabrechnung innerhalb von 6 Monaten nach Beendigung des Abrechnungszeitraumes
- Versand der Abrechnungsunterlagen zwei Wochen vor der Beschlussfassung durch die Eigentümerversammlung und Bereithaltung der Abrechnungsunterlagen zur Einsichtnahme
- Anforderung von Nachzahlungen / Auszahlung von Guthaben aus den beschlossenen Einzelabrechnungen

3.4 Instandhaltung und Instandsetzung:

Die Entscheidung über die Durchführung von Instandhaltungs- oder Instandsetzungsmaßnahmen bleibt grundsätzlich der Beschlussfassung der Wohnungseigentümergemeinschaft vorbehalten. Kleinere Instandhaltungs- oder Instandsetzungsarbeiten (bis zu einem Kostenaufwand von _____ € im Einzelfall) können jedoch durch den Verwalter eigenverantwortlich in Auftrag gegeben werden*, der jährliche Gesamtaufwand hierfür darf den im jeweiligen Wirtschaftsplan enthaltenen Gesamtansatz für die laufende Instandhaltung nicht überschreiten.

Der Verwalter hat regelmäßige Begehungen zur Überwachung des baulichen Zustandes durchzuführen.

Bei der Veranlassung von laufenden Instandhaltungs- und Instandsetzungsarbeiten obliegen dem Verwalter folgende Aufgaben:

- Einholung von Kostenvoranschlägen und Vergleichsangeboten
- Abstimmung der Auftragsvergabe mit dem Verwaltungsbeirat
- Vergabeverhandlung und Beauftragung
- Organisation und Koordination der Durchführung der Arbeiten
- Rechnungsprüfung und -ausgleich
- Geltendmachung von Mängelbeseitigungs- und Gewährleistungsansprüchen

In begründeten dringlichen Einzelfällen kann der Verwalter auch ohne vorausgehende Beschlussfassung in Abstimmung mit dem Verwaltungsbeirat eine Beauftragung von technischen Sachverständigen zu Kostenlasten der Eigentümergemeinschaft veranlassen*. Eine solche Erstbeauftragung soll insbesondere dann erfolgen, wenn hierdurch die für die Willensbildung der Wohnungseigentümer in der nächsten Eigentümerversammlung erforderlichen Grundlagen ermittelt werden.

3.5 Allgemeine Verwaltungtätigkeit:

Im Rahmen der laufenden Verwaltungstätigkeit erbringt der Verwalter folgende Leistungen:

- Geordnete Aufbewahrung der Verwaltungsunterlagen (Beschluss-Sammlung, Versammlungsniederschriften, gerichtl. Entscheidungen, Pläne, Schließscheine) sowie der Abrechnungsunterlagen während der gesetzlichen Aufbewahrungsfristen
- Allgemeine Aktenführung
- Erfassung und Pflege der Eigentümerdaten
- Durchführung der Beschlüsse der Eigentümergemeinschaft
- Einstellung, Überwachung und Kündigung von Personal für die Eigentümergemeinschaft (z.B. Hauswart, Hausreinigungskräfte)
- Abschluss, Unterhaltung und Kündigung von Lieferungs- und Entsorgungs-, Wartungs- und sonstigen Dienstleistungsverträgen, sowie von Verträgen zur verbrauchsabhängigen Abrechnung von Heiz-, Warmwasser und Kaltwasserkosten einschl. der erforderlichen Geräteausstattung
- Abschluss und Kündigung der gemäß Gemeinschaftsordnung oder den Beschlüssen der Eigentümergemeinschaft abzuschließenden Versicherungen
- Überwachung der Einhaltung der Hausordnung und Aussprache von Abmahnungen gegenüber dem Störer bei Vorliegen schriftlicher und nicht anonymer Beschwerden sowie Unterrichtung der nächsten Eigentümerversammlung, wenn die Abmahnung ohne Erfolg blieb

3.6 Unterstützung des Verwaltungsbeirats:
Zusammenarbeit mit dem Verwaltungsbeirat durch

* laufende Information des Verwaltungsbeirats über alle wesentlichen Geschäftsvorfälle
* Ausarbeitung von Entscheidungsvorschlägen und Einholung der Stellungnahme des Verwaltungsbeirats
* Teilnahme an Sitzungen des Verwaltungsbeirates (max. _____ im Jahr)
* Unterstützung der Rechnungsprüfung
* Abstimmung der Terminierung und der Tagesordnung von Eigentümerversammlungen sowie der Entwürfe der Wirtschaftspläne
* allgemeine organisatorische Unterstützung des Verwaltungsbeirats

§ 4 Grundvergütung des Verwalters

Erläuterung:
Die in § 3 aufgeführten Verwalterleistungen fallen regelmäßig an, sie werden daher zur Kalkulationssicherheit beider Vertragspartner als Pauschalfestpreis vereinbart – transparent und fair.

4.1 Die Grundvergütung des Verwalters beträgt vom Vertragsbeginn bis _____ monatlich
pro Wohnungseinheit
_____ € zzgl. USt. (z. Zt. 19%) = _____ € brutto.
pro Teileigentumseinheit
_____ € zzgl. USt. (z. Zt. 19%) = _____ € brutto.
pro Garage/Stellplatz
_____ € zzgl. USt. (z. Zt. 19%) = _____ € brutto.

und für den Zeitraum vom _____ bis _____ monatlich
pro Wohnungseinheit
_____ € zzgl. USt. (z. Zt. 19%) = _____ € brutto.
pro Teileigentumseinheit
_____ € zzgl. USt. (z. Zt. 19%) = _____ € brutto.
pro Garage
_____ € zzgl. USt. (z. Zt. 19%) = _____ € brutto.

und für den Zeitraum vom _____ bis _____ monatlich
pro Wohnungseinheit
_____ € zzgl. USt. (z. Zt. 19%) = _____ € brutto.
pro Teileigentumseinheit
_____ € zzgl. USt. (z. Zt. 19%) = _____ € brutto.
pro Garage
_____ € zzgl. USt. (z. Zt. 19%) = _____ € brutto.

Alternativ:
Die Grundvergütung des Verwalters beträgt für den Zeitraum vom _____ bis _____ monatlich pauschal
€ _____ zzgl. USt. (z. Zt. 19%) = € _____ brutto.
und für den Zeitraum
vom _____ bis _____ monatlich pauschal
€ _____ zzgl. USt. (z. Zt. 19%) = € _____ brutto.

4.2 Der Verwalter ist berechtigt, diese Vergütung jeweils zum Ersten des laufenden Monats dem Konto der Eigentümergemeinschaft zu entnehmen.

Die interne Verteilung der Grundvergütung richtet sich nach den Vorgaben der Gemeinschaftsordnung bzw. den entsprechenden Beschlüssen der Eigentümergemeinschaft (§ 16 Abs. 3 WEG).

4.3 Mit der Grundvergütung sind die allgemeinen Bürokosten des Verwalters (Telefon, Telefax, EDV und Porto für laufende Korrespondenz) abgegolten. Durch die Eigentümergemeinschaft sind lediglich für den Versand

* der Einladungsunterlagen und der Niederschriften der Eigentümerversammlungen (mit Ausnahme der Abrechnungs- und Wirtschaftsplanunterlagen)
* von notwendigen und mit Zustimmung des Verwaltungsbeirats versandten Informationsschreiben
* von Informationsschreiben über die Anhängigkeit von Rechtsstreitigkeiten bzw. bei Inanspruchnahme des Verwalters als gerichtlicher Zustellungsbevollmächtigter

Auslagenersatz für die nachgewiesenen Portokosten sowie Kopierkosten in Höhe von _____ € pro Kopie zzgl. USt. (z. Zt. 19%) = _____ € zu zahlen. Der Verwalter ist berechtigt, diese Auslagen dem Konto der Eigentümergemeinschaft nach entsprechender Rechnungsstellung zu entnehmen.

§ 5 Zusatzleistungen und Zusatzhonorare

Erläuterung:
Neben den Grundleistungen erbringt der Verwalter im Auftrag der Eigentümergemeinschaft bei Bedarf Zusatzleistungen. Da nicht vorausgesehen werden kann, ob und in welchem Umfang diese Zusatzleistungen erforderlich werden, fließen sie nicht in die Kalkulation der Grundvergütung ein. Die Zusatzleistungen werden nur berechnet, wenn sie auch tatsächlich erbracht werden, und – soweit möglich – dem Eigentümer weiter berechnet, der den Zusatzaufwand verursacht. Die Zusatzleistungen und die Berechnung der Zusatzhonorare werden nachfolgend detailliert beschrieben – transparent und fair.

Die Zusatzhonorare werden mit der Erbringung der Zusatzleistung fällig. Sie gelten zuzüglich der jeweils gültigen Umsatzsteuer. Der Verwalter ist berechtigt, diese Honorare dem Konto der Eigentümergemeinschaft nach entsprechender Rechnungsstellung zu entnehmen. Soweit ein Beschluss der Eigentümergemeinschaft gemäß § 21 Abs. 7 WEG (Auferlegung der Kosten für einen besonderen Verwaltungsaufwand) vorliegt, hat der Verwalter die mit ** versehenen Zusatzhonorare im Auftrag der Eigentümergemeinschaft gegenüber dem Verursacher weiterzuberechnen. Dies erfolgt durch Einstellung in die Einzelabrechnung.

5.1 Wiederholungsversammlungen
Ist eine Eigentümerversammlung insgesamt oder hinsichtlich einzelner Tagesordnungspunkte nicht beschlussfähig und wird eine Wiederholungsversammlung erforderlich, so erhält der Verwalter für den hierdurch eintretenden Mehraufwand (erneute Terminierung, Einladung und Durchführung) eine Vergütung von _____ % der monatlichen Grundvergütung (Bruttovergütung gemäß § 4.1 dieses Vertrages), mindestens jedoch _____ € zzgl. USt. (z. Zt. 19%) = _____ € brutto.

5.2 Außerordentliche Eigentümerversammlungen

Für die Durchführung von zusätzlichen, also über die jährliche Eigentümerversammlung hinausgehende Eigentümerversammlungen erhält der Verwalter für den hierdurch eintretenden Mehraufwand (zusätzliche Erbringung der Leistungen nach § 3.1) eine Vergütung von _____ % der monatlichen Grundvergütung (Bruttovergütung gemäß § 4 Ziff. 1 dieses Vertrages), mindestens jedoch _____ € zzgl. USt. (z. Zt.19%) = _____ € brutto. Die unter 5.1 und 5.2 beschriebenen Zusatzvergütungen werden nicht erhoben, wenn die Durchführung der Wiederholungs- oder außerordentlichen Eigentümerversammlungen durch den Verwalter zu vertreten ist.

5.3 Erhebung und Abrechnung von Sonderumlagen

Beschließt die Eigentümergemeinschaft außerhalb des Wirtschaftsplanes Sonderumlagen, erhält der Verwalter zur Abgeltung des damit verbundenen Sonderaufwands (Berechnung, Anforderung, Zahlungsüberwachung und Abrechnung) ein Zusatzhonorar in Höhe von _____ % zzgl. USt. (z.Zt.19 %) = _____ % brutto des Sonderumlagenbetrages.

5.4 Führung von Lohnkonten

Beschäftigt die Eigentümergemeinschaft Arbeitnehmer, so erhält der Verwalter für die Führung der Lohnkonten eine Vergütung von _____ € zzgl. USt. (z.Zt. 19 %) = _____ € brutto pro Arbeitnehmer und Monat, soweit hierfür durch die Eigentümergemeinschaft kein Auftrag an einen externen Dienstleister/Steuerberater vergeben wird.

5.5 Regieaufwand für größere Instandsetzungs- und Modernisierungsmaßnahmen

Beschließt die Eigentümergemeinschaft die Durchführung größerer Instandsetzungs- und Modernisierungsmaßnahmen, deren Bruttobaukosten den im Wirtschaftsplan enthaltenen Gesamtansatz für die laufende Instandhaltung überschreiten, erhält der Verwalter zur Abgeltung des damit verbundenen, über den bei normalen Instandhaltungsmaßnahmen hinausgehenden Regieaufwands (Beauftragung von Architekten/Sonderfachleuten, Abschluss von Bauverträgen, Koordination und Begleitung der Maßnahme, Information der Eigentümer und Bewohner) ein Zusatzhonorar von _____ % zzgl. USt. (z.Zt.19 %) = _____ % der Bruttobaukosten.

5.6 Betreuung von Rechtsstreitigkeiten und von Zwangsverwaltungs- und Zwangsversteigerungsverfahren

Für die Betreuung von Rechtsstreitigkeiten der Eigentümergemeinschaft (Klagen Dritter oder gegen Dritte) oder innerhalb der Eigentümergemeinschaft (insbesondere Beschlussanfechtungsklagen) und von Zwangsverwaltungs- und Zwangsversteigerungsverfahren gegen Miteigentümer erhält der Verwalter für den hierdurch entstehenden Zeitaufwand (Information der Eigentümer und der beauftragten Rechtsanwälte bzw. des Zwangsverwalters, Führung von Korrespondenz, Teilnahme an Gerichtsverhandlungen und Versteigerungsterminen) ein Zusatzhonorar gemäß den in Ziff. 5.16 vereinbarten Stundensätzen.

5.7 Regulierung von Versicherungsschäden

Reguliert der Verwalter Schäden über eine von der Eigentümergemeinschaft abgeschlossene Versicherung, erhält er zur Abgel-

tung der damit verbundenen Mehrarbeit ein Zusatzhonorar von _____ % zzgl. USt. (z.Zt. 19 %) = _____ % brutto des Entschädigungsbetrages.

Die Eigentümergemeinschaft erklärt sich einverstanden, dass der Verwalter seinen Aufwand unmittelbar mit dem Versicherer abrechnet. Soweit entsprechende Zahlungen durch den Versicherer erfolgen, entfällt die Berechnung dieses Zusatzhonorars gegenüber der Eigentümergemeinschaft.

5.8 Mietverwaltung

Vermietet die Eigentümergemeinschaft Räumlichkeiten, Flächen oder sonstige Einrichtungen (z.B. als Kfz-Abstellplätze, Hausmeisterwohnung, Lagerräume oder zur Nutzung für Funkanlagen und Werbeflächen), erhält der Verwalter für den Vermietungs- und Mietverwaltungsaufwand (Abschluss von Mietverträgen, Mietinkasso, Abrechnung) ein Zusatzhonorar von _____ % zzgl. USt. (z.Zt. 19 %) = _____ % brutto der vereinbarten Mieten (inkl. Betriebskosten).

5.9 Bescheinigungen über haushaltsnahe Dienstleistungen gem. § 35a EStG

Erstellt der Verwalter die Bescheinigung zur Geltendmachung des Steuerabzugs für die haushaltsnahen Dienstleistungen und Handwerkerleistungen nach § 35a EStG, so erhält er hierfür pro Abrechnungszeitraum ein Zusatzhonorar von pauschal _____ € zzgl. USt. (z. Zt. 19%) = _____ € brutto *alternativ von* _____ € zzgl. USt (z. Zt. 19%) = _____ € brutto pro Einzelabrechnung (**gegenüber dem jeweils anfordernden Eigentümer).

5.10 Mahnungen

(** Weiterberechnung gegenüber säumigem Eigentümer) Geraten Eigentümer mit ihren Zahlungsverpflichtungen gegenüber der Eigentümergemeinschaft in Verzug, so erhält der Verwalter pro Verwaltungseinheit für das erste Mahnschreiben _____ € zzgl. USt. (z. Zt.19%) = _____ € brutto, für das zweite Mahnschreiben _____ € zzgl. USt. (z. Zt.19%) = _____ € brutto.

5.11 Klagepauschale

(** Weiterberechnung gegenüber säumigem Eigentümer) Erreicht der Wohngeldrückstand mindestens zwei monatliche Hausgelder und bleibt die zweite Mahnung erfolglos, erhält der Verwalter zur Abgeltung seines Zusatzaufwandes für die Einleitung und Betreuung eines Beitreibungsverfahrens (Beauftragung und Information eines Rechtsanwaltes, Zusammenstellung und Kopieren der erforderlichen Unterlagen) ein Zusatzhonorar pauschal pro Verfahren von _____ € zzgl. USt. (z. Zt.19%) = _____ € brutto.

5.12 Nichtteilnahme am Lastschrifteinzug

(** Weiterberechnung gegenüber Nichtteilnehmer) Müssen laufende Wohngeldzahlungen (auf der Grundlage des jeweils gültigen Wirtschaftsplanes) gesondert bearbeitet werden, weil einzelne Eigentümer nicht am Lastschrifteinzugsverfahren teilnehmen, erhält der Verwalter zur Abgeltung des damit verbundenen Mehraufwandes ein Zusatzhonorar pro Verwaltungseinheit und Monat von _____ € zzgl. USt. (z. Zt.19%) = _____ € brutto.

5.13 **Eigentümerwechsel**

(** Weiterberechnung gegenüber Veräußerer)

Im Falle der Veräußerung erhält der Verwalter für die Abgeltung des damit verbundenen Mehraufwandes (Informationsschreiben, Änderung der Eigentümerdaten und des Zahlungsverkehrs, Dokumentation in Eigentümerakte) pro Eigentumswechsel und Verwaltungseinheit ein Zusatzhonorar von

_____ € zzgl. USt. (z. Zt. 19%) = _____ € brutto.

5.14 **Verwalterzustimmung**

(** Weiterberechnung gegenüber Veräußerer)

Ist die Erteilung der Verwalterzustimmung vorgeschrieben, erhält der Verwalter zur Abgeltung des damit verbundenen Mehraufwandes (Prüfung des Vorganges, Erbringen des Verwalternachweises, Abgabe der Zustimmungserklärung vor einem Notar) für jede Zustimmungserklärung ein Zusatzhonorar von

_____ € zzgl. USt. (z. Zt. 19%) = _____ € brutto.

5.15 _____

_____

_____

_____

_____

_____

_____

5.16 **Sonstige, gesondert zu beauftragende Zusatzleistungen**

Für sonstige Zusatzleistungen des Verwalters, deren Beauftragung jeweils durch gesonderten Beschluss oder in dringlichen Fällen durch den Verwaltungsbeirat erfolgen muss, erfolgt die Berechnung, soweit keine abweichende Vereinbarung getroffen wird, nach folgenden Stundensätzen:

Geschäftsführer/Inhaber

_____ €/Std. zzgl. USt. (z. Zt. 19%) = _____ € brutto

Mitarbeiter

_____ €/Std. zzgl. USt. (z. Zt. 19%) = _____ € brutto

§ 6 Haftung

Erläuterung:

Die berechtigten Haftungsinteressen der Eigentümergemeinschaft einerseits und die Verantwortung und das besondere Haftungsrisiko des Verwalters andererseits bedürfen einer gerechten und an der Höhe des Verwalterhonorars orientierten Abwägung, die auch die Möglichkeiten einer Absicherung durch spezifische Versicherungen berücksichtigt. Nachfolgend ist die Haftung des Verwalters beschrieben – transparent und fair.

6.1 Der Verwalter haftet unbeschränkt für

- jegliche schuldhafte, auch leicht fahrlässige Verletzung der Pflichten, deren Einhaltung erforderlich ist, um den Vertragszweck zu erreichen (Kardinalpflichten), hierzu gehören insbesondere die in den §§ 27 und 28 WEG normierten Aufgaben,
- grob fahrlässige und vorsätzliche Vertrags- und Nebenpflichtverletzungen sowie für
- Schäden aus der Verletzung des Lebens, des Körpers und der Gesundheit, die auf eine fahrlässigen oder vorsätzlichen Pflichtverletzung des Verwalters und oder seiner Erfüllungsgehilfen beruhen.

6.2 Im Übrigen ist die Haftung des Verwalters für Vermögensschäden auf den Umfang der Vermögensschadenhaftpflichtversicherung beschränkt. Der Verwalter versichert, dass er eine Vermögensschadenshaftpflichtversicherung mit einer Deckungssumme von _____ € abgeschlossen hat und ständig aufrechterhält. Der Abschluss und die Unterhaltung dieser Versicherung ist der Eigentümergemeinschaft auf Verlangen nachzuweisen.

6.3 Schadensersatzansprüche gegen den Verwalter verjähren grundsätzlich nach der gesetzlichen Regelung, spätestens jedoch mit dem Schluss des dritten Jahres nach der Beendigung der Tätigkeit des Verwalters. Dies gilt nicht, soweit es sich um Ansprüche aus vorsätzlicher Pflichtverletzung des Verwalters handelt.

6.4 Nach Abgabe des Jahresberichtes durch den Verwalter und des Prüfberichtes durch den Verwaltungsbeirat und Verabschiedung der Jahresabrechnung steht dem Verwalter ein Anspruch auf Beschlussfassung über die Entlastung für den jeweiligen Zeitraum zu.

§ 7 Beendigung der Verwaltertätigkeit

Erläuterung:

Beim Verwalterwechsel entstehen häufig Probleme bei der Übergabe des Verwaltungsvermögens und der Verwaltungsunterlagen. Dieser Vertrag regelt daher die unverzügliche und ordnungsgemäße Herausgabe – transparent und fair.

Bei Beendigung der Verwaltertätigkeit – gleich aus welchem Grunde – hat der Verwalter die Verfügung über die Konten der Wohnungseigentümergemeinschaft einzustellen, Rechnung zu legen und alle die Wohnungseigentümergemeinschaft betreffenden und zu einer ordnungsgemäßen Fortführung der Verwaltung notwendigen Unterlagen unverzüglich an den Vorsitzenden des Verwaltungsbeirates, seinen Stellvertreter oder einen vom Verwaltungsbeirat benannten Dritten (insbesondere an einen neu bestellten Verwalter) sowie die Verwaltervollmacht (§ 9 Ziff. 4) herauszugeben. Zurückbehaltungsrechte an Original-Gemeinschaftsunterlagen kann der ausgeschiedene Verwalter nicht geltend machen.

§ 8 Sonstige Vereinbarungen

_____

_____

_____

_____

_____

§ 9 Schlussbestimmungen

9.1 Änderungen dieses Vertrages bedürfen der Schriftform sowie der Zustimmung der Wohnungseigentümer durch Beschlussfassung und der Genehmigung des Verwalters. Dies gilt auch für die Abbedingung der Schriftformklausel.

9.2 Sollte eine Bestimmung dieses Vertrages unwirksam sein oder werden oder der Verwaltervertrag hinsichtlich einzelner Bestimmungen für unwirksam erklärt werden, berührt dies die Wirksamkeit des Vertrages im Übrigen nicht.

9.3 Von diesem Vertrag werden zwei gleichlautende Originalausfertigungen erstellt. Die für die Eigentümergemeinschaft bestimmte Ausfertigung wird durch den Vorsitzenden des Verwaltungsbeirates oder einen von der Eigentümergemeinschaft Bevollmächtigten verwahrt.

9.4 Zur Legitimation im Außenverhältnis erhält der Verwalter gemäß *§ 27 Abs. 6 WEG* die als Anlage zu diesem Vertrag beigefügte Verwaltervollmacht.

> Bitte beachten Sie die als Anlage beigefügte Widerrufsbelehrung und das Muster-Widerrufsformular für Verbraucher.

Für die Eigentümergemeinschaft: **Verwalter:**

_____   _____
Ort, Datum   *Ort, Datum*

_____   _____
Verwaltungsbeirat im Auftrag der Eigentümergemeinschaft aufgrund der in der   *Verwalter*
Eigentümerversammlung vom _____ erteilten Ermächtigung

Anlagen: - Widerrufsbelehrung und Muster-Widerrufsformular
für Verbraucher
- Verwaltervollmacht
- Auszug aus dem Wohnungseigentumsgesetz

VERBAND DER
NORDRHEIN-WESTFÄLISCHEN
IMMOBILIENVERWALTER E.V.

Vaalser Straße 148
52074 Aachen

www.vnwi.de

Anhang VII

Muster für eine Jahresabrechnung[1]

---

[1] An dieser Stelle gilt mein besonderer Dank für die freundliche Unterstützung dem Verband nordrhein-westfälischer Immobilienverwalter (VNWI); vgl. auch *Casser/Schultheis* ZMR 2011, 85.

Musterabrechnung für Wohnungseigentümergemeinschaften

von **Dr. Michael Casser**, Rechtsanwalt, Köln und
Astrid Schultheis, öffentlich bestellte und vereidigte
Sachverständige für Wohnungseigentumsverwaltung, Brühl

Bestandteile

Anschreiben Jahresabrechnung

Gesamtdarstellung der Einnahmen und Ausgaben

Einzelabrechnung – Variante I

Einzelabrechnung – Variante II

Übersicht der Abrechnungsergebnisse aller Wohnungen
und Ausweis der Rückstände

Darstellung der Entwicklung der Instandhaltungsrückstellung
und des Sollvermögens

Vermögensstatus

Herausgeber:

VERBAND DER
NORDRHEIN-WESTFÄLISCHEN
IMMOBILIENVERWALTER E.V.
www.vnwi.de

Die Muster-Wohnungseigentümergemeinschaft

Grundlagen:

Die Wohnungseigentümergemeinschaft besteht aus 8 Wohneinheiten mit 10.000 Miteigentumsanteilen und verfügt über eine Ölheizung.

Gemäß Beschluss erfolgt die Zwischenfinanzierung des erst in die nächste Heizkostenabrechnung einfließenden Ölvorrats über die Instandhaltungsrückstellung, dieser werden auch die Zinserträge aus Geldanlagen und Waschmarkenerlöse zugeführt.

Wohnung 1 der Eheleute Mustermann mit 1.200 Miteigentumsanteilen. Gemäß Verwaltervertrag sind 10,-- € Mahngebühren zu zahlen, die der Verwalter dem Konto der WEG entnimmt und in Verbindung mit einem Beschluss nach § 21 Abs. 7 WEG in die Einzelabrechnung des jeweils in Verzug befindlichen Eigentümers als Individualkosten einstellt.

Ausgangssituation per 01.01.2012

Anfangsbestand Festgeldkonto	43.460,00 €
Anfangsbestand Girokonto	4.700,00 €
Bestand Hauskasse	400,00 €
Wert des Ölbestands	1.000,00 €
Forderung gegen Alteigentümer Wohnung 1 aus Wirtschaftsplan 2008 (davon 600,-- € Beitragsleistung zur Instandhaltungsrückstellung)	2.700,00 €
Forderung gegen Alteigentümer Wohnung 1, Abrechnungsspitze 2008 (Nachzahlung)	670,00 €
Forderung gegen Alteigentümer Wohnung 1 aus Wirtschaftsplan 2009 (davon 600,-- € Beitragsleistung zur Instandhaltungsrückstellung)	2.900,00 €
Forderung gegen Alteigentümer Wohnung 1, Abrechnungsspitze 2009 (Nachzahlung)	270,00 €
Forderungen gegen Eigentümer aus Hausgeldabrechnung Vorjahr (ausgeglichen)	600,00 €
Verbindlichkeiten gegenüber Eigentümern aus Hausgeldabrechnung Vorjahr (ausgeglichen)	100,00 €
Verbindlichkeit gegenüber Messdienstleister aus 2011	100,00 €
Sollvermögen (Summe aller beschlossenen Zuweisungen und Entnahmen Instandhaltungsrückstellung)	56.500,00 €
Instandhaltungsrückstellung gem. Definition BGH V ZR 44/09 (Summe aller zweckgebundenen Mittel)	55.300,00 €

Anschreiben Jahresabrechnung

Eine vollständige Jahresabrechnung besteht aus mehreren Bestandteilen, deren Reihenfolge durch den Verwalter frei gewählt werden kann. Durch das Anschreiben, das der Abrechnung vorangestellt wird, erhält der Eigentümer einen Überblick über das Abrechnungspaket.

Gemäß BGH-Urteil V ZR 44/09 ist die bereits durch den Wirtschaftsplan definierte Beitragsverpflichtung zur Instandhaltungsrückstellung gesondert neben den in der Einzelabrechnung ermittelten Kosten aufzuführen, da es sich insoweit nicht um Ausgaben handelt.

Der Beschluss über die Jahresabrechnung bezieht sich ausschließlich auf die Abrechnungsspitze, nur hinsichtlich des Unterschiedsbetrages zwischen Einzelwirtschaftsplan und Einzelabrechnung wird eine neue Forderung begründet (BGH V ZB 16/95 und V ZB 17/99). Die Abrechnungsspitze wird dadurch ermittelt, dass das Ergebnis der Einzelabrechnung den gemäß Einzelwirtschaftsplan zu erbringenden Vorauszahlungen gegenübergestellt wird.

Unter Verrechnung mit Unter- bzw. Überzahlungen gegenüber den nach dem Einzelwirtschaftsplan geschuldeten Vorauszahlungen ergibt sich der Abrechnungssaldo für den Abrechnungszeitraum.

Damit erhalten die Eigentümer bereits zu Beginn der Abrechnung die Antwort auf die am meisten interessierende Frage: Wie viel muss ich für diese Abrechnungsperiode noch zahlen oder erhalte ich zurück? Dieser Betrag = Abrechnungssaldo wird daher bereits am Ende des Anschreibens deutlich ausgewiesen.

Seite 2 (Rückseite)

Auf der Rückseite findet der Eigentümer eine Übersicht über seine Hausgeldzahlungen für die Abrechnungsperiode und deren Aufteilung auf die Bewirtschaftungskosten und den Beitrag zur Instandhaltungsrückstellung.

Die Angabe der steuerlich relevanten Daten ist kein Bestandteil der Jahresabrechnung, sondern erfolgt nur informatorisch. Dies gilt auch für den Nachweis der haushaltsnahen Dienstleistungen gemäß § 35a EStG.

MUSTER Hausverwaltung in Musterstadt

Musterstadt, den 31.03.2013

MUSTER-Hausverwaltung•Musterring 1-11•50000 Musterstadt
Eheleute Mustermann
Musterstraße 1
50000 Musterstadt

Wohnungseigentümergemeinschaft Musterstraße 1 in 50000 Musterstadt
Jahresabrechnung für Ihre Wohnung Nr. 1 vom 01.01.2012 bis 31.12.2012

Sehr geehrte Eheleute Mustermann,

nachfolgend erhalten Sie Ihre Jahresabrechnung bestehend aus:

1. Gesamtdarstellung der Einnahmen und Ausgaben
2. Einzelabrechnung für Ihre Wohnung
3. Übersicht der Abrechnungsergebnisse aller Wohnungen und Ausweis der Rückstände
4. Darstellung der Entwicklung der Instandhaltungsrückstellung und des Sollvermögens
5. Vermögensstatus

Vorab stellen wir Ihnen zusammenfassend das Ergebnis der Jahresabrechnung 2012 für Ihre Wohnung dar:

Bewirtschaftungskosten gem. Einzelabrechnung	2.741,00 €
Beitragsverpflichtung zur Instandhaltungsrückstellung	600,00 €
Abrechnungssumme	**3.341,00 €**
abzgl. Hausgeld-Soll gem. Einzelwirtschaftsplan	3.012,00 €

Abrechnungsspitze (Nachzahlung)   **329,00 €**
(Unterschiedsbetrag zwischen Einzelabrechnung und Einzelwirtschaftsplan)

Ferner stellen wir Ihnen nachrichtlich Ihre Situation gegenüber der Wohnungseigentümergemeinschaft zum Ende des Abrechnungszeitraumes dar:

Gemäß rückseitiger Einzelabrechnung besteht aus dem Einzelwirtschaftsplan 2012 ein Hausgeldrückstand von   112,00 €

Saldo (Nachzahlung) zum 31.12.2012   **441,00 €**

Mit freundlichen Grüßen

Hinweis: Auf der Rückseite finden Sie weitere steuerlich relevante

Seite 2 (Rückseite)

Ihre Zahlungen für das Abrechnungsjahr 2012:

	Zahlungseingang	verbucht auf Bewirtschaftung	verbucht auf Beitrag zur Instandhaltungsrückstellung
03.01.2012	251,00 €	201,00 €	50,00 €
03.02.2012	251,00 €	201,00 €	50,00 €
03.03.2012	251,00 €	201,00 €	50,00 €
03.04.2012	251,00 €	201,00 €	50,00 €
03.05.2012	251,00 €	201,00 €	50,00 €
03.06.2012	251,00 €	201,00 €	50,00 €
03.07.2012	251,00 €	201,00 €	50,00 €
03.08.2012	251,00 €	201,00 €	50,00 €
03.09.2012	251,00 €	201,00 €	50,00 €
03.10.2012	251,00 €	201,00 €	50,00 €
03.11.2012	251,00 €	201,00 €	50,00 €
03.12.2012	139,00 €	111,31 €	27,69 €
Zahlungseingang gesamt	2.990,00 €	2.322,31 €	577,69 €
abzgl. Hausgeldsoll 12 x 251,00 €	3.012,00 €		
Rückstand Hausgeld per 31.12.2012	112,00 €		

Ausweis der steuerlich relevanten Daten für 2012:

1. Gesamtdarstellung der Einnahmen und Ausgaben (Bankkonten)

Der Verwalter schuldet mit der Jahresabrechnung den einzelnen Eigentümern nicht nur eine Ermittlung der Abrechnungsspitze, sondern gegenüber seinem Auftraggeber, dem rechtsfähigen Verband, eine Darstellung aller von ihm getätigten „Einnahmen und Ausgaben" (§ 28 Abs. 1 Nr. 1 WEG*) in Form einer Rechnungslegung (§ 259 BGB*). Diese Rechnungslegung erfolgt in Form einer Bankkontenentwicklung, wobei jedes Bankkonto und auch Hauskassen gesondert darzustellen sind.

Hierdurch erhalten die Eigentümer eine vollständige Übersicht über alle im Abrechnungszeitraum getätigten Einnahmen und Ausgaben, z.B. Nachzahlungen/Guthaben aus Vorjahren – also auch über Zu- und Abflüsse, die für die Kostenverteilung nicht relevant sind.

In dieser Musterabrechnung wird die Gesamtabrechnung der Einzelabrechnung vorangestellt, weil aus ihr für die Einzelabrechnung der gewohnten Aufbau, nämlich zuerst die Einzelabrechnung und nachfolgend die übrigen Abrechnungsbestandteile, beibehalten. Entscheidend ist, dass die vollständige Rechnungslegung in Form der Bankkontenentwicklung Bestandteil der Abrechnung ist.

Diese für den Abrechnungszeitraum verteilungsrelevanten Beträge werden aus Gründen der Nachvollziehbarkeit hervorgehoben. Sie sind Gegenstand der nachfolgenden Einzelabrechnung.

*Die relevanten Gesetzestexte lauten:

§ 28 WEG (Wirtschaftsplan, Rechnungslegung)

(1) Der Verwalter hat jeweils für ein Kalenderjahr einen Wirtschaftsplan aufzustellen. Der Wirtschaftsplan enthält:

1. die voraussichtlichen Einnahmen und Ausgaben bei der Verwaltung des gemeinschaftlichen Eigentums;
2. die anteilmäßige Verpflichtung der Wohnungseigentümer zur Lasten- und Kostentragung;
3. die Beitragsleistung der Wohnungseigentümer zu der in § 21 Abs. 5 Nr. 4 vorgesehenen Instandhaltungsrückstellung.

(2) Die Wohnungseigentümer sind verpflichtet, nach Abruf durch den Verwalter dem beschlossenen Wirtschaftsplan entsprechende Vorschüsse zu leisten.

(3) Der Verwalter hat nach Ablauf des Kalenderjahres eine Abrechnung aufzustellen.

(4) Die Wohnungseigentümer können von dem Verwalter die Aufstellung des Wirtschaftsplans, der Abrechnung und die Rechnungslegung des Verwalters jederzeit durch Mehrheitsbeschluss beschließen die Wohnungseigentümer durch Stimmenmehrheit.

(5) Über den Wirtschaftsplan, die Abrechnung und die Rechnungslegung des Verwalters beschließen die Wohnungseigentümer durch Stimmenmehrheit.

§ 259 BGB (Umfang der Rechenschaftspflicht)

(1) Wer verpflichtet ist, über eine mit Einnahmen oder Ausgaben verbundene Verwaltung Rechenschaft abzulegen, hat dem Berechtigten eine die geordnete Zusammenstellung der Einnahmen oder der Ausgaben enthaltende Rechnung mitzuteilen und, soweit Belege erteilt zu werden pflegen, Belege vorzulegen.

Erläuterung: Im ersten Teil der Abrechnung weisen wir Ihnen durch die Entwicklung der Bankkonten und Hauskasse alle Einnahmen und Ausgaben der Wohnungseigentümergemeinschaft im Kalenderjahr 2012 aus.

MUSTER HAUSVERWALTUNG in Musterstadt

WEG Musterstraße 1, 50000 Musterstadt
01.01.2012 bis 31.12.2012
Lfdg. Nr. 1000

1. Gesamtdarstellung der Einnahmen und Ausgaben / Übertrag (Bankkonten- und Hauskassenentwicklung)

	Festgeldkonto	Girokonto	Hauskasse	gesamt
Anfangsbestand per 01.01.2012	43.460,00 €	4.700,00 €	400,00 €	48.560,00 €

					verteilungs-relevante Beträge
I. Einnahmen					
1. Hausgeld Abrechnungszeitraum					
Hausgeld Bewirtschaftung	19.979,27 €				
Beitragsleistung zur Instandhaltungsrücklage	4.924,73 €	24.904,00 €			
2. Hausgeld Vorjahre					
Nachzahlungen aus Abrechnung 2011		600,00 €			-500,00 €
3. Sonstige Erlöse					
Waschmaschinenerlöse		200,00 €	*		
Versicherungserstattung für Schaden aus 2011		500,00 €	**		
Zinsen aus Hausgeldforderungen		50,00 €			-50,00 €
Zinsen netto Festgeld	265,05 €				
Summe Einnahmen	265,05 €	26.254,00 €		26.519,05 €	
II. Ausgaben					
1. Ausgaben für Abrechnungszeitraum					
Festgeldanlage	10.000,00 €				
Instandhaltungsrücklage aus Instandhaltungsrückstellung					
Gartenpflege		2.900,00 €	*		3.000,00 €
Frischwasser		2.000,00 €	*		2.000,00 €
Abwasser		3.000,00 €	*		3.000,00 €
Allgemeinstrom		500,00 €	*		500,00 €
Gebäudeversicherung		2.000,00 €	*		2.000,00 €
Hausreinigung		100,00 €			100,00 €
Heizölbestand/ Veränderung					
Vorrat per 01.01.	1.000,00 €				
Einkauf Heizöl	7.000,00 €	7.000,00 €	**		
Bestand 31.12.	-3.500,00 €				
Heizölverbrauch	4.500,00 €			4.500,00 €	
Heizkostenkosten (Wartung, Schornsteinfeger, etc.)		800,00 €	*		4.500,00 €
Verwaltergebühr		3.000,00 €			800,00 €
Bankspesen		100,00 €			3.000,00 €
Kosten der Versammlung		150,00 €			100,00 €
Instandhaltung (laufende)		3.300,00 €	200,00 €		150,00 €
Mahngebühren		100,00 €			3.500,00 €
2. Ausgaben für Vorjahre					100,00 €
Auszahlung Guthaben aus Abrechnung 2011		100,00 €			
Maklereinigebühren aus 2011		100,00 €			
Summe Ausgaben	10.000,00 €	25.150,00 €	300,00 €	35.450,00 €	22.000,00 €
III. Übertrag					
Girokonto an Festgeldkonto	2.000,00 €	-2.000,00 €			
Endbestand per 31.12.2012	35.725,05 €	3.804,00 €	100,00 €	39.629,05 €	27.300,00 €

Beitragsverpflichtung zur Instandhaltungsrückstellung 6.000,00 €
abrechnungsrelevante Beträge (Messdienstgebühren zu zahlen in 2013) 100,00 €
Summe der zu verteilenden Beträge 27.300,00 €

* verteilungsrelevante Beträge, Bestandteil der Einzelabrechnung

2. Einzelabrechnung vom 01.01.2012 bis 31.12.2012

Von der Einnahmen- und Ausgabenrechnung ist die Verteilung der Lasten und Kosten (§ 16 Abs. 2 WEG¹) und auch der Nutzungen = Erträge (§ 16 Abs. 1 WEG¹) zu unterscheiden.

Hierdurch löst sich der vermeintliche Widerspruch zwischen Einnahmen- und Ausgabenabrechnung und Kostenabrechnung auf: Abzurechnen sind beide, aber in der Einzelabrechnung werden nur Lasten und Kosten bzw. die Nutzungen, die die jeweilige Abrechnungsperiode betreffen, auf alle Eigentümer verteilt.

Die Einzelabrechnung ist somit eine Verteilungsrechnung. Die Variante 1 setzt dies konsequent um, indem sie sich auf die verteilungsrelevanten Positionen beschränkt.

Die Einzelabrechnung enthält

- die in der Gesamtdarstellung der Einnahmen und Ausgaben als verteilungsrelevant bezeichneten Kosten und Erträge mit dem Gesamtbetrag
- die Angabe des Verteilungsschlüssels und des Anteils der jeweiligen Sondereigentumseinheit
- den auf die jeweilige Sondereigentumseinheit entfallenden Betrag

Der auf der Grundlage des Einzelwirtschaftsplanes von jedem Eigentümer zu zahlende Betrag zur Instandhaltungsrückstellung darf gemäß BGH-Urteil V ZR 44/09 nicht als Kostenposition dargestellt werden. Er wird daher nach Ermittlung der Kostensumme gesondert aufgeführt, fließt jedoch nicht in die Abrechnungssumme mit ein.

Durch den Vergleich dieser **Abrechnungssumme** mit dem **gemäß Einzelwirtschaftsplan geschuldeten Hausgeld** errechnet sich die **Abrechnungsspitze**, die Gegenstand des Beschlusses über die Einzelabrechnung ist: „*Nur für den nach der Einzelabrechnung auf den jeweiligen Eigentümer entfallenden Betrag, der die nach dem Wirtschaftsplan beschlossenen Vorschüsse übersteigt, wird originär eine Schuld begründet*" (BGH V ZB 17/99). Die Beschränkung der Beschlussfassung auf die Abrechnungsspitze erleichtert die Bearbeitung von Eigentümerwechseln. Eine nachträgliche Aufteilung des Abrechnungssaldos entfällt.

¹Die relevanten Gesetzestexte lauten:

§ 16 WEG (Nutzungen, Lasten und Kosten)

(1) Jedem Wohnungseigentümer gebührt ein seinem Anteil entsprechender Bruchteil der Nutzungen des gemeinschaftlichen Eigentums. Der Anteil bestimmt sich nach dem gemäß § 47 der Grundbuchordnung im Grundbuch eingetragenen Verhältnis der Miteigentumsanteile.

(2) Jeder Wohnungseigentümer ist den anderen Wohnungseigentümern gegenüber verpflichtet, die Lasten des gemeinschaftlichen Eigentums sowie die Kosten der Instandhaltung, Instandsetzung, sonstigen Verwaltung und eines gemeinschaftlichen Gebrauchs des gemeinschaftlichen Eigentums nach dem Verhältnis seines Anteils (Absatz 1 Satz 2) zu tragen.

MUSTER HAUSVERWALTUNG in Musterstadt

Eheleute Mustermann
Musterstraße 1
50000 Musterstadt

WEG Musterstraße 1, 50000 Musterstadt
01.01.2012 bis 31.12.2012
Lieg. Nr. 1000 Einheit: 1
Miteigentumsanteile: 1.200 von 10.000
Einheit: 1 von 8
Musterstadt, den 31.03.2013

VARIANTE 1

Erläuterung: In der nachfolgenden Einzelabrechnung verteilen wir die den Abrechnungszeitraum betreffenden Kosten und Erträge und ermitteln durch den Vergleich mit den von Ihnen nach dem Einzelwirtschaftsplan zu erbringenden Vorauszahlungen Ihre individuelle Abrechnungsspitze.

2. Einzelabrechnung vom 01.01.2012 bis 31.12.2012

EDV Konto		Verteilungs-relevante Beträge	Verteilungs-schlüssel	Gesamt-Verteiler	Ihr Anteil	Ihr Betrag
I.	**umlagefähige Beträge**					
1.						
4050	Gartenpflege	3.000,00 €	Miteigentumsanteile	10000	1200	360,00 €
4210	Frischwasser	2.000,00 €	Miteigentumsanteile	10000	1200	240,00 €
4220	Abwasser	3.000,00 €	Miteigentumsanteile	10000	1200	360,00 €
4230	Allgemeinstrom	500,00 €	Miteigentumsanteile	10000	1200	60,00 €
4320	Gebäudeversicherung	2.000,00 €	Miteigentumsanteile	10000	1200	240,00 €
4610	Haftpflichtversicherung	100,00 €	Miteigentumsanteile	10000	1200	12,00 €
4110	Heizkosten	5.400,00 €	Verbrauchsabrechnung	gem. Anlage	Verbrauch	700,00 €
	Zwischensumme umlagefähige Beträge	16.000,00 €				1.972,00 €
2.	**nicht umlagefähige Beträge**					
4010	Verwaltergebühr	3.000,00 €	Einheiten	8	1	375,00 €
4910	Bankspesen	100,00 €	Miteigentumsanteile	10000	1200	12,00 €
4920	Kosten der Versammlung	150,00 €	Miteigentumsanteile	10000	1200	18,00 €
4930	Verwaltergebühr Instandhaltung (laufende)	3.500,00 €	Miteigentumsanteile	10000	1200	420,00 €
	Individualkosten					
4990	Mahngebühren	100,00 €	direkte Zuordnung			10,00 €
	Zwischensumme nicht umlagefähige Beträge	6.850,00 €				835,00 €
II.	**Erträge**					
5100	Zinserträge aus Hausgeldforderungen	-50,00 €	Miteigentumsanteile	10000	1200	-6,00 €
5900	Versicherungserstattung aus Schaden 2011	-500,00 €	Miteigentumsanteile	10000	1200	-60,00 €
	Zwischensumme Einnahmen	-550,00 €				-66,00 €
	Kosten abzgl. Erträge	22.300,00 €				2.741,00 €
III.	**Beiträge zu Rückstellungen**					
6000	Beitragsverpflichtung zur Instandhaltungsrückstellung lt. Wirtschaftsplan	5.000,00 €	Miteigentumsanteile	10000	1200	600,00 €
	Zwischensumme Beiträge	5.000,00 €				600,00 €
	Abrechnungssumme	27.300,00 €				3.341,00 €
	abzgl. Hausgeld-Soll gem. Einzelwirtschaftsplan	25.000,00 €				3.012,00 €
	Abrechnungsspitze	2.300,00 €		Nachzahlung		329,00 €

2. Einzelabrechnung vom 01.01.2012 bis 31.12.2012

Die **Variante 2** unterscheidet sich von der Variante 1 wie folgt:

Hinsichtlich der Zinserträge werden nicht die Nettozinsen ausgewiesen, sondern die Bruttozinsen als „Erträge" und die Abgeltungssteuer sowie der darauf entfallende Solidaritätszuschlag als „Kosten".

Die aus der Instandhaltungsrückstellung finanzierten Kosten für die Fassadensanierung werden zunächst als Kosten behandelt und dann die Entnahme aus der Instandhaltungsrückstellung als Einnahme fingiert.

Ebenso werden die Waschmarkenerlöse, die zunächst als Ertrag gut geschrieben wurden, der Instandhaltungsrückstellung wieder in Form einer fiktiven Ausgabe zugeführt.

Nachrichtlich wird zusätzlich zur Abrechnungsspitze der Abrechnungssaldo angegeben.

Die **Variante 2** orientiert sich damit optisch an der bisher verbreiteten Form der Einzelabrechnung, deren Ziel es war, die steuerlich relevanten Angaben sowie die Zuweisungen und Entnahmen zur Instandhaltungsrückstellung in die Einzelabrechnung zu integrieren.

Die Aufnahme dieser Angaben in die Einzelabrechnung zwingt zu den vorgenannten „Korrekturen" in Form fingierter Einnahmen und Ausgaben, um das Ergebnis der Einzelabrechnung nicht zu verfälschen.

Die Verwendung der Variante 2 ist nicht zu beanstanden, da sie das Ergebnis der Einzelabrechnung nicht beeinflusst.

Auch die Angabe des Abrechnungssaldos ist unbedenklich, wenn das Formbild der Einzelabrechnung erkennen lässt, dass dies nur nachrichtlich erfolgt und die Ermittlung des Abrechnungssaldos nicht Gegenstand der Beschlussfassung ist.

Die Variante 2 bietet sich damit für die Verwalter an, die das bisherige Formbild der Abrechnung möglichst unverändert beibehalten wollen.

MUSTER HAUSVERWALTUNG in Musterstadt

Eheleute Mustermann
Musterstraße 1
50000 Musterstadt

WEG Musterstraße 1, 50000 Musterstadt
01.01.2012 bis 31.12.2012
Lfg. Nr. 1000 Einheit: 1
Miteigentumsanteile: 1.200 von 10.000
Einheit: 1 von 8
Musterstadt, den 31.03.2013

VARIANTE 2

Erläuterung: In der nachfolgenden Einzelabrechnung verteilen wir die den Abrechnungszeitraum betreffenden Kosten und Erträge und ermitteln durch den Vergleich mit den von Ihnen nach dem Einzelwirtschaftsplan zu erbringenden Vorauszahlungen Ihre individuelle Abrechnungsspitze.

2. Einzelabrechnung vom 01.01.2012 bis 31.12.2012

EDV Konto		Verteilungs-relevante Beträge	Verteilungsschlüssel	Gesamt-Verteiler	Ihr Anteil	Ihr Betrag
I.	**Kosten**					
	umlagefähige Beträge					
4050	Gartenpflege	3.000,00 €	Miteigentumsanteile	10000	1200	360,00 €
4210	Frischwasser	2.000,00 €	Miteigentumsanteile	10000	1200	240,00 €
4220	Abwasser	3.000,00 €	Miteigentumsanteile	10000	1200	360,00 €
4230	Allgemeinstrom	500,00 €	Miteigentumsanteile	10000	1200	60,00 €
4600	Gebäudeversicherung	2.000,00 €	Miteigentumsanteile	10000	1200	240,00 €
4510	Haftpflichtversicherung	100,00 €	Miteigentumsanteile	10000	1200	12,00 €
4110	Heizkosten	5.400,00 €	Verbrauchsabrechnung	gem. Anlage	Verbrauch	700,00 €
	Zwischensumme umlagefähige Beträge	16.000,00 €				1.972,00 €
2.	**nicht umlagefähige Beträge**					
4010	Verwaltergebühr	3.000,00 €	Einheiten	8	1	375,00 €
4910	Bankspesen	100,00 €	Miteigentumsanteile	10000	1200	12,00 €
4992	Solidaritätszuschlag	4,95 €	Miteigentumsanteile	10000	1200	0,59 €
4940	Fassadensanierung aus Instandhaltungsrückstellung	10.000,00 €	Miteigentumsanteile	10000	1200	1.200,00 €
4930	Kosten der Vermarktung	150,00 €	Miteigentumsanteile	10000	1200	18,00 €
4930	Instandhaltung (laufende)	3.500,00 €	Miteigentumsanteile	10000	1200	420,00 €
	Individualkosten					
4990	Mahngebühren	100,00 €	direkte Zuordnung			10,00 €
	Zwischensumme nicht umlagefähige Beträge	16.944,95 €				2.046,59 €
II.	**Erträge**					
5200	Zinsertrag Studio Festgeld	360,00 €	Miteigentumsanteile	10000	1200	-43,20 €
5000	Waschmarkenerlöse	200,00 €	Miteigentumsanteile	10000	1200	-24,00 €
5100	Zinserträge aus Hausgeldforderungen	50,00 €	Miteigentumsanteile	10000	1200	-6,00 €
5900	Versicherungserstattung aus Schaden 2011	500,00 €	Miteigentumsanteile	10000	1200	-60,00 €
	Zwischensumme Einnahmen	-1.110,00 €				-133,20 €
	Kosten abzgl. Erträge	31.834,95 €				3.885,19 €
III.	**Instandhaltungsrückstellung (Zuweisungen und Entnahmen)**					
6000	Zuweisungen erfolgen gemäß Wirtschaftsplan	5.000,00 €	Miteigentumsanteile	10000	1200	600,00 €
	Beitragsverpflichtung zur Instandhaltungsrückstellung lt. Wirtschaftsplan	-10.000,00 €	Miteigentumsanteile	10000	1200	-1.200,00 €
7000	Entnahme aus Instandhaltungsrückstellung	200,00 €	Miteigentumsanteile	10000	1200	24,00 €
6200	Waschmarkenerlöse netto an Instandhaltungsrückstellung	265,05 €	Miteigentumsanteile	10000	1200	31,81 €
6100	Zinsen netto an Instandhaltungsrückstellung					-544,19 €
		-4.534,95 €				
	Abrechnungssumme	27.300,00 €				3.341,00 €
	abzgl. Hausgeld-Soll gem. Einzelwirtschaftsplan	25.000,00 €				3.012,00 €
	Abrechnungsspitze	3.000,00 €		Nachzahlung		329,00 €

Nachrichtlich:
Ihre Hausgeldrückstände aus dem Einzelwirtschaftsplan 2012 — 112,00 €
Saldo zum Ende des Abrechnungszeitraumes — 441,00 €

3. Übersicht der Abrechnungsergebnisse aller Wohnungen und Ausweis der Rückstände

MUSTER HAUSVERWALTUNG in Musterstadt

WEG Musterstraße 1, 50000 Musterstadt
01.01.2012 bis 31.12.2012
Lieg. Nr. 1000

Erläuterung: Dieser Übersicht können Sie die Abrechnungsspitzen bzw. Abrechnungsergebnisse aller Eigentümer sowie die Hausgeldrückstände einzelner Eigentümer entnehmen.

3.1. Übersicht der Abrechnungsergebnisse aller Wohnungen

Legende	1	2	3	4	5	6	7	8
	Bewirtschaftungskosten gem. Einzelabrechnung	Beitragsverpflichtung zur Instandhaltungsrückstellung	Abrechnungssummen Einzelabrechnung (Spalte 1 zzgl. 2)	Hausgeld SOLL gem. Einzelwirtschaftsplan	Abrechnungsspitze (Spalte 3 abzgl. 4)	Hausgeldzahlung (IST)	Rückstand oder Überzahlung gegenüber Wirtschaftsplan (Spalte 4 abzgl. 6)	nachrichtlich: Saldo am Ende des Abrechnungszeitraumes (Spalte 5 zzgl. 7)
Wohnung 1	2.741,00 €	600,00 €	3.341,00 €	3.012,00 €	329,00 €	2.900,00 €	112,00 €	441,00 €
Wohnung 2	3.315,00 €	750,00 €	4.065,00 €	3.690,00 €	375,00 €	3.690,00 €	0,00 €	375,00 €
Wohnung 3	2.291,00 €	600,00 €	2.891,00 €	3.012,00 €	-121,00 €	3.012,00 €	0,00 €	-121,00 €
Wohnung 4	3.315,00 €	750,00 €	4.065,00 €	3.690,00 €	375,00 €	3.500,00 €	190,00 €	565,00 €
Wohnung 5	2.791,00 €	600,00 €	3.391,00 €	3.012,00 €	379,00 €	3.012,00 €	0,00 €	379,00 €
Wohnung 6	3.405,00 €	750,00 €	4.155,00 €	3.690,00 €	465,00 €	3.690,00 €	0,00 €	465,00 €
Wohnung 7	2.058,00 €	425,00 €	2.483,00 €	2.221,00 €	262,00 €	2.500,00 €	-279,00 €	-17,00 €
Wohnung 8	2.384,00 €	525,00 €	2.909,00 €	2.673,00 €	236,00 €	2.600,00 €	73,00 €	309,00 €
	22.300,00 €	5.000,00 €	27.300,00 €	25.000,00 €	2.300,00 €	24.904,00 €	96,00 €	2.396,00 €

19.979,27 € IST-Zahlung auf Bewirtschaftungskosten
4.924,73 € IST-Beiträge zur Instandhaltungsrückstellung
24.904,00 € Kontrollsumme Hausgeldzahlung

3.2. Ausweis und Zusammensetzung der Hausgeldrückstände im Abrechnungszeitraum

	9	10	11
	Rückstand Hausgeld (Diff. zwischen Hausgeld SOLL und tatsächlicher Zahlung)	davon Rückstand auf Beitragsverpflichtung zur Instandhaltungsrückstellung	davon Rückstand auf Bewirtschaftungskosten
	112,00 €	22,31 €	89,69 €
		-	-
		-	-
	190,00 €	38,62 €	151,38 €
		-	-
		-	-
		-	-
	73,00 €	14,34 €	58,66 €
	375,00 €	75,27 €	299,73 €

Diese Übersichtsliste weist für jeden Eigentümer die Ermittlung der Abrechnungsspitze und den durch die Höhe der Vorauszahlungen beeinflussten Saldo zum Ende des Abrechnungszeitraum aus.

Da sich der Genehmigungsbeschluss auf alle Einzelabrechnungen erstreckt, muss sich jeder Eigentümer vor der Beschlussfassung in zumutbarer Weise Kenntnis von den Einzelabrechnungen der anderen Eigentümer verschaffen können.

In der Praxis hat sich der Versand einer Übersichtsliste mit den Abrechnungsergebnissen für alle Eigentümer bewährt.

Diese Tabelle informiert über die Hausgeldrückstände im Abrechnungszeitraum und deren Zuordnung zu den Beitragsverpflichtungen zur Instandhaltungsrückstellung und zu den Bewirtschaftungskosten.

In dieser Musterabrechnung erfolgt die Aufteilung und die Verbuchung der Zahlungen quotal, also gemäß den aus dem Einzelwirtschaftsplan abgeleitetem Verhältnis zwischen Bewirtschaftungskosten und Beitragsverpflichtung zur Instandhaltungsrückstellung.

Alternativ kommt eine vorrangige Verbuchung auf die Bewirtschaftungskosten als die „lästigere" Schuld (in analoger Anwendung von § 366 Abs. 2 BGB) in Betracht.

4. Darstellung der Entwicklung der Instandhaltungsrückstellung und des Sollvermögens

MUSTER HAUSVERWALTUNG in Musterstadt

WEG Musterstraße 1, 50000 Musterstadt

01.01.2012 bis 31.12.2012

Lfdg.-Nr. 1000

4. Darstellung der Entwicklung der Instandhaltungsrückstellung (Fassung) und des Sollvermögens

Erläuterung: Gemäß BGH-Urteil V ZR 44/09 dürfen bei der Darstellung der Entwicklung der Instandhaltungsrückstellung nur die tatsächlich erfolgten Beitragsleistungen ausgewiesen werden.

Der Vergleich der so ermittelten Instandhaltungsrückstellung mit dem Sollvermögen verdeutlicht etwaige Rückstände auf die Beitragsverpflichtung zur Instandhaltungsrückstellung

4.1 Darstellung der Entwicklung der Instandhaltungsrückstellung (Summe aller zweckgebundenen Mittel)	
Instandhaltungsrückstellung per 01.01.2012	55.300,00 €
tatsächlich bezahlte Beiträge auf Instandhaltungsrückstellung (s. Teil 3 Spalte 6)	4.924,73 €
Zinsen netto in Instandhaltungsrückstellung	265,05 €
Waschmarkenerlöse an Instandhaltungsrückstellung	200,00 €
Entnahme aus der Instandhaltungsrückstellung für Fassadenrenovierung	-10.000,00 €
Instandhaltungsrückstellung per 31.12.2012	**50.689,78 €**

4.2 Darstellung der Entwicklung des Sollvermögens (Summe aller beschlossenen Zuweisungen und Entnahmen	
Anfangsbestand des Sollvermögens per 01.01.2012	56.500,00 €
Beitragsverpflichtung zur Instandhaltungsrückstellung lt. Wirtschaftsplan 2012 (s. Teil 3 Spalte 2)	5.000,00 €
Zinsen netto in Instandhaltungsrückstellung	265,05 €
Waschmarkenerlöse an Instandhaltungsrückstellung	200,00 €
Entnahme aus der Instandhaltungsrückstellung für Fassadenrenovierung	-10.000,00 €
Endbestand des Sollvermögens per 31.12.2012	**51.965,05 €**

Kontrollrechnung:

Endbestand des Sollvermögens per 31.12.2012	51.965,05 €
abzüglich rückständige Beitragsleistungen 2008	-600,00 €
abzüglich rückständige Beitragsleistungen 2009	-600,00 €
abzüglich rückständige Beitragsleistungen 2012	-75,27 €
Instandhaltungsrückstellung per 31.12.2012 (Summe aller zweckgebundenen Mittel)	**50.689,78 €**

5. Vermögensstatus

Erläuterung: Die tatsächliche Vermögenssituation der Eigentümergemeinschaft lässt sich weder aus den Bankkontenständen noch aus der Darstellung der Instandhaltungsrückstellung entnehmen. Hierzu müssen auch die Forderungen und Verbindlichkeiten der Eigentümergemeinschaft dargestellt werden. Der nachfolgende Vermögensstatus weist das Vermögen der Eigentümergemeinschaft nach. Außerdem beweist er die rechnerische Schlüssigkeit der Jahresabrechnung.

5. Vermögensstatus zum 31.12.2012 (Schlüssigkeitskontrolle)

Saldo Festgeldkonto 456xxxx, Bank Musterstadt	35.725,05 €	
Saldo Girokonto 123xxxx, Bank Musterstadt	3.804,00 €	
Bestand Hauskasse	100,00 €	
	39.629,05 €	39.629,05 €

zuzüglich Forderungen/aktive Rechnungsabgrenzungsposten:

Fehlbetrag 2012 (s. Teil 3 Spalte 8)		2.396,00 €
Hausgeldrückstand (Alteigentümer Whg 1) aus Wirtschaftsplan 2008	2.700,00 €	
Hausgeldrückstand (Alteigentümer Whg 1) aus Abrechnungsspitze 2008	670,00 €	
		2.900,00 €
Hausgeldrückstand (Alteigentümer Whg 1) aus Wirtschaftsplan 2009	270,00 €	
Hausgeldrückstand (Alteigentümer Whg 1) aus Abrechnungsspitze 2009		3.500,00 €
Ölbestand per 31.12.2012		

abzüglich Verbindlichkeiten/passive Rechnungsabgrenzungsposten:

1. Gebühren Messdienst (zu zahlen in 2013)		-100,00 €
Kontrollsumme (Endbestand des Sollvermögens per 31.12.2012)		**51.965,05 €**

Schon der Geldbestand von nur 39.629,05 € verdeutlicht, dass die mit 50.689,78 € ausgewiesene Instandhaltungsrückstellung jedenfalls zum Abrechnungsstichtag nicht vorhanden ist.

Besonders hervorzuheben sind die Rückstände des Alteigentümers der Whg. 1. Während bei der Entwicklung der Instandhaltungsrückstellung nur dessen Rückstände auf die Beitragsverpflichtung (1.200,– €) dargestellt werden, verdeutlicht der Vermögensstatus den Gesamtrückstand (6.540,– €) einschließlich des betragsmäßig viel bedeutenderen Rückstands auf die Bewirtschaftungskosten.

Aussagefähig ist also nur der Vermögensstatus, der die Differenz zwischen den Geldbeständen am Abrechnungsstichtag und dem Sollvermögen nachweist. Nur so erhalten die Eigentümer die erforderlichen Informationen über die finanzielle Situation der Wohnungseigentümergemeinschaft und werden in die Lage versetzt, den Verwalter zu kontrollieren und sachdienliche Beschlüsse zu fassen.

Der Bundesgerichtshof hat bereits 1988 entschieden: *„Der Gemeinschaft der Wohnungseigentümer bleibt z.B. die Entscheidung überlassen, ob zur Tilgung bereits entstandener Verwaltungsschulden etwa Sonderumlagen erhoben, Darlehen aufgenommen oder auf vorhandene, wenngleich für andere Zwecke gebildete Rücklagen zurückgegriffen werden soll."* (BGH V ZB 10/87)

Die Eigentümer haben also ein breites Ermessen bei der Entscheidung, wie Liquiditätsprobleme zu lösen sind. Kurzfristig nicht beitreibbare Forderungen (im Beispielsfall für Hausgeldrückstände des Alteigentümers der Wohnung 1) sollten durch Sonderumlage finanziert werden. Für kurzfristig realisierbare Forderungen (im Beispielsfall der Fehlbetrag aus 2012) sowie den Ölbestand bietet sich eine Zwischenfinanzierung aus den für die Instandhaltung zweckgebundenen Mitteln an. Beschlüsse über eine solche Zwischenfinanzierung entsprechen ordnungsgemäßer Verwaltung, wenn die verbleibende Instandhaltungsrückstellung ausreicht und eine betragsmäßige Begrenzung vorgegeben wird.

Die Darstellung der Entwicklung der Instandhaltungsrückstellung folgt der Forderung des Bundesgerichtshofs im Urteil V ZR 44/09: *„In der Darstellung der Entwicklung der Instandhaltungsrücklage, die in die Abrechnung aufzunehmen ist, sind die tatsächlichen Zahlungen der Wohnungseigentümer auf die Rücklage als Einnahmen darzustellen und zusätzlich auch die geschuldeten Zahlungen anzugeben."*

Dementsprechend weist 4.1 als Instandhaltungsrückstellung die Summe aller tatsächlich eingegangen zweckgebundenen Zahlungen aus, während 4.2 das Sollvermögen als Summe aller beschlossenen Zuweisungen und Entnahmen zu und aus der Instandhaltungsrückstellung entwickelt. Die Differenz lässt die geschuldeten Zahlungen erkennen.

Das Problem:

Auch die durch das BGH-Urteil V ZR 44/09 geforderte Darstellung des *„tatsächlichen Bestands der Instandhaltungsrücklage"* ist nicht zielführend, denn sie suggeriert die Verfügbarkeit dieses Bestandes.

Sachregister

Die Buchstaben bezeichnen die Kapitel, die Zahlen die Randnummern.